国家出版基金资助项目

上海高校服务国家重大战略出版工程项目

上海文化发展基金会图书出版专项基金资助项目

会计工程:信息共享的全球共用会计系统研究

基于XBRL内部控制研究:理论与技术

李晓荣 张天西 丁慧/著

图书在版编目(CIP)数据

基于 XBRL 内部控制研究：理论与技术 / 李晓荣，张天西，丁慧著. —上海 ：立信会计出版社，2022.12

(会计工程)

ISBN 978-7-5429-4509-9

Ⅰ. ①基… Ⅱ. ①李… ②张… ③丁… Ⅲ. ①可扩充语言—应用—企业内部管理—研究 Ⅳ. ①F272.3

中国国家版本馆 CIP 数据核字(2023)第 008722 号

策划编辑　张巧玲
责任编辑　张巧玲
美术编辑　周崇文

基于 XBRL 内部控制研究：理论与技术
JIYU XBRL NEIBU KONGZHI YANJIU LILUN YU JISHU

出版发行　立信会计出版社
地　　址　上海市中山西路 2230 号　　邮政编码　200235
电　　话　(021)64411389　　传　　真　(021)64411325
网　　址　www.lixinaph.com　　电子邮箱　lixinaph2019@126.com
网上书店　http://lixin.jd.com　　http://lxkjcbs.tmall.com
经　　销　各地新华书店

印　　刷　上海盛通时代印刷有限公司
开　　本　710 毫米×1000 毫米　1/16
印　　张　32.5　　插　　页　4
字　　数　693 千字
版　　次　2022 年 12 月第 1 版
印　　次　2022 年 12 月第 1 次
书　　号　ISBN 978-7-5429-4509-9/F
定　　价　98.00 元

代序言——无心插柳柳成荫

美国一位很没有名气的总统柯立芝说过一句很有名气的话:"美国的事业就是企业。"随着全世界市场经济的深化,企业的触角越来越多地渗透到人们生活的方方面面。反过来,企业也面临着越来越多的利益相关方,以及越来越广泛的压力与需求。总体而言,对于企业要求的增加可以视为在两个角度上的延展,其一是目标的延展,其二是过程的延展。从目标角度来看,最初人们仅仅将企业看作一个利润单位,企业唯一的目标来自股东的盈利要求,而现在企业则被施加了更多的角色期望,需要承担环境等社会责任。从过程角度来看,最初人们的要求都是"只问结果,不管过程",而现在则深入企业组织的内部进行实时,或至少是更高频率的监督与管理。

针对企业内部控制的要求,就同时体现了这两种延展。投资者发现,如果只是对企业的财务成果作事后反应,则企业就有独掌乾坤、瞒天过海的念头与机会,安然与世通便是案例。自此以后,投资者和监管者便对企业的内部控制水平给予了特别关注,从美国的《萨班斯—奥克斯利法案》到中国的《企业内部控制基本规范》,无不体现了强化内部控制的思想。正如那句名言所说,"阳光是最好的消毒剂",披露是这些规范的主要执行方式。但是,目前的披露方式是否能达到监管目标?

在目前的披露机制中,居于核心地位的当属企业在期末呈报的、经审计的内部控制报告。这份报告独立于企业的财务报告,向市场披露企业内部控制机制的设计与执行状况。这种自我评价报告的合法性和有效性尚有争议,但被一致认可的是:报告内容的贫乏导致报告的信息含量极低,从而使得报告行为本身流于形式(中国财政部会计司,2014 年 11 月 10 日)。

针对内部控制报告的改善,研究者已经从报告内容、监督机制、责任体系和法律法规等方面提出了一系列政策建议。这些立意高远的、所谓“治本”的建议，若能实现，自然能“毕其功于一役”。但是，相应的立法、执行等行为的成本居高不下，各方的利益折中众说纷纭，导致建议者众，实行者少。

我们的项目组给出了一种新的思路：如果革命式的“治本”难行，那么，通过改良式、渐进式、小步快跑式的“治标”方式，在技术层面改变现有的内部控制报告内容与披露方式，或许是一条可行的道路。这条道路，虽然不似前者那样充满理想主义的激情和理论逻辑上的通透，但是在目前的社会与经济环境下，它至少是一条能够取得最大认同，并能够启动的方式。直觉上看，致力于“康庄大道”的效果不如“旁门左道”，这似乎是一种令人难以接受的反讽，但这恰恰是许多历史告诉我们的必然。

我们提出的方案是“技术性”的，它在不改变目前的企业内部控制规范体系及其作用方式的前提下，引入 XBRL GL 这种技术工具，减少人为的操作效果，低成本、自动、客观地产生内部控制评价报告，并给出某种意义上的定量评价结果。这种方案不产生制度成本，利用这种方式能够提高内部控制报告的客观性、科学性和实用性，能够为各利益相关方所接受，易于实行。

如果将现有的内部控制报告体系与财务报告体系相对比，我们可以立即发现内部控制报告的结构性缺陷。我们可以将财务报告视为 5 个层次数据的综合体：凭证、账簿、财务会计报表、财务会计报表附注以及主要财务指标摘要。这 5 个层次逐层构成了严密的数量与逻辑关系，而后 3 层则成为对外披露的内容。其中，最简洁的摘要层次提供了最直观的结论和印象，财务会计报表赋予全面的理解与认识，而财务会计报表附注则给予了核实的线索和依据。财务报告的阅读者也正是基于对这一体系的信任，不仅从最终的财务指标摘要，还从摘要、报表和附注这一报告体系中所内含的逻辑和细节，获得对企业资产与经营状况的明确、完整、真实的判断。

事实上，在企业内部控制报告的产生过程中，也存在着类似财务报告体系的层次与过程。在基本的层次上，企业内部控制的根源是企业的业务流程，对应的数据为业务数据；基于内部控制的要求，企业会对每一项具体业务进行实时监控，对应的数据为监控数据；企业根据监控数据对自己的内部控制执行状况给予自我评价，审计师会根据监控数据对企业每一类业务进行总结，形成内部控制工作底稿数据；进一步地，审计师（或审计委员会）会根据工作底稿产生

汇总工作底稿；最终，审计师根据汇总工作底稿对企业的自我评价提供审计意见。如果将这个流程与财务报告流程进行不准确的对比，业务数据可以类比为凭证，监控数据可以类比为账簿，工作底稿可以类比为针对财务会计报表附注，汇总工作底稿可以类比为财务会计报表，而最终的自我评价则可以类比为财务指标摘要。尽管这种类比不完全匹配，但两者在报告体系中的作用是一致的。

对于这两个体系，我们会发现，现有的内部控制评价报告的问题在于：其一，评价产生的客观性不足，评价描述的可比性不强。由于缺乏诸如复式记账法等科学性工具，投资者无法相信从业务直至最终评价的逻辑性和客观性；评价均以文本方式给出，而不包含任何数量性指标，也使得不同企业之间的内部控制状况难以互相比较。其二，更进一步地，现有的内部控制报告披露的内容过少，所谓评价仅相当于财务报告中的摘要，这使得投资者难以在一个涵盖细节和逻辑的基础上对企业的内部控制状况作深入、全面的判断。

本书的主要内容在于给出解决第一个问题的技术方案。这个技术方案是一种通用的、开放的、低成本的网络化方案，它的技术基础是 XBRL GL。XBRL GL 对于内部控制领域的适应性非常高，以至于技术和领域之间呈现出一种互相支持的局面。

而提到 XBRL GL，我们又必须站在它的对应物——XBRL FR——的角度对其进行考察。XBRL（eXtensible Business Reporting Language，可扩展商业报告语言）是网络技术与会计领域相结合的产物。虽然 XBRL 的设计目标是面向所有的商业报告，但其默认层次，也即主要目标是财务报告（Financial Reporting, FR），所以，XBRL 在狭义上就是 XBRL FR。

在 XBRL FR 出现并成功地广泛应用后，研究者们一个直接的念头就是在账簿层面也应该存在类似的技术产物，即 XBRL GL（XBRL Global Ledger，XBRL 全球通用账簿）。与 XBRL FR 类似，XBRL GL 的设计目标是捕捉所有业务层的信息，其默认层次，也即主要内容是账簿。但是，在将 XBRL 的技术结构和应用方式直接套用在账簿领域后，研究者发现，无论技术还是应用，这种"看上去很美"的技术复用，其效果却是令人啼笑皆非的。在技术上，人们发现，尽管财务报告和账簿系统反映的是同一个主体的行为，但前者是一种"面板数据"（panel data），而后者是一种"时间序列数据"（time-sequence data），如果将"面板数据"的 XBRL 表示方法直接应用于"时间序列数据"，则仅上下文等辅助元素就会占据整个文档的70%以上。针对技术问题,研究者很快开发出一种适应于时间序列数据的架构,被称为XBRL GL分类标准框架(XBRL GL Taxonomy Framework)。这种架构虽然迥异于XBRL FR,但仍使用XBRL技术规范,基本解决了时间序列数据的表示问题。

如果说技术问题是有解的,但应用问题却似乎无解。在小范围简单试用之后,人们发现,XBRL GL的设计目标似乎是一个"泡沫",XBRL FR因为缺乏具有同等能力的技术对手而轻易胜出;但XBRL GL面对ERP以及核算软件时却恰恰相反。首先,XBRL GL最引以为豪的通用性优势在账簿应用中没有意义(有哪个企业需要将自己的账簿与其他企业的账簿相比较?);其次,XBRL GL在存储、操作、查询效率等企业内部系统的主要指标要求上大幅落后(平均而言,对于同样事项,XBRL GL的存储、操作和查询效率大约是ERP系统的1/10);最后,XBRL GL预期与XBRL FR联合使用,以达到"上卷(roll-up)/下钻(drill-down)"的效果也并不如意,由于会计上合并与调整的存在,财务报表并不是账簿的简单加总,而使用财务报告的投资者既无权力获取账簿数据,也同样基于合并与调整的原因,即使获得账簿数据,仍无法自动将报表数据分解为账簿数据。由于存在这些问题,在眼睁睁地看着XBRL FR发展得如火如荼的同时,XBRL GL自2005年技术体系完善以来,基本没有获得应用。甚至XBRL国际组织内部,也为所谓XBRL GL是全局账簿(整个企业范围中的所有业务)还是全球账簿(全世界的所有会计业务)而争论不休。

还好有了内部控制报告。首先,在内部控制报告的产生流程中,业务和监控数据都属于时间序列数据,如果要引入XBRL,显然XBRL GL是合理的技术选择。其次,内部控制范畴中所关心的业务和监控显然不局限于会计系统,会计、财务、采购、生产等凡企业内部活动都在考察之列,对于大多数上市公司而言,考察的范围甚至需要扩展到母公司的边界之外,如子公司、参股公司甚至联营公司,这种大范围、跨平台的数据搜集正是ERP所短而XBRL GL所长。最后,由于存在营业和股权的频繁变动,需要关注的业务和监控数据也会随之调整,这种高频度的数据变化对于ERP的运行而言几乎是灾难性的,但XBRL GL却能够应付自如。而且,由于内部控制领域并没有过高的实时性要求,也没有过严的操作限制,XBRL GL原本在账簿层遇到的效率问题也因而极大弱化。所以,内部控制报告和XBRL GL可谓天作之合。

我们以这种方式来描述内部控制报告和 XBRL GL，似乎有一种“三岔口”式的戏剧化：英雄与用武之地并不是“透明地”一望而知，而需要在暗中互相摸索，并在一个意料之外的当口一拍即合。这好像不符合我们的一贯认知：要么一项技术推出后具有摧枯拉朽的气势，所有领域问题纷纷迎刃而解；要么因为已有技术无法解决，从而将领域中的问题张榜公告，各种新技术趋之若鹜，纷至沓来。可这却是历史的常态，在技术发展的长河中，需求与供给的匹配并不总是那么及时与恰当，而是充满了方凿圆枘与阴差阳错，所幸大多终成正果。因为有“安然事件”的机缘，XBRL 成就了一场喜剧，而 XBRL GL 则在与内部控制的相遇中平添三分跌宕起伏。

尽管本书并不涉及内部控制报告体系的制度性创新，所给出的技术性方案也无涉于制度改变，但是我们似乎可以从 XBRL 的应用效果中受益。实证研究发现，虽然 XBRL 的应用没有在形式上改变会计制度与报告规范，但由于 XBRL 软件的引入，人们对于财务报告的处理自动化程度更高、处理能力更强，“信息过载”(information overload)问题大为缓解，认知透明度大幅提高，从而推动企业披露更多的信息，事实上达到了制度性创新的目的。所以，我们期望，随着内部控制报告第一类问题的解决，内部控制报告的客观性、准确性、可比性和可用性大幅提高，“流于形式”的问题得到解决，投资者逐渐关注并期望获得更多数据，在少数企业为满足投资者的信息需求而披露更多内容后，出于市场的压力，所有企业的内部控制报告的深度和广度都会突破现有的范畴。到那时，制度层面的问题，即第二类问题——内部控制报告的内容和层次——就会得到事实上的解决。

本书总体上分为两大部分，第一部分包括第 1 章至第 6 章，主要讲述 XBRL GL 的技术原理；第二部分包括第 7 章至第 10 章，主要讲述内部控制报告体系的技术性解决方案。本书的主要理论成果来自自然科学基金项目《基于 XBRL 的财务会计网络实验研究机制的探讨》(项目编号：71072057)，提供的解决方案已经提交国家财政部会计司，以作为未来中国内部控制 XBRL 分类标准的备选。这一解决方案及其他相关资料见第 9 章所示。我们希望本书对关注内部控制的研究者、从业人员，以及 XBRL 领域的研究者有所裨益。

目　录

第1章

XBRL GL 概述

作为会计信息化领域内的最新技术，XBRL（eXtensible Business Reporting Language，可扩展商业报告语言）已经在全球的会计、审计和证券等领域广为应用，获得了包括会计师、审计师、投资者、管理层和监管者在内的各种角色的使用者的认可。在财务报告领域获得成功后，XBRL 国际组织将视角进一步放宽至账簿领域，于是催生了"XBRL 全球通用账簿"（XBRL Global Ledger，XBRL GL）。与报告领域内的应用类似，虽然 XBRL GL 最主要的应用是企业会计账簿，但其技术潜力使得 XBRL GL 能够应用于需要采集、存储和处理业务层次细节信息的所有场合。

虽然 XBRL GL 与 XBRL 的财务报告应用具有深刻的联系，但 XBRL GL 的应用环境与报告层次有着本质不同。这就注定了 XBRL GL 具有特定于细节层次的数据结构与技术架构。XBRL GL 既可以作为一项独立技术使用，也可以和财务报告层次的 XBRL 分类标准合并使用。

1.1 XBRL 简 介

按照 XBRL 国际组织的定义，XBRL 是 XML（eXtensible Markup Language，可扩展标记语言）在财务报告信息交换方面的一种应用，是目前被应用于财务信息处理的一项最新技术（Janvrin D，Mascha M F，2014）。XBRL 是一种可以将财务和商业数据电子化的全新语言。在财务信息的显示、分析和传递等方面，XBRL 都具有显著的优点。由于使用 XML 方式表述商业报告内容，XBRL 能够直接被软件所读取，并可以用于进一步的自动化处理。对于一个经常提供或者使用财务数据的企业来说，XBRL 能够提高效率、降低成本，并提升数据的可靠性和准确性（Pennington R R，2006 和 Pinsker R，2008）。

XBRL 是一个开放的标准，它由 XBRL 国际组织这一非营利性组织开发，免费在全球范围内使用，并且能够促进在全球各类软件应用中商业信息的可靠提取和

自动交换。自从 XBRL 标准于 2000 年 7 月发布以来，XBRL 国际组织下属的各个地区组织一直致力于 XBRL 标准的完善和推广工作。如今，XBRL 已经在许多国家得到广泛运用，并且迅速地向深层应用发展。

XBRL 是社会需求和技术供给两者互相吸引和互相推动的结果。在社会需求方面，安然事件以及其后一系列公司丑闻的爆发，使得外界对现行会计体制的有效性产生严重质疑(Piote S, Lucia S, 2015)。财务报告的有效性和可靠性都亟待提高。从《萨班斯—奥克斯利法案》的次序安排来看，这些内容都排在了前 3 章，篇幅也都超过了 2/3。所以，该法案更像一个会计改革的法案。XBRL 并没有在法律和制度层面增加新的改进因素，但在报告的可利用性和及时性等操作层面上，其进步意义是巨大的。XBRL 之前的财务报告被称为“哑数据”(dumb data)，即这些数据对用户使用的支持能力很差。这种财务报告可以称为“电子报告”，但不能称为“数字报告”，更不能称为“网络报告”。实质上，它最多是一种以电子媒介存在、以网络进行传递的传统报告。用户丰富而极具变动性的需求，只有实现由“哑数据”向“智能数据”(smart data)的转变才能满足，而 XBRL 正是支持这种转变的一个绝佳工具(张天西等，2006)。

在技术供给方面，近年来计算机和网络技术的发展，特别是 XML 技术的产生和推广，为“网络报告”提供了坚实的基础。而技术外溢的作用，也推动商业领域的研究者和从业人员应用技术和网络思维来审视并改变自己的工作生态。从信息技术角度来看，企业的经营过程可以用一个从交易、账簿到报告的数据流进行反映，这个数据流的最终结果包括财务报告和纳税申报表等外部报告，内部财务报表、管理报告和运营报告等内部报告。所有的报告使用者的需求都体现在这些报告中，如图 1-1 所示(Wang L, 2008)。

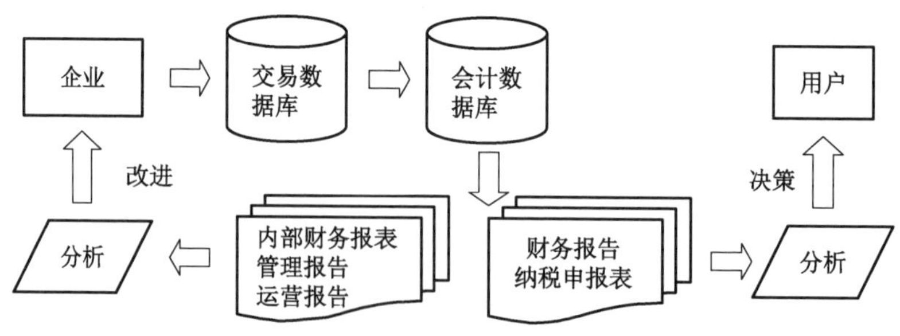

图 1-1　当前财务报告系统的数据流程

在以上的流程中，目前绝大部分环节已经能够通过电子化自动实现。但由于数据标准无法通用、数据转换无法完全自动化等情况，商业报告数据，特别是财务报告数据的电子化储存、交换、使用等方面仍然存在着诸多问题。当 XML 语言诞

生并在 IT 领域得到迅速普及后，这些问题才有了一个可行的解决方案。由于 XML 是一种描述能力强大、支持面广泛、公开、免费和适用于互联网的数据格式，基于 XML 的 XBRL 就成为商业领域数据应用的最佳接口，并形成了内外部应用相整合的数据流（潘琰，林琳，2007），如图 1-2 所示。

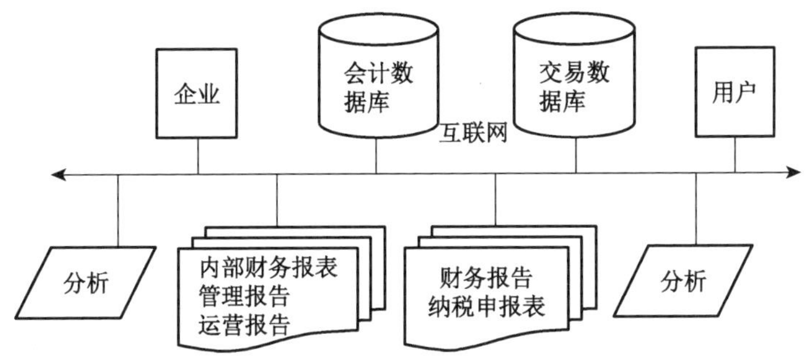

图 1-2　XBRL 标准对财务呈报流程的整合

1. XBRL 的目标

按照 XBRL 国际组织的声明，XBRL 的目标主要有以下 6 个方面：

（1）可自动交换并摘录财务信息而不受个别公司软件和信息系统的限制。

（2）通过互联网提供高时效性的信息，提高信息的相关性。

（3）降低信息交换成本，提高财务信息的可获得能力。

（4）为投资者或分析者使用财务信息提供方便。

（5）解决从互联网上获取的、HTML 格式的财务信息不能直接用作分析、比较的问题。

（6）减少为了满足不同格式需求而重复输入的问题。

2. XBRL 的基本原理与作用

作为 XML 的一种应用，XBRL 采用 XML 电子标签来明确定义与描述信息。但 XBRL 并非对 XML 的直接套用，而是提出了一种具有独创性的结构。作为规范机制，XBRL 采用两层结构：XBRL 技术规范（XBRL Specification）和分类标准（Taxonomy）。其中，XBRL 技术规范给出了全球通用的数据类型规范和整体技术架构；分类标准则根据具体国家或地区的商业准则（主要是会计准则）进行制定，给出在本国家或地区通用的报告项目和项目之间的关系（李晓荣和张天西等，2008，2007）。所以，在法律体制上，XBRL 既能够推动全球商业报告领域的规范化，又不影响国家或地区自有准则的执行；在技术上，作为一种“完全 XML 化”的语义，能够开放地由所有支持 XBRL 技术规范的应用程序所读写和处理，大幅降低了技术应用的成本，XBRL 因此得以迅速普及。

XBRL 对商业信息的采集、存储、传递、集成到应用的各个环节都带来深刻的变革,从目前的应用情况来看,已经产生如下效益(林华,2007):

(1) 降低数据采集的成本,提高数据传递及交换的效率。一方面,基于 XBRL 架构的财务信息具有标准格式,一次生成之后,就可以直接在监管机构、会计师事务所、互联网以及出版印刷单位之间进行流通;另一方面,由于 XBRL 是基于 XML 之上的,其本身就是一种跨平台纯文本的描述性语言,所以数据交换也是跨平台的,平台迁移与转换成本随之消除。

(2) 提高报表编制的效率,降低人工数据采集的风险。XBRL 提供规范的报表格式,提高了报表编制的效率以及准确性,同时降低了重新输入资料的次数,增加了资料的正确性。

(3) 使得数据使用者能够更快捷方便地检索、读取和分析数据(Akhliesh B, 2008)。比如,XBRL 能够与微软的 Office 相结合使用。现有的 XBRL 扩展规范已经能够支持 Excel 对 XBRL 数据的直接读取和分析,并支持浏览器对 XBRL 数据的直接显示,这使得数据的处理和可视化变得更加容易。

(4) 能够适应变化的会计制度和报表要求。XBRL 将财务数据进行了细分,报告格式变动不影响数据本身,而仅限于数据形式上的组织,因此不同格式的报表之间,在相同财务指标上仍然具有可比性(高锦萍等,2006,何玉等,2006)。

(5) 为财务数据提供更广泛的可比性(Alexandra D, 2007)。使用了 XBRL 标记的财务报表,为数据的比较分析提供了更大的可能性,财务数据不仅可以支持横向的跨越多报表、多公司、多行业、多国家的比较,还可以支持纵向的跨越多年份的分析。

(6) 增加了信息在未来的可读性与可维护性。XBRL 文件是以 ASCII 码来存档的,只需利用支持 ASCII 码的简单文本编辑器就可以修改或读取,增加了资料在未来的可维护性与可读性,所以非常适用于财务报告等必须长期保存的文档资料(刘勤,2006)。

3. *XBRL 的发展历程*

1998 年 4 月,美国财政部官员、美国注册会计师、XBRL 创始人 Charles Huffman 对用于发布电子财务信息的技术产生了浓厚的兴趣,提出了基于 XML 格式制定财务报告数据标准的想法。同年 7 月,Huffman 向 AICPA(American Institute of Certified Public Accountants,美国注册会计师协会)高级技术工作组主席 Wayne Harding 报告了 XML 格式财务报告的潜力,Wayne Harding 又向 AICPA 委员提出了制定 XML 财务报告标准的建议。在 Harding 的推动下,AICPA决定支持该项目,着手开发 XML 格式财务报告的标准语言,目的在于提供一个以 XML 为基础的全球企业信息供应链,以方便使用者获取、交换和分析财务数据。

AICPA 把这种语言命名为 XFRML(eXtensible Financial Reporting Markup Language,可扩展性财务报告标记语言),这就是 XBRL 的前身,并由 Huffman 于 1998 年12 月 31 日提出了第一个 XFRML 技术方案。

1999 年 7 月,AICPA 成立了一个由微软、IBM、EDGAR 在线、Sage、SAP、Hyperion、摩根士丹利、路透社、国际会计准则委员会(International Accounting Standards Committee,IASC)、当时的五大会计师事务所(普华永道、德勤、毕马威、安永和安达信)以及英格兰及威尔士特许会计师协会(the Institute of Charted Accountants in England and Wales,ICAEW)的代表组成的 XFRML 执行委员会。1999 年 8 月,接连又有 12 家公司加盟开发此项目。同年 10 月 13 日,XFRML 测试用的原型初步建立完成。

但是,在 XFRML 计划顺利进行的同时,AICPA 提出了一个更大胆、更通用、适应性更强的计划——XBRL,其应用不仅限于公司的财务报告,还可以扩展到证监会规定的其他报送文件、公司内部数据分析、报税数据等。于是,XFRML 执行委员会被更名为 XBRL 执行委员会,并成立了 XBRL 国际组织(XBRL International Inc.)。该组织由 XBRL 执行委员会、标准委员会以及 9 个工作组组成,是一个国际化的非营利性组织,该组织的主要职责和任务是负责制定并发布 XBRL 标准,推动 XBRL 的国际化应用。

2000 年 7 月 31 日,XBRL 国际组织根据美国的情况首次发布了 XBRL 技术规范 1.0 版本和 GAAP(Generally Accepted Accounting Principles,通用会计准则)分类标准 1.0 版本。这个版本采用了 DTD(Document Type Definition,文档类型定义)技术进行语法定义。一年以后,XBRL 国际组织于 2001 年 12 月 14 日又发布了 XBRL 技术规范 2.0 版本。2.0 版本在抛弃了 DTD 技术的同时,采用了 XML Schema 技术,并且引入 XLink 技术建立了 5 个链接库,此外还对数值型数据项(numeric item)和非数值型数据项(non-numeric item)的属性进行了较大的改动。随后,XBRL 国际组织又颁布了一个短暂的实验性版本 2.0a,这一版本引入了一些新的标记,对 XBRL 进行了进一步的完善。

2003 年 12 月 31 日,XBRL 国际组织发布了 XBRL 技术规范的 2.1 版本,根据前 3 个版本的经验与教训,2.1 版本给出了一个更加实用的、完善的结构,并且指出了许多未来可能增加的组件,比如 Dimension 与 Formula 等。2.1 版本是真正意义上的正式版本,基于 2.1 版本,包括 US GAAP、IFRS(International Financial Reporting Standards,国际财务报告准则)以及其他各国的分类标准才正式得以制定并实施。2.1 版本也在逐步改进中,截至 2022 年 10 月,2.1 版本已经进行了 188 次修订。在 2005 年 2.1 版本基本保持稳定之后,XBRL 技术规范开始沿着另一条道路发展,即保持基本规范不变,按照不同方面的需求开发具有专门功能的扩展规范。

4. XBRL 的应用

XBRL 自从诞生之日起,在国际上已经获得了高度认可,研究表明,XBRL 技术增加了公司财务报告披露的透明度和可靠度。目前,国际知名的金融服务与信息供应商、会计师事务所以及包含美国、欧盟、日本、中国、印度、东南亚诸国和南亚诸国的证券交易所等机构都已采用或准备采用该项标准和技术。比如东京交易所的 TD net 系统采用 XBRL 技术报送财务数据,德国德意志银行将 XBRL 用于处理贷款信息并使其信用分析过程更加流畅,澳洲交易所正在研究并准备使用 XBRL。2015 年 3 月,美国证监会将 XBRL 确定为法定披露格式。

XBRL 国际组织已经拥有来自 27 个国家将近 500 个组织的会员,其中包括投资机构、分析师、公司、审计机构、监管机构以及财务数据集成商,比如标准普尔等。旨在推广 XBRL 应用的 XBRL 国际指导委员会也早在 1999 年 8 月就已经成立,由美国注册会计师协会与 EDGAR 在线、普华永道、微软等 12 家公司共同组建,全世界各国已经有 600 多个机构参加了该组织,其成员包括银行、交易所、IT 厂商、注册会计师协会、信息商等,比如联邦储蓄保险公司、富士、日立、德意志银行、通用电气、IBM、微软、PeopleSoft、普华永道、路透社、摩根士丹利、SAP 和其他位于商业报告供应链上的组织或公司。该组织的成员都承诺应用 XBRL 数据格式以利于共享,而且这些成员也都承诺将协定内容具体应用到他们的产品和服务中去。

就在 XBRL 诞生不久,中国会计领域的研究和实务人员就敏锐地注意到这一具有革命性的技术。2004 年,上海证券交易所开始试行 XBRL,拉开了 XBRL 在中国应用的序幕。2010 年 10 月 19 日至 21 日,第 21 届世界 XBRL 大会在中国举行。在大会上,财政部发布了基于当时最新 XBRL 技术规范的《企业会计准则通用分类标准》,站在了当时分类标准的技术前列,意味着中国已经成为继美国之后另一个 XBRL 研究和应用的中心(Liu C, Luo X, Sia C L, 2014)。

1.2　XBRL:从 XBRL FR 到 XBRL GL

虽然 XBRL 国际组织宣传 XBRL 是适用于一切商业报告的语言,但目前 XBRL 最广泛的用途仍在财务报告领域。在财务报告领域的 XBRL 应用被称为 XBRL FR①。众所周知,财务报告数据均为合计数据。在对财务报告数据进行分析时,有权限的使用者,如管理层、审计师和监管者,常常需要细化至更小粒度的数据,即账簿数据。使用者希望这种细化过程是无缝连接的,所以 XBRL 国际组织制定了 XBRL GL 分类标准。2005 年,基于 XBRL 2.1 技术规范的账簿系统问世,这

① 在狭义上,XBRL 就是 XBRL FR。所以,本书中如无特殊说明,XBRL 即指 XBRL FR。

一系统开始被命名为"XBRL 总分类账——XBRL GL(XBRL General Ledger)",但是很快更名为"XBRL 全球通用账簿——XBRL GL(XBRL Global Ledger)",简称 GL,这也暗示着该账簿系统将具有更广泛的用途。

1.2.1 基于 XBRL FR 的 XBRL GL 模型

目前的 XBRL GL 分类标准共分为 9 个模块,包括核心、拓展交易概念、多币种、通用、案例、调色板、汇总报告上下文数据、税务审计文件以及美英概念。XBRL GL 对元素取值区分两种形式:一种是枚举型(enumeration),一种是自由类型。XBRL GL 提供了一套账目结构,用户可以根据自己的需求设置多个结构。这使得 XBRL GL 既可以适应典型的会计账簿应用,也可以适应企业中针对交易和业务的广泛应用。

就技术而言,一方面,XBRL GL 没有在 XBRL 技术规范之外增加任何新的内容。即使是最新版本的 XBRL GL(2015-03-25),也严格遵守 XBRL 2.1 规范。事实上,如果从 XBRL 技术的应用角度看,XBRL GL 实际上是一种最原始的应用。例如,XBRL FR 在复合元素的表达中已经放弃了元组(tuple)模式、转向维度(dimension)模式之后,XBRL GL 最明显的技术特征仍是全面使用元组模式。

另一方面,XBRL GL 实质上是一个全新的语义模型。XBRL FR 中给出了所有需要报告的项目的定义与项目之间的关系。与之相对,XBRL GL 没有给出任何具有会计或业务含义的项目定义,如"货币资金""所有者权益""利润"等,而只给出了描述企业业务与交易的总体框架和描述业务与交易细节的元数据等。所以,人们可以直接使用 XBRL FR 产生具体的财务报告实例,但 XBRL GL 只能作为一个架构(architecture),必须二次开发后才能使用。

XBRL GL 的目标定位于交易层面信息,描述各交易涉及的资源(如固定资产或存货)、事件(如采购或销售)、参与者(如供应商或客户)、原始凭证信息(如收款回单和发票),以及基于标准会计账户表的会计分录信息,由此保存了完整的有关交易的明细数据,为以后任何报告及信息输出提供基础支持。XBRL GL 具有如下 3 个主要作用。

(1) 交互作用。在一个全球化环境中,许多企业的形态都是跨国公司。跨国公司内部的信息交流常常因数据接口、技术平台等差异而无法顺畅进行。XBRL GL 的独立使用,提高了基于国际标准的多语言环境下的组织内部交流水平。

(2) 为商业报告撰写和数据查询、提取工具提供了简单的友好接口。XBRL GL 作为 FR 的下一层次,无论是从账簿数据生成报告数据(这被称为上卷,roll-up),还是从报告数据出发去发现细节问题(这被称为下钻,drill-down),都可通过系统之间的交互实现自动处理。

(3) 通过数据挖掘和连续审计，降低审计风险。审计师可以使用审计信息系统，基于企业内部的运行数据，实时、自动地进行审计工作(Murthy 等，2004)。这些工作能从不同方面解决内部控制的一些问题(Gray 等，2014)。

金融危机让人们意识到，必须加大风险管理和金融监管的力度，才能确保全球经济的快速恢复和健康发展。而信息化建设，尤其是提高会计信息的标准化和透明度，才是应对金融危机的良策。本书的研究内容就是如何建立适合中国企业会计准则的 XBRL GL 分类标准，以帮助实现会计电子账簿化，从而加强企业的内部控制。这一目标的实现，将增加公司财务报告披露的透明度，同时极大地提高企业内部信息处理的效率和能力，促进各单位内部控制规范制度的设计与有效运行。

1.2.2 XBRL GL 定义

按照 XBRL 国际组织的设计目标，XBRL 是一种商业领域内的通用语言。但是，XBRL 最典型的应用显然还是在会计领域。从会计信息供应链角度，XBRL 可以分为两个层次：一个是 XBRL FR，一个是 XBRL GL。XBRL GL 中的 GL 指的并不是通常意义下的“总分类账”(General Ledger)的概念，而是“全球通用账簿”(Global Ledger)的含义，它所涉及的内容更为广泛，还包括各种交易、原始凭证、交易方信息、历史记录等。XBRL GL 能够通过电子账簿记录，与企业目前所运用的相关信息记录方法和技术有机结合，帮助企业提供真实可靠的资料，方便其他信息需求方参考和分析，完成与财务报告的对接，提高各类监管机构的监管能力。

概括而言，XBRL GL 是一种数据流的分类标准，用来表达会计业务和交易所产生的运营资料。它提供了产生财务报表所需的明细资料，也提供了工作底稿、预算报告等报告所需的会计资料。它描述了运营、交易和会计信息的内容和相互关系。

1.3 XBRL GL 发展历程

随着 XBRL 在财务报告层面的成功，研究者开始将 XBRL 的思想和规范应用于账簿系统，这就是 XBRL GL，它也成为国际上的一个研究热点。XBRL GL 根据会计制度与准则，将会计账簿内容分解为不同的信息元素，再根据信息技术规则对信息元素赋予唯一的数据标记，从而形成标准化规范。

1.3.1 XBRL GL 的出现与应用

研究者首先注意到 XBRL GL 账簿信息作为 XBRL 财务信息的“细化作用”。首先，XBRL GL 作为 XBRL 系统与底层专用数据库(如核算系统)的中间层

(Faye B A, 2008),不但有助于 XBRL 信息的“数据下钻”,还有助于实现在合作伙伴之间共享会计底层信息。但 XBRL GL 的实现远比 XBRL 困难,根据对现有 XBRL 报告流程的研究,可以发现 XBRL 中很多功能因为 XBRL GL 的缺乏而无法实现。其次,研究者在最新的成果中还发现了 XBRL GL 作为数据共享“桥梁”的作用。随着 XBRL 实践的深入,研究者发现虽然 XBRL 能够在大部分内容上实现数据共享,但由于不同的准则、不同的 XBRL 分类标准(准则的 XBRL 表述),在某些局部和某些层次形成了新的“巴别塔”,严重影响 XBRL 数据之间的共享和转换,为此,研究者提出了引入 XBRL GL、以账簿数据作为转换中间层的方案和算法。

另一些研究者从会计信息系统的角度发掘 XBRL GL 的潜力。例如,图1-3给出了基于 XBRL GL 中间层的会计信息集成方案。

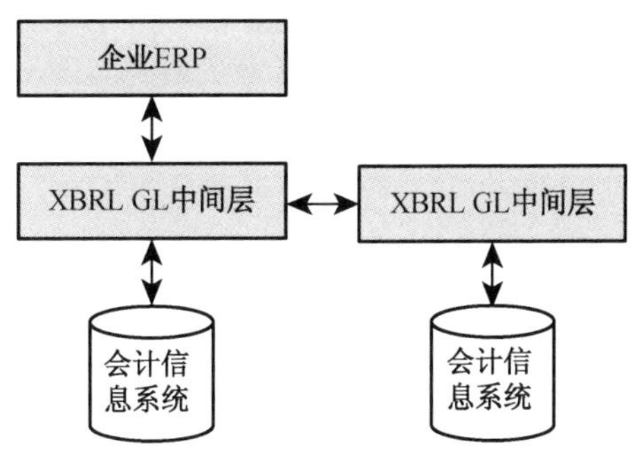

图 1-3 基于 XBRL GL 中间层的会计信息集成方案

现有的会计信息系统难以适应业务的迅速变化(Guan 等, 2013),而 XBRL GL 可以在很大程度上解决这一问题。随着 XBRL GL 的成熟,已经有可能建立一个完全标准、开放的会计信息系统接口,以实现会计工作的透明性,并与 Google 等外部资源对接,最终形成一个开放的、智能的会计信息系统(Henderson 等, 2012)。

XBRL GL 的作用是无可置疑的。研究者基于成本效益模型探讨 XBRL 实践中的收益和问题,发现 XBRL 所面临的大多数问题都可以通过 GL 的实施得到解决或者缓解。包括 SEC(the U. S. Securities and Exchange Commission, 美国证券交易委员会)前主席 Christopher Cox 在内的绝大多数研究者及证券从业人员分别从理论和实践的角度出发,充分肯定了 XBRL 账簿系统的发展潜力,并预期“XBRL 账簿系统和财务报告系统的结合将会进入更深层次的应用”。

XBRL GL 是 XBRL 财务报告的基础理论支撑和必然结果,因此,它的发展受到了 XBRL 财务报告发展水平的支持和制约。美国、日本等发达国家在 XBRL GL 上的研究位于世界前列,美国住房和城市发展部(HUD)、日本的华歌尔(WaCoal)等政府机构和企业完全采用 XBRL GL 重建其会计系统,CaseWare、Business Objects等国际知名 IT 管理企业也都推出了 XBRL GL 的分析、建立和管理工具。

XBRL 国际组织最初根据 XBRL 2.0 技术规范制定了 XBRL GL 1.0,并于 2002 年 4 月 10 日发布。这个版本在 2003 年 9 月 24 日又更新为 XBRL GL 1.1。

接着，在 2005 年的 7 月 12 日，XBRL 国际组织公布了 XBRL GL 分类标准的新版本 XBRL GL 2005，它是基于当时最新的 XBRL 2.1 技术规范制定的，是未来利用 XBRL 处理财务和企业信息进程中的一大飞跃。2009 年，XBRL 国际组织集中发布了 XBRL GL 框架、XBRL GL 框架- SRCD 模块（summary reporting contextual data module，汇总报告上下文数据模块）和 XBRL GL 实例文档解析等一批规范和技术文档，为 XBRL GL 的具体实施提供了解决方案。此外，2008 年发布的 Formula 技术规范和相关技术规范也对 XBRL GL 提供了新的功能支持。

在中国，XBRL GL 分类标准的制定和实施工作还刚刚起步。国内的研究者开始分别从 XBRL 的理论结构、信息不对称和 XBRL 模式绩效及技术理论框架等角度对 XBRL GL 进行探讨，并提出了 XBRL 账簿系统和财务报告系统通用的分类标准建立理论和技术规范体系。有的研究者还从财务报告生成角度探讨了 XBRL GL 的作用。

如今，上海证券交易所和深圳证券交易所的 XBRL 财务报告披露和监管工作已经步入成熟阶段，受金融危机影响，包括 XBRL 和 XBRL GL 在内的会计信息化的研究也受到越来越多的重视，因此无论从客观条件还是主观需求角度，XBRL GL 的研究都正当其时。

1.3.2 版本发展

XBRL GL 自 2002 年推出至今 20 多年以来，随着 XBRL 的发展以及账簿系统本身需求的完善，共出现了 6 个正式版本。每一个版本都具有新的结构和内容，说明 XBRL GL 分类标准的实践是一个不断更新与完善的动态过程。

1. XBRL GL 1.0

2002 年 4 月 10 日，XBRL 国际组织发布了 XBRL GL 的第一个正式版本 1.0。XBRL GL 1.0 分类标准基于 XBRL 2.0 技术规范，其中包括 1 个模式文档、1 个定义链接库、1 个标签链接库和 1 个展示链接库。

在 XBRL GL 1.0 的模式文档中共定义了 51 个元素。在 XBRL 2.0 技术规范中，首次出现了元组（tuple）和元组类型（tupleType），所以 XBRL GL 1.0 就基于这种新机制构建了元素之间的层次结构：总体上共有 6 级，其中前两级元素描述了总括性信息，第一级元素有 1 个，即“会计分录”（accountingEntries），第二级元素有 3 个，分别是“文件信息”（documentInfo）、“实体信息分部”（entityInfoSegment）和“分录信息”（entryInfo）。

XBRL GL 1.0 体现出多语言特征，除给出 51 个英语元素标签外，还给出了 5 个法语元素标签。

2. XBRL GL 1.1

XBRL GL 1.1 于 2003 年 9 月 24 日发布。XBRL GL 1.1 可以视为底层技术

规范驱动的结果，它是随着 XBRL 技术规范 2.0a 的版本变化而产生的。但是，XBRL GL 1.1 的变动不止于此，除细节随技术规范变化外，整体架构也发生了质的变化。原有的 XBRL GL 1.0 在 XBRL GL 1.1 中被称为核心模块（core module，GL-COR），另外还增加了拓展交易概念模块（advance business concepts module，GL-BUS）、多币种模块（multicurrency module，GL-MUC）和美英概念模块（concepts for the US，UK，etc module，GL-USK）等 3 个分类标准模块。

在使用时，既可以单独使用核心模块 GL-COR，也可以用一个“调色板”（palette，PLT）的模式文档将上述 4 个模块进行组合（其中 GL-COR 是必要模块，其他均为可选模块），以满足具体企业、行业或者国家的记录与报告需求。

当发展到 XBRL GL 1.1 时，XBRL GL 的作用已经非常清晰：XBRL GL 以一种标准化的格式来存储会计和业务系统中的数据域，主要用于表示日记账分录、会计主文件等会计领域内容的数据结构。XBRL GL 1.1 的 4 个模块具体内容分别如下。

（1）核心模块：GL-COR 模块的内容为支撑账簿体系的主要概念与关系定义，包含 1 个模式文档、1 个定义链接库、1 个标签链接库和 1 个展示链接库。其中，模式文档中定义了 52 个元素；标签链接库中给出了 107 个元素标签，包括 52 个英语标签、52 个日语标签和 3 个法语标签。GL-COR 沿用了 XBRL GL 1.0 的 6 层结构，其中前 3 层结构中元素与元素关系都未变。

（2）拓展交易概念模块：GL-BUS 模块的内容包括存货信息、实体信息、组织机构详细描述以及与客户、供应商和员工有关的一些概念与关系定义，包含 1 个模式文档、1 个定义链接库、1 个标签链接库和 1 个展示链接库。其中，模式文档中定义了 80 个元素；标签链接库中给出了 160 个元素标签，包括 80 个英语标签和 80 个日语标签。

（3）多币种模块：GL-MUC 模块的内容为本币、外币和汇率相关的概念与关系定义，包含 1 个模式文档、1 个定义链接库、1 个标签链接库和 1 个展示链接库。其中，模式文档中定义了 7 个元素；标签链接库中给出了 14 个标签，包括 7 个英语标签和 7 个日语标签。

（4）美英概念模块：GL-USK 模块的内容为扩展的美式和英式会计概念及关系，包含 1 个模式文档、1 个定义链接库、1 个标签链接库和 1 个展示链接库。其中，模式中文档定义了 13 个元素；标签链接库中给出了 26 个标签，包括 13 个英语标签和 13 个日语标签。

3. XBRL GL 2005

XBRL GL 2005 是第一个基于 XBRL 2.1 技术规范的版本，也是第一个实用的版本。XBRL GL 2005 于 2005 年 7 月 12 日发布。XBRL GL 2005 同样可以视为底层技术规范驱动的结果，它是随着 XBRL 2.1 技术规范的版本变化而产生的。但是，相对于 XBRL GL 1.1 而言，XBRL GL 2005 的总体框架发生了大幅变动，最终形成了一个使用至今的技术架构。XBRL GL 2005 沿用了 XBRL GL 1.1 的模块化结构，XBRL GL 1.1 的 4 个模块也继续使用，但名称分别由 GL-COR、GL-BUS、GL-MUC 和 GL-USK 更名为 COR、BUS、MUC 和 USK。另外，还新增了一个税务审计文件模块（tax audit file module，TAF）和一个通用模块（general module，GEN）。从 XBRL GL 2005 开始，XBRL 国际组织放弃了以主版本和子版本组合的版本编号方式，而采用以发布年份作为版本号的方式。

XBRL GL 2005 的 6 个模块内容分别如下。

（1）核心模块：COR 模块的内容为支撑账簿体系的主要概念与关系定义，包含 1 个模式文档、1 个标签链接库和 1 个展示链接库。其中，模式文档中定义了 113 个元素；标签链接库中只给出了英语标签，同时新增了对每个元素的英语详细说明。COR 模块沿用了 XBRL GL 1.0 的 6 层结构，其中前 3 层结构中元素与元素关系都未变。

（2）拓展交易概念模块：BUS 模块的内容包括存货信息、实体信息、组织机构详细描述以及与客户、供应商和员工有关的一些概念与关系定义，包含 1 个模式文档、1 个标签链接库和 1 个展示链接库。其中，模式文档中定义了 171 个元素；标签链接库中只给出了英语标签，同时新增了对每个元素的英语详细说明。

（3）多币种模块：MUC 模块的内容为本币、外币和汇率相关的概念与关系定义，包含 1 个模式文档、1 个标签链接库、1 个定义链接库和 1 个展示链接库。其中，模式文档中定义了 47 个元素；标签链接库中只给出了英语标签，同时新增了对每个元素的英语详细说明。

（4）美英概念模块：USK 模块的内容为扩展的美式和英式会计概念及关系，包含 1 个模式文档、1 个标签链接库和 1 个展示链接库。其中，模式文档中定义了 15 个元素；标签链接库中只给出了英语标签，同时新增了对每个元素的英语详细说明。

（5）税务审计文件模块：TAF 模块的内容为税务和税务审计相关的概念及关系，包含 1 个模式文档、1 个标签链接库和 1 个展示链接库。其中，模式文档中定义了 10 个元素；标签链接库中只给出了英语标签，同时新增了对每个元素的英语详细说明。

（6）通用模块：GEN 模块的内容为特定于 XBRL GL 的数据类型与枚举值定义。XBRL GL 工作组发现，现有的 XBRL 数据类型难以满足 XBRL GL 的准确需求，所以在 XBRL GL 2005 中定义了 17 种特定于 XBRL GL 的数据类型，如“发票类型”等。GEN 模块仅有 1 个模式文档，其中的许多数据类型是枚举型的，这进一步加强了 XBRL GL 的规范性。例如，“发票类型”的枚举值包括“电子支付终端发

票”“自用发票”等。

XBRL GL 2005 的使用方式与 XBRL GL 1.1 基本相同，既可以单独使用核心模块 COR，也可以用一个“调色板”的模式文档将上述 5 个模块进行组合（其中 COR 是必要模块，其他均为可选模块），以满足具体企业、行业或者国家的记录与报告需求。XBRL GL 2005 提供了 7 种不同的模块组合，包括：

（1）核心模块（case-c）。

（2）核心模块-拓展交易概念模块的组合（case-c-b）。

（3）核心模块-拓展交易概念模块-多币种模块的组合（case-c-b-m）。

（4）核心模块-拓展交易概念模块-多币种模块-美英概念模块的组合（case-c-b-m-u）。

（5）核心模块-拓展交易概念模块-多币种模块-美英概念模块-税务审计文件模块的组合（case-c-b-m-u-t）。

（6）核心模块-拓展交易概念模块-税务审计文件模块的组合（case-c-b-t）。

（7）核心模块-税务审计文件模块的组合（case-c-t）。

4. XBRL GL 2007

XBRL GL 2007 于 2007 年 4 月 17 日发布。XBRL GL 2007 基本上是 XBRL GL 2005 的增强版，总体框架上未发生大的变动，仅是个别模块的概念和数据类型定义有少量增加，另外，提供了正式的技术文档和案例。具体变动内容如下。

（1）增加概念和数据类型定义：在 COR 模块中新增 6 个概念，BUS 模块中新增 9 个概念，GEN 模块中新增 1 个数据类型。

（2）技术文档发布：正式发布《XBRL 全球通用账簿分类标准框架技术架构 1.0 版》（XBRL Global Ledger Framework Architecture 1.0）。

（3）案例：XBRL GL 工作组首次给出了实践性较强的 XBRL GL 应用案例，这些案例的形式是基于 XBRL GL 分类标准产生的实例文档。XBRL GL 2007 给出的案例共有 7 个，包括固定资产列表（Fixed Asset List）、试算平衡表（Trial Balance）、客户发票（Customer Invoices）、员工工时表（Employee Timesheet）、预算与实际成本分析（Job Budget vs Actual）、日记账（Journal Entry）、供应商发票（Vendor Invoices）等。

为了实现 XBRL GL/XBRL FR 合并使用，达到“上卷/下钻”的目标，XBRL GL 工作组于 2009 年 5 月 12 日发布了一个新增模块——汇总报告上下文数据模块（summary reporting contextual data module，SRCD）。SRCD 的目标是将 XBRL FR 表示的汇总数据与 XBRL GL 表示的明细数据相联系。

汇总报告上下文数据模块完全符合《XBRL 全球通用账簿分类标准框架技术架构 1.0 版》，SRCD 模块有 1 个模式文档、1 个标签链接库文档和 1 个展示链接库文档。其中，模式文档中定义了44个元素；标签链接库中只给出了英语标签，同时给出了对每个元素的英语详细说明。

在模块的使用中，XBRL GL工作组“调色板”中新增了一个组合，即在原有最完整的一个组合中增加了SRCD模块，形成了一个新的组合——“核心模块-拓展交易概念模块-多币种模块-美英概念模块-税务审计文件模块-汇总报告上下文数据模块的组合”(case-c-b-m-u-t-s)。在这个新的模块组合中，由于有部分SRCD模块重复出现，元素声明模式文档定义的44个元素共计出现了56次。

另外，为了说明SRCD的作用，XBRL GL工作组新增了3组作为案例的XBRL GL实例文档。每一组都包括1个仅使用XBRL GL的实例文档和1个与之对应的XBRL FR实例文档，其中XBRL GL实例文档中不但包含了纯粹的账簿明细数据，还包含了基于SRCD的XBRL GL/XBRL FR数据关系链接。

5. XBRL GL 2010

XBRL GL 2010于2010年4月12日发布。XBRL GL 2010基本上是XBRL GL 2007的增强版，总体框架没有变化，概念、数据类型、术语等技术细节也变动极小。具体变动内容如下：

(1) 增加数据类型定义：GEN模块中的数据类型定义新增9个。

(2) 文档更新：发布《XBRL全球通用账簿分类标准框架技术架构1.1版》(XBRL Global Ledger Framework Architecture 1.1)。

(3) 标签链接库：增加了日语标签链接库。

(4) SRCD：在XBRL GL 2010中未包含SRCD模块。

6. XBRL GL 2015

XBRL GL 2015于2015年3月25日发布。XBRL GL 2015除SRCD与极少数内容外，基本与XBRL GL 2010相同，具体变动内容如下：

(1) 数据类型定义更新：XBRL GL 2010的GEN模块中有一个数据类型“分录集合类型数据项类型”(entriesTypeItemType)，其取值为枚举值。在XBRL GL 2015中，这一数据类型的名称和定义方式都没有变化，只是枚举项增加了5项。

(2) 概念定义更新：TAF模块中的概念“原始文档类型”(originatingDocumentType)在XBRL GL 2010中，其类型为“原始文档类型数据项类型”(gl-taf：originatingDocumentTypeItemType)，在XBRL GL 2015中，其类型为“文档类型数据项类型”(gl-gen：documentTypeItemType)。

(3) SRCD：在XBRL GL 2015中，SRCD模块又被加入。另外，相对于XBRL GL 2007，XBRL GL 2015中的SRCD元素数量增加了13个。

(4) 案例：新增2个案例，分别是“纳税调整”(Journal Entry Book-Tax)和“规范化供应商发票”(Vendor Invoices Normalized)。

XBRL GL 各版本的总体比较如表 1-1 所示。

表 1-1　XBRL GL 各版本比较

版本	发布日期	XBRL 技术规范版本	包含模块	元素数量	标签语言
1.0	2002 年 4 月 10 日	2.0	整体	51	英语、法语（部分）
1.1	2003 年 9 月 24 日	2.0a	GL-COR、GL-BUS、GL-MUC、GL-USK	152	英语、日语、法语(部分)
2005	2005 年 7 月 12 日	2.1	COR、BUS、MUC、USK、TAF、GEN	373	英语
2007	2007 年 4 月 17 日	2.1	COR、BUS、MUC、USK、TAF、GEN、SRCD	433	英语
2010	2010 年 4 月 12 日	2.1	COR、BUS、MUC、USK、TAF、GEN	398	英语、日语
2015	2015 年 3 月 25 日	2.1	COR、BUS、MUC、USK、TAF、GEN、SRCD	455	英语、日语

表 1-2 给出了各个模块的变动状况，主要以概念数为考察依据。

表 1-2　XBRL GL 各模块发展

版本	COR	BUS	MUC	USK	TAF	GEN	SRCD
1.0	√（51 个元素）						
1.1	√（52 个元素）	√（80 个元素）	√（7 个元素）	√（13 个元素）			
2005	√（113 个元素）	√（171 个元素）	√（47 个元素）	√（15 个元素）	√（10 个元素）	√（17 个类型）	
2007	√（119 个元素）	√（180 个元素）	√（47 个元素）	√（15 个元素）	√（10 个元素）	√（18 个类型）	√（44 个元素）
2010	√（119 个元素）	√（180 个元素）	√（47 个元素）	√（15 个元素）	√（10 个元素）	√（27 个类型）	
2015	√（119 个元素）	√（180 个元素）	√（47 个元素）	√（15 个元素）	√（10 个元素）	√（27 个类型）	√（57 个元素）

注：√表示该版本包含此模块。

1.4 现有研究概况

XBRL GL 目前应用尚少，因此相关研究也还不够丰富。同时，XBRL GL 方面的研究还比较零散，难以形成明确的方向。在 XBRL GL 领域，对现有研究存在两种分类方式。

第一种分类是一种比较通用的分类，即从应用层次分类。按应用层次分类，XBRL GL 领域的研究可以分为 3 个方面：技术基础、分类标准和应用。其中，技术基础研究如何制定 XBRL GL 分类标准以及如何制定中国的 XBRL GL 分类标准，范围涵盖整体性的建议以及对制定 XBRL GL 分类标准中的技术问题进行探讨，诸如：总分类账元数据、本体论以及基础技术方案的选择。分类标准的研究概括性地描述 XBRL GL 的概念、作用和发展进程，主要是 XBRL 国际组织颁布的 XBRL GL 各种版本的分类标准以及实例文档，以及各国自主制定的相关分类标准。应用研究包含对 XBRL GL 的应用进行相关的学术探讨，主要从与 ERP（Enterprise Resource Planning，企业资源计划）整合、审计、数据挖掘、风险防范等一个方面或多个方面探讨 XBRL GL 的具体应用。

第二种分类是 XBRL GL 领域内特有的分类方法。XBRL GL 是 XBRL FR 的伴生物，某种意义上也是 XBRL FR 需求的物化。按照 XBRL GL 与 XBRL FR 的关系，XBRL GL 可以分为与 XBRL FR 合并使用的研究方向和 XBRL GL 独立使用的研究方向。

1. XBRL GL 与 XBRL FR 合并使用的研究

XBRL GL 是面向交易层面会计信息的标准，它的应用前景首先是与 XBRL 财务报告紧密联系的。

（1）账簿→报告：XBRL GL 与 XBRL 财务报告配合应用，并且在相应的软件支持下，通过自动分类、汇总、检索、传递和列示自动生成财务报告，实现“账簿→报告”的自动化组织流程（Lehmann C M，2007）。在这个流程中，XBRL GL 解决了不同软件系统之间数据的交换问题，实现会计数据的共享，将大量减少人工成本和二次数据输入的失误，实现网络财务报告编制的流程化，为实现上市公司网上在线的及时报告奠定基础。如图 1-4 所示。

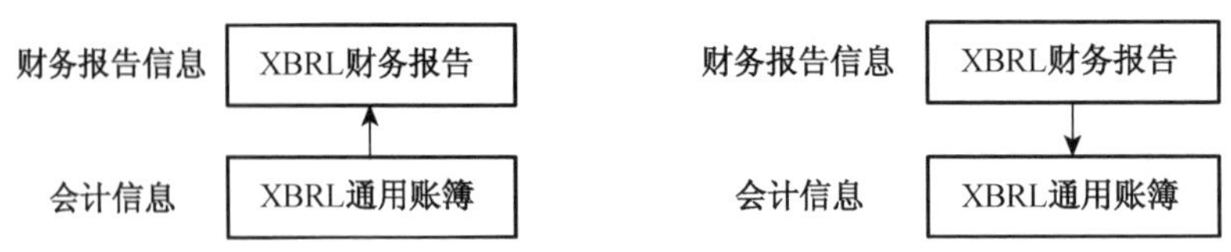

图 1-4 XBRL 环境下的报告生成流程　　**图 1-5 XBRL 环境下的报告分析流程**

(2) 报告→账簿:XBRL GL 收集分类账信息、明细会计信息乃至非财务信息,可以建立与 XBRL 财务报告之间的灵活链接。因此,XBRL GL 能够建立从财务报告信息到分类账信息,从分类账信息到交易事项的会计信息关联,这就意味着可以从报告各项目的数据“下钻”至相关明细信息,即实现“报告→账簿”的自动化分析流程。报告的阅读者将不再仅仅接触抽象的汇总数据,而是可以追溯其来源,动态地接触相关明细数据,更好地进行分析和决策。如图 1-5 所示。

XBRL GL 最早是随着 XBRL FR 的兴起而受到研究者关注的(Hannon N,2003)。

在 XBRL 出现并成功应用之后,就自然产生了两个想法:其一是 XBRL 的原理是否可以拓展到账簿系统,其二是能否为作为总结性数据的财务报告提供细节数据支持。两个想法都指向了 XBRL GL。所以在 XBRL 系列技术中,XBRL GL 有两个角色,一是作为 XBRL 技术在账簿领域的延伸应用;二是为 XBRL 财务报告提供“数据下钻”。前者是技术角度定位,而后者则是从业务流程角度定位。然而,在 XBRL GL 落地的过程中,研究者有了新的发现。首先,从技术角度,人们发现 XBRL GL 所记录对象的特殊性,在 XBRL 中比较先进的“维度”方案并不适用,反而需要退而求其次,回到 XBRL 中比较落后的“元组”方案;其次,从业务角度,人们发现 XBRL GL 不仅仅可以支持单个财务报表的细化,还可以进一步支持报表之间的比较。这些都启发了研究者去拓展 XBRL GL 独特的领域。

Pei D 和 Vasarhelyi M. A.(2020)探讨了基于 XBRL GL 实现会计信息系统数据挖掘的适用性,并认为 XBRL GL 有潜力用于提供从用户的分类账到一般分类标准的更为完备的映射,不仅包含日期、账户、交易量,还包含控制和数据源信息,最终实现基于 XBRL GL 对于数据信息进行的数据挖掘。

2. XBRL GL 独立使用的研究

除了作为 XBRL 的补充和辅助,随着研究的深入,XBRL GL 作为一项独立理论和技术的价值也逐渐凸现。

(1) 连续审计:审计研究者首先意识到 XBRL GL 对于实现连续审计的价值。Kogan 等(1999)等将连续审计定义为在相关事项发生的同时或稍后进行审计的一种审计类型。XBRL 账簿系统不改变企业的原有信息系统,而是在原有系统的上层增加一个 XBRL GL 中间层,相关事项发生时,企业信息系统中的数据可以通过中间层实时、自动地转化为 XBRL GL 格式并发送至审计单位,从而以较低的成本妥善地解决了连续审计的技术基础问题。XBRL GL 刚一出现,审计领域的研究者就敏锐地注意到它对于连续审计的作用(Elliott R,2002)。Pinsker(2003)分析了审计师对 XBRL 不感兴趣的原因,认为只有将 XBRL 的范围扩展到账簿层次,才有可能真正对审计产生作用。Allison 等(2021)说明,XBRL GL 是电子商务时代审计方法的技术基础。而在最新的研究成果中,研究者已经结合 XBRL 和 XBRL GL,通过网络服务等信息技术,提出连续审计的实现模型(Eulerich 等,2018;Loannou 等,2021;Da Silva 等,2022),如图 1-6 所示。

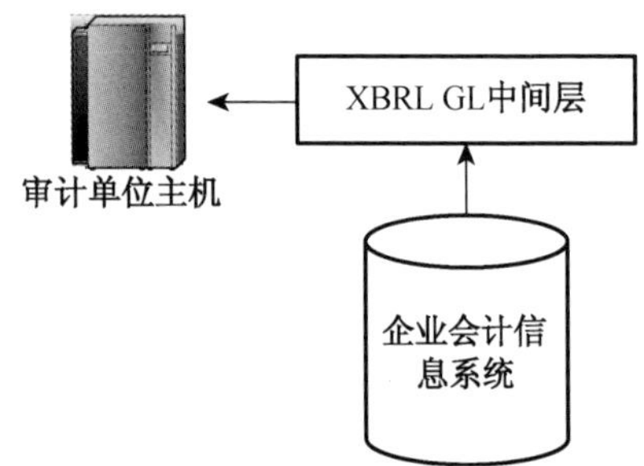

图 1-6　基于 XBRL GL 中间层的连续审计实现方案

(2) 会计信息集成:在实施 ERP 的企业中,会计信息系统只是 ERP 中的一个子系统。在 ERP 系统中,数据采集的方式、会计凭证的生成方式、成本核算体系和会计信息输出形式均与独立的会计信息系统大不相同。ERP 系统还特别要求实现外部信息交流(如合作企业之间)。在实施 XBRL GL 之后,ERP 层可以通过 XBRL GL 层与会计信息系统交互,使得多样性问题通过 XBRL GL 的统一接口得到解决。

XBRL GL 有助于解决企业信息系统的整合问题。几乎所有的上市公司都有着复杂的组织架构,在其控制范围之内有相当多数的子公司。这些子公司有自己独立的会计信息系统,如果这些企业是通过兼并进入或离开上市公司的控制范围,在产权性质和组织架构变更的同时,也需要企业的信息系统随之改变。如果应用传统技术,这样的信息系统更新是一件需要高投入、非常繁琐的工作。但是,如果用 XBRL GL 构造一个规范数据中间层,用于子公司会计信息系统和母公司 ERP 之间的数据映射,就能够实现母子公司之间一种灵活的系统组织方式,使得子公司可以不改变原有的信息系统结构也可以“接入”或“分离出”母公司的信息系统。

XBRL GL 还有助于实现企业内部信息系统与外部数据资源之间的整合。企业在进行决策时,同时需要来自企业内部和外部的信息。在现有技术体系中,企业内部信息主要由一个规范、封闭的 ERP 系统提供,而企业外部信息既有来自各种网络开放环境的,也有来自各种商业数据库的。这些内外部信息的生成和管理互相独立,其内容和形式五花八门,互相之间的冗余或冲突比比皆是。同样的,如果用 XBRL GL 构建一个包括各类信息的规范数据中间层,就可以实现包含内外部信息的灵活整合效果。

作为 XBRL GL 工作组的主席,Garbellotto G(2009)发表了一系列阐述 XBRL GL 应用潜力的文章,内容包括 XBRL GL 服务于财务分析、XBRL GL 在建筑业成本会计的应用、XBRL GL 与交易层的交互、基于 XBRL GL 的软件开发等。在现有的技术族中,XBRL GL 在整合和表示在国际环境下提供不同服务的机构组织中具有特殊优势;XBRL GL 在追踪项目的成本时,作为一种重要手段,可以被通用和跨平台软件读取和解析;对支持 XBRL GL 的软件的研究和开发,能够降低繁冗的企业

内部电子文档等一系列问题；XBRL GL 还能够在公司内部的各种数据如交易、文档、报告之间建立联系的桥梁。此外，XBRL GL 可以将公司的各种会计和商业信息包括交易活动都整合到商业报告或审计报告中去。Amirul 等（2022）认为，与 XBRL FR 相比，XBRL GL 受到的关注较少，但实际上 XBRL GL 可能给企业自身带来更多的潜在的收益，因为 XBRL GL 不仅可以使利益相关者与市场获得更加透明的外部报告，而且可以作为一个元数据枢纽（以方便各系统之间的交互），作为来自不同系统的数据的共同的形式（以便于共同的工具与控制），实现无缝的审计跟踪的工具，跨越不同系统之间间隔的桥梁。笔者最后指出，公司管理层有责任着眼于长期利益而选择根本性的解决方案（XBRL GL），而不是着眼于短期利益而选择最简单的方案。Denise G. Amrhein 等（2009）引入一个 Resource-Event-Agent（REA）模型对 XBRL GL 分类标准进行了扩展，证明通过 REA 语义模型来扩展 XBRL GL 分类标准是可行的、可重复的（Church K，2008；Gailly F，2008；Tod S，2008）。经过扩展的分类标准能够适应更加复杂和实时的商业报告。

1.5　XBRL GL 技术发展

作为一个 XBRL 领域内较新的、具有重大意义的研究方向，XBRL GL 必将获得越来越多的关注，也会产生越来越多的成果（Alles M，Debreceny R，2012）。

1. 未来的技术发展方向

作为 XBRL 领域的技术，XBRL GL 的发展必然是与 XBRL FR 密不可分的，同时 XBRL GL 也能够保持相当的技术独立性。仅就 XBRL GL 本身的技术潜力而言，其发展将表现在如下 5 个方面。

（1）XBRL 账簿系统/财务报告系统的会计信息接口：具体研究内容将包括会计信息与财务信息的需求综合、企业内基于 XBRL 账簿系统/财务报告系统的报告生成与合并，以及企业间基于 XBRL 账簿系统/财务报告系统的报告分析等。

（2）XBRL 账簿系统/XBRL 财务报告系统集成与会计趋同的实现研究（Ana 等，2014）：具体研究内容将包括以 XBRL 账簿系统/XBRL 财务报告系统为工具实施中国会计准则、以 XBRL 账簿系统/XBRL 财务报告系统为工具进行中国与国际会计准则转换、XBRL 账簿系统与交易事项的集成，以及 XBRL 财务报告与外部资源（Google 等）的集成等。

（3）连续/实时审计的原理、实现与绩效研究：具体研究内容将包括现有连续/实时审计的理论与模式分析（Behn B K，2011），“XBRL 财务报告→XBRL 账簿系统”的会计信息驱动模型的构建，审计事项实时收集、分类与分发，XBRL 账簿系统会计元素与交易事项之间的细化与归集，以及基于 XBRL 账簿系统的连续/实时审计中的信息安全等(Alles M, 2006)。

(4) 新版本 XBRL GL 分类标准研究：具体研究内容将包括 XBRL GL 分类标准的版本控制与兼容性、XBRL GL 分类标准框架与技术架构、XBRL GL 分类标准与应用软件体系结构、结合 RDF/本体论创建基于语义网(Semantic Web)的 XBRL GL 分类标准架构，以及 XBRL GL 分类标准与 XBRL GL 数据建模等。

(5) XBRL 账簿系统与《信息技术核算软件数据接口》的对接：具体研究内容将包括中文元素与英文元素/中文标签(信息元素的映射)、通过 XBRL 账簿系统链接库对 XBRL GL 实现表达能力的扩展、利用 XBRL 账簿系统组件式结构实现现有会计系统的灵活性，以及 XBRL 账簿系统数据与现有会计系统的互操作等。

2. XBRL GL 的研究方法

XBRL 是会计与计算机科学的交叉方向，作为子集的 XBRL GL 也符合这一特征。因此，与 XBRL GL 相关的研究采用下列方法和形式。

(1) 采取多学科联合攻关的研究模式。XBRL 是会计思想和计算机技术互相促进、互相成果转化的结果(Janvrin D, 2009)。从会计研究的角度看，不能受限于目前现有技术发展阶段的限制，必须前瞻性地基于未来技术(成熟的 XBRL 及相关技术)的能力；从计算机技术的角度看，需要根据会计研究的要求指出未来发展的方向和高度，但又不能漫无边际地假定其能力范围。所以，XBRL GL 的研究要求会计研究者与软件研究者相结合，会计研究者提出对技术的需求，并根据对技术及发展的理解设计报告模式；软件研究者实现或证明会计研究者所需要的技术(Apostolou 等，2014)。

(2) 理论研究与实验研究相结合。XBRL GL 在研究中，应在每一阶段搭建实验系统以充分证明理论的可行性，进而设计实验方案，选择实验材料，分别进行 XBRL 账簿系统、信息市场、审计和会计元素集成等类型的模拟实验。实验将检验对提高财务报告使用效率、减少会计差错、减少执行会计任务时间、增强监管效果、提高审计质量、提高信息有效性、连续/实时审计实现和会计趋同等方面的绩效。实验的结果不但可以作为理论预期的检验，还可以发现新的研究方向。

(3) 实验研究与技术研究相结合。XBRL GL 研究的大多数内容都基于以软件为主的实验系统，因此攻关重点是实验系统的设计与建立。实验系统建立的条件包括数据条件、软件条件、硬件条件和环境条件。数据条件主要指数据类型全面的海量数据库；软件条件指应具备多方面、多功能的 XBRL GL 应用软件和必备的平台软件；硬件条件主要指较高层次的服务器、工作站和网络条件；环境条件指具有一定空间与技术条件的会计实验室、一定数量具有丰富研究与工作经验的研究者和实验人员。

XBRL GL 的研究已经吹响了号角。现在，包括会计人员、计算机人员和信息

管理人员都已经参与了 XBRL 以及 XBRL GL 的研究中。在 XBRL 的研究中，会计报表项目和财务报告中最复杂的部分——会计报表附注项目的建模已经完成，XBRL GL 也已经形成了成熟的技术架构。XBRL GL 的可行性、有效性和特有优势终会得到体现和证明。

第 2 章

XBRL GL 的技术基础:元组与维度的比较

在复合元素建模中,现有的 XBRL GL 架构大量、广泛使用元组这种早期技术。与 XBRL FR 在复合元素的建模中转向维度方案不同,XBRL GL 并没有制定一个基于维度的架构。本章说明,针对 XBRL GL 所表达的特定信息类型,元组机制相对于维度机制而言,具有不可替代的优势。这种探讨不但有利于 XBRL GL 的发展,还为 XBRL 整个领域的技术发展与选择提供了一种新的研究思路。

2.1 关于 XBRL GL 的技术争论

在 XBRL 技术领域,有关于元组(tuple)和维度(dimension)孰优孰劣的问题一直处于争论中。这不仅对于 XBRL GL 而言是一个重大问题,对于 XBRL 所有应用都具有基础性的重要意义。事实上,在一般意义上对两者进行总体评价是不可行的,必须针对具体的使用条件考察两者的适应性。所以,应该基于 XBRL GL 的使用条件进行探讨,则结论是:相较于维度机制,元组机制更适应于 XBRL GL。

"为什么 XBRL GL 还没有转换至维度",这是一个在 XBRL 研究领域被经常提到的问题。在许多人看来,将 XBRL GL 转换至维度机制似乎是一个很自然的选择。这是因为目前 XBRL FR 已经基本上从元组机制完全转换至维度机制,XBRL GL 作为 XBRL 的一种应用,虽然现在 XBRL GL 使用元组机制,但未来顺应 XBRL FR 的发展趋势,从元组机制转换至维度机制难道不是顺理成章吗?

之所以产生这种直线式的思维,是因为大多数研究者和从业人员没有真正深入理解 XBRL GL 的本质特征与存在条件。XBRL GL 与 XBRL FR 具有结构上的本质差异,XBRL GL 主要用于记录时序事项的明细数据,而 XBRL FR 主要用于记录在一个时点上的汇总数据。所以,XBRL FR 转向维度并不意味着 XBRL GL 也应该转向维度。所以,笔者的主要贡献也就在于基于现实而非一般性假设探讨 XBRL GL 所应采用的技术机制。

本章余下内容完整地分析了 XBRL GL 的应用环境与对应的技术方案,并详

细阐述 XBRL GL 不基于也不转向维度的原因。这些分析不但从理论的角度进行论述,同时也给出了具有较强实践性的案例。

进一步地,就 XBRL 作为一个整体而言,XBRL GL 也起着不可替代的作用。一方面,XBRL GL 可以被视为一个元组和维度技术对接的途径。在现有的 XBRL GL 框架中,有一个汇总报告上下文数据模块(summary reporting contextual data module, SRCD),这个模块提供了一个显式的、直接的方法,将 XBRL GL 表达的细节性数据与 XBRL FR 表达的汇总数据相连接①。因为 XBRL FR 中存在维度相关的内容,XBRL GL 中存在元组相关的内容,所以这种连接必然包含维度与元组的对接与转换方法。从 XBRL GL 本身的作用看,无论在创建最终报告分类标准是采用何种技术机制(元组、维度,还是两者的混合使用),XBRL GL 都应该能够提供一种将底层细节性数据与报告分类标准相连接的方法。另一方面,从 XBRL 整体看,XBRL GL 实质性地提供了一种合并使用维度和元组的方法,这至少为元组和维度之间的两难选择提供了一种新的选项。

使用 SRCD 模块连接 XBRL GL 和 XBRL FR 具有深刻的理论意义:它实际上给出了一种在报告中层次结构(基于元组)和维度数据共存的方案。在许多情况下,如果一个严格基于维度架构的财务报告分类标准不能提供足够的灵活性,则将 XBRL GL 和 XBRL FR 数据混合使用是一个很好的替代方案。实际上,元组与维度的选择并不是一个非黑即白的两难问题,而是存在灵活的第三种选择。这恐怕是元组与维度孰优孰劣这个问题的最佳答案。

2.2 技术争论的由来

在现有的 XBRL GL 框架中,对复合元素的表达广泛采用了元组机制。一方面,这种机制能够表达具有高度分层性质的信息,并使用常见的 XML 模式文档内容模型进行建模。另一方面,许多财务报告分类标准的设计人员已经认识到,元组这种 XBRL 早期的技术机制具有非常明显的缺陷,并且这种缺陷在财务报告应用中是难以克服的。2005 年,XBRL 技术社区推出了一种用于扩展上下文

---

① 严格地说:SRCD 既不属于 XBRL GL,也不属于 XBRL FR,因为它本质上是 GL/FR 之间的通信机制。但是,由于如下两个原因,XBRL 技术社区将 SRCD 划入 GL 的范围:第一,SRCD 是伴随着 GL 出现的。如果仅有 FR,SRCD 显然没有出现的理由;只有 GL 的产生,才出现对 SRCD 这样一种通信机制的需求。第二,SRCD 更多的是一种从 GL 到 FR 的单向通信机制。由于 GL 是明细数据,FR 是汇总数据,在逻辑上,只能表示从 GL 项目到 FR 项目的"多对一"关系。所以,SRCD 中,大多数内容是基于 GL 项目对 FR 项目的表示和描述。第三,SRCD 更多地使用 GL 的基础技术,而不是 FR 的基础技术。从技术角度看,SRCD 是以元组对维度进行描述的。

元素表达能力的新机制——维度。但随着 XBRL 研究与应用的深入,人们发现维度可以用于表达复合元素,这种方法恰好可以克服元组的缺陷。XBRL 国际组织最重要的成员——XBRL US UGT(美国公认会计准则分类标准)团队——已经在分类标准设计中使用维度机制替代元组机制。另外,许多 XBRL 应用者、包括 COREP 通用报告也已经采取了类似的方法。而那些尚未转换至维度的 XBRL 项目,例如,荷兰分类标准开发项目,也发现自己面临着越来越大的、从元组转换至维度的压力。

面对这种情况,XBRL 国际组织的态度很耐人寻味。一方面,XBRL 技术规范的稳定性要受到尊重和维护。元组是 XBRL 2.1 技术规范中出现的标准机制,也是 2.1 之前版本中没有的技术机制。XBRL 2.1 是迄今为止 XBRL 领域唯一的实用版本,并且保持了高度的稳定性,自 2003 年 12 月 31 日颁布以来,仅有少量修正和微调,在 2008 年 7 月 2 日后保持稳定。这种稳定性是 XBRL 普遍应用的基础。尽管对 XBRL 的新需求层出不穷,但为了维护这种稳定性,在 2008 年以后,XBRL 国际组织更多地采取保持基础技术规范不变、增加扩展技术规范的做法。如果直接承认元组机制的缺陷,在 XBRL 规范中取消元组机制将导致基于 XBRL 的软件、系统等重新设计、编制、运行、向前兼容等一系列问题。另一方面,维度的采用并没有挑战 XBRL 技术规范整体的稳定性。XBRL 技术规范中的各种机制的使用是选择性的,而不是强制性的,并且维度本身也是 XBRL 早期提出的、稳定性较强的机制。所以,XBRL 国际组织既鼓励对维度机制的全面使用,同时也不明确表示对元组机制的全面否定。

基于这些原因,XBRL 国际组织对 XBRL 2.1 技术规范的稳定性给出了一个特别解释:"……从这些经验中可以明显得到一个结论,即 XBRL 技术规范中所有方面都是有用的、几乎没有一个是多余的。我们相信此时修改技术规范将导致不必要的破坏性,妨碍 XBRL 在世界各地的采用和实施。"

尽管如此,在 XBRL FR 领域维度实际上已经取代了元组,元组已经处于实质上的废弃状态。而 XBRL GL 分类标准于 2005 年颁布后,一直采用元组机制。所以,在维度普遍得到采用之后,一些 XBRL 技术社区就自然提出疑问:"为什么 XBRL GL 不开始使用维度并停止使用元组?"

但是,无论是在含义、概念性的基础信息、设计方式等方面,还是 XBRL 技术的应用等方面,维度都不适用于 XBRL GL 所表达的大规模信息的建模,基于维度的分类标准也不是替代元组的合适工具。虽然元组具有明显的缺点,但在 XBRL GL 的使用范围,元组的优点得以充分体现,基本满足了 XBRL GL 的要求。当然,XBRL GL 并不排斥基于维度的分类标准的应用。在对维度进行适当修正后,其可以作为一种明细数据与汇总数据之间非常有力的交流工具,甚至能够提供表达针

对明细数据的验证能力(Bollen 等,2006)。

2.3 技术选择:元组 *vs* 维度

一般来说,XBRL 被称为“扁平”的 XML。在 XBRL 中,作为主体的数据项元素一般没有层级结构,除了元组之外,所有数据项元素都“平铺”于根元素之下,这些元素之间的关系由链接库表达。显然,这种 XML 使用方式并不是 XML 的典型使用方式。但是,元组却沿用了 XML 的典型使用方式,它是一种完全使用 XML 模式文档中树形内容模型来表达复杂的(分层)信息的建模方式。

2.3.1 元组的特征与缺点

从某种意义上讲,元组和维度一样,是 XBRL 领域发展中的产物。在 XBRL 2.1 技术规范以前,元素之间层次关系都是由展示链接和定义链接所表述的,在 XBRL 2.1 技术规范中,引入了元组机制,从而一些具有较多层级的复合关系由元组这种层状的、XML 复杂类型结构所表述。而维度则是一种 XBRL 2.1 技术规范之外的附加机制,它最初用于对 XBRL 上下文元素(context)中分部子元素(segment)和场景子元素(scenario)的内容进行建模、表述和验证。后来,人们发现,用维度来表达元素之间的复合关系比元组更适合,因此,现在元组逐渐退出了财务报告领域的建模。元组的主要缺点如下。

1. 低可扩展性

元组难于扩展。当需要扩展元组内容时,无论是使用 XML Schema 所提供的工具,如使用 redefine 元素(重定义语句)实现,还是使用 XBRL 所提供的工具,如使用定义链接中的 similar-tuple(相似-元组)关系实现扩展,实质上都在重新定义了一个元组,而不是在原有内容的基础上增加部分内容以实现扩展。

2. 元数据与数据的混淆

在元组中,元数据和数据的地位是相同的,进而使得分类标准和实例的界限变得模糊。有时,元组会实际上起到一种扩展分类标准的简便方法的作用,这时,元数据就会无法避免地在实例中以元组子元素的方式表达,而不是在分类标准中以定义形式进行表达。

3. 二义性

元组实际上提供了一种某些情况下应由维度表达的表达方式,这在技术上构成较大的模糊性。仅就表达能力而言,维度的能力实际上强于元组。

4. 冗余性

在理论上,维度的规范化能力强于元组;在实践中,支持维度的工具比支持元组的工具更丰富。现在的技术市场中已经出现了许多成熟的、以维度表达复合信息的工具，并且通过前期的成功应用，开发人员也更有信心设计出更多更好的工具。但支持元组的工具一直不太成熟。

5. XBRL项目的支持

XBRL领域内许多新的技术规范，如公式（formulas）和版本（versioning），都更多地基于上下文相关的信息，从而无论是这些技术规范本身还是支持这些技术规范的工具，都更多地使用和支持维度；相反，这些项目很少基于元组进行开发。例如，版本技术规范不能包含所有XML/XML模式的差异内容，特别是在具有较多层级关系的模式定义中，版本技术规范的支持能力不足，这就使版本技术规范描述元组元素演变的能力不足。公式技术规范是XBRL领域内重要性仅次于基本技术规范的扩展规范，理论上讲，公式技术规范具有几乎无限的表达能力和创建能力，但公式技术规范不能基于已有元组产生新的元组，这使得元组在公式技术规范中的应用也受到极大限制。

2.3.2 维度的特征与缺点

基于这些问题，许多研究者认为：如果XBRL GL仍然使用元组机制，则不但受限于元组的缺点，还使得元组无法充分利用XBRL新机制和新技术规范的能力。但是，一些研究者也反对不加区别地将所有元组应用都转换至维度应用。维度也具有明显的缺点。

1. 泛元数据化

维度同样会造成数据与元数据的混淆（B-Ponte等，2007）。与元组效果相反的是，维度使得许多本应作为数据的内容被转移至元数据中。许多数据被迫必须置于分类标准中。例如，基于记录的信息中的关键字或索引域，都是可以自由取值的数据，并且不具有描述其他数据的元数据含义，但为了保证这些域的取值唯一性[①]，必须作为元数据置于维度结构中。

2. 泛上下文化

维度会造成背景数据与事实内容的混淆。在XBRL中，上下文元素是一类特殊的辅助性元素，其本意是提供实例存在的背景和条件，如事实存在的时间条件、主体条件等。但如果使用维度机制，许多数据本身的、与存在条件无关的信息也必须置于上下文元素中，这就使得上下文元素的含义变得模糊。例如，在那

① 所谓取值唯一性，是指一个字段的所有实例取值都各不相同。例如，“身份证号码”是一个具有取值唯一性的字段，“姓名”则不是一个具有取值唯一性的字段。只有具有取值唯一性的字段才能作为关键字。如果一个概念的所有字段取值都不具有唯一性，则可以由几个字段组成一个复合关键字，这里同样要求字段的组合具有取值唯一性。

些基于记录的信息中,关键字或索引信息必须放在上下文元素的分部子元素或场景子元素中,但这些关键字或索引的含义可能与分部或场景的含义毫无关系。

2.4　现有维度方案的优点及排他性

在进行维度/元组技术的选择时,常见的方法是将其作为一种两难选择,即只能两者选其一。那么,虽然维度较优,为什么不能合并使用维度和元组,或者至少提出一种相容性方案呢?在目前使用维度的分类标准方案中,都实质性地采取了维度这一单一表达复合元素的技术,这是因为存在以下因素。

1. 美国地区组织的示范效应

XBRL美国地区组织在开发美国公认会计准则XBRL分类标准(US GAAP XBRL Taxonomy)中使用维度替代元组,构成了一种单一技术体系,后来者纷纷效仿。

2. 特定于XBRL的扩展机制

维度提供了一种方法,能够基于XBRL分类标准而非依赖XML模式的扩展工具来实现复合信息的扩展,而XML模式的扩展机制一直未能得到XBRL技术社区的一致认可。

3. 开发成本问题

许多XML领域著名的研究者提出,如果每个分类标准都从使用元组转换至使用维度,XBRL设计将变得更简单,软件开发人员的负担也将更小。显然,如果采取相容性方案,则除了分别支持维度和元组,还要支持两种技术的协调和对接,必将导致双倍,甚至更高的开发代价。

4. 枚举值的扩展机制

维度能够解决XBRL领域内大多数扩展问题,特别是在枚举值的扩展中。XBRL GL在其技术架构GLTFTA(Global Ledger Taxonomy Framework Technical Architecture,全球通用账簿分类标准框架技术架构)文档中指出,XBRL GL的模式文档是模块化并需要特定的方法进行模块划分,以便于修改、使用枚举值和添加新模块,但同时付出了重新组织整个分类标准内部模块的相互关系的代价。如果使用维度,这些关系组织就会更简单。

5. 维度技术的主流特征

维度是当前的"热点"技术,它获得了许多分类标准开发项目的强烈支持,并具有比元组更多、更好的工具选择。选择单一的维度方案在开发中显然可以获得更多的资源。

2.5 维度对于 XBRL GL 应用的适应性分析

一方面，尽管维度在 XBRL FR 中的表现优异，并已经逐渐替代元组技术，但是，XBRL GL 是一种与 XBRL FR 具有较大差异的应用，在 XBRL GL 中，维度在 XBRL FR 中的优势无法体现出来，反而带来了一些新的问题。另一方面，元组技术虽然在 XBRL FR 中有难以克服的缺陷，但这些缺陷对 XBRL GL 的影响不像 XBRL FR 那么大，相反，元组结构的特征却体现出不可替代的优势。

2.5.1 XBRL GL 应用环境与维度

考察 XBRL GL 特有的应用环境，可以发现，虽然 XBRL GL 是 XBRL 的子集，但与 XBRL FR 的应用环境有本质区别。虽然 XBRL FR 是 XBRL 最典型和常见的应用，但它实际上是 XBRL FR、XBRL GL、内部控制、税务以及其他所有应用的共同的技术基础。所以，从这个意义上，所谓 XBRL 转向维度是一个伪命题，它的实质只不过是 XBRL FR 转向维度。尽管 XBRL FR 转向维度具有重大意义，但它也不能被用来作为 XBRL 整体转向维度的必然理由。每种 XBRL 应用具有自身的信息特征，从而选择不同的技术基础，这才是一种正确的思路。维度不适用于 XBRL GL 的主要原因如下。

1. 维度的设计目标与应用场合

维度的设计目标不是表达高度分层化的明细数据。维度支持并验证特定于分部/场景的组织(Bonson 等，2015)。分部/场景的含义在 XBRL FR 中非常清晰，被纳入分部/场景的元素既具有分部/场景的内涵，也同时具有这两类元素应该具有的数据结构。另外，以分部/场景为描述维度的数据都是汇总信息，这与 XBRL GL 的应用环境也是不相符合的。

2. 维度的应用方式

实际上，XBRL GL 不是不使用分部/场景等上下文结构，而是无法使用这些结构。XBRL GL 中表达的主体信息主要是加总阶段之前的明细数据，而这样的数据与上下文结构有许多不适应的地方，包括：

(1) XBRL GL 需要的日期集合是不受限的、难以预定义的。显然，任何一个企业都无法在每一个期间的开始预先规定好自己在该期间每一笔业务的发生时刻。但是，每个上下文元素只能提供一个日期，并且所有上下文元素都必须在文件头部预先定义。

(2) XBRL GL 需要很多个预定义的、详细的场景描述，但 XBRL FR 中的上下文中场景描述仅使用一个字符串。

(3) XBRL GL 需要在实时创建实例时引入很多明细信息,如客户信息、位置信息和产品信息。但是,在 XBRL FR 中,这些信息必须预先在一个单独的维度性分类标准中定义,再在实例文档中使用。维度方法无法在一个实例文档中在无预先定义的情况下创建类似作为实例的明细信息。

3. XBRL GL 的建模对象

会计系统数据建模是针对加总之前的明细数据建模(Brigitte 等,2014)。而维度的建模对象则不同。类似于数据仓库中的维度,XBRL 维度的建模对象是描述汇总数据。在实际使用中,维度方法能够降低在数据仓库中存储的数据量,并实现更快的、直接针对问题的查询。这意味着在一个典型的使用方式中,引入维度将必须丢弃大量明细信息。

4. 设计成本说明

在 XBRL 领域,已经出现了许多通用软件系统。这些系统既支持 XBRL FR,也支持 XBRL GL。这些系统普遍支持维度。但是,如果说因为通用系统支持维度,而导致在 XBRL GL 应用条件下元组被完全排斥,这将是一个明显的不合理的伪命题(Bruce R, 2006)。

5. 来自用户的意见

XBRL GL 还没有普及,因此还难以大规模收集用户需求。但已有的一些试运行用户表示,他们习惯于在 XBRL GL 中见到一个规范的层次结构,这种结构对于用户而言更熟悉,并能更好地符合面向记录的信息形式。相对而言,那种在财务报告中"扁平"的 XBRL 结构对于 XBRL GL 的应用而言适应性较差。

关于维度和元组的应用,除了上述总体性观点,人们还给出了一些使用中的补充性观点。实际上,随着研究的深入,人们现在认为,在 XBRL GL 中维度完全可以作为一种元组的补充性技术,与元组合并使用,从概念框架和技术两个角度可以厘清维度和元组各自的作用,并赋予不同的角色,从总体上提高 XBRL GL 的可用性。

尽管维度不适于描述底层的明细数据,但对于将底层数据与最终报告之间进行连接的这类应用,维度方法是有价值的。例如,一个公司在交易层可能有二十多个产品类别,而在财务报表中只有四个类别。一个作为中间结构的维度性分类标准能够将细节层次与报告层次相关联,并能构建底层的明细数据(产品类别)与最终报告数据(报告类别)之间的逻辑关系,这是非常有意义的。当然,组织不需要,也可能不愿意向公众披露构建关系的维度分类标准。企业没有向公众披露账簿细节的义务,此时,这个作为中介的维度分类标准仅供内部使用。

使用维度是一种具有远见的选择,它预见到未来明细数据的集合运行,如排序或加总。但是,就 XBRL GL 本身而言,它在设计时不需要囿于这些限制。会计账户表中的任一个账户都可以拥有数量不限的明细账户。在不同的情况下,这些明细账户可能参与不同的加总。使用元组方法,可以在实例中包含数量不限的明细账户;而使用维度方法,这些明细账户都必须首先由维度性分类标准所表述,然后才能参与各种集合运算。

从概念上进一步拓展开来,一个公司可能会将它的业务从任何角度进行分割,包括客户或客户类型、产品或产品类别、工作类型、任何报告分部或任务等。如果使用维度方法,所有这些类型的事实将需要从数据/内容中提取出来,并置于上下文元素的分部/维度结构中。在非常极端的情况下,可能会存在这种案例,即内容中仅有一个数字,但围绕这个数字的解释性说明字段却有上百个。其结果是,由于XBRL GL的本质特征,对于这个数字的每个不同取值,都有一个不同的上下文与之对应。例如,对于一个发票,其票面金额是一个数字,但围绕这个数字却有多个项目,包括产品和产品类别等。如果使用维度,需要为每一种文件设计一种结构,这将导致一个庞大的结构集合,这个结果与XBRL GL所推动的通用结构是相悖的。

2.5.2 XBRL GL技术选择的理论与实践依据

综上所述,XBRL GL最终采用了以元组为主体的建模方式,而没有完全转换至维度,是出于以下考虑。

1. 建模的成本与收益

将XBRL GL的设计从元组转换到仅使用维度,这需要一个完整的重新建模过程,但是其收益并不明显。

正如在XBRL官网上所声明的:“维度1.0规范是一个模块化的、可选的XBRL 2.1规范扩展。维度帮助XBRL分类标准的创建者定义和限制维度性信息,这些信息被实例文档创建者用于XBRL实例文档中上下文元素的分部/场景子元素中。”维度规范的目标是完善表达实例文档中上下文元素的分部/场景因素。从这个含义上,XBRL GL不使用上下文元素中的分部/场景数据。

在实例文档中,XBRL GL并不关注上下文,其原因是:

(1) 上下文中的分部信息是从会计信息的特定属性中提取出来简要表达的,而XBRL GL中已经显式地、详细地表达了这样的属性,包括报告分部、客户信息、库存信息以及销售信息等。

(2) 上下文中的时间信息表示方式的适应性不足,在处理交易及其他XBRL GL信息时,难以将这些信息与多个不同的日期相关联。

(3) 与分部信息类似,上下文中的场景信息也已经在XBRL GL中得到了显式的、详细的表达。

因此,通过对 XBRL 2.1 规范的修正,在存储和校验面向账户、分类的信息和编码列表之类的信息中,维度具有较高的有用性。但这种有用性仅限于能够提供规范的分部/场景信息。对于 XBRL GL 而言,这种有用性意义较小。现在,已经有软件系统支持 XBRL GL,这些系统都是基于元组机制设计的,或至少同时支持元组和维度两种机制。因此,对那些已经充分应用元组支持 XBRL GL 的工具来说,完全改变 XBRL GL 的设计将产生巨大的代价。

2. 中介模块的存在

为了体现汇总信息在 XBRL GL 中的作用,为未来的最终报告的生成提供技术支持,XBRL GL 社区提供了一个中介模块——SRCD。SRCD 提供了从 XBRL GL 的明细信息到以维度表达的 FR 的汇总信息的连接工具,SRCD 的出现使得维度的必要性进一步降低。

最初,XBRL GL 的设计者曾设想用维度机制创建一个链接,以实现从明细的 XBRL GL 信息到最终报告的聚合,但分部/场景的天然局限降低了它在这一问题上的实用性。于是,设计者开发出 SRCD(汇总报告上下文数据模块),这个模块能够提供一个从 XBRL GL 明细信息到 FR 汇总信息的链接,即使在 XBRL FR 中包括维度信息,SRCD 模块也能提供良好支持。

3. 设计目标

在会计和 ERP 数据的研究者看来,XBRL 维度与数据仓库中的维度类似,更多地用于表示总结性信息,在实践中表现为明细信息与汇总信息的折中。在数据仓库中,维度用于简化查询和减少查询所针对的数据量,并允许部分信息损失以提高查询效率。但是,XBRL GL 的设计目标却是表达完整的细节,而维度方法并不适用于这种表达方式。

4. 数据结构特征

如果使用维度来表达具有高度嵌套特征的数据,按照维度机制的语法,则大量信息将必须从原始数据中剥离出来,并置于上下文结构中。

使用维度方法时,每个记录都必须有一个关键字,这个关键字将以维度进行规范化,并置于分部/场景子元素中。每个记录所描述的事实都将通过引用一个维度元素实例来与其中的分部/场景信息相关联。但是,XBRL GL 数据都是高度分层的,随着嵌套层数的增加,若采用维度方法,则与事实关联的分部/场景的复杂性将呈指数级增加。

5. 关键字取值问题

由于使用维度方法需要一个取值具有唯一性的关键字,而面向记录的信息的所谓"关键字"会在同一时期出现取值重复,这些信息难以符合维度的要求。

如果使用维度方法,则大多数作为背景的事实细节信息将被保存于分部元素中。特别地，要求给分部元素赋予一个“关键字”字段，以便相关事实可以与一个具体的上下文元素实例进行关联，例如，以地区分部为关键字，即可将一个地区的所有保费收入（会计事实）与包含该地区的上下文元素实例相关联。但是，面向记录的信息常常是重复性的，所以被创建出的“关键字”的结构会非常复杂。例如，为了创建一个针对交易的“关键字”，仅使用“客户代码”是不够的（显然企业可以和一个客户发生多次交易），以“客户代码/日期”相组合也是不够的（企业也完全可以和一个客户在一天之内发生多次交易），只有以“客户代码/日期/文件编号”三者结合创建的“关键字”才能保证取值的唯一性。但是，这种结构使“关键字”字符串的长度很长，结构很复杂，从数据库设计角度来看，这是一种非常差的设计。

不仅如此，关键字问题还会导致技术规范的冲突问题。举一个常见的例子，存在两张发票，它们代表与相同的客户所签订的合同，并且两批货物同时发货。这两张发票中的交易关系、客户都是相同的。然而，如果使用维度方法，要么必须创建两个完全相同的上下文元素实例（这违反了 XBRL 技术规范）；要么找到其他有差异的信息，例如，将文档代码置于分部结构中作为关键性的差异信息（这显然又与分部元素本质含义不符）。

在类似这些情况中，如果将发票看作一张表，则每张发票都有若干个行项目（如若干个产品交易项目），并且这些行项目编号的取值都是可以重复的。从而，每个行项目的编号都无法单独作为“关键字”，而每个项目都必须作为位于分部元素中关键字的一部分。以此类推，最后人们会发现，除了事实的取值（如发票上的金额），所有的行项目编号都会以关键字子结构的形式出现在分部元素中。进一步地，除事实取值，所有的细节性数据都将被置于上下文元素中，这将导致对于每个行项目都必须创建一个特定的上下文元素，其他所有的明细信息都存在这样的问题。显然，这将导致一个冗余程度非常高的文件结构，并且文件大小也必然大幅膨胀。

6. 冗余性

以元组为组织方式、使用典型 XML 模式结构的文件结构非常简洁，而以维度为组织方式、使用 XBRL FR 特有的“扁平化”数据必将导致大量冗余。

XBRL GL 信息结构本身是高度分层化的，而如果引入维度，必须将这些分层数据扁平化。从而，“父元素”以及所有的祖先元素的信息都必须重复出现在每个元素中。假定有一个 3 层嵌套结构的元素，第一层的根节点为 1 个元素，第二层元素有 10 个，每个第二层元素之下又有 10 个第三层元素，元素总数为 111 个，其中第三层元素有 100 个。将这个元素扁平化，得到 100 个元素。显然，每个“扁平”元素都必须包含其原有的父元素和根元素信息。所以，每个第二层元素信息都出现了 10 次，而根元素信息则出现了 100 次。如果根元素和第二层元素的信息内容都

比较丰富，则“扁平”元素之间的冗余度将很高，元素结构将非常臃肿。

7. 数据和元数据的混淆

维度结构要求将数据放入上下文元素，造成数据和元数据的混淆。这会对后续的系统设计带来一系列问题。

针对元组的使用，有一种看法很深刻：他们认为不加区别地使用元组，会将一些重复使用的元数据置于实例文档中，这最终将影响 XBRL 数据的一致性、验证能力和分析能力等。这对 XBRL 最为重要的一致性特征构成严重影响，只有将元数据置于分类标准中才能保证一致性。然而，如果从另一个方面看，不加区分地使用维度，会将一些实质上是数据的信息被作为元数据置于分类标准中，这也同样会导致分类标准和实例文档内容的混淆。

除此以外，维度的引入也使得内容和与内容相关的上下文之间的差别变得模糊。许多 XBRL 术语都具有一定程度的模糊性，例如，尽管从名称上“定义链接库”似乎应该包含会计概念供人类可读的定义，但事实上定义链接库并没有类似内容，这些内容实际上被置于“标签链接库”中。又如，在英语中，分部报告中的“分部”和 XML 文档片段中的“片段”是一个单词(segment)，但上下文中的分部信息和财务报告文档片段的含义显然完全不同。然而，上下文元素所表征的含义一直是清晰的，它们是描述环境和条件的元数据，其目标是阐述业务事实的具体意义。如果使用维度方法，意味着必须考虑每条记录的关键字/索引，并将其从内容中转移至上下文的分部子元素中。这种方法与人们的直观理解不相符合，容易产生混淆。特别是那些对 XBRL 不很了解的数据建模人员，他们会疑惑为什么要将这么多数据字段以一种扁平的结构置于分部元素中，而不是按软件工程领域常见的那样形成一个分层结构。

2.6　案例：XBRL GL 建模——元组方法与维度方法的比较

将 XBRL GL 转换到仅采用维度的结构是一个复杂的任务，它涉及对所有主要内容的重新建模。以下是一个简单的、面向记录的数据结构。这个数据结构以 GL 表达，其内容是某公司一段时间内的报告期间定义。在现在的 XBRL GL 结构中，是用一个层次结构表达，这个层次结构包含了多个层次的内容，整体结构如下所示。

- 会计分录
  - 实体信息
    - 报告日程表信息

- 报告日期信息

如果转换至维度方法，则要求增加若干个上下文元素，其中每个上下文元素的分部子元素都代表一个关键字字段，包括与会计信息批量处理相关的字段[如会计分录(accountingEntries)层次]、与单个报告日程相关的字段[如报告日历代码(reportingCalendarCode)层次，并假设该代码取值具有唯一性]和与报告期层次相关的字段[如日期标识符(periodIdentifier)层次，并假设该标识符取值具有唯一性]。另外，所有分层结构的数据要被扁平化。扁平化的效果是创建了许多不可重复使用的上下文，包括分录头信息(header)在内的高层信息被多次重复。可以看出，尽管以牺牲空间和复杂度为代价，但获得的技术上和使用上的收益是有限的。读者可以想象将一个层次化的 XML 文件转换到 Excel 中。

在一个分层层次更多的数据结构中，关键字信息的重复更加明显，而这些在层次结构中都是不需要重复的。发票是一个典型的较深层次的结构，例如，如果要求票面上按顺序提供买方的公司地址和手机号码，则按照现有的 XBRL GL 结构，会呈现出如下的层次结构。

- 账户分录
  - 分录头
    - 分录细节
      - 标识引用
        - 标识联系信息结构
          - 标识联系电话

另外一个问题是报告日程表的表示方法。某公司可能希望表述两个报告日程表，2020 年标准日程表(SC2020)和 2021 年标准日程表(SC2021)。该公司的报告日程不是按照月份，而是按照英美的 4-5-4 日程表，并且需要具体描述每个阶段的日常安排。所谓 4-5-4 日程表是指将季度划分为 3 个期间，其中第一个期间包含 4 个周，第二个期间包含 5 个周，第三个期间包含 4 个周。所以，从 2020 年年初到 2021 年年末，该企业要表述两个报告日程表，每个报告日程表包含 12 个期间，总共 24 个期间。

根据现有的 XBRL GL 框架，仅需一个上下文元素(该元素没有任何实际意义，其存在只是为了保持 XBRL 文件的结构完整性)；而在一个基于维度的 XBRL GL 框架中，至少需要 26 个上下文元素以表示实际期间，并且也需要 26 个期间关键字信息以唯一标识上下文元素。

1. 以元组表达的 XBRL GL 片段

使用一个标准的 XMLSpy 编辑器对以下代码进行格式规范化，则可以得到总代码行数是 190 行。

以下为完整实例文档代码。

```
<? xml version="1.0" encoding="UTF-8"? >
<xbrli:xbrl  xsi:schemaLocation="http://www.xbrl.org/int/gl/plt/2015-03-25 ../plt/
case-c-b/gl-plt-2015-03-25.xsd"
xmlns:xbrldi="xbrldi dummy to eliminate validation errors"
xmlns:gl-bus="http://www.xbrl.org/int/gl/bus/2015-03-25"
xmlns="http://xbrl.org/specification/2022"
xmlns:gl-cor="http://www.xbrl.org/int/gl/cor/2015-03-25"
xmlns:xlink="http://www.w3.org/1999/xlink"
xmlns:xsi="http://www.w3.org/2001/XMLSchema-instance"
xmlns:iso4217="http://www.xbrl.org/2003/iso4217"
xmlns:xbrll="http://www.xbrl.org/2003/linkbase"
xmlns:gl-plt="http://www.xbrl.org/int/gl/plt/2015-03-25"
xmlns:xbrli="http://www.xbrl.org/2003/instance"
xmlns:d="d dummy to eliminate validation errors">
    <xbrll:schemaRef xlink:href="../plt/case-c-b/gl-plt-2015-03-25.xsd"
  xlink:arcrole="http://www.w3.org/1999/xlink/properties/linkbase" xlink:type="simple"/>
      <xbrli:context id="now">
        <xbrli:entity>
          <xbrli:identifier scheme="http://www.xbrlglco.com"> XBRL GL
Co.</xbrli:identifier>
        </xbrli:entity>
        <xbrli:period>
          <xbrli:instant> 2022-05-31 </xbrli:instant>
        </xbrli:period>
      </xbrli:context>
      <gl-cor:accountingEntries>
        <gl-cor:entityInformation>
          <gl-bus:reportingCalendar>
            <gl-bus:reportingCalendarCode contextRef="now"> SC2020
</gl-bus:reportingCalendarCode>
            <gl-bus:reportingCalendarDescription contextRef="now"> Standard Calendar 2020
</gl-bus:reportingCalendarDescription>
            <gl-bus:reportingCalendarTitle contextRef="now"> Fiscal YE 2020
</gl-bus:reportingCalendarTitle>
            <gl-bus:reportingCalendarPeriodType contextRef="now"> 4-5-4
</gl-bus:reportingCalendarPeriodType>
            <gl-bus:reportingCalendarOpenClosedStatus contextRef="now"> open
```

```
</gl-bus:reportingCalendarOpenClosedStatus>
            <gl-bus:reportingPurpose contextRef="now"> book </gl-bus:reportingPurpose>
            <gl-bus:reportingCalendarPeriod>
              <gl-bus:periodIdentifier contextRef="now"> 1 </gl-bus:periodIdentifier>
              <gl-bus:periodDescription contextRef="now"> January
</gl-bus:periodDescription>
              <gl-bus:periodStart contextRef="now"> 2020-01-05 </gl-bus:periodStart>
              <gl-bus:periodEnd contextRef="now"> 2020-02-01 </gl-bus:periodEnd>
              <gl-bus:periodClosedDate contextRef="now"> 2020-02-22
</gl-bus:periodClosedDate>
            </gl-bus:reportingCalendarPeriod>
            <gl-bus:reportingCalendarPeriod>
              <gl-bus:periodIdentifier contextRef="now"> 2 </gl-bus:periodIdentifier>
              <gl-bus:periodDescription contextRef="now"> February
</gl-bus:periodDescription>
                  <gl-bus:periodStart contextRef="now"> 2020-02-02 </gl-bus:
periodStart>
              <gl-bus:periodEnd contextRef="now"> 2020-03-07 </gl-bus:periodEnd>
            </gl-bus:reportingCalendarPeriod>
            <gl-bus:reportingCalendarPeriod>
              <gl-bus:periodIdentifier contextRef="now"> 3 </gl-bus:periodIdentifier>
              <gl-bus:periodDescription contextRef="now"> March
</gl-bus:periodDescription>
              <gl-bus:periodStart contextRef="now"> 2020-03-08 </gl-bus:periodStart>
              <gl-bus:periodEnd contextRef="now"> 2020-04-04 </gl-bus:periodEnd>
            </gl-bus:reportingCalendarPeriod>
            <gl-bus:reportingCalendarPeriod>
              <gl-bus:periodIdentifier contextRef="now"> 4 </gl-bus:periodIdentifier>
              <gl-bus:periodDescription contextRef="now"> April
</gl-bus:periodDescription>
              <gl-bus:periodStart contextRef="now"> 2020-04-05 </gl-bus:periodStart>
              <gl-bus:periodEnd contextRef="now"> 2020-05-02 </gl-bus:periodEnd>
            </gl-bus:reportingCalendarPeriod>
            <gl-bus:reportingCalendarPeriod>
              <gl-bus:periodIdentifier contextRef="now"> 5 </gl-bus:periodIdentifier>
              <gl-bus:periodDescription contextRef="now"> May
</gl-bus:periodDescription>
              <gl-bus:periodStart contextRef="now"> 2020-05-03 </gl-bus:periodStart>
              <gl-bus:periodEnd contextRef="now"> 2020-06-06 </gl-bus:periodEnd>
```

```
</gl-bus:reportingCalendarPeriod>
<gl-bus:reportingCalendarPeriod>
  <gl-bus:periodIdentifier contextRef="now">6</gl-bus:periodIdentifier>
  <gl-bus:periodDescription contextRef="now">June</gl-bus:periodDescription>
  <gl-bus:periodStart contextRef="now">2020-06-07</gl-bus:periodStart>
  <gl-bus:periodEnd contextRef="now">2020-07-04</gl-bus:periodEnd>
</gl-bus:reportingCalendarPeriod>
<gl-bus:reportingCalendarPeriod>
  <gl-bus:periodIdentifier contextRef="now">7</gl-bus:periodIdentifier>
  <gl-bus:periodDescription contextRef="now">February</gl-bus:periodDescription>
  <gl-bus:periodStart contextRef="now">2020-07-05</gl-bus:periodStart>
  <gl-bus:periodEnd contextRef="now">2020-08-01</gl-bus:periodEnd>
</gl-bus:reportingCalendarPeriod>
<gl-bus:reportingCalendarPeriod>
  <gl-bus:periodIdentifier contextRef="now">8</gl-bus:periodIdentifier>
  <gl-bus:periodDescription contextRef="now">August</gl-bus:periodDescription>
  <gl-bus:periodStart contextRef="now">2020-08-02</gl-bus:periodStart>
  <gl-bus:periodEnd contextRef="now">2020-09-05</gl-bus:periodEnd>
</gl-bus:reportingCalendarPeriod>
<gl-bus:reportingCalendarPeriod>
  <gl-bus:periodIdentifier contextRef="now">9</gl-bus:periodIdentifier>
  <gl-bus:periodDescription contextRef="now">September</gl-bus:periodDescription>
  <gl-bus:periodStart contextRef="now">2020-09-06</gl-bus:periodStart>
  <gl-bus:periodEnd contextRef="now">2020-10-03</gl-bus:periodEnd>
</gl-bus:reportingCalendarPeriod>
<gl-bus:reportingCalendarPeriod>
  <gl-bus:periodIdentifier contextRef="now">10</gl-bus:periodIdentifier>
  <gl-bus:periodDescription contextRef="now">October</gl-bus:periodDescription>
  <gl-bus:periodStart contextRef="now">2020-10-04</gl-bus:periodStart>
  <gl-bus:periodEnd contextRef="now">2020-10-31</gl-bus:periodEnd>
</gl-bus:reportingCalendarPeriod>
<gl-bus:reportingCalendarPeriod>
  <gl-bus:periodIdentifier contextRef="now">11</gl-bus:periodIdentifier>
  <gl-bus:periodDescription contextRef="now">November
```

```
</gl-bus:periodDescription>
                <gl-bus:periodStart contextRef="now"> 2020-11-01 </gl-bus:periodStart>
                <gl-bus:periodEnd contextRef="now"> 2020-12-05 </gl-bus:periodEnd>
              </gl-bus:reportingCalendarPeriod>
              <gl-bus:reportingCalendarPeriod>
                <gl-bus:periodIdentifier contextRef="now"> 12 </gl-bus:periodIdentifier>
                <gl-bus:periodDescription contextRef="now"> December
</gl-bus:periodDescription>
                <gl-bus:periodStart contextRef="now"> 2020-12-06 </gl-bus:periodStart>
                <gl-bus:periodEnd contextRef="now"> 2021-01-02 </gl-bus:periodEnd>
              </gl-bus:reportingCalendarPeriod>
            </gl-bus:reportingCalendar>
            <gl-bus:reportingCalendar>
              <gl-bus:reportingCalendarCode contextRef="now"> SC2021
</gl-bus:reportingCalendarCode>
              <gl-bus:reportingCalendarDescription contextRef="now"> Standard Calendar 2021
</gl-bus:reportingCalendarDescription>
              <gl-bus:reportingCalendarTitle contextRef="now"> Fiscal YE 2021
</gl-bus:reportingCalendarTitle>
              <gl-bus:reportingCalendarPeriodType contextRef="now"> 4-5-4
</gl-bus:reportingCalendarPeriodType>
              <gl-bus:reportingCalendarOpenClosedStatus contextRef="now"> open
</gl-bus:reportingCalendarOpenClosedStatus>
              <gl-bus:reportingPurpose contextRef="now"> book </gl-bus:reportingPurpose>
              <gl-bus:reportingCalendarPeriod>
                <gl-bus:periodIdentifier contextRef="now"> 1 </gl-bus:periodIdentifier>
                <gl-bus:periodDescription contextRef="now"> January
</gl-bus:periodDescription>
                <gl-bus:periodStart contextRef="now"> 2021-01-03 </gl-bus:periodStart>
                <gl-bus:periodEnd contextRef="now"> 2021-01-30 </gl-bus:periodEnd>
                <gl-bus:periodClosedDate contextRef="now"> 2021-03-01
</gl-bus:periodClosedDate>
              </gl-bus:reportingCalendarPeriod>
              <gl-bus:reportingCalendarPeriod>
                <gl-bus:periodIdentifier contextRef="now"> 2 </gl-bus:periodIdentifier>
                <gl-bus:periodDescription contextRef="now"> February
</gl-bus:periodDescription>
                <gl-bus:periodStart contextRef="now"> 2021-01-31 </gl-bus:periodStart>
                <gl-bus:periodEnd contextRef="now"> 2021-03-06 </gl-bus:periodEnd>
```

```
        </gl-bus:reportingCalendarPeriod>
        <gl-bus:reportingCalendarPeriod>
          <gl-bus:periodIdentifier contextRef="now"> 3 </gl-bus:periodIdentifier>
          <gl-bus:periodDescription contextRef="now"> March
</gl-bus:periodDescription>
          <gl-bus:periodStart contextRef="now"> 2021-03-07 </gl-bus:periodStart>
          <gl-bus:periodEnd contextRef="now"> 2021-04-03 </gl-bus:periodEnd>
        </gl-bus:reportingCalendarPeriod>
        <gl-bus:reportingCalendarPeriod>
          <gl-bus:periodIdentifier contextRef="now"> 4 </gl-bus:periodIdentifier>
          <gl-bus:periodDescription contextRef="now"> April
</gl-bus:periodDescription>
          <gl-bus:periodStart contextRef="now"> 2021-04-04 </gl-bus:periodStart>
          <gl-bus:periodEnd contextRef="now"> 2021-05-01 </gl-bus:periodEnd>
        </gl-bus:reportingCalendarPeriod>
        <gl-bus:reportingCalendarPeriod>
          <gl-bus:periodIdentifier contextRef="now"> 5 </gl-bus:periodIdentifier>
          <gl-bus:periodDescription contextRef="now"> May
</gl-bus:periodDescription>
          <gl-bus:periodStart contextRef="now"> 2021-05-02 </gl-bus:periodStart>
          <gl-bus:periodEnd contextRef="now"> 2021-06-05 </gl-bus:periodEnd>
        </gl-bus:reportingCalendarPeriod>
        <gl-bus:reportingCalendarPeriod>
          <gl-bus:periodIdentifier contextRef="now"> 6 </gl-bus:periodIdentifier>
          <gl-bus:periodDescription contextRef="now"> June
</gl-bus:periodDescription>
          <gl-bus:periodStart contextRef="now"> 2021-06-06 </gl-bus:periodStart>
          <gl-bus:periodEnd contextRef="now"> 2021-07-03 </gl-bus:periodEnd>
        </gl-bus:reportingCalendarPeriod>
        <gl-bus:reportingCalendarPeriod>
          <gl-bus:periodIdentifier contextRef="now"> 7 </gl-bus:periodIdentifier>
          <gl-bus:periodDescription contextRef="now"> February
</gl-bus:periodDescription>
          <gl-bus:periodStart contextRef="now"> 2021-07-04 </gl-bus:periodStart>
          <gl-bus:periodEnd contextRef="now"> 2021-07-31 </gl-bus:periodEnd>
        </gl-bus:reportingCalendarPeriod>
        <gl-bus:reportingCalendarPeriod>
          <gl-bus:periodIdentifier contextRef="now"> 8 </gl-bus:periodIdentifier>
          <gl-bus:periodDescription contextRef="now"> August
```

```
</gl-bus:periodDescription>
            <gl-bus:periodStart contextRef="now"> 2021-08-01 </gl-bus:periodStart>
            <gl-bus:periodEnd contextRef="now"> 2021-09-04 </gl-bus:periodEnd>
        </gl-bus:reportingCalendarPeriod>
        <gl-bus:reportingCalendarPeriod>
            <gl-bus:periodIdentifier contextRef="now"> 9 </gl-bus:periodIdentifier>
            <gl-bus:periodDescription contextRef="now"> September
</gl-bus:periodDescription>
            <gl-bus:periodStart contextRef="now"> 2021-09-05 </gl-bus:periodStart>
            <gl-bus:periodEnd contextRef="now"> 2021-10-02 </gl-bus:periodEnd>
        </gl-bus:reportingCalendarPeriod>
        <gl-bus:reportingCalendarPeriod>
            <gl-bus:periodIdentifier contextRef="now"> 10 </gl-bus:periodIdentifier>
            <gl-bus:periodDescription contextRef="now"> October
</gl-bus:periodDescription>
            <gl-bus:periodStart contextRef="now"> 2021-10-03 </gl-bus:periodStart>
            <gl-bus:periodEnd contextRef="now"> 2021-10-30 </gl-bus:periodEnd>
        </gl-bus:reportingCalendarPeriod>
        <gl-bus:reportingCalendarPeriod>
            <gl-bus:periodIdentifier contextRef="now"> 11 </gl-bus:periodIdentifier>
            <gl-bus:periodDescription contextRef="now"> November
</gl-bus:periodDescription>
            <gl-bus:periodStart contextRef="now"> 2021-10-31 </gl-bus:periodStart>
            <gl-bus:periodEnd contextRef="now"> 2021-12-04 </gl-bus:periodEnd>
        </gl-bus:reportingCalendarPeriod>
        <gl-bus:reportingCalendarPeriod>
            <gl-bus:periodIdentifier contextRef="now"> 12 </gl-bus:periodIdentifier>
            <gl-bus:periodDescription contextRef="now"> December
</gl-bus:periodDescription>
            <gl-bus:periodStart contextRef="now"> 2021-12-05 </gl-bus:periodStart>
            <gl-bus:periodEnd contextRef="now"> 2022-01-01 </gl-bus:periodEnd>
        </gl-bus:reportingCalendarPeriod>
        <gl-bus:reportingCalendarPeriod>
            <gl-bus:periodIdentifier contextRef="now"> 13 </gl-bus:periodIdentifier>
            <gl-bus:periodDescription contextRef="now"> Year-End
</gl-bus:periodDescription>
            <gl-bus:periodStart contextRef="now"> 2021-12-31 </gl-bus:periodStart>
            <gl-bus:periodEnd contextRef="now"> 2021-12-31 </gl-bus:periodEnd>
        </gl-bus:reportingCalendarPeriod>
```

```
      </gl-bus:reportingCalendar>
    </gl-cor:entityInformation>
  </gl-cor:accountingEntries>
</xbrli:xbrl>
```

2. 以维度表达的 XBRL GL 片段

使用一个标准的 XMLSpy 编辑器对以下代码进行格式规范化,则可以发现,仅仅是必要的上下文和前 2 个日期的表达,就使用了 329 行代码。另外,分部元素本身的定义还未包含在内,否则代码将更加冗长。

例如,一个分部元素实例:

```
<gl-bus:periodIdentifier>1</gl-bus:periodIdentifier>
```

该分部元素实例的规范化:

```
<xbrldi:typedMember xlink:type="simple" xlink:href="tax.xsd#periodIdentifier">
  <d:Period>1</d:Period>
</xbrldi:typedMember>
```

以下为完整实例文档代码。

```
<xbrli:xbrl xmlns:xbrli="http://www.xbrl.org/2003/instance" xmlns:xbrll="http://www.xbrl.org/2003/linkbase" xmlns:xlink="http://www.w3.org/1999/xlink">
    <!-- 对于 segment 元素中的信息,在 XBRL GL 和维度性分类标准情况下,需要不同的模式/链接库文档。本例仅作说明使用,进行适当简化,因此严格地说,本例并非一个合法的 XBRL 文档。-->
  <xbrll:schemaRef xlink:type="simple" xlink:arcrole="http://www.w3.org/1999/xlink/properties/linkbase" xlink:href="../plt/case-c-b/gl-plt-2015-03-25.xsd"/>
    <xbrli:contextid="now-1-SC2020">
      <xbrli:entity>
        <xbrli:identifier scheme="http://www.xbrlglco.com">XBRL GL Co.</xbrli:identifier>
        &lt;xbrli:segment&gt;
          <gl-bus:periodIdentifier>1</gl-bus:periodIdentifier>
          <gl-bus:reportingCalendarCode>SC2020</gl-bus:reportingCalendarCode>
        &lt;/xbrli:segment&gt;
      </xbrli:entity>
      <xbrli:period>
        <xbrli:instant>2022-05-31</xbrli:instant>
      </xbrli:period>
    </xbrli:context>
    <xbrli:contextid="now-2-SC2020">
```

```
  <xbrli:entity>
    <xbrli:identifier scheme="http://www.xbrlglco.com">XBRL GL Co.</xbrli:identifier>
    &lt;xbrli:segment&gt;
      <gl-bus:periodIdentifier>2</gl-bus:periodIdentifier>
      <gl-bus:reportingCalendarCode>SC2020</gl-bus:reportingCalendarCode>
    &lt;/xbrli:segment&gt;
  </xbrli:entity>
  <xbrli:period>
    <xbrli:instant>2022-05-31</xbrli:instant>
  </xbrli:period>
</xbrli:context>
<xbrli:contextid="now-3-SC2020">
  <xbrli:entity>
    <xbrli:identifier scheme="http://www.xbrlglco.com">XBRL GL Co.</xbrli:identifier>
    &lt;xbrli:segment&gt;
      <gl-bus:periodIdentifier>3</gl-bus:periodIdentifier>
      <gl-bus:reportingCalendarCode>SC2020</gl-bus:reportingCalendarCode>
    &lt;/xbrli:segment&gt;
  </xbrli:entity>
  <xbrli:period>
    <xbrli:instant>2022-05-31</xbrli:instant>
  </xbrli:period>
</xbrli:context>
<xbrli:contextid="now-4-SC2020">
  <xbrli:entity>
    <xbrli:identifier scheme="http://www.xbrlglco.com">XBRL GL Co.</xbrli:identifier>
    &lt;xbrli:segment&gt;
      <gl-bus:periodIdentifier>4</gl-bus:periodIdentifier>
      <gl-bus:reportingCalendarCode>SC2020</gl-bus:reportingCalendarCode>
    &lt;/xbrli:segment&gt;
  </xbrli:entity>
  <xbrli:period>
    <xbrli:instant>2022-05-31</xbrli:instant>
  </xbrli:period>
</xbrli:context>
<xbrli:contextid="now-5-SC2020">
```

```
  <xbrli:entity>
    <xbrli:identifier scheme="http://www.xbrlglco.com">XBRL GL Co.</xbrli:
    identifier>
    &lt;xbrli:segment&gt;
      <gl-bus:periodIdentifier>5</gl-bus:periodIdentifier>
      <gl-bus:reportingCalendarCode>SC2020</gl-bus:reportingCalendarCode>
    &lt;/xbrli:segment&gt;
  </xbrli:entity>
  <xbrli:period>
    <xbrli:instant>2022-05-31</xbrli:instant>
  </xbrli:period>
</xbrli:context>
<xbrli:contextid="now-6-SC2020">
  <xbrli:entity>
    <xbrli:identifier scheme="http://www.xbrlglco.com">XBRL GL Co.</xbrli:
    identifier>
    &lt;xbrli:segment&gt;
      <gl-bus:periodIdentifier>6</gl-bus:periodIdentifier>
      <gl-bus:reportingCalendarCode>SC2020</gl-bus:reportingCalendarCode>
    &lt;/xbrli:segment&gt;
  </xbrli:entity>
  <xbrli:period>
    <xbrli:instant>2022-05-31</xbrli:instant>
  </xbrli:period>
</xbrli:context>
<xbrli:contextid="now-7-SC2020">
  <xbrli:entity>
    <xbrli:identifier scheme="http://www.xbrlglco.com">XBRL GL Co.</xbrli:
    identifier>
    &lt;xbrli:segment&gt;
      <gl-bus:periodIdentifier>7</gl-bus:periodIdentifier>
      <gl-bus:reportingCalendarCode>SC2020</gl-bus:reportingCalendarCode>
    &lt;/xbrli:segment&gt;
  </xbrli:entity>
  <xbrli:period>
    <xbrli:instant>2022-05-31</xbrli:instant>
  </xbrli:period>
</xbrli:context>
<xbrli:contextid="now-8-SC2020">
```

```
  <xbrli:entity>
    <xbrli:identifier scheme="http://www.xbrlglco.com">XBRL GL Co.</xbrli:
    identifier>
    &lt;xbrli:segment&gt;
      <gl-bus:periodIdentifier>8</gl-bus:periodIdentifier>
      <gl-bus:reportingCalendarCode>SC2020</gl-bus:reportingCalendarCode>
    &lt;/xbrli:segment&gt;
  </xbrli:entity>
  <xbrli:period>
    <xbrli:instant>2022-05-31</xbrli:instant>
  </xbrli:period>
</xbrli:context>
<xbrli:contextid="now-9-SC2020">
  <xbrli:entity>
    <xbrli:identifier scheme="http://www.xbrlglco.com">XBRL GL Co.</xbrli:
    identifier>
    &lt;xbrli:segment&gt;
      <gl-bus:periodIdentifier>9</gl-bus:periodIdentifier>
      <gl-bus:reportingCalendarCode>SC2020</gl-bus:reportingCalendarCode>
    &lt;/xbrli:segment&gt;
  </xbrli:entity>
  <xbrli:period>
    <xbrli:instant>2022-05-31</xbrli:instant>
  </xbrli:period>
</xbrli:context>
<xbrli:contextid="now-10-SC2020">
  <xbrli:entity>
    <xbrli:identifier scheme="http://www.xbrlglco.com">XBRL GL Co.</xbrli:
    identifier>
    &lt;xbrli:segment&gt;
      <gl-bus:periodIdentifier>10</gl-bus:periodIdentifier>
      <gl-bus:reportingCalendarCode>SC2020</gl-bus:reportingCalendarCode>
    &lt;/xbrli:segment&gt;
  </xbrli:entity>
  <xbrli:period>
    <xbrli:instant>2022-05-31</xbrli:instant>
  </xbrli:period>
</xbrli:context>
<xbrli:contextid="now-11-SC2020">
```

```
    <xbrli:entity>
      <xbrli:identifier scheme="http://www.xbrlglco.com">XBRL GL Co.</xbrli:
      identifier>
      &lt;xbrli:segment&gt;
        <gl-bus:periodIdentifier>11</gl-bus:periodIdentifier>
        <gl-bus:reportingCalendarCode>SC2020</gl-bus:reportingCalendarCode>
      &lt;/xbrli:segment&gt;
    </xbrli:entity>
    <xbrli:period>
      <xbrli:instant>2022-05-31</xbrli:instant>
    </xbrli:period>
  </xbrli:context>
  <xbrli:contextid="now-12-SC2020">
    <xbrli:entity>
      <xbrli:identifier scheme="http://www.xbrlglco.com">XBRL GL Co.</xbrli:
      identifier>
      &lt;xbrli:segment&gt;
        <gl-bus:periodIdentifier>12</gl-bus:periodIdentifier>
        <gl-bus:reportingCalendarCode>SC2020</gl-bus:reportingCalendarCode>
      &lt;/xbrli:segment&gt;
    </xbrli:entity>
    <xbrli:period>
      <xbrli:instant>2022-05-31</xbrli:instant>
    </xbrli:period>
  </xbrli:context>
  <xbrli:contextid="now-13-SC2020">
    <xbrli:entity>
      <xbrli:identifier scheme="http://www.xbrlglco.com">XBRL GL Co.</xbrli:
      identifier>
      &lt;xbrli:segment&gt;
        <gl-bus:periodIdentifier>13</gl-bus:periodIdentifier>
        <gl-bus:reportingCalendarCode>SC2020</gl-bus:reportingCalendarCode>
      &lt;/xbrli:segment&gt;
    </xbrli:entity>
    <xbrli:period>
      <xbrli:instant>2022-05-31</xbrli:instant>
    </xbrli:period>
  </xbrli:context>
  <xbrli:contextid="now-1-SC2021">
```

```
  <xbrli:entity>
    <xbrli:identifier scheme="http://www.xbrlglco.com">XBRL GL Co.</xbrli:
    identifier>
    &lt;xbrli:segment&gt;
      <gl-bus:periodIdentifier>1</gl-bus:periodIdentifier>
      <gl-bus:reportingCalendarCode>SC2021</gl-bus:reportingCalendarCode>
    &lt;/xbrli:segment&gt;
  </xbrli:entity>
  <xbrli:period>
    <xbrli:instant>2022-05-31</xbrli:instant>
  </xbrli:period>
</xbrli:context>
<xbrli:contextid="now-2-SC2021">
  <xbrli:entity>
    <xbrli:identifier scheme="http://www.xbrlglco.com">XBRL GL Co.</xbrli:
    identifier>
    &lt;xbrli:segment&gt;
      <gl-bus:periodIdentifier>2</gl-bus:periodIdentifier>
      <gl-bus:reportingCalendarCode>SC2021</gl-bus:reportingCalendarCode>
    &lt;/xbrli:segment&gt;
  </xbrli:entity>
  <xbrli:period>
    <xbrli:instant>2022-05-31</xbrli:instant>
  </xbrli:period>
</xbrli:context>
<xbrli:contextid="now-3-SC2021">
  <xbrli:entity>
    <xbrli:identifier scheme="http://www.xbrlglco.com">XBRL GL Co.</xbrli:
    identifier>
    &lt;xbrli:segment&gt;
      <gl-bus:periodIdentifier>3</gl-bus:periodIdentifier>
      <gl-bus:reportingCalendarCode>SC2021</gl-bus:reportingCalendarCode>
    &lt;/xbrli:segment&gt;
  </xbrli:entity>
  <xbrli:period>
    <xbrli:instant>2022-05-31</xbrli:instant>
  </xbrli:period>
</xbrli:context>
<xbrli:contextid="now-4-SC2021">
```

```
    <xbrli:entity>
      <xbrli:identifier scheme="http://www.xbrlglco.com">XBRL GL Co.</xbrli:
      identifier>
      &lt;xbrli:segment&gt;
        <gl-bus:periodIdentifier>4</gl-bus:periodIdentifier>
        <gl-bus:reportingCalendarCode>SC2021</gl-bus:reportingCalendarCode>
      &lt;/xbrli:segment&gt;
    </xbrli:entity>
    <xbrli:period>
      <xbrli:instant>2022-05-31</xbrli:instant>
    </xbrli:period>
  </xbrli:context>
  <xbrli:contextid="now-5-SC2021">
    <xbrli:entity>
      <xbrli:identifier scheme="http://www.xbrlglco.com">XBRL GL Co.</xbrli:
      identifier>
      &lt;xbrli:segment&gt;
        <gl-bus:periodIdentifier>5</gl-bus:periodIdentifier>
        <gl-bus:reportingCalendarCode>SC2021</gl-bus:reportingCalendarCode>
      &lt;/xbrli:segment&gt;
    </xbrli:entity>
    <xbrli:period>
      <xbrli:instant>2022-05-31</xbrli:instant>
    </xbrli:period>
  </xbrli:context>
  <xbrli:contextid="now-6-SC2021">
    <xbrli:entity>
      <xbrli:identifier scheme="http://www.xbrlglco.com">XBRL GL Co.</xbrli:
      identifier>
      &lt;xbrli:segment&gt;
        <gl-bus:periodIdentifier>6</gl-bus:periodIdentifier>
        <gl-bus:reportingCalendarCode>SC2021</gl-bus:reportingCalendarCode>
      &lt;/xbrli:segment&gt;
    </xbrli:entity>
    <xbrli:period>
      <xbrli:instant>2022-05-31</xbrli:instant>
    </xbrli:period>
  </xbrli:context>
  <xbrli:contextid="now-7-SC2021">
```

<xbrli:entity>
<xbrli:identifier scheme="http://www.xbrlglco.com">XBRL GL Co.</xbrli:identifier>
<xbrli:segment>
<gl-bus:periodIdentifier>7</gl-bus:periodIdentifier>
<gl-bus:reportingCalendarCode>SC2021</gl-bus:reportingCalendarCode>
</xbrli:segment>
</xbrli:entity>
<xbrli:period>
<xbrli:instant>2022-05-31</xbrli:instant>
</xbrli:period>
</xbrli:context>
<xbrli:contextid="now-8-SC2021">
<xbrli:entity>
<xbrli:identifier scheme="http://www.xbrlglco.com">XBRL GL Co.</xbrli:identifier>
<xbrli:segment>
<gl-bus:periodIdentifier>8</gl-bus:periodIdentifier>
<gl-bus:reportingCalendarCode>SC2021</gl-bus:reportingCalendarCode>
</xbrli:segment>
</xbrli:entity>
<xbrli:period>
<xbrli:instant>2022-05-31</xbrli:instant>
</xbrli:period>
</xbrli:context>
<xbrli:contextid="now-9-SC2021">
<xbrli:entity>
<xbrli:identifier scheme="http://www.xbrlglco.com">XBRL GL Co.</xbrli:identifier>
<xbrli:segment>
<gl-bus:periodIdentifier>9</gl-bus:periodIdentifier>
<gl-bus:reportingCalendarCode>SC2021</gl-bus:reportingCalendarCode>
</xbrli:segment>
</xbrli:entity>
<xbrli:period>
<xbrli:instant>2022-05-31</xbrli:instant>
</xbrli:period>
</xbrli:context>
<xbrli:contextid="now-10-SC2021">

```
    <xbrli:entity>
      <xbrli:identifier scheme="http://www.xbrlglco.com">XBRL GL Co.</xbrli:
      identifier>
      &lt;xbrli:segment&gt;
        <gl-bus:periodIdentifier>10</gl-bus:periodIdentifier>
        <gl-bus:reportingCalendarCode>SC2021</gl-bus:reportingCalendarCode>
      &lt;/xbrli:segment&gt;
    </xbrli:entity>
    <xbrli:period>
      <xbrli:instant>2022-05-31</xbrli:instant>
    </xbrli:period>
  </xbrli:context>
  <xbrli:contextid="now-11-SC2021">
    <xbrli:entity>
      <xbrli:identifier scheme="http://www.xbrlglco.com">XBRL GL Co.</xbrli:
      identifier>
      &lt;xbrli:segment&gt;
        <gl-bus:periodIdentifier>11</gl-bus:periodIdentifier>
        <gl-bus:reportingCalendarCode>SC2021</gl-bus:reportingCalendarCode>
      &lt;/xbrli:segment&gt;
    </xbrli:entity>
    <xbrli:period>
      <xbrli:instant>2022-05-31</xbrli:instant>
    </xbrli:period>
  </xbrli:context>
  <xbrli:contextid="now-12-SC2021">
    <xbrli:entity>
      <xbrli:identifier scheme="http://www.xbrlglco.com">XBRL GL Co.</xbrli:
      identifier>
      &lt;xbrli:segment&gt;
        <gl-bus:periodIdentifier>12</gl-bus:periodIdentifier>
        <gl-bus:reportingCalendarCode>SC2021</gl-bus:reportingCalendarCode>
      &lt;/xbrli:segment&gt;
    </xbrli:entity>
    <xbrli:period>
      <xbrli:instant>2022-05-31</xbrli:instant>
    </xbrli:period>
  </xbrli:context>
  <xbrli:contextid="now-13-SC2021">
```

```
    <xbrli:entity>
      <xbrli:identifier scheme="http://www.xbrlglco.com">XBRL GL Co.</xbrli:identifier>
      &lt;xbrli:segment&gt;
        <gl-bus:periodIdentifier>13</gl-bus:periodIdentifier>
        <gl-bus:reportingCalendarCode>SC2021</gl-bus:reportingCalendarCode>
      &lt;/xbrli:segment&gt;
    </xbrli:entity>
    <xbrli:period>
      <xbrli:instant>2022-05-31</xbrli:instant>
    </xbrli:period>
  </xbrli:context>
<!-- 本例中,不存在起分类作用的元素,所有数据项都是平铺开的。部分数据项唯一的组织关系就是它们使用了同一上下文。-->
  <gl-bus:reportingCalendarDescription contextRef="now-1-SC2020">Standard Calendar 2020</gl-bus:reportingCalendarDescription>
  <gl-bus:reportingCalendarTitle contextRef="now-1-SC2020">Fiscal YE 2020</gl-bus:reportingCalendarTitle>
  <gl-bus:reportingCalendarPeriodType contextRef="now-1-SC2020">4-5-4</gl-bus:reportingCalendarPeriodType>
  <gl-bus:reportingCalendarOpenClosedStatus contextRef="now-1-SC2020">open</gl-bus:reportingCalendarOpenClosedStatus>
  <gl-bus:reportingPurpose contextRef="now-1-SC2020">book</gl-bus:reportingPurpose>
  <gl-bus:periodDescription contextRef="now">January</gl-bus:periodDescription>
  <gl-bus:periodStart contextRef="now-1-SC2020">2020-01-01</gl-bus:periodStart>
  <gl-bus:periodEnd contextRef="now-1-SC2020">2020-01-31</gl-bus:periodEnd>
  <gl-bus:periodClosedDate contextRef="now-1-SC2020">2020-02-22</gl-bus:periodClosedDate>
  <!-- 文件头信息需要被复制,有时也会被派生。-->
  <gl-bus:reportingCalendarDescription contextRef="now-2-SC2020">Standard Calendar 2020</gl-bus:reportingCalendarDescription>
  <gl-bus:reportingCalendarTitle contextRef="now-2-SC2020">Fiscal YE 2020</gl-bus:reportingCalendarTitle>
  <gl-bus:reportingCalendarPeriodType contextRef="now-2-SC2020">4-5-4</gl-bus:reportingCalendarPeriodType>
  <gl-bus:reportingCalendarOpenClosedStatus contextRef="now-2-SC2020">open</gl-bus:reportingCalendarOpenClosedStatus>
  <gl-bus:reportingPurpose contextRef="now-2-SC2020">book</gl-bus:reportingPur-
```

```
pose>
    <gl-bus:periodIdentifier contextRef="nnow-2-SC2020">2</gl-bus:periodIdentifier>
    <gl-bus:periodDescription contextRef="now-2-SC2020">February</gl-bus:periodDescription>
    <gl-bus:periodStart contextRef="now-2-SC2020">2020-02-01</gl-bus:periodStart>
    <gl-bus:periodEnd contextRef="now-2-SC2020">2020-02-29</gl-bus:periodEnd>
    <gl-bus:reportingCalendarDescription contextRef="now-3-SC2020">Standard Calendar 2020</gl-bus:reportingCalendarDescription>
    <gl-bus:reportingCalendarTitle contextRef="now-3-SC2020">Fiscal YE 2020</gl-bus:reportingCalendarTitle>
    <gl-bus:reportingCalendarPeriodType contextRef="now-3-SC2020">4-5-4</gl-bus:reportingCalendarPeriodType>
    <gl-bus:reportingCalendarOpenClosedStatus contextRef="now-3-SC2020">open</gl-bus:reportingCalendarOpenClosedStatus>
    <gl-bus:reportingPurpose contextRef="now-3-SC2020">book</gl-bus:reportingPurpose>
    <gl-bus:periodDescription contextRef="now-3-SC2020">March</gl-bus:periodDescription>
    <gl-bus:periodStart contextRef="now-3-SC2020">2020-03-01</gl-bus:periodStart>
    <gl-bus:periodEnd contextRef="now-3-SC2020">2020-03-31</gl-bus:periodEnd>
    <!--由于篇幅因素,忽略其余无关元素-->
</xbrli:xbrl>
```

第3章

XBRL GL 分类标准语法解析

XBRL GL 本质上是 XBRL 的一个应用，所以 XBRL GL 的标准呈现方式只能是以分类标准而非技术规范的形式出现。XBRL 国际组织的 XBRL GL 工作组给出了一个称为“XRBL全球通用账簿框架”(XBRL Global Ledger Framework)的分类标准，作为所有具体采用 XBRL GL 的国家、企业的技术基础，其应用方式是以扩展而非语法约束的形式进行的。XRBL 全球通用账簿框架一方面考虑到了对 XBRL 技术规范的合规性，另一方面体现出对所有企业内部细节信息的强大表述能力。XRBL 全球通用账簿框架在技术方面极具特色，引入了“调色板”、枚举值和通用的账户结构，这使得 XBRL GL 既具有通用、普遍的表述能力，又体现模块化的思想，针对性地规范用户的报告行为。

3.1 XBRL GL 分类标准设计目标

XBRL GL 最初的设计目标只是弥补 XBRL FR 在细节信息表达能力上的不足。但随着 XBRL GL 工作的深入，在设计、研发和试运行中对 XBRL GL 的能力进一步探索，目前 XBRL GL 工作组已经对 XBRL GL 的设计目标有了完善的、一致的认识。XBRL GL 分类标准应该能够实现以下目标。

1. 提高 XBRL FR 工作效率

XBRL GL 的运用可以减少手工输入数据整合 XBRL FR 的工作，通过标准化结构减少冲突检查的时间，运用标准分录和经常性分录增加不同系统和流程中相同信息的重复利用率，从而提高工作效率。

2. 实现无缝审计轨迹

XBRL GL 的运用可以将财务报告、税务报告等汇总报告的信息挖掘到具体的电子账簿中的详细内容和分录详情，甚至到交易的原始凭证，从而增强报告中信息的可信度，也方便了审计人员对这些信息的监察(Coben 等，2014)。

3. 有利于不同国家财务数据的转换

由于 XBRL GL 的标准化结构，在 accountPurposeCode 中设置了欧洲、日本、美国通用会计准则和国际财务报告准则，显示了在这 3 个国家（地区）间财务信息转换的便利性。随着更多国家对这一项目的研制和运行，它将解决跨国企业财务报告合并的难题，并方便国外的投资者、供应商和客户了解企业的情况（Pan 等，2015）。

4. 汇总分散部门的信息

XBRL GL 的另一项重要功能，就是数据汇总。它可以汇总信息系统中的所有单个记录，帮助管理层从整体层面了解企业的状况，进行数据分析，有助于其进行战略的选择和决策。同时，由于它可以兼容多种报告树的树形结构，可帮助管理层从不同角度进行多方位的信息分析（Amy W R，2003）。

5. 有利于内部控制

除了上述第二点中提到的无缝审计轨迹，XBRL GL 还可以为内审和内部控制人员带来便利。它可以提供每日现金报告（Thomas 等，2010），甚至实现实时连续审计，帮助内部控制委员会随时了解企业的经营状况，尽快了解企业发生的问题，减少了舞弊的可能性，减轻了后果的严重性（Gelinas 等，2008）。

此外，XBRL GL 还支持多种业绩指标的衡量，管理层和内部控制委员会可以通过平衡记分卡、标杆管理及其他的衡量方法，清楚地掌握企业财务及非财务信息，了解企业实施某一战略的情况或者企业的优势和劣势，有助于内部控制的战略管理。

3.2　XBRL GL 分类标准总体结构

从信息系统的角度看，XBRL GL 分类标准就是以 XML 和 XML Schema、XLink 表示的，企业经营业务信息和明细会计信息的信息模型（Trigo 等，2014）。从本质上讲，XBRL GL 是 XBRL 的一种应用，这就注定了只能使用分类标准对 XBRL GL 进行规范化描述。XBRL 国际组织提供的 XBRL GL 必然是通用的，这导致了随后的问题：从 XBRL GL 使用者角度讲，这个通用的 XBRL GL 分类标准在账簿层面的地位虽然与 XBRL 技术规范在报告层面的地位相似，但具体应用方式又有明显差异。这确实会造成使用者在一定程度上的混淆，实际上也对于学习 XBRL GL 造成了较大的障碍。

XBRL 国际组织中有专门的 XBRL GL 工作组，负责与 XBRL GL 相关的研发和推广工作。XBRL 国际组织提供的 XBRL GL 分类标准被称为“XRBL 全球通用账簿框架”（XBRL Global Ledger Framework），其含义是这个分类标准只有结构性和基础性内容，而不包含任何与具体国家会计和商业体制直接相关的法律或账户内容。在一国作为规范性的 XBRL GL 分类标准必须由所在国在此框架的基础上进行扩展定义而后形成，其后才能由具体企业直接使用。这一点与 XBRL FR 在 XBRL 技术规范的基础上直接定义是完全不同的。

与 XBRL FR 类似，XBRL GL 分类标准也是以模块化形式进行构建。同样地，作为使用者的国家、企业不必使用所有的模块，而只是选择自己所需的模块，并且如果需要，也一样可以实现扩展。

如前文所述，XBRL GL 分类标准最大的技术特征是采用了基于元组(tuple)的分类标准架构。元组在 XBRL GL 中是复杂事实的建模手段。在会计领域，所有的事实可以分为简单事实和复杂事实两类。简单事实的值由一个简单的内容表达即可；而复杂事实的值则必须由其他的简单事实和(或)复杂事实组成。在 XBRL GL 分类标准中，用数据项(item)表示简单事实，用元组表示复杂事实。

从 XML 语法上看，数据项是一类“简单内容模型”的复杂类型元素，它的内容是简单事实的值，它的属性是对正确解释该事实所需的上下文内容的引用；而元组则是一类“纯子元素内容模型”的复杂类型元素，它的子元素是一个复杂事实的各个部分，由此而组成的整体才有意义。也就是说，如果数据项不作为一个元组的子元素出现时，其含义必然是不清晰、不完整的。只有作为一个元组的子元素出现，和该元素的其他子元素以及该元素本身一起合并理解，才能获得一个清晰、完整的含义。

3.2.1 XBRL GL 分类标准的模块划分

严格地说，XBRL 国际组织颁布的最新 XBRL GL 分类标准——XBRL 通用账簿框架 2015(XBRL GL 2015，以下简称 XBRL GL 框架)共分为 7 个模块，包括核心模块(COR)、拓展交易概念模块(BUS)、多币种模块(MUC)、通用模块(GEN)、汇总报告上下文数据模块(SRCD)、税务审计文件模块(TAF)以及美英概念模块(USK)。这 7 个模块并不在同一个级别上使用，GEN 是其他所有模块的基础支持，它主要给出了 XBRL GL 中常用的、特有的数据类型。

除此以外，XBRL GL 还有一个非常有特色的模块，即调色板。相对于上述 7 个模块，调色板没有任何新的内容，而是将这 7 个模块进行组织，形成使用者能够直接使用的入口(entry)。另外，针对 XBRL GL 相关内容难于理解、容易混淆的问题，XBRL GL 框架给出了 12 个案例，其中 9 个案例是 XBRL GL 独立使用的案例，3 个案例是以 3 组 XBRL FR/XBRL GL 文档对比的形式给出的 XBRL FR/XBRL GL 合并使用的案例。

XBRL GL 框架中 7 个模块的含义及内容如下。

1. 核心模块

核心模块(COR)全称 core module,描述了核心事项。这一模块共有 119 个元素。

其结构为常用的模块结构,分为模式文档、标签链接库和展示链接库 3 部分。这三者分别标识了元素及其类型、元素注释、表达其上下级账户,将各元素的内涵解释清楚,并表示了各元素间的关系。

它在会计分录的母账户下设立实体信息、文件信息和分录信息 3 个子账户。其中,实体信息仅包括了会计主体的标识符。后两部分表示了账户的主要内容。

文件信息是会计分录中的描述性信息,包括了分录类型、文件标识、文件修正标识和指令、语言、创建日期、文件全文、起始和结束期间等内容。

分录信息下设过账日期、分录创建者、分录创建日期、日记账标号来源、分录类型、分录编号、分录批注、分录限定词(当期/期初)、分录限定词描述、记账与税法差别、分录号码计数和分录详情等内容。分录详情中包括分录的行号和行数、所在账户、金额、借贷增减变化的符号、借贷编码、过账日期、鉴定人员描述、凭证类别、类别说明、编号、索引、日期、过账状态及描述、XBRL 信息、详细批注、发货已收到的确认日期、确认收货日期、发货地点、收货日期、到期日、信誉期限和税收(包括相关税务机关信息、税额、税基、税率、税收种类和关于免税/其他的批注)。

该模块包含 XML 文档如下:

(1) 核心模块的元素声明模式文档(gl-cor-2015-03-25. xsd)。

(2) 核心模块的标签链接库(gl-cor-2015-03-25-lable. xml)。

(3) 核心模块的展示链接库(gl-cor-2015-03-25-presentation. xml)。

2. 拓展交易概念模块

拓展交易概念模块(BUS)全称 advance business concepts module,描述商业中的拓展交易概念。这一模块有 180 个元素,也采用常用的模块结构,含有模式文档、标签链接库和展示链接库 3 部分。

首先,BUS 对 COR 进行了补充,主要补充了 COR 中没有扩展的实体信息这一块。它在实体信息下设立实体电话、实体传真、电子邮箱地址、组织地址、实体网站、鉴定员、联系人信息、会计师信息、业务状态、会计年度起始日期、财务报告时间表、组织会计方法与目标等子科目和子账户。这些信息方便第三方或内部控制、内审人员清楚了解交易方的具体信息,以便查找、核准。

其次,BUS 对分录信息也进行了详尽的补充。在分录信息下补充设立了最后分录调整者、分录责任人、原始日记账、分录来源、入账期间登记准则、批号、批次描述、分录数、借方总额、贷方总额、合并抵销准则、预算状态起始和结束日、预算状态及描述、预算分配准则这些子账户,以便更好地提供审计和监察轨迹。BUS 还对分录信息下的分录详情进行了补充，引入了可衡量项目（包括业务流程、固定资产、存货、关键业绩指标、无形资产、供应物资、员工与供应商或承销商的服务、设备的保养以及其他可用指标或可用数据衡量的项目）和折旧及摊销两个子账户，以及数目备忘录、分配准则、凭证收到日、凭证责任方、凭证标识、定位、付款方式、工作信息这些子账户，并对子账户所在账户（account）添加了新元素。另外，它也对文件信息和鉴定人员信息的内容进行了扩充。

该模块包含 XML 文档如下：

（1）扩展交易概念模块的元素声明模式文档（gl-bus-2015-03-25. xsd）。

（2）扩展交易概念模块的标签连接库（gl-bus-2015-03-25-lable. xml）。

（3）扩展交易概念模块的展示链接库（gl-bus-2015-03-25-presentation. xml）。

3. 多币种模块

多币种模块（MUC）全称 multicurrency module，顾名思义，包含了多种货币交易的问题。这一模块有 47 个元素，也采用常用的模块结构，含有模式文档、标签链接库、展示链接库和定义链接库 4 部分。

为了更准确地描述交易中存在的用非本国货币计量的事实，它在分录详情中设立了货币金额、汇兑日期、初始货币金额、汇率及其注解等常用信息，及多种货币详情子账户。因为在现实中存在的三角测量货币的问题，即一个中间转换货币，由于在一些地区，两种货币没有直接转换的汇率，因而产生三角汇兑。在 MUC 中也考虑到了这个问题，在分录详情中设立了初始三角测量货币总额、三角测量汇率总额、三角测量汇率初始金额来源总额、初始三角测量金额汇率类型总额、初始三角测量汇率、初始三角测量汇率来源、初始汇率三角测量类型，并在多种货币详情子账户中也考虑到了三角测量。此外，MUC 对分录详情下的税收账户补充了涉及外汇的税收问题。

该模块包含 XML 文档如下：

（1）多币种模块的元素声明模式文档（gl-muc-2015-03-25. xsd）。

（2）多币种模块的标签链接库（gl-muc-2015-03-25-lable. xml）。

（3）多币种模块的展示链接库（gl-muc-2015-03-25-presentation. xml）。

（4）多币种模块的定义链接库（gl-muc-2015-03-25-definition. xml）。

4. 税务审计文件模块

税务审计文件模块（TAF）全称 tax audit file module，主要是为审计轨迹而提供的补充。这一模块有 10 个元素，也采用常用的模块结构，含有模式文档、标签链接库和展示链接库 3 部分。

它在分录详情中设立确认框、凭证余额和唯一货物代码 3 个子账户，以及原始凭证结构这一子账户。其中，确认框是用来表示这一事务已经被明确地完成。原

始凭证结构中包括原始凭证种类、原始凭证号码、原始凭证日期、原始凭证鉴定人种类、原始凭证鉴定人代码、原始凭证鉴定人税收代码这些基本信息。

该模块包含 XML 文档如下：

(1) 税务审计文件模块的元素声明模式文档(gl-taf-2015-03-25. xsd)。

(2) 税务审计文件模块的标签链接库(gl-taf-2015-03-25-lable. xml)。

(3) 税务审计文件模块的展示链接库(gl-taf-2015-03-25-presentation. xml)。

5. 美英概念模块

美英概念模块(USK)全称 concepts for the US，UK，etc module，描述美国和英国特有的会计准则下所含有的会计账簿信息。这一模块有 15 个元素，也采用常用的模块结构，含有模式文档、标签链接库和展示链接库 3 部分。

它在分录信息下补充设立有关冲销的子账户，如冲销相关号、冲销、冲销日期；引入了标准分录或经常性分录，并为此设立与此相关的分录记载频率间隔、分录记载频率单位(如日、月、季等)、经常性分录重复发生次数、下次重复日期、上次重复日期、经常性标准日记账分录停止日期。

XBRL GL 中的一些数据并不是会计系统中的历史真实数据，而像是方便以后使用的数据库，储存主要交易和分录记录等的特殊数据，称为模板(templates)，主要应用于 USK 模块。模板中可能仅包括账户，也可能包括数目。它包含的标准和经常性分录主要有工资、折旧与摊销、预付账款、贷款偿付、扣发工资和定期的补充订货。标准分录不包括数目，因为这些账户通常不改变，但是其金额数目时常变动。经常性分类则是那些连数目都不大变化，只在必要时进行调整的分录。

该模块包含 XML 文档如下：

(1) 美英概念模块的元素声明模式文档(gl-usk-2015-03-25. xsd)。

(2) 美英概念模块的标签链接库(gl-usk-2015-03-25-lable. xml)。

(3) 美英概念模块的展示链接库(gl-usk-2015-03-25-presentation. xml)。

6. 通用模块

通用模块(GEN)全称 general module，描述一般性的会计事项。不同于前面模块，它只含有模式这一个文档。另外，这一模式文档中并没有元素定义，而是对 27 种其他模块中元素定义所使用的类型进行了定义，并对其中的 18 个元素采用枚举型，方便数据的规范化和统一化，方便参阅人员的解读和查找。关于枚举型，下文将具体阐释。

该模块包含 XML 文档如下：

通用模块的类型定义模式文档(gl-gen-2015-03-25. xsd)。

7. 汇总报告上下文数据模块

汇总报告上下文数据模块(SRCD)全称为 summary reporting contextual data

module，这是财务报表与电子账簿的对接模块。SRCD 最早是作为一个单独的模块出现的，也就是说，它既不属于 XBRL FR，也不属于 XBRL GL。在 2015 版本中，SRCD 才正式成为 XBRL GL 的一部分。SRCD 中的 summary reporting 是将汇总报告中所必需的信息与其对应的具体 XBRL GL 中的实例进行连接，这些报告可以是财务报告，但并不限于此。contextual data 主要是提供新的指导来帮助财务报告与电子账簿的对接。

该模块包含 XML 文档如下：

（1）汇总报告上下文数据模块的元素声明模式文档（gl-srcd-2015-03-25.xsd）。

（2）汇总报告上下文数据模块的标签链接库（gl-srcd-2015-03-25-lable. xml）。

（3）汇总报告上下文数据模块的展示链接库（gl-srcd-2015-03-25-presentation. xml）。

3.2.2 XBRL GL 分类标准各模块的内容

在上述 7 个 XBRL GL 模块中，可以看出，每个模块基本上包括 3 个文档，即模式文档、标签链接库和展示链接库。其中，有所例外的是 GEN 模块只有模式文档，而 MUC 模块除上述 3 个文档外，还具有定义链接库。这些文档的内容简述如下。

1. 模式文档

在所有模式文档中，GEN 模块的模式文档内容完全为类型定义，其余模块的模式文档内容主要是元素声明，以及少量类型定义。以 BUS 模块为例，其结构如下。

（1）文件头：这是所有 XML 文档都必须有的内容，其内容主要是该文档中使用的，以及属于该文档本身的命名空间。下面的代码给出了 BUS 模块的模式文档的文件头，可以看出，在 BUS 模式文档中使用的命名空间主要来自 3 个来源，这意味着 BUS 模块的模式文档中可能使用来自这 3 个来源的技术。

- 来自 XML 基础技术：包括 XMLSchema、xlink 等；
- 来自 XBRL 基础技术：包括 xbrli、linkbase 等；
- 来自 GL 基础技术：包括 gl-gen、gl-bus（模块自身）等。

```
<schema elementFormDefault="qualified"
xmlns:link="http://www.xbrl.org/2003/linkbase"
xmlns:xlink="http://www.w3.org/1999/xlink"
xmlns="http://www.w3.org/2001/XMLSchema"
targetNamespace="http://www.xbrl.org/int/gl/bus/2015-03-25"
```

```
attributeFormDefault="unqualified"
xmlns:xbrli="http://www.xbrl.org/2003/instance"
xmlns:gl-gen="http://www.xbrl.org/int/gl/gen/2015-03-25"
xmlns:gl-bus="http://www.xbrl.org/int/gl/bus/2015-03-25">
```

(2) 引用链接库信息：在所有的 XBRL 分类标准中，都使用一个嵌套在 annotation 元素中的 appinfo 元素来给出一个分类模式所直接引用的全部链接库文档。可以看出，BUS 模块的模式文档直接引用的链接库只有展示链接库。标签链接库是通过 PLT（调色板）模块与分类模式文档相联系的。

```
<annotation>
  <appinfo>
    <link:linkbaseRef xlink:type="simple"
xlink:arcrole="http://www.w3.org/1999/xlink/properties/linkbase"
xlink:href = "gl-bus-2015-03-25-presentation.xml" xlink:title = "Presentation Links, all"
xlink:role="http://www.xbrl.org/2003/role/presentationLinkbaseRef"/>
  </appinfo>
</annotation>
```

(3) 外部资源引用：XML 元素和类型定义时，可能用到其他文档中的元素和类型，XML 使用两种方式引用这些外部资源，import（导入）和 include（包含）。其中，导入方式不改变原有资源的命名空间，包含方式会改变原有资源的命名空间。

BUS 模块的模式文档中使用导入方式引用了来自 XBRL 2.1 技术规范、XBRL GL 中 GEN 模块的类型。其中，引用来自 XBRL 2.1 技术规范的代码如下。

```
<import namespace="http://www.xbrl.org/2003/instance"
schemaLocation="http://www.xbrl.org/2003/xbrl-instance-2003-12-31.xsd"/>
```

(4) 类型定义：在针对财务报告的 XBRL 建模规范 FRTA 1.0 中，并不推荐在 XBRL 分类模式中定义出 XBRL 2.1 技术规范中所定义类型之外的数据类型。这是因为财务报告中使用的数据类型绝大多数是通用数据类型。但是，企业内部使用的数据类型与财务报告中的数据类型差别很大。所以，XBRL GL 框架中使用了许多专用的数据类型。特别地，XBRL GL 框架既要考虑元素的通用性，又要起到约束内容的作用，因此，XBRL GL 框架中使用了许多枚举型数据。例如，下面的代码是 BUS 模块中的一个类型定义，定义了一个称为“时间单位类型数据项类型”（periodUnitTypeItemType），所有描述“时间单位类型”的元素都应使用这个类型。这个类型为枚举型，其枚举值包括“每天”（daily）“每周”（weekly）“双周”（bi-weekly）“半月”（semi-monthly）“每月”（monthly）“每季度”（quarterly）“每四个月”（thirdly）“每半年”（semiannual）“每年”（annual）“临时”（ad-hoc）“本期”（current-

period-only)以及“其他”(other)等。也就是说，所有描述“时间单位类型”的元素取值都应该是这些值之一。

```
<complexType name="periodUnitTypeItemType">
    <simpleContent>
        <restriction base="xbrli:tokenItemType">
            <enumeration value="daily"/>
            <enumeration value="weekly"/>
            <enumeration value="bi-weekly"/>
            <enumeration value="semi-monthly"/>
            <enumeration value="monthly"/>
            <enumeration value="quarterly"/>
            <enumeration value="thirdly"/>
            <enumeration value="semiannual"/>
            <enumeration value="annual"/>
            <enumeration value="ad-hoc"/>
            <enumeration value="current-period-only"/>
            <enumeration value="other"/>
        </restriction>
    </simpleContent>
</complexType>
```

(5) 元素声明：与 XBRL FR 类似，所有 XBRL GL 的元素都是使用命名定义的类型声明的。如下面的代码所示，使用上述“时间单位类型数据项类型”(periodUnitTypeItemType)声明了一个元素“时间单位”(periodUnit)。

```
<element name="periodUnit" id="gl-bus_periodUnit"
type="gl-bus:periodUnitTypeItemType" substitutionGroup="xbrli:item" nillable="true"
xbrli:periodType="instant"/>
```

2. 标签链接库

XBRL GL 中的标签链接库与 XBRL FR 的作用相同，都是以人类可读性较强的方式解释元素的含义。但是，XBRL GL 中的标签链接库与 XBRL FR 在语法上有如下两点差异。

(1) 角色(xlink:role)差异：XBRL GL 中的角色以“标准”和“文档”为主。在 XBRL FR 中，一个元素出现的位置不同，意味着人们对这个元素的命名也会不同，因此给予不同的标签，这种差异在 XBRL 中以弧角色来表示。例如，“货币资金”出现在期初时，其标签内容为“货币资金期初数”，相应的角色为“http://www.xbrl.org/2003/role/periodStartLabel”，即“期初”角色。在 XBRL FR 中的使用的角色

包括“标准”“期初”“期末”“合计”“简要”“详细”和“文档”等。与 XBRL FR 中的角色不同的是，XBRL GL 中一个元素出现在多个位置的情况较少，因此仅使用“标准”和“文档”两类标签。

(2) “文档”(documentation)角色标签：由于财务报告是公开的、可理解性、一致性较高的文档，所以在 XBRL FR 中，一般情况下，元素的含义是清楚的，因此只要给出“标准”角色的标签，使用者即可没有歧义地理解元素含义。但是，企业内部文件的差异导致 XBRL GL 元素的可理解性较差，因此需要大量使用“文档”角色的标签。在 XBRL GL 分类标准框架中，所有元素都同时具有“标准”和“文档”两种角色的标签。

以下为 BUS 模块中标签链接库的一个片段，其中，元素“报告日程”(reportingCalendar)具有两个标签，其“标准”角色的标签为一个英文字符串“Reporting Calendar(报告日程)”，其实质是对于人而言识别能力较强的元素名称；其“文档”角色的标签为一条语句“A tool to collect the periods used to summarise results from transactions.”(一个收集报告期间的工具，用于将交易中的信息聚合到汇总信息的过程中)，其实质是元素的详细解释。

```
    <loc xlink:type="locator"
xlink:href="../gl-bus-2015-03-25.xsd#gl-bus_reportingCalendar"
xlink:label="reportingCalendar"/>
    <label xlink:type="resource" xlink:label="reportingCalendar_lbl"
xlink:role="http://www.xbrl.org/2003/role/documentation" xml:lang="en">A tool to
collect the periods used to summarise results from transactions.</label>
    <labelArc xlink:type="arc"
xlink:arcrole="http://www.xbrl.org/2003/arcrole/concept-label"
xlink:from="reportingCalendar" xlink:to="reportingCalendar_lbl"/>
    <label xlink:type="resource" xlink:label="reportingCalendar_lbl"
xlink:role="http://www.xbrl.org/2003/role/label"
xlink:title="gl-bus_reportingCalendar_en" xml:lang="en">Reporting
Calendar</label>
```

另外，分类标准的国际化也是主要通过标签链接库来体现的。在 XBRL GL 2015 中，除了英文链接库外，还给出了日文链接库。相应地，如果 XBRL GL 2015 要在中国的会计实践中应用，也可以编制中文链接库。

3. *展示链接库*

XBRL GL 中的标签链接库与 XBRL FR 的作用相同，都是表达元素之间的层次结构。以下为 BUS 模块的展示链接库的一个片段。其中给出了两个元素的层次关系，“文档信息”（documentInfo）处于上层，“期间计数”（periodCount）处于下层。

```
    <loc xlink:type="locator"
xlink:href="../cor/gl-cor-2015-03-25.xsd#gl-cor_documentInfo"
xlink:label="documentInfo_1107629989734_0" xlink:title="documentInfo"/>
    <loc xlink:type="locator"
xlink:href="gl-bus-2015-03-25.xsd#gl-bus_periodCount"
xlink:label="periodCount_1107629989734_1" xlink:title="periodCount"/>
    <presentationArc xlink:type="arc"
xlink:arcrole="http://www.xbrl.org/2003/arcrole/parent-child"
xlink:from="documentInfo_1107629989734_0"
xlink:to="periodCount_1107629989734_1" xlink:title="presentation: documentInfo
to periodCount" order="100.0"/>
```

需要注意的是，“文档信息”实际上位于 COR 模块中，而“期间计数”则位于 BUS 模块中。那么，在这种情况下，这条展示链接到底应该位于 COR 模块中，还是 BUS 模块中？理论上，这条展示链接位于哪个模块中，其语法正确性和效果都是一样的。但是，在现实中，各个模块因其引用关系形成了不同的“视野”，只有全部元素都位于这个“视野”中，才会去建立元素之间的关系。例如，BUS 模块引用了 COR 模块，因此，所有 BUS 模块和 COR 模块中的元素都位于 BUS 模块的视野中，所以应该在 BUS 模块中编制这条展示链接。

4. 定义链接库

在 XBRL GL 2015 中，只有 MUC 这一个模块有定义链接库，并且定义链接库中只有一个定义链接。

XBRL GL 与 XBRL FR 中的定义链接库作用具有本质不同。在 XBRL FR 中，定义链接库已经成为维度关系的集合；在 XBRL GL 中，由于不使用维度，定义链接库不会包含任何维度相关的内容。

XBRL GL 中的定义链接也不同于早期定义链接库所被赋予的角色。事实上，XBRL GL 中的定义链接的作用近似于版本控制。在下面的代码中，第二个元素是在 COR 模块中定义的“与税收相关的汇率”（taxExchangeRate），在 XBRL GL 2015 中，通过标签链接库提示用户，这个元素已经被弃用，由如下代码中的第一个元素代替。但是，出于兼容的原因，XBRL GL 2015 中的 COR 模块不能删除这个元素。所以，使用一个定义链接来说明这两个元素的含义一致性。

```
    <link:loc xlink:type="locator"
xlink:href="gl-muc-2015-03-25.xsd#gl-muc_taxExchangeRate"
xlink:label="taxExchangeRate" xlink:title="taxExchangeRate"/>
```

```
<link:loc xlink:type="locator"
xlink:href="../cor/gl-cor-2015-03-25.xsd#gl-cor_taxExchangeRate"
xlink:label="taxExchangeRate_2" xlink:title="taxExchangeRate"/>
<link:definitionArc xlink:type="arc"
xlink:arcrole="http://www.xbrl.org/2003/arcrole/essence-alias"
xlink:from="taxExchangeRate" xlink:to="taxExchangeRate_2"
xlink:title="definition: taxExchangeRate to taxExchangeRate" order="1.0"/>
```

3.3 XBRL GL 模式文档应用方式

如上所述，这些模块并不是直接使用的，而是通过 XBRL GL 调色板。调色板将这些模块进行组合，形成新的分类标准入口，才可供使用者进行应用。目前的 PLT 中含有 8 种不同组合的次组件，每个次组件内包含一个 palette 模式文档和多个与模块对应的内容模式文档。这些次组件均以 COR 为核心组件，再选择性地加上扩展组件。这些扩展性组件可以是地域类别、产业类别、功能类别等。

3.3.1 PLT 组件内容

XBRL GL 中 PLT 模块的每一种组件构成一个文件夹，文件夹中包含如下文件。

1. 组件中每种模块的入口文件

组件中每种模块的入口文件以“gl-模块名-content-2015-03-25. xsd”形式命名。例如，组件“case-c-b”中的模块入口文件有 gl-cor-content-2015-03-25. xsd(COR 模块入口)和 gl-bus-content-2015-03-25. xsd(BUS 模块入口)两个文件。

每个模块的入口文件内容包括文件头、外部资源引用和类型定义 3 个部分。以“case-c-b”组件为例，其中的 gl-cor-content-2015-03-25. xsd 文件中 3 个部分内容片段如下。

(1) 文件头：在文件头中，可以发现入口文件的命名空间和原模块分类模式文档的命名空间是相同的。

```
<schema xmlns:xlink="http://www.w3.org/1999/xlink"
xmlns="http://www.w3.org/2001/XMLSchema"
xmlns:xbrli="http://www.xbrl.org/2003/instance"
xmlns:gl-cor="http://www.xbrl.org/int/gl/cor/2015-03-25"
targetNamespace="http://www.xbrl.org/int/gl/cor/2015-03-25"
elementFormDefault="qualified" attributeFormDefault="unqualified">
```

(2) 外部资源引用：入口文件分别使用两种方式引入两类外部资源，一类是XBRL 2.1技术规范文档，另一类是原模块分类模式文档。其中，以<import>语句引入XBRL 2.1技术规范文档，表明XBRL 2.1技术规范文档的各个要素的命名空间仍然保留；以<include>语句引入原模块分类模式文档，表明本文档和引入资源的命名空间相同。另外，对于COR组件的入口文件而言，还应以导入方式引入其他所有模块的入口文件①。代码如下。

• 导入方式引用外部资源：对于组件"case-c-b"中的COR模块入口文件而言，其他模块只有BUS模块，对应的入口文件为gl-bus-content-2015-03-25.xsd。

```
<import namespace="http://www.xbrl.org/2003/instance"
schemaLocation="http://www.xbrl.org/2003/xbrl-instance-2003-12-31.xsd"/>
<import namespace="http://www.xbrl.org/int/gl/bus/2015-03-25"
schemaLocation="gl-bus-content-2015-03-25.xsd"/>
```

• 包含方式引用外部资源：包含原模块分类模式文档。

```
<include schemaLocation="../../cor/gl-cor-2015-03-25.xsd"/>
```

(3) 类型定义：虽然基础文档中的类型已经很完备，但面对具体使用情境，还需要定义对应的类型。以丰富的类型，特别是枚举型来约束元素，是XBRL GL的一个非常鲜明的特征。另外，对于COR这个共同模块而言，由于在不同组件中COR引用的其他模块入口文件不同，即"视野"不同，所以，不同组件中COR入口文件定义的类型虽然都是相同的，但类型定义方式都是不同的。

以组件"case-c"和组件"case-b-c"中的COR入口文件为例进行说明。

下面是以组件"case-c"中COR入口文件里的"文档信息复杂类型"(documentInfoComplexType)的定义。可见，所有用于定义这个类型的要素都来自COR模块分类模式文档，以9个COR模块分类模式文档中定义的元素作为这个复杂类型的子元素。

```
<complexType name="documentInfoComplexType">
    <complexContent>
        <restriction base="anyType">
            <sequence>
                <element ref="gl-cor:entriesType" maxOccurs="1"/>
```

① 需要说明的是：第一，循环引用问题：因为只有COR模块的入口文件引用其他模块的入口文件，而其他模块的入口文件不会引用COR模块的入口文件，也不会互相引用，因此不会导致循环引用问题。第二，"视野"：这里COR模块的入口文件引用了其他所有模块的入口文件，因此作为所有组件公用模块的COR模块的"视野"是最宽阔的，这与前述展示链接库恰好是相反的。

```
                    <element ref="gl-cor:uniqueID" minOccurs="0"
maxOccurs="1"/>
                    <element ref="gl-cor:revisesUniqueID" minOccurs="0"
maxOccurs="1"/>
                    <element ref="gl-cor:revisesUniqueIDAction"
minOccurs="0" maxOccurs="1"/>
                    <element ref="gl-cor:language" minOccurs="0"
maxOccurs="1"/>
                    <element ref="gl-cor:creationDate" minOccurs="0"
maxOccurs="1"/>
                    <element ref="gl-cor:entriesComment" minOccurs="0"
maxOccurs="1"/>
                    <element ref="gl-cor:periodCoveredStart" minOccurs="0"
maxOccurs="1"/>
                    <element ref="gl-cor:periodCoveredEnd" minOccurs="0"
maxOccurs="1"/>
                </sequence>
                <attribute name="id" type="ID"/>
            </restriction>
        </complexContent>
    </complexType>
```

作为对比，下面是以组件“case-c-b”中 COR 入口文件里的“文档信息复杂类型”(documentInfoComplexType)的定义。可见，用于定义这个类型的要素既有来自 COR 模块分类模式文档的，也有来自 BUS 模块的。在这个类型的子元素中，除了来自原有 COR 模块分类模式文档中的 9 个元素，还引入了 6 个来自 BUS 模块分类模式文档中的元素。

```
    <complexType name="documentInfoComplexType">
        <complexContent>
            <restriction base="anyType">
                <sequence>
                    <element ref="gl-cor:entriesType" maxOccurs="1"/>
                    <element ref="gl-cor:uniqueID" minOccurs="0"
maxOccurs="1"/>
                    <element ref="gl-cor:revisesUniqueID" minOccurs="0"
maxOccurs="1"/>
                    <element ref="gl-cor:revisesUniqueIDAction"
minOccurs="0" maxOccurs="1"/>
```

```
                    <element ref="gl-cor:language" minOccurs="0"
maxOccurs="1"/>
                    <element ref="gl-cor:creationDate" minOccurs="0"
maxOccurs="1"/>
                    <element ref="gl-bus:creator" minOccurs="0"
maxOccurs="1"/>
                    <element ref="gl-cor:entriesComment" minOccurs="0"
maxOccurs="1"/>
                    <element ref="gl-cor:periodCoveredStart" minOccurs="0"
maxOccurs="1"/>
                    <element ref="gl-cor:periodCoveredEnd" minOccurs="0"
maxOccurs="1"/>
                    <element ref="gl-bus:periodCount" minOccurs="0"
maxOccurs="1"/>
                    <element ref="gl-bus:periodUnit" minOccurs="0"
maxOccurs="1"/>
                    <element ref="gl-bus:periodUnitDescription"
minOccurs="0" maxOccurs="1"/>
                    <element ref="gl-bus:sourceApplication" minOccurs="0"
maxOccurs="1"/>
                    <element ref="gl-bus:targetApplication" minOccurs="0"
maxOccurs="1"/>
                </sequence>
                <attribute name="id" type="ID"/>
            </restriction>
        </complexContent>
    </complexType>
```

2. 组件本身入口文件

将组件中所有模块入口文件进行再组织，即形成了访问组件全部内容的入口文件。在 XBRL GL 2015 中，每个组件本身入口文件包含 3 个，英文版、日文版和英日多语言版，其文件名分别为 gl-plt-en-2015-03-25、gl-plt-ja-2015-03-25 和 gl-plt-all-2015-03-25①。所有组件的这 3 个文件的主体内容都是相同的，即以导入方式引入 COR 模块入口文件②。3 个文件的主要区别在于它们引入了不同语言版

① 所有组件中这 3 个文件的名称都是相同的。

② 注意：虽然每个组件本身入口文件都只引入了 COR 模块入口文件，但每个组件中的 COR 模块入口文件都已经引入了全部模块的入口文件，即每个组件中 COR 模块入口文件的"视野"是不同的，所以，每个组件本身入口文件的"视野"也是不同的。

本的标签链接库。

以组件"case-c-b"的英日多语言版为例,其主要内容如下。

(1) 导入方式引用 COR 入口文件:代码如下。

```
<import namespace="http://www.xbrl.org/int/gl/cor/2015-03-25"
schemaLocation="gl-cor-content-2015-03-25.xsd"/>
```

(2) 引用标签链接库信息:以嵌套在 annotation 元素中的 appinfo 元素来给出一个分类模式所直接引用的全部链接库文档。可以看出,引用 COR 模块和 BUS 模块的各自英文版和日文版本共 4 个标签链接库。

```
<annotation>
  <appinfo>
    <link:linkbaseRef xlink:type="simple"
xlink:href="../../cor/lang/gl-cor-2015-03-25-label.xml" xlink:title="Label
Links, all" xlink:role="http://www.xbrl.org/2003/role/labelLinkbaseRef"
xlink:arcrole="http://www.w3.org/1999/xlink/properties/linkbase"/>
    <link:linkbaseRef xlink:type="simple"
xlink:href="../../cor/lang/gl-cor-2015-03-25-label-ja.xml" xlink:title="Label
Links, ja" xlink:role="http://www.xbrl.org/2003/role/labelLinkbaseRef"
xlink:arcrole="http://www.w3.org/1999/xlink/properties/linkbase"/>
    <link:linkbaseRef xlink:type="simple"
xlink:arcrole="http://www.w3.org/1999/xlink/properties/linkbase"
    xlink:href="../../bus/lang/gl-bus-2015-03-25-label.xml" xlink:title="Label
Links, all" xlink:role="http://www.xbrl.org/2003/role/labelLinkbaseRef"/>
    <link:linkbaseRef xlink:type="simple"
xlink:arcrole="http://www.w3.org/1999/xlink/properties/linkbase"
xlink:href="../../bus/lang/gl-bus-2015-03-25-label-ja.xml" xlink:title="Label
Links, ja" xlink:role="http://www.xbrl.org/2003/role/labelLinkbaseRef"/>
  </appinfo>
</annotation>
```

3.3.2 各种 PLT 组件结构

审视各种 PLT 组件,可以发现组成组件的模块并不是任意组合的。首先,COR 模块是所有组件都具备的;其次,如表 3-1 所示,除表头外,表格中的前 6 行呈现出严格的包含关系——后一个组件都通过在前一个组件的基础上增加一个模块形成的,而第 7、第 8 两行也在小范围内满足这种包含关系。这是因为,虽然这些模块是独立定义的,但它们实际上也必须符合现实中的逻辑关系。以组件"case-c-b-m-u-t”和组件“case-c-b-m-u-t-s”为例，因为有 SRCD 的参与，后者显然已经支持账簿/报告的交互应用。因为报告内容要求完备性，所以在账簿层面所有的要素也都必须是完备的。因此，有且只有在具有完备账簿要素的组件“case-c-b-m-u-t”上加上 SRCD 模块才能形成面向账簿/报告交互应用的组件“case-c-b-m-u-t-s”。

表 3-1　PLT 组件结构

组件	COR	BUS	MUC	USK	TAF	SRCD
case-c	√					
case-c-b	√	√				
case-c-b-m	√	√	√			
case-c-b-m-u	√	√	√	√		
case-c-b-m-u-t	√	√	√	√	√	
case-c-b-m-u-t-s	√	√	√	√	√	√
case-c-t	√				√	
case-c-b-t	√	√			√	

1. 组件 case-c

核心模块本身就是一个完整的分类标准，入口是 PLT“调色板”文件夹下 case-c 子文件夹里的“调色板”模式文档(gl-plt-en-2015-03-25. xsd)①。分类标准中相关模式文档组合过程如下：

(1) “调色板”模式文档通过<import>语句引入当前路径下的核心模块的内容模型声明模式文档(gl-cor-content-2015-03-25. xsd)。

(2) 核心模块的内容模型声明模式文档通过<include>语句引入 COR 模块文件夹里核心模块的元素声明模式文档(../../cor/gl-cor-2015-03-25. xsd)。

(3) 核心模块的元素声明模式文档通过<import>语句引入 GEN 通用文件夹里的通用模式文档(../../gen/gl-gen-2015-03-25. xsd)。

2. 组件 case-c-b

这个组件应用于典型的业务情境，入口是 PLT“调色板”文件夹下 case-c-b 子文件夹里的“调色板”模式文档(gl-plt-en-2015-03-25. xsd)。分类标准中相关模式文档的组合过程如下：

(1) “调色板”模式文档通过<import>语句引入当前路径下的核心模块的内

① 本书只考虑英文版。

容模型声明模式文档(gl-cor-content-2015-03-25.xsd)。

(2) 核心模块的内容模型声明模式文档通过<import>语句引入当前路径下的拓展交易概念模块的内容模型声明模式文档(gl-bus-content-2015-03-25.xsd),又通过<include>语句引入 COR 模块文件夹里核心模块的元素声明模式文档(../../cor/gl-cor-2015-03-25.xsd)。这个元素声明模式文档还通过<import>语句引入 GEN 通用文件夹里的通用模式文档(../gen/gl-gen-2015-03-25.xsd)。

(3) 拓展交易概念模块的元素声明模式文档通过<include>语句引入 BUS 模块文件里拓展交易概念模块的元素声明模式文档(../../bus/gl-bus-2015-03-25.xsd)。这个元素声明模式文档还通过<import>语句引入 GEN 通用文件夹里的通用模式文档(../gen/gl-gen-2015-03-25.xsd)。

3. 组件 case-c-b-m

这个组件应用于有外币因素的业务情境,入口是 PLT"调色板"文件夹下 case-c-b-m 子文件夹里的"调色板"模式文档(gl-plt-en-2015-03-25.xsd)。分类标准中相关模式文档的组合过程如下:

(1) "调色板"模式文档通过<import>语句引入当前路径下的核心模块的内容模型声明模式文档(gl-cor-content-2015-03-25.xsd)。

(2) 核心模块的内容模型声明模式文档通过<import>语句引入当前路径下的拓展交易概念模块的内容模型声明模式文档(gl-bus-content-2015-03-25.xsd)、多币种模块的内容模型声明模式文档(gl-muc-content-2015-03-25.xsd),又通过<include>语句引入 COR 模块文件夹里核心模块的元素声明模式文档(../../cor/gl-cor-2015-03-25.xsd)。这个元素声明模式文档还通过<import>语句引入 GEN 通用文件夹里的通用模式文档(../gen/gl-gen-2015-03-25.xsd)。

(3) 拓展交易概念模块的元素声明模式文档通过<include>语句引入 BUS 模块文件里拓展交易概念模块的元素声明模式文档(../../bus/gl-bus-2015-03-25.xsd)。这个元素声明模式文档还通过<import>语句引入 GEN 通用文件夹里的通用模式文档(../gen/gl-gen-2015-03-25.xsd)。

(4) 多币种模块的内容模型声明模式文档通过<include>语句引入 MUC 模块文件夹里多币种模块的元素声明模式文档(../../muc/gl-muc-2015-03-25.xsd)。

4. 组件 case-c-b-m-u

这个组件应用于英美会计体系下的业务情境,入口是 PLT"调色板"文件夹下 case-c-b-m-u 子文件夹里的"调色板"模式文档(gl-plt-en-2015-03-25.xsd)。分类标准中相关模式文档的组合过程如下:

(1) "调色板"模式文档通过<import>语句引入当前路径下的核心模块的内容模型声明模式文档(gl-cor-content-2015-03-25.xsd)。

(2) 核心模块的内容模型声明模式文档通过<import>语句引入当前路径下的拓展交易概念模块的内容模型声明模式文档(gl-bus-content-2015-03-25. xsd)、多币种模块的内容模型声明模式文档(gl-muc-content-2015-03-25. xsd)以及美英概念模块的内容模型声明模式文档(gl-usk-content-2015-03-25. xsd),又通过<include>语句引入 COR 模块文件夹里核心模块的元素声明模式文件(../../cor/gl-cor-2015-03-25. xsd)。这个元素声明模式文档还通过<import>语句引入 GEN 通用文件夹里的通用模式文档(../gen/gl-gen-2015-03-25. xsd)。

(3) 拓展交易概念模块的元素声明模式文档通过<include>语句引入 BUS 模块文件里拓展交易概念模块的元素声明模式文档(../../bus/gl-bus-2015-03-25. xsd)。这个元素声明模式文档还通过<import>语句引入 GEN 通用文件夹里的通用模式文档(../gen/gl-gen-2015-03-25. xsd)。

(4) 多币种模块的内容模型声明模式文档通过<include>语句引入 MUC 模块文件夹里多币种模块的元素声明模式文档(../../muc/gl-muc-2015-03-25. xsd)。

(5) 美英概念模块的内容模型声明模式文档通过<include>语句引入 USK 模块文件夹里美英概念模块的元素声明模式文档(../../usk/gl-usk-2015-03-25. xsd)。

5. 组件 case-c-b-m-u-t

这个组件应用于涉税的英美会计体系下的业务情境,入口是 PLT“调色板”文件夹下 case-c-b-m-u-t 子文件夹里的“调色板”模式文档(gl-plt-en-2015-03-25. xsd)。分类标准中相关模式文档的组合过程如下:

(1) “调色板”模式文档通过<import>语句引入当前路径下的核心模块的内容模型声明模式文档(gl-cor-content-2015-03-25. xsd)。

(2) 核心模块的内容模型声明模式文档通过<import>语句引入当前路径下的拓展交易概念模块的内容模型声明模式文档(gl-bus-content-2015-03-25. xsd)、多币种模块的内容模型声明模式文档(gl-muc-content-2015-03-25. xsd)、美英概念模块的内容模型声明模式文档(gl-usk-content-2015-03-25. xsd)以及税务审计文件模块的内容模型声明模式文档(gl-taf-content-2015-03-25. xsd),又通过<include>语句引入 COR 模块文件夹里核心模块的元素声明模式文档(../../cor/gl-cor-2015-03-25. xsd)。这个元素声明模式文档还通过<import>语句引入 GEN 通用文件夹里的通用模式文档(../gen/gl-gen-2015-03-25. xsd)。

(3) 拓展交易概念模块的元素声明模式文档通过<include>语句引入 BUS 模块文件里拓展交易概念模块的元素声明模式文档(../../bus/gl-bus-2015-03-25. xsd)。这个元素声明模式文档还通过<import>语句引入 GEN 通用文件夹里的通用模式文档(../gen/gl-gen-2015-03-25. xsd)。

(4) 多币种模块的内容模型声明模式文档通过<include>语句引入 MUC 模块

文件夹里多币种模块的元素声明模式文档(../../muc/gl-muc-2015-03-25.xsd)。

(5) 美英概念模块的内容模型声明模式文档通过<include>语句引入 USK 模块文件夹里美英概念模块的元素声明模式文档(../../usk/gl-usk-2015-03-25.xsd)。

(6) 税务审计文件模块的内容模型声明模式文档通过<include>语句引入 TAF 模块文件夹里美英概念模块的元素声明模式文档(../../taf/gl-taf-2015-03-25.xsd)。这个元素声明模式文档还通过<import>语句引入 GEN 通用文件夹里的通用模式文档(../gen/gl-gen-2015-03-25.xsd)。

6. 组件 case-c-b-m-u-t-s

这个组件应用于账簿/报告交互,入口是 PLT"调色板"文件夹下 case-c-b-m-u-t-s 子文件夹里的"调色板"模式文档(gl-plt-en-2015-03-25.xsd)。分类标准中相关模式文档的组合过程如下:

(1) "调色板"模式文档通过<import>语句引入当前路径下的核心模块的内容模型声明模式文档(gl-cor-content-2015-03-25.xsd)。

(2) 核心模块的内容模型声明模式文档通过<import>语句引入当前路径下的拓展交易概念模块的内容模型声明模式文档(gl-bus-content-2015-03-25.xsd)、多币种模块的内容模型声明模式文档(gl-muc-content-2015-03-25.xsd)、美英概念模块的内容模型声明模式文档(gl-usk-content-2015-03-25.xsd)、税务审计文件模块的内容模型声明模式文档(gl-taf-content-2015-03-25.xsd)以及汇总报告上下文数据模块的内容模型声明模式文档(gl-srcd-content-2015-03-25.xsd),又通过<include>语句引入 COR 模块文件夹里核心模块的元素声明模式文档(../../cor/gl-cor-2015-03-25.xsd)。这个元素声明模式文档还通过<import>语句导入 GEN 通用文件夹里的通用模式文档(../gen/gl-gen-2015-03-25.xsd)。

(3) 拓展交易概念模块的元素声明模式文档通过<include>语句引入 BUS 模块文件里拓展交易概念模块的元素声明模式文档(../../bus/gl-bus-2015-03-25.xsd)。这个元素声明模式文档还通过<import>语句引入 GEN 通用文件夹里的通用模式文档(../gen/gl-gen-2015-03-25.xsd)。

(4) 多币种模块的内容模型声明模式文档通过<include>语句引入 MUC 模块文件夹里多币种模块的元素声明模式文档(../../muc/gl-muc-2015-03-25.xsd)。

(5) 美英概念模块的内容模型声明模式文档通过<include>语句引入 USK 模块文件夹里美英概念模块的元素声明模式文档(../../usk/gl-usk-2015-03-25.xsd)。

(6) 税务审计文件模块的内容模型声明模式文档通过<include>语句引入 TAF 模块文件夹里美英概念模块的元素声明模式文档(../../taf/gl-taf-2015-03-25.xsd)。这个元素声明模式文档还通过<import>语句引入 GEN 通用文件夹里的通用模式文档(../gen/gl-gen-2015-03-25.xsd)。

(7) 汇总报告上下文模块的内容模型声明模式文档通过<include>语句引入SRCD模块文件夹里美英概念模块的元素声明模式文档(../../srcd/gl-srcd-2015-03-25.xsd)。

7. 组件 case-c-t

这个组件应用于涉税情境，入口是PLT“调色板”文件夹下case-c-t子文件夹里的“调色板”模式文档(gl-plt-en-2015-03-25.xsd)。分类标准中相关模式文档的组合过程如下：

(1) “调色板”模式文档通过<import>语句引入当前路径下的核心模块的内容模型声明模式文档(gl-cor-content-2015-03-25.xsd)。

(2) 核心模块的内容模型声明模式文档通过<import>语句引入当前路径下的税务审计文件模块的内容模型声明模式文档(gl-taf-content-2015-03-25.xsd)，又通过<include>语句引入COR模块文件夹里核心模块的元素声明模式文档(../../cor/gl-cor-2015-03-25.xsd)。这个元素声明模式文档还通过<import>语句引入GEN通用文件夹里的通用模式文档(../gen/gl-gen-2015-03-25.xsd)。

(3) 税务审计文件模块的内容模型声明模式文档通过<include>语句引入TAF模块文件夹里美英概念模块的元素声明模式文档(../../taf/gl-taf-2015-03-25.xsd)。这个元素声明模式文档还通过<import>语句引入GEN通用文件夹里的通用模式文档(../gen/gl-gen-2015-03-25.xsd)。

8. 组件 case-c-b-t

这个组件应用于完整的涉税情境，入口是PLT“调色板”文件夹下case-c-b-t子文件夹里的“调色板”模式文档(gl-plt-en-2015-03-25.xsd)。分类标准中相关模式文档的组合过程如下：

(1) “调色板”模式文档通过<import>语句引入当前路径下的核心模块的内容模型声明模式文档(gl-cor-content-2015-03-25.xsd)。

(2) 核心模块的内容模型声明模式文档通过<import>语句引入当前路径下的拓展交易概念模块的内容模型声明模式文档(gl-bus-content-2015-03-25.xsd)、税务审计文件模块的内容模型声明模式文档(gl-taf-content-2015-03-25.xsd)，又通过<include>语句引入COR模块文件夹里核心模块的元素声明模式文档(../../cor/gl-cor-2015-03-25.xsd)。这个元素声明模式文档还通过<import>语句引入GEN通用文件夹里的通用模式文档(../gen/gl-gen-2015-03-25.xsd)。

(3) 拓展交易概念模块的元素声明模式文档通过<include>语句引入BUS模块文件里拓展交易概念模块的元素声明模式文档(../../bus/gl-bus-2015-03-25.xsd)。这个元素声明模式文档还通过<import>语句引入GEN通用文件夹里的通用模式文档(../gen/gl-gen-2015-03-25.xsd)。

（4）税务审计文件模块的内容模型声明模式文档通过<include>语句引入TAF模块文件夹里美英概念模块的元素声明模式文档（../../taf/gl-taf-2015-03-25.xsd）。这个元素声明模式文档还通过<import>语句引入GEN通用文件夹里的通用模式文档（../gen/gl-gen-2015-03-25.xsd）。

3.4　XBRL GL分类标准中的元素取值

XBRL GL中的数据类型具有非常鲜明的特征，即大量采用枚举型。针对所有业务要素，XBRL GL都同时提供了具有不同取值方式的两个元素，一个是枚举型，一个是自由类型。比如，sourceJournalID是枚举型的，限定了其取值范围，但sourceJournalDescription是自由类型的，枚举型需要进一步具体说明，帮助整合那些相似但不同的信息。XBRL GL目前只对entriesType强制要求枚举型。表3-2至表3-28给出了XBRL GL中定义的类型和元素。

表3-2　电话描述的枚举型元素

元素	枚举值	解释
accountantContactPhoneNumberDescripotion contactPhoneNumberDescripotion identifierContactPhoneNumberDescripotion identifierPhoneNumberDescripotion phoneNumberDescripotion	bookkeeper	核算会计员
	controller	主计长
	direct	直拨电话
	fax	传真
	investor-relations	投资者关系
	main	总机
	switchboard	接线总机
	other	其他

表3-3　会计参与类型的枚举型元素

元素	枚举值	解释
accountantEngagementType	audit	审计
	review	检查，复核
	compilation	编制
	tax	税
	other	其他

表 3-4 会计目标代码的枚举型元素

元素	枚举值	解释
accountPurposeCode	consolidating	合并
	european	欧洲
	ifrs	国际财务报告准则
	offsetting	抵销
	primary	首要(当地的)
	tax	税
	usgaap	美国通用会计准则
	japanese	日本的
	other	其他

表 3-5 账户类型的枚举型元素

元素	枚举值	解释
accountType	account	账户
	bank	银行
	employee	员工
	customer	客户
	job	作业
	vendor	零售商,卖主
	measurable	计量结构
	statistical	统计数据
	other	其他

表 3-6 财税差异的枚举型元素

元素	枚举值	解释
bookTaxDifference	permanent	永久的
	temporary	暂时的
	none	空值

表 3-7 预算分配的枚举型元素

元素	枚举值	解释
budgetAllocationCode	D	各期间数
	T	期间综合

表 3-8 借贷符号的枚举型元素

元素	枚举值	解释
debitCreditCode	D	借
	C	贷
	debit	借
	credit	贷
	undefined	未定义

表 3-9 折旧政策管理机构的枚举型元素

元素	枚举值	解释
dmJurisdiction	F	联邦
	federal	联邦
	S	州
	state	州
	L	当地
	local	当地
	other	其他

表 3-10 文档类型的枚举型元素

元素	枚举值	解释
documentType	check	支票
	debit-memo	借方凭证
	credit-memo	贷方凭证
	finance-charge	财务费用
	invoice	发票
	order-customer	订单—客户
	order-vendor	采购单
	payment-other	付款—其他
	reminder	通知单

（续表）

元素	枚举值	解释
documentType	tegata	（日）票据，手印
	voucher	代金券
	shipment	发货单
	receipt	收货单
	manual-adjustment	手动调整
	other	其他

表 3-11　分录集合类型的枚举型元素

元素	枚举值	解释
entriesType	account	账簿
	balance	余额
	entries	分录
	journal	日记账
	ledger	分类账簿
	assets	资产负债表
	trialbalance	试算平衡表
	taxtables	税率表
	other	其他

表 3-12　记账方法的枚举型元素

元素	枚举值	解释
entryAccountingMethod organizationAccountingMethod	accrual	权责发生制
	cash	收付实现制
	modified-cash	改进的现金收付制
	modified-accrual	改进的权责发生制
	encumbrance	留置
	special-methods	特殊方法
	hybrid-methods	混合方法
	other-methods	其他方法

表 3-13　会计目标的枚举型元素

元素	枚举值	解释
entryAccountingMethodPurpose organizationAccountingMethodPurpose organizationAccountingMethodPurposeDefault reportingPurpose	book	账簿
	tax	税
	management	管理
	statutory	法规
	other	其他

表 3-14　分录类型的枚举型元素

元素	枚举值	解释
entryType	adjusting	调整
	budget	预算
	comparative	比较
	external-accountant	驻外会计
	standard	标准
	passed-adjusting	追溯调整
	eliminating	消除
	proposed	被提议的
	recurring	循环,经常性
	reclassifying	重新分类
	simulated	仿真,模拟
	tax	税
	other	其他

表 3-15　组织类型的枚举型元素

元素	枚举值	解释
identifierOrganizationType	individual	个人
	organization	组织
	other	其他

表 3-16　人员角色类型的枚举型元素

元素	枚举值	解释
identifierType originatingDocumentIdentifierType	C	客户
	customer	客户

（续表）

元素	枚举值	解释
identifierType originatingDocumentIdentifierType	E	员工
	employee	员工
	V	供应商
	vendor	供应商
	O	其他
	other	其他
	I	内部销售人员
	salesperson-internal	内部销售人员
	X	外部销售人员
	salesperson-external	外部销售人员
	N	承包商
	contractor	承包商

表 3-17　发票类型的枚举型元素

元素	枚举值	解释
invoiceType	ePos	电子支付
	self-billed	自用发票

表 3-18　主要账户类型的枚举型元素

元素	枚举值	解释
mainAccountType	asset	资产
	liability	负债
	equity	净资产
	income	收入
	gain	利得
	expense	费用
	loss	损失
	contr-to-equity	贡献至净资产
	distr-from-equity	从净资产分配出
	comprehensive-income	综合收入
	other	其他

表 3-19 计量对象代码的枚举型元素

元素	枚举值	解释
measurableCode	BP	业务流程
	FA	固定资产
	IN	存货
	KPI	关键业绩指标
	NT	无形资产
	SP	供应物资
	SV-P	员工,供应商或承销商的服务
	SV-M	设备的保养
	OT	其他

表 3-20 时间单位的枚举型元素

元素	枚举值	解释
periodUnit	daily	每天
	weekly	每周
	bi-weekly	双周
	semi-monthly	半月
	monthly	每月
	quarterly	每季度
	thirdly	每四个月
	semiannual	每半年
	annual	每年
	ad-hoc	临时
	current-period-only	本期
	other	其他

表 3-21 过账状态的枚举型元素

元素	枚举值	解释
postingStatus	deferred	延期
	posted	已过账
	proposed	计划
	simulated	模拟,仿真

（续表）

元素	枚举值	解释
PostingStatus	tax	税
	unposted	未过账
	cancelled	撤销
	other	其他

表 3-22 分录限定词的枚举型元素

元素	枚举值	解释
qualifierEntry	standard	标准
	balance-brought-forward	转入下栏的余额
	other	其他

表 3-23 报告日历开闭状态的枚举型元素

元素	枚举值	解释
reportingCalendarOpenClosedStatus	open	未清账
	closed	已关账
	pending	未决

表 3-24 报告日历期间的枚举型元素

元素	枚举值	解释
reportingCalendarPeriodType	monthly	月度
	quarterly	季度
	semi-annually	半年
	4-5-4	4－5－4 日程表
	ad-hoc	特定
	other	其他

表 3-25 修正标识动作的枚举型元素

元素	枚举值	解释
reviseUniqueIDAction	supplement	补充
	supersede	代替

表 3-26 数值符号的枚举型元素

元素	枚举值	解释
signOfAmount	+	正
	—	负
	plus	正
	minus	负

表 3-27 日记账标识符的枚举型元素

元素	枚举值	解释
sourceJournalID	cd	现金报销账
	cr	现金收入账
	fa	固定资产
	gi	银行自动直接转账
	gj	总分类账
	im	存货管理
	jc	工作成本
	pj	采购日记账
	pl	工资账
	sj	销售日记账
	se	标准账目
	ud	用户自定义
	ot	其他

表 3-28 数据的枚举型元素

元素	枚举值	解释
xbrlInclude	beginning_balance	期初余额
	ending_balance	期末余额
	period_change	期间变化

XBRL GL 旨在提供两种主要的服务：审计便利和数据交换。为了实现这些目标，XBRL GL 提供了枚举型的取值形式，方便数据的规范化和统一化，达到便利搜寻和交换的目的。

创建枚举型数据类型，有以下几个原则：第一，在数据交换中，如果存在合理的既定分录,使用枚举型;第二,用来枚举的值只是一个代码,保证一致性即可,可以是随机字符串、英文短语,或者通用缩写;第三,枚举值不需要翻译成各国语言,它只是用来执行系统间的数据交换,对于用户,他们会被提供当地语言的界面,而不接触枚举值。

目前,枚举型的应用主要面临两个挑战:其一是它们没有在分类中进行清晰的定义;其二是工具上的挑战。为了方便分类的延伸性和专业化,枚举值没有和元素定义值储存在一起,方便日后在不影响定义的情况下修改枚举值。

3.5 XBRL GL 分类标准中的账户结构

前面在定义中已经指出,XBRL GL 中的 GL 是指 Global Ledger,不仅限于传统意义上的总分类账。传统意义上的总分类账包括:诸如现金、留存收益和折旧费用的试算平衡表;诸如银行账户、应收、应付、存货、固定资产、处理过程中的作业的明细账;统计账户;诸如部门、项目、各分部的报告,等等。而 XBRL GL 则扩充了涉及的范围,它提供了一套账目结构,用户可以根据自己的需求设置多个结构。如表 3-29 所示。

表 3-29 账目结构

账户元素	描述账户细节的元素	描述二级账户细节的元素	描述二级账户中上级账户的元素	元素说明
account	accountMainID			账户编码
	accountMain-Description			账户说明
	mainAccountType			主要账户类型
	mainAccountType-Description			主要账户类型描述
	parentAccount-MainID			上级账户编码
	accountPurpose-Code			账户目的编码
	accountPurpose-Description			账户目的描述
	accountType			账户类型
	accountType-Description			账户类型描述

（续表）

账户元素	描述账户细节的元素	描述二级账户细节的元素	描述二级账户中上级账户的元素	元素说明
account	entryAccounting-Method			记账方法
	entryAccounting-MethodDescription			记账方法描述
	entryAccounting-MethodPurpose			记账方法目的
	entryAccounting-MethodPurpose-Description			记账方法目的描述
	accountSub			二级账户
		accountSubDescrip-tion		二级账户描述
		accountSubID		二级账户编号
		accountSubType		二级账户类型
		segmentParentTuple		区域母元组
			parentSubaccount-Code	上级分账户编码
			parentSubaccount-Type	上级分账户类别
			reportingTreeIden-tifier	报告树标识符
			parentSubaccount-Proportion	分配至上级账户比例

在 XBRL GL 中，账户结构不是用来储存具体的信息，而是描述层次结构和内部关系的。它们中的一些用来描述账户本身，另一些描述账户所在的账本。

XBRL GL 遵循账目独立和报告独立的原则，并通过层次结构，实现总分类账和明细账的转换，包括完成从明细账到总分类账的提炼。它通过 parentAccount-MainID、segmentParentTuple 等元素来实现这些上下账户的链接，方便查询。同时，这一账户结构可以兼容多种报告树的树形结构，帮助用户从不同角度来分析信息，用户可以按照地区、产品线等多种角度观察信息，进行多方位分析。

第4章

XBRL GL 业务实例分析（上）

在 XBRL GL 2015 规范文档中，有一个案例(IDS)模块，这一模块包含了 12 个案例。这 12 个案例中，3 个为 XBRL GL/XBRL FR 合并使用案例，9 个为 XBRL GL 独立使用的案例。这些案例是 XBRL 国际组织 XBRL GL 工作组为了方便各国各领域学者对 XBRL GL 分类标准的理解和应用而通过实例进行的阐释。

XBRL GL 工作组提供案例的目的在于：通过使用 XBRL GL 提高计划和运营效率，以充分体现 XBRL GL 的强大能力。XBRL GL 表达极为丰富，可以表达诸如试算平衡表、分类账、明细账、发票、固定资产清单、订单、装运单、项目成本报告、会计分录等几乎所有交易层次的商业、会计信息。依据这一能力，基于 XBRL GL 的应用程序能够实现数据的传递与交流，用标准化的方式实现企业内外部和部门间交流以及在审计和内部控制活动方便审计人员找到需要的信息和证据。本章和下一章根据中国实践，基于上述 12 个案例，给出了反映中国会计制度和准则的案例。本章给出 3 个 XBRL GL/XBRL FR 合并使用的案例。

本章对每个案例均以 3 部分内容进行描述。首先，给出 XBRL 文档的描述对象，即其描述的会计（交易、账簿或报告）；其次，给出以表格形式表达的、根据 XBRL 数据对这些原型的建模；最后，给出案例所对应的 XBRL 代码。

4.1 XBRL GL /XBRL FR 的合并使用

XBRL GL 的标准用途是作为 XBRL FR 辅助系统，为财务报告中的汇总信息提供明细信息支持。这种从汇总信息到明细信息的展开过程被称为下钻（drill-down），从明细信息到汇总信息的聚合过程被称为上卷。由于 XBRL FR 和 XBRL GL 都只是数据集合，所以 XBRL FR 和 XBRL GL 中都不会提供具体的下钻/上卷操作与显示功能，但是必须提供相关的数据，以供上层应用程序实现下钻/上卷功能。其中，XBRL FR 中提供的是对应报告层的汇总数据，XBRL GL 中则不但提供了对应业务层和账簿层的明细数据，还应用 SRCD 模块提供了两者之间的关系

数据。

从 XBRL GL/XBRL FR 合并使用的角度，主要应考虑的问题就是 XBRL FR 数据在 XBRL GL 中的表述方式。XBRL FR 实例文档中总体上包含上下文元素、单位元素和主体元素 3 类元素。单位元素与 XBRL GL 无关，无须特殊考虑。上下文元素又因是否应用维度而分为维度无关和维度相关两类；主体元素又分为数据项和元组两类①。在这些元素中，维度无关的上下文元素和数据项元素的结构都相对固定并且简单，与 XBRL GL 的对应关系也随之简单；维度相关的上下文元素和元组元素结构多变并且复杂，与 XBRL GL 的对应关系也随之复杂。针对这些情况，本书给出如下 3 个基本案例。

(1) 简单上下文/纯数据项案例：指 XBRL FR 实例文档中仅含维度无关的上下文元素和数据项元素的情况。

(2) 简单上下文/元组案例：指 XBRL FR 实例文档中的上下文元素维度无关，但主体元素为元组元素的情况。

(3) 维度相关上下文/元组案例：指 XBRL FR 实例文档中的上下文元素维度相关，且主体元素为元组元素的情况。

显然，由于元组元素的叶节点必然是数据项，所以，上述 3 个基本案例的变种和组合即可包含所有上下文和主体元素情况。

在实现 XBRL GL 和 XBRL FR 的合并使用中，用于表达两者关系的 SRCD 模块及其使用方法是关键要素。另外，这种应用场合中 XBRL FR 的结构也应该具有通用性②。因此，本章 XBRL GL 案例的本质作用是：

(1) 提供另一种与 XBRL FR 不同的、从基础会计和财务数据创建实例文档的方式。

(2) 说明 XBRL 如何实现从汇总信息下钻至底层明细信息，以及从底层明细信息上卷至汇总性信息。

(3) 示范使用一种会计、业务软件与 XBRL 交互的数据接口——SRCD 模块，SRCD 模块具有相对扁平的又具有一定层次化的 XML 结构，并体现出简单和优化的特征。

(4) 如何用一种相对扁平的又具有一定层次化结构的方式表达这些汇总性 XBRL FR 实例。

---

① 尽管 FR 已经大多数转向维度方案，但出于兼容的目标，还必须考虑 FR 使用元组的情况。

② XBRL GL 与 XBRL FR 之间的关系本质上是一种明细/汇总关系。XBRL 并不限于会计，特别是财务报告的应用，XBRL 国际组织在设计用于表达这种关系的 SRCD 模块时，也体现出较强的通用性设计目的，即希望 SRCD 模块能够表达通用的明细/汇总关系。所以，XBRL FR 案例的通用性越强，就越能够体现 SRCD 的设计思想和用途。

4.2 简单上下文/纯数据项案例

本案例包含2个文档:1个XBRL FR实例文档和1个XBRL GL实例文档[①]。

其中,XBRL FR实例文档的内容包含1个上下文元素、1个单位元素和2个数据项元素。2个数据项元素中,1个为数值型数据项,1个为非数值型数据项。这是一种简单而又典型的XBRL FR结构。

XBRL GL实例文档中的核心内容是两个entryDetail元素,分别描述了账簿/交易层次中与XBRL FR文档中两个数据项元素的对应关系。

1. 原型

在本案例中,XBRL FR的原型是一个企业年报数据的片段。其中仅给出了两个实例,一个是概念"董事长姓名"的实例,一个是概念"主营业务收入"的实例。显然,前者为非数值型数据项(token类型),因此不需要单位;后者为数值型数据项(货币类型),因此需要单位。

本案例中的XBRL FR内容共有1个上下文元素,其表达信息如表4-1所示。

表4-1 简单上下文

项 目	内 容
企业名称	中国ABC信息技术有限公司
上市公司股票代码	611111
上市地	上海证券交易所
年报起始日期	2021年1月1日
年报截止日期	2021年12月31日

本案例中的XBRL FR内容共有1个货币单位元素,其表达信息如表4-2所示。

表4-2 货币单位

项 目	内 容
货币单位	人民币

本案例中的XBRL FR内容共有2个简单会计事实——"董事长姓名"和"主营业务收入",前者为非数值型内容,后者为数值型内容,其表达信息如表4-3所示。

---

① 在本章中,XBRL FR实例文档对应的分类标准内容都非常简单,XBRL GL实例文档对应的分类标准均为XBRL GL 2015给出的基本分类标准(即没有扩展),所以,本章略去有关分类标准的内容。

表 4-3　报告层会计事实　　金额单位:元

项　　目	内　　容	单　　位
董事长姓名	张天	
主营业务收入	7 904 000 940.65	人民币

本案例中的账簿层账户与报告层项目相同,因此不特定给出账簿层账户信息,仅给出账簿层/报告层对应信息,即 SRCD 内容,其表达信息如表 4-4 所示。

表 4-4　对应账簿内容　　金额单位:元

项　　目	内　　容
与第 1 个 FR 项目的对应关系	
报告项目	董事长姓名
报告内容	张天
报告企业股票代码	611111
报告企业上市地	上海证券交易所
报告起始日	2021 年 1 月 1 日
报告截止日	2021 年 12 月 31 日
与第 2 个 FR 项目的对应关系	
报告项目	主营业务收入
报告内容	7 904 000 940.65
报告内容精度	小数点后两位
报告企业股票代码	611111
报告企业上市地	上海证券交易所
报告起始日	2021 年 1 月 1 日
报告截止日	2021 年 12 月 31 日

2. 模型

1) XBRL FR 模型

上述表 4-3 的报告层会计事实相关内容可以用 XBRL FR 数据结构描述,如表 4-5 所示。表 4-5 内容与表 4-4 内容一致,其中,id 属性值“C001”是上下文元素标识符,用于实例文档中的其他元素引用该上下文元素;scheme 属性值“http://www.sse.com.cn”是上海证券交易所网址,用于表征表 4-4 中的“报告企业上市地”;clcid:DongShiZhangXingMing 和 clcid:ZhuYingYeWuShouRu 分别是表征表 4-4 中“董事长姓名”和“主营业务收入”的元素名(按照中文习惯,以拼音给出字母表示方式);decimals 属性值“2”指数值精度为小数点后 2 位,其余内容结构简单,含义一望而知,因此不作特别解释。

表 4-5　XBRL FR 内容的 XBRL 数据结构模型

context	@id ="C001"[①]		
	entity		
		identifier	611111
		@scheme	http://www.sse.com.cn
	period	startDate	2021/1/1
		endDate	2021/12/31
unit	@id ="RMB"		
	measure	iso4217:RMB	
clcid:DongShiZhangXingMing	张天		
	@contextRef ="C001"		
clcid:ZhuYingYeWuShouRu	7 904 000 940.65		
	@contextRef ="C001"		
	@unitRef ="RMB"		
	@decimals ="2"		

2) XBRL GL 模型[②]

上述表 4-4 的对应账簿内容可以用 XBRL GL 数据结构描述如表 4-6 所示。表 4-6 由于页面篇幅问题,从纵向切分为 3 张表。表 4-6 从总体上包含 4 部分内容,各部分详述如下。

(1) 金额(Amount):表述发生额或余额。本案例指主营业务收入本期发生额[③]。

(2) 币种(Amount Currency):表述与金额相关联的币种。

(3) XBRL 信息(XBRL Info):表述用于账簿聚合至报告的相关信息。XBRL 信息是一个复合结构,本案例中具体内容包括:

---

① 带有@符号者表示属性,其余为内容或子元素,下同。

② 模型说明中不包含与模型无直接关系的结构性内容或附属内容,下同。

③ 这些元素都是通用元素,其意义和结构具有一般性,但在具体实例中,其意义、作用和结构都不同。这些元素及其所依据类型的通用含义见 XBRL GL 2015 分类标准,本书仅根据具体案例给出特定的意义、作用和结构。

- 汇总报告元素(Summary Reporting Element):表述汇总的目标——报告中的某个元素,在本案例中是"clcid:DongShiZhangXingMing"和"clcid:ZhuYingYeWuShouRu"两个元素。
- 明细匹配元素(Detail Matching Element):表述作为汇总来源的明细账户的相关信息,其内容为"measurableQualifier",说明相关信息位于"计量限定词"(measurableQualifier)元素中。
- 小数位数表达汇总精度(Summary Precision Decimals):表述汇总数据的精度,本身也是一个复合结构,其子项目为"汇总小数位数"(Summary Decimals),给出以保留小数位数的形式表示的汇总数据精度。
- 汇总上下文(Summary Context):表述汇总数据的上下文,本身也是一个复合结构。对应FR中的上下文结构,其子项目为"汇总实体"(Summary Entity)和"汇总期间"(Summary Period)。汇总实体对应FR中上下文结构的实体,也是一个复合结构,具有子项目"汇总实体标识符"(Summary Identifier)和"汇总实体方案"(Summary Scheme),对应上下文结构中的实体标识符(Identifier)和实体方案(Scheme);汇总期间对应FR中上下文结构的期间,也是一个复合结构,具有子项目"汇总起始日期"(Summary Start Date)和"汇总终止日期"(Summary End Date),对应上下文结构中的起始日期(startDate)和终止日期(endDate)。
- 汇总报告分类标准标识符(Summary Reporting Taxonomy ID Ref):汇总元素所在的分类标准的标识符,本案例中以该分类标准的命名空间表示。
- 汇总单位(Summary Unit):表述汇总数据中数值型数据项的单位。汇总单位是一个复合结构,本案例中只有一个简单货币单位,所以只有一个子项目"汇总单位分子(Summary Numerator)",给出货币单位"人民币(iso4217: RMB)"。

(4) 计量结构(Measurable):表述与计量相关的详细内容。计量属性是一个复合结构,本案例中有一个子项目计量限定符(Measurable Qualifier),其中给出了非数值型数据项的元素内容。

表 4-6 XBRL GL 内容的 XBRL 数据结构模型

Amount	Amount Currency	XBRL Info	
		Summary Reporting Element	Detail Matching Element
		clcid: DongShiZhangXing-Ming	measurableQualifier
7 904 000 940.65	iso4217: RMB	clcid:ZhuYingYeWuShouRu	

续表 4-6（一）

XBRL Info				
Summary Precision Decimals	Summary Context			
Summary Decimals	Summary Entity		Summary Period	
	Summary Identifier	Summary Scheme	Summary Start Date	Summary End Date
	611111	http://www.sse.com.cn	2021/1/1	2021/12/31
2	611111	http://www.sse.com.cn	2021/1/1	2021/12/31

续表 4-6（二）

XBRL Info		Measurable
Summary Reporting Taxonomy ID Ref	Summary Unit Summary Numerator	measurableQualifier
clcid		张天
clcid	iso4217：RMB	

3. 代码

上述模型对应的 XBRL FR/XBRL GL 代码如表 4-7(a)、表 4-7(b)所示。

表 4-7(a) 简单上下文案例——XBRL FR 实例文档

```
<? xml version="1.0" encoding="UTF-8" standalone="no"? >

<xbrli:xbrl xmlns:xbrli="http://www.xbrl.org/2003/instance"
xmlns:iso4217="http://www.xbrl.org/2003/iso4217"
xmlns:link="http://www.xbrl.org/2003/linkbase"
xmlns:clcid="http://www.xbrl-cn.org/cn/lcid"
xmlns:xlink="http://www.w3.org/1999/xlink">

<link:schemaRef xlink:href="generic.simple.context.xsd"
xlink:type="simple"/>

  <xbrli:context id="C001">

    <xbrli:entity>

      <xbrli:identifier
scheme="http://www.sse.com.cn">611111</xbrli:identifier>

    </xbrli:entity>
```

(续表)

<xbrli:period>
<xbrli:startDate>2021-01-01</xbrli:startDate>
<xbrli:endDate>2021-12-31</xbrli:endDate>
</xbrli:period>
</xbrli:context>
<xbrli:unit id="RMB">
<xbrli:measure>iso4217:RMB</xbrli:measure>
</xbrli:unit>
<clcid:clcid:DongShiZhangXingMing contextRef="C001">张天</clcid:clcid:DongShiZhangXingMing >
<clcid:clcid:ZhuYingYeWuShouRu contextRef="C001" decimals="2" unitRef="RMB">7 904 000 940.65</clcid:clcid:ZhuYingYeWuShouRu>
</xbrli:xbrl>

表 4-7(b) 简单上下文案例——XBRL GL 实例文档

<? xml version = "1.0" encoding = "UTF-8" standalone="no"? >	
<xbrli:xbrl...略去命名空间声明>	
<xbrli:schemaRef xlink:arcrole = "http://www.w3.org/1999/xlink/properties/linkbase" xlink:href = "../plt/case-c-b-m-u-t-s/gl-plt-all-2015-03-25.xsd" xlink:type ="simple"/>	
<xbrli:context id="now">	上下文元素,按照 XBRL 2.1 规范,该元素必须强制给出。但在 XBRL GL 中,上下文元素的出现仅意味着整体结构的完整,它并不具有在 XBRL FR 中那样支持元素实例的意义。应鼓励开发者使用 XBRL GL 实例的创建日期作为 context 元素中 period 子元素的日期
<xbrli:entity>	
<xbrli:identifier scheme = "http://www.xbrl.org/xbrlgl/sample">SAMPLE</xbrli:identifier>	
</xbrli:entity>	

（续表）

<xbrli:period>	XBRL GL 工作组推荐使用文件创建日期作为 period 元素的日期内容
<xbrli:instant>2022-02-27</xbrli:instant>	
</xbrli:period>	
</xbrli:context>	
<xbrli:unit id="RMB">	在 XBRL GL 的可计量元素或涉及多种货币的元素内部，可能需要计量单位。这里给出的 unit 元素仅是为了构成 XBRL 文件的完整性，其中的货币单位不应用于具体的 XBRL GL 数据
<xbrli:measure>iso4217:RMB</xbrli:measure>	
</xbrli:unit>	
<xbrli:unit id="NotUsed">	
<xbrli:measure>pure</xbrli:measure>	
</xbrli:unit>	
<gl-cor:accountingEntries>	accountingEntries 元素是 XBRL GL 的容器，但不是一个 XBRL GL 文件的根元素。与所有 XBRL 文件一样，XBRL GL 的根元素是 XBRL 元素。这意味着，通过一个或多个 accountingEntries 结构以及其中的数据，一个 XBRL GL 文件可以存储一个或多个虚拟 XBRL GL 文件，甚至是管理多个交易层次的数据。理解一个 XBRL GL 文件的关键是 entriesType。单个物理 XBRL GL 文件可以具有多个 accountingEntries 结构以同时表示交易文件和主文件，交易文件和主文件以不同的 entriesType 值（枚举值）进行区分。当一条账簿信息由多个信息源汇集时，这种机制尤其重要
<gl-cor:documentInfo>	因为大多数用户都应使用 entriesType 元素，documentInfo 元素就成为必需元素
<gl-cor:entriesType contextRef="now">other</gl-cor:entriesType>	entriesType 这个元素给出了 XBRL GL 文档的用途。在使用 XBRL GL 文档时，软件可以根据 entriesType 元素内容向用户提供指导。本例中，考虑到通用性，使用枚举值“other”。显然，本例所给出的实例文档的作用是描述链接任意 XBRL GL 数据与其对应 XBRL FR 汇总数据之间的 SRCD 模块，因此通用性是其最重要的性质

(续表)

<gl-cor:language contextRef="now">iso639:zh</gl-cor:language>	
<gl-cor:creationDate contextRef="now">2022-02-27</gl-cor:creationDate>	该日期与 accountingEntries 元素中的数据产生日期相关联。类似纸质报告的“印刷日期”
<gl-cor:entriesComment contextRef="now">Sample SRCD instance - Generic Simple Context</gl-cor:entriesComment>	对 accountingEntries 结构中信息的整体性描述。例如,为什么这些信息被整理成一组进行发布,这些都能够通过 entriesComment 元素得到解释
<gl-cor:periodCoveredStartcontextRef="now">2021-01-01</gl-cor:periodCoveredStart>	
<gl-cor:periodCoveredEndcontextRef="now">2021-12-31</gl-cor:periodCoveredEnd>	
<gl-srcd:summaryReportingTaxonomies>	summaryReportingTaxonomies(汇总报告分类标准)元素提供了能够标识全部这些分类标准,并能够提供这些分类标准的详细信息。本例中涉及的报告层分类标准仅有一个,但在实践中其数量不受限制
<gl-srcd:summaryReportingTaxonomyIDcontextRef="now">clcid</gl-srcd:summaryReportingTaxonomyID>	XBRL FR 分类标准模式的命名空间缩写。可以被每一个分类标准当作 ID 使用
<gl-srcd:summaryReportingTaxonomySchemaRefHref contextRef="now">generic.simple.context.xsd</gl-srcd:summaryReportingTaxonomySchemaRefHref>	目标 XBRL FR 分类标准中“href”元素的“schemaRef”属性值
</gl-srcd:summaryReportingTaxonomies>	
</gl-cor:documentInfo>	
<gl-cor:entityInformation>	通常,从会计系统中导出的信息不包含有关公司描述的内容。然而,在文件中包含公司名称将是一个非常好的做法,这就使得 entityInformation 元组成为必要元素
<gl-bus:organizationIdentifiers>	在文件中包含公司名称是一种推荐做法,organizationIdentifiers 元素即用于存储这些信息。目前 organizationDescription 还不是枚举值

（续表）

<gl-bus:organizationIdentifiercontextRef="now">611111</gl-bus:organizationIdentifier>	
<gl-bus:organizationDescriptioncontextRef="now">中国ABC信息技术有限公司</gl-bus:organizationDescription>	
</gl-bus:organizationIdentifiers>	
</gl-cor:entityInformation>	
<gl-cor:entryHeader>	大多数业务细节需要以 entryHeader 元素及其 entryDetail 元素中的项目进行具体表示。极少有文件可以仅使用 documentInfo 元素和 entityInformation 元素即可表示业务明细信息。 在本例中,仅给出了 2 个用于包含非维度上下文数据的 XBRL GL 元素。在这些例子中,货币金额内容被存储在 amount 元素中,非货币金额内容被存储在 measurableQuantity 元素中,其他所有数据类型存储在 measurableQualifier 元素中。当 XBRL GL 中有更复杂的信息时,如分录、文件、分类账、总分类账、试算平衡表等,“entryHeader”和“entryDetail”结构会展现出所有内容,从而具有更多元素
<gl-cor:entryDetail>	每一个基本货币金额都位于一个 entryDetail 元素中。同样的,每一个 entryDetail 元素都只能给一个基本文档提供标注。本例没有引用任何文档。本例中的第一个 XBRL FR 元素的值不是金额,所以被存储在第一个 entryDetail 元素的 measurableQualifier 子元素中
<gl-cor:xbrlInfo>	
<gl-cor: summaryReportingElementcontextRef = " now " > clcid: DongShiZhangXingMing </gl-cor: summaryReportingElement>	这是目标元素,即 XBRL FR 分类标准中的报告概念,或者一个专属模式文档中的元素,也就是 XBRL GL 中的明细信息所链接的对象。在所属的 XBRL FR 文档打开后,在 xbrl 元素(即根元素)的命名空间声明中,可以找到与该元素相关的命名空间、实际的模式文档,从而可以由应用程序发现更多信息
<gl-cor: detailMatchingElement contextRef="now">gl-bus:measurableQualifier</gl-cor:detailMatchingElement>	这个 XBRL GL 实例中的概念是汇总的关注点。默认情况下,货币型元素是汇总的基本对象。然而,有许多其他内容,特别是数值型内容也可以作为汇总的对象。本例中“汇总”的对象是一个非数值型元素

(续表)

<gl-srcd:summaryContext>	XBRL FR 实例中的上下文信息包括:报告实体(identifier 子元素),可能的分部(segment 子元素),事实相关的时间期间,以及适用的场景。 segment 子元素可以表述一个公司在符合逻辑的、合理的"划分"或"维度"。summaryContext(汇总上下文)元素提供了所有用于显式描述这些信息的概念,以及将 XBRL GL 明细信息与 XBRL FR 实例文档中的一个特定汇总事实相联系的链接。本例无维度相关的上下文,仅使用实体(entity)和期间(period)子元素
<gl-srcd:summaryEntity>	
<gl-srcd:summaryIdentifiercontextRef = " now " > 611111 </gl-srcd:summaryIdentifier>	
<gl-srcd:summaryScheme contextRef = "now" > http://www.sse.com.cn</gl-srcd:summaryScheme>	
</gl-srcd:summaryEntity>	
<gl-srcd:summaryPeriod>	
<gl-srcd:summaryStartDatecontextRef = "now">2021-01-01</gl-srcd:summaryStartDate>	
<gl-srcd:summaryEndDatecontextRef = "now">2021-12-31</gl-srcd:summaryEndDate>	
</gl-srcd:summaryPeriod>	
</gl-srcd:summaryContext>	
<gl-srcd:summaryReportingTaxonomyIDRef contextRef = "now">clcid </gl-srcd: summaryReportingTaxonomyIDRef>	该元素引用相关目标报告层分类标准的标识符(一般与命名空间前缀相同),这一标识符在 documentInfo(文档信息)元素的子元素 summaryReportingTaxonomies 中定义。XBRL GL 机制允许为一个特定的分类标准建立多个描述性的 xbrlInfo(XBRL 信息)元素
</gl-cor:xbrlInfo>	
<gl-bus:measurable>	在本例这个简化了的 XBRL GL 文档中,非数值型信息被存储在 measurableQualifier(计量对象限定符)元素中

（续表）

<gl-bus:measurableQualifier contextRef="now">张天</gl-bus:measurableQualifier>	
</gl-bus:measurable>	
</gl-cor:entryDetail>	
<gl-cor:entryDetail>	本例的第二个 entryDetail 元素表征了 XBRL FR 实例文件中的一个货币型数据项，这个数据项的值用 amount 元素来存储
<gl-cor:amountcontextRef="now" decimals="0" unitRef="RMB">7 904 000 94 0.65</gl-cor:amount>	
<gl-muc:amountCurrency contextRef="now">iso4217:RMB</gl-muc:amountCurrency>	为了表述其他 XBRL 中具有"上下文"性质的信息，SRCD 模块在 summaryUnit 元素中给出了表述货币的元素和其他单位的方式。另外，SRCD 提供了用于表达币种的 amountCurrency 元素，与币种相关联的金额可以出现在文档、分录或其他任何明细信息中。本例的目的是展示 SRCD 的使用，故本例不考虑其他与 SRCD 无关的内容
<gl-cor:xbrlInfo>	
<gl-cor:summaryReportingElementcontextRef="now">clcid:ZhuYingYeWuShouRu</gl-cor:summaryReportingElement>	
<gl-srcd:summaryPrecisionDecimals>	因为这个 entryDetail 元素与一个货币金额相联系，所以需要一个 summaryPrecisionDecimals(以小数位数表示的汇总数据精度)元素用于存储被链接的 XBRL FR 元素的小数位数属性。在 summaryPrecisionDecimals 元素中，必须提供一个描述数据项精度的值，这个值依赖于 XBRL FR 元素的不同属性，并其必须是下面四个元素之一的内容：summaryPrecision(汇总精度)、summaryPrecisionINF(不限制汇总精度)、summaryDecimals(汇总数据小数位数)、summaryDecimalsINF(不限制小数位数)
<gl-srcd:summaryDecimals contextRef="now" decimals="INF" unitRef="NotUsed">2</gl-srcd:summaryDecimals>	

(续表)

</gl-srcd: summaryPrecision-Decimals>	
<gl-srcd:summaryContext>	
<gl-srcd:summaryEntity>	
<gl-srcd: summaryIdentifiercontextRef = " now " > 611111 </gl-srcd:summaryIdentifier>	
<gl-srcd: summarySchemecontextRef = "now" > http://www. sse.com. cn</gl-srcd:summaryScheme>	
</gl-srcd:summaryEntity>	
<gl-srcd:summaryPeriod>	
<gl-srcd: summaryStart-DatecontextRef= "now">2021-01-01</gl-srcd:summary StartDate>	
<gl-srcd:summaryEndDat-econtextRef = "now" > 2021-12-31 </gl-srcd:summary EndDate>	
</gl-srcd:summaryPeriod>	
</gl-srcd:summaryContext>	
<gl-srcd:summaryUnit>	summaryUnit(汇总单位)元素是 SRCD 提供的、存储与 XBRL FR 元素相关联的计量单位值的元素。通常,计量单元是一个简单值(使用“ISO 4217”前缀和一个币种符号组成一个币种项目),但也有可能是复合值,即由一个分子和一个分母组成的复合单位
<gl-srcd: summaryNumera-torcontextRef = "now" > iso4217: RMB</gl-srcd:summaryNumerator>	
</gl-srcd:summaryUnit>	
<gl-srcd:summaryReportingTax-onomyIDRefcontextRef = "now">clcid</gl-srcd:summaryReportingTaxonomyIDRef>	
</gl-cor:xbrlInfo>	
</gl-cor:entryDetail>	
</gl-cor:entryHeader>	
</gl-cor:accountingEntries>	
</xbrli:xbrl>	

4.3 简单上下文/元组案例

本案例包含两个文档:1 个 XBRL FR 实例文档和 1 个 XBRL GL 实例文档。

其中,XBRL FR 实例文档的内容包含 1 个上下文元素、1 个单位元素和 2 个元组元素。两个元组元素是同一个概念的实例,其内容为 3 个子元素,其中,1 个子元素为数值型数据项,1 个子元素为非数值型数据项,还有 1 个子元素为元组元素,而这个元组子元素的内容中又有 2 个数据项子元素,其一为数值型数据项,其二为非数值型数据项。

XBRL FR 中的元组元素本身仅仅是一个容器,因此在 XBRL GL 中仅需要描述实质性的数据项元素的对应关系即可。XBRL GL 实例文档中的核心内容是 10 个 entryDetail 元素,分别描述了账簿/交易层次中与 XBRL FR 文档中 10 个数据项元素的对应关系,这 10 个数据项分别位于 2 个元组元素的第一级和第二级嵌套位置。

1. 原型

在本案例中,XBRL FR 的原型是一个企业年报数据的片段。其中仅给出了 1 个会计概念的 2 个复合实例,即概念“关联企业情况”的 2 个实例。在“关联企业情况”概念中,包含了 3 个子概念,一个是简单概念“关联企业名称”,一个是简单概念“关联交易金额”,还有一个是复合概念“关联企业董事长情况”。显然,简单概念“关联企业名称”为非数值型数据项(字符串类型),不需要单位;简单概念“关联交易金额”为数值型数据项(货币类型),因此需要单位;复合概念“关联企业董事长情况”包含两个子概念——“关联企业董事长姓名”和“关联企业董事长薪酬”,其中前者为非数值型数据项(token 类型),不需要单位;后者为数值型数据项(货币类型),需要单位。

本案例中的 XBRL FR 内容共有 1 个上下文元素,其表达信息如表 4-8 所示。

表 4-8 简单上下文

项　　目	内　　容
企业名称	中国 ABC 信息技术有限公司
上市公司股票代码	611111
上市地	上海证券交易所
年报起始日期	2021 年 1 月 1 日
年报截止日期	2021 年 12 月 31 日

本案例中的 XBRL FR 内容共有 1 个货币单位元素,其表达信息如表 4-9 所示。

表 4-9 货币单位

项 目	内 容
货币单位	人民币

本案例中的 XBRL FR 内容共有 2 个复合会计事实。其中,每个复合会计事实包含 2 个简单会计事实和 1 个嵌套复合会计事实,这个嵌套复合会计事实又进一步包含 2 个会计事实,其表达信息如表 4-10 所示。

表 4-10 会计事实:关联企业情况 金额单位:元

关联企业名称	关联交易金额	关联企业董事长情况	
		关联企业董事长姓名	关联企业董事长薪酬
中华盐业有限公司	1 647 233 007.25	刘明	1 000 000.00
东方信息有限公司	5 037 403.37	李伟	1 500 000.00

本案例中的账簿层账户与报告层中的简单项目相同,因此既不需要给出与复合项目本身(如关联企业情况、关联企业董事长情况等)对应的账簿层账户信息,也不需要特定给出对应简单项目的账簿层账户信息,仅给出简单项目的账簿层/报告层对应信息,即 SRCD 内容,其表达信息如表 4-11 所示。

表 4-11 对应账簿内容 金额单位:元

项 目	内 容
与第 1 个 FR 简单项目的对应关系	
报告项目	关联企业名称
报告内容	中华盐业有限公司
报告企业股票代码	611111①
报告企业上市地	上海证券交易所
报告起始日	2021 年 1 月 1 日
报告截止日	2021 年 12 月 31 日
与第 2 个 FR 简单项目的对应关系	
报告项目	关联交易金额
报告内容	1 647 233 007.25
报告内容精度	小数点后两位
报告企业股票代码	611111

① 注意:这些上下文内容是与报告企业相关,而非与关联企业相关的。

（续表）

项　　目	内　　容
报告企业上市地	上海证券交易所
报告起始日	2021 年 1 月 1 日
报告截止日	2021 年 12 月 31 日
与第 3 个 FR 简单项目的对应关系	
报告项目	关联企业董事长姓名
报告内容	刘明
报告企业股票代码	611111
报告企业上市地	上海证券交易所
报告起始日	2021 年 1 月 1 日
报告截止日	2021 年 12 月 31 日
与第 4 个 FR 简单项目的对应关系	
报告项目	关联企业董事长薪酬
报告内容	1 000 000.00
报告内容精度	小数点后两位
报告企业股票代码	611111
报告企业上市地	上海证券交易所
报告起始日	2021 年 1 月 1 日
报告截止日	2021 年 12 月 31 日
与第 5 个 FR 简单项目的对应关系	
报告项目	关联企业名称
报告内容	东方信息有限公司
报告企业股票代码	611111
报告企业上市地	上海证券交易所
报告起始日	2021 年 1 月 1 日
报告截止日	2021 年 12 月 31 日
与第 6 个 FR 简单项目的对应关系	
报告项目	关联交易金额
报告内容	5 037 403.37
报告内容精度	小数点后两位
报告企业股票代码	611111
报告企业上市地	上海证券交易所

(续表)

项　　目	内　　容
报告起始日	2021 年 1 月 1 日
报告截止日	2021 年 12 月 31 日
与第 7 个 FR 简单项目的对应关系	
报告项目	关联企业董事长姓名
报告内容	李伟
报告企业股票代码	611111
报告企业上市地	上海证券交易所
报告起始日	2021 年 1 月 1 日
报告截止日	2021 年 12 月 31 日
与第 8 个 FR 简单项目的对应关系	
报告项目	关联企业董事长薪酬
报告内容	1 500 000.00
报告内容精度	小数点后两位
报告企业股票代码	611111
报告企业上市地	上海证券交易所
报告起始日	2021 年 1 月 1 日
报告截止日	2021 年 12 月 31 日

2. 模型

1) XBRL FR 模型

上述表 4-10 的报告层会计事实相关内容可以用 XBRL FR 数据结构描述,如表 4-12 所示。表 4-12 内容与表 4-11 内容一致,其中,id 属性值“C001”是上下文元素标识符,用于实例文档中的其他元素引用该上下文元素;scheme 属性值“http://www.sse.com.cn”是上海证券交易所网址,用于表征表 4-11 中的“报告企业上市地”;clcid:GuanLianQiYeQingKuang、clcid:GuanLianQiYeMingCheng、clcid:GuanLianJiaoYiJinE、clcid:GuanLianQiYeDongShiZhangQingKuang、clcid:GuanLianQiYeDongShiZhangXingMing、clcid:GuanLianQiYeDongShiZhangXinChou 分别表征表 4-11 中“关联企业情况”“关联企业名称”“关联交易金额”“关联企业董事长情况”“关联企业董事长姓名”和“关联企业董事长薪酬”的元素名;decimals 属性值“2”指数值精度为小数点后 2 位,其余内容结构简单,含义一望而知,因此不作特别解释。

表 4-12　XBRL FR 内容的 XBRL 数据结构模型

context	@id ="C001"		
	entity		
		identifier	611111
		@scheme	http://www.sse.com.cn
	period	startDate	2021/1/1
		endDate	2021/12/31
unit	@id ="RMB"		
	measure	iso4217:RMB	
clcid:GuanLianQiYeQingKuang	clcid:GuanLianQiYeMingCheng	中华盐业有限公司	
		@contextRef ="C001"	
	clcid:GuanLianJiaoYiJinE	1 647 233 007.25	
		@contextRef ="C001"	
		@unitRef ="RMB"	
		@decimals ="2"	
	clcid:GuanLianQiYeDongShiZhangQingKuang	clcid:GuanLianQiYeDongShiZhangXing-Ming	刘明
			@contextRef ="C001"
		clcid:GuanLianQiYeDongShiZhangXin-Chou	1 000 000.00
			@contextRef ="C001"
			@unitRef ="RMB"
			@decimals ="2"
clcid:GuanLianQiYeQingKuang	clcid:GuanLianQiYeMingCheng	东方信息有限公司	
		@contextRef ="C001"	
	clcid:GuanLianJiaoYiJinE	5 037 403.37	

(续表)

		@contextRef = "C001"	
		@unitRef ="RMB"	
		@decimals ="2"	
	clcid:GuanLianQiYe DongShiZhangQingKuang	clcid:GuanLianQiYe DongShiZhangXing-Ming	李伟
			@contextRef ="C001"
		clcid:GuanLianQiYe DongShiZhangXin-Chou	1 500 000.00
			@contextRef ="C001"
			@unitRef ="RMB"
			@decimals ="2"

2) XBRL GL 模型

上述表 4-11 的对应账簿内容可以用 XBRL GL 数据结构描述,如表 4-13 所示。表 4-13 由于页面篇幅问题,从纵向切分为 4 张表。表 4-13 从总体上包含 4 部分内容,各部分详述如下:

(1) 金额(Amount):表述发生额或余额。本案例指主营业务收入本期发生额①。

(2) 币种(Amount Currency):表述与金额相关联的币种。

(3) XBRL 信息(XBRL Info):表述用于账簿聚合至报告的相关信息。XBRL 信息是一个复合结构,本案例中具体内容包括:

- 汇总报告元素(Summary Reporting Element):表述汇总的目标——报告中的某个元素,在本案例中是所有位于元组叶子节点的数据项元素,所有元组元素本身无需表述。
- 明细匹配元素(Detail Matching Element):表述作为汇总来源的明细账户的相关信息,其内容为"measurableQualifier",说明相关信息位于"计量限定词"(measurableQualifier)元素中。
- 汇总元组路径(Summary Tuple Path):表述所有数据项元素在元组中的路径,其形式为 XPath。以"/xbrli: xbrl/clcid: GuanLianQiYeQingKuang

① 这些元素都是通用元素,其意义和结构具有一般性,但在具体实例中,其意义、作用和结构都不同。这些元素及其所依据类型的通用含义见 GL 2015 分类标准,本书仅根据具体案例给出特定的意义、作用和结构。

[1]”为例，这表示该数据项元素位于根元素“xbrli：xbrl”下的元组元素“clcid：GuanLianQiYeQingKuang”的第一个位置。

- 小数位数表达汇总精度（Summary Precision Decimals）：表述汇总数据的精度，本身也是一个复合结构，其子项目为“汇总小数位数”（Summary Decimals），给出以保留小数位数的形式表示的汇总数据精度。
- 汇总上下文（Summary Context）：表述汇总数据的上下文，本身也是一个复合结构。对应 XBRL FR 中的上下文结构，其子项目为“汇总实体”（Summary Entity）和“汇总期间”（Summary Period）。汇总实体对应 XBRL FR 中上下文结构的实体，也是一个复合结构，具有子项目“汇总实体标识符”（Summary Identifier）和“汇总实体方案”（Summary Scheme），对应上下文结构中的实体标识符（Identifier）和实体方案（Scheme）；汇总期间对应 XBRL FR 中上下文结构的期间，也是一个复合结构，具有子项目“汇总起始日期”（Summary Start Date）和“汇总终止日期”（Summary End Date），对应上下文结构中的起始日期（startDate）和终止日期（endDate）。
- 汇总报告分类标准标识符（Summary Reporting Taxonomy ID Ref）：汇总元素所在的分类标准的标识符，本案例中以该分类标准的命名空间表示。
- 汇总单位（Summary Unit）：表述汇总数据中数值型数据项的单位。汇总单位是一个复合结构，本案例中只有一个简单货币单位，所以只有一个子项目“汇总单位分子”（Summary Numerator），给出货币单位“人民币”（iso4217：RMB）。

（4）计量结构（Measurable）：表述与计量相关的详细内容。计量属性是一个复合结构，本案例中有一个子项目计量限定符（Measurable Qualifier），其中给出了非数值型数据项的元素内容。

表 4-13　XBRL GL 内容的 XBRL 数据结构模型

Amount	Amount Currency	XBRL Info	
		Summary Reporting Element	Detail Matching Element
		clcid：GuanLianQiYeMingCheng	measurableQualifier
1 647 233 007.25	iso4217：RMB	clcid：GuanLianJiaoYiJinE	
		clcid：GuanLianQiYe DongShiZhangXingMing	measurableQualifier
1 000 000.00	iso4217：RMB	clcid：GuanLianQiYe DongShiZhangXinChou	
		clcid：GuanLianQiYeMingCheng	measurableQualifier

(续表)

Amount	Amount Currency	XBRL Info	
		Summary Reporting Element	Detail Matching Element
5 037 403.37	iso4217:RMB	clcid:GuanLianJiaoYiJinE	
		clcid:GuanLianQiYe DongShiZhangXingMing	measurableQualifier
1 500 000.00	iso4217:RMB	clcid:GuanLianQiYe DongShiZhangXinChou	

续表 4-13(一)

XBRL Info		
Summary Tuple Path	Summary Precision Decimals	Summary Decimals
/xbrli:xbrl/clcid:GuanLianQiYeQingKuang[1]		
/xbrli:xbrl/clcid:GuanLianQiYeQingKuang[1]		2
/xbrli:xbrl/clcid:GuanLianQiYeQingKuang[1]/clcid:GuanLianQiYeDongShiZhangQingKuang[1]		
/xbrli:xbrl/clcid:GuanLianQiYeQingKuang[1]/clcid:GuanLianQiYeDongShiZhangQingKuang[1]		2
/xbrli:xbrl/clcid:GuanLianQiYeQingKuang[2]		
/xbrli:xbrl/clcid:GuanLianQiYeQingKuang[2]		2
/xbrli:xbrl/clcid:GuanLianQiYeQingKuang[2]/clcid:GuanLianQiYeDongShiZhangQingKuang[1]		
/xbrli:xbrl/clcid:GuanLianQiYeQingKuang[2]/clcid:GuanLianQiYeDongShiZhangQingKuang[1]		2

续表 4-13(二)

XBRL Info				
Summary Context				Summary Reporting Taxonomy ID Ref
Summary Entity		Summary Period		
Summary Identifier	Summary Scheme	Summary Start Date	Summary End Date	
611111	http://www.sse.com.cn	2021/1/1	2021/12/31	clcid

（续表）

XBRL Info				
Summary Context				Summary Reporting Taxonomy ID Ref
Summary Entity		Summary Period		
Summary Identifier	Summary Scheme	Summary Start Date	Summary End Date	
611111	http://www.sse.com.cn	2021/1/1	2021/12/31	clcid
611111	http://www.sse.com.cn	2021/1/1	2021/12/31	clcid
611111	http://www.sse.com.cn	2021/1/1	2021/12/31	clcid
611111	http://www.sse.com.cn	2021/1/1	2021/12/31	clcid
611111	http://www.sse.com.cn	2021/1/1	2021/12/31	clcid
611111	http://www.sse.com.cn	2021/1/1	2021/12/31	clcid
611111	http://www.sse.com.cn	2021/1/1	2021/12/31	clcid

续表 4-13(三)

XBRL Info	Measurable
Summary Unit	Measurable Qualifier
Summary Numerator	
	中华盐业有限公司
iso4217:RMB	
	刘明
iso4217:RMB	
	东方信息有限公司
iso4217:RMB	
	李伟
iso4217:RMB	

3. 代码

上述模型对应的 XBRL FR/GL 代码如表 4-14(a)、表 4-14(b)所示[①]。

① 为简化篇幅，在表 4-14(b)删去与表 4-7(b)中相同的代码，其余作用类似的代码亦有所删减。以下同。

表 4-14(a) 简单上下文和元组——FR 实例文档

```
<? xml version="1.0" encoding="UTF-8" standalone="no"? >
<xbrli:xbrl
xmlns:xbrli="http://www.xbrl.org/2003/instance"
xmlns:clcid="http://www.sse.com.cn/xbrl/Generic_tuple_taxonomy"
xmlns:iso4217="http://www.xbrl.org/2003/iso4217"
xmlns:link="http://www.xbrl.org/2003/linkbase"
xmlns:xlink="http://www.w3.org/1999/xlink"
xmlns:xsi="http://www.w3.org/2001/XMLSchema-instance">
  <link:schemaRef
xlink:href="Generic_tuple_taxonomy.xsd"
xlink:type="simple"/>
  <xbrli:context id="C001">
    <xbrli:entity>
    <xbrli:identifier scheme="http://www.sse.com.cn">611111</xbrli:identifier>
    </xbrli:entity>
    <xbrli:period>
      <xbrli:startDate>2021-01-01</xbrli:startDate>
      <xbrli:endDate>2021-12-31</xbrli:endDate>
    </xbrli:period>
  </xbrli:context>
  <xbrli:unit id="RMB">
    <xbrli:measure>iso4217:RMB</xbrli:measure>
  </xbrli:unit>
  <clcid:GuanLianQiYeQingKuang>
    <clcid:GuanLianQiYeMingCheng contextRef="C001">中华盐业有限公司
    </clcid:GuanLianQiYeMingCheng>
    <clcid:GuanLianJiaoYiJinE contextRef="C001" decimals="2"
    unitRef="RMB">1647233007.25</clcid:GuanLianJiaoYiJinE >
    <clcid:GuanLianQiYeDongShiZhangQingKuang>
      <clcid:GuanLianQiYeDongShiZhangXingMing contextRef="C001">John Smith
      </clcid:GuanLianQiYeDongShiZhangXingMing>
      <clcid:GuanLianQiYeDongShiZhangXinChou contextRef="C001" decimals="2"
      unitRef="RMB">1000000.00</clcid:GuanLianQiYeDongShiZhangXinChou>
    </clcid:GuanLianQiYeDongShiZhangQingKuang>
  </clcid:GuanLianQiYeQingKuang>
```

（续表）

<clcid:GuanLianQiYeQingKuang>
<clcid:GuanLianQiYeMingCheng contextRef="C001">东方信息有限公司 </clcid:GuanLianQiYeMingCheng>
<clcid:GuanLianJiaoYiJinE contextRef="C001" decimals="2" unitRef="RMB">5037403.37</clcid:GuanLianJiaoYiJinE >
<clcid:GuanLianQiYeDongShiZhangQingKuang>
<clcid:GuanLianQiYeDongShiZhangXingMing contextRef="C001">李伟 </clcid:GuanLianQiYeDongShiZhangXingMing>
<clcid:GuanLianQiYeDongShiZhangXinChou contextRef="C001" decimals="2" unitRef="RMB">1500000.00</clcid:GuanLianQiYeDongShiZhangXinChou>
</clcid:GuanLianQiYeDongShiZhangQingKuang>
</clcid:GuanLianQiYeQingKuang>
</xbrli:xbrl>

表 4-14(b) 简单上下文和元组——XBRL GL 实例文档

<? xml version="1.0" encoding="UTF-8" standalone="no"? >	
<xbrli:xbrl...略去命名空间声明>	
以下略去与表 4-7(b)中类似的企业背景与元数据元素	
<gl-cor:accountingEntries>	
<gl-cor:documentInfo>	
<gl-cor:entriesType contextRef="now">other</gl-cor:entriesType>	
<gl-cor:entryHeader>	大多数业务细节需要以 entryHeader 元素及其 entryDetail 元素中的项目进行具体表示。极少有文件可以仅使用 documentInfo 元素和 entityInformation 元素即可表示业务明细信息。在本例中，仅给出了用于描述 XBRL FR 中 2 个元组的对应 XBRL GL 元素。在这些例子中，货币金额内容被存储在 amount 元素中，非货币金额内容被存储在 measurableQuantity 元素中，其他所有数据类型存储在 measurableQualifier 元素中。当 XBRL GL 中有更复杂的信息时，如分录、文件、分类账、总分类账、试算平衡表等，“entryHeader”和“entryDetail”结构会展现出所有内容，从而具有更多元素

(续表)

<gl-cor:entryDetail>	每一个基本货币金额都位于一个 entryDetail 元素中。同样地,每一个 entryDetail 元素都只能给一个基本文档提供标注。本例没有引用任何文档。本例中的第一个 XBRL FR 元素的值不是金额,所以被存储在第一个 entryDetail 元素的 measurableQualifier 子元素中
<gl-cor:xbrlInfo>	
<gl-cor:summaryReportingElement contextRef="now">clcid:GuanLianQiYeMingCheng </gl-cor:summaryReportingElement>	这是目标元素,即 XBRL FR 分类标准中的报告概念,或者一个专属模式文档中的元素,也就是 XBRL GL 中的明细信息所链接的对象。在所属的 XBRL FR 文档打开后,在 xbrl 元素(即根元素)的命名空间声明中,可以找到与该元素相关的命名空间、实际的模式文档,从而可以由应用程序发现更多信息
<gl-cor:detailMatchingElement contextRef="now">gl-bus:measurableQualifier</gl-cor:detailMatchingElement>	这个 XBRL GL 实例中的概念是汇总的关注点。默认情况下,货币型元素是汇总的基本对象。然而,有许多其他内容,特别是数值型内容也可以作为汇总的对象。本例中"汇总"的对象是一个非数值型元素
<gl-srcd:summaryTuplePath contextRef="now">/xbrli:xbrl/clcid:GuanLianQiYeQingKuang[1]</gl-srcd:summaryTuplePath>	第一个顶层元组中的第一个嵌套数据项元素。当目标概念作为元组的一部分重复若干遍后,summaryReportingElement 元素就不敷使用了,此时需要使用元素 summaryTuplePath(汇总元组路径)。summaryTuplePath 元素是一个字符串数据项类型,其内容是一个 XPath 路径,表示作为父元素的元组实例的位置。左边元素的内容表示,汇总数据项元素的位置位于 XBRL FR 根目录(/xbrli:xbrl/)下第一个/clcid:GuanLianQiYeQingKuang 元组元素实例中
<gl-srcd:summaryContext>	XBRL FR 实例中的上下文信息包括:报告实体(identifier 子元素),可能的分部(segment 子元素),事实相关的时间期间,以及适用的场景。 segment 子元素可以表述一个公司在符合逻辑的、合理的"划分"或"维度"。summaryContext(汇总上下文)元素提供了所有用于显式描述这些信息的概念,以及将 XBRL GL 明细信息与 XBRL FR 实例文档中的一个特定汇总事实相联系的链接。本例只有元组,无维度相关的上下文,仅使用实体(entity)和期间(period)子元素

（续表）

<gl-srcd:summaryEntity>	
<gl-srcd:summaryIdentifier contextRef="now">611111</gl-srcd:summaryIdentifier>	
<gl-srcd:summarySchemecontextRef="now">http://www.sse.com.cn</gl-srcd:summaryScheme>	
</gl-srcd:summaryEntity>	
<gl-srcd:summaryPeriod>	
<gl-srcd:summaryStartDate contextRef="now">2021-01-01</gl-srcd:summaryStartDate>	
<gl-srcd:summaryEndDate contextRef="now">2021-12-31</gl-srcd:summaryEndDate>	
</gl-srcd:summaryPeriod>	
</gl-srcd:summaryContext>	
<gl-srcd:summaryReportingTaxonomyIDRef contextRef="now">clcid</gl-srcd:summaryReportingTaxonomyIDRef>	该元素引用相关目标报告层分类标准的标识符(一般与命名空间前缀相同)，这一标识符在documentInfo(文档信息)元素的子元素summaryReportingTaxonomies中定义。XBRL GL机制允许为一个特定的分类标准建立多个描述性的xbrlInfo(XBRL信息)元素
</gl-cor:xbrlInfo>	
<gl-bus:measurable>	在本例这个简化了的XBRL GL文档中，非数值型信息被存储在measurableQualifier(计量对象限定符)元素中
<gl-bus:measurableQualifier contextRef="now">中华盐业有限公司</gl-bus:measurableQualifier>	
</gl-bus:measurable>	
</gl-cor:entryDetail>	
<gl-cor:entryDetail>	第一个顶层元组中的第二个嵌套数据项元素，略
结构重复部分，略	

(续表)

</gl-cor:entryDetail>	
<gl-cor:entryDetail>	第一个顶层元组中的第一个次层元组中的第一个嵌套数据项元素
<gl-cor:xbrlInfo>	
<gl-cor:summaryReportingElement contextRef="now">clcid:GuanLianQiYeDongShiZhangXingMing </gl-cor:summaryReportingElement>	
<gl-cor:detailMatchingElement contextRef="now">gl-bus:measurableQualifier</gl-cor:detailMatchingElement>	
<gl-srcd:summaryTuplePath contextRef="now">/xbrli:xbrl/clcid:GuanLianQiYeQingKuang [1]/clcid:GuanLianQiYeDongShiZhangQingKuang [1] </gl-srcd:summaryTuplePath>	两层嵌套的XPath路径
<gl-srcd:summaryContext>	
<gl-srcd:summaryEntity>	
<gl-srcd:summaryIdentifier contextRef="now">611111</gl-srcd:summaryIdentifier>	
<gl-srcd:summaryScheme contextRef="now">http://www.sse.com.cn </gl-srcd:summaryScheme>	
</gl-srcd:summaryEntity>	
<gl-srcd:summaryPeriod>	
<gl-srcd:summaryStartDate contextRef="now">2021-01-01</gl-srcd:summaryStartDate>	
<gl-srcd:summaryEndDate contextRef="now">2021-12-31</gl-srcd:summaryEndDate>	
</gl-srcd:summaryPeriod>	
</gl-srcd:summaryContext>	
<gl-srcd:summaryReportingTaxonomyIDRef contextRef="now">clcid</gl-srcd:summaryReportingTaxonomyIDRef>	

（续表）

</gl-cor:xbrlInfo>	
<gl-bus:measurable>	
<gl-bus: measurableQualifier contextRef = "now">刘明</gl-bus: measurableQualifier>	
</gl-bus:measurable>	
</gl-cor:entryDetail>	
<gl-cor:entryDetail>	其余 5 个元组中的数据项元素
结构重复部分，略	
</gl-cor:entryDetail>	
</gl-cor:entryHeader>	
</gl-cor:accountingEntries>	
</xbrli:xbrl>	

4.4 维度相关上下文/元组案例

本案例包含 2 个文档：1 个 XBRL FR 实例文档和 1 个 XBRL GL 实例文档。

其中，XBRL FR 实例文档的内容包含 9 个上下文元素、1 个单位元素和 2 个元组元素。两个元组元素是同一个概念的实例，其内容为 11 个子元素，其中，2 个子元素为数值型数据项，9 个子元素为非数值型数据项。

XBRL FR 中的元组元素本身仅仅是一个容器，因此在 XBRL GL 中仅需要描述实质性的数据项元素的对应关系即可。XBRL GL 实例文档的核心内容是 10 个 entryDetail 元素，分别描述了账簿/交易层次中与 XBRL FR 文档中 22 个数据项元素的对应关系，这 22 个数据项分别位于 2 个元组元素的第一级嵌套位置。

1. 原型

在本案例中，XBRL FR 的原型是一个企业年报数据的片段。其中仅给出了 1 个会计概念的 2 个复合实例，即概念“保费收入”的 2 个实例。在“保费收入”概念中，包含了 3 个子概念，一个是简单概念“险种编号”，一个是简单概念“险种名称”，还有一个是简单概念“分地区险种收入”。其中，“险种编号”和“险种名称”在一个“保费收入”中出现且仅出现一次，而“分地区险种收入”的出现次数则没有限制。

“险种编号”和“险种名称”均为非数值型数据项(token 类型),因此不需要单位;“分地区险种收入”为数值型数据项(货币类型),因此需要单位。

本案例中的 XBRL FR 内容共有 10 个上下文元素,其中 1 个简单上下文元素、9 个维度相关上下文元素,这些维度成员表示了一个企业的销售地区划分,其表达信息如表 4-15(a)至表 4-15(j)所示。

表 4-15(a) 简单上下文

项　　目	内　　容
企业名称	中国 ABC 信息技术有限公司
上市公司股票代码	611111
上市地	上海证券交易所
年报起始日期	2021 年 1 月 1 日
年报截止日期	2021 年 12 月 31 日

表 4-15(b) 维度相关上下文(1)

项　　目	内　　容
上市公司股票代码	611111
上市地	上海证券交易所
年报起始日期	2021 年 1 月 1 日
年报截止日期	2021 年 12 月 31 日
维度	按地区划分
维度成员	北京

表 4-15(c) 维度相关上下文(2)

项　　目	内　　容
上市公司股票代码	611111
上市地	上海证券交易所
年报起始日期	2021 年 1 月 1 日
年报截止日期	2021 年 12 月 31 日
维度	按地区划分
维度成员	上海

表 4-15(d)　维度相关上下文(3)

项　　目	内　　容
上市公司股票代码	611111
上市地	上海证券交易所
年报起始日期	2021 年 1 月 1 日
年报截止日期	2021 年 12 月 31 日
维度	按地区划分
维度成员	东北

表 4-15(e)　维度相关上下文(4)

项　　目	内　　容
上市公司股票代码	611111
上市地	上海证券交易所
年报起始日期	2021 年 1 月 1 日
年报截止日期	2021 年 12 月 31 日
维度	按地区划分
维度成员	华北-除北京外

表 4-15(f)　维度相关上下文(5)

项　　目	内　　容
上市公司股票代码	611111
上市地	上海证券交易所
年报起始日期	2021 年 1 月 1 日
年报截止日期	2021 年 12 月 31 日
维度	按地区划分
维度成员	西北

表 4-15(g) 维度相关上下文(6)

项 目	内 容
上市公司股票代码	611111
上市地	上海证券交易所
年报起始日期	2021 年 1 月 1 日
年报截止日期	2021 年 12 月 31 日
维度	按地区划分
维度成员	华东-除上海外

表 4-15(h) 维度相关上下文(7)

项 目	内 容
上市公司股票代码	611111
上市地	上海证券交易所
年报起始日期	2021 年 1 月 1 日
年报截止日期	2021 年 12 月 31 日
维度	按地区划分
维度成员	华南

表 4-15(i) 维度相关上下文(8)

项 目	内 容
上市公司股票代码	611111
上市地	上海证券交易所
年报起始日期	2021 年 1 月 1 日
年报截止日期	2021 年 12 月 31 日
维度	按地区划分
维度成员	西南

表 4-15(j)　维度相关上下文(9)

项　　目	内　　容
上市公司股票代码	611111
上市地	上海证券交易所
年报起始日期	2021 年 1 月 1 日
年报截止日期	2021 年 12 月 31 日
维度	按地区划分
维度成员	全国

本案例中的 XBRL FR 内容共有 1 个货币单位元素，其表达信息如表 4-16 所示。

表 4-16　货 币 单 位

项　　目	内　　容
货币单位	人民币

本案例中的 XBRL FR 内容共有 2 个复合会计事实，其中，每个复合会计事实包含 11 个简单会计事实，其表达信息如表 4-17 所示。

表 4-17　会计事实：保费收入情况　　金额单位：元

险种编号	险种名称	北京	上海	东北	华北(除北京外)	西北	华东(除上海外)	华南	西南	全国
D001	寿险	10 000	10 000	20 000	5 000	2 000	12 000	20 000	1 000	80 000
D002	车险	15 500	25 000	15 000	5 000	1 100	9 000	17 000	500	88 100

本案例中的账簿层账户与报告层中的简单项目相同，因此既不需要给出与复合项目本身(即保费收入情况)对应的账簿层账户信息，也不需要特定给出对应简单项目的账簿层账户信息，仅给出简单项目的账簿层/报告层对应信息，即 SRCD 内容，其表达信息如表 4-18 所示。

表 4-18　对应账簿内容　　金额单位：元

项　　目	内　　容
与第 1 个 FR 简单项目的对应关系	
报告项目	险种编号
报告内容	D001
报告企业股票代码	611111

（续表）

项　　目	内　　容
报告企业上市地	上海证券交易所
报告起始日	2021 年 1 月 1 日
报告截止日	2021 年 12 月 31 日
与第 2 个 XBRL FR 简单项目的对应关系	
报告项目	险种名称
报告内容	寿险
报告企业股票代码	611111
报告企业上市地	上海证券交易所
报告起始日	2021 年 1 月 1 日
报告截止日	2021 年 12 月 31 日
与第 3 个 XBRL FR 简单项目的对应关系	
报告项目	保费收入
报告内容	10 000
报告内容精度	小数点后 0 位
报告企业股票代码	611111
报告企业上市地	上海证券交易所
报告起始日	2021 年 1 月 1 日
报告截止日	2021 年 12 月 31 日
划分维度	分地区
维度成员	北京
与第 4 个 XBRL FR 简单项目的对应关系	
报告项目	保费收入
报告内容	10 000
报告内容精度	小数点后 0 位
报告企业股票代码	611111
报告企业上市地	上海证券交易所
报告起始日	2021 年 1 月 1 日
报告截止日	2021 年 12 月 31 日
划分维度	分地区

(续表)

项　　目	内　　容
维度成员	上海
与第 5 个 XBRL FR 简单项目的对应关系	
报告项目	保费收入
报告内容	20 000
报告内容精度	小数点后 0 位
报告企业股票代码	611111
报告企业上市地	上海证券交易所
报告起始日	2021 年 1 月 1 日
报告截止日	2021 年 12 月 31 日
划分维度	分地区
维度成员	东北
与第 6 个 XBRL FR 简单项目的对应关系	
报告项目	保费收入
报告内容	5 000
报告内容精度	小数点后 0 位
报告企业股票代码	611111
报告企业上市地	上海证券交易所
报告起始日	2021 年 1 月 1 日
报告截止日	2021 年 12 月 31 日
划分维度	分地区
维度成员	华北(除北京外)
与第 7 个 XBRL FR 简单项目的对应关系	
报告项目	保费收入
报告内容	2 000
报告内容精度	小数点后 0 位
报告企业股票代码	611111
报告企业上市地	上海证券交易所
报告起始日	2021 年 1 月 1 日
报告截止日	2021 年 12 月 31 日

(续表)

项目	内容
划分维度	分地区
维度成员	西北
与第 8 个 XBRL FR 简单项目的对应关系	
报告项目	保费收入
报告内容	12 000
报告内容精度	小数点后 0 位
报告企业股票代码	611111
报告企业上市地	上海证券交易所
报告起始日	2021 年 1 月 1 日
报告截止日	2021 年 12 月 31 日
划分维度	分地区
维度成员	华东(除上海外)
与第 9 个 XBRL FR 简单项目的对应关系	
报告项目	保费收入
报告内容	20 000
报告内容精度	小数点后 0 位
报告企业股票代码	611111
报告企业上市地	上海证券交易所
报告起始日	2021 年 1 月 1 日
报告截止日	2021 年 12 月 31 日
划分维度	分地区
维度成员	华南
与第 10 个 XBRL FR 简单项目的对应关系	
报告项目	保费收入
报告内容	1 000
报告内容精度	小数点后 0 位
报告企业股票代码	611111
报告企业上市地	上海证券交易所
报告起始日	2021 年 1 月 1 日

（续表）

项　　目	内　　容
报告截止日	2021 年 12 月 31 日
划分维度	分地区
维度成员	西南
与第 11 个 XBRL FR 简单项目的对应关系	
报告项目	保费收入
报告内容	80 000
报告内容精度	小数点后 0 位
报告企业股票代码	611111
报告企业上市地	上海证券交易所
报告起始日	2021 年 1 月 1 日
报告截止日	2021 年 12 月 31 日
划分维度	分地区
维度成员	全国
与第 12 个 XBRL FR 简单项目的对应关系	
报告项目	险种编号
报告内容	D002
报告企业股票代码	611111
报告企业上市地	上海证券交易所
报告起始日	2021 年 1 月 1 日
报告截止日	2021 年 12 月 31 日
与第 13 个 XBRL FR 简单项目的对应关系	
报告项目	险种名称
报告内容	车险
报告企业股票代码	611111
报告企业上市地	上海证券交易所
报告起始日	2021 年 1 月 1 日
报告截止日	2021 年 12 月 31 日
与第 14 个 XBRL FR 简单项目的对应关系	
报告项目	保费收入

(续表)

项　　目	内　　容
报告内容	15 500
报告内容精度	小数点后 0 位
报告企业股票代码	611111
报告企业上市地	上海证券交易所
报告起始日	2021 年 1 月 1 日
报告截止日	2021 年 12 月 31 日
划分维度	分地区
维度成员	北京
与第 15 个 XBRL FR 简单项目的对应关系	
报告项目	保费收入
报告内容	25 000
报告内容精度	小数点后 0 位
报告企业股票代码	611111
报告企业上市地	上海证券交易所
报告起始日	2021 年 1 月 1 日
报告截止日	2021 年 12 月 31 日
划分维度	分地区
维度成员	上海
与第 16 个 XBRL FR 简单项目的对应关系	
报告项目	保费收入
报告内容	15 000
报告内容精度	小数点后 0 位
报告企业股票代码	611111
报告企业上市地	上海证券交易所
报告起始日	2021 年 1 月 1 日
报告截止日	2021 年 12 月 31 日
划分维度	分地区
维度成员	东北
与第 17 个 XBRL FR 简单项目的对应关系	

（续表）

项　　目	内　　容
报告项目	保费收入
报告内容	5 000
报告内容精度	小数点后 0 位
报告企业股票代码	611111
报告企业上市地	上海证券交易所
报告起始日	2021 年 1 月 1 日
报告截止日	2021 年 12 月 31 日
划分维度	分地区
维度成员	华北(除北京外)
与第 18 个 XBRL FR 简单项目的对应关系	
报告项目	保费收入
报告内容	1 100
报告内容精度	小数点后 0 位
报告企业股票代码	611111
报告企业上市地	上海证券交易所
报告起始日	2021 年 1 月 1 日
报告截止日	2021 年 12 月 31 日
划分维度	分地区
维度成员	西北
与第 19 个 XBRL FR 简单项目的对应关系	
报告项目	保费收入
报告内容	9 000
报告内容精度	小数点后 0 位
报告企业股票代码	611111
报告企业上市地	上海证券交易所
报告起始日	2021 年 1 月 1 日
报告截止日	2021 年 12 月 31 日
划分维度	分地区
维度成员	华东(除上海外)

（续表）

项　　目	内　　容
与第 20 个 XBRL FR 简单项目的对应关系	
报告项目	保费收入
报告内容	17 000
报告内容精度	小数点后 0 位
报告企业股票代码	611111
报告企业上市地	上海证券交易所
报告起始日	2021 年 1 月 1 日
报告截止日	2021 年 12 月 31 日
划分维度	分地区
维度成员	华南
与第 21 个 XBRL FR 简单项目的对应关系	
报告项目	保费收入
报告内容	500
报告内容精度	小数点后 0 位
报告企业股票代码	611111
报告企业上市地	上海证券交易所
报告起始日	2021 年 1 月 1 日
报告截止日	2021 年 12 月 31 日
划分维度	分地区
维度成员	西南
与第 22 个 XBRL FR 简单项目的对应关系	
报告项目	保费收入
报告内容	88 100
报告内容精度	小数点后 0 位
报告企业股票代码	611111
报告企业上市地	上海证券交易所
报告起始日	2021 年 1 月 1 日
报告截止日	2021 年 12 月 31 日
划分维度	分地区
维度成员	全国

2. 模型

1）XBRL FR 模型

上述表 4-17 的报告层会计事实相关内容可以用 XBRL FR 数据结构描述，如表 4-19 所示。表 4-19 内容与表 4-17 内容一致，其中，id 属性值“C001”是一个维度无关的上下文元素标识符，另外，“C_BJ”“C_SH”“C_NE”“C_North”“C_NW”“C_East”“C_South”“C_SW”和“C_Total”是分别表征相关地区维度的上下文，均用于实例文档中的其他元素引用该上下文元素；scheme 属性值“http://www.sse.com.cn”是上海证券交易所网址，用于表征表 4-17 中的“报告企业上市地”；clcid：BaoFeiShouRuQingKuang、clcid：XianZhongBianHao、clcid：XianZhongMingCheng 和 clcid：BaoFeiShouRu 分别是表征表 4-17 中“保费收入情况”“险种编号”“险种名称”和“保费收入”的元素名；decimals 属性值“0”指数值精度整数，其余内容结构简单，含义一望而知，因此不做特别解释。

表 4-19　XBRL FR 内容的 XBRL 数据结构模型

context	@id ="C_BJ"			
	entity			
		identifier	611111	
		@scheme	http://www.sse.com.cn	
		segment		
			explicitMember	pDim:BeiJing
			dimension	pPrimary:States
	period	startDate	2021/1/1	
		endDate	2021/12/31	
context	@id ="C_SH"			
	entity			
		identifier	611111	
		@scheme	http://www.sse.com.cn	
		segment		
			explicitMember	pDim:ShangHai
			dimension	pPrimary:States
	period	startDate	2021/1/1	
		endDate	2021/12/31	

(续表)

context	@id ="C_NE"			
	entity			
		identifier	611111	
		@scheme	http://www.sse.com.cn	
		segment		
			explicitMember	pDim:NorthEast
			dimension	pPrimary:States
	period	startDate	2021/1/1	
		endDate	2021/12/31	
context	@id ="C_North"			
	entity			
		identifier	611111	
		@scheme	http://www.sse.com.cn	
		segment		
			explicitMember	pDim:North ExcludingBeiJing
			dimension	pPrimary:States
	period	startDate	2021/1/1	
		endDate	2021/12/31	
context	@id ="C_NW"			
	entity			
		identifier	611111	
		@scheme	http://www.sse.com.cn	
		segment		
			explicitMember	pDim:NorthWest
			dimension	pPrimary:States
	period	startDate	2021/1/1	
		endDate	2021/12/31	
context	@id ="C_East"			
	Entity			

（续表）

		identifier	611111	
		@scheme	http://www. sse. com. cn	
		segment		
			explicitMember	pDim:East ExcludingShang-hai
			dimension	pPrimary:States
	period	startDate	2021/1/1	
		endDate	2021/12/31	
context	@id ="C_South"			
	entity			
		identifier	611111	
		@scheme	http://www. sse. com. cn	
		segment		
			explicitMember	pDim:South
			dimension	pPrimary:States
	period	startDate	2021/1/1	
		endDate	2021/12/31	
context	@id ="C_SW"			
	entity			
		identifier	611111	
		@scheme	http://www. sse. com. cn	
		segment		
			explicitMember	pDim:SouthWest
			dimension	pPrimary:States
	period	startDate	2021/1/1	
		endDate	2021/12/31	
context	@id ="C_Total"			
	entity			
		identifier	611111	

(续表)

		@scheme	http://www.sse.com.cn	
		segment		
			explicitMember	pDim:Total
			dimension	pPrimary:States
	period	startDate	2021/1/1	
		endDate	2021/12/31	
context	@id ="C001"			
	entity			
		identifier	611111	
		@scheme	http://www.sse.com.cn	
	period	startDate	2021/1/1	
		endDate	2021/12/31	
unit	@id ="RMB"			
	measure	iso4217:RMB		
clcid:BaoFeiShouRuQingKuang	clcid:XianZhong-BianHao	D001		
		@contextRef ="C001"		
	clcid:XianZhong-MingCheng	寿险		
		@contextRef ="C001"		
	clcid:BaoFeiShouRu	10 000		
		@contextRef ="C_BJ"		
		@unitRef ="RMB"		
		@decimals ="0"		
	clcid:BaoFeiShouRu	10 000		
		@contextRef ="C_SH"		
		@unitRef ="RMB"		

（续表）

		@decimals ="0"		
	clcid:BaoFeiShouRu	20 000		
		@contextRef ="C_NE"		
		@unitRef ="RMB"		
		@decimals ="0"		
	clcid:BaoFeiShouRu	5 000		
		@contextRef ="C_North"		
		@unitRef ="RMB"		
		@decimals ="0"		
	clcid:BaoFeiShouRu	2 000		
		@contextRef ="C_NW"		
		@unitRef ="RMB"		
		@decimals ="0"		
	clcid:BaoFeiShouRu	12 000		
		@contextRef ="C_East"		
		@unitRef ="RMB"		
		@decimals ="0"		
	clcid:BaoFeiShouRu	20 000		
		@contextRef ="C_South"		
		@unitRef ="RMB"		
		@decimals ="0"		
	clcid:BaoFeiShouRu	1 000		

(续表)

		@contextRef = "C_SW"		
		@unitRef = "RMB"		
		@decimals ="0"		
	clcid:BaoFeiShouRu	80 000		
		@contextRef = "C_Total"		
		@unitRef = "RMB"		
		@decimals ="0"		
clcid:BaoFeiShouRuQingKuang	clcid:XianZhongBian-Hao	D002		
		@contextRef = "C001"		
	clcid:XianZhong-MingCheng	车险		
		@contextRef = "C001"		
	clcid:BaoFeiShouRu	15 500		
		@contextRef = "C_BJ"		
		@unitRef = "RMB"		
		@decimals ="0"		
	clcid:BaoFeiShouRu	25 000		
		@contextRef = "C_SH"		
		@unitRef = "RMB"		
		@decimals ="0"		
	clcid:BaoFeiShouRu	15 000		
		@contextRef = "C_NE"		

（续表）

		@unitRef ="RMB"		
		@decimals ="0"		
	clcid：BaoFeiShouRu	5 000		
		@contextRef ="C_North"		
		@unitRef ="RMB"		
		@decimals ="0"		
	clcid：BaoFeiShouRu	1 100		
		@contextRef ="C_NW"		
		@unitRef ="RMB"		
		@decimals ="0"		
	clcid：BaoFeiShouRu	9 000		
		@contextRef ="C_East"		
		@unitRef ="RMB"		
		@decimals ="0"		
	clcid：BaoFeiShouRu	17 000		
		@contextRef ="C_South"		
		@unitRef ="RMB"		
		@decimals ="0"		
	clcid：BaoFeiShouRu	500		
		@contextRef ="C_SW"		
		@unitRef ="RMB"		
		@decimals ="0"		

(续表)

	clcid:BaoFeiShouRu	88 100		
		@contextRef = "C_Total"		
		@unitRef = "RMB"		
		@decimals ="0"		

2) XBRL GL 模型

上述表 4-18 的对应账簿内容可以用 XBRL GL 数据结构描述,如表 4-20 所示。表 4-20 由于页面篇幅问题,从纵向切分为 4 张表。表 4-20 从总体上包含 4 部分内容,各部分详述如下:

(1) 金额(Amount):表述发生额或余额。本案例指主营业务收入本期发生额。

(2) 币种(Amount Currency):表述与金额相关联的币种。

(3) XBRL 信息(XBRL Info):表述用于账簿聚合至报告的相关信息。XBRL 信息是一个复合结构,本案例中具体内容包括:

- 汇总报告元素(Summary Reporting Element):表述汇总的目标——报告中的某个元素,在本案例中是所有位于元组叶子节点的数据项元素,所有元组元素本身无需表述。
- 明细匹配元素(Detail Matching Element):表述作为汇总源头的明细账户的相关信息,其内容为"measurableQualifier",说明相关信息位于"计量限定词"(measurableQualifier)元素中。
- 汇总元组路径(Summary Tuple Path):表述所有数据项元素在元组中的路径,其形式为 XPath。以"/xbrli:xbrl/clcid:BaoFeiShouRuQingKuang[1]"为例,这表示该数据项元素位于根元素"xbrli:xbrl"下的第一个元组元素"clcid:BaoFeiShouRuQingKuang"中,其余以此类推。
- 小数位数表达汇总精度(Summary Precision Decimals):表述汇总数据的精度,本身也是一个复合结构,本案例中其子项目为"汇总小数位数(Summary Decimals)",给出以保留小数位数的形式表示的汇总数据精度。
- 汇总上下文(Summary Context):表述汇总数据的上下文,本身也是一个复合结构。对应 XBRL FR 中的上下文结构,其子项目为"汇总实体"(Summary Entity)和"汇总期间"(Summary Period)。汇总实体对应 XBRL FR 中上下文结构的实体,也是一个复合结构,具有子项目"汇总实体标识符"

(Summary Identifier)“汇总实体方案”(Summary Scheme)和“汇总实体分部”(Summary Segment),对应上下文结构中的实体标识符(Identifier)、实体方案(Scheme)和实体分部(Segment),其中,汇总实体分部也是一个复合结构,逐层嵌套了“汇总实体分部显式维度”(Summary Segment Explicit Dimension)“汇总实体分部显式维度元素”(Summary Segment Explicit Dimension Element)和“汇总实体分部显式维度值”(Summary Segment Explicit Dimension Value)等元素,分别对应维度结构中的实体分部(Segment)、显式维度(Explicit Dimension)、显式维度元素(Explicit Dimension Element)和显式维度值(Explicit Dimension Value);汇总期间对应 FR 中上下文结构的期间,也是一个复合结构,具有子项目“汇总起始日期”(Summary Start Date)和“汇总终止日期”(Summary End Date),对应上下文结构中的起始日期(startDate)和终止日期(endDate)。

- 汇总报告分类标准标识符(Summary Reporting Taxonomy ID Ref):汇总元素所在的分类标准的标识符,本案例中以该分类标准的命名空间表示。
- 汇总单位(Summary Unit):表述汇总数据中数值型数据项的单位。汇总单位是一个复合结构,本案例中只有一个简单货币单位,所以只有一个子项目“汇总单位分子”(Summary Numerator),给出货币单位“人民币”(iso4217: RMB)。

(4) 计量结构(Measurable):表述与计量相关的详细内容。计量属性是一个复合结构,本案例中有一个子项目计量限定符(Measurable Qualifier),其中给出了非数值型数据项的元素内容。

表 4-20 XBRL GL 内容的 XBRL 数据结构模型

Amount	Amount Currency	XBRL Info	
		Summary Reporting Element	Detail Matching Element
		clcid:XianZhongBianHao	measurableQualifier
		clcid:XianZhongMingCheng	measurableQualifier
10 000	iso4217:RMB	clcid:BaoFeiShouRu	
10 000	iso4217:RMB	clcid:BaoFeiShouRu	
20 000	iso4217:RMB	clcid:BaoFeiShouRu	
5 000	iso4217:RMB	clcid:BaoFeiShouRu	
2 000	iso4217:RMB	clcid:BaoFeiShouRu	
12 000	iso4217:RMB	clcid:BaoFeiShouRu	
20 000	iso4217:RMB	clcid:BaoFeiShouRu	

(续表)

Amount	Amount Currency	XBRL Info	
		Summary Reporting Element	Detail Matching Element
1 000	iso4217:RMB	clcid:BaoFeiShouRu	
80 000	iso4217:RMB	clcid:BaoFeiShouRu	
		clcid:XianZhongBianHao	measurableQualifier
		clcid:XianZhongMingCheng	measurableQualifier
15 500	iso4217:RMB	clcid:BaoFeiShouRu	
25 000	iso4217:RMB	clcid:BaoFeiShouRu	
15 000	iso4217:RMB	clcid:BaoFeiShouRu	
5 000	iso4217:RMB	clcid:BaoFeiShouRu	
1 100	iso4217:RMB	clcid:BaoFeiShouRu	
9 000	iso4217:RMB	clcid:BaoFeiShouRu	
17 000	iso4217:RMB	clcid:BaoFeiShouRu	
500	iso4217:RMB	clcid:BaoFeiShouRu	
88 100	iso4217:RMB	clcid:BaoFeiShouRu	

续表 4-20(一)

XBRL Info		
Detail Matching Element	Summary Tuple Path	Summary Precision Decimals
		Summary Decimals
measurableQualifier	/xbrli:xbrl/clcid:BaoFeiShouRuQingKuang[1]	
measurableQualifier	/xbrli:xbrl/clcid:BaoFeiShouRuQingKuang[1]	
	/xbrli:xbrl/clcid:BaoFeiShouRuQingKuang[1]	0
	/xbrli:xbrl/clcid:BaoFeiShouRuQingKuang[1]	0
	/xbrli:xbrl/clcid:BaoFeiShouRuQingKuang[1]	0
	/xbrli:xbrl/clcid:BaoFeiShouRuQingKuang[1]	0
	/xbrli:xbrl/clcid:BaoFeiShouRuQingKuang[1]	0

(续表)

XBRL Info		
Detail Matching Element	Summary Tuple Path	Summary Precision Decimals Summary Decimals
	/xbrli:xbrl/clcid:BaoFeiShouRuQingKuang[1]	0
	/xbrli:xbrl/clcid:BaoFeiShouRuQingKuang[1]	0
	/xbrli:xbrl/clcid:BaoFeiShouRuQingKuang[1]	0
	/xbrli:xbrl/clcid:BaoFeiShouRuQingKuang[1]	0
measurableQualifier	/xbrli:xbrl/clcid:BaoFeiShouRuQingKuang[2]	
measurableQualifier	/xbrli:xbrl/clcid:BaoFeiShouRuQingKuang[2]	
	/xbrli:xbrl/clcid:BaoFeiShouRuQingKuang[2]	0
	/xbrli:xbrl/clcid:BaoFeiShouRuQingKuang[2]	0
	/xbrli:xbrl/clcid:BaoFeiShouRuQingKuang[2]	0
	/xbrli:xbrl/clcid:BaoFeiShouRuQingKuang[2]	0
	/xbrli:xbrl/clcid:BaoFeiShouRuQingKuang[2]	0
	/xbrli:xbrl/clcid:BaoFeiShouRuQingKuang[2]	0
	/xbrli:xbrl/clcid:BaoFeiShouRuQingKuang[2]	0
	/xbrli:xbrl/clcid:BaoFeiShouRuQingKuang[2]	0
	/xbrli:xbrl/clcid:BaoFeiShouRuQingKuang[2]	0

续表 4-20(二)

XBRL Info					
Summary Context					
Summary Entity				Summary Period	
Summary Identifier	Summary Scheme	Summary Segment		Summary Start Date	Summary End Date
		Summary Segment Explicit Dimension			
		Summary Segment Explicit Dimension Element	Summary Segment Explicit Dimension Value		
611111	http://www. sse. com. cn			2021/1/1	2021/12/31
611111	http://www. sse. com. cn			2021/1/1	2021/12/31
611111	http://www. sse. com. cn	pPrimary:States	pDim:BeiJing	2021/1/1	2021/12/31
611111	http://www. sse. com. cn	pPrimary:States	pDim:ShangHai	2021/1/1	2021/12/31
611111	http://www. sse. com. cn	pPrimary:States	pDim:NorthEast	2021/1/1	2021/12/31
611111	http://www. sse. com. cn	pPrimary:States	pDim: North ExcludingBeiJing	2021/1/1	2021/12/31
611111	http://www. sse. com. cn	pPrimary:States	pDim:NorthWest	2021/1/1	2021/12/31
611111	http://www. sse. com. cn	pPrimary:States	pDim: EastExcludingShanghai	2021/1/1	2021/12/31
611111	http://www. sse. com. cn	pPrimary:States	pDim:South	2021/1/1	2021/12/31
611111	http://www. sse. com. cn	pPrimary:States	pDim:SouthWest	2021/1/1	2021/12/31
611111	http://www. sse. com. cn	pPrimary:States	pDim:Total	2021/1/1	2021/12/31
611111	http://www. sse. com. cn			2021/1/1	2021/12/31
611111	http://www. sse. com. cn			2021/1/1	2021/12/31
611111	http://www. sse. com. cn	pPrimary:States	pDim:BeiJing	2021/1/1	2021/12/31
611111	http://www. sse. com. cn	pPrimary:States	pDim:ShangHai	2021/1/1	2021/12/31
611111	http://www. sse. com. cn	pPrimary:States	pDim:NorthEast	2021/1/1	2021/12/31
611111	http://www. sse. com. cn	pPrimary:States	pDim: North ExcludingBeiJing	2021/1/1	2021/12/31
611111	http://www. sse. com. cn	pPrimary:States	pDim:NorthWest	2021/1/1	2021/12/31
611111	http://www. sse. com. cn	pPrimary:States	pDim: EastExcludingShanghai	2021/1/1	2021/12/31
611111	http://www. sse. com. cn	pPrimary:States	pDim:South	2021/1/1	2021/12/31
611111	http://www. sse. com. cn	pPrimary:States	pDim:SouthWest	2021/1/1	2021/12/31
611111	http://www. sse. com. cn	pPrimary:States	pDim:Total	2021/1/1	2021/12/31

续表 4-20（三）

XBRL Info		Measurable
Summary Reporting Taxonomy ID Ref	Summary Unit	Measurable Qualifier
	Summary Numerator	
clcid		D001
clcid		寿险
clcid	iso4217：RMB	
clcid	iso4217：RMB	
clcid	iso4217：RMB	
clcid	iso4217：RMB	
clcid	iso4217：RMB	
clcid	iso4217：RMB	
clcid	iso4217：RMB	
clcid	iso4217：RMB	
clcid	iso4217：RMB	
clcid		D002
clcid		车险
clcid	iso4217：RMB	
clcid	iso4217：RMB	
clcid	iso4217：RMB	
clcid	iso4217：RMB	
clcid	iso4217：RMB	
clcid	iso4217：RMB	
clcid	iso4217：RMB	
clcid	iso4217：RMB	
clcid	iso4217：RMB	

3. 代码

上述模型对应的 XBRL FR/GL 代码如表 4-21(a)、表 4-21(b)所示。

表 4-21(a)　维度上下文和元组——FR 实例文档

```
<? xml version="1.0" encoding="UTF-8" standalone="no"? >
<xbrli:xbrl xmlns:xbrli="http://www.xbrl.org/2003/instance"
xmlns:iso4217="http://www.xbrl.org/2003/iso4217"
xmlns:link="http://www.xbrl.org/2003/linkbase"
xmlns:pDim="http://www.zhonghua.com/xbrl/taxeditor/dim"
xmlns:pPrimary="http://www.zhonghua.com/xbrl/taxeditor/primary"
xmlns:xbrldi="http://xbrl.org/2006/xbrldi"
xmlns:xbrldt="http://xbrl.org/2005/xbrldt"
xmlns:xlink="http://www.w3.org/1999/xlink"
xmlns:xsi="http://www.w3.org/2001/XMLSchema-instance">
  <link:schemaRef xlink:href="primary.xsd" xlink:type="simple"/>
  <xbrli:context id="c1_Total">
    <xbrli:entity>
      <xbrli:identifier scheme="http://www.sse.com.cn">611111</xbrli:identi-
      fier>
      &lt;xbrli:segment&gt;
        <xbrldi:explicitMember dimension="pPrimary:States">pDim:Total</
        xbrldi:explicitMember>
      &lt;/xbrli:segment&gt;
    </xbrli:entity>
    <xbrli:period>
      <xbrli:startDate>2021-01-01</xbrli:startDate>
      <xbrli:endDate>2021-12-31</xbrli:endDate>
    </xbrli:period>
  </xbrli:context>
  <xbrli:context id="c1_BJ">
    <xbrli:entity>
      <xbrli:identifier scheme="http://www.sse.com.cn">611111</xbrli:identi-
      fier>
      &lt;xbrli:segment&gt;
        <xbrldi:explicitMember dimension="pPrimary:States">pDim:BeiJing</
xbrldi:explicitMember>
      &lt;/xbrli:segment&gt;
```

（续表）

</xbrli:entity>
<xbrli:period>
<xbrli:startDate>2021-01-01</xbrli:startDate>
<xbrli:endDate>2021-12-31</xbrli:endDate>
</xbrli:period>
</xbrli:context>
<xbrli:context id="c1_SH">
<xbrli:entity>
<xbrli:identifier scheme="http://www.sse.com.cn">611111</xbrli:identifier>
<xbrli:segment>
<xbrldi:explicitMember dimension="pPrimary:States">pDim:Shanghai</xbrldi:explicitMember>
</xbrli:segment>
</xbrli:entity>
<xbrli:period>
<xbrli:startDate>2021-01-01</xbrli:startDate>
<xbrli:endDate>2021-12-31</xbrli:endDate>
</xbrli:period>
</xbrli:context>
<xbrli:context id="c1_NE">
<xbrli:entity>
<xbrli:identifier scheme="http://www.sse.com.cn">611111</xbrli:identifier>
<xbrli:segment>
<xbrldi:explicitMember dimension="pPrimary:States">pDim:NorthEast</xbrldi:explicitMember>
</xbrli:segment>
</xbrli:entity>
<xbrli:period>
<xbrli:startDate>2021-01-01</xbrli:startDate>
<xbrli:endDate>2021-12-31</xbrli:endDate>

(续表)

</xbrli:period>
</xbrli:context>
<xbrli:context id="c1_North ">
<xbrli:entity>
<xbrli:identifier scheme="http://www.sse.com.cn">611111</xbrli:identifier>
<xbrli:segment>
<xbrldi:explicitMember dimension="pPrimary:States">pDim:NorthExcludingBeiJing </xbrldi:explicitMember>
</xbrli:segment>
</xbrli:entity>
<xbrli:period>
<xbrli:startDate>2021-01-01</xbrli:startDate>
<xbrli:endDate>2021-12-31</xbrli:endDate>
</xbrli:period>
</xbrli:context>
<xbrli:context id="c1_NW">
<xbrli:entity>
<xbrli:identifier scheme="http://www.sse.com.cn">611111</xbrli:identifier>
<xbrli:segment>
<xbrldi:explicitMember dimension="pPrimary:States">pDim:NorthWest </xbrldi:explicitMember>
</xbrli:segment>
</xbrli:entity>
<xbrli:period>
<xbrli:startDate>2021-01-01</xbrli:startDate>
<xbrli:endDate>2021-12-31</xbrli:endDate>
</xbrli:period>
</xbrli:context>
<xbrli:context id="c1_East">
<xbrli:entity>
<xbrli:identifier scheme="http://www.sse.com.cn">611111</xbrli:identifier>
<xbrli:segment>

（续表）

<xbrldi:explicitMember dimension="pPrimary:States">pDim:EastExcludingShanghai </xbrldi:explicitMember>
</xbrli:segment>
</xbrli:entity>
<xbrli:period>
<xbrli:startDate>2021-01-01</xbrli:startDate>
<xbrli:endDate>2021-12-31</xbrli:endDate>
</xbrli:period>
</xbrli:context>
<xbrli:context id="c1_South">
<xbrli:entity>
<xbrli:identifier scheme="http://www.sse.com.cn">611111</xbrli:identifier>
<xbrli:segment>
<xbrldi:explicitMember dimension="pPrimary:States">pDim:South</xbrldi:explicitMember>
</xbrli:segment>
</xbrli:entity>
<xbrli:period>
<xbrli:startDate>2021-01-01</xbrli:startDate>
<xbrli:endDate>2021-12-31</xbrli:endDate>
</xbrli:period>
</xbrli:context>
<xbrli:context id="c1_SW">
<xbrli:entity>
<xbrli:identifier scheme="http://www.sse.com.cn">611111</xbrli:identifier>
<xbrli:segment>
<xbrldi:explicitMember dimension="pPrimary:States">pDim:SouthWest </xbrldi:explicitMember>
</xbrli:segment>
</xbrli:entity>

（续表）

<xbrli:period>
<xbrli:startDate>2021-01-01</xbrli:startDate>
<xbrli:endDate>2021-12-31</xbrli:endDate>
</xbrli:period>
</xbrli:context>
<xbrli:context id="c1">
<xbrli:entity>
<xbrli:identifier scheme="http://www.sse.com.cn">611111</xbrli:identifier>
</xbrli:entity>
<xbrli:period>
<xbrli:startDate>2021-01-01</xbrli:startDate>
<xbrli:endDate>2021-12-31</xbrli:endDate>
</xbrli:period>
</xbrli:context>
<xbrli:unit id="RMB">
<xbrli:measure>iso4217:RMB</xbrli:measure>
</xbrli:unit>
<pPrimary:TupleA>
<pPrimary:KeyElement contextRef="c1">D001</pPrimary:KeyElement>
<pPrimary:AdditionalElement contextRef="c1">Division 1</pPrimary:AdditionalElement>
<pPrimary:Sales contextRef="c1_BJ" decimals="0" unitRef="RMB">10000</pPrimary:Sales>
<pPrimary:Sales contextRef="c1_SH" decimals="0" unitRef="RMB">10000</pPrimary:Sales>
<pPrimary:Sales contextRef="c1_North" decimals="0" unitRef="RMB">20000</pPrimary:Sales>
<pPrimary:Sales contextRef="c1_NE" decimals="0" unitRef="RMB">5000</pPrimary:Sales>
<pPrimary:Sales contextRef="c1_NW" decimals="0" unitRef="RMB">2000</pPrimary:Sales>
<pPrimary:Sales contextRef="c1_East" decimals="0" unitRef="RMB">12000</pPrimary:Sales>

(续表)

<pPrimary:Sales contextRef="c1_South" decimals="0" unitRef="RMB">20000</pPrimary:Sales>
<pPrimary:Sales contextRef="c1_SW" decimals="0" unitRef="RMB">1000</pPrimary:Sales>
<pPrimary:Sales contextRef="c1_Total" decimals="0" unitRef="RMB">80000</pPrimary:Sales>
</pPrimary:TupleA>
<pPrimary:TupleA>
<pPrimary:KeyElement contextRef="c1">D002</pPrimary:KeyElement>
<pPrimary:AdditionalElement contextRef="c1">Division 2</pPrimary:Addit-ionalElement>
<pPrimary:Sales contextRef="c1_BJ" decimals="0" unitRef="RMB">15500</pPrimary:Sales>
<pPrimary:Sales contextRef="c1_SH" decimals="0" unitRef="RMB">25000</pPrimary:Sales>
<pPrimary:Sales contextRef="c1_North" decimals="0" unitRef="RMB">15000</pPrimary:Sales>
<pPrimary:Sales contextRef="c1_NE" decimals="0" unitRef="RMB">5000</pPrimary:Sales>
<pPrimary:Sales contextRef="c1_NW" decimals="0" unitRef="RMB">1100</pPrimary:Sales>
<pPrimary:Sales contextRef="c1_East" decimals="0" unitRef="RMB">9000</pPrimary:Sales>
<pPrimary:Sales contextRef="c1_South" decimals="0" unitRef="RMB">17000</pPrimary:Sales>
<pPrimary:Sales contextRef="c1_SW" decimals="0" unitRef="RMB">500</pPrimary:Sales>
<pPrimary:Sales contextRef="c1_Total" decimals="0" unitRef="RMB">88100</pPrimary:Sales>
</pPrimary:TupleA>
</xbrli:xbrl>

表 4-21(b) 维度上下文和元组——XBRL GL 实例文档

<? xml version = "1.0" encoding = "UTF-8" standalone = "no"? >	
<xbrli:xbrl...略去命名空间声明>	
以下略去与表 4-7(b)中类似的企业背景与元数据元素	
<gl-cor:entryHeader>	大多数业务细节需要以 entryHeader 元素及其 entryDetail 元素中的项目进行具体表示。极少有文件可以仅使用 documentInfo 元素和 entityInformation 元素即可表示业务明细信息。 在本例中,仅给出了用于描述 XBRL FR 中 2 个具有维度上下文元组的对应 XBRL GL 元素。在这些例子中,货币金额内容被存储在 amount 元素中,非货币金额内容被存储在 measurableQuantity 元素中,其他所有数据类型存储在 measurableQualifier 元素中。当 XBRL GL 中有更复杂的信息时,如分录、文件、分类账、总分类账、试算平衡表等,"entryHeader"和"entryDetail"结构会展现出所有内容,从而具有更多元素
<gl-cor:entryDetail>	每一个基本货币金额都位于一个 entryDetail 元素中。同样地,每一个 entryDetail 元素都只能给一个基本文档提供标注。本例没有引用任何文档。本例中的第一个 XBRL FR 元素的值不是金额,所以被存储在第一个 entryDetail 元素的 measurableQualifier 子元素中
<gl-cor:xbrlInfo>	
<gl-cor:summaryReportingElement contextRef = "now" > clcid:XianZhongBianHao </gl-cor:summaryReportingElement>	这是目标元素,即 XBRL FR 分类标准中的报告概念,或者一个专属模式文档中的元素,也就是 XBRL GL 中的明细信息所链接的对象。在所属的 XBRL FR 文档打开后,在 xbrl 元素(即根元素)的命名空间声明中,可以找到与该元素相关的命名空间、实际的模式文档,从而可以由应用程序发现更多信息。 第一个元组中的第一个嵌套数据项元素,非维度上下文,非数值型数据项
<gl-cor:detailMatchingElement contextRef = "now" > gl-bus:measurableQualifier</gl-cor:detailMatchingElement>	这个 XBRL GL 实例中的概念是汇总的关注点。默认情况下,货币型元素是汇总的基本对象。然而,有许多其他内容,特别是数值型内容也可以作为汇总的对象。本例中"汇总"的对象是一个非数值型元素

（续表）

<gl-srcd：summaryTuplePath contextRef = "now" >/xbrli：xbrl/clcid：BaoFeiShouRuQingKuang［1］</gl-srcd：summaryTuplePath>	当目标概念作为元组的一部分重复若干遍后，summaryReportingElement 元素就不敷使用了，此时需要使用元素 summaryTuplePath（汇总元组路径）。summaryTuplePath 元素是一个字符串数据项类型，其内容是一个 XPath 路径，表示作为父元素的元组实例的位置。左边元素的内容表示，汇总数据项元素的位置位于 XBRL FR 根目录（/xbrli：xbrl/）下第一个/clcid：BaoFeiShouRuQingKuang 元组元素实例中
<gl-srcd：summaryContext>	XBRL FR 实例中的上下文信息包括：报告实体（identifier 子元素），可能的分部（segment 子元素），事实相关的时间期间，以及适用的场景。 segment 子元素可以表述一个公司在符合逻辑的、合理的“划分”或“维度”。summaryContext（汇总上下文）元素提供了所有用于显式描述这些信息的概念，以及将 XBRL GL 明细信息与 XBRL FR 实例文档中的一个特定汇总事实相联系的链接。本例有维度相关的上下文，因此除使用实体（entity）和期间（period）子元素外，还将使用 segment 子元素及其他与维度相关的元素
<gl-srcd：summaryEntity>	
<gl-srcd：summaryIdentifier contextRef = " now " > 611111 </gl-srcd：summaryIdentifier>	
<gl-srcd：summaryScheme contextRef = "now">http：//www. sse. com. cn</gl-srcd：summaryScheme>	
</gl-srcd：summaryEntity>	
<gl-srcd：summaryPeriod>	
<gl-srcd：summaryStartDate contextRef = " now " > 2021-01-01 </gl-srcd：summaryStartDate>	
<gl-srcd：summaryEndDate contextRef = " now " > 2021-12-31 </gl-srcd：summaryEndDate>	

(续表)

</gl-srcd:summaryPeriod>	
</gl-srcd:summaryContext>	
<gl-srcd:summaryReportingTaxonomyIDRef contextRef = " now" > pPrimary </gl-srcd:summaryReporting TaxonomyIDRef>	该元素引用相关目标报告层分类标准的标识符(一般与命名空间前缀相同),这一标识符在documentInfo(文档信息)元素的子元素 summaryReportingTaxonomies 中定义。XBRL GL 机制允许为一个特定的分类标准建立多个描述性的 xbrlInfo(XBRL 信息)元素
</gl-cor:xbrlInfo>	
<gl-bus:measurable>	在本例这个简化了的 XBRL GL 文档中,非数值型信息被存储在 measurableQualifier(计量对象限定符)元素中
<gl-bus:measurableQualifier contextRef = " now" > D001 </gl-bus:measurableQualifier>	
</gl-bus:measurable>	
</gl-cor:entryDetail>	
<gl-cor:entryDetail>	第一个元组中的第 2 个嵌套数据项元素,非维度上下文,非数值型数据项,略
结构重复部分,略	
</gl-cor:entryDetail>	
<gl-cor:entryDetail>	左边 entryDetail 元素表征了 XBRL FR 实例文件中的一个货币型数据项,这个数据项的值用 amount 元素来存储。 第一个元组中的第 3 个嵌套数据项元素,维度上下文,数值型数据项
<gl-cor:amount contextRef = " now" decimals = "0" unitRef = "RMB" > 10 000 </gl-cor:amount>	
<gl-muc:amountCurrency contextRef = "now" > iso4217:RMB </gl-muc:amountCurrency>	为了表述其他 XBRL 中具有"上下文"性质的信息,SRCD 模块在 summaryUnit 元素中给出了表述货币的元素和其他单位的方式。另外,SRCD 提供了用于表达币种的 amountCurrency 元素,与币种相关联的金额可以出现在文档、分录或其他任何明细信息中。本例的目的是展示 SRCD 的使用,故本例不考虑其他与 SRCD 无关的内容

(续表)

<gl-cor:xbrlInfo>	
<gl-cor:summaryReportingElement contextRef="now">clcid:BaoFeiShouRu</gl-cor:summaryReportingElement>	
<gl-srcd:summaryTuplePath contextRef = "now">/xbrli:xbrl/clcid:BaoFeiShouRuQingKuang[1]</gl-srcd:summaryTuplePath>	
<gl-srcd:summaryPrecisionDecimals>	因为这个 entryDetail 元素与一个货币金额相联系,因此需要一个 summaryPrecisionDecimals(以小数位数表示的汇总数据精度)元素用于存储被链接的 XBRL FR 元素的小数位数属性。在 summaryPrecisionDecimals 元素中,必须提供一个描述数据项精度的值,这个值依赖于 XBRL FR 元素的不同属性,并其必须是下面四个元素之一的内容:summaryPrecision(汇总精度)、summaryPrecisionINF(不限制汇总精度)、summaryDecimals(汇总数据小数位数)、summaryDecimalsINF(不限制小数位数)
<gl-srcd:summaryDecimals contextRef="now" decimals="INF" unitRef="NotUsed">0</gl-srcd:summaryDecimals>	
</gl-srcd:summaryPrecisionDecimals>	
<gl-srcd:summaryContext>	
<gl-srcd:summaryEntity>	
<gl-srcd:summaryIdentifier contextRef = " now" > 611111 </gl-srcd:summaryIdentifier>	
<gl-srcd:summaryScheme contextRef = "now" > http://www.sse.com.cn</gl-srcd:summaryScheme>	
<gl-srcd:summarySegment>	这个 xbrlInfo(XBRL 信息)元素链接到一个具有维度上下文的事实,这些维度上下文主要体现在 XBRL 上下文元素(context)的分部子元素(segment)中
<gl-srcd:summarySegmentExplicitDimension>	左边元素的内容为 XBRL FR 维度上下文中 explicitMember(显式维度)子元素的元素名和元素值

(续表)

<gl-srcd:summarySegmentExplicitDimensionElement contextRef="now">pPrimary:States</gl-srcd:summarySegmentExplicitDimensionElement>	
<gl-srcd:summarySegmentExplicitDimensionValuecontextRef = "now">pDim:BJ</gl-srcd:summarySegmentExplicitDimensionValue>	第一个显式维度成员:pDim:BJ
</gl-srcd:summarySegmentExplicitDimension>	
</gl-srcd:summarySegment>	
</gl-srcd:summaryEntity>	
<gl-srcd:summaryPeriod>	
<gl-srcd:summaryStartDate contextRef = "now" > 2021-01-01 </gl-srcd:summaryStartDate>	
<gl-srcd:summaryEndDate contextRef = "now" > 2021-12-31 </gl-srcd:summaryEndDate>	
</gl-srcd:summaryPeriod>	
</gl-srcd:summaryContext>	
<gl-srcd:summaryUnit>	summaryUnit(汇总单位)元素是SRCD提供的、存储与XBRL FR元素相关联的计量单位值的元素。通常,计量单元是一个简单值(使用"ISO 4217"前缀和一个币种符号组成一个币种项目),但也有可能是复合值,即由一个分子和一个分母组成的复合单位
<gl-srcd:summaryNumerator contextRef="now">iso4217:RMB</gl-srcd:summaryNumerator>	
</gl-srcd:summaryUnit>	
<gl-srcd:summaryReportingTaxonomyIDRef contextRef="now">pPrimary</gl-srcd:summaryReportingTaxonomyIDRef>	

（续表）

</gl-cor:xbrlInfo>	
</gl-cor:entryDetail>	
<gl-cor:entryDetail>	第一个元组的其余 8 个成员和第二个元组的全部 11 个成员,略
结构重复部分,略	
</gl-cor:entryDetail>	
</gl-cor:entryHeader>	
</xbrli:xbrl>	

第 5 章

XBRL GL 业务实例分析（下）

接上章，本章给出了 9 个 XBRL GL 独立使用的中国实践案例。本章首先从理论上说明了 XBRL 独立使用的意义和方法，然后给出固定资产清单、客户发票、员工工时表、预算与实际成本分析、纳税调整、日记账、试算平衡表、供应商发票、规范化供应商发票共 9 个典型案例。这 9 个案例代表了 9 类 XBRL GL 应用的典型情况。

与上章类似，本章对每个案例均以 3 部分内容进行描述，即先描述业务原型，然后进行数据建模，最后给出对应的 XBRL 代码①。

5.1 XBRL GL 的独立使用

随着 XBRL GL 研究的深入，人们越来越多地发现 XBRL GL 作为一种独立技术的应用潜力。在企业内部，存在着多种纷繁复杂、来回往复的信息流（Sayogo 等，2014），这些信息流中的信息层次不同、类型不同、涉及业务领域也不同。传统上，企业使用 ERP（Enterprise Resource Planning，企业资源计划）系统对这些信息进行整合、管理和利用。但是，由于以下原因，ERP 系统的信息整合能力并不能满足人们的需求。

（1）ERP 的实现差距：虽然 ERP 号称能够统一管理企业内部的全部信息，但在具体实现中，由于不同企业的 ERP 产品由不同管理软件发展而来，所以均带有原有系统的特征与限制。现在市场中 ERP 产品的源头可以分别追溯到 MIS（Management Information System，管理信息系统）、会计核算软件、进销存系统和数据分析系统等，真正从零开始设计并实现的 ERP 系统尚难见到。由这些产品发展而来的 ERP 系统在原有业务中表现出色，但在其原有未涉及的领域中距离理论上的 ERP 目标还有相当距离。

① 本章案例所使用的企业背景数据与上章相同。为简化篇幅，在不影响内容理解的情况下，本章略去与上章相同的有关企业的代码，其余作用类似的代码亦有所删减。

（2）ERP 的紧耦合问题：现有 ERP 系统均采用数据库系统管理数据，这种技术选择能够使得 ERP 系统具有操作效率高、存储效率高等优势。但是，数据库系统和基于数据库的系统都具有紧耦合的问题，即为了避免数据冗余和不一致情况，必须内嵌地表达所有数据之间的关系，并在运行的过程中进行检验和约束。尽管紧耦合特征具有实时检验、保证正确性的效果，但意味着系统要同时在数据和逻辑中表达出全部这些关系，从而导致系统的设计、实现成本过高。所以，在现实中，人们常常不会表达所有的数据间关系（Butler S A，Ghosh D，2014）。

（3）ERP 的更新问题：ERP 系统的本质目标是消除“信息孤岛”，提供在整个企业内部的一致信息和无缝整合。但是，ERP 系统的紧耦合特征使得在更新时，一个业务领域的信息变化会影响到整个企业的信息结构变化，牵一发而动全身。这使得企业常常在某个业务的更新中，为减少整体受影响的程度，将这个业务的变动与其他业务相隔离，这就再次产生了“信息孤岛”问题。这种结果显然是一种反讽。

除了上述问题，随着网络时代来临，供应链等企业间关系也对 ERP 提出了挑战。在 XBRL GL 的研究中，人们发现了 XBRL GL 对这一问题的解决潜力。基于 XBRL GL 可以实现一种松耦合的系统结构。在这种松耦合的系统中，数据之间的关系不是通过软件代码表达的（即所谓“硬编码”），而是通过 XBRL GL 链接库表示的。关系正确性的校验不是在数据产生的同时进行的，而是在一个合理的时间延迟后根据用户需求进行的。以这种方式构建的系统，数据之间的关系在理论上可以无限复杂，但并不影响系统结构的复杂性；同时，更新等问题也迎刃而解。在这种系统中，XBRL GL 的数据表达能力是推动系统成功的关键。XBRL GL 的通用特征使得 XBRL GL 超越了账簿的范畴，拥有了表达企业内部所有时序数据的能力。本书给出了如下 9 个基本案例，它们代表了 9 种企业内部的信息类型。

① 固定资产清单。

② 客户发票。

③ 员工工时表。

④ 预算与实际成本分析。

⑤ 纳税调整。

⑥ 日记账。

⑦ 试算平衡表。

⑧ 供应商发票。

⑨ 规范化供应商发票。

上述案例既具有会计领域内容，又具有非会计领域内容；既具有时间序列数据，又具有截面数据。所以，上述 9 个基本案例的变种和组合即可包含企业内部所有运营数据的情况。

5.2　固定资产清单

本案例包含 1 个 XBRL GL 实例文档。XBRL GL 实例文档中的核心内容是 10 个 entryDetail 元素，这 10 个 entryDetail 元素被组织到 1 个 entryHeader 中，表示 1 张固定资产清单中的 5 个固定资产项目分别按税法和会计准则计量时的内容。

1. 原型

本案例原型是一个企业的固定资产清单，其中给出了 5 个固定资产项目分别按会计准则和税法的计量内容。这 5 个固定资产项目涵盖了固定资产的主要类别，包括房屋及建筑物、机器设备、电子设备和运输设备。其表达信息如表 5-1 所示。

表 5-1　固定资产清单　　　　金额单位：元

编号	类别	名称	入账时间	数量	会计准则			税　法		
					原值	折旧方式	年限	原值	折旧方式	年限
16010101	房屋及建筑物	解放路100号	2005/10/1	1	50 000 000	SL	70	50 000 000	SL	50
16010102	房屋及建筑物	中山路50号301室	2010/1/1	1	200 000	SL	70	190 000	SL	50
16010201	机器设备	数控机床	2016/7/1	1	100 000	DDB	7	95 000	MACRS	5
16010301	电子设备	服务器	2018/3/1	1	60 000	DDB	7	59 000	MACRS	5
16010401	运输设备	商务车	2020/10/1	1	120 000	DDB	7	120 000	MACRS	5

2. 模型

上述表 5-1 的固定资产事实相关内容可以用 XBRL GL 数据结构描述，如表 5-2所示。与表 5-1 相比，表 5-2 的内容更加详细，特别地，分别按会计准则和税法计量，原有的 5 项展开为 10 项。

表 5-2 由于页面篇幅问题，从纵向切分为 3 张表。表 5-2 从总体上包含 6 部分内容，各部分详述如下：

(1) 行号(Line Number)：表述每项固定资产在清单中的行号。

(2) 账户(Account)：这是一个广义的账户内容，以结构化方式规范描述一个账户的性质。账户是一个复合结构，本案例中其具体内容包括：

- 账户编号（Account Main ID）：账户的主要编码。
- 账户主要描述（Account Main Description）：账户的简要描述。
- 账户用途代码（Account Purpose Code）：其类型为枚举型，本案例基于中国企业会计准则对固定资产价值进行计量，但在 XBRL GL 2015 中，没有明确给出中国企业会计准则的代码，故按会计准则计量时取值为"other"。另外，按税法计量时取值为"tax"。
- 账户类型（Account Type）：其类型为枚举型，在本案例中，因为固定资产清单是会计业务的一部分，故取值为"account"。需要注意的是，XBRL GL 中的"账户"是一个通用概念，不仅仅限于会计业务。

（3）金额（Amount）：表述固定资产的数量属性。

（4）过账时间（Posting Date）：表述固定资产过账的时间。

（5）计量结构（Measurable）：表述与固定资产计量、特别是初始计量直接相关的内容。计量属性是一个复合结构，本案例中其具体内容包括：

- 计量对象代码（Measurable Code）：其类型为枚举型，本案例中的取值"FA"是固定资产（Fixed Asset）的缩写。
- 计量对象标识符（Measurable ID）：表述计量对象内部编码，与上述更抽象的账户编号不同。
- 计量对象描述（Measurable Description）：计量对象的简要描述。
- 计量对象数量（Measurable Quantity）：计量对象的数量。
- 计量对象限定符（Measurable Qualifier）：其作用是标准化分类，在本案例中表示固定资产项目的分类标识符。

（6）折旧与摊销（Depreciation Mortgage）：表述与固定资产折旧相关的内容。折旧与摊销是一个复合结构，本案例中其具体内容包括折旧政策管理机构（Dm Jurisdiction）、折旧方法（Dm Method Type）和折旧年限（Dm Life Length）。本案例中给出的固定资产折旧方法有直线折旧法（SL）、双倍余额折旧法（DDB）和加速折旧法（MACRS）。

表 5-2　固定资产清单的 XBRL GL 数据结构模型

Line Number	Account			
	Account Main ID	Account Main Description	Account Purpose Code	Account Type
1	16010101	房屋及建筑物	other	account
2	16010101	房屋及建筑物	tax	account

(续表)

Line Number	Account			
	Account Main ID	Account Main Description	Account Purpose Code	Account Type
3	16010102	房屋及建筑物	other	account
4	16010102	房屋及建筑物	tax	account
5	16010201	机器设备	other	account
6	16010201	机器设备	tax	account
7	16010301	电子设备	other	account
8	16010301	电子设备	tax	account
9	16010401	运输设备	other	account
10	16010401	运输设备	tax	account

续表 5-2(一)

Amount	Posting Date	Measurable				
		Measurable Code	Measurable ID	Measurable Description	Measurable Quantity	Measurable Qualifier
50 000 000	2005/10/1	FA	B001	解放路 100 号	1	BLDGS
50 000 000	2005/10/1	FA	B001	解放路 100 号	1	BLDGS
200 000	2010/1/1	FA	B002	中山路 50 号 301 室	1	BLDGS
190 000	2010/1/1	FA	B002	中山路 50 号 301 室	1	BLDGS
100 000	2016/7/1	FA	E001	数控机床	1	EQUIP
95 000	2016/7/1	FA	E001	数控机床	1	EQUIP
60 000	2018/3/1	FA	E002	服务器	1	EQUIP
59 000	2018/3/1	FA	E002	服务器	1	EQUIP
120 000	2020/10/1	FA	E003	商务车	1	EQUIP
120 000	2020/10/1	FA	E003	商务车	1	EQUIP

续表 5-2(二)

Depreciation Mortgage		
Dm Jurisdiction	Dm Method Type	Dm Life Length
other	SL	70
other	SL	50
other	SL	70
other	SL	50
other	DDB	7
other	MACRS	5
other	DDB	7
other	MACRS	5
other	DDB	7
other	MACRS	5

3. 代码

上述模型对应的 XBRL GL 代码如表 5-3 所示。

表 5-3　固定资产清单的 XBRL GL 实例文档

<? xml version = "1. 0" encoding = "UTF-8"? >	
<xbrli:xbrl 命名空间声明略…>	
以下略去与表 4-7(b)中类似的企业背景与元数据元素	
<gl-cor:accountingEntries>	accountingEntries 元素是 XBRL GL 的容器，但不是一个 XBRL GL 文件的根元素。与所有 XBRL 文件一样，XBRL GL 的根元素是 XBRL 元素。这意味着，通过一个或多个 accountingEntries 结构以及其中的数据，一个 XBRL GL 文件可以存储一个或多个虚拟 XBRL GL 文件，甚至是管理多个交易层次的数据。理解一个 XBRL GL 文件的关键是 entriesType。单个物理 XBRL GL 文件可以具有多个 accountingEntries 结构以同时表示交易文件和主文件，交易文件和主文件以不同的 entriesType 值(枚举值)进行区分。 在下面这种情况出现时这种机制尤其重要。文件创建者创建了一个单一的物理文件，其中的一个 accountingEntries 元素中含有员工的信息，另一个 accountingEntries 元素中含有工作时间记录表，后者仅仅引用了员工的工号而无需全部的员工信息。在这种情况下，后者仅需引用前者中的工号信息无需重建所有员工信息。这种机制减少了重复的信息(如员工姓名、地址等)，这不仅可以消除冲突，还可以减小文件尺寸

(续表)

<gl-cor:documentInfo>	因为大多数用户都应使用 entriesType 元素，documentInfo 元素就成为必需元素
<gl-cor:entriesType contextRef="now">assets</gl-cor:entriesType>	entriesType 这个元素给出了 XBRL GL 文档的用途。在使用 XBRL GL 文档时，软件可以根据 entriesType 元素内容向用户提供指导。本例中的 XBRL GL 文档用于描述固定资产列表信息，因此使用枚举值“assets”。由于 XBRL GL 的账户结构可以表达资产负债双重性质账户，所以这类账户事实上也可以表达负债，如应付账款。枚举值给出了账户的标准类型表示方式
<gl-cor:uniqueID contextRef="now">001</gl-cor:uniqueID>	uniqueID 元素类似一个序列号，用于唯一地标识/跟踪一系列项目(如分录)。 本例所描述的内容是固定资产列表，这是一类专业报告，一般不需要录入至其他账户或进行发布，所以 uniqueID 元素的作用不明显。 如果一个项目的内容需要调整，XBRL GL 也提供了替代和附加等调整方法，则无论这个项目如何变动，都可以使用 uniqueID 元素确定该项目
<gl-cor:periodCoveredStart contextRef="now">2005-10-01</gl-cor:periodCoveredStart>	periodCoveredStart(期间开始时间)元素和 periodCoveredEnd(期间结束时间)元素的组合给出了报告期间。在固定资产案例中，这有助于理解资产项目变动(增加、报废、变卖)和报告截止日期
已略去次要信息	
<gl-cor:entryHeader>	本例中表示业务明细信息的主要项目如下： (1) gl-cor:amount(金额)：表示固定资产原值。 (2) gl-cor:postingDate(生效日期)：表示固定资产投入使用日期。 (3) gl-bus:measurableCode(计量对象代码)：是一个枚举型，其枚举值包括 BP (业务过程)、FA (固定资产)、IN (存货)、KPI (绩效指标)、NT (无形资产)、SP (采购)、SV-P (维护 - 人员)、SV-M (维护 - 机器)和 OT (其他)。 (4) gl-bus:measurableID(计量对象标识符)：表示固定资产编号。 (5) gl-bus:measurableDescription(计量对象描述)：表示固定资产描述。 (6) gl-bus:measurableQuantity(计量对象数量)：表示固定资产数量。 (7) bus:measurableQualifier(计量对象限定符)：本例中表示固定资产类型。固定资产类型的表示方法在 XBRL GL 中比较模糊，例如，子账户也可以用于表示固定资产类型

（续表）

<gl-cor:entryHeader>	(8) gl-bus:dmLifeLength(折旧年限)：表示固定资产的使用年限。 (9) gl-bus:dmMethodType(折旧与摊销方法)：表示固定资产折旧方法。 (10) gl-bus:dmJurisdiction(折旧政策管理机构)：表示固定资产计量所依据准则的颁布机构，这是一个枚举型，其枚举值包括：F(联邦)、federal(联邦)、S(州)、state(州)、L(本地)、local(本地)和 other(其他)。该元素常与 gl-bus: entryAccountingMethodPurpose(会计政策目标)和 and gl-cor:accountPurposeCode(会计目标代码)联合试用。 固定资产列表同时需要 entryHeader 和 entryDetail 中的相关信息(数量元素集、计量结构和其他相关项目)。 只有极少文件仅使用 documentInfo(文档信息)元素和 entityInformation(实体信息)元素即可完善表达含义
<gl-cor: sourceJournalID contextRef = "now">FA</gl-cor: sourceJournalID>	如上所述，当描述一个业务表单/文档的细节时，使用 entryHeaders 描述业务表单/文档的整体信息，使用 entryDetail 元素来描述每一个独立的行的明细信息，每行具有一个基本数值(primary amount)。但针对一个 entryDetail 的数额，可以给出多个计量结构(measurable)。 一个以 entryHeader 元素描述的业务可以有任意多个表示行的 entryDetail，其数量取决于固定资产列表中的固定资产项目。 如果在现实中存在对固定资产进行详细报告的需求，则 entryHeader 可用于实现这种需求。每份固定资产清单由一个 entryHeader 进行组织，清单中的每一行由 entryDetail 表达。 在本例中，因为固定资产原值在会计准则和税法中计量方式不同，所以每项固定资产需要 2 个 entryDetail 元素进行表达；由于只表示 1 份固定资产清单，所以只需要 1 个 entryHeader 进行组织。 如果报告与折旧相关，折旧的表达形式会非常一般化。折旧会通过分类账和 entryQualifier(分录限定符)元素或 xbrlInclude(XBRL 分配)元素进行表述，并给出每项固定资产的累计折旧和当期折旧。分类标准的额外内容也可以增加至固定资产处理方法的表述中，包括地区、税务等特定项目(例如，根据美国 179 条款允许的或正当的)。 sourceJournalID(日记账标识符)元素和 sourceJournalDescription(日记账描述)元素也有助于描述固定资产中的机器损耗。sourceJournalID 元素是枚举型，此处其值为“FA”，表示固定资产

(续表)

<gl-bus:sourceJournalDescription contextRef="now">Fixed Assets</gl-bus:sourceJournalDescription>	
<gl-cor:entryDetail>	第一项固定资产:基于会计准则计量
<gl-cor:lineNumber contextRef="now">1</gl-cor:lineNumber>	一个用于标识每张固定资产清单中各行的唯一标识符。这个标识符应该至少具有标记行号的作用,以唯一标识清单中的一行
<gl-cor:account>	XBRL GL中的账户(account)元素具有极强的通用性,几乎可以满足任意种类的需求;如果对信息利用无益,也可以选择直接忽略。 本例中账户的基本用途在于将固定资产绑定至其归属的资产账户,特别地,也可以使用子账户表示资产的物理位置。 账户可以用来代表资产分类;如果资产有多种分类方式,账户确定了该项资产在当前情况下的分类
已略去次要信息	
<gl-cor:accountMainID contextRef="now">16010101</gl-cor:accountMainID>	
<gl-cor:accountMainDescription contextRef="now">房屋及建筑物</gl-cor:accountMainDescription>	在大多数情况下,描述是供人类用户阅读的。所以,在数据交换中,accountMainID(账户主要标识符)作为账户标识符已经能够满足机器的需求。当然,也有的软件将描述作为账户的主要标识符使用
<gl-cor:accountPurposeCode contextRef="now">other</gl-cor:accountPurposeCode>	
<gl-cor:accountType contextRef="now">account</gl-cor:accountType>	
</gl-cor:account>	
<gl-cor:amount contextRef="now" decimals="2" unitRef="usd">5000</gl-cor:amount>	在系统中,金额的形式可能有如下3种: (1) 一个带符号的数字。 (2) 符号(正负号)与数字分离。 (3) 具有借方/贷方等记账符号的数字。 在日记账中,符号或记账符号是必要的;但在原始凭证中不太可能出现

（续表）

<gl-cor:postingDate contextRef = " now " > 2006-02-02 </gl-cor:postingDate>	postingDate 元素中的时间是一个会计生效时间，在本例中反映了固定资产投入使用的起始日期。另外，documentDate（文档日期）反映了固定资产的购买日期，shipReceivedDate（装运/接受日期）反映了固定资产的收到日期，本例中暂未给出
<gl-bus:measurable>	在计量结构中，可以选择使用 identifier（标识符）元素以标识资产项目的提供商； 在可计量元素中，可以选择使用 xbrlInfo（XBRL 信息），从报告目标角度对资产进行分类。 上述两元素本例暂未提供。 可计量结构给出了固定资产项目基本的表述与存储机制
< gl-bus: measurableCode contextRef = " now " > FA </gl-bus:measurableCode>	
<gl-bus:measurableID contextRef="now">B001</gl-bus:measurableID>	
<gl-bus:measurableDescription contextRef = "now">解放路 100 号</gl-bus:measurableDescription>	
<gl-bus:measurableQuantity contextRef = " now " unitRef = " na " decimals = " 0 " > 1 </gl-bus:measurableQuantity>	
<gl-bus:measurableQualifier contextRef = " now " > BLDGS </gl-bus:measurableQualifier>	目前，资产、存货、服务没有专用元素。然而，本例使用 gl-bus:measurableQualifier 作为特定描述资产的元素。它也可以用于存储等级、校验码和其他限定符，以表达绩效/平衡记分卡等信息
</gl-bus:measurable>	
<gl-bus:depreciationMortgage>	depreciationMortgage（折旧与摊销）元素用于存储折旧信息。 此处给用户以较大的定制和自由选择权。例如，当基于会计准则和基于税法的固定资产计量方式是相同的，用户既可以选择使用 1 个 entryDetail 表述一个固定资产项目（会计准则/税法计量方式合一），也可以选择使用 2 个 entryDetail 表述一个固定资产项目（1 个基于会计准则，1 个基于税法，即使数额相同）

(续表)

<gl-bus:dmJurisdiction contextRef="now">other</gl-bus:dmJurisdiction>	如上所述,dmJurisdiction 是一个枚举值。为了说明复杂的折旧相关法律信息,可以联合 gl-bus:entryAccountingMethodPurpose 元素以厘清法律规范。类似地,gl-cor:accountPurposeCode 元素也可以用来区分报告的目标是财务性质还是税务性质
<gl-bus:dmMethodType contextRef = " now" > SL </gl-bus:dmMethodType>	dmMethodType(折旧方法)不是枚举型,而是字符串类型。目前,它可以表达不同的折旧类别(例如,年限总和法、工作量法等)及其具体计算方法(直线折旧法、双倍余额折旧法和加速折旧法等),以及折旧计算中的一些惯例等(例如,半年期约定)
</gl-bus:depreciationMortgage>	
</gl-cor:entryDetail>	
<gl-cor:entryDetail>	第一项资产:基于税法计量
<gl-cor:lineNumber contextRef="now">2</gl-cor:lineNumber>	
<gl-cor:account>	
<gl-cor:accountMainID contextRef = " now" > 16010101 </gl-cor:accountMainID>	
<gl-cor:accountMainDescription contextRef="now">房屋及建筑物</gl-cor:accountMainDescription>	
< gl-cor:accountPurposeCode contextRef="now">tax</gl-cor:accountPurposeCode>	
<gl-cor:accountType contextRef="now">account</gl-cor:accountType>	
</gl-cor:account>	
<gl-cor:amount contextRef ="now" decimals = "2" unitRef = "usd">5000</gl-cor:amount>	
<gl-cor:postingDate contextRef = " now" > 2006-02-02 </gl-cor:postingDate>	
<gl-bus:measurable>	

（续表）

<gl-bus:measurableCode contextRef="now">FA</gl-bus:measurableCode>	
<gl-bus:measurableID contextRef="now">B001</gl-bus:measurableID>	
<gl-bus:measurableDescription contextRef="now">解放路 100 号</gl-bus:measurableDescription>	
<gl-bus:measurableQuantity contextRef="now" unitRef="na" decimals="0">1</gl-bus:measurableQuantity>	
<gl-bus:measurableQualifier contextRef="now">BLDGS</gl-bus:measurableQualifier>	
</gl-bus:measurable>	
<gl-bus:depreciationMortgage>	
<gl-bus:dmJurisdiction contextRef="now">F</gl-bus:dmJurisdiction>	
<gl-bus:dmMethodType contextRef="now">SL</gl-bus:dmMethodType>	
</gl-cor:entryDetail>	
<gl-cor:entryDetail>	其余 3 项固定资产分别按照会计准则和税法计量，略
结构重复部分，略	
</gl-cor:entryDetail>	
</gl-cor:entryHeader>	
</gl-cor:accountingEntries>	
</xbrli:xbrl>	

5.3 客户发票

本案例包含 1 个 XBRL GL 实例文档。XBRL GL 实例文档中的核心内容是 5 个entryDetail 元素。这 5 个 entryDetail 元素被组织到 3 个 entryHeader 中，表

示 3 张客户发票内容(其中 2 张发票有 2 项商品,1 张发票有 1 项商品)。

1. 原型

本案例原型是一个企业向客户出具的发票内容,其中给出了客户发票的主要字段,包括发票代码、日期、客户名称、产品、数量、单价、金额以及相关税费等。其表达信息如表 5-4 所示。

表 5-4 客户发票

发票代码	日期	客户名称	产品	数量	单价	金额	增值税
231002170201	2021/12/15	中华盐业有限公司	笔记本电脑	10	10 000.00	100 000.00	13 000.00
			调试费	1	2 000.00	2 000.00	
231002170202	2021/12/20	东方信息有限公司	台式机	20	5 000.00	100 000.00	13 000.00
			安装费	1	3 000.00	3 000.00	
231002170203	2021/12/25	大众电器有限公司	电脑维修	1	5 000.00	5 000.00	

2. 模型

上述表 5-4 的客户发票事实相关内容可以用 XBRL GL 数据结构描述,如表 5-5 所示。与表 5-4 相比,表 5-5 的内容更加详细,并特别给出有关税费的详细内容。

表 5-5 由于页面篇幅问题,从纵向切分为 6 张表。表 5-5 从总体上包含 16 部分内容,各部分详述如下:

(1) 分录编号(Entry Number):表述每张发票在账簿中的编号,并非发票代码或发票号码。

(2) 行号(Line Number):表述每项商品在发票中的行号。

(3) 金额(Amount):表述每项商品的总价。

(4) 过账时间(Posting Date):表述发票过账的时间。

(5) 备忘录(Amount Memo):这是一个布尔值,表明是否用另一个"entryDetail"来提供额外的明细项目。本案例中取值为"FALSE",表示无需该明显项目,已有项目已经充分说明交易内容。

(6) 标识符引用(Identifier Reference):这个项目一般用于包含客户、供应商或者员工的标识符结构。标识符引用是一个复合结构,本案例中其具体内容包括:

- 标识符描述(Identifier Description):标识对象的简要描述。
- 标识符类型(Identifier Type):其类型为一个枚举型,本案例中的"C"表示客户(customer)。
- 标识对象地址(Identifier Address):表述标识对象的地址,是一个复合结构,具体内容包括标识对象街道(Identifier Street)、标识对象城市(Identifi-

er City)、标识对象省份(Identifier State or Province)、标识对象国家(Identifier Country)和标识对象邮政编码(Identifier Zip or Postal Code)等。

(7) 文件类型(Document Type):是一个枚举型,本案例中取值“invoice”表示是一项发票内容。

(8) 文件编号(Document Number):表述所依据的源文件本身的编号,一张发票是一个文件,所以此处文件编号就是发票代码。

(9) 文件引用(Document Reference):表述一个企业内部对源文件的编号。

(10) 文件日期(Document Date):表述文件创建的日期,此处指发票出具的日期。

(11) 文件位置(Document Location):表述源文件保存的位置,此处指发票保存位置。

(12) 详细说明(Detail Comment):表述对每项商品交易的详细说明。

(13) 到期日(Maturity Date):表述对方收到发票的日期。

(14) 支付条款(Terms):表述折扣/支付条款。本案例中给出了两种付款方式:“货物收到 7 天后付款”和“货到付款”。

(15) 计量结构(Measurable):表述发票中与商品计量直接相关的内容。计量属性是一个复合结构,本案例中其具体内容包括:

- 计量对象描述(Measurable Description):计量对象的简要描述。
- 计量对象数量(Measurable Quantity):计量对象的数量。
- 计量对象单位(Measurable Unit of Measure):计量对象的单位。
- 计量对象单价(Measurable Cost Per Unit):计量对象可以用数量标识的单价。

(16) 税费信息(Taxes):表述发票中与税费相关的信息。税费信息是一个复合结构,具体内容包括:

- 税务机构(Tax Authority):该项税费的管理机构。
- 税额(Tax Amount):该项商品的应缴税额。
- 税费类别(Tax Code):该项商品适用的税费种类。

表 5-5　客户发票的 XBRL GL 数据结构模型

Entry Number	Line Number	Amount	Posting Date	Amount Memo
50	1	100 000.00	2021/12/15	FALSE
	2	2 000.00	2021/12/15	FALSE
51	1	100 000.00	2021/12/15	FALSE
	2	3 000.00	2021/12/15	FALSE
52	1	5 000.00	2021/12/15	FALSE

续表 5-5(一)

Identifier Reference						
Identifier Description	Identifier Type	Identifier Address				
		Identifier Street	Identifier City	Identifier State or Province	Identifier Country	Identifier Zip or Postal Code
中华盐业有限公司	C	中山路 3 号	上海	上海	中国	200400
中华盐业有限公司	C	中山路 3 号	上海	上海	中国	200400
东方信息有限公司	C	二环路 12 号	北京	北京	中国	100300
东方信息有限公司	C	二环路 12 号	北京	北京	中国	100300
大众电器有限公司	C	外环路 110 号	西安	陕西	中国	710101

续表 5-5(二)

Document Type	Document Number	Document Reference	Document Date	Document Location
invoice	231002170201	I1	2021/12/15	会计专用柜-1
invoice	231002170201	I1	2021/12/15	会计专用柜-1
invoice	231002170202	I2	2021/12/15	会计专用柜-1
invoice	231002170202	I2	2021/12/15	会计专用柜-1
invoice	231002170203	I3	2021/12/15	会计专用柜-1

续表 5-5(三)

Detail Comment	Maturity Date
	2021/12/15
商品交付同时进行调试	2021/12/15
	2021/12/15
商品交付同时进行安装	2021/12/15
	2021/12/15

续表 5-5(四)

Terms	Measurable			
	Measurable Description	Measurable Quantity	Measurable Unit of Measure	Measurable Cost Per Unit
货物收到 7 天后付款	笔记本电脑	10	台	10 000.00
货物收到 7 天后付款	调试费	1	次	2 000.00
货到付款	台式机	20	台	5 000.00
货到付款	安装费	1	次	3 000.00
货物收到 7 天后付款	电脑维修	1	次	5 000.00

续表 5-5(五)

Taxes		
Tax Authority	Tax Amount	Tax Code
国家税务总局	13 000.00	增值税
国家税务总局	13 000.00	增值税

3. 代码

上述模型对应的 XBRL GL 代码如表 5-6 所示。

表 5-6　客户发票的 XBRL GL 实例文档

<? xml version = "1.0" encoding = "UTF-8"? >	
<xbrli:xbrl 命名空间声明略…>	
以下略去与表 4-7(b)中类似的企业背景与元数据元素	
<gl-cor:accountingEntries>	accountingEntries 元素是 XBRL GL 的容器，但不是一个 XBRL GL 文件的根元素。与所有 XBRL 文件一样，XBRL GL 的根元素是 XBRL 元素。这意味着，通过一个或多个 accountingEntries 结构以及其中的数据，一个 XBRL GL 文件可以存储一个或多个虚拟 XBRL GL 文件，甚至是管理多个交易层次的数据。理解一个 XBRL GL 文件的关键是 entriesType。单个物理 XBRL GL 文件可以具有多个 accountingEntries 结构以同时表示交易文件和主文件，交易文件和主文件以不同的 entriesType 值(枚举值)进行区分

（续表）

<gl-cor:accountingEntries>	在下面这种情况出现时这种机制尤其重要。文件创建者创建了一个单一的物理文件,其中的一个 accountingEntries 元素中含有员工的信息,另一个 accountingEntries 元素中含有工作时间记录表,后者仅仅引用了员工的工号而无需全部的员工信息。在这种情况下,后者仅需引用前者中的工号信息无需重建所有员工信息。这种机制减少了重复的信息(如员工姓名、地址等),这不仅可以消除冲突,还可以减小文件尺寸
<gl-cor:documentInfo>	因为大多数用户都应使用 entriesType 元素,documentInfo 元素就成为必需元素
<gl-cor:entriesType contextRef = " now " > other </gl-cor:entriesType>	entriesType 这个元素给出了 XBRL GL 文档的用途。在使用 XBRL GL 文档时,软件可以根据 entriesType 元素内容向用户提供指导。本例为发票列表,因此使用枚举值“other”。 显然,本例中的“other”并不能提供有效的指示,因此本例有关用途的信息将进一步通过其他元素表达,如将 indentifierType(标识符类型)元素值设置为“customer”,同时将 documentType(文件类型)元素值设置为“invoice”,即可明确表达文档含义
<gl-cor:uniqueID contextRef = "now" > 001 </gl-cor:uniqueID>	uniqueID 元素类似一个序列号,用于唯一地标识/跟踪一系列项目(如分录)。 本例所描述的内容是发票列表,这是一类专业报告,一般不需要录入至其他账户或进行发布,所以 uniqueID 元素的作用不明显。 如果一个项目的内容需要调整,XBRL GL 也提供了替代和附加等调整方法,则无论这个项目如何变动,都可以使用 uniqueID 元素确定该项目
<gl-muc:defaultCurrency contextRef = " now " > iso4217:RMB </gl-muc:defaultCurrency>	
结构重复部分,略	
<gl-cor:entryHeader>	第一张发票
<gl-cor:postedDate contextRef = " now " >2021-12-15 </gl-cor:postedDate>	基于审计的目标,最初发布的日期是有意义的。对于 XBRL GL 来说,区别不同日期的含义和作用非常重要。特别地,postedDate(信息系统中的发布日期)、postingDate(发票过账时间)、documentDate(发票出具日期)这 3 个时间的区分非常重要

（续表）

<gl-cor:enteredBy contextRef="now">周明</gl-cor:enteredBy>	用于审计，指将发票输入到初始系统中的输入人员的信息，本例代码中给出一个虚拟人物名“周明”
<gl-cor:enteredDate contextRef="now">2021-12-15</gl-cor:enteredDate>	用于审计，将发票输入到初始系统中的时间
<gl-cor:sourceJournalID contextRef="now">sj</gl-cor:sourceJournalID>	sourceJournalID 是一个枚举值，它将报告组织中的原始日记信息与有助于数据交换的一个固定列表相联系。例如，本例中的发票来源是销售日记账，所以枚举值为“sj(sales journal，销售日记账)”
<gl-bus:sourceJournalDescription contextRef="now">Sales Journal - Tax Invoices</gl-bus:sourceJournalDescription>	上述 sourceJournalID 是一个枚举值（用户必须选择一个已经在 XBRL GL 中定义的条目），而 sourceJournalDescription 允许用户使用自由文本——如实际的代码或术语——来描述组织提供的原始日期信息
<gl-bus:entryOrigin contextRef="now">imported entry</gl-bus:entryOrigin>	这一信息说明了发票的信息来源是来自另一个自动化系统还是手动输入。本例中，信息来源为“手动输入”(imported entry)
<gl-cor:entryNumber contextRef="now">50</gl-cor:entryNumber>	XBRL GL 文档基于表格中的行结构(line level)进行定义。当需要表示发票上的每一行时，一个表头结构(header level)代表一个独立的文档，所以 entryDetail 元素可以表示发票中一行的详细信息。entryNumber 用来表示一张发票的、具有唯一性的编号(entryDetail 中会引用这个信息)
<gl-cor:entryDetail>	第一张发票的第一条商品记录。 如上所述，当描述一个发票表单/文档的细节时，使用 entryHeaders 描述表单/文档的整体信息，使用 entryDetail 元素来描述每一个独立的行的明细信息，每行具有一个基本数值(primary amount)。 然而，用户也可以在一个 entryDetail 元素内部列出多个与基本值相关的账户。例如，一个企业可以根据不同的企业会计准则(IFRS/US GAAP)将一个基本值分配至不同的账户，此时，对应该事项的一个 entryDetail 元素中可以给出全部这些账户。XBRL GL 具有一般性，这意味着许多各行公用的信息(如员工、文档属性等)必须在每行的明细信息中重复输入；另一种做法是仅在一行中输入，同时给出该信息通用的标识符以供其他行引用
<gl-cor:lineNumber contextRef="now">1</gl-cor:lineNumber>	一个用于标识每张表中各行的唯一标识符。这个标识符应该具有标记行号的作用，以唯一标识发票上的一行信息

(续表)

<gl-cor:amount contextRef="now" decimals="2" unitRef="RMB">100000</gl-cor:amount>	会计账户可能会、也可能不会与发票中每个行的信息相关联,在本例中基本账户被省略。 在系统中,金额的形式可能有如下3种: (1) 一个带符号的数字。 (2) 符号(正负号)与数字分离。 (3) 具有借方/贷方等记账符号的数字。 在日记账中,符号或记账符号是必要的;但在发票这样的原始凭证中不太可能出现。 当表示发票及其明细时,XBRL GL中的金额表达方式很有技巧性。从最简单的意义上讲,一行内的金额可以简单地表示该行的总金额,而将单价信息记录于计量结构(measurable)元素中。 除此以外,销售税、运费和其他不能归属于一行的事项可以用一个计量结构(measurable)元素表示,或者用一个XBRL GL账户进行表示。 如果发票信息被转至会计分录,为减少重复计算的风险,用户应该选择要么表达发票的所有行,要么仅给出一个总额
<gl-cor:postingDate contextRef="now">2021-12-15</gl-cor:postingDate>	postingDate元素中的时间是一个会计生效时间,在本例中既不是发票项目被输入或发布至系统中的时间,也不是正式的文件上的日期
<gl-bus:amountMemo contextRef="now">false</gl-bus:amountMemo>	
<gl-cor:identifierReference>	发票中需要包含客户信息,该项信息包含在标识符结构中。系统可能会、也可能不会永久性地存储标识结构的所有单项信息,例如,系统可能只存储客户编号而不存储客户姓名,或者相反。 本例中,identifierType元素是唯一一个强制性要求出现的元素,以确切指出当前信息是关于客户的信息。 这里另一个可能引起歧义的问题是——为什么要在发票中的每行中都描述一次客户信息,而不是在表头中一次性给出客户信息。答案是:恰恰是这种看起来低效率的方法保证了XBRL GL的通用性特征。在表头信息中只给出最具一般性的信息内容,而将所有与具体领域相关的信息内容都放在具体的行中。这可以使得整体表结构保持稳定,并同时具有描述特异性的、领域相关的明细信息的能力。所以,XBRL GL既没有在表头层和行中重复描述这些标识性信息,也没有在表头描述而在行中引用,而是直接将这些信息置于描述明细内容的行中

（续表）

<gl-cor：identifierDescription contextRef = "now">中华盐业有限公司</gl-cor：identifierDescription>	通常，标识符元素包括内部和外部税务代码
<gl-cor：identifierType contextRef = "now">C</gl-cor：identifierType>	
<gl-bus：identifierAddress>	
<gl-bus：identifierStreet contextRef = "now">中山路3号</gl-bus：identifierStreet>	
<gl-bus：identifierCity contextRef = "now">上海</gl-bus：identifierCity>	
<gl-bus：identifierStateOrProvince contextRef = "now">上海</gl-bus：identifierStateOrProvince>	
<gl-bus：identifierCountry contextRef = "now">中国</gl-bus：identifierCountry>	
<gl-bus：identifierZipOrPostalCode contextRef = "now">200400</gl-bus：identifierZipOrPostalCode>	
</gl-bus：identifierAddress>	
</gl-cor：identifierReference>	
<gl-cor：documentType contextRef = "now">invoice</gl-cor：documentType>	identifierType元素取值为"customer"，documentType元素取值为"invoice"，这表明，这张表的信息是关于客户发票的信息，而不是其他类型（如账簿）的信息
<gl-cor：documentNumber contextRef = "now">231001470201</gl-cor：documentNumber>	此处的文档编号是发票代码
<gl-cor：documentReference contextRef = "now">11</gl-cor：documentReference>	文档引用是关于一个文档的文字性描述。有的系统允许人工输入这些信息，有的系统使用默认设置作为描述内容，而有的系统则使用内部编号作为描述内容

(续表)

<gl-cor:documentDate contextRef="now">2021-12-15</gl-cor:documentDate>	文档日期项是指打印在正式纸质文档上的日期。与文档处理相关的日期有很多种,这些日期在XBRL GL中由不同的元素进行表示
<gl-bus:documentLocation contextRef="now">会计专用柜-1</gl-bus:documentLocation>	虽然极少有系统能够追踪发票归档的"物理"位置(无论是纸质的还是电子的),但作为审计跟踪的一部分,documentLocation元素的内容记录了这样的"物理"位置。所以,使用者能够通过软件找到原始文档的位置,如实际空间位置(……专柜第一层),或计算机中的路径(c:\发票\发票2020-12-31.doc)
<gl-cor:maturityDate contextRef="now">2022-6-14</gl-cor:maturityDate>	到期日是发票入账的截止日期
<gl-cor:terms contextRef="now">货物收到7天后付款</gl-cor:terms>	支付条款(terms)以自由文本形式给出与支付方式相关的条款。目前,该元素内容为不受限制的自由文本。XBRL GL工作组讨论过根据现有准则为支付条款元素制定枚举值的问题,但尚未实施
<gl-bus:measurable>	计量结构(measurable)是行这一级别收集数据的基本工具。它能够表示库存、服务、供应、KPI、固定资产和其他能够与一个业务代码(而不是一个账户,这说明了该结构的通用性)相匹配的内容,并能够记录数值型(measurableQuantity)和非数值型信息(measurableQualifier)。一个典型的发票应该在每个用entryDetail元素描述的行信息中有一个计量结构。在entryDetail元素中的金额(amount)应该是数量(measurableQuantity)乘以计量单位(measurableCostPerUnit)。在计量结构中有许多元素,但至少要包含一个计量对象代码(measurableCode)或者计量对象描述(measurableDescription)。其他元素都是可选的,需要时才会出现
<gl-bus:measurableDescription contextRef="now">笔记本电脑</gl-bus:measurableDescription>	
<gl-bus:measurableQuantity contextRef="now" decimals="2" unitRef="NotUsed">10</gl-bus:measurableQuantity>	
<gl-bus:measurableUnitOfMeasure contextRef="now">台</gl-bus:measurableUnitOfMeasure>	

（续表）

<gl-bus:measurableCostPerUnit contextRef="now" decimals="2" unitRef="RMB">10000.00</gl-bus:measurableCostPerUnit>	
</gl-bus:measurable>	
<gl-cor:taxes>	
<gl-cor:taxAuthority contextRef="now">国家税务总局 </gl-cor:taxAuthority>	
<gl-cor:taxAmount contextRef="now" decimals="2" unitRef="RMB">13000</gl-cor:taxAmount>	
<gl-cor:taxCode contextRef="now">增值税</gl-cor:taxCode>	
</gl-cor:taxes>	
</gl-cor:entryDetail>	
<gl-cor:entryDetail>	第一张发票的另一条商品记录和其他两张发票的三条商品记录，略
结构重复部分，略	
</gl-cor:entryDetail>	
</gl-cor:entryHeader>	
</gl-cor:documentInfo>	
</gl-cor:accountingEntries>	
</xbrli:xbrl>	

5.4 员工工时表

本案例包含1个XBRL GL实例文档。XBRL GL实例文档中的核心内容是8个entryDetail元素，这8个entryDetail元素被组织到1个entryHeader中，表示1份员工工时表中的8条记录。

1. 原型

本案例原型是一个企业的员工工时表,共含8条记录,其中包含了工时表的主要关键字段,包括工号、开始时间、结束时间、按小时计算的工时、类型、支付金额、支付流程编号、项目任务、成本中心以及备注等内容。其表达信息如表5-7所示。

表5-7　员工工时表

工号	开始时间	结束时间	工时(小时)	类型	支付金额	支付流程编号	项目任务	成本中心(编号)	备注
0910	2021/12/5	2021/12/5	8	正常		T100	登账	C001	
0910	2021/12/5	2021/12/5	2	加班		T100	登账	C001	
0910	2021/12/5	2021/12/5		杂务	20	T100	登账	C001	购买办公用品
0910	2021/12/5	2021/12/5		餐贴	10	T100		C001	
0910	2021/12/8	2021/12/8	8	休假					
0910	2021/12/9	2021/12/9		正常		T200	盘库		
0910	2021/12/10	2021/12/10	4	病假					请假半天
0910	2021/12/11	2021/12/12	16	病假					

2. 模型

上述表5-7的员工工时相关内容可以用XBRL GL数据结构描述,如表5-8所示。与表5-7相比,表5-8的内容更加详细,并特别给出有关员工的详细内容。

表5-8由于页面篇幅问题,从纵向切分为5张表。表5-8从总体上包含13部分内容,各部分详述如下:

(1) 行号(Line Number):给出每项工作在工时表中的行号。

(2) 账户(Account):这是一个广义的账户内容,以结构化方式规范描述一个账户的性质。账户是一个复合结构,本案例中的具体内容包括:

- 子账户信息(Account Sub)。子账户信息也是一个复合结构,本案例中包括子账户标识符(Account Sub ID)和子账户类型(Account Sub Type)。本案例中的子账户类型为"成本中心",子账户标识符即是从企业层次对成本中心的编号。

(3) 金额(Amount):指每项工作直接支出的货币金额。

(4) 过账时间(Posting Date):指员工工时表相关成本过账的时间。

(5) 标识符引用 (Identifier Reference):这个项目一般用于包含客户、供应商或者员工的标识符结构。标识符引用是一个复合结构，本案例中其具体内容包括：

- 标识符代码(Identifier Code)：本案例中表述员工工号。
- 标识符描述(Identifier Description)：标识对象的简要描述。
- 标识符类型(Identifier Type)：其类型为一个枚举型，本案例中的“E”表示员工(employee)。
- 标识符外部引用(Identifier External Reference)：是一个复合结构，表示外部文档支持的员工信息，具体内容包括外部机构指定代码(Identifier Authority Code)、外部机构(Identifier Authority)，本案例中的外部机构指定代码为员工身份证，外部机构为“上海市公安局黄浦分局”。

(6) 文件类型(Document Type)：是一个枚举型，本案例中取值“other”无法归类的内容。

(7) 文件编号(Document Number)：指所依据的源文件本身的编号，一张员工工时表是一个文件，所以此处文件编号就是员工工时表编号。

(8) 文件引用(Document Reference)：指一个企业内部对源文件的编号。

(9) 文件日期(Document Date)：指文件创建的日期，此处指员工工时表文件的归档日期。

(10) 文件收取/交付(Document Charge Reimb)：指文件是否可以向责任人收取或交付，员工工时表文件显然是要向企业交付的，故此处取值为“true”。

(11) 文件位置(Document Location)：指源文件保存的位置，此处指员工工时表保存位置。

(12) 详细说明(Detail Comment)：指对每项工作的详细说明。

(13) 计量结构(Measurable)：指工时中与商品计量直接相关的内容。计量属性是一个复合结构，本案例中其具体内容包括：

- 计量对象描述(Measurable Description)：计量对象的简要描述。本案例中表述工作中各项事务的内容。
- 计量对象数量(Measurable Quantity)：计量对象的数量。本案例中表述各项事务完成的小时数。
- 计量单位(Measurable Unit Of Measure)：计量对象的单位。本案例中指定为小时。
- 计量对象限定词(Measurable Qualifier)：表述具体工作类型。
- 计量起始时间(Measurable Start Date Time)：业务开始时间。
- 计量终止时间(Measurable End Date Time)：业务结束时间。

表 5-8 员工工时表的 XBRL GL 数据结构模型

Line Number	Account		Amount	Posting Date
	Account Sub			
	Account Sub ID	Account Sub Type		
1	T100	成本中心		2021/12/1
2	T100	成本中心		2021/12/1
3	T100	成本中心	20	2021/12/1
4	T100	成本中心	10	2021/12/1
5				2021/12/1
6	T200	成本中心		2021/12/1
7				2021/12/1
8				2021/12/1

续表 5-8(一)

Identifier Reference				
Identifier Code	Identifier External Reference		Identifier Description	Identifier Type
	Identifier Authority Code	Identifier Authority		
0910	310101199001304567	上海市公安局黄浦分局	张伟	E
0910	310101199001304567	上海市公安局黄浦分局	张伟	E
0910	310101199001304567	上海市公安局黄浦分局	张伟	E
0910	310101199001304567	上海市公安局黄浦分局	张伟	E
0910	310101199001304567	上海市公安局黄浦分局	张伟	E
0910	310101199001304567	上海市公安局黄浦分局	张伟	E
0910	310101199001304567	上海市公安局黄浦分局	张伟	E
0910	310101199001304567	上海市公安局黄浦分局	张伟	E

续表 5-8(二)

Document Type	Document Number	Document Reference	Document Date
other	51029	T20211201	2021/12/31
other	51029	T20211201	2021/12/31
other	51029	T20211201	2021/12/31
other	51029	T20211201	2021/12/31
other	51029	T20211201	2021/12/31
other	51029	T20211201	2021/12/31
other	51029	T20211201	2021/12/31
other	51029	T20211201	2021/12/31

续表 5-8(三)

Document Charge Reimb	Document Location	Detail Comment	Measurable
			Measurable Description
TRUE	人事专柜-1		正常
TRUE	人事专柜-1	应计 3 倍工资	加班
TRUE	人事专柜-1		杂务
TRUE	人事专柜-1		餐贴
TRUE	人事专柜-1		休假
TRUE	人事专柜-1		正常
TRUE	人事专柜-1		病假
TRUE	人事专柜-1		病假

续表 5-8(四)

Measurable					Job Info
Measurable Quantity	Measurable Qualifier	Measurable Unit Of Measure	Measurable Start Date Time	Measurable End Date Time	Job Code
8	登账	hours	2021-12-05T08:00:00	2021-12-05T17:00:00	C001
2	登账	hours	2021-12-05T17:00:00	2021-12-05T19:00:00	C001
	登账				C001

(续表)

Measurable					Job Info
Measurable Quantity	Measurable Qualifier	Measurable Unit Of Measure	Measurable Start Date Time	Measurable End Date Time	Job Code
					C001
8		hours	2021-12-08T08:00:00	2021-12-08T17:00:00	
	盘库	hours	2021-12-09T13:00:00	2021-12-09T17:00:00	
4		hours	2021-12-10T13:00:00	2021-12-10T17:00:00	
16		hours	2021-12-11T08:00:00	2021-12-12T17:00:00	

3. 代码

上述模型对应的 XBRL GL 代码如表 5-9 所示。

表 5-9 员工工时表的 XBRL GL 实例文档

<? xml version = "1.0" encoding = "UTF-8"? >	
<xbrli:xbrl 命名空间声明略…>	
以下略去与表 4-7(b)中类似的企业背景与元数据元素	
<gl-cor:accountingEntries>	accountingEntries 元素是 XBRL GL 的容器,但不是一个 XBRL GL 文件的根元素。与所有 XBRL 文件一样,XBRL GL 的根元素是 XBRL 元素。这意味着,通过一个或多个 accountingEntries 结构以及其中的数据,一个 XBRL GL 文件可以存储一个或多个虚拟 XBRL GL 文件,甚至是管理多个交易层次的数据。理解一个 XBRL GL 文件的关键是 entriesType。单个物理 XBRL GL 文件可以具有多个 accountingEntries 结构以同时表示交易文件和主文件,交易文件和主文件以不同的 entriesType 值(枚举值)进行区分。 在下面这种情况出现时这种机制尤其重要。文件创建者创建了一个单一的物理文件,其中的一个 accountingEntries 元素中含有员工的信息,另一个 accountingEntries 元素中含有工作时间记录表,后者仅仅引用了员工的工号而无需全部的员工信息。在这种情况下,后者仅需引用前者中的工号信息无需重建所有员工信息。这种机制减少了重复的信息(如员工姓名、地址等),这不仅可以消除冲突,还可以减小文件尺寸

（续表）

<gl-cor:documentInfo>	因为大多数用户都应使用 entriesType 元素，documentInfo 元素就成为必需元素
<gl-cor:entriesType contextRef = " now " > other </gl-cor:entriesType>	entriesType 这个元素给出了 XBRL GL 文档的用途。在使用 XBRL GL 文档时，软件可以根据 entriesType 元素内容向用户提供指导。本例中的 XBRL GL 文档用于描述员工工作时间表，因此使用枚举值“other”。显然，本例中的“other”并不能提供有效的指示，因此本例有关用途的信息将进一步通过其他元素表达，如通过 indentifierType 元素中“员工”内容
<gl-cor:uniqueID contextRef = "now"> T20211201</gl-cor:uniqueID>	uniqueID 元素类似一个序列号，用于唯一地标识/跟踪一系列项目（如分录）。 本例中，产生薪酬报告的时间可用于生成 uniqueID 编码，这一编码一般用于根据工时表产生薪酬报告。如果从工时表产生的薪酬需要调整，XBRL GL 也提供了替代和附加等调整方法
已略去次要信息	
<gl-cor:entryHeader>	大多数业务细节需要以 entryHeader 元素及其 entryDetail 元素中的项目进行具体描述。极少有文件可以仅使用 documentInfo 元素和 entityInformation 元素即可表示业务明细信息
<gl-cor:entryDetail>	第一条工时记录。 如上所述，当描述一个员工工时表表单/文档的细节时，使用 entryHeaders 描述表单/文档的整体信息，使用 entryDetail 元素来描述每一个独立的行的明细信息，每行具有一个基本数值（primary amount）。然而，用户也可以在一个 entryDetail 元素内部列出多个与基本值相关的账户。例如，一个企业可以根据不同的企业会计准则（IFRS/US GAAP）将一个基本值分配至不同的账户，此时，对应该事项的一个 entryDetail 元素中可以给出全部这些账户。XBRL GL 具有一般性，这意味着许多各行公用的信息（如员工、文档属性等）必须在每行的明细信息中重复输入；另一种做法是仅在一行中输入，同时给出该信息通用的标识符以供其他行引用。其他信息的含义： （1）员工工号通过标识符结构表述，例如 gl-cor:identifierCode。 （2）开始和结束时间分别由 gl-bus:measurableStartDateTime（计量起始时间）和 gl-bus:measurableEndDateTime（计量终止时间）元素表述。 （3）工作类型以元素 gl-bus:measurableID/measurableDescription（并附有一个表征服务实现的 measurableCode 的元素）进行表述。 （4）工时以 gl-bus:measurableQuantity（记录工时数）和 gl-bus:measurableUnitOfMeasure（记录工时度量单位）2 个元素表述。

(续表)

<gl-cor:entryDetail>	(5) 任务以 gl-bus:measurableQualifier 元素表述,也可以在其他表示备注的位置表述。 (6) 项目既可以用一个 accountSub(子账户)元素表述,又可以用一个 jobInfo(作业信息)元素表示;同时,本例中还使用了 jobCode(作业代码)以详细描述。 (7) 成本中心(Cost Center)与 subAccount 元素相关联。 (8) "是否支付"这项信息(Billable)由 gl-bus:documentChargeReimb(支付或偿付)元素表述。 (9) 备注由 gl-cor:detailComment(详细注释)元素表述。 (10) 金额由 amount 元素表述
结构重复部分,略	
<gl-cor:lineNumber contextRef="now">1</gl-cor:lineNumber>	一个用于标识每张表中各行的唯一标识符。这个标识符应该具有标记行号的作用,以唯一标识表中的一行
<gl-cor:account>	会计账户可能会、也可能不会与工时表中的每个行的信息相关联,在本例中基本账户被省略,但在有些情况下,可以在行中加入一个表述成本中心的子账户
<gl-cor:accountSub>	
<gl-cor:accountSubID contextRef="now">700</gl-cor:accountSubID>	
<gl-cor:accountSubType contextRef="now">Cost Center</gl-cor:accountSubType>	
</gl-cor:accountSub>	
</gl-cor:account>	
<gl-cor:postingDate contextRef="now">2021-12-1</gl-cor:postingDate>	在系统中,金额的形式可能有如下3种: (1) 一个带符号的数字。 (2) 符号(正负号)与数字分离。 (3) 具有借方/贷方等记账符号的数字。 在日记账中,符号或记账符号是必要的;但在员工工时表这样的原始凭证中不太可能出现。 员工工时表的行中,可能出现非货币计量单位[如时间,在下面的计量结构(measurable)中给出];也可能出现货币计量单位(如费用)。 postingDate 元素中的时间是一个会计生效时间,而不是该行信息实际输入或导入到用户系统中的日期,通常工作会按照这一日期执行,但也有可能不按照这一日期执行

(续表)

<gl-cor:identifierReference>	员工工时表中需要包含员工信息,该项信息包含在标识符结构中。系统可能会、也可能不会永久性地存储标识结构的所有单项信息,例如,系统可能只存储员工姓名而不存储员工工号,或者相反。 本例中,identifierType 元素是唯一一个强制性要求出现的元素,以确切指出当前信息是关于员工的信息。 这里另一个可能引起歧义的问题是——为什么要在员工工时表中的每行中都描述一次员工信息,而不是在表头中一次性给出员工信息。答案是:恰恰是这种看起来低效率的方法保证了 XBRL GL 的通用性特征。在表头信息中只给出最具一般性的信息内容,而将所有与具体领域相关的信息内容都放在具体的行中。这可以使得整体表结构保持稳定,并同时具有描述特异性的、领域相关的明细信息的能力。所以,XBRL GL 既没有在表头层和行中重复描述这些标识性信息,也没有在表头描述而在行中引用,而是直接将这些信息置于描述明细内容的行中
<gl-cor:identifierCode contextRef = "now">0910</gl-cor:identifierCode>	XBRL GL 提供的用于识别员工的信息有包括员工号、纳税号(在美国,还有社会安全号码)和姓名/描述等
<gl-cor:identifierExternalReference>	
<gl-cor:identifierAuthorityCode contextRef = "now"> 310101199001304567 </gl-cor:identifierAuthorityCode>	
<gl-cor:identifierAuthority contextRef = "now">上海市公安局黄浦分局</gl-cor:identifierAuthority>	
</gl-cor:identifierExternalReference>	
<gl-cor:identifierDescription contextRef = "now">张伟</gl-cor:identifierDescription>	与工作相关的姓名可以有多个,本例中使用员工姓名
结构重复部分,略	
<gl-cor:identifierType contextRef = "now">E</gl-cor:identifierType>	这个代码明确声明本例中的人员是一个员工,而不是客户、供货商或其他角色

(续表)

</gl-cor: identifierReference>	
<gl-cor: documentType contextRef="now">other</gl-cor:documentType>	identifierType 元素取值为"E",documentType 元素取值为"other",这表明,这张表的信息是关于员工工时表/工资的信息,而不是其他类型(如账簿)的信息
<gl-cor: documentNumber contextRef="now">51029</gl-cor:documentNumber>	此处的文档编号与现实中的工时表相关联
<gl-cor:documentReference contextRef="now">T20211201</gl-cor: documentReference>	文档引用是关于一个文档的文字性描述。有的系统允许人工输入这些信息,有的系统使用默认设置作为描述内容,而有的系统则使用内部编号作为描述内容
<gl-cor: documentDate contextRef="now">2021-12-31</gl-cor:documentDate>	文档日期项是指打印在正式纸质文档上的日期。与文档处理相关的日期有很多种,这些日期在 XBRL GL 中由不同的元素进行表示。在员工工时表中,这可能是本期工时/薪酬计算的结束日期
<gl-bus: documentChargeReimb contextRef="now">true</gl-bus: documentChargeReimb>	
<gl-bus:documentLocation contextRef="now">人事专柜-1</gl-bus: documentLocation>	虽然极少有系统能够追踪员工工时表归档的"物理"位置(无论是纸质的还是电子的),但作为审计跟踪的一部分,documentLocation 元素的内容记录了这样的"物理"位置。所以,使用者能够通过软件找到原始文档的位置,如实际空间位置(……专柜第一层),或计算机中的路径(c:\员工工时表\员工工时表 2020-12-31.doc)- - >
<gl-bus:measurable>	计量结构(measurable)是行这一级别收集数据的基本工具。它能够表示库存、服务、供应、KPI、固定资产和其他能够与一个业务代码(而不是一个账户,这说明了该结构的通用性)相匹配的内容,并能够记录数值型(measurableQuantity)和非数值型信息(measurableQualifier)。一个典型的员工工时表应该在每个用 entryDetail 元素描述的行信息中有一个可计量结构。在 entryDetail 元素中的金额(amount)应该是数量(measurableQuantity)乘以计量单位(measurableCostPerUnit)。在计量结构中有许多元素,但至少要包含一个计量对象代码(measurableCode)或者计量对象描述(measurableDescription)。其他元素都是可选的,需要时才会出现

(续表)

<gl-bus:measurableDescription contextRef = "now">正常</gl-bus:measurableDescription>	
<gl-bus:measurableQuantity contextRef = "now" decimals = "2" unitRef = "NotUsed">8</gl-bus:measurableQuantity>	
<gl-bus:measurableQualifier contextRef = "now">登账</gl-bus:measurableQualifier>	
<gl-bus:measurableUnitOfMeasure contextRef = "now">hours</gl-bus:measurableUnitOfMeasure>	
<gl-bus:measurableStartDateTime contextRef = "now">2021-12-05T08:00:00</gl-bus:measurableStartDateTime>	
<gl-bus:measurableEndDateTime contextRef="now">2021-12-05T17:00:00</gl-bus:measurableEndDateTime>	
</gl-bus:measurable>	
<gl-bus:jobInfo>	
<gl-usk:jobCode contextRef = "now">C001</gl-usk:jobCode>	
</gl-bus:jobInfo>	
</gl-cor:entryDetail>	
<gl-cor:entryDetail>	其余7条工时记录,略
</gl-cor:entryDetail>	
结构重复部分,略	
</gl-cor:entryHeader>	
</gl-cor:documentInfo>	
</gl-cor:accountingEntries>	
</xbrli:xbrl>	

5.5 预算与实际成本分析

本案例包含 1 个 XBRL GL 实例文档。XBRL GL 实例文档中的核心内容是 37 个 entryDetail 元素，这 37 个 entryDetail 元素被组织到 3 个 entryHeader 中，分别表示预算成本 18 条记录、调整预算 7 条记录和实际成本 12 条记录。

1. 原型

本案例原型是一个企业的预算和实际成本的比较与分析，共含 18 条记录。这 18 条记录对应 8 个工作流程的 18 项子流程。工作流程信息如表 5-10 所示，预算、预算调整与实际成本比较信息如表 5-11 所示。

表 5-10 工作流程划分

工作流程编号	工作流程任务	工作流程编号	工作流程任务
1000	需求设计	5000	测试
2000	结构设计	6000	试运行
3000	详细设计	7000	正式上线
4000	编码	8000	维护

表 5-11 预算与实际成本比较

工作流程编号	子流程编号	子流程内容	预算成本	预算调整	实际成本
1000	1200	文件搜集	500		490
	1400	用户访谈	1 000		950
2000	2700	需求设计	4 000		4 050
	2800	系统结构设计	5 000		4 990
3000	3920	应用程序设计	4 000		4 100
	3930	数据库设计	5 000		
4000	4100	软件编码	4 000		3 800
	4200	数据导入	15 000		15 015
5000	5300	白盒测试	4 000	6 000	6 200
	5400	黑盒测试	5 000	9 000	8 800
	5100	集成测试	8 250		8 200

（续表）

工作流程编号	子流程编号	子流程内容	预算成本	预算调整	实际成本
6000	6200	试运行评估	5 000		5 030
	6300	内部试运行	8 000		7 000
	6400	双线试运行	6 200	6 200	
	6900	单线试运行	3 000	2 800	
7000	7100	上线评估	4 500	3 900	
	7200	正式部署上线	2 700	2 000	
8000	7400	维护	5 200	5 300	

2. 模型

上述表5-11的预算与实际成本事实相关内容可以用XBRL GL数据结构描述，如表5-12(a)、表5-12(b)和表5-12(c)所示，这3张表分别说明了预算成本、预算调整和实际成本情况。与表5-11相比，表5-12的内容更加详细，并特别给出有关工作流程和具体流程的详细内容。

表5-12(a)～(c)由于页面篇幅问题，均从纵向切分为3张表。表5-12(a)～(c)从总体上包含4部分内容，各部分详述如下：

(1) 行号(Line Number)：给出每项子流程在成本表中的行号。

(2) 账户(Account)：这是一个广义的账户内容，以结构化方式规范描述一个账户的性质。账户是一个复合结构，本案例中的具体内容包括：

• 账户编号(Account Main ID)：账户的主要编码。

• 账户主要描述(Account Main Description)：账户的简要描述，本案例中表述作业名称。

• 账户类型(Account Type)：其类型为枚举型，在本案例中，因为流程是一项作业活动，故取值为“job”。

• 子账户信息（Account Sub）：子账户信息也是一个复合结构，本案例中包括子账户描述（Account Sub Description）、子账户标识符（Account Sub ID）和子账户类型（Account Sub Type）。本案例中的子账户有2个，一个是表述流程的子账户，另一个是表述子流程的子账户。对于表述流程的子账户，其子账户描述为流程名称，子账户类型为“phase”，子账户标识符即是各流程的代码。对于表述子流程的子账户，其子账户描述为子流程名称，子账户类型为“cost code”，子账户标识符即是各子流程的代码，并且这一代码与成本直接相关联。

(3) 金额(Amount)：指每项工作直接支出的货币金额。

(4) 作业信息(Job Info):表述与作业相关的信息,是一个复合结构,本案例中的具体内容包括:

• 作业代码(Job Code):用于标识具体作业。本案例整体为一项作业。

• 作业描述(Job Description):作业内容简要描述。本案例中表述作业名称。

• 作业流程代码(Job Phase Code):作业中标识各流程的代码。

• 作业流程描述(Job Phase Description):作业中各流程的名称。

表 5-12(a) 预算与实际成本的 XBRL GL 数据结构模型——预算成本

Line Number	Account		
	Account Main ID	Account Main Description	Account Type
1	ZH20210101	中华盐业有限公司综合管理信息系统	job
2	ZH20210101	中华盐业有限公司综合管理信息系统	job
3	ZH20210101	中华盐业有限公司综合管理信息系统	job
4	ZH20210101	中华盐业有限公司综合管理信息系统	job
5	ZH20210101	中华盐业有限公司综合管理信息系统	job
6	ZH20210101	中华盐业有限公司综合管理信息系统	job
7	ZH20210101	中华盐业有限公司综合管理信息系统	job
8	ZH20210101	中华盐业有限公司综合管理信息系统	job
9	ZH20210101	中华盐业有限公司综合管理信息系统	job
10	ZH20210101	中华盐业有限公司综合管理信息系统	job
11	ZH20210101	中华盐业有限公司综合管理信息系统	job
12	ZH20210101	中华盐业有限公司综合管理信息系统	job
13	ZH20210101	中华盐业有限公司综合管理信息系统	job
14	ZH20210101	中华盐业有限公司综合管理信息系统	job
15	ZH20210101	中华盐业有限公司综合管理信息系统	job
16	ZH20210101	中华盐业有限公司综合管理信息系统	job
17	ZH20210101	中华盐业有限公司综合管理信息系统	job
18	ZH20210101	中华盐业有限公司综合管理信息系统	job

续表 5-12(a)(一)

Account					
Account Sub			Account Sub		
Account Sub Description	Account Sub ID	Account Sub Type	Account Sub Description	Account Sub ID	Account Sub Type
需求分析	1000	phase	文件搜集	1200	cost code
需求分析	1000	phase	用户访谈	1400	cost code
结构设计	2000	phase	需求设计	2700	cost code
结构设计	2000	phase	系统结构设计	2800	cost code
详细设计	3000	phase	应用程序设计	3920	cost code
详细设计	3000	phase	数据库设计	3930	cost code
编码	4000	phase	软件编码	4100	cost code
编码	4000	phase	数据导入	4200	cost code
测试	5000	phase	白盒测试	5300	cost code
测试	5000	phase	黑盒测试	5400	cost code
测试	5000	phase	集成测试	5100	cost code
试运行	6000	phase	试运行评估	6200	cost code
试运行	6000	phase	内部试运行	6300	cost code
试运行	6000	phase	双线试运行	6400	cost code
试运行	6000	phase	单线试运行	6900	cost code
上线	7000	phase	上线评估	7100	cost code
上线	7000	phase	正式部署上线	7200	cost code
维护	8000	phase	维护	7400	cost code

续表 5-12(a)(二)

Amount	Job Info			
	Job Code	Job Description	Job Phase Code	Job Phase Description
500	ZH20210101	中华盐业有限公司综合管理信息系统	1000	需求分析
1 000	ZH20210101	中华盐业有限公司综合管理信息系统	1000	需求分析
4 000	ZH20210101	中华盐业有限公司综合管理信息系统	2000	结构设计
5 000	ZH20210101	中华盐业有限公司综合管理信息系统	2000	结构设计

(续表)

Amount	Job Info			
	Job Code	Job Description	Job Phase Code	Job Phase Description
4 000	ZH20210101	中华盐业有限公司综合管理信息系统	3000	详细设计
5 000	ZH20210101	中华盐业有限公司综合管理信息系统	3000	详细设计
4 000	ZH20210101	中华盐业有限公司综合管理信息系统	4000	编码
15 000	ZH20210101	中华盐业有限公司综合管理信息系统	4000	编码
4 000	ZH20210101	中华盐业有限公司综合管理信息系统	5000	测试
5 000	ZH20210101	中华盐业有限公司综合管理信息系统	5000	测试
8 250	ZH20210101	中华盐业有限公司综合管理信息系统	5000	测试
5 000	ZH20210101	中华盐业有限公司综合管理信息系统	6000	试运行
8 000	ZH20210101	中华盐业有限公司综合管理信息系统	6000	试运行
6 200	ZH20210101	中华盐业有限公司综合管理信息系统	6000	试运行
3 000	ZH20210101	中华盐业有限公司综合管理信息系统	6000	试运行
4 500	ZH20210101	中华盐业有限公司综合管理信息系统	7000	上线
2 700	ZH20210101	中华盐业有限公司综合管理信息系统	7000	上线
5 200	ZH20210101	中华盐业有限公司综合管理信息系统	8000	维护

表 5-12(b)　预算与实际成本的 XBRL GL 数据结构模型——预算调整

Line Number	Account		
	Account Main ID	Account Main Description	Account Type
1	ZH20210101	中华盐业有限公司综合管理信息系统	job
2	ZH20210101	中华盐业有限公司综合管理信息系统	job

续表 5-12(b)(一)

Account					
Account Sub			Account Sub		
Account Sub Description	Account Sub ID	Account Sub Type	Account Sub Description	Account Sub ID	Account Sub Type
测试	5000	phase	白盒测试	5300	cost code
测试	5000	phase	黑盒测试	5400	cost code

续表 5-12(b)(二)

Amount	Job Info			
	Job Code	Job Description	Job Phase Code	Job Phase Description
6 000	ZH20210101	中华盐业有限公司综合管理信息系统	5000	测试
9 000	ZH20210101	中华盐业有限公司综合管理信息系统	5000	测试

表 5-12(c)　预算与实际成本的 XBRL GL 数据结构模型——实际成本

Line Number	Account		
	Account Main ID	Account Main Description	Account Type
1	ZH20210101	中华盐业有限公司综合管理信息系统	job
2	ZH20210101	中华盐业有限公司综合管理信息系统	job
3	ZH20210101	中华盐业有限公司综合管理信息系统	job
4	ZH20210101	中华盐业有限公司综合管理信息系统	job
5	ZH20210101	中华盐业有限公司综合管理信息系统	job
6	ZH20210101	中华盐业有限公司综合管理信息系统	job
7	ZH20210101	中华盐业有限公司综合管理信息系统	job
8	ZH20210101	中华盐业有限公司综合管理信息系统	job
9	ZH20210101	中华盐业有限公司综合管理信息系统	job
10	ZH20210101	中华盐业有限公司综合管理信息系统	job
11	ZH20210101	中华盐业有限公司综合管理信息系统	job
12	ZH20210101	中华盐业有限公司综合管理信息系统	job
13	ZH20210101	中华盐业有限公司综合管理信息系统	job
14	ZH20210101	中华盐业有限公司综合管理信息系统	job
15	ZH20210101	中华盐业有限公司综合管理信息系统	job
16	ZH20210101	中华盐业有限公司综合管理信息系统	job
17	ZH20210101	中华盐业有限公司综合管理信息系统	job
18	ZH20210101	中华盐业有限公司综合管理信息系统	job

续表 5-12(c)(一)

Account					
Account Sub			Account Sub		
Account Sub Description	Account Sub ID	Account Sub Type	Account Sub Description	Account Sub ID	Account Sub Type
需求分析	1000	phase	文件搜集	1200	cost code
需求分析	1000	phase	用户访谈	1400	cost code
结构设计	2000	phase	需求设计	2700	cost code
结构设计	2000	phase	系统结构设计	2800	cost code
详细设计	3000	phase	应用程序设计	3920	cost code
详细设计	3000	phase	数据库设计	3930	cost code
编码	4000	phase	软件编码	4100	cost code
编码	4000	phase	数据导入	4200	cost code
测试	5000	phase	白盒测试	5300	cost code
测试	5000	phase	黑盒测试	5400	cost code
测试	5000	phase	集成测试	5100	cost code
试运行	6000	phase	试运行评估	6200	cost code
试运行	6000	phase	内部试运行	6300	cost code
试运行	6000	phase	双线试运行	6400	cost code
试运行	6000	phase	单线试运行	6900	cost code
上线	7000	phase	上线评估	7100	cost code
上线	7000	phase	正式部署上线	7200	cost code
维护	8000	phase	维护	7400	cost code

续表 5-12(c)(二)

Amount	Job Info			
	Job Code	Job Description	Job Phase Code	Job Phase Description
490	ZH20210101	中华盐业有限公司综合管理信息系统	1000	需求分析
950	ZH20210101	中华盐业有限公司综合管理信息系统	1000	需求分析
4 050	ZH20210101	中华盐业有限公司综合管理信息系统	2000	结构设计

（续表）

amount	Job Info			
	Job Code	Job Description	Job Phase Code	Job Phase Description
4 990	ZH20210101	中华盐业有限公司综合管理信息系统	2000	结构设计
4 100	ZH20210101	中华盐业有限公司综合管理信息系统	3000	详细设计
4 950	ZH20210101	中华盐业有限公司综合管理信息系统	3000	详细设计
3 800	ZH20210101	中华盐业有限公司综合管理信息系统	4000	编码
15 015	ZH20210101	中华盐业有限公司综合管理信息系统	4000	编码
6 200	ZH20210101	中华盐业有限公司综合管理信息系统	5000	测试
8 800	ZH20210101	中华盐业有限公司综合管理信息系统	5000	测试
8 200	ZH20210101	中华盐业有限公司综合管理信息系统	5000	测试
5 030	ZH20210101	中华盐业有限公司综合管理信息系统	6000	试运行
7 000	ZH20210101	中华盐业有限公司综合管理信息系统	6000	试运行
6 200	ZH20210101	中华盐业有限公司综合管理信息系统	6000	试运行
2 800	ZH20210101	中华盐业有限公司综合管理信息系统	6000	试运行
3 900	ZH20210101	中华盐业有限公司综合管理信息系统	7000	上线
2 000	ZH20210101	中华盐业有限公司综合管理信息系统	7000	上线
5 300	ZH20210101	中华盐业有限公司综合管理信息系统	8000	维护

3. 代码

上述模型对应的XBRL GL代码如表5-13所示。

表5-13 预算成本与实际成本分析的XBRL GL实例文档

<? xml version = "1.0" encoding = "UTF-8"? >	
<xbrli:xbrl 命名空间声明略…>	
以下略去与表4-7(b)中类似的企业背景与元数据元素	
<gl-cor:entryHeader>	本entryHeader元素为预算成本。 大多数业务细节需要以entryHeader元素及其entry-Detail元素中的项目进行具体表示。极少有文件可以仅使用documentInfo元素和entityInformation元素即可表示业务明细信息。 XBRL GL有很多展示作业及相关细节的工具： (1) 有一个描述作业类型的枚举型accountType元素，所以工作阶段和成本编码都可以通过账户结构明确表示。 (2) 即使已经采用账户的accountType元素(账户类型，枚举型)，仍可以在处理作业、工作流程和成本编码时，使用accountSubType元素(子账户类型，非枚举型)

(续表)

	(3) 作为会计账户的替换方法,可以使用 jobInfo 结构。这个结构包含配对的 jobCode(作业代码)元素/jobDescription(作业描述)元素和配对的 jobPhaseCode(作业流程代码)/jobPhaseDescription(作业流程描述)元素等结构。 XBRL GL 还有很多表达预算的工具: (1) 有一个描述作业类型的枚举型 accountType 元素,取值为"budget"。 (2) 一对表示预算场景的元素:budgetScenario(预算场景)元素/budgetScenarioText(预算场景文本)元素,以及相应一对表示预算场景时间的 budgetScenarioPeriodStart(预算场景起始时间)元素和 budgetScenarioPeriodEnd(预算场景终止时间)元素,以描述预算场景,如初始预算、调整预算、最差情况预算等。 本例中的作业信息可以通过如下方法表达: (1) 在账户结构中,accountType 元素取值为"job",并将流程和成本代码置于 accountSub(子账户)元素中。如果一项作业同时也是资产负债表中的一个账户,这种做法将非常有意义。 (2) 在账户结构中,包含一个 accountSub 元素,其账户类型、即 accountSubType(子账户类型)元素取值为"job",并将流程和成本代码置于其他的 accountSub 元素中,其 accountSubType(子账户类型)元素取值为相应的枚举值。 (3) 在账户结构中,为账户类型为"account"的 accountSub 元素制定了标准结构,为表达流程和成本代码的 accountSub 元素也制定了相应的标准结构。 (4) 使用 jobInfo(作业信息)元素。流程也会出现在 jobInfo 元素中,但按照现有的 XBRL GL 设计,成本代码仍然出现在一个账户结构的子账户中。 上述(2)、(3)这两种方法在如下情形中具有特殊的优势:如果需要根据作业代码(或流程代码、成本中心代码)进行相关分析,则将代码转换成相应的会计账户表中的账户,对于人类读者阅读是非常有帮助的。 另外,从上述方法选择可以看出,在 XBRL GL 中,一个问题具有多种解决方案。这主要是出于 GL 的通用性考虑,以最大程度包含各种可能的情况。 entryType(分录类型)元素是 entryHeader 元素中一个非常重要的子元素,它的值是一个枚举值,在本例中取值为"budget"或"standard"。因为本例是将多个(初始预算、调整预算)预算成本与实际成本进行比较,本例在两个关于预算的 entryHeader 元素的 entryType 子元素中赋值为"budget",在一个关于实际成本的 entryHeader 元素的 entryType 子元素中赋值为"standard"。而在两个关于预算的 entryHeader 元素中则通过 budgetScenario(预算场景)元素和 budgetScenarioText(预算场景文本)元素,来区分它们是初始预算还是调整预算

（续表）

<gl-cor: sourceJournalID contextRef = " now " > ot </gl-cor: sourceJournalID>	sourceJournalID 是一个枚举值，它一般用于应用程序自动分析文件的类型，其重要性仅次于 entriesType。对作业成本信息而言，其取值既可以是“ud(user defined，用户自定义)”，也可以是“ot(other，其他)”。 如果选择“ud”，一般地，需要存在一个内部标准说明定义方式和目标，其相关信息应该在 sourceJournalDescription(源日记账描述)中表述。在本例中，也可以选择直接忽略 sourceJournalID 元素
<gl-cor: entryType contextRef = " now " > budget </gl-cor: entryType>	
< gl-cor: entryNumber contextRef= "now">1</gl-cor: entryNumber>	第一条初始预算成本项目。 本例中的 entryNumber(分录编号)元素仅用于作为一个计数器，其中，初始预算编号为“1”
<gl-cor: entryComment contextRef= "now">实际成本与预算成本对比报告</gl-cor: entryComment>	给出创建一个项目的原因。如果一个注释与预算直接相关，可以置于此处
<gl-bus: budgetScenarioText contextRef= "now">Original budget</gl-bus: budgetScenarioText>	
<gl-bus: budgetScenario contextRef = " now " > ORIGINAL </gl-bus: budgetScenario>	预算场景不是一个枚举值，组织可以定义他们自己的场景名称列表
<gl-cor: entryDetail>	每个货币金额都归属于一个 entryDetail 元素。类似地，每个基本文档都归属于一个 entryHeader 元素。为简化考虑，本例未给出文档
<gl-cor: lineNumber contextRef= "now">1</gl-cor: lineNumber>	一个用于标识每张表中各行的唯一标识符。这个标识符应该具有标记行号的作用，以唯一标识一行信息
<gl-cor: account>	如上所述，账户结构是表达作业的一种方式。就前述 4 种方式而言，只有其后的实际应用才能证明哪种方式是最优的。因为 XBRL GL 允许在一个 entryDetail 行中指派多个账户结构，这就给信息的发布者提供了较高的选择水平和灵活性，发布者可以选择其中的一个或多个账户信息，并可以自定义表现方式。本例同时给出了账户(account)元素和工作信息(jobInfo)元素的使用示例，但在现实中，使用其一即可

(续表)

<gl-cor:accountMainID contextRef="now">05-08SAMEPL</gl-cor:accountMainID>	
<gl-cor:accountMainDescription contextRef="now">Old Same Place Division, Lot 103, New Old Post Road</gl-cor:accountMainDescription>	
<gl-cor:accountType contextRef="now">job</gl-cor:accountType>	
<gl-cor:accountSub>	accountSub(子账户)元素的表现能力极强,功能很强大。在本例中,可以用来定义子作业,以及流程和成本代码。其中,流程是 jobInfo 元素的一部分,这就是说,accountSub 元素事实上已经具有表达 jobInfo 元素主要内容的能力
<gl-cor:accountSubDescription contextRef="now">需求分析</gl-cor:accountSubDescription>	
<gl-cor:accountSubID contextRef="now">1000</gl-cor:accountSubID>	
<gl-cor:accountSubType contextRef="now">phase</gl-cor:accountSubType>	
</gl-cor:accountSub>	
<gl-cor:accountSub>	
<gl-cor:accountSubDescription contextRef="now">文件搜集</gl-cor:accountSubDescription>	
<gl-cor:accountSubID contextRef="now">1200</gl-cor:accountSubID>	
<gl-cor:accountSubType contextRef="now">cost code</gl-cor:accountSubType>	
</gl-cor:accountSub>	

（续表）

</gl-cor:account>	
<gl-cor:amount contextRef="now" unitRef="usd" decimals="0">500</gl-cor:amount>	在系统中，金额的形式可能有如下3种： (1) 一个带符号的数字。 (2) 符号(正负号)与数字分离。 (3) 具有借方/贷方等记账符号的数字。 在日记账中，符号或记账符号是必要的；但在预算这样的管理会计场景中不太可能出现
<gl-bus:jobInfo>	作业通常与一个客户关联。本例为简化考虑，未给出相应的 identifierReference(标识符引用)元素； 类似地，尽管与文档相关的信息也很重要，但本例也未给出； 有一种观点认为：账户结构不应用于表达作业信息。这是因为，在美国的会计系统中，通常有一个与会计科目表分立的作业(以及流程、成本)系统。在这种情况下，jobInfo 元素更适合。但考虑到通用性，XBRL GL 还是提供了多种可选的方式
<gl-usk:jobCode contextRef="now"> ZH20210101 </gl-usk:jobCode>	
<gl-usk:jobDescription contextRef="now">中华盐业有限公司综合管理信息系统</gl-usk:jobDescription>	
<gl-usk:jobPhaseCode contextRef="now">1000</gl-usk:jobPhaseCode>	
<gl-usk:jobPhaseDescription contextRef="now">需求分析</gl-usk:jobPhaseDescription>	
</gl-bus:jobInfo>	
</gl-cor:entryDetail>	
<gl-cor:entryDetail>	预算成本的其余17条记录，略
……	
</gl-cor:entryDetail>	
</gl-cor:entryHeader>	
<gl-cor:entryHeader>	调整预算：共2条记录，略
结构重复部分，略	

(续表)

</gl-cor:entryHeader>	
<gl-cor:entryHeader>	实际成本:共 18 条记录,略
结构重复部分,略	
</gl-cor:entryHeader>	
</gl-cor:accountingEntries>	
</xbrli:xbrl>	

5.6　纳税调整

本案例包含 1 个 XBRL GL 实例文档。XBRL GL 实例文档中的核心内容是 8 个entryDetail 元素,这 8 个 entryDetail 元素被组织到 2 个 entryHeader 中,表示 2 份纳税调整表中按会计和税务计量的 8 条记录。

1. 原型

本案例原型是一个企业的 2 份纳税调整表,每份 4 条记录,共 8 条纳税调整记录。其中,第一份纳税调整表给出了一个暂时性差异调整的案例,第二份调整表给出了一个永久性差异调整的案例。其表达信息如表 5-14(a)和表 5-14(b)所示。

表 5-14(a)　纳税调整明细表——资产折旧纳税调整明细表

行次	资产项目	登记时间	资产原值		摊销年限		本期折旧		累计折旧		纳税调整额
			账载金额	计税基础	会计	税务	会计	税务	会计	税务	
1	机床 A	2021/1/1	50 000	40 000	10	10	5 000	4 000	5 000	4 000	1 000

表 5-14(b)　纳税调整明细表——收入类纳税调整明细表

行次	项目	账载金额	税收金额	纳税调整额
1	银行利息收入	500	0	

2. 模型

上述表 5-14(a)和 5-14(b)的纳税调整事实相关内容可以用 XBRL GL 数据结构描述,如表 5-15(a)和表 5-15(b)所示,这 2 张表分别说明了以资产折旧为例的暂时性差异调整内容和以收入为例的永久性差异调整内容。与表 5-14 相比,表 5-15 的内容更加详细,并特别给出有关账户的详细内容。

表 5-15(a)、表 5-15(b)由于页面篇幅问题,均从纵向切分为 2 张表。表 5-15

(a)、表 5-15(b)从总体上包含 7 部分内容，各部分详述如下：

(1) 行号(Line Number)：给出调整前后记录的在纳税调整表中的行号。

(2) 账户(Account)：这是一个广义的账户内容，以结构化方式规范描述一个账户的性质。账户是一个复合结构，本案例中的具体内容包括：

- 账户编号(Account Main ID)：账户的主要编码。
- 账户主要描述(Account Main Description)：账户的简要描述，本案例中表述调整账户名称。
- 账户用途代码(Account Purpose Code)：类型是枚举型，由于 XBRL GL 2014 中没有明确给出中国企业会计准则的代码，故在本案例中用于会计账簿时，该项取值为"other"，用于税务账簿时，该项取值为"tax"。
- 账户类型(Account Type)：其类型为枚举型，在本案例中，因为纳税调整是会计业务的一部分，故取值为"account"。

(3) 金额(Amount)：指每条记录所对应的货币金额。

(4) 记账符号(Debit Credit Code)：表述借贷记账法下的记账符号。

(5) 过账日期(Posting Date)：表述会计过账的日期。

(6) 过账状态(Posting Status)：表述过账的状态。其类型为枚举型，本案例中因为已经过账，故取值为"posted"。

(7) 详细说明(Detail Comment)：表述对每条记录的详细说明。

表 5-15(a)　纳税调整的 XBRL GL 数据结构模型——暂时性差异调整

Line Number	Account			
	Account Main ID	Account Main Description	Account Purpose Code	Account Type
1	6602	管理费用-固定资产折旧	other	account
2	1502	累计折旧	other	account
3	6602	本期折旧	tax	account
4	1502	累计折旧	tax	account

续表 5-15(a)(一)

Amount	Debit Credit Code	Posting Date	Posting Status	Detail Comment
5 000	D	2021/12/31	posted	当期计提折旧——会计处理
5 000	C	2021/12/31	posted	当期计提折旧——会计处理
4 000	D	2021/12/31	posted	当期计提折旧——税务处理
4 000	C	2021/12/31	posted	当期计提折旧——税务处理

表 5-15(b)　纳税调整的 XBRL GL 数据结构模型——永久性差异调整

Line Number	Account			
	Account Main ID	Account Main Description	Account Purpose Code	Account Type
1	1 132	应收利息	other	account
2	6 603	财务费用	other	account
3	1 132	应收利息	tax	account
4	6 603	财务费用	tax	account

续表 5-15(b)(一)

Amount	Debit Credit Code	Posting Date	Posting Status	Detail Comment
500	D	2021/12/31	posted	记录当期利息收入
500	C	2021/12/31	posted	记录当期利息收入
500	D	2021/12/31	posted	记录当期免税利息收入
500	C	2021/12/31	posted	记录当期免税利息收入

3. 代码

上述模型对应的 XBRL GL 代码如表 5-16 所示。

表 5-16　纳税调整的 XBRL GL 实例文档

<? xml version = "1.0" encoding = "UTF-8"? >	
<xbrli:xbrl 命名空间声明略……>	
以下略去与表 4-7(b)中类似的企业背景与元数据元素	
<gl-cor:accountingEntries>	accountingEntries 元素是 XBRL GL 的容器,但不是一个 XBRL GL 文件的根元素。与所有 XBRL 文件一样,XBRL GL 的根元素是 XBRL 元素。这意味着,通过一个或多个 accountingEntries 结构以及其中的数据,一个 XBRL GL 文件可以存储一个或多个虚拟 XBRL GL 文件,甚至是管理多个交易层次的数据。理解一个 XBRL GL 文件的关键是 entriesType。单个物理 XBRL GL 文件可以具有多个 accountingEntries 结构以同时表示交易文件和主文件,交易文件和主文件以不同的 entriesType 值(枚举值)进行区分

(续表)

<gl-cor:documentInfo>	因为大多数用户都应使用 entriesType 元素,documentInfo 元素就成为必需元素
<gl-cor:entriesType contextRef = " now " > entries </gl-cor:entriesType>	entriesType 这个元素给出了 XBRL GL 文档的用途。在使用 XBRL GL 文档时,软件可以根据 entriesType 元素内容向用户提供指导。本例中的 XBRL GL 文档用于账簿和税务信息,因此使用枚举值"entries",这个值比"journal"和"ledger"更具体
<gl-cor:uniqueID contextRef = "now">001</gl-cor:uniqueID>	uniqueID 元素类似一个序列号,用于唯一地标识/跟踪一系列项目(如分录)。 本例所描述的内容是税务调整报告,这是一类专业报告,一般不需要录入至其他账户或进行发布,所以 uniqueID 元素的作用不明显。 如果一个项目的内容需要调整,XBRL GL 也提供了替代和附加等调整方法,而无论这个项目如何变动,都可以使用 uniqueID 元素确定该项目
<gl-cor:entryHeader>	大多数业务细节需要以 entryHeader 元素及其 entryDetail 元素中的项目进行具体表示。极少有文件可以仅使用 documentInfo 元素和 entityInformation 元素即可表示业务明细信息。 XBRL GL 能够表达纳税账户和会计账户(可适用于多个会计准则)之间的调整关系。传统报税表格的应用说明,确实需要更好的工具来处理会计与税务之间的差异。 本例给出了 2 个日记账,其中,一个表示会计和税务之间的永久性差异,另一个表示会计和税务之间的暂时性差异。这 2 个案例的实用性可能有限,但足以说明 XBRL GL 在表达税会调整上的能力。 许多公司不同时记录会计和纳税分录,但会在后期出于税务相关目的进行一系列调整。本例不给出这种多次调整的情况,但是 XBRL GL 确实具有表示极多种类涉税事项的能力。 分录 1.暂时性差异:下面首先给出由于会计和税务中折旧年限和方法的不同导致的暂时性差异
<gl-cor:sourceJournalID contextRef="now">gj</gl-cor:sourceJournalID>	sourceJournalID 是一个枚举值,它将报告组织中的原始日记信息与有助于数据交换的一个固定列表相联系
<gl-bus:sourceJournalDescription contextRef = "now">JE </gl-bus:sourceJournalDescription>	上述 sourceJournalID 是一个枚举值(用户必须选择一个已经在 XBRL GL 中定义的条目),而 sourceJournalDescription 允许用户使用自由文本——如实际的代码或术语——来描述组织提供的原始日期信息

(续表)

<gl-cor:entryType contextRef="now">standard</gl-cor:entryType>	entryType(分录类型)元素是一个枚举型,用于区分真正的会计分录和其他不影响财务报表的项目,如预算项目、计划项目
<gl-cor:entryNumber contextRef="now">1</gl-cor:entryNumber>	在表达日记账分录时,存在一系列的借方项目和贷方项目,并且应保证借贷平衡。XBRL GL的分层特性使分录标头和分类明细内容以一个父子元素的关系相关联。需要为每一个分录指定一个唯一标识符
<gl-cor:bookTaxDifference contextRef="now">temporary</gl-cor:bookTaxDifference>	如果需要对会计和纳税差异进行更复杂地追溯和分析,XBRL GL提供了另一个工具——organizationAccountingMethod(组织会计方法)元素。 在entryHeader(分录标头)元素中需要给出税会差异类型,也就是说,永久性差异被组织至一个entryHeader元素中,而暂时性差异被组织至另一个entryHeader元素中。 本例中的第一个entryHeader元素表达了暂时性差异,故bookTaxDifference(纳税调整)元素取值为"temporary"
<gl-cor:entryDetail>	第一条记录。 日记账分录中的一个发生额对应一个entryDetail元素,并在该元素中给出数额和账户等信息。但是,如果需要,用户也可以在entryDetail元素中给出账户之外的、与该数额相关的分录信息。(例如,在其他会计准则中的账户。)然而,即使数额相同,用户也不应将会计准则和税法下的账户列入同一个entryDetail元素
<gl-cor:lineNumber contextRef="now">1</gl-cor:lineNumber>	一个用于标识每张表中各行的唯一标识符。这个标识符应该具有标记行号的作用,以唯一标识一行信息
<gl-cor:account>	如果账户信息是其他位置表述,或者作为一个主文件表述,则下面元素没有必要存在
<gl-cor:accountMainID contextRef="now">6602</gl-cor:accountMainID>	账户编号是记录日记账的基础。在某些情况下,小企业的会计系统不使用编号或代码,仅仅使用一个描述性的账户名称
<gl-cor:accountMainDescription contextRef="now">管理费用-固定资产折旧</gl-cor:accountMainDescription>	在大多数情况下,描述是供人类用户阅读的。所以,在数据交换中,accountMainID(账户主要标识符)元素作为账户标识符已经能够满足需求。但是,也有的软件将描述作为账户的主要标识符使用

(续表)

<gl-cor:accountPurposeCode contextRef = "now"> other</gl-cor:accountPurposeCode>	如果需要进一步确定账户类型,如收入、费用或利润等,则可以使用 mainAccountType(主要账户类型)元素。在表达美国 M-3 报表内容时,就使用了这一元素。 XBRL GL 具有多个区分会计与税务分录的工具。其中的一个工具是 accountPurposeCode(账户目标代码)元素,另一个工具是 organizationAccountingMethod(组织会计方法)元素。本例只使用了前者
<gl-cor:accountType contextRef = "now"> account</gl-cor:accountType>	
</gl-cor:account>	
<gl-cor:amount contextRef = "now" decimals = "2" unitRef = "usd"> 5000 </gl-cor:amount>	一个没有数额的分录没有意义,XBRL GL 的设计方式能够满足多种会计系统的数字表示方式,包括: (1) 带符号的数字形式,如 5,- 10 等。 (2) 符号与数字分离的形式,其中以 signOfAmount 存储符号。 (3) 记账符号与数字分离的形式
<gl-cor:debitCreditCode contextRef="now">D</gl-cor:debitCreditCode>	基于不同的初始系统所提供的信息,这个元素可以指出数额的记账符号(借方或贷方)。正确理解数字含义需要 3 个与数额相关的要素:数额、记账符号、数额的符号
<gl-cor:postingDate contextRef="now">2021-12-31</gl-cor:postingDate>	postingDate 元素中的时间是一个会计生效时间,而不是分录输入或过账至系统中的时间
<gl-cor:postingStatus contextRef="now">posted</gl-cor:postingStatus>	这个枚举型的元素用来专门声明分录是否已经过账至初始系统
<gl-cor:detailComment contextRef="now">当期计提折旧——会计处理</gl-cor:detailComment>	
</gl-cor:entryDetail>	
<gl-cor:entryDetail>	暂时性差异调整的其他 3 条记录,略
结构重复部分,略	
</gl-cor:entryDetail>	
</gl-cor:entryHeader>	
<gl-cor:entryHeader>	永久性差异调整:共 3 条记录,略
结构重复部分,略	

(续表)

</gl-cor:entryHeader>	
</gl-cor:accountingEntries>	
</xbrli:xbrl>	

5.7　日　记　账

本案例包含1个XBRL GL实例文档。XBRL GL实例文档中的核心内容是19个entryDetail元素,这19个entryDetail元素被组织到3个entryHeader中,分别表示现金日记账的2条记录、银行存款日记账的8条记录和普通日记账的9条记录。

1. 原型

本案例原型是一个企业的日记账,这是最具有典型性的一种账簿应用。案例中共包含3种日记账,现金日记账、银行存款日记账和普通日记账,这3种情况体现了企业的主要簿记工作。其表达信息如表5-17所示。

表5-17(a)　日记账——现金日记账

2021年		摘　要	凭证字号	对方科目	收入	付出	结存
月	日						
12	15	缴纳水电费	现付1	管理费用		500	25 000

表5-17(b)　日记账——银行存款日记账

2021年		银行凭证	凭证字号	摘　要	对方科目	借方	贷方	借或贷	余额
月	日								
12	20		1-1		应付职工薪酬——工资	6 848.80		借	
12	20		1-2		应付职工薪酬——车贴	284.00		借	
12	20		1-3		应付职工薪酬——餐补	284.00		借	
12	20		1-4		应付职工薪酬——通信补助	231.00		借	
12	20		1-5		应付职工薪酬——岗位工资	165.00		借	
12	20		1-6		应付职工薪酬——绩效工资	1 052.20		借	

（续表）

2021年		银行凭证	凭证字号	摘　要	对方科目	借方	贷方	借或贷	余额
月	日								
12	20		1-7		应付职工薪酬——政府津贴	300.00		借	
12	20		银付1				9 165.00	贷	

表5-17(c)　日记账——普通日记账

2021年		摘　要	凭证字号	会计科目	借方金额	贷方金额	过账
月	日						
12	15						
			转1	应收账款	428.27		已过账
		销售A产品	转1	主营业务收入		229	已过账
			转1	主营业务成本	100		已过账
			转1	库存商品——A产品		100	已过账
			转1	应交税费—应交增值税		29.77	已过账
		销售B产品	转1	主营业务收入		150	已过账
			转1	主营业务成本	80		已过账
			转1	库存商品——B产品		80	已过账
			转1	应交税费——应交增值税		19.5	已过账

2. 模型

上述表5-17(a)～(c)的日记账相关内容可以用XBRL GL数据结构描述，如表5-18(a)～(c)所示，这3张表分别说明了现金日记账、银行存款日记账和普通日记账的情况。与表5-17相比，表5-18的内容更加详细，并特别给出有关工作账户说明的详细内容。

表5-18(a)～(c)由于页面篇幅问题，均从纵向切分为2张表。表5-18(a)～(c)从总体上包含8部分内容，各部分详述如下：

(1) 行号(Line Number)：给出每项子流程在成本表中的行号。

(2) 账户(Account)：这是一个广义的账户内容，以结构化方式规范描述一个账户的性质。账户是一个复合结构，本案例中的具体内容包括：

- 账户编号(Account Main ID)：账户的主要编码。
- 账户主要描述(Account Main Description)：账户的简要描述，本案例中表

述账户名称。

- 账户用途代码(Account Purpose Code):类型是枚举型,由于 XBRL GL 2014 中没有明确给出中国企业会计准则的代码,故在本案例中用于会计账簿时,该项取值为"other"。
- 账户类型(Account Type):其类型为枚举型,在本案例中,因为簿记是一项会计事务,故取值为"account"。

(3) 金额(Amount):指每个项目的发生额。

(4) 记账符号(Debit Credit Code):表述借贷记账法下的记账符号。

(5) 过账日期(Posting Date):表述会计过账的日期。

(6) 标识符引用(Identifier Reference):这个项目一般用于包含客户、供应商或者员工的标识符结构。标识符引用是一个复合结构,本案例中其具体内容包括:

- 标识符代码(Identifier Code):本案例中表述供应商的组织机构代码。
- 标识符描述(Identifier Description):标识对象的简要描述。
- 标识符类型(Identifier Type):其类型为枚举型,本案例中的"V"表示供应商(vender)。

(7) 文件类型(Document Type):是枚举型,本案例中取值"check"表示该项事务能够获取支票。

(8) 过账状态(Posting Status):表述过账的状态。其类型为枚举型,本案例中因为已经过账,故取值为"posted"。

表 5-18(a)　日记账的 XBRL GL 数据结构模型——现金日记账

Line Number	Account				Amount
	Account Main ID	Account Main Description	Account Purpose Code	Account Type	
1	6602	管理费用	other	account	500
2	1001	库存现金	other	account	500

续表 5-18(a)(一)

Debit Credit Code	Posting Date	Identifier Reference			Document Type	Posting Status
		Identifier Code	Identifier Description	Identifier Type		
D	2021/12/15	1 130	南方物业有限公司	V	check	posted
C	2021/12/15	1 130	南方物业有限公司	V	check	posted

表 5-18(b)　日记账的 XBRL GL 数据结构模型——银行存款日记账

Line Number	Account				Amount
	Account Main ID	Account Main Description	Account Purpose Code	Account Type	
1	1002	银行存款	other	account	9 165.00
2	2211	应付职工薪酬——工资	other	account	6 848.80
3	2211	应付职工薪酬——车贴	other	account	284.00
4	2211	应付职工薪酬——餐补	other	account	284.00
5	2211	应付职工薪酬——通讯补助	other	account	231.00
6	2211	应付职工薪酬——岗位工资	other	account	165.00
7	2211	应付职工薪酬——绩效工资	other	account	1 052.20
8	2211	应付职工薪酬——政府津贴	other	account	300.00

续表 5-18(b)(一)

Debit Credit Code	Posting Date	Identifier Reference			Document Type	Posting Status
		Identifier Code	Identifier Description	Identifier Type		
C	2021/12/20	0910	王伟	E	check	posted
D	2021/12/20	0910	王伟	E	check	posted
D	2021/12/20	0910	王伟	E	check	posted
D	2021/12/20	0910	王伟	E	check	posted
D	2021/12/20	0910	王伟	E	check	posted
D	2021/12/20	0910	王伟	E	check	posted
D	2021/12/20	0910	王伟	E	check	posted
D	2021/12/20	0910	王伟	E	check	posted

表 5-18(c) 日记账的 XBRL GL 数据结构模型——普通日记账

Line Number	Account				Amount
	Account Main ID	Account Main Description	Account Purpose Code	Account Type	
1	1122	应收账款	other	account	428.27
2	6001	主营业务收入	other	account	229
3	6401	主营业务成本	other	account	100
4	1406	库存商品——A产品	other	account	100
5	2221	应交税费——应交增值税	other	account	29.77
6	6001	主营业务收入	other	account	150
7	6401	主营业务成本	other	account	80
8	1406	库存商品——B产品	other	account	80
9	2221	应交税费—应交增值税	other	account	19.5

续表 5-18(c)(一)

Debit Credit Code	Posting Date	Identifier Reference			Document Type	Posting Status
		Identifier Code	Identifier Description	Identifier Type		
D	2021/12/15	9098	中国电通有限公司	C	check	posted
C	2021/12/15	9098	中国电通有限公司	C	invoice	posted
D	2021/12/15	9098	中国电通有限公司	C	invoice	posted
C	2021/12/15	9098	中国电通有限公司	C	invoice	posted
C	2021/12/15	9098	中国电通有限公司	C	invoice	posted
C	2021/12/15	9098	中国电通有限公司	C	invoice	posted
D	2021/12/15	9098	中国电通有限公司	C	invoice	posted
C	2021/12/15	9098	中国电通有限公司	C	invoice	posted
C	2021/12/15	9098	中国电通有限公司	C	invoice	posted

3. 代码

上述模型对应的 XBRL GL 代码如表 5-19 所示。

表 5-19　日记账的 GL 实例文档

<? xml version = " 1. 0" encoding = "UTF-8"? >	
<xbrli:xbrl 命名空间声明略……>	
以下略去与表 4-7(b)中类似的企业背景与元数据元素	
<gl-cor:accountingEntries>	accountingEntries 元素是 XBRL GL 的容器，但不是一个 XBRL GL 文件的根元素。与所有 XBRL 文件一样，XBRL GL 的根元素是 XBRL 元素。这意味着，通过一个或多个 accountingEntries 结构以及其中的数据，一个 XBRL GL 文件可以存储一个或多个虚拟 XBRL GL 文件，甚至是管理多个交易层次的数据。理解一个 XBRL GL 文件的关键是 entriesType。单个物理 XBRL GL 文件可以具有多个 accountingEntries 结构以同时表示交易文件和主文件，交易文件和主文件以不同的 entriesType 值(枚举值)进行区分
<gl-cor:documentInfo>	因为大多数用户都应使用 entriesType 元素，documentInfo 元素就成为必需元素
<gl-cor:entriesType contextRef = "now">journal</gl-cor:entriesType>	entriesType 这个元素给出了 XBRL GL 文档的用途。在使用 XBRL GL 文档时，软件可以根据 entriesType 元素内容向用户提供指导。本例为日记账，故取值为"journal"
<gl-cor:uniqueID contextRef = " now " > 001 </gl-cor:uniqueID>	uniqueID 元素类似一个序列号，用于唯一地标识/跟踪一系列项目(如分录)。 本例所描述的内容是日记账，一般需要过入其他账户，所以 uniqueID 元素的作用明显。 如果一个项目的内容需要调整，XBRL GL 也提供了替代和附加等调整方法，而无论这个项目如何变动，都可以使用 uniqueID 元素确定该项目
结构重复部分，略	
<gl-cor:entryHeader>	大多数日记账细节需要以 entryHeader 元素及其 entryDetail 元素中的项目进行具体表示。极少有文件可以仅使用 documentInfo 元素和 entityInformation 元素即可表示明细信息
< gl-cor: sourceJournalID contextRef = "now">gj</gl-cor:sourceJournalID>	sourceJournalID 是一个枚举值，它将报告组织中的原始日记账信息与有助于数据交换的一个固定列表相联系

(续表)

<gl-bus:sourceJournalDescription contextRef="now">JE</gl-bus:sourceJournalDescription>	上述 sourceJournalID 是一个枚举值(用户必须选择一个已经在 XBRL GL 中定义的条目),而 sourceJournalDescription 允许用户使用自由文本——如实际的代码或术语——来描述组织提供的原始日期信息
<gl-cor:entryType contextRef="now">standard</gl-cor:entryType>	entryType(分录类型)元素是一个枚举类型,用于区分真正的会计分录和其他不影响财务报表的项目,如预算项目、计划项目
<gl-cor:entryNumber contextRef="now">50</gl-cor:entryNumber>	在表达日记账分录时,存在一系列的借方项目和贷方项目,并且要求借贷平衡。XBRL GL 的分层特性使分录标头和分类明细内容以一个父子元素的关系相关联。需要为每一个分录指定一个唯一标识符
<gl-cor:entryDetail>	第一类日记账——现金日记账——的第一条日记账记录。 如上所述,当描述一个表单/文档的细节时,使用 entryHeaders 描述表单/文档的整体信息,使用 entryDetail 元素来描述每一个独立的行的明细信息,每行具有一个基本值(primary amount)。 然而,用户也可以在一个 entryDetail 元素内部列出多个与基本值相关的账户。例如,一个企业可以根据不同的企业会计准则(IFRS/US GAAP)将一个基本值分配至不同的账户,此时,对应该事项的一个 entryDetail 元素中可以给出全部这些账户
<gl-cor:lineNumber contextRef="now">1</gl-cor:lineNumber>	一个用于标识每张表中各行的唯一标识符。这个标识符应该具有标记行号的作用,以唯一标识发票上的一行信息
<gl-cor:account>	如果账户信息在其他位置表述,或者作为一个主文件表述,则下面元素没有必要存在
<gl-cor:accountMainID contextRef="now">6602</gl-cor:accountMainID>	账户编号是记录日记账的基础。在某些情况下,小企业的会计系统不使用编号或代码,仅仅使用一个描述性的账户名称
<gl-cor:accountMainDescription contextRef="now">管理费用</gl-cor:accountMainDescription>	在大多数情况下,描述是供人类用户阅读的。所以,在数据交换中,accountMainID(账户主要标识符)元素作为账户标识符已经能够满足需求。但是,也有的软件将描述作为账户的主要标识符使用
<gl-cor:accountPurposeCode contextRef="now">other</gl-cor:accountPurposeCode>	账户可以用于许多目的。在一个使用复杂会计软件的大公司里,公司可能同时记录用于明细项目的账户和用于合并的账户。 在日本的会计系统中,每一个行项目都需要一个抵销账户,在这种情况下,其会计分录的记录不同于 US GAAP、IFRS 以及其他准则下的记录。 accountPurposeCode(会计用途代码)是一个枚举型,用于标识不同用途的会计体系

（续表）

<gl-cor:accountType contextRef="now">account</gl-cor:accountType>	在国际化环境中，“会计科目表”将不仅包括传统的账户，例如现金、应付账款、留存收益等，也可以对这些账户进行扩展。应付账款可以扩展至包括债权人/供应商信息。因此，在 XBRL GL 中，账户既可以明确定位为“传统”账户，也可以用于表示客户、供应商、员工、银行、作业或固定资产等。虽然这可能与许多项目——如标识符结构（identifier）中的客户、供应商和员工，计量结构（measurable）中的固定资产，作业信息（jobInfo）中的作业，以及其他表示内容——相重叠，这些项目仍可以在此处表达，以与项目的作用范围相符
</gl-cor:account>	
<gl-cor:amount contextRef="now" decimals="2" unitRef="usd">500</gl-cor:amount>	一个没有数额的日记账分录没有意义，XBRL GL 的设计方式能够满足多种会计系统的数字表示方式，包括： (1) 带符号的数字形式，如 5、-10 等。 (2) 符号与数字分离的形式，其中以 signOfAmount 存储符号。 (3) 记账符号与数字分离的形式
<gl-cor:debitCreditCode contextRef="now">D</gl-cor:debitCreditCode>	根据不同的初始系统，这个元素可以指出数额的记账符号（借方或贷方）。正确理解数字含义需要 3 个与数额相关的要素：数额、记账符号、数额的符号
<gl-cor:postingDate contextRef="now">2021-12-15</gl-cor:postingDate>	postingDate 元素中的时间是一个会计生效时间，而不是分录输入或过账至系统中的时间
<gl-cor:identifierReference>	
<gl-cor:identifierCode contextRef="now">1130</gl-cor:identifierCode>	
<gl-cor:identifierDescription contextRef="now">南方物业有限公司</gl-cor:identifierDescription>	
<gl-cor:identifierType contextRef="now">V</gl-cor:identifierType>	
</gl-cor:identifierReference>	
<gl-cor:documentType contextRef="now">check</gl-cor:documentType>	

(续表)

<gl-cor:postingStatus contextRef="now">posted</gl-cor:postingStatus>	这个枚举型的元素用来专门声明分录是否已经过账至初始系统
</gl-cor:entryDetail>	在单个分录明细层次的注释
<gl-cor:entryDetail>	现金日记账的其他1条记录,略
……	
</gl-cor:entryDetail>	
</gl-cor:entryHeader>	
<gl-cor:entryHeader>	银行存款日记账:共8条记录,略
结构重复部分,略	
</gl-cor:entryHeader>	
<gl-cor:entryHeader>	普通日记账:共9条记录,略
结构重复部分,略	
</gl-cor:entryHeader>	
</gl-cor:accountingEntries>	
</xbrli:xbrl>	

5.8 试算平衡表

本案例包含1个XBRL GL实例文档。XBRL GL实例文档中的核心内容是148个entryDetail元素,这148个entryDetail元素被组织到2个entryHeader中,分别表示试算平衡表的发生额和余额。

1. 原型

本案例原型是一个企业期末的试算平衡表,其中共包含了37个账户,首先按每个账户给出了期初余额、借方发生额、贷方发生额、期末余额,最后整理为总分类账试算平衡表。其表达信息如表5-20所示。

表5-20(a) 试算平衡表——库存现金账户结构

库存现金

期初余额	5 000		
本期发生额	22 400	本期发生额	24 470
期末余额	2 930		

表 5-20(b) 试算平衡表——银行存款账户结构

银 行 存 款

期初余额	180 000		
本期发生额	791 615	本期发生额	234 715
期末余额	734 500		

表 5-20(c) 试算平衡表——交易性金融资产账户结构

交易性金融资产

期初余额	2 000		
本期发生额	—	本期发生额	—
期末余额	2 000		

表 5-20(d) 试算平衡表——应收账款账户结构

应 收 账 款

期初余额	3 000		
本期发生额	112 320	本期发生额	—
期末余额	115 320		

表 5-20(e) 试算平衡表——材料采购账户结构

材 料 采 购

期初余额	—		
本期发生额	54 400	本期发生额	54 400
期末余额	—		

表 5-20(f) 试算平衡表——原材料账户结构

原 材 料

期初余额	20 000		
本期发生额	54 400	本期发生额	27 400
期末余额	47 000		

表 5-20(g) 试算平衡表——库存商品账户结构

库 存 商 品

期初余额	100 000		
本期发生额	40 300	本期发生额	105 800
期末余额	34 500		

表 5-20(h)　试算平衡表——长期待摊费用账户结构

长期待摊费用

期初余额	—		
本期发生额	4 800	本期发生额	200
期末余额	4 600		

表 5-20(i)　试算平衡表——其他应收款账户结构

其 他 应 收 款

期初余额	—		
本期发生额	2 000	本期发生额	2 000
期末余额	—		

表 5-20(j)　试算平衡表——固定资产账户结构

固 定 资 产

期初余额	1 000 000		
本期发生额	403 000	本期发生额	—
期末余额	1 403 000		

表 5-20(k)　试算平衡表——累计折旧账户结构

累 计 折 旧

		期初余额	130 000
本期发生额	—	本期发生额	4 660
		期末余额	134 660

表 5-20(l)　试算平衡表——短期借款账户结构

短 期 借 款

		期初余额	10 000
本期发生额	10 000	本期发生额	50 000
		期末余额	50 000

表 5-20(m)　试算平衡表——应付账款账户结构

应 付 账 款

		期初余额	13 400
本期发生额	—	本期发生额	14 040
		期末余额	27 440

表 5-20(n) 试算平衡表——其他应付款账户结构

其 他 应 付 款

		期初余额	1 000
本期发生额	—	本期发生额	—
		期末余额	1 000

表 5-20(o) 试算平衡表——应付职工薪酬账户结构

应付职工薪酬

		期初余额	—
本期发生额	22 000	本期发生额	22 000
		期末余额	—

表 5-20(p) 试算平衡表——应交税费账户结构

应 交 税 费

		期初余额	15 000
本期发生额	45 135	本期发生额	41 300
		期末余额	11 165

表 5-20(q) 试算平衡表——应付股利账户结构

应 付 股 利

		期初余额	—
本期发生额	10 000	本期发生额	15 000
		期末余额	5 000

表 5-20(r) 试算平衡表——应付利息账户结构

应 付 利 息

		期初余额	500
本期发生额	—	本期发生额	500
		期末余额	1 000

表 5-20(s) 试算平衡表——长期借款账户结构

长 期 借 款

		期初余额	120 000
本期发生额	—	本期发生额	160 000
		期末余额	280 000

表 5-20(t) 试算平衡表——实收资本账户结构

实 收 资 本

		期初余额	1 000 000
本期发生额	—	本期发生额	800 000
		期末余额	1 800 000

表 5-20(u) 试算平衡表——资本公积账户结构

资 本 公 积

		期初余额	10 000
本期发生额	—	本期发生额	—
		期末余额	10 000

表 5-20(v) 试算平衡表——盈余公积账户结构

盈 余 公 积

		期初余额	30 000.0
本期发生额	—	本期发生额	3 259.5
		期末余额	33 259.5

表 5-20(w) 试算平衡表——本年利润账户结构

本 年 利 润

		期初余额	—
本期发生额	165 800	本期发生额	165 800
		期末余额	—

表 5-20(x) 试算平衡表——利润分配账户结构

利 润 分 配

		期初余额	—
本期发生额	18 259.5	本期发生额	32 595.0
		期末余额	14 335.5

表 5-20(y) 试算平衡表——生产成本账户结构

生 产 成 本

期初余额	19 900		
本期发生额	44 410	本期发生额	40 300
期末余额	24 010		

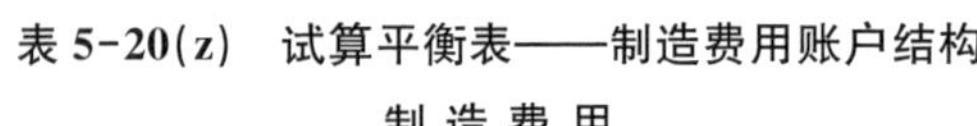

表 5-20(z)　试算平衡表——制造费用账户结构

制 造 费 用

本期发生额	6 810	本期发生额	6 810

表 5-20(aa)　试算平衡表——主营业务收入账户结构

主营业务收入

本期发生额	160 000	本期发生额	160 000

表 5-20(ab)　试算平衡表——主营业务成本账户结构

主营业务成本

本期发生额	105 800	本期发生额	105 800

表 5-20(ac)　试算平衡表——税金及附加账户结构

税 金 及 附 加

本期发生额	2 300	本期发生额	2 300

表 5-20(ad)　试算平衡表——其他业务收入账户结构

其他业务收入

本期发生额	5 500	本期发生额	5 500

表 5-20(ae)　试算平衡表——其他业务成本账户结构

其他业务成本

本期发生额	5 000	本期发生额	5 000

表 5-20(af)　试算平衡表——管理费用账户结构

管 理 费 用

本期发生额	6 770	本期发生额	6 770

表 5-20(ag)　试算平衡表——账务费用账户结构

财 务 费 用

本期发生额	500	本期发生额	500

表 5-20(ah)　试算平衡表——销售费用账户结构

销 售 费 用

本期发生额	1 820	本期发生额	1 820

表 5-20(ai)　试算平衡表——营业外收入账户结构

营 业 外 收 入

本期发生额	300	本期发生额	300

表 5-20(aj)　试算平衡表——营业外支出账户结构

营 业 外 支 出

本期发生额	150	本期发生额	150

表 5-20(ak)　试算平衡表——所得税费用账户结构

所 得 税 费 用

本期发生额	10 865	本期发生额	10 865

表 5-20(al)　试算平衡表——总分类账户试算平衡表

账户名称	期初余额		本期发生额		期末余额	
	借方	贷方	借方	贷方	借方	贷方
库存现金	5 000		22 400	24 470	2 930	
银行存款	180 000		791 615	234 715	736 900	
交易性金融资产	2 000				2 000	
应收账款	3 000		112 320		115 320	
其他应收款			2 000	2 000		
材料采购			54 400	54 400		
原材料	20 000		54 400	27 400	47 000	
库存商品	100 000		40 300	105 800	34 500	
长期待摊费用			4 800	200	4 600	
固定资产	1 000 000		403 000		1 403 000	
累计折旧		130 000		4 660		134 660
短期借款		10 000	10 000	50 000		50 000

（续表）

账户名称	期初余额		本期发生额		期末余额	
	借方	贷方	借方	贷方	借方	贷方
应付账款		13 400		14 040		27 440
其他应付款		1 000				1 000
应付职工薪酬			22 000	22 000		
应付股利			10 000	15 000		5 000
应交税费		15 000	45 135	41 300		11 165
应付利息		500		500		1 000
长期借款		120 000		160 000		280 000
实收资本		1 000 000		800 000		1 800 000
资本公积		10 000				10 000
盈余公积		30 000		3 259.5		33 259.5
本年利润			165 800	165 800		
利润分配			18 259.5	32 595		14 335.5
生产成本	19 900		44 410	40 300	24 010	
制造费用			6 810	6 810		
主营业务收入			160 000	160 000		
主营业务成本			105 800	105 800		
税金及附加			2 300	2 300		
其他业务收入			5 500	5 500		
其他业务成本			5 000	5 000		
管理费用			6 770	6 770		
财务费用			500	500		
销售费用			1 820	1 820		
营业外收入			300	300		
营业外支出			150	150		
所得税费用			10 865	10 865		
合　计	1 329 900	1 329 900	2 104 254.5	2 104 254.5	2 367 860	2 367 860

2. 模型

上述表5-20的试算平衡表事实相关内容可以用XBRL GL数据结构描述，如表5-21所示。与表5-20相比，表5-21的内容更加详细，并特别给出对应财务报告的相关项目内容。

表5-21分为(a)、(b)两部分，分别表示37个项目的余额和发生额。由于页面

篇幅问题,均从纵向切分为 2 张表。表 5-21 从总体上包含 6 部分内容,各部分详述如下:

(1) 行号(Line Number):给出每个账户在试算平衡表中的行号,此处行号指在 GL 所组织的列表中的行号,而并非传统形式表格上的行号。

(2) 账户(Account):这是一个广义的账户内容,以结构化方式规范描述一个账户的性质。账户是一个复合结构,其具体内容包括:

- 账户编号(Account Main ID):账户的主要编码;本案例中为账户代码。
- 账户主要描述(Account Main Description):账户的简要描述。本案例中表述账户名称。
- 账户用途代码(Account Purpose Code):类型是枚举型,由于 XBRL GL 2014 中没有明确给出中国企业会计准则的代码,故在本案例中该项取值为"other"。
- 账户类型(Account Type):其类型为枚举型,在本案例中,因为试算平衡表编制是会计业务的一部分,故取值为"account"。

(3) 金额(Amount):指发生额或余额。

(4) 记账符号(Debit Credit Code):指按借贷记账法的记账符号。

(5) 过账时间(Posting Date):指试算平衡表的过账时间。

(6) XBRL 信息(XBRL Info):指用于账簿聚合至报告的相关信息。XBRL 信息是一个复合结构,具体内容包括:

- XBRL 分配(Xbrl Include):其类型为枚举型,取值包括"beginning_balance(期初余额)""ending_balance(期末余额)"和"period_change(本期发生额)"。
- 汇总报告元素(Summary Reporting Element):表述财务报告中的元素。

表 5-21(a)　试算平衡表的 XBRL GL 数据结构模型——余额

Line Number	Account				Amount	Debit Credit Code
	Account Main ID	Account Main Description	Account Purpose Code	Account Type		
1	1001	库存现金	other	account	5 000	D
2	1001	库存现金	other	account	2 930	D
3	1002	银行存款	other	account	180 000	D
4	1002	银行存款	other	account	734 500	D
5	1101	交易性金融资产	other	account	2 000	D

（续表）

Line Number	Account				Amount	Debit Credit Code
	Account Main ID	Account Main Description	Account Purpose Code	Account Type		
6	1101	交易性金融资产	other	account	2 000	D
7	1122	应收账款	other	account	3 000	D
8	1122	应收账款	other	account	115 320	D
9	1221	其他应收款	other	account	0	D
10	1221	其他应收款	other	account	0	D
11	1401	材料采购	other	account	0	D
12	1401	材料采购	other	account	0	D
13	1403	原材料	other	account	20 000	D
14	1403	原材料	other	account	47 000	D
15	1405	库存商品	other	account	100 000	D
16	1405	库存商品	other	account	34 500	D
17	1801	长期待摊费用	other	account	0	D
18	1801	长期待摊费用	other	account	4 600	D
19	1601	固定资产	other	account	1 000 000	D
20	1601	固定资产	other	account	1 403 000	D
21	1602	累计折旧	other	account	130 000	C
22	1602	累计折旧	other	account	134 660	C
23	2001	短期借款	other	account	10 000	C
24	2001	短期借款	other	account	50 000	C
25	2202	应付账款	other	account	13 400	C
26	2202	应付账款	other	account	27 440	C
27	2241	其他应付款	other	account	1 000	C
28	2241	其他应付款	other	account	1 000	C
29	2211	应付职工薪酬	other	account	0	C
30	2211	应付职工薪酬	other	account	0	C
31	2232	应付股利	other	account	0	C

(续表)

Line Number	Account				Amount	Debit Credit Code
	Account Main ID	Account Main Description	Account Purpose Code	Account Type		
32	2232	应付股利	other	account	5 000	C
33	2221	应交税费	other	account	15 000	C
34	2221	应交税费	other	account	11 165	C
35	2231	应付利息	other	account	500	C
36	2231	应付利息	other	account	1 000	C
37	2501	长期借款	other	account	120 000	C
38	2501	长期借款	other	account	280 000	C
39	4001	实收资本	other	account	1 000 000	C
40	4001	实收资本	other	account	1 800 000	C
41	4002	资本公积	other	account	10 000	C
42	4002	资本公积	other	account	10 000	C
43	4101	盈余公积	other	account	30 000	C
44	4101	盈余公积	other	account	33 259.5	C
45	4103	本年利润	other	account		
46	4103	本年利润	other	account		
47	4104	利润分配	other	account	0	C
48	4104	利润分配	other	account	14 335.5	C
49	5001	生产成本	other	account	19 900	D
50	5001	生产成本	other	account	24 010	D
51	5101	制造费用	other	account		
52	5101	制造费用	other	account		
53	6001	主营业务收入	other	account		
54	6001	主营业务收入	other	account		
55	6401	主营业务成本	other	account		
56	6401	主营业务成本	other	account		
57	6405	税金及附加	other	account		

（续表）

Line Number	Account				Amount	Debit Credit Code
	Account Main ID	Account Main Description	Account Purpose Code	Account Type		
58	6405	税金及附加	other	account		
59	6051	其他业务收入	other	account		
60	6051	其他业务收入	other	account		
61	6402	其他业务成本	other	account		
62	6402	其他业务成本	other	account		
63	6602	管理费用	other	account		
64	6602	管理费用	other	account		
65	6603	财务费用	other	account		
66	6603	财务费用	other	account		
67	6601	销售费用	other	account		
68	6601	销售费用	other	account		
69	6301	营业外收入	other	account		
70	6301	营业外收入	other	account		
71	6711	营业外支出	other	account		
72	6711	营业外支出	other	account		
73	6801	所得税费用	other	account		
74	6801	所得税费用	other	account		

续表 5-21(a)(一)

Posting Date	XBRL Info	
	Xbrl Include	Summary Reporting Element
2021/01/01	beginning_balance	clcid-pte_KuCunXianJin
2021/12/31	ending_balance	clcid-pte_KuCunXianJin
2021/01/01	beginning_balance	clcid-pte_YinHangCunKuan
2021/12/31	ending_balance	clcid-pte_YinHangCunKuan
2021/01/01	beginning_balance	clcid-pte_JiaoYiXingJinRongZiChan

(续表)

Posting Date	XBRL Info	
	Xbrl Include	Summary Reporting Element
2021/12/31	ending_balance	clcid-pte_JiaoYiXingJinRongZiChan
2021/01/01	beginning_balance	clcid-pte_YingShouZhangKuan
2021/12/31	ending_balance	clcid-pte_YingShouZhangKuan
2021/01/01	beginning_balance	clcid-pte_QiTaYingShouKuan
2021/12/31	ending_balance	clcid-pte_QiTaYingShouKuan
2021/01/01	beginning_balance	clcid-pte_CaiLiaoCaiGou
2021/12/31	ending_balance	clcid-pte_CaiLiaoCaiGou
2021/01/01	beginning_balance	clcid-pte_YuanCaiLiao
2021/12/31	ending_balance	clcid-pte_YuanCaiLiao
2021/01/01	beginning_balance	clcid-pte_KuCunShangPin
2021/12/31	ending_balance	clcid-pte_KuCunShangPin
2021/01/01	beginning_balance	clcid-pte_ChangQiDaiTanFeiYong
2021/12/31	ending_balance	clcid-pte_ChangQiDaiTanFeiYong
2021/01/01	beginning_balance	clcid-pte_GuDingZiChan
2021/12/31	ending_balance	clcid-pte_GuDingZiChan
2021/01/01	beginning_balance	clcid-pte_LeiJiZheJiu
2021/12/31	ending_balance	clcid-pte_LeiJiZheJiu
2021/01/01	beginning_balance	clcid-pte_DuanQiJieKuan
2021/12/31	ending_balance	clcid-pte_DuanQiJieKuan
2021/01/01	beginning_balance	clcid-pte_YingFuZhangKuan
2021/12/31	ending_balance	clcid-pte_YingFuZhangKuan
2021/01/01	beginning_balance	clcid-pte_QiTaYingFuKuan
2021/12/31	ending_balance	clcid-pte_QiTaYingFuKuan
2021/01/01	beginning_balance	clcid-pte_YingFuZhiGongXinChou
2021/12/31	ending_balance	clcid-pte_YingFuZhiGongXinChou
2021/01/01	beginning_balance	clcid-pte_YingFuGuLi
2021/12/31	ending_balance	clcid-pte_YingFuGuLi
2021/01/01	beginning_balance	clcid-pte_YingJiaoShuiFei

（续表）

Posting Date	XBRL Info	
	Xbrl Include	Summary Reporting Element
2021/12/31	ending_balance	clcid-pte_YingJiaoShuiFei
2021/01/01	beginning_balance	clcid-pte_YingFuLiXi
2021/12/31	ending_balance	clcid-pte_YingFuLiXi
2021/01/01	beginning_balance	clcid-pte_ChangQiJieKuan
2021/12/31	ending_balance	clcid-pte_ChangQiJieKuan
2021/01/01	beginning_balance	clcid-pte_ShiShouZiBen
2021/12/31	ending_balance	clcid-pte_ShiShouZiBen
2021/01/01	beginning_balance	clcid-pte_ZiBenGongJi
2021/12/31	ending_balance	clcid-pte_ZiBenGongJi
2021/01/01	beginning_balance	clcid-pte_YingYuGongJi
2021/12/31	ending_balance	clcid-pte_YingYuGongJi
2021/01/01	beginning_balance	clcid-pte_BenNianLiRun
2021/12/31	ending_balance	clcid-pte_BenNianLiRun
2021/01/01	beginning_balance	clcid-pte_LiRunFenPei
2021/12/31	ending_balance	clcid-pte_LiRunFenPei
2021/01/01	beginning_balance	clcid-pte_ShengChanChengBen
2021/12/31	ending_balance	clcid-pte_ShengChanChengBen
2021/01/01	beginning_balance	clcid-pte_ZhiZaoFeiYong
2021/12/31	ending_balance	clcid-pte_ZhiZaoFeiYong
2021/01/01	beginning_balance	clcid-pte_ZhuYingYeWuShouRu
2021/12/31	ending_balance	clcid-pte_ZhuYingYeWuShouRu
2021/01/01	beginning_balance	clcid-pte_ZhuYingYeWuChengBen
2021/12/31	ending_balance	clcid-pte_ZhuYingYeWuChengBen
2021/01/01	beginning_balance	clcid-pte_YingYeShuiJinJiFuJia
2021/12/31	ending_balance	clcid-pte_YingYeShuiJinJiFuJia
2021/01/01	beginning_balance	clcid-pte_QiTaYeWuShouRu
2021/12/31	ending_balance	clcid-pte_QiTaYeWuShouRu
2021/01/01	beginning_balance	clcid-pte_QiTaYeWuChengBen

(续表)

Posting Date	XBRL Info	
	Xbrl Include	Summary Reporting Element
2021/12/31	ending_balance	clcid-pte_QiTaYeWuChengBen
2021/01/01	beginning_balance	clcid-pte_GuanLiFeiYong
2021/12/31	ending_balance	clcid-pte_GuanLiFeiYong
2021/01/01	beginning_balance	clcid-pte_CaiWuFeiYong
2021/12/31	ending_balance	clcid-pte_CaiWuFeiYong
2021/01/01	beginning_balance	clcid-pte_XiaoShouFeiYong
2021/12/31	ending_balance	clcid-pte_XiaoShouFeiYong
2021/01/01	beginning_balance	clcid-pte_YingYeWaiShouRu
2021/12/31	ending_balance	clcid-pte_YingYeWaiShouRu
2021/01/01	beginning_balance	clcid-pte_YingYeWaiZhiChu
2021/12/31	ending_balance	clcid-pte_YingYeWaiZhiChu
2021/01/01	beginning_balance	clcid-pte_SuoDeShuiFeiYong
2021/12/31	ending_balance	clcid-pte_SuoDeShuiFeiYong

表 5-21(b) 试算平衡表的 XBRL GL 数据结构模型——发生额

Line Number	Account				Amount	Debit Credit Code
	Account Main ID	Account Main Description	Account Purpose Code	Account Type		
1	1001	库存现金	other	account	24 470	C
2	1001	库存现金	other	account	22 400	D
3	1002	银行存款	other	account	234 715	C
4	1002	银行存款	other	account	791 615	D
5	1101	交易性金融资产	other	account	0	C
6	1101	交易性金融资产	other	account	0	D
7	1122	应收账款	other	account	0	C
8	1122	应收账款	other	account	112 320	D
9	1221	其他应收款	other	account	2 000	C

（续表）

Line Number	Account				Amount	Debit Credit Code
	Account Main ID	Account Main Description	Account Purpose Code	Account Type		
10	1221	其他应收款	other	account	2 000	D
11	1401	材料采购	other	account	54 400	C
12	1401	材料采购	other	account	54 400	D
13	1403	原材料	other	account	27 400	C
14	1403	原材料	other	account	54 400	D
15	1405	库存商品	other	account	105 800	C
16	1405	库存商品	other	account	40 300	D
17	1801	长期待摊费用	other	account	200	C
18	1801	长期待摊费用	other	account	4 800	D
19	1601	固定资产	other	account	0	C
20	1601	固定资产	other	account	403 000	D
21	1602	累计折旧	other	account	4 660	C
22	1602	累计折旧	other	account	0	D
23	2001	短期借款	other	account	50 000	C
24	2001	短期借款	other	account	10 000	D
25	2202	应付账款	other	account	14 040	C
26	2202	应付账款	other	account	0	D
27	2241	其他应付款	other	account	0	C
28	2241	其他应付款	other	account	0	D
29	2211	应付职工薪酬	other	account	22 000	C
30	2211	应付职工薪酬	other	account	22 000	D
31	2232	应付股利	other	account	15 000	C
32	2232	应付股利	other	account	10 000	D
33	2221	应交税费	other	account	41 300	C
34	2221	应交税费	other	account	45 135	D
35	2231	应付利息	other	account	500	C

(续表)

Line Number	Account				Amount	Debit Credit Code
	Account Main ID	Account Main Description	Account Purpose Code	Account Type		
36	2231	应付利息	other	account	0	D
37	2501	长期借款	other	account	160 000	C
38	2501	长期借款	other	account	0	D
39	4001	实收资本	other	account	800 000	C
40	4001	实收资本	other	account	0	D
41	4002	资本公积	other	account	0	C
42	4002	资本公积	other	account	0	D
43	4101	盈余公积	other	account	3 259.5	C
44	4101	盈余公积	other	account	0	D
45	4103	本年利润	other	account	165 800	C
46	4103	本年利润	other	account	165 800	D
47	4104	利润分配	other	account	32 595	C
48	4104	利润分配	other	account	18 259.5	D
49	5001	生产成本	other	account	40 300	C
50	5001	生产成本	other	account	44 410	D
51	5101	制造费用	other	account	6 810	C
52	5101	制造费用	other	account	6 810	D
53	6001	主营业务收入	other	account	160 000	C
54	6001	主营业务收入	other	account	160 000	D
55	6401	主营业务成本	other	account	105 800	C
56	6401	主营业务成本	other	account	105 800	D
57	6405	税金及附加	other	account	2 300	C
58	6405	税金及附加	other	account	2 300	D
59	6051	其他业务收入	other	account	5 500	C
60	6051	其他业务收入	other	account	5 500	D
61	6402	其他业务成本	other	account	5 000	C

（续表）

Line Number	Account				Amount	Debit Credit Code
	Account Main ID	Account Main Description	Account Purpose Code	Account Type		
62	6402	其他业务成本	other	account	5 000	D
63	6602	管理费用	other	account	6 770	C
64	6602	管理费用	other	account	6 770	D
65	6603	财务费用	other	account	500	C
66	6603	财务费用	other	account	500	D
67	6601	销售费用	other	account	1 820	C
68	6601	销售费用	other	account	1 820	D
69	6301	营业外收入	other	account	300	C
70	6301	营业外收入	other	account	300	D
71	6711	营业外支出	other	account	150	C
72	6711	营业外支出	other	account	150	D
73	6801	所得税费用	other	account	10 865	C
74	6801	所得税费用	other	account	10 865	D

续表 5-21(b)(一)

Posting Date	XBRL Info	
	XBRL Include	Summary Reporting Element
（略）	period_change	clcid-pte_KuCunXianJin
	period_change	clcid-pte_KuCunXianJin
	period_change	clcid-pte_YinHangCunKuan
	period_change	clcid-pte_YinHangCunKuan
	period_change	clcid-pte_JiaoYiXingJinRongZiChan
	period_change	clcid-pte_JiaoYiXingJinRongZiChan
	period_change	clcid-pte_YingShouZhangKuan
	period_change	clcid-pte_YingShouZhangKuan
	period_change	clcid-pte_QiTaYingShouKuan

(续表)

Posting Date	XBRL Info	
	XBRL Include	Summary Reporting Element
	period_change	clcid-pte_QiTaYingShouKuan
	period_change	clcid-pte_CaiLiaoCaiGou
	period_change	clcid-pte_CaiLiaoCaiGou
	period_change	clcid-pte_YuanCaiLiao
	period_change	clcid-pte_YuanCaiLiao
	period_change	clcid-pte_KuCunShangPin
	period_change	clcid-pte_KuCunShangPin
	period_change	clcid-pte_ChangQiDaiTanFeiYong
	period_change	clcid-pte_ChangQiDaiTanFeiYong
	period_change	clcid-pte_GuDingZiChan
	period_change	clcid-pte_GuDingZiChan
	period_change	clcid-pte_LeiJiZheJiu
	period_change	clcid-pte_LeiJiZheJiu
	period_change	clcid-pte_DuanQiJieKuan
	period_change	clcid-pte_DuanQiJieKuan
	period_change	clcid-pte_YingFuZhangKuan
	period_change	clcid-pte_YingFuZhangKuan
	period_change	clcid-pte_QiTaYingFuKuan
	period_change	clcid-pte_QiTaYingFuKuan
	period_change	clcid-pte_YingFuZhiGongXinChou
	period_change	clcid-pte_YingFuZhiGongXinChou
	period_change	clcid-pte_YingFuGuLi
	period_change	clcid-pte_YingFuGuLi
	period_change	clcid-pte_YingJiaoShuiFei
	period_change	clcid-pte_YingJiaoShuiFei
	period_change	clcid-pte_YingFuLiXi
	period_change	clcid-pte_YingFuLiXi
	period_change	clcid-pte_ChangQiJieKuan

（续表）

Posting Date	XBRL Info	
	XBRL Include	Summary Reporting Element
	period_change	clcid-pte_ChangQiJieKuan
	period_change	clcid-pte_ShiShouZiBen
	period_change	clcid-pte_ShiShouZiBen
	period_change	clcid-pte_ZiBenGongJi
	period_change	clcid-pte_ZiBenGongJi
	period_change	clcid-pte_YingYuGongJi
	period_change	clcid-pte_YingYuGongJi
	period_change	clcid-pte_BenNianLiRun
	period_change	clcid-pte_BenNianLiRun
	period_change	clcid-pte_LiRunFenPei
	period_change	clcid-pte_LiRunFenPei
	period_change	clcid-pte_ShengChanChengBen
	period_change	clcid-pte_ShengChanChengBen
	period_change	clcid-pte_ZhiZaoFeiYong
	period_change	clcid-pte_ZhiZaoFeiYong
	period_change	clcid-pte_ZhuYingYeWuShouRu
	period_change	clcid-pte_ZhuYingYeWuShouRu
	period_change	clcid-pte_ZhuYingYeWuChengBen
	period_change	clcid-pte_ZhuYingYeWuChengBen
	period_change	clcid-pte_ShuiJinJiFuJia
	period_change	clcid-pte_ShuiJinJiFuJia
	period_change	clcid-pte_QiTaYeWuShouRu
	period_change	clcid-pte_QiTaYeWuShouRu
	period_change	clcid-pte_QiTaYeWuChengBen
	period_change	clcid-pte_QiTaYeWuChengBen
	period_change	clcid-pte_GuanLiFeiYong
	period_change	clcid-pte_GuanLiFeiYong
	period_change	clcid-pte_CaiWuFeiYong

(续表)

Posting Date	XBRL Info	
	XBRL Include	Summary Reporting Element
	period_change	clcid-pte_CaiWuFeiYong
	period_change	clcid-pte_XiaoShouFeiYong
	period_change	clcid-pte_XiaoShouFeiYong
	period_change	clcid-pte_YingYeWaiShouRu
	period_change	clcid-pte_YingYeWaiShouRu
	period_change	clcid-pte_YingYeWaiZhiChu
	period_change	clcid-pte_YingYeWaiZhiChu
	period_change	clcid-pte_SuoDeShuiFeiYong
	period_change	clcid-pte_SuoDeShuiFeiYong

3. 代码

上述模型对应的 XBRL GL 代码如表 5-22 所示。

表 5-22　试算平衡表的 XBRL GL 实例文档

<? xml version = "1.0" encoding = "UTF-8"? >	
<xbrli:xbrl 命名空间声明略……>	
以下略去与表 4-7(b)中类似的企业背景与元数据元素	
<gl-cor:accountingEntries>	accountingEntries 元素是 XBRL GL 的容器,但不是一个 XBRL GL 文件的根元素。与所有 XBRL 文件一样,XBRL GL 的根元素是 XBRL 元素。这意味着,通过一个或多个 accountingEntries 结构以及其中的数据,一个 XBRL GL 文件可以存储一个或多个虚拟 XBRL GL 文件,甚至是管理多个交易层次的数据。理解一个 XBRL GL 文件的关键是 entriesType。单个物理 XBRL GL 文件可以具有多个 accountingEntries 结构以同时表示交易文件和主文件,交易文件和主文件以不同的 entriesType 值(枚举值)进行区分。在下面这种情况出现时这种机制尤其重要。文件创建者创建了一个单一的物理文件,其中的一个 accountingEntries 元素中含有账户的信息,另一个 accountingEntries 元素中需要相同账户的信息,后者仅仅引用了账户的编号而无需全部的账户信息。在这种情况下,后者仅需引用前者中的 accountMainID(账户主要标识符)信息无需重建所有账户信息。这种机制减少了重复的信息(编号、描述和其他属性),这不仅可以消除冲突,还可以减小文件尺寸

（续表）

<gl-cor:documentInfo>	因为大多数用户都应使用 entriesType 元素，documentInfo 元素就成为必需元素
<gl-cor:entriesType contextRef="now">trialbalance</gl-cor:entriesType>	entriesType 这个元素给出了 XBRL GL 文档的用途。在使用 XBRL GL 文档时，软件可以根据 entriesType 元素内容向用户提供指导。本例中的 XBRL GL 用于描述试算平衡表，因此使用枚举值"trialbalance"
<gl-cor:uniqueID contextRef="now">001</gl-cor:uniqueID>	uniqueID 元素类似一个序列号，用于唯一地标识/跟踪一系列项目（如分录）。 本例所描述的内容是试算平衡表，这是一类专业报告，一般不需要录入至其他账户或进行发布，所以 uniqueID 元素的作用不明显。 如果一个项目的内容需要调整，XBRL GL 也提供了替代和附加等调整方法，而无论这个项目如何变动，都可以使用 uniqueID 元素确定该项目
结构重复部分，略	
<gl-cor:entryHeader>	第一个 entryHeader 元素为余额表。 试算平衡表需要以 entryHeader 元素及其 entryDetail 元素中的项目进行具体表示。极少有文件可以仅使用 documentInfo 元素和 entityInformation 元素即可表示业务明细信息。 基于试算平衡表的特定格式，需要两个不同的分录标头，用于分别描述期初/期末余额，以及发生额。另一种替代方法是使用 xbrlInclude（XBRL 包含）元素（但并不需要真实引用一个 XBRL FR 分类标准），在该元素中，用户可以声明一个 entryDetail 行的性质为期初余额、期末余额还是本期发生额
<gl-cor:qualifierEntry contextRef="now">balance-brought-forward</gl-cor:qualifierEntry>	qualifierEntry（分录限定符）是一个关键属性，在本例中，它确定了第 1 栏（期初余额）和第 4 栏（期末余额）作为上期结转，第 2 栏（本期借方发生额之和）和第 3 栏（本期贷方发生额之和）作为本期变动
<gl-cor:entryDetail>	第一项余额。 每个数额都归属于一个 entryDetail 行。然而，一个 entryHeader 元素可以有任意多个账户。 如果用户希望将试算平衡表的多个账户，或只是其中一个账户与 XBRL FR 分类标准相绑定，则这个映射关系，以及每个账户集合都需要一个单独的 entryHeader 元素所表示的行
<gl-cor:lineNumber contextRef="now">1</gl-cor:lineNumber>	一个用于标识每张表中各行的唯一标识符。这个标识符应该具有标记行号的作用，以唯一标识表中的一行

(续表)

<gl-cor:account>	如果账户被作为一个主文件位于其他位置,用户需要一个"键(Key)"以获取账户信息。一般地,主标识符(mainID)被用来作为键。用户不需要重复所有的"描述"。在一个简单的环境中,用户不需要重复accountPurposeCode(账户用途代码)元素或accountType(账户类型)元素;但在多会计准则条件下(如跨国公司),或是编制合并报表时,用户需要设置accountPurposeCode元素的值;如果账户内容为客户或供应商时,还需要设置accountType元素的值,从而区别各种使用对象
<gl-cor:accountMainID contextRef="now">1001</gl-cor:accountMainID>	账户编号是记录日记账的基础。在某些情况下,小企业的会计系统不使用编号或代码,仅仅使用一个描述性的账户名称
<gl-cor:accountMainDescription contextRef="now">库存现金</gl-cor:accountMainDescription>	在大多数情况下,描述是供人类用户阅读的。所以,在数据交换中,accountMainID(账户主要标识符)元素作为账户标识符已经能够满足需求。但是,也有的软件将描述作为账户的主要标识符使用
<gl-cor:accountPurposeCode contextRef="now">other</gl-cor:accountPurposeCode>	
<gl-cor:accountType contextRef="now">account</gl-cor:accountType>	
</gl-cor:account>	
<gl-cor:amount contextRef="now" decimals="2" unitRef="usd">5000.00</gl-cor:amount>	
<gl-cor:debitCreditCode contextRef="now">D</gl-cor:debitCreditCode>	在本例这个四栏试算平衡表的情况下,需要在发生额中使用"借"和"贷"记账符号,并将数额分配至相应栏目;至于期初余额和期末余额,其数额表示方式可以多种多样。 XBRL GL的设计方式能够满足多种会计系统的数字表示方式,包括: (1) 带符号的数字形式,如5、-10等。 (2) 符号与数字分离的形式,其中以signOfAmount存储符号。 (3) 记账符号与数字分离的形式

（续表）

<gl-cor:postingDate contextRef="now">2021-12-31</gl-cor:postingDate>	postingDate 元素中的时间是一个会计生效时间，在本例中，反映了期初时间和期末时间
<gl-cor:xbrlInfo>	
<gl-cor:xbrlInclude contextRef="now">beginning_balance</gl-cor:xbrlInclude>	
<gl-cor:summaryReportingElement contextRef="now">clcid-pte_KuCunXianJin</gl-cor:summaryReportingElement>	XBRL GL 的一个设计目标是作为交易和报告之间的桥梁。因此，它包含了能够映射至汇总对象（如财务报告）的工具。虽然这种映射通常会存储于其他位置，如专门的 SRCD 模块，但 XBRL GL 实例也能够包含外部模式文档（或模式文档集合）中的元素，在默认情况下，该行的"数额"将汇总至这一被包含的元素
</gl-cor:xbrlInfo>	
</gl-cor:entryDetail>	
<gl-cor:entryDetail>	其余 73 条余额记录，略
结构重复部分，略	
</gl-cor:entryDetail>	
</gl-cor:entryHeader>	
<gl-cor:entryHeader>	第一个 entryHeader（分录标头）用于表示期初和期末余额的账户/金额；第二个 entryHeader（分录标头）用于表示本期发生额的账户/金额。当期共 74 条记录，略
</gl-cor:entryHeader>	
</gl-cor:accountingEntries>	
</xbrli:xbrl>	

5.9 供应商发票

本案例包含 1 个 XBRL GL 实例文档。XBRL GL 实例文档中的核心内容是 5 个entryDetail 元素，这 5 个 entryDetail 元素被组织到 2 个 entryHeader 中，表示 2 张供应商发票中的 5 条商品购买记录。

1. 原型

本案例原型是一个供应商发票记录，共有 2 张发票，其中 1 张发票记录了 2 件

商品的购买记录;另一张发票记录了3件商品的购买记录。下面给出了发票的关键字段,包括发票代码、日期、供应商名称、产品、数量、单价和金额等。其表达信息如表5-23所示。

表5-23 供应商发票信息

发票代码	日期	供应商名称	产品	数量	单价	金额
231002170130	2021/12/25	多彩礼品有限公司	礼品水笔	100	5.00	500.00
			礼品钢笔	15	20.00	300.00
231002170132	2021/12/15	洁白纸业有限公司	200克打印纸	2 000	27.00	54 000.00
			150克打印纸	100	15.00	1 500.00
			100克打印纸	50	10.00	500.00

2. 模型

上述表5-23的供应商发票事实相关内容可以用XBRL GL数据结构描述,如表5-24所示。与表5-23相比,表5-24的内容更加详细,并特别给出有关税费的详细内容。

表5-24由于页面篇幅问题,从纵向切分为4张表。表5-24从总体上包含16部分内容,各部分详述如下:

(1) 分录编号(Entry Number):表述每张发票在账簿中的编号,并非发票代码或发票号码。

(2) 行号(Line Number):表述每项商品在发票中的行号。

(3) 金额(Amount):表述每项商品的总价。

(4) 过账时间(Posting Date):表述发票过账的时间。

(5) 备忘线(Amount Memo):这是一个布尔值,表明是否用另一个"entryDetail"来提供额外的明细项目。本案例中取值为"FALSE",表示无需该项目,已有项目已经充分说明交易内容。

(6) 标识符引用(Identifier Reference):这个项目一般用于包含客户、供应商或者员工的标识符结构。标识符引用是一个复合结构,本案例中其具体内容包括:

- 标识符描述(Identifier Description):标识对象的简要描述。
- 标识符类型(Identifier Type):其类型为枚举型,本案例中的"V"表示供应商(vendor)。
- 标识对象地址(Identifier Address):表述标识对象的地址,是一个复合结构,具体内容包括标识对象街道(Identifier Street)、标识对象城市(Identified City)、标识对象省份(Identifier State Or Province)、标识对象国家(I-

dentifier Country)和标识对象邮政编码(Identifier Zip Or Postal Code)等。

(7) 文件类型(Document Type):是枚举型,本案例中取值"invoice"表示一项发票内容。

(8) 文件编号(Document Number):表述所依据的源文件本身的编号,一张发票是一个文件,所以此处文件编号就是发票代码。

(9) 文件引用(Document Reference):表述一个企业内部对源文件的编号。

(10) 文件日期(Document Received Date):表述文件收到的日期,此处指收到发票出具的日期。

(11) 文件位置(Document Location):表述源文件保存的位置,此处指发票保存位置。

(12) 详细说明(Detail Comment):表述对每项商品交易的详细说明。

(13) 到期日(Maturity Date):表述发票入账的截止日期。

(14) 支付条款(Terms):表述折扣/支付条款。本案例中给出的付款方式为"30 天内付款折扣为 2%"。

(15) 计量结构(Measurable):表述发票中与商品计量直接相关的内容。计量属性是一个复合结构,本案例中其具体内容包括:

- 计量对象描述(Measurable Description):计量对象的简要描述。
- 计量对象数量(Measurable Quantity):计量对象的数量。
- 计量单位(Measurable Unit Of Measure):计量对象的单位。
- 计量对象单价(Measurable Cost Per Unit):计量对象可以用数量标识的单价。

(16) 税费信息(Taxes):表述发票中与税费相关的信息。税费信息是一个复合结构,具体内容包括:

- 税务机构(Tax Authority):该项税费的管理机构。
- 税额(Tax Amount):该项商品的应缴税额。
- 税费类别(Tax Code):该项商品适用的税费种类。

表 5-24(a) 供应商发票的 XBRL GL 数据结构模型——发票一

Line Number	Amount	Posting Date	Amount Memo	Identifier Reference		
				Identifier Code	Identifier Description	Identifier Type
1	500.00	2021/12/31	FALSE	1130	多彩礼品有限公司	V
2	300.00	2021/12/31	FALSE	1130	多彩礼品有限公司	V

续表 5-24(a)(一)

Document Type	Document Number	Document Reference	Document Date	Document Received Date
invoice	231002170130	凭证编号:100900	2021/12/15	2021/12/14
invoice	231002170130	凭证编号:100900	2021/12/15	2021/12/14

续表 5-24(a)(二)

Document Location	Detail Comment	Maturity Date	Terms
发票专柜	购买礼品	2022/6/14	2% 10 Net 30
发票专柜	购买礼品	2022/6/14	2% 10 Net 30

续表 5-24(a)(三)

Measurable					
Measurable Code	Measurable ID	Measurable Description	Measurable Quantity	Measurable Unit Of Measure	Measurable Cost Per Unit
IN	礼品水笔	Red Widger	100	Each	5.00
IN	礼品钢笔	Red Widger	15	Each	20.00

表 5-24(b)　供应商发票的 XBRL GL 数据结构模型——发票二

Line Number	Amount	Posting Date	Amount Memo	Identifier Reference		
				Identifier Code	Identifier Description	Identifier Type
1	54 000.00	2021/12/15	FALSE	1412	洁白纸业有限公司	V
2	1 500.00	2021/12/15	FALSE	1412	洁白纸业有限公司	V
3	500.00	2021/12/15	FALSE	1412	洁白纸业有限公司	V

续表 5-24(b)(一)

Document Type	Document Number	Document Reference	Document Date	Document Received Date
invoice	231002170132	凭证编号:100901	2021/12/15	2021/12/14
invoice	231002170132	凭证编号:100901	2021/12/15	2021/12/14
invoice	231002170132	凭证编号:100901	2021/12/15	2021/12/14

续表 5-24(b)(二)

Document Location	Detail Comment	Maturity Date	Terms
发票专柜	凭证编号:100901	2022/6/14	2% 10 Net 30
发票专柜	凭证编号:100901	2022/6/14	2% 10 Net 30
发票专柜	凭证编号:100901	2022/6/14	2% 10 Net 30

续表 5-24(b)(三)

Measurable					
Measurable Code	Measurable ID	Measurable Description	Measurable Quantity	Measurable Unit Of Measure	Measurable Cost Per Unit
IN	4576	200 克打印纸	2 000.00	Each	27
IN	4800	150 克打印纸	100.00	Each	15
IN	120	100 克打印纸	50.00	Each	10

3. 代码

上述模型对应的 XBRL GL 代码如表 5-25 所示。

表 5-25　供应商发票的 XBRL GL 实例文档

<? xml version = "1.0" encoding ="UTF-8"? >	
<xbrli:xbrl 命名空间声明略……>	
以下略去与表 4-7(b)中类似的企业背景与元数据元素	
<gl-cor:accountingEntries>	accountingEntries 元素是 XBRL GL 的容器,但不是一个 XBRL GL 文件的根元素。与所有 XBRL 文件一样,XBRL GL 的根元素是 XBRL 元素。这意味着,通过一个或多个 accountingEntries 结构以及其中的数据,一个 XBRL GL 文件可以存储一个或多个虚拟 XBRL GL 文件,甚至是管理多个交易层次的数据。理解一个 XBRL GL 文件的关键是 entriesType。单个物理 XBRL GL 文件可以具有多个 accountingEntries 结构以同时表示交易文件和主文件,交易文件和主文件以不同的 entriesType 值(枚举值)进行区分。在下面这种情况出现时这种机制尤其重要。文件创建者创建了一个单一的物理文件,其中的一个 accountingEntries 元素中含有供应商的明细信息,另一个 accountingEntries 元素中含有同样的供应商的信息,后者仅仅引用了供应商的编号而无需全部的供应商信息。在这种情况下,后者仅需引用前者中的编号信息无需重建所有供应商信息。这种机制减少了重复的信息(供应商名称、地址等),这不仅可以消除冲突,还可以减小文件尺寸

（续表）

<gl-cor:documentInfo>	因为大多数用户都应使用 entriesType 元素，documentInfo 元素就成为必需元素
<gl-cor: entriesType contextRef = "now" > other </gl-cor:entriesType>	entriesType 这个元素给出了 XBRL GL 文档的用途。在使用 XBRL GL 文档时，软件可以根据 entriesType 元素内容向用户提供指导。本例为供应商发票列表，因此使用枚举值“other”。 显然，本例中的“other”并不能提供有效的指示，因此本例有关用途的信息将进一步通过其他元素表达，如将 indentifierType(标识符类型)元素值设置为“vendor”，同时将 documentType(文档类型)元素值设置为“invoice”，即可明确表达文档含义
<gl-cor:uniqueID contextRef = " now " > 001 </gl-cor:uniqueID>	uniqueID 元素类似一个序列号，用于唯一地标识/跟踪一系列项目(如分录)。 本例所描述的内容是供应商发票列表，这是一类专业报告，一般不需要录入至其他账户或进行发布，所以 uniqueID 元素的作用不明显。 如果一个项目的内容需要调整，XBRL GL 也提供了替代和附加等调整方法，而无论这个项目如何变动，都可以使用 uniqueID 元素确定该项目
<gl-cor:entryHeader>	第一张发票。 大多数业务细节需要以 entryHeader 元素及其 entryDetail 元素中的项目进行具体表示。极少有文件可以仅使用 documentInfo 元素和 entityInformation 元素即可表示业务明细信息
<gl-cor: sourceJournalID contextRef= "now">pj</gl-cor:sourceJournalID>	sourceJournalID 是一个枚举值，它将报告组织中的原始日记账信息与有助于数据交换的一个固定列表相联系。例如，本例中的发票来源是采购日记账，所以枚举值为“pj(purchase journal，采购日记账)”
<gl-bus: entryOrigin contextRef= "now">imported entry</gl-bus:entryOrigin>	这一信息说明了发票的信息来源是来自另一个自动化系统还是手动输入。本例中，信息来源为“手动输入(imported entry)”
<gl-cor: entryNumber contextRef= "now">50</gl-cor:entryNumber>	XBRL GL 文档基于表格中的行结构(line level)进行定义。当需要表示发票上的每一行时，一个表头结构(header level)代表一个独立的文档，所以 entryDetail 元素可以表示发票中的一行的详细信息。entryNumber 用来表示一张发票的、具有唯一性的编号(entryDetail 中会引用这个信息)

（续表）

<gl-cor:entryDetail>	第一张发票的第一条商品记录。 如上所述，当描述一个发票表单/文档的细节时，使用entryHeaders描述表单/文档的整体信息，使用entryDetail元素来描述每一个独立的行的明细信息，每行具有一个基本值(primary amount)。 然而，用户也可以在一个entryDetail元素内部列出多个与基本值相关的账户。例如，一个企业可以根据不同的企业会计准则(IFRS/US GAAP)将一个基本值分配至不同的账户，此时，对应该事项的一个entryDetail元素中可以给出全部这些账户。XBRL GL具有一般性，这意味着许多各行公用的信息(例如供应商、文档属性等)必须在每行的明细信息中重复输入；另一种做法是仅在一行中输入，同时给出该信息通用的标识符以供其他行引用
<gl-cor:lineNumber contextRef="now">1</gl-cor:lineNumber>	一个用于标识每张表中各行的唯一标识符。这个标识符应该具有标记行号的作用，以唯一标识发票上的一行信息
<gl-cor:amount contextRef="now" decimals="2" unitRef="usd">500.00</gl-cor:amount>	会计基本账户可能会、也可能不会与发票中的每个行的信息相关联，在本例中基本账户被省略： 在系统中，金额的形式可能有如下3种： (1) 一个带符号的数字。 (2) 符号(正负号)与数字分离。 (3) 具有借方/贷方等记账符号的数字。 在日记账中，符号或记账符号是必要的；但在发票这样的原始凭证中不太可能出现。 当表示发票及其明细时，XBRL GL中的金额表达方式很有技巧性。从最简单的意义上讲，一行内的金额可以简单地表示该行的总金额，而将单价信息记录于计量对象(measurable)元素中。 除此以外，销售税、运费和其他不能归属于一行的事项可以用一个计量对象(measurable)元素表示，或者用一个XBRL GL账户进行表示 如果发票信息被转至会计分录，为减少重复计算的风险，用户应该选择要么表达发票的所有行，要么仅给出一个总额
<gl-cor:postingDate contextRef="now">2021-12-31</gl-cor:postingDate>	postingDate元素中的时间是一个会计生效时间，在本例中既不是发票项目被输入或发布至系统中的时间，也不是正式的文件上的日期

(续表)

<gl-bus:amountMemo contextRef = "now" > false </gl-bus:amountMemo>	
<gl-cor:identifierReference>	发票中需要包含供应商信息,该项信息包含在标识符结构中。系统可能会、也可能不会永久性地存储标识结构的所有单项信息。例如,系统可能只存储客户编号而不存储客户姓名,或者相反。 本例中,identifierType 元素是唯一一个强制性要求出现的元素,以确切指出当前信息是关于客户的信息。这里的另一个可能引起歧义的问题是——为什么要在发票中的每行中都描述一次客户信息,而不是在表头中一次性给出客户信息。答案是:恰恰是这种看起来低效率的方法保证了 XBRL GL 的通用性特征。在表头信息中只给出最具一般性的信息内容,而将所有与具体领域相关的信息内容都放在具体的行中。这可以使得整体表结构保持稳定,并同时具有描述特异性的、领域相关的明细信息的能力。所以,XBRL GL 既没有在表头层和行中重复描述这些标识性信息,也没有在表头描述而在行中引用,而是直接将这些信息置于描述明细内容的行中
<gl-cor:identifierCode contextRef = " now " > 1130 </gl-cor:identifierCode>	
<gl-cor:identifierDescription contextRef="now">多彩礼品有限公司</gl-cor:identifierDescription>	
<gl-cor:identifierType contextRef="now">V</gl-cor:identifierType>	
</gl-cor:identifierReference>	
<gl-cor:documentType contextRef="now">invoice</gl-cor:documentType>	identifierType 元素取值为"vendor",documentType 元素取值为"invoice",这表明,这张表的信息是关于供应商发票的信息,而不是其他类型(如账簿)的信息
<gl-cor:documentNumber contextRef="now">231002170130</gl-cor:documentNumber>	此处的文档编号是发票代码

（续表）

<gl-cor: documentReference contextRef = " now " >凭证编号：100900 </gl-cor: documentReference>	文档引用是关于一个文档的文字性描述。有的系统允许人工输入这些信息，有的系统使用默认设置作为描述内容，而有的系统则使用内部编号作为描述内容
<gl-cor: documentDate contextRef = "now">2021-12-15</gl-cor: documentDate>	文档日期项是指打印在正式纸质文档上的日期。与文档处理相关的日期有很多种，这些日期在 XBRL GL 中由不同的元素进行表示
<gl-bus: documentReceivedDate contextRef = "now">2021-12-14 </gl-bus: documentReceivedDate>	除上述日期外，也存在其他与文档相关联的日期，例如，公司收到文档的日期。当文档收到日期与文档日期差别较大，并影响到有关支付和折扣条款时，保存这个日期尤为重要
<gl-bus: documentLocation contextRef = "now">发票专柜</gl-bus: documentLocation>	虽然极少有系统能够追踪发票归档的"物理"位置（无论是纸质的还是电子的），但作为审计跟踪的一部分，documentLocation 元素的内容记录了这样的"物理"位置。所以，使用者能够通过软件找到原始文档的位置，如实际空间位置（……专柜第一层），或计算机中的路径（c:\供应商发票\供应商发票 2020-12-31.doc）
<gl-cor: detailComment contextRef = " now " >购买礼品</gl-cor: detailComment>	在本例这个列示发票明细信息的情况中，detailComment（详细解释）元素和 documentReference（文档引用）元素的作用区别不大
<gl-cor: maturityDate contextRef = "now">2022-06-14</gl-cor: maturityDate>	到期日是发票入账的截止日期
<gl-cor: terms contextRef = "now">2% 10 Net 30</gl-cor: terms>	支付条款（terms）以文本形式给出与支付方式相关的条款。目前，该元素内容为不受限制的自由文本。XBRL GL 工作组讨论过根据现有准则为支付条款元素制定枚举值的问题，但尚未实施
<gl-bus: measurable>	计量结构（measurable）是行这一级别收集数据的基本工具。它能够表示库存、服务、供应、KPI、固定资产和其他能够与一个业务代码（而不是一个账户，这说明了该结构的通用性）相匹配的内容，并能够记录数值型（measurableQuantity）和非数值型信息（measurableQualifier）。一个典型的发票应该在每个用 entryDetail 元素描述的行信息中有一个可计量结构。在 entryDetail 元素中的金额（amount）应该是数量（measurableQuantity）乘以计量单位（measurableCostPerUnit）。在计量结构中有许多元素，但至少要包含一个计量对象代码（measurableCode）或者计量对象描述（measurableDescription）。其他元素都是选的，需要时才会出现

(续表)

<gl-bus:measurableCode contextRef = "now" > IN </gl-bus:measurableCode>	
<gl-bus:measurableID contextRef = "now">礼品钢笔</gl-bus:measurableID>	
<gl-bus:measurableDescription contextRef = "now">派克</gl-bus:measurableDescription>	
<gl-bus:measurableQuantity contextRef = "now" decimals = "2" unitRef = "NotUsed" > 100 </gl-bus:measurableQuantity>	
<gl-bus:measurableUnitOfMeasure contextRef = "now" > Each </gl-bus:measurableUnitOfMeasure>	
<gl-bus:measurableCostPerUnit contextRef = "now" decimals = "2" unitRef = "usd">5</gl-bus:measurableCostPerUnit>	
</gl-bus:measurable>	
</gl-cor:entryDetail>	
<gl-cor:entryDetail>	第一张发票的第二条商品记录,略
结构重复部分,略	
</gl-cor:entryDetail>	
</gl-cor:entryHeader>	
<gl-cor:entryHeader>	第二张发票的3条商品记录,略
结构重复部分,略	
</gl-cor:entryHeader>	
</gl-cor:accountingEntries>	
</xbrli:xbrl>	

5.10　规范供应商发票

规范供应商发票所包含的内容与5.9中发票内容相同,但XBRL GL数据建模方式不同。在上述案例中,所有供应商和商品的信息都直接包含在具体每个entryDetail元素中。而在本案例中,供应商和商品的信息分别在2个专门的accountingEntries（会计分录）元素中进行描述；然后在表示发票内容的 accountingEntries 元素中引用。在这种建模方式中，对于所有的供应商（以及商品信息）来说，其描述方法都是规范的、一致的，所以这种方法被称为规范方法。

1. 原型

本案例与 5.9 中所述案例的原型类似，因此不再赘述。

2. 模型[①]

1）供应商信息建模

本例给出的供应商信息模型与 5.9 中发票模型类似。

（1）accountingEntries 元素：一个包含全部内容的容器。所有供应商信息都位于一个 accountingEntries 元素中。在 accountingEntries 元素中，有 3 个子元素，documentInfo（文档信息）元素、entityInformation（实体信息）元素和 entryHeader（分录标头）元素。其中 documentInfo 元素描述了关于发票的一些基本信息；entityInformation 元素描述了管理发票的企业信息；entryHeader 元素则具体描述供应商信息。

（2）entryHeader 元素：一个包含所有供应商明细信息的容器。其中，每个供应商的明细信息都位于一个 entryDetail 元素中；而所有的 entryDetail 元素都是 entryHeader 元素的直接子元素。

（3）entryDetail 元素：单个供应商明细信息的容器。entryDetail 元素有两个子元素：account（账户）元素和 identifierReference（标识符引用）元素。其中，account 元素的子元素 accountType（账户类型）取值为“vender”，说明当前信息为供应商信息；identifierReference 元素中则包含了具体的供应商信息，如供应商代码、供应商名称等。其中，供应商代码是外部元素进行引用的标识符，以 identifierCode（标识符代码）元素的形式给出，要求具有唯一性。

2）商品信息建模

本例给出的商品信息模型与上述供应商信息模型类似。

（1）accountingEntries 元素：一个包含全部内容的容器。所有商品信息都位于一个 accountingEntries 元素中。在 accountingEntries 元素中，有 3 个子元素，documentInfo（文档信息）元素、entityInformation（实体信息）元素和 entryHeader（分录标头）元素。其中 documentInfo 元素描述了关于发票的一些基本信息；entityInformation 元素描述了管理发票的企业信息；entryHeader 元素则具体描述商品信息。

（2）entryHeader 元素：一个包含每个商品明细信息的容器。其中，每个商品的明细信息都位于一个 entryDetail 元素中；而所有的 entryDetail 元素都是 entry-

---

① 模型中与 5.9 中重复的元素各不再赘述，与 5.9 中不同的内容直接以元素及其结构给出。

Header 元素的直接子元素。

(3) entryDetail 元素：单个商品明细信息的容器。entryDetail 元素只有一个子元素：measurable(计量结构)元素。在 measurable 元素中给出了商品的类别、编号、品名、计量单位和单价。其中，商品代码是外部元素进行引用的标识符，以 measurableID(计量对象标识符)元素的形式给出，要求具有唯一性。

3) 引用方法

在表示发票中单个商品明细的 entryDetail 元素中，以如下方法引用已经定义的供应商和商品信息。

(1) 供应商信息引用：在 entryDetail 元素的子元素 identifierReference 中，令其子元素 identifierCode 的取值为对应供应商的代码，并对其子元素 identifierType 赋值为"V"，说明当前 identifierReference 元素的描述对象为供应商(Vendor)。

(2) 商品信息引用：在 entryDetail 元素的子元素 measurable 中，令其子元素 measurableID 的取值为对应商品的编号，对其子元素 measurableQuantity 赋值为发票中的商品数量，并对其子元素 measurableCode 赋值为商品的类别。

需要说明的是，与直觉相反，如果使用这种规范方法，XBRL GL 要求在一个 XBRL GL 文件中先出现引用信息，如发票中的供应商信息引用和商品信息引用，再出现这些具体供应商信息模型和商品信息模型。

3. 代码

表 5-26　规范供应商发票的 XBRL GL 实例文档

<? xml version = " 1. 0" encoding = "UTF-8"? >	
<xbrli:xbrl 命名空间声明略……>	
以下略去与表 4-7(b)中类似的企业背景与元数据元素	
<gl-cor:accountingEntries>	accountingEntries 元素是 XBRL GL 的容器，但不是一个 XBRL GL 文件的根元素。与所有 XBRL 文件一样，XBRL GL 的根元素是 XBRL 元素。这意味着，通过一个或多个 accountingEntries 结构以及其中的数据，一个 XBRL GL 文件可以存储一个或多个虚拟 XBRL GL 文件，甚至是管理多个交易层次的数据。理解一个 XBRL GL 文件的关键是 entriesType。单个物理 XBRL GL 文件可以具有多个 accountingEntries 结构以同时表示交易文件和主文件，交易文件和主文件以不同的 entriesType 值(枚举值)进行区分。 在下面这种情况出现时这种机制尤其重要。文件创建者创建了一个单一的物理文件，其中的一个 accountingEntries 元素中含有供应商的明细信息，另

（续表）

<gl-cor：accountingEntries>	一个 accountingEntries 元素中含有同样的供应商的信息，后者仅仅引用了供应商的编号而无需全部的供应商信息。在这种情况下，后者仅需引用前者中的编号信息无需重建所有供应商信息。这种机制减少了重复的信息（供应商名称、地址等），这不仅可以消除冲突，还可以减小文件尺寸。 本实例文档即使用这种方法，所以被称为"规范"而非"整体"，其中所有的信息都存储在行层次。 第一个 accountingEntries（会计分录）元素包含供应商发票的信息，其中通过一个代码引用供应商和存货信息。另外两个 accountingEntries 元素则表达供应商和存货主文件。不同 accountingEntries 元素出现的顺序无关紧要，但 IFRS 推荐引用信息的项目先出现，被引用信息的项目后出现
<gl-cor：entriesType contextRef = "now"> other </gl-cor：entriesType>	entriesType 这个元素给出了 XBRL GL 文档的用途。在使用 XBRL GL 文档时，软件可以根据 entriesType 元素内容向用户提供指导。本例为供应商发票列表，因此使用枚举值"other"。 显然，本例中的"other"并不能提供有效的指示，因此本例有关用途的信息将进一步通过其他元素表达，如将 indentifierType（标识符类型）元素值设置为"vendor"，同时将 documentType（文档类型）元素值设置为"invoice"，即可明确表达文档含义
<gl-cor：uniqueID contextRef = "now">001</gl-cor：uniqueID>	uniqueID 元素类似一个序列号，用于唯一地标识/跟踪一系列项目（如分录）。 本例所描述的内容是供应商发票列表，这是一类专业报告，一般不需要录入至其他账户或进行发布，所以 uniqueID 元素的作用不明显。 如果一个项目的内容需要调整，XBRL GL 也提供了替代和附加等调整方法，而无论这个项目如何变动，都可以使用 uniqueID 元素确定该项目
结构重复部分，略	
<gl-cor：entryHeader>	第一张发票。 大多数业务细节需要以 entryHeader 元素及其 entryDetail 元素中的项目进行具体表示。极少有文件可以仅使用 documentInfo 元素和 entityInformation 元素即可表示业务明细信息
<gl-cor：sourceJournalID contextRef = "now"> pj </gl-cor：sourceJournalID>	sourceJournalID 是一个枚举值，它将报告组织中的原始日记账信息与有助于数据交换的一个固定列表相联系。例如，本例中的发票来源是采购日记账，所以枚举值为"pj（purchase journal，采购日记账）"

(续表)

<gl-bus:sourceJournalDescription contextRef="now">Vendor purchases journal</gl-bus:sourceJournalDescription>	上述 sourceJournalID 是一个枚举值(用户必须选择一个已经在 XBRL GL 中定义的条目),而 sourceJournalDescription 允许用户使用自由文本——如实际的代码或术语——来描述组织提供的原始日期信息
<gl-bus:entryOrigin contextRef="now">imported entry</gl-bus:entryOrigin>	这一信息说明了发票的信息来源是来自另一个自动化系统还是手动输入。本例中,信息来源为"手动输入(imported entry)"
<gl-cor:entryNumber contextRef="now">50</gl-cor:entryNumber>	XBRL GL 文档基于表格中的行结构(line level)进行定义。当需要表示发票上的每一行时,一个表头结构(header level)代表一个独立的文档,所以 entryDetail 元素可以表示发票中的一行的详细信息。entryNumber 用来表示一张发票的、具有唯一性的编号(entryDetail 中会引用这个信息)
<gl-cor:entryDetail>	第一张发票的第一条商品记录。 如上所述,当描述一个发票表单/文档的细节时,使用 entryHeaders 描述表单/文档的整体信息,使用 entryDetail 元素来描述每一个独立的行的明细信息,每行具有一个基本值(primary amount)。 然而,用户也可以在一个 entryDetail 元素内部列出多个与基本值相关的账户。例如,一个企业可以根据不同的企业会计准则(IFRS/US GAAP)将一个基本值分配至不同的账户,此时,对应该事项的一个 entryDetail 元素中可以给出全部这些账户。XBRL GL 具有一般性,这意味着许多各行公用的信息(例如供应商、文档属性等)必须在每行的明细信息中重复输入;另一种做法是仅在一行中输入,同时给出该信息通用的标识符以供其他行引用
<gl-cor:lineNumber contextRef="now">1</gl-cor:lineNumber>	一个用于标识每张表中各行的唯一标识符。这个标识符应该具有标记行号的作用,以唯一标识发票上的一行信息
<gl-cor:amount contextRef="now" decimals="2" unitRef="usd">500.00</gl-cor:amount>	会计基本账户可能会、也可能不会与发票中的每个行的信息相关联,在本例中基本账户被省略。 在系统中,金额的形式可能有如下 3 种: (1) 一个带符号的数字。 (2) 符号(正负号)与数字分离。 (3) 具有借方/贷方等记账符号的数字。 在日记账中,符号或记账符号是必要的;但在发票这样的原始凭证中不太可能出现。 当表示发票及其明细时,XBRL GL 中的金额表达方式很有技巧性。从最简单的意义上讲,一行内的金额可以简单地表示该行的总金额,而将单价信息记录于计量结构(measurable)元素中

（续表）

<gl-cor：amount contextRef = "now" decimals = "2" unitRef = "usd">500.00</gl-cor：amount>	除此以外，销售税、运费和其他不能归属于一行的事项可以用一个计量结构(measurable)元素表示，或者用一个 XBRL GL 账户进行表示。 如果发票信息被转至会计分录，为减少重复计算的风险，用户应该选择要么表达发票的所有行，要么仅给出一个总额
<gl-cor：postingDate contextRef = "now">2021-12-15</gl-cor：postingDate>	postingDate 元素中的时间是一个会计生效时间，在本例中既不是发票项目被输入或发布至系统中的时间，也不是正式的文件上的日期
<gl-bus：amountMemo contextRef = "now"> false </gl-bus：amountMemo>	
<gl-cor：identifierReference>	发票中需要包含供应商信息，该项信息包含在标识符结构中。系统可能会、也可能不会永久性地存储标识结构的所有单项信息，例如，系统可能只存储客户编号而不存储客户姓名，或者相反。 本例中，identifierType 元素是唯一一个强制性要求出现的元素，以确切指出当前信息是关于客户的信息。这里的另一个可能引起歧义的问题是——为什么要在发票中的每行中都描述一次客户信息，而不是在表头中一次性给出客户信息。答案是：恰恰是这种看起来低效率的方法保证了 XBRL GL 的通用性特征。在表头信息中只给出最具一般性的信息内容，而将所有与具体领域相关的信息内容都放在具体的行中。这可以使得整体表结构保持稳定，并同时具有描述特异性的、领域相关的明细信息的能力。所以，XBRL GL 既没有在表头层和行中重复描述这些标识性信息，也没有在表头描述而在行中引用，而是直接将这些信息置于描述明细内容的行中。 完整的供应商信息保存在表达供应商主文件的 accountingEntries 元素中。在这个元素中，除代码外，还包含了一个 identifierType（标识符类型）元素，用于区别具有相同代码的其他业务伙伴（如客户，员工等）
<gl-cor：identifierCode contextRef = "now"> 1130 </gl-cor：identifierCode>	
<gl-cor：identifierType contextRef = "now">V</gl-cor：identifierType>	
</gl-cor：identifierReference>	

(续表)

<gl-cor:documentType contextRef="now">invoice</gl-cor:documentType>	identifierType 元素取值为“vendor”,documentType 元素取值为“invoice”,这表明,这张表的信息是关于供应商发票的信息,而不是其他类型(如账簿)的信息
<gl-cor:documentNumber contextRef="now">231001470132</gl-cor:documentNumber>	此处的文档编号是发票代码
<gl-cor:documentReference contextRef="now">凭证编号:100901</gl-cor:documentReference>	文档引用是关于一个文档的文字性描述。有的系统允许人工输入这些信息,有的系统使用默认设置作为描述内容,而有的系统则使用内部编号作为描述内容
<gl-cor:documentDate contextRef="now">2021-12-15</gl-cor:documentDate>	文档日期项是指打印在正式纸质文档上的日期。与文档处理相关的日期有很多种,这些日期在 XBRL GL 中由不同的元素进行表示
<gl-bus:documentReceivedDate contextRef="now">2021-12-14</gl-bus:documentReceivedDate>	除上述日期外,也存在其他与文档相关联的日期,例如,公司收到文档的日期。当文档收到日期与文档日期差别较大,并影响到有关支付和折扣条款时,保存这个日期尤为重要
<gl-bus:documentLocation contextRef="now">发票专柜</gl-bus:documentLocation>	虽然极少有系统能够追踪发票归档的“物理”位置(无论是纸质的还是电子的),但作为审计跟踪的一部分,documentLocation 元素的内容记录了这样的“物理”位置。所以,使用者能够通过软件找到原始文档的位置,如实际空间位置(……专柜第一层),或计算机中的路径(c:\供应商发票\供应商发票 2020-12-31.doc)
<gl-cor:detailComment contextRef="now">凭证编号:100901</gl-cor:detailComment>	在本例这个列示发票明细信息的情况中,detailComment(详细解释)元素和 documentReference(文档引用)元素的作用区别不大
<gl-cor:maturityDate contextRef="now">2022-06-14</gl-cor:maturityDate>	到期日是发票入账的截止日期
<gl-cor:terms contextRef="now">2% 10 Net 30</gl-cor:terms>	支付条款(terms)以文本形式给出与支付方式相关的条款。目前,该元素内容为不受限制的自由文本。XBRL GL 工作组讨论过根据现有准则为支付条款元素制定枚举值的问题,但尚未实施

(续表)

<gl-bus:measurable>	计量结构(measurable)是行这一级别收集数据的基本工具。它能够表示库存、服务、供应、KPI、固定资产和其他能够与一个业务代码(而不是一个账户,这说明了该结构的通用性)相匹配的内容,并能够记录数值型(measurableQuantity)和非数值型信息(measurableQualifier)。一个典型的发票应该在每个用 entryDetail 元素描述的行信息中有一个可计量结构。在 entryDetail 元素中的金额(amount)应该是数量(measurableQuantity)乘以计量单位(measurableCostPerUnit)。在可计量结构中有许多元素,但至少要包含一个计量对象代码(measurableCode)或者计量对象描述(measurableDescription)。其他元素都是可选的,需要时才会出现。 完整的存货信息存储在表达存货主文件的 accountingEntries元素中
<gl-bus:measurableCode contextRef = " now " > IN </gl-bus:measurableCode>	
<gl-bus:measurableID contextRef = "now">礼品钢笔</gl-bus:measurableID>	
<gl-bus: measurableQuantity contextRef = "now" decimals = "2" unitRef = " NotUsed " > 100 </gl-bus:measurableQuantity>	
</gl-bus:measurable>	
</gl-cor:entryDetail>	
<gl-cor:entryDetail>	第一张发票的其他商品记录,略
结构重复部分,略	
</gl-cor:entryDetail>	
</gl-cor:entryHeader>	
<gl-cor:entryHeader>	第二张发票,共 3 条商品记录,略
结构重复部分,略	
</gl-cor:entryHeader>	
</gl-cor:accountingEntries>	
</xbrli:xbrl>	

第 6 章

从 XBRL GL 到内部控制

XBRL GL 自问世以来,除了在账簿层面展开应用外,研究者还进行了其他多个领域的应用探索,内部控制就是其中之一。随着信息技术的发展和普及,信息系统已经跨过了作为企业的经营增强手段的阶段,而成为企业必不可少的基础结构。信息系统不但是企业数据存储的场所,同时也是企业管理能力的物化。在内部控制工作中,信息系统既是一种视角、一个控制对象,同时也是一种控制手段。将 XBRL GL 引入内部控制,能够在不改变当前企业内部信息系统架构的前提下,突破财务数据的限制,实现更广范围的数据集成,达到 COSO(The Committee of Sponsoring Organizations of the Treaduay Commission,美国反虚假财务报告委员会下属的发起人委员会)所追求的整合目标。

6.1 内部控制与信息系统

"安然"的教训使得监管者认识到,加强对企业的监管,不但要关注其对外的信息披露,还要关注其对内的内部控制(王雄元、严艳,2003)。中国会计工作和研究体系已全面转向国际会计准则体系,其标志是 2006 年 2 月 25 日新的《企业会计准则》颁布。在准则实施进入深化阶段后,企业内部控制的规范化随即全面展开。2010 年 4 月 15 日,《企业内部控制应用指引》《企业内部控制评价指引》和《企业内部控制审计指引》正式颁布。由于现在企业几乎都是以信息系统作为其管理的主要手段,因此内部控制体系中信息系统的作用备受关注。

6.1.1 内部控制的发展

1949 年美国会计师协会对内部控制的定义为:"内部控制包括组织的组成结构及该组织为保护其资产安全,检查会计数据的准确性和可靠性,提高经营效率,保证既定的管理方针得以实施而采用的所有方法和措施。"

从不同的角度,内部控制可以划分为不同的类型(《亚新科集团管理程序修正》

课题组,2001)。从对员工的控制方式,企业的内部控制可以分为人员控制、行为控制和结果控制。从企业与其子公司股东的关系角度,内部控制可以分为以内容、磋商和背景为基础的 3 种控制类型。从企业管理层次的角度,内部控制可以分为战略计划、管理控制和运营控制模式。根据常见的管理形态,内部控制可以分为战略计划、战略控制和财务控制。SAP(Statement on Auditing Procedure,审计程序汇编) No. 29 和 SAP No. 33 将内部控制分为会计控制和管理控制。会计控制主要用于确保财产安全及相关财务记录可靠。管理控制主要用于确保营运效率和遵守既定的管理政策。XBRL GL 作为一种内部控制手段,目前可行的切入点是会计控制,包括对各业务流程进行控制,保证财务记录的真实性和准确性,防止企业内部人员舞弊(陈志斌,2007 和 2008)。

内部控制整体框架方面的主要成果是 1992 年由 COSO 委员会提出并在 1994 年修改的《内部控制——整体框架》,这一框架致力于分解内部控制的要素,强调内部控制是由企业的董事长、管理层和其他人员合作实现的一个过程。COSO 报告中,内部控制的要素分为控制环境、风险评价、控制活动、信息与沟通和监督。这一框架表明,内部控制不仅是面向过去实际过程的反馈型控制,也需要面向未来的前馈控制和过程控制,形成贯穿于整个流程中的全面的控制。

对内部控制认识的发展,经历了内部牵制、内部会计控制、内部结构控制、内部控制结构、内部控制框架、风险管理等阶段。内部控制目标从简单的"查错防弊"发展到对风险的全面监控。COSO 报告认为,"内部控制目标为:提升经营的效率和效果、财务报告的可靠性、相关法律法规的遵循性"。加拿大的 COCO(Criteria of Control Board,控制委员会准则)控制目标为:"提升经营的效率和效果,内部和外部报告的可靠性,法律、规章及内部政策的遵循性"。英国 SAS(Statement on Auditing Standards,审计准则汇编)的内部控制目标为:"企业经营活动有序有效,经理班子政令畅通,资产安全,预防、察觉欺诈和差错,会计记录完整准确,财务信息可靠及时。"它涉及的目标更为具体,更倾向于保护股东的利益,更强调风险的观点(Kovar S E, 2011)。

中国财政部 1996 年 12 月颁布了《独立审计具体准则第 5 号——内部控制和审计风险》,其中第 9 条对内部控制目标作出以下界定:"保证业务活动按照适当的授权进行;报表的编制符合会计准则的相关要求;保证对资产和记录的接触、处理均经过恰当的授权;保证账面资产与实存资产定期核对相符。"

在内部控制的发展过程中,SEC 为贯彻和落实《萨班斯-奥克斯利法案》并便于界定 CPA(Certified Public Accountant,注册会计师)的内部控制审核责任,产生了 ICOFR(Internal Control On Financial Reporting,财务报告内部控制)这一概念(Klamm B K, 2009)。它是指由公司的首席执行官、首席财务官或公司行使类似职权的人员设计或监管的,受公司董事会、管理层和其他人员影响的,为财务报告

的可靠性、外部财务报表编制符合公认会计原则提供合理保证的控制程序。ICO-FR 的总目标是为财务报告的可靠性提供保证。

随着会计信息化的发展,这一问题受到多方的关注。信息技术治理协会在2007 年 5 月份发布了 4.1 版本的 COBIT (Control OBjectives for Information related Technology,信息及相关技术的控制目标)。COBIT 4.1 提供了 6 项建议性的应用控制(Application Control, AC)目标:AC 1:源数据准备和授权;AC2:源数据收集和输入;AC3:准确、完整和真实性检查;AC4:处理的完整和有效;AC5:输出检查、核对和错误处理;AC6:交易真实性和完整性(Tuttle 等,2007;饶艳超,2003)。从这一版本开始,COBIT 已从一个审计师的自用工具,演变为一个可供企业使用的 IT 治理框架(Curtis M B, 2009; Li C, 2007; Trites G, 2004)。

IT 技术与管理相结合,形成的人机系统统称为管理信息系统,其发展史主要为:1960 年前后,Joseph Orlicky 等人开发了第一套物料供求计划(Material Requirement Plarming, MRP),1960—1970 年出现管理报告系统,1970—1980 年兴起决策支持系统,1980 年至今发展成为战略和终端用户支持系统。主要战略和终端用户支持系统包括:主管信息系统(Executive Information System, EIS)、主管支持系统(Executive Support System, ESS)、专家系统(Expert System, ES)、计算机集成制造系统(Computer Integrated Making System, CIMS)、战略信息系统(Strategy Information System, SIS)、供应链管理(Suplying Chain Management, SCM)、客户关系系统(Client Relation Management, CRM)和企业资源计划(Enterprise Resource Planning, ERP)。

目前主流的会计信息化系统是财务管理信息系统(Finance Management Information System, FMIS)和企业资源计划相结合的产物。有学者指出,"公司的 FMIS 侧重于对资金流和信息流的管理和控制,而 ERP 则将管理和控制的触角延伸至企业的业务流、资金流、实物流、信息流以及人力资源流等各个领域和层面。"另有学者探索了信息系统在审计中的作用,"ERP 系统的使用、供应链的发展以及 XBRL 标准的推广普及等,都在技术上促成了连续审计的实现,从而使在线实时报告成为可能"(Williams S P, 2006)。"连续审计"技术的典型特征是利用技术优势来缩短内部审计周期、改善风险控制安全系数(Hermanson D R, 2000; Weidenmier M L, 2006)。它能提高审计质量,减少审计风险。根据普华永道会计师事务所发布的名为《内部审计状况职业研究》的报告结果,会计师对连续审计及监控作为未来趋势已经达成共识。

6.1.2 内部控制的主要理论

随着社会经济的发展,企业的组织结构日趋庞大和复杂,每天处理的信息越来越繁杂,对企业的经营管理效率和风险控制也提出了越来越高的要求。内部控制应运而生,并随之发展。它的作用在于:保护企事业单位的财产安全和完整,保证国家政策、法令的贯彻和执行,保证会计记录及相关数据和资料的真实性,提高企业的经营效率。

1963年,AICPA的审计委员会修改了对内部控制的定义,认为"内部控制包括组织设计及所有用于以下方面的方法和措施:保护资产,检验会计数据的准确性和可靠性,促进效率,鼓励遵守既定的管理政策。"由定义可以看出,内部控制对企业具有积极的影响。

1. COSO《内部控制——整合框架》

1992年,在COSO发布报告《内部控制——整合框架》,整合了各方面对内部控制的需求,首次提出一个包括5个相互关联要素的完整内部控制理论框架。这些要素源于管理层经营业务的方式,并与管理的流程整合在一起,形成一个环环相扣的完整过程。

1)控制环境

控制环境包括:组织内人员的诚实、伦理价值和企业员工的竞争力;管理层分配权限和责任及其组织和发展员工的方式;管理层经营哲学和模式;董事会提供的关注和指导方向。控制环境影响员工的管理意识,是其他部分的基础。控制环境构成一个组织的氛围,影响内部人员控制其他要素,影响组织成员对于控制的意识,决定了一个组织的基调。它为内部控制所有其他部分提供纲领和结构。

2)风险评估

风险评估是指管理层识别并对经营、财务报告、符合性目标有影响的内部或外部风险,包括风险识别和风险分析(上海市内部审计师协会课题组,2009)。风险识别又进一步包括对外部因素(如技术发展、竞争、经济变化)和内部因素(如员工素质、信息系统处理的特点、公司活动性质)进行检查。风险分析则涉及如何估计风险的重大程度、评价风险发生的可能性、考虑如何管理风险等。

风险评估的作用是确认和分析实现管理目标过程中的相关风险,是形成管理何种风险的依据。它随经济、行业、监管和经营条件而不断变化,需要建立一套机制来辨认和处理相应的风险(Daigle R J, Lampe J C, 2004)。

3)控制活动

控制活动是指对所确认的风险采取必要的措施,以保证单位目标得以实现、管理层指令得以执行的公司政策和流程。它确保企业针对相关的风险采取必要的措施,以实现企业的经营目标。控制活动贯穿于整个组织的所有层次和所有职能部门,包括一系列不同的活动,如对经营活动的审批、授权、确认、核对、审核,职权分离,对资产的保护等。

美国会计师协会《审计准则公告第78号》将控制活动分为以下几类：

（1）“业绩评价：是指将实际业绩与其他标准，如前期业绩、预算等和外部基准尺度进行比较；将不同系列的数据相联系，如经营数据和财务数据，然后对功能或运行业绩进行评价。

（2）信息处理：是指保证业务在信息系统中正确、完全并经授权处理的活动。信息处理控制可分为两类：一般控制和应用控制。一般控制与信息系统设计和管理有关，应用控制则与个别数据在信息系统中处理的方式有关。

（3）实物控制：包括实物的安全控制、对计算机以及数据资料的接触予以授权、定期盘点和将控制数据予以对比。

（4）职责分离：是指将各种功能性职责分离，以防止单独作业的员工从事或隐藏不正常行为。一般来说，下面的职责应被分开：业务授权、业务执行、业务记录、对业绩的独立检查。”

4）信息和沟通

信息系统产生各种报告，包括经营、财务、合规等方面，使得对信息和行为的控制成为可能。其处理的信息包括内部生成的数据，也包括可用于经营决策的、描述外部事件、活动、状况的信息和各类外部报告。为了使员工能执行其职责，企业必须识别、捕捉、交流内部和外部信息。内部信息的核心是会计信息，即记录和报告经济业务及事项、维护资产、负债和业主权益的方法及记录。外部信息则包括市场、法规和客户等信息（Barra R A，2010）。

沟通是使员工了解其职责，保持对财务报告控制的有效手段。它使员工了解在组织中他们的工作如何与他人相联系，如何对上级报告例外情况。沟通的方式主要有政策手册、财务报告手册、备查簿，以及口头交流或管理案例等。有效的沟通应当基于更为广泛的理解，并且自上而下、自下而上地贯穿整个组织。所有人员都要理解自己在控制系统中所处的位置，以及相互的关系；必须认真对待内部控制系统赋予自己的责任；同时也必须和外部团体进行有效沟通，例如客户、供应商、监管部门和股东等。

5）监督

监督在经营过程中进行，通过对正常的管理和控制活动、员工执行职责过程中的活动进行监控，来评价系统运作的质量。不同评价的范围和步骤取决于不同的风险评估和执行中监控程序的有效性。对于内部控制的缺陷应该及时向上级报告，严重的问题要报告到管理层高层和董事会。

2. 内部控制关注点

根据COSO《内部控制——整合框架》和主流学术界观点，从会计作用方式的角度，内部控制可以分为管理控制和会计控制。管理控制主要体现为组织设计的方法和程序,涉及战略控制、风险控制等。而 XBRL GL 的作用方式相较于管理控制,更侧重于会计控制,即影响企业会计资料的与运营信息有关的资源,所以本节将着重探讨与财务相关的运营控制和企业人员舞弊的内部控制关注点。

1) 资产管理

这里所说的企业资产主要指存货、固定资产和无形资产。它们在内部控制管理上存在很多共性,所以从内控角度归为一类。首先,从员工管理角度,在资产管理上要防止资产的盗用和丢失、将企业资产作为个人资产使用,即要保证实物控制。其次,从管理层舞弊角度,公司管理层倾向于高估资产,通过不恰当的计价方式和计提跌价准备、计提折旧来虚增资产价值。另外,从经营效率角度,存货中的原材料和半成品需要进行再加工,这时,要确保材料领用手续的齐备,材料的消耗量合理。

2) 采购管理

在采购管理中,主要关注发票、购销合同、入库单等各项原始凭证,防止虚假单据的产生,从而免得企业为不存在的购买活动支付现金。

3) 销售管理

与采购管理相似,在销售管理中主要关注出库发货单、货运公司的接收确认单据、购销合同等原始凭证,防止虚假单据发生,保证账实相符。

4) 虚假收入

与高估资产的情况类似,管理层,尤其是上市公司管理层不乏虚增收入的动机。其手法包括推迟披露有价证券市价下跌、通过关联交易转移定价、随意制定应收账款冲销标准、任意调整资产价值、利用权益法核算误导子公司账户、利用退货处理确认不符合条件的收入,甚至虚构买方提高收入。

与此相反,管理层有时为了逃避赋税,也可能低估收入或虚增费用。这类手法包括:虚增资产,加大费用;材料领用手续不完备,周转材料不按期进行摊销,造成成本失真;加大资产跌价准备值;通过关联交易将利润转去海外。管理层通过这些方式来达到瞒报利润的目的。

5) 应收账款管理

美国的会计研究者以普华永道会计师事务所 20 个公司的审计资料为对象,发现“在各交易环节错弊程度中,应收账款排名第一的比例最高,接下来是应付账款,再次是存货”。应收账款的舞弊点主要是存在性和坏账准备率。

存在性问题主要体现在赊销企业存在的真实性,以及发生的当期赊销应按多少比例计入当期收入。为了发现坏账准备率问题,需要恰当的账龄分析,对欠款企业的偿债能力进行正确评估。

6) 应付账款管理

应付账款错弊主要集中在真实性问题。内部控制首先应确保公司需承担的债

务的存在性和准确性，例如，由采购业务产生的债务就要确保购销事实的存在性和定价合理性，防止相关人员中饱私囊。其次，要确保分类的正确性，尤其是应付账款和预收账款分类记录的准确性。

7）数据交换

不少企业有在两个或多个数据系统之间进行数据交换的过程中发生错误的事件，这尤其会发生在跨企业与银行的资金头寸平台、跨企业若干开户银行的数据平台、跨集团各成员企业的地域平台、跨集团各部门的业务平台等。这需要财务监督和合适的数据对接软件或交换系统（Woolley D J，2011）。

8）记录、计算和分类错误

以上关注点主要针对的是员工和管理层的恶意舞弊行为。但在实际操作中，更多发生的是由于相关人员没有足够的会计知识或是疏漏而造成的记录、计算和分类错误，如计算错误导致的数字错误、会计科目分类的错误、会计记录方法错误等。这就需要员工具备相应的专业技能和较强的责任心，企业具有一套完善的复核制度，来降低这些错误发生的可能性。

9）战略管理

战略管理的目标是通过财务和非财务指标来分析企业目前的风险和优势。企业除了要注意日常的运营控制，还要保证其日常业务决策同长期计划决策相一致，并时刻关注企业资源配置和战略实施的情况。

6.1.3　信息化环境下的内部控制研究

1. 信息化的特点

随着互联网、云计算和大数据技术的普遍应用，企业管理进入全面信息化时代，这为内部控制设计与实施带来更多的机遇和挑战（Luisi J V，2014）。

1）财务和业务一体化

目前的管理信息系统都不仅限于财务信息的记录，而倾向于实现财务与业务的一体化。ERP 系统就将企业财务和业务一体化处理，其会计信息的采集、存储、加工、处理、传输等功能全部嵌入企业的采购、生产、销售、人力资源等业务处理子系统，并通过计算机软硬件和网络自动进行集成化运作和统一管理，实现了业务交易和会计记录的“双同步”（Daniel E O，2010）。

2）实时共享

及时性是会计信息的灵魂，及时的信息才会是有用的信息。信息化环境下，实时财务报告的理念得以实现。实时财务报告是指利用互联网向信息使用者实时提供企业生产经营活动及其结果的信息报告系统。报告的使用者可以据此及时查询和了解企业的财务状况、经营成果等重要信息。通过实时信息共享，会计信息的使用者可以随时查看企业经营和财务状况，方便、快捷地了解企业经营管理的过去与现状，调整对有关会计年度数据的预期，从而有助于投资者作出合理的决策（骆良彬，2008）。

如今，XBRL GL 开启了信息系统之间数据无缝传送的大门，将实现无缝审计，基本消除数据重复录入的时间迟滞，在技术上有助于促成及时乃至实时审计和报告的实现。

3）物流、资金流和信息流"三流统一"

物流是指与提供商品和劳务直接相关的要素流动，涵盖供、产、销三个过程。资金流反映企业资金或广义货币资金的流入、流出线索。信息流是指信息的传递过程。"三流统一"以流程线索的形式全面展示企业可能发生的业务事件，弥补大多数企业中内部控制建设难以全面规划而丧失系统性的缺陷（Jackson C, 2000）。

物流、资金流和信息流是相互影响、相互作用的。因为物流、资金流的运动必将反映在信息流之中，而对信息流的控制手段也可以帮助物流、资金流更加畅通无阻地运行。此外，物流与资金流的运动往往是相互交叉、同时发生的，例如"销售与收款"过程。所以，物流、资金流和信息流三者之间的逻辑关系相互验证，可以保证企业业务信息的可靠性和准确性。

4）整个产业链利益共同体集成化运作和协同管理控制

利益共同体间的数据共享和交换，也是信息化的一个重要作用。传统的 EDI 系统（Electronic Data Interchange，电子数据交换）通过在各有关部门或企业之间实现订单、发票等作业文件传输的电子化（Lee S, 2000; Sriram R S, 2000），实现数据的自动化交换与处理，并自动完成以交易为中心的全部过程（Lany S, 2001）。

通过这种电子化手段，业务数据能够自主地进行双向交换。现在，在企业与客户之间的电子商务活动中，业务数据如电子合同、电子订单、产品信息等能够实现双向自主、自由地进行交换，并自动完成交易。在企业与相关金融机构如开户银行之间的网络连接，使企业的会计核算系统与银行的账户管理形成映射，推进网上收支结算的可靠性与安全性（Danenas P, Garsva G, 2015）。因此，企业通过引入 XBRL GL 这样的数据标准化技术，完善会计数据与互联网上的标准访问接口，将帮助实现整个产业链利益共同体的业务数据的自动交换，并有助于协同管理控制。

5）效率可比性

对企业的财务分析工作而言，实现同其他企业的信息横向比较，以及与本企业在其他期间或时点的信息纵向比较，能方便管理层获取、集成和全面评价相关财务能力，从而进行正确的财务决策（Irina 等，2014）；或者凸显企业对于相似交易会计处理方式的不同，使得企业会计政策选择对于信息使用者更为透明（Hwang 等，

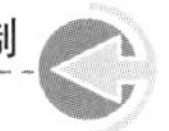

2008)。

在信息化环境下，信息可以通过标准的标签识别。无论是不同企业间的相似信息，还是同一企业不同期间的相似信息，都可通过智能搜索完成抽取并导入分析软件(Jakub 等，2014)，用户能在有限时间内高效地对大量报告信息进行分析，充分发挥可比信息的决策作用。

2. 信息化控制

1) 输入控制

会计信息系统中的输入数据量一般比较大，难以进行人工检查，有效的电子化输入控制可以使错误的数据输入很容易被发现并及时得以纠正。会计信息系统可以通过确定输入数据的范围、类型以及两次输入法、复核输入、余额控制等多种方法，或者通过保证输入的数据确认已经过审批手续，来保证输入数据的正确性，减少输入环节错误的发生。例如，经济业务在由计算机处理之前应该先经过适当的批准，会计信息系统通过登记日志文件，来防止经济业务被遗漏、重复添加、重复或不正当地更改，并对不正确的经济业务进行删除或更正(高浩玮，2002)。

2) 处理过程控制

会计信息系统中的信息处理控制多为程序化的控制，主要通过系统内部控制程序的运行来自动保证数据处理的正确性。这一控制过程的目的是：确保计算机运行时能发现、纠正和报告某些错误的输入，从而保证数据处理的可靠性和正确性。数据处理控制方式主要包括处理流程控制、数据修改控制、数据备份和恢复控制、结账控制等。会计数据正确输入后，数据将由程序进行自动地加工处理，按照输入、复核、更改、汇总、分类、登账、对账、转账、结账等流程规范地完成处理过程控制。

3) 输出控制

输出控制是对会计信息系统输出环节的控制。数据的输出形式包括查询、打印、文件下载、U 盘输出等，其内容包括：第一，对输出结果的正确性进行检查；第二，对输出结果接收者的合法身份进行检查，防止重要经济信息的非法泄露；第三，对输出结果的及时性和输出结果传递过程的准确性进行检查，以保证输出的会计信息准确、真实、可靠。输出控制的目标是保证各种输出结果的准确性、真实性、可靠性和完整性，并且保证输出的接触人员仅限于经过授权的人员(Stephen F，2005)。

6.2　XBRL 和内部控制

内部控制是一项与信息技术密不可分的工作，在 XBRL 出现后，人们自然地考虑将 XBRL 引入企业的内部控制。研究者的思路是从报告层面(XBRL FR)的尝试开始的,通过分别分析 XBRL 和内部控制的特征,以探索两者结合的可行性与方式。

6.2.1 XBRL 和内部控制的特征分析

1. XBRL 的技术特点

XBRL 的技术基础是 XML,从信息管理角度,它可以将数据(data)与样式(style)分开,并允许使用者依其需求针对资料自由定义标签。从数据类型设计角度,XBRL 以商业需求为立足点设计数据类型。XBRL 涉及的数据类型有:stringItemType(字符串类型)、dateItemType(日期类型)、monetaryItemType(货币类型)、sharesItemType(份额类型)、integerItemType(整数类型)、decimalItemType(小数类型),这些数据类型能够满足绝大多数的商业需求。目前,XBRL 的应用还局限于财务报告信息的定义和交换。XBRL 是互联网时代 IT(Information Technology,信息技术)技术在商业领域的衍生和细化。在 IT 技术飞速发展的今天,网络信息的使用较以前更为频繁,信息的存取、处理、交换和转换问题更为突出。XBRL 语言可以统一文件的结构、命名、语义、处理逻辑以及不同信息和文件格式的转换,其作用和网络信息交换的需求完全匹配。

2. 内部控制的工作逻辑

研究者们对内部控制的理解经历了方法观、过程观、风险观三个阶段。2004 年,COSO 推出《企业风险管理整合框架》,风险成了内部控制研究的主要角度。内部控制是企业面临风险的一种反应,是在风险状态下为企业目标的实现提供的一种合理保证,它的目的是适当地管理与控制风险。同时风险管理也是一种过程,所以风险观也涵盖了过程观(吴炎太,2009)。内部控制一词中所谓的"内部"从企业组建和建立法人治理结构开始,延伸至产品走向市场后的售后服务与市场调研,有时还因企业的外购服务(outsourcing)延伸至企业的法律边界以外。控制是指驾驭和支配的,控制的目的是实现某系统或作业持续地"得到控制"(being control),或把"失控"(out of control)的可能性及其影响降低到可以接受的程度,最终达到系统或作业既定目标。企业内部控制是指企业各决策层为了确保各类契约关系顺畅履行,维护和扩大各类契约当事人利益,而设置的规则、程序及其作用过程,其根本目的是将企业运行持续地置于"得到控制"的状态,确保企业有一个合理的战略目标、合格的经营团队,并按照既定目标持续高效地发展和增值,为企业各类契约的当事人发现并创造价值。

6.2.2 与 XBRL 和内部控制相关的领域

在探讨 XBRL 引入内部控制的时候,考察与 XBRL 和内部控制两者都相关的

领域,并通过这些相关领域为XBRL的应用提供借鉴,是一种很有效的方式。这些领域包括:电子商务、网络信息安全、IT技术、审计和认证业务、法律法规以及经营管理。

1. 电子商务

电子商务在中国乃至国际,线上销售较线下销售,涉及物流过程少、成本低。订单信息的收发和确认都是借助EDI技术完成的,这可以为XBRL GL、XBRL FR提供基础数据。电子商务标准中与内部控制直接相关的是Web Trust标准,其在国际范围内对电子商务的内部控制提出新的挑战,也造就了新的机遇。Web Trust是由全球两大著名注册会计师协会AICPA(美国注册会计师协会)和CICA(Canadian Institute of Chartered Accountants,加拿大注册会计师协会)共同制定的安全审计标准(这两大机构也是COSO和COCO内部控制框架的参与者),主要对互联网服务商的系统及业务运作逻辑安全性、保密性等共计7项内容进行近乎严苛的审查和鉴证(Leech T, 2000, Mcphie D, 2011)。只有通过Web Trust国际安全审计认证,根证书才能预装到主流的浏览器而成为一个全球可信的认证机构。目前国内"中国互联网络信息中心"CNNIC的根证书和上海证书授权中心的根证书通过了Web Trust认证。随着Web Trust被广泛接受,会计师开始关注其对内部控制的影响,例如,要求企业给商家提供有关网上交易的认证,从而降低商家参与网络交易的风险等(Ponte等,2015)。

2. 网络信息安全

现代企业绝大多数以IT作为管理的基础设施,其中绝大多数的电子信息交换都涉及网络技术。因此,针对信息技术的控制措施越来越受到人们的关注,其中最重要的内容就是信息安全管理。网络技术的应用在一定程度上增加了信息交流的风险(谢岳山,2009)。信息技术飞速发展的今天,信息在传输过程中被丢失或改动的情况已经基本消失,而主要的损失来自如下方面:其一,网络黑客的攻击;其二,计算机病毒侵袭;其三,企业内部不法员工泄露和竞争对手的窃取。从内部控制角度分,网络信息风险有5个类型:其一,金融风险;其二,管理风险;其三,制度风险;其四,技术风险;其五,信息风险(许就斌,2000)。管理风险和技术风险对企业内部控制的有效性有巨大影响。管理风险是指责权不明、管理混乱、安全管理制度不健全,即缺乏可操作性等可能引起管理安全的风险。信息风险是指信息虚假、信息滞后、信息不完善和信息垄断等可能由信息处理不当而导致的损失(严绍业,1987)。面对网络信息风险,企业必须采取切实可行的安全对策。要想成功地防范风险,企业在设计内部控制机制时,就必须对网络的发展规律和风险机制有一个清醒的认识。在设计信息系统时,企业要确保系统具有信息保密性、身份的确认性、不可否认性、不可篡改性、可验证性和可控制性(Lehmanbc M, 2006)。

3. IT技术

目前绝大多数企业都非常依赖IT技术，因此IT控制问题成为突出问题（胡晓明，2009）。以COSO目标中的“财务报告可靠性”而言，大多数企业通过IT系统产生财务报表，企业CEO（Chief Executive Officer，首席执行官）和CFO（Chief Finnancial Officer，首席财务官）在报表上签字前都需要考虑IT系统的可靠性（杨周南，2003和2007）。IT系统的可靠性同时受内部治理和外部治理的影响。研究表明，设立CIO（Chief Information Officer，首席信息官）的企业，其IT系统出现重大缺陷的可能性更小。以前，CIO的职能只是简单考虑IT运行的有效性，现在其职能已经延伸到企业IT系统的合规性。同时，企业独立董事在董事会中的比例越高，企业IT系统中出现重大缺陷的可能性越小。但是审计委员会成员的IT经验对企业IT系统控制的贡献目前还不确定（周常兰，2009）。IT系统是否有效运行，在一定程度上反映企业管理层就IT对信息技术管理人员及其员工影响的认识。

4. 审计和认证业务

外部审计师的审计和认证业务，是企业保持并改善其控制水平的重要保障。XBRL的出现，给网络财务报告带来了一场新的革命，同时也对审计提出了新的挑战（Gelinas U J，Gogan J L，2006）。XBRL的出现，使得连续审计成为可能。构造基于XBRL的审计流程，审计鉴证将为XBRL网络财务报告的高效运行保驾护航，真正成为虚假会计信息的“过滤器”和利益相关者的“保护袖”。CICA认为，XBRL财务报告编制过程与传统的编制过程不同，必然需要增加审计程序以确保XBRL文档的可靠性（姚太明，2005）。当XBRL被用来生成定期财务报告时，审计人员必须关注实施XBRL的额外程序和政策，并评价分类标准的使用与数据标记的恰当性、被标记数据的真实性，以及信息产生过程控制的有效性；当XBRL被用来生成实时财务报告时，将需要实施控制程序来保证被标记数据的真实性，因此审计人员必须持续评价这些控制的有效性，即实施实时审计。

5. 法律法规

2008年5月22日，财政部会同证监会、审计署、银监会、保监会制定了《企业内部控制基本规范》。该规范是我国目前针对内部控制最完善的法规框架。内部控制作用的有效发挥离不开法律法规的支持。如果没有法律法规作为内部控制实施的依据和后盾，内部控制的实施就会变得盲目和随意，甚至流于形式，既难以实现内部控制的目标，也浪费企业资源。但是我国涉及内部控制的法律框架尚未形成，研究也还处于起步阶段。从我国与内部控制相关的法律规范构成来看，普遍具有立法层次较低、内容零散以及部门来源单一等特点，尚未形成一个相互衔接的完整法律框架体系。我国目前关于内部控制的指导原则、指引、规范等，很多出自不同的政府部门。鉴于不同政府部门的工作重点不同，这种做法弊端较多。目前法律

和规章中涉及内部控制的要求主要是围绕会计问题展开,内容较为单一。只有《会计法》是对内部会计监督制度提出明确要求的法律,但内部会计监督制度只是内部控制制度的一个方面,并不是全部。

6. 经营管理

在经营管理方面,内部控制代理理论认为内部控制制度可以有效引导企业员工实现企业的战略目标。内部控制制度的设计和实施方法应该和企业的战略发展相一致。有效的内部控制手段应该在企业的各个层面促进企业战略的实施。COSO《内部控制——整合框架》尚未很好地反映企业内部控制的最终目标,对于企业经营管理的研究还是主要着眼于企业的内部会计控制。2008年财政部制定的《企业内部控制框架》涵盖了企业内部管理控制,从战略的层面考虑了企业内部控制的作用和目标。但我国对企业内部控制的研究还有待深入。由于内部控制和会计、审计联系紧密,目前我国内部控制的研究者大多数是会计、审计领域的专业人士。所以,国内对内部控制研究的视角局限较大。

6.2.3　XBRL GL在内部控制中的应用

标准的XBRL应用是报告层面的应用,最典型的是财务报告(XBRL FR)。而对于企业内部控制而言,既需要最终的报告,也需要形成报告中大量可追溯的细节性信息。特别在企业的审计工作中,后者更为重要。因此,以XBRL GL为主体构筑一个规范的记录体系,实现从交易事项发生开始到最后报告生成的全过程的信息化,力求呈现的信息公允可靠,降低企业内部舞弊可能性,就显得极为重要(章铁生,2007)。

1. XBRL GL功能探索

作为能够集成企业财务/非财务、母公司/子公司、企业/供应商以及企业/销售商的信息技术基础结构,XBRL GL能够在不影响企业原有信息系统的基础上,形成一个只读的信息记录平台。这个平台以及构筑在这个平台之上的应用系统能够实现以下目标。

1) 风险警示系统建立

该系统主要通过对影响企业的各种内外部事项进行识别、评估,并根据企业的风险容忍度,确立内部人员各种行为的边界,对于超越边界的行为拒绝执行,并向监控系统发出警示。基于XBRL GL的电子账簿系统内可预先确定一些高风险的操作事项,如员工登录账号和密码3次以上发生错误,在没有生成采购单的情况下进行货款支付等。同时,对各种超越这一边界的行为直接进行实时控制,通过前馈控制防止企业发生舞弊或输入错误。该系统也将连接反馈控制系统(Mascha M F, 2007),对于需要积极控制的新风险,按业务性质进行归类,找出各个流程中的主要风险点,更新到风险识别边界内,以便于系统升级,提高该系统的灵活性。

2）监控系统建立

最常用的监控方法就是校验，即通过会计的记录、确认、计量和报告对各项交易及事项进行核对或检验。校验人员由具体经办人之外的独立人员担任，验证内容包括所记录的金额的正确性，记录内容与所有原始凭证、发票等原始资料的一致性，与该项业务相关的内部控制程序的履行情况等。比如，发票、工资计算表、成本计算单等表单的正确性审核，存货盘点表、银行存款余额调节表、现金盘点表等与会计记录的比较，这些手段都有利于防止会计差错的发生。基于 XBRL GL 的电子账簿系统应给予审批人相应的权限，不经校验的记录不能入账、同意付款，并要求校验人员在校验后留下签名。这一程序不仅能降低错误风险，也是评价员工工作质量的合理途径。

此外，该系统应实现实时控制功能，例如，当会计人员进行账务处理时，其操作和数据也被同步地记录在监控人员的计算机上，由监控人员进行即时或定期检查。另外，还可辅之以风险警示系统，一旦出现数据异常便进行深入调查，依据风险警示的结果和结果产生的原因分别采取控制措施，达到避免、消除、降低风险及其影响，实现控制目标的目的。为了实现实时控制，应对日益增多的不确定性因素，这种控制应该是交互式的，便于不断进行实时调整。

3）操作日志文档建立

基于 XBRL GL 的电子账簿的实施不仅可以提高企业的运作效率，也能给审计带来极大的便利。如果在系统内建立操作日志文档，留下所有记录创建、改动和删除的痕迹，便能减少企业舞弊的风险，加大企业账簿的可信度（Dilla W N, Raschke R L, 2015）。某人在何时以何种身份调用了哪些功能、进行了哪些操作，均应一一记录在案，以定期备份、妥善保存。这既构成了一种安全性保障，也提供了在发生事故后追查事故原因的依据。记录内容至少应包括：改动项目、改动前记录、改动人员、操作开始和结束时间，甚至可以要求对重大项目记录改动原因，这是一条可以遏制企业收益操纵的主要途径。

4）标签追踪系统

XBRL GL 分类标准的一大特点，就是采用标签进行上下级会计科目间的链接。XBRL GL 对每一单元信息赋予独特的标准标签，应用软件可以通过标签识别信息，并可准确地依据分类标准的定义对其进行处理。此外，在数据进入系统之初就为其添加相关的上下文信息，并在传递过程中始终携带，从而自动提供审计线索。无论数据处于何种合并层次，通过标签总能顺利地对其进行追踪定位。这一特性，将方便总分类账和明细账的核对，以及余额、发生额的试算平衡检查等。

5）数据挖掘细化

XBRL GL 可以做到对存在于电子账簿系统内的每一笔分录，都有指定的路径

细化到其对应的原始凭证、发票、合同、采购或订购单、收货或发货单、应收票据、商业承兑汇票等所有反映该笔交易真实与公允存在的证明资料。此外，为了保证完整性和存在性，企业对业务处理的凭证应编制相应的号码，对所有凭证均应事前编号，这样做既便于业务的查询，也可避免业务记录的重复和遗漏，并可在一定程度上防范舞弊的发生（Debreceny R S，Gray G L，2010）。最后，对所有作废的票据都要妥善保存。通过对数据的细化，可以保证全部收入、结算款项等能够及时准确入账。

6）系统初始化控制

基于 XBRL GL 的电子账簿系统能够具有控制系统初始化的功能。初始化内容包括设置系统参数、设置会计科目、建立各种账簿文件、录入各种余额数据等，这些都能保证会计输入的规范性，便于审计和发现错误，因此在系统运行前应进行初始化控制。

7）职责分离

管理功能、保管职能、会计职能和监督职能应该通过不同工作人员完成，以降低舞弊风险，减少错误发生的可能性。基于 XBRL GL 的电子账簿系统可以对不同岗位的员工进行登录、记录和修改等环节的授权，并可根据其员工代码识别其权限。比如，记账人员与经济业务事项和会计事项的审批人员、财物保管人员、经办人员的职责权限应当明确，确保相互分离、相互制约。企业内部主要不相容职务有：授权批准职务、业务经办职务、财产保管职务、会计记录职务和审核监督职务。此外，还应要求数据输入和修改人员登记员工号和员工姓名，实现责任制，方便监督人员的询问和了解，并且要求监督和管理人员在对重要交易或记录完成审核后，也签名予以确认。

8）数据交换接口

企业内部的业务流程逐步向供应商、客户和其他利益相关者延伸和开放，企业通过促进与这些相关者之间信息的交换，不仅可以节约成本、缩短服务周期，而且可以通过对供应商生产能力和竞争力的分析获取稳定、及时、可靠的供应链，通过银行的对账单更好地保证财务信息的准确性。企业通过与利益相关者之间建立以便于提供服务的终端数据交换将能够获取竞争优势。

基于 XBRL GL 的电子账簿系统中可以融入类似于 EDI 的子系统，方便在公司之间传输订单、发票等作业文件，将订购、发货、报关、商检和银行结算合成一体。该系统应实现远程报账、远程报表生成、网上支付、网上催账、网上报税、网上采购、网上销售、网上银行等功能。这些设计除了能够提高效率，稳定客户，优化与客户之间的关系，还可以获得有价值的客户数据，从中获得有关客户及其变化的信息，提高企业的市场反应能力。

2. 内部控制流程说明——以固定资产循环控制为例

下面以固定资产循环控制为例，通过分析业务流程中内部控制的关键环节和业务循环的重要控制方法，以具体说明 XBRL GL 系统内部控制流程的构建思想。

1）固定资产的取得

记账流程：操作人员首先通过身份认证，进入系统，系统将对该身份的每一笔操作自动生成操作身份和操作日期记录。然后进入系统内的日记账，选择交易类型为“资产取得”，在记账时输入会计科目“固定资产”“银行存款”及相应的借贷符号和金额，附注二级说明如“土地”，固定资产编号如“L012”，描述如“法华镇路西街”，数量如“1”，选择使用的会计准则如“中国会计准则”，并根据准则产生相应的增值税税率，如牵涉到汇兑，还要选择相应的汇率，并注明适用汇率的日期。入账结束后，系统将自动生成操作编号。此外，由于固定资产属于可计量项目，系统将自动在这一分类下生成以上信息。如果要对一些信息如“入账日期”进行调整，应提交报告，并经监控人员批准，并将更改记录以及申请报告存档在操作日志中。

此外，固定资产的取得控制还应包括以下 5 个方面：

(1) 必须依据预算取得固定资产，要审批实际支出与预算间的差异以及未列入预算的特殊事项。

(2) 外部采购的固定资产，关于技术和质量条款的制定应有专业人员的参与，必须经过使用部门的责任人的检查，并在验收单上签字。

(3) 自制或自建的固定资产应由项目审批人签发工作通知，成本在工作通知上要累计，由授权生产或建造部门制造或施工，并与核准的金额定期核对。

(4) 如以其他方式取得固定资产，以双方签订的协议为准。

(5) 在安装固定资产的过程中，要由指定的专业人员进行进度测试，委派独立的员工监督进度、质量和数量。监督测试工作要有文字记录，指定的授权人要在验收合格证书上审核签字，该记录应作为工程验收合格证书的附件妥善保管。

2）固定资产的计提折旧流程

记账流程：系统的自动记录流程如下。进入系统内的日记账，选择交易类型为“折旧/减值”，输入会计科目“固定资产”“累积折旧”及相应的借贷符号和金额，附注二级说明如“土地”，固定资产编号如“L012”，数量如“1”，选择使用的会计准则如“中国会计准则”，并根据准则选择相应的折旧方法，输入使用寿命如“10”及单位“年”，预计净产值如“100”，以及鉴定人员姓名。入账结束后，系统将自动生成操作编号。同样，如果要改变折旧方法，应提交申请报告并得到监控部门的批准。

此外，固定资产的折旧控制还应包括以下 3 个方面：

(1) 在确定资产使用寿命时要征求工程技术人员及财务部门的意见，并考虑

税法规定。

(2) 至少每年年度终了时,企业要对固定资产的使用寿命、预计净残值和折旧方法进行复核,有差异的要作减值准备和会计变更处理。

(3) 固定资产加速折旧要有相应的批准文件。

3) 固定资产的盘查

企业应该设立专门小组对固定资产进行定期盘查,每年至少一次。专门小组成员应由资产管理部门和财务部门组成。盘点结果应一一记录在资产清查表上,参加盘点人员应在上面签字,该资料作为原始文档保存为XBRL GL文档,以备查用。资产清查表与固定资产账目在进行核对时,若发现差异,资产保管部门负责查明原因。

6.3 研究成果收集

由于XBRL GL是XBRL领域相对研究较少的方向,内部控制也是XBRL领域近来才注意到的应用对象,现有的文献还不够充分,特别是直接探讨将XBRL GL应用到内部控制中的文章,迄今还尚未出现。尽管如此,现有的研究成果仍然贡献了许多有借鉴意义的观点、方法和思想,以供后来的研究者参考。

6.3.1 检索对象与范围

1. 文献数据库

在EBSCO、ProQuest、Emerald、CSA、中国知网等主要包含经管领域文献的数据库进行检索,输入关键字XBRL、Internal Control、Information Systems等,总共得到220余篇相关方面的文章,经过研究人员筛选,除去新闻或仅有摘要以及相关度不高的文章,从学术的角度来研究有关XBRL与内部控制关系的论文的共16篇。

2. 关键期刊

现有与信息技术和内部控制相关性较高的高水平国内、国际期刊主要有《审计研究》《会计研究》*Journal of Information Systems* 和 *International Journal of Accounting Information Systems* 等4个。后两个期刊是美国会计学会(American Accounting Association, AAA)主办的权威期刊,其范围重点在于与会计相关的IT领域,而前两个期刊的范围重点在于会计领域。本书检索时间限制为2000年1月1日至2022年10月1日,并最后对搜索结果进行综合,以保证所选文章在信息化和内部控制两个方面的全面性与针对性。在会计期刊中,在《会计研究》中共检索出34篇文章,剔除新闻类后,共得26篇文章;在《审计研究》中,通过相同方法,检索出21篇,其中相关文章有7篇。在信息化期刊中,在 *Journal of Information Systems* 中搜出40篇文章,经过挑选,剔除了那些讲解会计信息系统、与内部控制基本无关的文章和新闻,共选出35篇文章。类似地,在 *International Journal of Accounting Information Systems* 中搜出53篇文章,其中大多与内部控制关系较小,经过筛选,得到既与信息化相关、又与内部控制相关的文章有20篇。

3. 相关博士论文

为了获得在这一研究领域较前沿、较新的一些成果,本书还对博士论文进行检索。在 ProQuest 学位论文库中,通过关键字 Internal Control 等检索博士论文,共检索到230多篇,然后限定一级学科为 Social Science,二级学科为 Business Administration 和 Economics,三级学科为 Accounting、Banking 和 Management,经过研究人员筛选,总共得到83篇博士论文。

4. 其他检索范围工具

另外,为了保持成果的全面性和新颖性,还利用网络资源进行了检索。本书主要应用对象为 Google 学术,关键词包括 Internal Control、XBRL 等,共得到1 820篇文章(时间分布为2010年至今),其中大部分都是书籍或者新闻。剔除非学术性以及相关性较低的文章后,得到高度相关的5篇文章。

6.3.2 文章分类

在检索完成后,对文章按如下条件进行了简单分类。

1. 按日期分类

将两份国外核心期刊按照日期分类。其中,在 *Journal of Information Systems* 期刊上,从2009年到2022年各有4、1、3、3、1、3、2、4、1、2、4、3、3、1篇文章;在 *International Journal of Accounting Information Systems* 期刊上从2007年到2022年各有1、1、1、0、4、1、1、2、0、3、1、1、0、2、1、1篇。总体上各年度分布比较均衡。

2. 按学科分类

对于博士论文根据学科进行了划分,在各学科中,一级学科选择 Social Science,并在这个一级学科下面,重点选择了两个二级学科 Business Administration 和 Economics。其中在 Business Administration 学科下选择三级学科 Accounting,共得到50篇博士论文,选择三级学科 Banking,得到2篇博士论文,选择三级学科 Management,得到31篇博士论文。选择二级学科 Economics 进行检索时,得到的博士论文与前述选择学科 Business Administration 时得到的博士论文重复。

3. 按关键字分类

在整理了以上重点文献之后,对所有文章按照名称、关键字进行了简要统计分

析。其中，在 *Journal of Information Systems* 期刊上的文章中整理出 128 个关键字，在 *International Journal of Accounting Information Systems* 期刊上的文章中整理出 80 个关键字，按照多种数据库检索的 16 篇文章整理出 62 个关键字，博士论文中整理出 39 个关键字，在《审计研究》期刊上的文章中整理出 19 个关键字，在《会计研究》期刊上的文章中整理出 49 个关键字。Google 学术得到的文章中共整理出 17 个关键字。简单的统计分析显示，国外成果较为丰富，且涵盖领域较宽；国内研究相对较不充分。

6.4　研究成果述评

在对 XBRL 和内部控制相关的现有成果进行简单统计后，进一步深入阅读分析，可以将现有 XBRL、信息化和内部控制相关的研究成果分为如下 4 类，下面逐一进行述评。

6.4.1　ERP 发展及在内部控制中的应用

1. ERP 的出现与普及

随着信息科技的越来越发达，以个人和部门信息管理为目标的孤立系统的时代已经过去，人们试图利用信息技术来满足企业对供应链管理的需求，以期提高公司的经营绩效，所以 ERP 也就应运而生(Grabski S V, 2011)。时至今日，ERP 系统仍是公司运行的最大、最复杂和要求最高的信息系统，它是针对物料资源管理(物流)、人力资源管理(人流)、财务资源管理(财流)、信息资源管理(信息流)集成一体化的企业管理软件。在 Robin(2001)的文章中提到“ERP 系统通过电子化来提高公司的经营效率、降低经营成本，并通过提供准确和及时的企业网络信息来增强高层人员的决策力。”研究发现，ERP 系统在 3 年内没能使公司内的盈余收益、销售率、综合绩效以及管理费用有显著降低，但是持续使用超过 3 年以上后，ERP 系统在雇佣率和收入方面将带来显著的增加，从而增加了企业的绩效(Grabski S V, 2007)。研究者们还提出了 ERP 未来研究的挑战在于它的深度、广度、全球化方面的普及，以及在各行各业的深入应用。

2. ERP 在会计领域应用

随着人们对 ERP 的越来越深入的研究，人们将 ERP 的用途扩展至会计领域，Li H J 等(2020)说明随着商业发展，会计人员职能扩大，通过运用信息系统，会计人员在报告一些非财务事项以及对审计信息系统运行和执行管理控制方面都作出了贡献。而这些中最重要的就是对于 ERP 系统的运用。ERP 对会计的影响体现在企业风险管理、审计、管理制度等各个方面。

3. ERP在内部控制方面应用

进一步地,人们将ERP运用到内部控制和连续审计方面。在John R. Kuhn, Jr.的文章中提到“ERP的发展和普及提供了一种关键性的基础必要性,为审计从阶段性到连续性的有效发展提供了功能保障”。而在内部控制方面,自美国SOX法案颁布后,人们试图寻找一种有效的系统来保证内部控制运行的有效性。SOX法案要求公司加强对财务报告的内部控制,以使得财务报告编制者减少欺诈,保持诚信。Hsieh等(2022)的文章中提出ERP使用“嵌入式”控制来体现一个公司的基础设施,提高公司在财务报告方面的内部控制水平,从而满足SOX法案所提出的要求。

总之,ERP的发展将企业的内部控制具体化至一个信息技术应用的层面,使用ERP更不易出现内部控制缺陷,无论是在财务报告层面,还是账簿层面。

6.4.2 内部控制模型

适用于IT治理方面的内部控制模型有:COSO(美国反虚假委员会下属的发起人委员会)、COBIT(信息及相关技术的控制目标)和ISO 17799(信息安全管理惯例代码)(唐志豪,2008)。下面就主要的几个模型进行阐述。

1. COSO整合框架模型

作为最早的内容控制整合框架之一,COSO模型为今后其他内部控制模型的建立提供了基础。Plant等(2022)发现自从SOX法案出台以后,公司将关注点集中在内部控制上面,这也要求会计工作人员去评估、证实甚至去测试企业内部控制架构的准确性与合理性(Dow K E, 2009)。所以,对原始的COSO框架必须要有一个比较深刻的理解,以便于去对后续的模型进行分析和评价。COSO模型分为三个维度,分别是目标类别维度、构成要素维度和主体单元维度。目标类别维度包括经营的有效性和效率、财务报告的可靠性、法律法规的合规性;构成要素维度包括控制环境、风险评估、控制活动、信息与沟通、监督;主体单元维度包括各种业务和活动。

2. COBIT控制框架模型

COBIT的提出是为了适应全球信息化的转变,它指出有效的信息管理和相关的信息技术对于企业组织的生存和成功具有关键性作用。在John W. Lanihart IV的文章中提到“商业目标是COBIT的主题,它的提出不仅是为了满足审计人员的需求,更多的是为了给业务流程负责人所使用”。COBIT是目前信息系统审计的主流标准,其1.0版本由国际信息系统审计协会(Information Systems Audit and Control Association,ISACA)在1996年颁布。Blakely等(2022)说明大多国际组织采用COSO作为管理评估框架,而把COBIT作为在信息控制目标和相关

的信息技术方面的补充框架。所以，很明显地，COBIT 和 COSO 具有天然的关系。COBIT 在评估内部控制和总的公司治理方面完善了 COSO 框架，它帮助了企业减少了信息技术方面的风险，并且控制了投资方面的风险。

Edirisinghe 等(2020)在文章中给出了 COBIT 控制框架的模型。它和 COSO 一样，分为三个维度。分别是 IT 准则维度、IT 过程维度和 IT 资源维度。其中 IT 准则维度保证信息的安全性、可靠性、有效性；IT 过程维度从信息技术规划与组织、采集与实施、交付与支持、监控等四个方面确定了 34 个信息技术处理过程；IT 资源维度包括以人、应用系统、技术、设施及数据在内的信息相关的资源。

3. ISO 17799 框架模型

ISO 17799 的全称是《信息安全管理惯例代码》(Code of Practice for Information security management)，它依据英国标准协会(British Standard Institution，BSI)的信息安全管理标准 BS 7799 转换而来，是由国际标准化组织在 2000 年发布的一套完善的信息安全标准。Lois 等(2021)阐述 ISO 17799 提供了一个详细的有关内部控制的列表，可以用来创建信息安全程序。ISO 中共详细介绍了 127 种安全措施，可归纳成 10 部分，分别是：信息安全方针、安全组织、信息分类与控制、人事安全、实物与环境安全、通信与运营安全、访问控制、系统开发与维护、商务可持续运营和法律遵守。相比其他内部控制模型，ISO 17799 提供了足够的细节方面的支持，用来开发一套安全管理系统。

比较上面各种内部控制模型，分别有各自的侧重点。但是无论企业使用哪一个内部控制框架模型，都需要结合企业自身的特点，否则就会闭门造车，发挥不了这些模型的真正力量。

6.4.3 内部控制具体操作

自从会计信息系统和相关技术逐渐发达，利用计算机进行舞弊比手工操作更加容易，防范更困难，仅仅利用传统的内部控制方法已经远远不够，信息化的内部控制原理和方法成为一个比较热门的研究话题(Poston R S，2000)。信息化内部控制是指在一个会计信息系统中，为了保证各种会计数据安全、准确、完整、可靠，保证企业的财产受到严密的监控，防止违法行为产生所采取的各种方法和技术(田志刚，2003；王海林，2008)。下面就目前的内部控制具体操作进行了归纳，总共列出以下四大类(Lois 等，2021)。

1. 组织控制

会计信息系统中组织控制的首要措施是将系统中不相容的职责进行分离。信息系统中的职能分离就是指承担整个系统运行的人员要严格按照内部牵制原则合理分工，在日常工作中互相制约，防止舞弊的发生。这些人员包括程序设计、维护和代码管理人员、会计数据的采集整理、审核和保管人员,以及运行操作人员。

2. 系统控制

系统控制是指与程序设计、运行维护、数据处理过程、硬件设备等相关的可靠性控制。考虑到信息技术应用下的企业内部控制中所产生的新的控制风险,企业应加强在这些方面的控制力度。

3. 安全控制

会计信息系统日常运行的安全措施主要包括授权控制、访问控制、防毒措施、环境安全控制等。其中授权控制主要包括对于文件读取、修改的权限等;访问控制包括设置密码、进行指纹识别等;防毒措施包括建立严格的检验制度,所有文件都必须经过检查才可使用,并且使用较强功能的病毒检测软件和消除软件等。环境安全控制包括计算机机房的安全环境保障、机房的设备保护和安全供电系统的安装等。

4. 操作控制

有关操作控制的研究主要包括时序控制、防错纠错措施、修改限制和操作记录等方面的内容。

6.4.4 XBRL 理论与应用

1. XBRL 的理论研究

自 1998 年美国注册会计师霍夫曼(Hoffman)等提出 XBRL 概念以来,XBRL 发展迅速。XBRL 的出现,无论是对于实践领域,还是对于学术领域,都提供了一个崭新的开发前景,在 Debrecenya R 和 Gray G L(2001) 的文章中说明"XBRL 提供了丰富的科研机会,包括新的分类标准的制定、基于数据的会计变革、财务报表的保证、人机交互系统标准、会计全球化以及会计信息本体论等"。而在这之后,对于 XBRL 的研究进入了一个高峰。首先是对于 XBRL 的基本概念体系及其应用条件的发掘,例如,Farewalls M(2006)的文章中提到"在 XBRL 方面人才的缺失是影响 XBRL 普及率的关键因素"。在进行了大量的对于 XBRL 基本问题的探究以后,人们的目光转向了在 XBRL 的应用方面。

2. XBRL 的应用研究

早期人们研究 XBRL 如何用来列示财务报表,在研究出财务报告层面的分类标准编制理论并得到广泛运用之后,人们将目光转向了用 XBRL 列示的财务报表的用途。在 Alles M 等(2012)的文章中提到"使用 XBRL 形式来披露财务信息,对于一个公司的决策起到了很大的作用和影响。"由此可见,用 XBRL 来披露财务信息更易于公司治理水平和经营绩效的提升。进一步地,在 Aua B M 等(2014)的文章中也提出了一种框架,来论证 XBRL 列示的财务信息是如何影响公司治理的。

3. XBRL 的安全性问题

与此并行发展的还有一个信息技术的关键问题，即 XBRL 的安全性问题，这是因为任何一种信息技术都离不开安全性问题。在 Cohen 等(2014)的文章中提到"网络的天性就是不安全的，如果没有好的安全体系作为保障，XBRL 将不能充分发挥潜能"。后续研究尝试在 XBRL 中结合传统的安全性防范工具(如身份认证和访问控制)，提出了对应的安全标准以及网络安全服务架构。

4. XBRL 在内部控制方面的研究

现有资料显示，将 XBRL 运用在内部控制方面的研究尚未发现。Eulerich 等(2018)和 Hwang 等(2021)在文章中提出了一种连续审计的模型，但也仅仅说明了其可行性，至于如何将其具体结合 XBRL 来运用却没有具体阐述。另外，Hwang 等(2021)发现企业内部控制缺陷会对其 XBRL 报告的及时性有负面影响，加强 XBRL 披露会对内部控制问题发现具有正面作用。所以，目前将 XBRL 与内部控制相结合的研究还是空白，而这也是本书的核心贡献。

第 7 章

OCEG GRC-XML 分析

非营利组织 OCEG(Open Compliance and Ethics Organization,开放规范与道德组织)所颁布的 OCEG GRC-XML COSO 分类标准是世界上第一个面向内部控制的 XBRL 分类标准。这个分类标准基于 COSO 框架,能够较好地适应目前企业的需求。OCEG 已经成为所有将 XBRL 应用于内部控制的项目的范本。本章对 OCEG GRC-XML COSO 进行了全面解析,从业务理论背景到技术实现细节,充分揭示了 OCEG GRC-XML COSO 分类标准的技术特征及其在业务领域中的适应性。

7.1 背景介绍

OCEG GRC-XML 是由 OCEG 组织颁布的一项 XBRL 分类标准。OCEG 是一个非营利国际组织,它的目标是通过提供指南、准则、评估标准、行业标准以及国际通用条例整合公司治理、风险管理和行为规范过程(Governance, Risk Management and Compliance, GRC),来帮助企业提高业绩,强化企业规范管理。为了使商业领域中的专业人员更好地解决战略运营和技术问题,将 IT 技术运用到 GRC 和道德规范管理中是必不可少的步骤,因此 OCEG 成立了一个机构——OCEG 技术委员会(OCEG Technology Council)。随着 XBRL 技术的成熟和普及,OCEG 成员对 XBRL 的使用产生了强烈的兴趣。OCEG 技术委员会成立了一个 OCEG GRC-XML 工作小组,并于 2008 年推出了 OCEG 的第一版 XBRL 分类标准——OCEG GRC-XML 分类标准。

GRC 是一种将管理与控制需求一体化的模式,采用这种模式的组织必然面临一种挑战——数据一体化和组织之间的数据传递。显然,电子数据交换的有效性不是只有 GRC 才有的问题,所以还有其他成熟方案可以借鉴。但是,目前不同系统所使用的电子信息交换方法有上百种,这意味着采用该模式的信息系统必须能够处理很多不同的交换方法和数据格式,特别地,必须是用一种方法与一个组织进行数据交流,而用另一种方法跟另一个组织交流。这对于信息系统的设计、实现与

维护而言，显然是具有巨大压力的。

面对这一问题，人们已经给出了一类解决方案，即建立信息交换的标准，例如XBRL。OCEG GRC-XML分类标准就是OCEG用XBRL实现GRC中的数据交换提出的方案。如果OCEG GRC-XML分类标准得到应用，则公司内部的风险与控制活动就具有了一个以通用语言为标志的标准化基础（Walters L M，2007）。随之而来的，公司风险与控制计划的结果就能够进行比较，公司内部不同的GRC系统就能够进行信息集成。

本章对OCEG GRC-XML分类标准中与COSO相关的部分——OCEG GRC-XML COSO分类标准的全部内容进行深入探讨，具体元素列表详见附录2。下面从多个层面对该分类标准进行解析。

7.1.1 标准化：从业务到信息技术

在最底层的业务层面上，组织和内部部门需要一致的方法用于评价、沟通控制和风险。如果销售部门和财务部门评价内部控制和风险的体系不一致，那么公司的管理层和董事会就很难对公司总体情况进行准确评估（王海林，2009）。随着公司的规模、经营领域的增大，标准化的需求就越高。评价风险与内部控制的一致方法在所有的业务单元中都是需要的，这对于管理高速发展的业务来说是不可或缺的。在执行GRC的西门子公司里，有15个不同的部门涉及4个不同的行业（能源、医疗、快消品以及行业咨询）。西门子公司一直都在努力将贯穿业务始终的内部审计和控制过程标准化，以此来提高管理的成本效益比和公司的运营效率（Scott L S，2000）。即使规模较小、结构简单的公司也需要类似的标准化。

标准化的基础是内部控制的信息。尽管存在通用的内部控制模型可供组织使用，但不同组织对同一模型的具体理解是不同的。以COSO内部控制模型为例，许多组织运用COSO内部控制模型来支持《萨班斯-奥克斯利法案》和其他法规的执行，然而迄今为止还不存在一种被一致认可的、用于表达控制模型、标准分类或特定内部控制语法的通用电子化语言（Tuttle等，2011）。下面给出两个应用场景。

1. 用于系统间信息传递的内部控制通用语言

在企业中，一般存在多个业务信息系统，如ERP、CRM和SCM等。企业需要记录和报告控制这些系统的信息，即执行监控和测试控制有效性的信息。监控和测试的范围包括这些不同的业务信息系统和IT基础设施（包括数据库、操作系统、网络、电子邮件和通信设施等）（王景新，1992）。每一个信息系统都建立于特定的技术方法和数据格式的基础上。尽管集成和标准化这些不同的信息是目前研究和实践领域都关注的焦点（Sheila等，2008），但只有在极少数的情况下，软件系统提供商会根据客户的要求满足这一需求。GRC XML的目的就是使这些系统能够集成有关控制的信息。企业应用 GRC XML 的成本会因实现风险管理的收益而得到补偿,从而最终形成风险与控制信息从信息源到公司管理层报告的无缝传递。

2. 用于执行年度 IT 审计和财务审计的外部审计人员与企业之间的信息交互

审计人员需要独立地证明财务信息的准确性,以及支持财务系统的关键控制的有效性。为了达到这个目标,审计人员需要获得大量的原始数据,翻阅许多文档和制度手册。理论上,审计人员需要获得足够信息才能进行审计判断。为了使审计人员便于进行分析和评估,这些信息需要以特定的、能够操作的格式呈现。而且,在这个过程中,常常需要审计人员与企业内部人员的多次互动。如果存在一种通用语言,审计人员和被审计单位在执行年度审计时其效率会得到很大的提高。

综上所述,用于风险管理与内部控制的通用语言的需求既存在于单个组织中,也存在于一个组织与外部组织的交互中,比如组织的外部审计人员、政府行政人员、行业协会以及商业上的合作伙伴。OCEG GRC-XML 就是 OCEG 组织提出的,基于 GRC 表述、分享、处理风险和内部控制信息的一种通用语言。OCEG GRC-XML 的支持范围包括组织所有领域(人员、设备、IT 基础设施、商业应用程序、公司职责、法律法规以及财务会计职责)的所有 GRC 业务活动(内部审计、风险管理、法规、IT GRC、CCM、政策管理)。

OCEG GRC-XML 计划由 OCEG 技术委员会支持,并由其下属的 OCEG GRC-XML 工作小组具体负责,OCEG 中的大多数会员都对其产生了强烈的兴趣,汤森路透集团、富士通公司、泰洛斯公司、普华永道会计师事务所等企业参与了 OCEG GRC-XML 的开发,其中,在 XBRL 领域中具有领先地位的 Fujitsu 提供了主要的技术力量,这就使得 OCEG GRC-XML 具有了较高的技术水平。

7.1.2 OCEG GRC-XML 技术基础

OCEG GRC-XML 的主要方法是重用已有标准,即使用已经成熟的 XBRL 规范表达已形成共识、并已应用于实践的现有内部控制标准。这包括两个方面:一方面,将 XBRL 规范结合到内部控制的标准中;另一方面,对现有的内部控制规范以 XBRL 语法表示。OCEG GRC-XML 的应用构成了一个标准化信息流,其效果将使得信息的共享和分析更加稳定和便利。这个信息流从账簿层——XBRL GL 开始,并以此作为数据和证据的标准化信息载体,用于表达风险、控制与测试,并最终与现实中的分类标准(如 US GAAP 和 IFRS 的 XBRL 分类标准)相关联。

1. 通用的定义和表达方式

OCEG GRC-XML 使用 XBRL 规范作为其定义、检验和传递的基础。使用单一的规范能够提高一致性,并使已有的工具在系统间传递信息更为便利。XBRL 是一种在商业报告信息集成领域已经发展了十余年的成熟技术,因此采用 XBRL

能够极大地降低技术风险。XBRL 技术体系给出了创建分类标准(维护可分享的代码、定义和描述)和实例(与分类标准相关联的企业数据)的语法和语义。因为底层的证据(XBRL GL)和最终的报告是以 XBRL 为基础的,所以,在风险、控制和测试中使用 XBRL,使得证据和报告统一至同一体系中,是一种自然和合理的思路。

采用 XBRL 格式的另一个原因是它的扩展性。虽然其他的格式也可以用来定义文件,但是很少有格式能够具有规范的扩展和定义修改的机制和方法。XBRL 提供了形式化的方法和指导,以供 OCEG GRC-XML 的使用者为特定的内部需求定制数据。所以,OCEG GRC-XML 采用 XBRL 作为其基础规范。

2. 数据和证据的表达方式——XBRL GL

控制测试需要证据。XBRL GL 账簿框架作为一种全球化的、整体性的、通用的 XBRL 规范,提供了基础的细节性数据,这些基础数据源自交易数据,然后转入运营、业务和财务系统,并与最终报告相连接。如果不采用 XBRL GL,可以有两种方法:其一,手工从交易开始创建证据或相关数据;其二,将目前信息技术领域中表达各领域(如人力资源、存货、CRM 等)的数据标准进行组合。显然,这两种方法在一致性和可维护性等方面都很弱。所以,OCEG 采用 XBRL GL 来描述 ERP 系统所产生的细节性数据、其他一些必要证据以及相关的测试结果数据。这些原始数据和证据是控制测试的基础。

3. OCEG GRC-XML 的核心内容

OCEG GRC-XML 使用 XBRL 分类标准形式化地描述 COSO《内部控制——整合框架》。如果在某个特定领域或公司有未被 COSO 涵盖的数据,则可以通过扩展 OCEG GRC-XML 来加入这些数据。除了 COSO 外,还有一些用于内部控制的标准或框架,如 COBIT、ISO 31000,或者 PCI (Payment Card Industry),这些标准或框架也可以通过开发相应的 XBRL 分类标准进行表达。OCEG GRC-XML 的体系结构是模块化的,因此可以很好地适应在 COSO 基础上扩展的情况。

采用基于 XBRL 的 OCEG GRC-XML 可以获得比专用方法更高的投资回报率。以 XBRL 这种已有的数据标准表达内部控制框架有许多优点,包括能够使用现有的工具、学习和其他资源,以及具有现成的技术人员和分析师等。在设计思想上,OCEG GRC-XML 分类标准制定采用了逐项准则法,这使得 GRC-XML 的伸缩性和灵活性都很高,并且如果用户需要自定义时,OCEG GRC-XML 的逐项准则法框架还能提供一种标准化的定制方法,这能够使 OCEG GRC-XML 基本分类标准与本地扩展之间的冲突降至最小。

7.2　COSO 的 XBRL 部分实现

OCEG GRC-XML 规范的具体实现——OCEG GRC-XML 分类标准是使用富

士通公司的 XBRL 工具 XWand 套件创建的，全部分类标准位于文件夹“oceg-GRC-XML-Alpha1-20090820”中，共包含两个部分，COSO 部分（核心内容）和 OCEG GRC 扩展部分（另有 MAC 操作系统配置文件，因与语义无关，故省略之），全部文件与文件夹结构如表 7-1 所示。其中 COSO 部分的内容位于文件夹“coso taxonomy set”中。以下首先解析 COSO 部分的实现。

表 7-1 OCEG GRC-XML 文件与文件夹说明

文件/文件夹	说明
instance1. xml	一个样例实例文档
instance2. xml	一个样例实例文档
RiskExtension1. xsd	一个公司风险扩展的样例模式文档
RiskExtension1-definition. xml	定义链接库
RiskExtension1-label-en. xml	标签链接库（英语）
RiskExtension1-label-ja. xml	标签链接库（日语）
RiskExtension1-presentation. xml	展示链接库
RiskExtension2. xsd	一个公司风险扩展的样例模式文档
RiskExtension2-definition. xml	定义链接库
RiskExtension2-label. xml	标签链接库
RiskExtension2-presentation. xml	展示链接库
ep-oceg-rcm-2009-07-31. xsd	风险控制评估模式文档
oceg-rcm-2009-07-31-definition. xml	定义链接库
coso-rcm-rol-2009-07-31. xsd	展示链接库
rcm	风险控制评估文件夹
oceg-rcm-2009-07-31-label-en. xml	标签链接库（英语）
oceg-rcm-2009-07-31-label-ja. xml	标签链接库（日语）
oceg-rcm-2009-07-31. xsd	模式文档
coso taxonomy set	OCEG GRC-XML COSO 分类标准集合文件夹
coso-2009-07-31-definition. xml	定义链接库
coso-2009-07-31-presentation. xml	展示链接库
coso-rol-2009-07-31. xsd	角色类型模式文档
ep-coso-2009-07-31. xsd	模式文档
act	活动文件夹
coso-act-2009-07-31-label-en. xml	标签链接库（英语）

（续表）

文件/文件夹	说明
coso-act-2009-07-31-label. xml	标签链接库(日语)
coso-act-2009-07-31-reference. xml	引用链接库
coso-act-2009-07-31. xsd	模式文档
rsk	风险点文件夹
coso-rsk-2009-07-31-label-en. xml	标签链接库(英语)
coso-rsk-2009-07-31-reference. xml	引用链接库
coso-rsk-2009-07-31. xsd	模式文档
obj	控制目标文件夹
coso-obj-2009-07-31-label-en. xml	标签链接库(英语)
coso-obj-2009-07-31-reference. xml	引用链接库
coso-obj-2009-07-31. xsd	模式文档
cta	控制活动文件夹
coso-cta-2009-07-31-label-en. xml	标签链接库(英语)
coso-cta-2009-07-31-reference. xml	引用链接库
coso-cta-2009-07-31. xsd	模式文档

注：表中第一列用缩进表示文件夹/文件包含关系。

7.2.1　制定依据

OCEG GRC-XML COSO 分类标准采用逐项准则法制定分类标准。OCEG GRC-XML COSO 分类标准直接依据 COSO《内部控制——评价工具》(1992)中的《参考手册》。该《参考手册》为常见经营活动提供了具有典型性的目标、风险和“行动/控制活动的关注点”的具体化内容。这些内容可以用于设计应对风险的行动，以及制定有助于确保这些行动得以实施的相关控制活动。《参考手册》站在企业内部控制管理角度(即“监控”角度)，对 COSO 框架进行具体化，形成了“活动”→“目标”→“风险点识别”→“控制活动”逐层展开的 4 级结构，即根据“活动”制定应达到的“目标”，根据“目标”推导出可能的“风险点”，最后根据“风险点”制定相应的“控制活动”。针对各个层次，《参考手册》共总结了 25 个活动、36 个子活动，确定了 130 个具体的管理目标，提示了 251 个风险点，并制定了 509 个控制活动。OCEG GRC-XML COSO 分类标准即完全按照《参考手册》划分相应的模块并定义相应的概念。

7.2.2 模块划分

在文件夹“coso taxonomy set”中,按照逐项准则法的标准形式,根据《参考手册》的结构,分为4个模块,其形式为4个文件夹“act”“obj”“rsk”和“cta”,分别对应《参考手册》中的“活动”“目标”“风险点”和“控制活动”。

1. 文件夹“act”

它包括分类模式文档“coso-act-2009-07-31. xsd”,英文标签链接库“coso-act-2009-07-31-label-en. xml”,日文标签链接库“coso-act-2009-07-31-label. xml”和引用链接库“coso-act-2009-07-31-reference. xml”。其中,分类模式文档中定义了46个“活动”概念,分别在英文标签链接库和日文标签链接库中对应46个“活动”概念建立了46个英文标签和46个日文标签,在引用链接库中仅为两个最抽象的活动ACT-010-INB-REC和ACT-010-INB-MLG建立了引用链接以说明其引用的法律法规。

2. 文件夹“obj”

它包括分类模式文档“coso-obj-2009-07-31. xsd”,英文标签链接库“coso-obj-2009-07-31-label-en. xml”和引用链接库“coso-obj-2009-07-31-reference. xml”。其中,分类模式文档中定义了139个“目标”概念,分别在英文标签链接库和日文标签链接库中对应139个“目标”概念建立了个139英文标签,在引用链接库全部引用了引用链接以说明其引用的法律法规。

3. 文件夹“rsk”

它包括分类模式文档“coso-rsk-2009-07-31. xsd”,英文标签链接库“coso-rsk-2009-07-31-label-en. xml”和引用链接库“coso-rsk-2009-07-31-reference. xml”。其中,分类模式文档中定义了251个“风险点”概念,分别在英文标签链接库和日文标签链接库中对应251个“风险点”概念建立了251个英文标签,在引用链接库中全部引用了引用链接以说明其引用的法律法规。

4. 文件夹“cta”

它包括分类模式文档“coso-cta-2009-07-31. xsd”,英文标签链接库“coso-cta-2009-07-31-label-en. xml”和引用链接库“coso-cta-2009-07-31-reference. xml”。其中,分类模式文档中定义了509个“控制活动”概念,分别在英文标签链接库中对应509个“控制活动”概念建立了509个英文标签,在引用链接库全部引用了引用链接以说明其引用的法律法规。

7.2.3 元素

从总体情况看,在OCEG GRC-XML COSO分类标准中,概念定义的方式总体

上比较简单。从业务角度，元素提取对象来自 COSO《内部控制——评价工具》(1992)中的第二部分《参考手册》。OCEG GRC-XML COSO 分类标准中的元素与《参考手册》中的项目具有一一对应的关系，表 7-2 以《参考手册》片段的形式给出了一个简单的案例。另外，《参考手册》中的"目标类别"，即具体目标归属的类别——COSO 框架 3 个总体目标，被实现为 3 个元素，OBJ-CTP-001（对应"营运效率"）、OBJ-CTP-002（对应"财务报告可靠性"）和 OBJ-CTP-003（对应"管理合规性"）。

表 7-2　《参考手册》与 XBRL 元素对应关系(部分)

《参考手册》中的项目	XBRL 元素名称
[活动] 提供财务和管理报告	ACT-091-ADM-MFC-FCR
[目标] 及时而准确地提供管理层和其他人员履行职能所需的信息	OBJ-091-ADM-MFC-FCR-001
[目标类别] 经营	OBJ-CTP-001
[风险] 不了解或没有清楚地沟通管理层和其他人员所需的信息	RSK-091-ADM-MFC-FCR-001
[控制活动] 识别使用者的信息需求并定期更新这些需求	CTA-091-ADM-MFC-FCR-001
[控制活动] 管理报告的使用者和编制者沟通信息需求	CTA-091-ADM-MFC-FCR-002
[风险] 没有澄清或说明管理报告的期限和相对优先的内容	RSK-091-ADM-MFC-FCR-001
……	……
[目标] 根据适用的法律、法规、规则或合同协议及时地编制对外财务报告	OBJ-091-ADM-MFC-FCR-002
……	……

从技术角度，按元素大类分，全部元素均为数据项类型，没有元组类型，其中 13 个为抽象元素(abstract="true")，其余均为具体元素；按元素数据类型分，其中 3 个元素为货币类型(monetaryItemType)，其余均为字符串类型(stringItemType)；按时期类型分，全部元素均为时间点(instant)类型。在 OCEG GRC-XML COSO 分类标准中，没有采用维度、公式、版本及渲染(rendering)等扩展分类标准。下面分别就"act""obj""rsk"和"cta"四类元素进行详细讲述。

1. act

OCEG GRC-XML COSO 分类标准按照《参考手册》的格式，共总结出 46 项活动，其中 9 项活动为抽象程度最高的分类(均以抽象元素表示)；1 项活动为抽象程度较低的分类（也以抽象元素表示）；其余 36 项活动均为具体活动（以具体元素表示），元素统驭与明细关系如表 7-3 所示。在对应的标签链接库中，act 中所有元素都只有 1 个对应的标准标签。在对应的定义链接库中，仅有元素“ACT-010-INB-REC（接收）”和元素“ACT-010-INB-MLG（管理物流）”［均属于“Inbound（进货）”元素的统驭元素］有对应的 1 项法律法规说明。

表 7-3　act 元素统驭与明细关系

顶层活动元素	第二层活动元素	第三层活动元素
ACT-010-INB（抽象元素）	ACT-010-INB-MLG（具体元素）	
	ACT-010-INB-REC（具体元素）	
ACT-020-OPE（抽象元素）	ACT-020-OPE-MNS（具体元素）	
	ACT-020-OPE-PER（具体元素）	
	ACT-020-OPE-QUA（具体元素）	
ACT-030-OTB（抽象元素）	ACT-030-OTB-PRO（具体元素）	
	ACT-030-OTB-SHP（具体元素）	
	ACT-030-OTB-STR（具体元素）	
ACT-040-MNS（抽象元素）	ACT-040-MNS-MMA（具体元素）	
	ACT-040-MNS-MSA（具体元素）	
ACT-050-SER（抽象元素）	ACT-050-SER-INT（具体元素）	
	ACT-050-SER-PCS（具体元素）	
	ACT-050-SER-PPS（具体元素）	
	ACT-050-SER-PWS（具体元素）	
ACT-060-PRC（抽象元素）	ACT-060-PRC-PUR（具体元素）	
	ACT-060-PRC-SEL（具体元素）	
ACT-070-DEV（抽象元素）		
ACT-080-HRS（抽象元素）	ACT-080-HRS-MHR（具体元素）	
	ACT-080-HRS-PAP（具体元素）	
	ACT-080-HRS-TND（具体元素）	
ACT-090-ADM（抽象元素）	ACT-091-ADM-MFC（抽象元素）	ACT-091-ADM-MFC-ACP（具体元素）
		ACT-091-ADM-MFC-ACR（具体元素）
		ACT-091-ADM-MFC-ANR（具体元素）

（续表）

顶层活动元素	第二层活动元素	第三层活动元素
		ACT-091-ADM-MFC-BNR（具体元素）
		ACT-091-ADM-MFC-CST（具体元素）
		ACT-091-ADM-MFC-FCR（具体元素）
		ACT-091-ADM-MFC-FND（具体元素）
		ACT-091-ADM-MFC-PAY（具体元素）
		ACT-091-ADM-MFC-PPE（具体元素）
		ACT-091-ADM-MFC-TAX（具体元素）
	ACT-092-ADM-ENT(具体元素）	
	ACT-093-ADM-EXR(具体元素）	
	ACT-094-ADM-ADM(具体元素）	
	ACT-095-ADM-MIT(具体元素）	
	ACT-096-ADM-MRK(具体元素）	
	ACT-097-ADM-LEG(具体元素）	
	ACT-098-ADM-PLN(具体元素）	

2. obj

OCEG GRC-XML COSO 分类标准按照《参考手册》的格式，共确定出 133 项目标，其中 133 项目标是按照《参考手册》根据相应的活动确定的具体目标，均以具体元素表示；而另有 3 项目标则根据 COSO《内部控制——整合框架》确定，表达“财务报告可靠性”“营运效率”和“管理合规性”等 3 个 COSO 框架的总体目标，分别用元素 OBJ-CTP-001、OBJ-CTP-002 和 OBJ-CTP-003 表示，3 个元素均为抽象元素，并且是仅有的 3 个货币型元素。在标签链接库中，133 个具体元素都只有 1 个对应的标准标签，3 个抽象元素除有对应的标准标签外，还有各自对应的一个“简洁标签”(terseLabel)，给出了 3 个元素的英文缩写，如表 7-4 所示。在引用链接库中，所有元素都各有 1 项对应的法律法规说明。

表 7-4 obj 抽象元素标签

元素名称	标准标签	简洁标签
OBJ-CTP-001	Operations	O
OBJ-CTP-002	Financial reporting	F
OBJ-CTP-003	Compliance	C

3. rsk

OCEG GRC-XML COSO 分类标准按照《参考手册》的格式,共推导出 250 项风险,这些风险都是按照《参考手册》根据相应的目标推导出的具体风险点。全部 250 项风险均为具体元素。对应的标签链接库中,rsk 中所有元素都只有 1 个对应的标准标签。在对应的定义链接库中,rsk 中所有元素都只有对应的 1 项法律法规说明。

4. cta

OCEG GRC-XML COSO 分类标准按照《参考手册》的格式,共制定出 509 项控制活动,这些控制活动都是按照《参考手册》根据相应的风险点制定出的具体控制活动。全部 509 项控制活动均为具体元素。对应的标签链接库中,cta 中所有元素都只有 1 个对应的标准标签。在对应的引用链接库中,cta 中所有元素都只有对应的 1 项法律法规说明。

7.2.4 元素命名

在 OCEG GRC-XML COSO 分类标准中,文件与文件夹命名基本按照 XBRL 规范中的一般命名方式,即“表达文件内部的部分+发布日期”的形式;但元素命名很有特色,是由表达性质的英文缩写和编号构成的,这种命名方式在现有的 XBRL 分类标准中非常少见,所以本书进行详细论述。

1. *活动*

元素命名方式为“ACT+编号+活动名+[子活动名][①]”

其中,第一部分的 ACT(Activities)作为命名前缀,表示该元素是一项活动。第二部分的编号为 3 位阿拉伯数字,其中前两位根据 9 项活动为抽象程度最高的活动分类分别从 01 编至 09,如果子活动是具体活动,则第三位编号为 0,如果也是抽象活动,则按照抽象子活动顺序从 1 开始编号。编号情况如表 7-5 所示。如果存在子活动,甚至多级子活动,则在第三部分以英文缩写形式增加之。第四部分为可选部分,以方括号表示,所有部分以连字符“-”连接。在 OCEG GRC-XML CO-

① [子活动名]表示不是所有元素都包含子活动名。

SO 分类标准中，只有 ADM 有多层子活动。

表 7-5 “活动”元素编号方法

顶层活动	前两位编号	第二层活动	第三位编号
INB	01	具体元素	0
OPE	02	具体元素	0
OTB	03	具体元素	0
MNS	04	具体元素	0
SER	05	具体元素	0
PRC	06	具体元素	0
DEV	07	具体元素	0
HRS	08	具体元素	0
ADM	090	具体元素	0
ADM	091	MFC	1
ADM	092	ENT	0
ADM	093	EXR	0
ADM	094	ADM	0
ADM	095	MIT	0
ADM	096	MRK	0
ADM	097	LEG	0
ADM	098	PLN	0

其中，ADM 所在第一行表示单独表达 ADM 活动时，因此时无第二层子活动，故第三位编号为 0。

例如，名为“ACT-010-INB”的元素，编号中前两位 01 是顶层活动 INB 的编号，编号中第三位 0 表示无子活动或者子活动是具体元素；英文缩写 INB 表示顶层活动名称。

名为“ACT-010-INB-MLG”编号中前两位 01 是顶层活动 INB 的编号，编号中第三位 0 表示无子活动或者子活动是具体元素；英文缩写 INB 表示顶层活动名称；英文缩写 MLG 表示子活动名称。

名为“ACT-091-ADM-MFC-PAY”的元素，编号中前两位 09 是顶层活动 ADM 的编号，编号中第三位 1 表示第二层活动 MFC 的编号，并且说明 MFC 是抽象元素；英文缩写 ADM 表示顶层活动名称；英文缩写 MFC 表示 ADM 的子活动名称；英文缩写 PAY 表示 MFC 的子活动（第三层）名称，并且只有 PAY 是具体的子活动。

2. 目标

元素命名方式为“OBJ＋编号＋活动名＋［子活动名］＋编号”

其中，第一部分的 OBJ（Objective）作为命名前缀，表示该元素是一项目标。第二部分、第三部分和可选的第四部分（“编号＋活动名＋［子活动名］”）与上述“活动”元素的命名方式相同，表示该目标是根据某一项活动确定出的目标，显然，该活动只能是具体活动。第五部分为目标编号，即表示同一活动应该达到的不同目标。

例如，名为“OBJ-010-INB-MLG-001”的元素，其中，“010-INB-MLG”表示具体活动“ACT-010-INB-MLG”，最后的编号 001 表示该目标是活动应达到的第一个目标。

3. 风险点

元素命名方式为“RSK＋编号＋活动名＋［子活动名］＋编号”

其中，第一部分的 RSK（Risk）作为命名前缀，表示该元素是一项风险点。第二部分、第三部分和可选的第四部分（“编号＋活动名＋［子活动名］”）与上述“活动”元素的命名方式相同，表示该风险点是根据某一项活动推导出的风险点，显然，该活动只能是具体活动。第五部分为风险点编号，即表示同一活动可能导致的不同风险。需要注意的是，风险点命名没有表达出风险点和目标之间的从属关系。

例如，名为“RSK-010-INB-MLG-001”的元素，其中，“010-INB-MLG”表示具体活动“ACT-010-INB-MLG”，最后的编号 001 表示该目标是活动可能导致的第一个风险点。

4. 控制活动

元素命名方式为“CTA＋编号＋活动名＋［子活动名］＋编号”

其中，第一部分的 CTA（Control Activities）作为命名前缀，表示该元素是一项控制活动。第二部分、第三部分和可选的第四部分（“编号＋活动名＋［子活动名］”）与上述“活动”元素的命名方式相同，表示该控制活动是根据某一项活动制定出的控制活动，显然，该活动只能是具体活动。第五部分为控制活动编号，即表示针对同一活动制定的不同控制活动。需要注意的是，控制活动命名没有表达出控制活动和风险点之间的从属关系。

例如，名为“CTA-010-INB-MLG-001”的元素，其中，“010-INB-MLG”表示具体活动“ACT-010-INB-MLG”，最后的编号 001 表示该控制活动是针对该活动采取的第一个控制活动。

5. 活动关键字缩写

显然，在所有元素的命名中，表示各级活动的关键字缩写是核心要素。表 7-6 给出了主要的关键字缩写的英文全称和解释。

表 7-6　活动名英文缩写的解释

缩写	英文全称	含义
ACT	Activities	活动
INB	Inbound	进货
MLG	Manage Logistics	管理物流
REC	Receive	收货
OPE	Operations	运营
MNS	Manage and Schedule Operations	管理和安排物流
PER	Perform Operations	执行运营
QUA	Quality	质量
OTB	Outbound	出货
PRO	Process Orders	处理订单
SHP	Ship Product	运送产品
STR	Store Product	存储产品
MNS	Marketing and Sales	市场营销与销售
MMA	Manage Marketing Activities	管理市场营销活动
MSA	Manage Sales Activities	管理销售活动
SER	Service	服务
INT	Install	安装
PCS	Provide Customer Service	提供客户服务
PPS	Provide Post-Warranty Service	提供质保期后服务
PWS	Provide Warranty Service	提供质保服务
PRC	Procurement	采购
PUR	Purchase	购买
SEL	Select Vendor	选择供应商
DEV	Development	开发
HRS	Human Resources	人力资源
MHR	Manage Human Resource Programs	管理人力资源项目
PAP	Plan and Acquire Personnel	计划和录用人员
TND	Train and Develop Employees	培训与发展员工
ADM	Administration	行政

（续表）

缩写	英文全称	含义
MFC	Manage Finance and Capital	财务和资金管理
ACP	Accounts Payable	应付账款
ACR	Accounts Receivable	应收账款
ANR	Analyze and Reconcile	分析与调节
BNR	Benefits and Retiree	福利和退休
CST	Costs	产品成本
FCR	Finance and Capital Reporting	财务和资金管理报告
FND	Funds	资金
PAY	Payroll	薪酬支付
PPE	Property, Plant and Equipment	固定资产
TAX	Tax	税务
ENT	Enterprise	企业
EXR	External Relations	外部关系
ADM	Administrative Services	行政管理
MIT	Manage Information Technology	管理信息技术
MRK	Manage Risks	风险管理
LEG	Legal	法律事务
PLN	Plan	计划

7.2.5 扩展链接角色

扩展链接角色(ELR)包括两类：其一是用于描述链接角色的 role 定义；其二是描述弧角色的 arcrole。

1. role

根据 COSO《参考手册》，OCEG GRC-XML COSO 分类标准被按照活动分成若干组，每组形成一个整体，并在组内按“活动”→“目标”→“风险点”→“控制活动”展开。扩展链接角色(ELR)中定义的 role 即是标识各个组的标识符。OCEG GRC-XML COSO 分类标准中的“coso-rol-2009-07-31. xsd”文件中，共定义了 25 个role。这 25 个 role 同时用于展示链接库和定义链接库。25 个 role 是按照 25 个活动展开的，其中，前 8 个活动是除 ADM 之外的全部顶层抽象活动，后 17 个活动是 ADM 中所有的具体活动。25 个 role 及其与活动的对应关系如表 7-7 所示。

表 7-7　role 与活动的对应关系

role id	role 定义	对应活动元素名	活动标签
ACTIVITY01	http://www.oceg.org/xbrl/2009-07-31/role/Inbound	ACT-010-INB	进货
ACTIVITY02	http://www.oceg.org/xbrl/2009-07-31/role/Operations	ACT-020-OPE	运营
ACTIVITY03	http://www.oceg.org/xbrl/2009-07-31/role/Outbound	ACT-030-OTB	出货
ACTIVITY04	http://www.oceg.org/xbrl/2009-07-31/role/MarketingAndSales	ACT-040-MNS	市场营销与销售
ACTIVITY05	http://www.oceg.org/xbrl/2009-07-31/role/Service	ACT-050-SER	服务
ACTIVITY06	http://www.oceg.org/xbrl/2009-07-31/role/Procurement	ACT-060-PRC	采购
ACTIVITY07	http://www.oceg.org/xbrl/2009-07-31/role/TechnologyDevelopment	ACT-070-DEV	技术开发
ACTIVITY08	http://www.oceg.org/xbrl/2009-07-31/role/HumanResources	ACT-080-HRS	人力资源
ACTIVITY09	http://www.oceg.org/xbrl/2009-07-31/role/ManageTheEnterprise	ACT-092-ADM-ENT	管理企业
ACTIVITY10	http://www.oceg.org/xbrl/2009-07-31/role/ManageExternalRelations	ACT-093-ADM-EXR	管理外部关系
ACTIVITY11	http://www.oceg.org/xbrl/2009-07-31/role/ProvideAdministrativeServices	ACT-094-ADM-ADM	提供行政管理
ACTIVITY12	http://www.oceg.org/xbrl/2009-07-31/role/ManageInformationTechnology	ACT-095-ADM-MIT	管理信息技术
ACTIVITY13	http://www.oceg.org/xbrl/2009-07-31/role/ManageRisks	ACT-096-ADM-MRK	风险管理
ACTIVITY14	http://www.oceg.org/xbrl/2009-07-31/role/ManageLegalAffairs	ACT-097-ADM-LEG	管理法律事务
ACTIVITY15	http://www.oceg.org/xbrl/2009-07-31/role/Plan	ACT-098-ADM-PLN	计划
ACTIVITY16	http://www.oceg.org/xbrl/2009-07-31/role/ProcessAccountsPayable	ACT-091-ADM-MFC-ACP	处理应付账款
ACTIVITY17	http://www.oceg.org/xbrl/2009-07-31/role/ProcessAccountsReceivable	ACT-091-ADM-MFC-ACR	处理应收账款
ACTIVITY18	http://www.oceg.org/xbrl/2009-07-31/role/ProcessFunds	ACT-091-ADM-MFC-FND	处置资金

（续表）

role id	role 定义	对应活动元素名	活动标签
ACTIVITY19	http://www.oceg.org/xbrl/2009-07-31/role/ProcessFixedAssets	ACT-091-ADM-MFC-PPE	处置固定资产
ACTIVITY20	http://www.oceg.org/xbrl/2009-07-31/role/AnalyzeAndReconcile	ACT-091-ADM-MFC-ANR	分析与调节
ACTIVITY21	http://www.oceg.org/xbrl/2009-07-31/role/ProcessBenefitsAndRetireeInformation	ACT-091-ADM-MFC-BNR	处理福利与退休信息
ACTIVITY22	http://www.oceg.org/xbrl/2009-07-31x/role/ProcessPayroll	ACT-091-ADM-MFC-PAY	处理薪酬支付
ACTIVITY23	http://www.oceg.org/xbrl/2009-07-31/role/ProcessTaxCompliance	ACT-091-ADM-MFC-TAX	处理税务合规性
ACTIVITY24	http://www.oceg.org/xbrl/2009-07-31/role/ProcessProductCosts	ACT-091-ADM-MFC-CST	处理产品成本
ACTIVITY25	http://www.oceg.org/xbrl/2009-07-31/role/ProvideFinancialAndManagementReporting	ACT-091-ADM-MFC-FCR	提供财务与管理报告

2. arcrole

ELR 中的 arcrole 共有 5 个，可以分为三个部分。第一部分用来表示结构“活动”→“目标”→“风险点”→“控制活动”的两两逐层展开关系，共有 3 个。第二部分用来表示活动与子活动之间的关系，只有 1 个。第三部分表示具体化的目标与 COSO 框架中 3 大目标之间的关系，也只有 1 个。5 个 arcrole 均只用于定义链接库，表达定义链接库中的定义关系。arcrole 的具体描述如表 7-8 所示。显然，对于具体的元素而言，这些关系都只能是单向成立的，即不可能元素 A 到 B 的关系与元素 B 到 A 的关系是相同的，所以其属性“cyclesAllowed=undirected”。

表 7-8 arcrole 具体描述

arcrole 定义	解释
http://www.oceg.org/xbrl/2009-07-31/arcrole/objective-property	从具体目标到 COSO 框架中 3 大目标的关系
http://www.oceg.org/xbrl/2009-07-31/arcrole/activity-subActivity	从活动到子活动的关系
http://www.oceg.org/xbrl/2009-07-31/arcrole/activity-objective	从活动到目标的关系
http://www.oceg.org/xbrl/2009-07-31/arcrole/objective-risk	从目标到风险点的关系
http://www.oceg.org/xbrl/2009-07-31/arcrole/risk-controlActivity	从风险点到控制活动的关系

7.2.6 链接库

OCEG GRC-XML COSO 分类标准中共出现了 4 种链接库，引用链接库（reference）、标签链接库（label）、展示链接库（presentation）和定义链接库（definition）。OCEG GRC-XML COSO 分类标准中没有计算链接库（calculation）、公式链接库（formula）和表示维度（dimension）的链接库。

1. 引用链接库

所有元素都直接来源于 COSO（1992）《内部控制——评估工具》中的《参考手册》，因此，所有引用链接库中的所有引用元素的子元素（即构成引用元素的具体要素）都如表 7-9 所示。

表 7-9 引用元素说明

子元素	元素值	说明
Publisher	Committee of Sponsoring Organizations of the Treadway Commission	COSO 委员会
Name	INTERNAL CONTROL-INTEGRATED FRAMEWORK Evaluation Tools	《内部控制——整合框架》中的"评估工具"
IssueDate	1992	COSO《内部控制——整合框架》的发布时间
Page	不定，均在 57～60 页范围内	《参考手册》的页码范围

2. 标签链接库

从语言角度，OCEG GRC-XML COSO 分类标准除提供英文标签链接库外，还提供了日文标签链接库。从标签角色角度，针对全部 938 个元素，除 3 个表达 COSO 框架总体目标的元素 OBJ-CTP-001（对应"财务报告可靠性"）、OBJ-CTP-002（对应"营运效率"）和 OBJ-CTP-003（对应"管理合规性"）具有标准标签和表达缩写的简洁标签（terseLabel），其余 935 个元素均只有标准标签。

3. 展示链接库

OCEG GRC-XML COSO 分类标准中根据《参考手册》用 role 划分成 25 个模块。

4. 定义链接库

OCEG GRC-XML COSO 分类标准中根据《参考手册》用 role 划分成 25 个模块。因为《参考手册》中的层次与顺序关系既是定义上的关系，也是显示上的关系，所以定义链接库与展示链接库的关系基本相同。具有特点的是：定义链接库中的弧角色（arcrole）没有采用 XBRL 基本规范（XBRL Specification 2.1）中的定义链接库弧角色，而是采用了如表 7-8 所示的 5 个自定义弧角色。

第8章

内部控制 XBRL 分类标准制定思路

XBRL 分类标准是 XBRL 应用体系的核心，制定分类标准是 XBRL 应用研究的主要目标。XBRL 分类标准是现实世界的规范描述，因此在制定 XBRL 分类标准时，要首先确定两个基础：第一是描述什么，即 XBRL 分类标准的描述对象；第二是怎么描述，即 XBRL 分类标准制定时在方法论上的选择。本章对这两个问题进行研究，并得到了在制定分类标准时，于描述对象上采用内部控制报告、方法论上采用逐项准则法的结论。

8.1 应用对象选择探讨

在考虑将 XBRL 应用于内部控制时，首先需要明确的就是应用对象，即将什么数据“XBRL 化”。在查阅大量资料、深入企业和会计师事务所实地调研以及与多位学者探讨后，本书将可选择进行 XBRL 应用的内部控制报告类别分为两类：内部控制报告和内部控制活动报告。这两者侧重于事后控制和实时控制两个不同切入点，下文将分别对两者进行详细的阐述。

8.1.1 内部控制报告

COSO 于 1992 年对内部控制报告进行了界定。COSO(1992)报告认为，内部控制报告是管理当局依据内部控制有效性的评价标准，对本企业的内部控制设计和执行的有效性进行评估后将结果提供给外部使用者的报告。

《上海证券交易所上市公司内部控制指引》对公司内部控制自我评估报告内容进行了规范，包括：内部控制制度是否建立健全；内部控制制度是否有效实施；内部控制检查监督工作的情况；内部控制制度及其实施过程中出现的重大风险及其处理情况；对本年度内部控制检查监督工作计划完成情况的评价；完善内部控制制度的有关措施；下一年度内部控制有关工作计划。

《深圳证券交易所上市公司内部控制指引》规定内部控制自我评价报告至少应

包括以下内容:说明公司内部控制制度是否建立健全和有效运行,是否存在缺陷;重点关注的控制活动的自查和评估情况;内部控制缺陷和异常事项的改进措施(如适用);上一年度的内部控制缺陷及异常事项的改善进展情况(如适用)。

1. 选用内部控制报告作为 XBRL 应用对象的优势

由此可见,选用内部控制报告作为 XBRL 应用对象,有以下四点优势。

1) 便于直接产生内部控制自我评价报告

随着 2006 年上海证券交易所和深圳证券交易所上市公司内部控制指引的出台,我国的内部控制信息披露也走向了强制性之路。财政部会同有关部门于 2006 年 7 月 15 日发起成立了企业内部控制标准委员会,研究制定我国企业内部控制规范,并于 2007 年 3 月 2 日草拟了《企业内部控制规范——基本规范》和 17 项具体规范(征求意见稿),最终于 2008 年 6 月 28 日发布了《企业内部控制基本规范》。该规范于 2009 年 7 月 1 日首先在上市公司范围内施行,要求执行该规范的上市公司对本公司内部控制的有效性进行自我评价,披露年度自我评价报告,并可聘请具有证券、期货业务资格的中介机构对内部控制的有效性进行审计。

内部控制信息披露的强制性要求使得将 XBRL 融入内部控制有了现实意义。根据 XBRL 分类标准创建的、规范的内部控制实例文档可以作为内部控制自我评价报告的直接数据基础。进一步地,借助 XBRL 内部控制系统,能够根据内部控制实例文档直接或辅助产生内部控制自我评价报告,这也使得内部控制自我评价报告更有信服力和可靠度,同时也降低了产生内部控制自我评价报告的成本,使得对内部控制报告的披露不会成为企业一大额外负担(胡弈明,1996)。

2) 有助于规范内部控制自我评价报告

虽然目前上海证券交易所、深圳证券交易所,以及财政部发布的《企业内部控制基本规范》,均对内部控制自我评价报告的披露作了不同程度上的规定,但目前上市公司所披露的报告依然是参差不齐,存在披露信息随意的问题。首先,内部控制信息披露形式不规范,大多数公司的内部控制信息披露是在年报的公司治理结构或监事会报告中散落,并没有系统地、以自我评估报告和会计师事务所的审核报告的形式提出。其次,内部控制概念模糊,披露随意,很多上市公司仍然把内部控制理解为"内部控制制度",抑或还停留在内部控制三要素阶段,这导致上市公司披露的内部控制内容很随意。最后,内部控制责任人缺位严重,对于内部控制的责任人这个问题,我国上市公司的认识非常欠缺,大都笼统地用"单位、公司"来陈述,这样的结果不仅公司对内部控制的责任人认识不清,也使得它们在内部控制信息披露的时候,以"本公司""管理层"一笔带过。

由此可见,目前上市公司对于内部控制信息的披露仍然缺乏系统的认识和规范的要求，而将 XBRL 引入内部控制报告，恰好能有助于解决这些问题。内部控制 XBRL 分类标准能够提供一个规范的、系统性的框架，其中包含了内部控制报告所需要的所有内容。一旦作为以内部控制自我评价报告为目标的内部控制报告的规范性得到保障，内部控制报告的规范性将有望得到改善，从而可以有效地避免披露信息随意性问题。

3）操作简单，容易上手

由于理论界对于内部控制报告的探讨很多，实务中也存在相关经验，加上《企业内部控制基本规范》及其配套指引对内部控制报告的内容有所规定，因此以内部控制报告作为内部控制 XBRL 分类标准制定的切入点相对容易。

4）便于内部控制审计工作

内部控制审计的目标是检查并评价内部控制的合法性、充分性、有效性及适宜性，它是指会计师事务所接受委托，对特定基准日内部控制设计与运行的有效性进行审计。而内部控制报告涵盖了这一要求，其财务报告合规性目标保证了两者有着共同审计证据的需求。因此，XBRL 内部控制实例数据可作为内部控制审计工作底稿的一部分，提高外部审计师对内部控制行为及内审行为的可信性，同时在合理保证报告适当性时提高外部审计的工作效率（Hermanson D R，2000）。

2. *以内部控制报告作为应用对象的不足*

以内部控制报告作为应用对象虽然拥有以上四点优势，但也存在以下两点不足。

1）事后控制提高纠错成本

事后控制是指待问题偏差发生之后，才采取控制程序改正问题，因此又称为回馈性控制。由于基于内部控制报告的 XBRL 内部控制实例文档是事后对企业内部控制的评价，其作用在于发现现有的内部控制漏洞，并据此实施内部控制措施，以确保未来企业的内部控制有效执行。但是，基于内部控制报告的 XBRL 内部控制系统难以发挥 XBRL 作为实时监控的能力，此时，在内部控制系统中曾发生的问题很可能已经产生了不利的后果。随着时间的推移，错过了解决问题的最佳时机，原本的小问题可能会产生放大效应和连锁反应，造成系统的更大漏洞或严重的舞弊等问题，将需要投入更大的时间、人力、资本等资源去弥补或解决这些问题，这样就造成了资源的浪费和企业经营效率的降低。

2）无法发挥 XBRL 实现业务规则优势

XBRL 的一大优越之处在于其解决了大量非结构化财务数据不能有效利用的难题，提高了信息质量，也提高了监管效率（Mena A，2010）。从信息系统角度看，内部控制可以视为对经营中业务规则的符合性进行检验并据此实施控制的过程。进一步地，业务规则的符合性检验可以视为逻辑表达式的计算问题。

如一项业务规则“支出是否超过预算”可以表示为以下逻辑表达式：

$$\text{BeyondBudget}(A, x) \tag{8.1}$$

其中，A 是预算金额，x 是当期实际发生的金额。如果 $x>A$，则上述逻辑表达式的返回值为 true，否则为 false。显然，如果企业 XBRL 内部控制系统能够实时地反映 x，则超预算这种问题就能在临界值发生的一刻实时地反馈给管理层。这就是国际上的学者提出的将 XBRL 应用于连续审计时的模型与方法，显然也可以应用在内部控制中(Du H, Saeed R, 2006)。

XBRL 基础规范只有处理相同上下文、加减关系线性运算的计算链接库，没有处理逻辑表达式的能力。为此，其引入了 Formula，它的能力在于，扩展原先运算链接库简单的线性运算空间，引入通用函数形式 $f=f(X, Y)$，不但能够处理诸如逻辑表达式等多种计算类型，还能在更多的维度上对数据进行检验，能够更好地实现内部控制中的业务规则(较其他的检验更为契合 XBRL 的高维空间本质)。在 XBRL 实例文档中，每一个元素在具有数值外，还具有概念、位置、周期等各个方面的属性，Formula 利用所附带的过滤器，根据这些方面进行筛选，从实例文档中提取出事实变量如 X, Y，并通过 Formula 中具体定义任意函数 f，从而产生一个新的事实，利用该新事实表达信息系统中所存在的业务规则结果。

然而，利用内部控制报告构建的内部控制 XBRL 分类标准，以及根据该分类标准创建的 XBRL 实例都只是总结性的面板数据，其主要功能是通过进一步总结产生更高抽象层次的报告，如内部控制自我评价报告等，与企业业务规则的关系较小，因而也难以应用诸如 Formula 等技术优势，无法发挥 XBRL 最大限度的效用。

8.1.2　内部控制活动报告

内部控制活动报告是指对企业的内部控制活动进行实时跟踪，并对异常情况进行及时汇报的、提供给管理层和相关利益者的报告。在内部控制 XBRL 分类标准的构建过程中，可以将 GL 作为记录工具，利用业务规则和技术手段，来达成所需求的内部控制网络信息实时共享的目标。

XBRL GL 是一种数据流的分类标准，也是一种记录时间序列的标准，是就如何表示企业经营业务信息和明细会计信息而制定的协议，由一组子分类标准组成，采用模块化形式进行构建。它提供了产生财务报表所需的明细资料，也提供工作底稿、预算报告等报告所需的会计资料。它描述了运营、交易和会计信息的内容和相互关系。针对内部控制的 XBRL GL 可以用来记录企业的内部控制活动，表达营运活动和内部控制活动同步产生的明细资料。

XBRL GL 中的 GL 是指 Global Ledger，而非仅限于通常会计意义上的总分类账，它的范围要比总分类账大。所以，GL 不仅包括了会计信息，也包含其他业务信息,这些业务信息与会计信息有着直接或间接的关系。此外,XBRL GL 还支持多种业绩指标的衡量,管理层和内部控制委员会可以通过平衡记分卡、标杆管理及其他的衡量方法,清楚地掌握企业财务及非财务信息,了解企业实施某一战略的情况,或者企业的优势和劣势,这都有助于内部控制的战略管理(Skouloudis 等,2014)。

进一步地,如前所述,在 XBRL 中,可以通过 Formula 技术实现企业各种业务规则,从而可以帮助 XBRL 内部控制实现更为复杂的数据连接,进行实时的监控以及更全面的数据分析(Dull R B, 2004)。

1. 选用内部控制活动报告作为应用对象的优势

由此可见,选用内部控制活动报告作为应用对象有以下两点优势。

1) 实时控制降低纠错成本

实时控制是指信息系统充当了业务活动中控制系统的过程发生器,特定人员充当该控制系统的信息反馈和偏差调节的预警、监督主体,它是对实际业务活动的一种约束机制。基于内部控制活动报告的 XBRL 内部控制具有实时控制的能力,一旦系统存在内部控制风险,就会及时报告给相关负责人,缩短信息传递时滞,并由相关负责人迅速处理,解决这一内部控制问题。内部控制的实时控制能力可以使 IT 环境中,相关人员利用现代化技术手段和"三量"(时间量、实物量、货币量)信息,对企业经营活动的过程进行实时对比和实时分析,通过指导、调节、约束、促进等环节干预企业的经营业务,以实现提高经营效率和企业效益,从而达到价值增值这一终极目标。

从管理信息价值链的角度,实时监控所产生的信息发生在从数据的获取、转换、传递到应用的所有环节中,其质量标准化的价值最终不仅体现在帮助组织更加及时、准确地处理问题,还包括解决半结构化和非结构化问题。从系统优化控制的角度,实时监控的目标是在较短的时间内,以尽量少的人力、财力、物力消耗实现控制的目的,促使输出达到最佳状态,使得企业资源配置更合理有效。

XBRL GL 可以提供各种实时信息,如每日现金报告等。基于 XBRL GL 提供的数据流,企业可以实施各种内部控制业务规则,如实时连续审计等。这帮助内部控制委员会随时了解企业的经营状况,尽快了解企业发生的问题,减少了舞弊的可能,减轻了后果的严重性。

2) 充分发挥 XBRL 的业务规则功能优势

基于 XBRL 的业务规则可以表达计算链接库所无法建立的数据联系,并可将一些确有联系的信息用 Formula 表示,从而可以应用一系列自动运行的程序来检验这些联系所代表的业务规则,从而实现检验的自动化,大大减少了对这些信息进行检验所消耗的人力物力,提高了检验的效率(Grant G H, 2006)。

如果将基于XBRL的业务规则引入XBRL内部控制，可以实现内部控制中多种业务活动的对接，真正实现企业各职能部门的网络衔接，实现业务数据和会计数据的一体化处理，使内部控制由顺序化向并行化发展。同时，会计核算从事后的静态核算转变为事中的动态核算，使企业的采购、制造、销售、财务等人员协同工作，共同控制企业的物流和信息流。

2. 选用内部控制活动报告作为应用对象的不足

然而，采用内部控制活动报告作为应用对象存在以下两点问题。

1）系统建设困难

由于实时监控强调信息生成、披露、分析与评价的实时、完整和有用，同时强调数据的多维性，它需要通过建立全局性的信息系统，将企业的财务、业务和管理的流程嵌入，才能达到实时监控的自动化（或至少半自动化），提升监控的广度与深度，确保企业战略目标的实现。所以，基于内部控制活动报告的XBRL需要时间、空间以及运营活动的多维度结合，这就需要融入Formula进行构建，并设计一套复杂的网络框架，来达成系统的开放性、信息的分散性、数据的共享性、活动与监控的同时性。然而要设计出这样一套分类标准，需要多位XBRL专家、内部控制专家和系统开发人员密切合作，以及足够充分的时间投入，来共同完成这一复杂的应用系统，建设成本较高（Gray G L，Chiu V，Liu Q，Li P，2014）。

2）企业运营成本较大

基于内部控制活动报告的XBRL内部控制需要嵌入企业各分散部门的信息系统并进行数据汇总，所以要求各部门信息系统与XBRL内部控制系统的衔接。由于目前企业普遍存在各部门采用的管理信息系统生产商不同的情况，例如ERP系统和CRM系统的提供商不同，会对XBRL数据接口的兼容性提出很高的要求。而对企业而言，要完成系统间的兼容可能需要投入较大的资源，并且多系统衔接也容易伴随数据安全隐患，出于成本的考虑，不少企业可能不会选择应用。

8.1.3　应用对象：现实与发展

从上文对两种报告的比较分析可以看出，以内部控制报告为应用对象，由于其操作简单、有助于内部控制自我评价报告的生成，应用性强，比较适合于目前的研究。它便于在短时间内做出研究成果，及时应用到企业的内部控制领域，有利于配合财政部发布的《企业内部控制基本规范》，帮助企业保护其资产安全，保证信息的完整和正确，促进经营管理政策得以有效实施，提高经营效率，控制经营风险，防止舞弊行为发生并进而实现组织目标。

然而这种方法没有真正发挥XBRL的完全效用，仅仅各部门信息的数据汇总和事后控制体系，也无法达成理论界对理想内部控制中各职能部门信息一体化处理和实时监控的畅想。将XBRL引入内部控制的意义在于其作为一个工具，具有完善的数据流分类结构和数据间多种勾稽关系的表示能力，可以帮助内部控制信息化提升到一个新的高度，让原本只能处于想象中的理想化管理信息系统体系架构有切实可行的解决方案（Ettredge M, 2001）。所以，研究者不应放弃以内部控制活动报告为对象的研究，而应将其作为未来发展的方向。

信息技术的飞速发展为当今的社会生产、人民生活、学习和工作方式带来了巨大的变化，它正以强劲的力量影响着整个社会的发展方式，改变着社会的方方面面。目前，我国对于XBRL的研究还处于起步阶段，XBRL技术应用尚有许多技术问题有待研究和解决。如果能突破瓶颈，XBRL的应用将提升到一个新的体制高度，它对内部控制的影响也将是天翻地覆的。管理结构的扁平化需求，开放的信息系统沟通渠道，实物流、信息流和资金流的一体化处理，已经是大势所趋。而随着XBRL技术的推进与成熟，实现这些目标将指日可待。

8.2 分类标准制定方法的选择

方法论的选择，是XBRL分类标准制定工作的起点。从最高层次看，可选择的方法论包括逐项准则法和实务法。本节就这两种方法在制定内部控制XBRL分类标准时的适用性进行了探讨，并确定逐项准则法作为方法论依据。

8.2.1 逐项准则法

2009年发布的XBRL IFRS Taxonomy Guide对逐项准则法进行了定义，“逐项准则法（Standard Approach），是指国际财务报告准则分类标准是在准则的基础上发展的。国际财务报告准则披露要求的概念分析形成了进一步开发活动的基础，最终形成了XBRL文件的物理架构”。对于制定中国内部控制XBRL分类标准而言，逐项准则法的应用就是选定一部或多部中国已经颁布的内部控制规范，直接依据该规范进行概念分析，并最终形成XBRL文件物理架构的方法和过程。

1. 应用逐项准则法进行内部控制XBRL分类标准编制的优势

应用逐项准则法进行内部控制XBRL分类标准的编制，有以下三点优势。

1）容易操作

采用逐项准则法编制，只需要根据现有的《企业内部控制基本规范》和《企业内部控制应用指引》直接进行对应项目的“XBRL化”即可。它们有完整的体系结构和逻辑框架，可据此来编制，相对而言，需要进行分类标准扩展的工作量也较少。《企业内部控制基本规范》和《企业内部控制应用指引》由财政部、证监会、审计署、

银监会、保监会联合制定，通过公开征求意见，既吸收了内部控制的国际先进理念，又充分体现了中国内部控制的现实环境要求。以此作为基础，可以在掌握充分、准确的内部控制方法和内容上，缩减研究中大量的前期调研工作，达成事半功倍的效果。

2）便于分类标准的进一步发展

随着内部控制理论研究的推进和对实际操作的反馈，以及源于外部审计的飞速发展和企业内部管理的压力，各方对内部控制的要求越来越高，内部控制规范也将得到进一步发展。在内部控制漫长的发展过程中，内部控制理论历经了萌芽、初步成型、发展、成熟、深化等诸多阶段，内部控制的概念、范围和内容也发生了重大变化。如在美国安然事件后，人们开始关注对内部控制信息的披露；自从 2004 年 COSO 委员会正式确立风险管理内部控制框架以来，世界主要国家和地区都纷纷发布公告加以响应，认为将内部控制与风险管理相融合、建立基于风险导向的内部控制框架是企业有效应对所面临风险、提高公司治理水平、为组织目标的实现提供合理保证的有效途径(Chiu 等，2014)。而中国的内部控制研究起步较晚，发展的空间还很大，所以对于内部控制 XBRL 分类标准的研究，必须以发展的眼光来看待它，在设计研究框架时一定考虑到其对灵活可变性的要求。

依据逐项准则法进行分类标准的编制可以形成分类标准与《企业内部控制基本规范》的紧密结合，二者同步更新与发展，这就为日后的内部控制规范的发展预留了充分的空间。此外，依据逐项准则法构建的内部控制 XBRL 分类标准也为日后的发展提供了一个很好的平台，只需要根据财政部颁发的补充规范对现有内部控制规范的增减变动进行调整，而不需要颠覆整个框架进行重新整合，这无疑是一个省时省力的好方法。

3）更符合规范的要求

在企业内部控制的三个目标中，财务报告真实完整和合规性目标两条都涉及了对法律法规的依从，而企业进行内部控制除了自身对提高经营效率、防止内部舞弊的要求，同样离不开政策的推动。尤其对于上市公司来说，内部控制规范的强制性要求无疑决定了其在证券市场的去留，以及投资者对其的信心(Mendez 等，2007)。所以，在进行分类标准的编制时要充分考虑到这一因素。

依据逐项准则法编制的内部控制 XBRL 分类标准完全可以达到这一目的，由于其源于《企业内部控制基本规范》，其内容和措施必定没有与国家法律法规相抵触的地方，基于其构建的内部控制系统可以帮助上市公司依据内部控制规范的要求保证内部控制的有效执行且为内部控制信息的披露提供依据(Cho C H，2010)。

2. 应用逐项准则法进行内部控制 XBRL 分类标准编制的不足

以逐项准则法为编制依据虽然有以上几点优势，但也存在以下两点不足。

1) 标准不够明细、具体

《企业内部控制基本规范》的重点在于指出企业应当具备哪些内部控制计划和制度,但并未明确指出这些制度落实到哪一种程度才是恰当的或是这些制度该如何落实。以《企业内部控制应用指引》中的研发项目为例,其虽然强调了在项目研发前必须进行可行性分析,但没有具体指出应该怎样进行可行性分析以及可行性分析需要具备哪些要素。如果缺乏对准则的具体剖析,将容易造成标准的制定过于空泛,缺少实际操作指南,达不到加强和规范企业内部控制,提高企业经营管理水平和风险防范能力的目的。

2) 内容可能脱离实际

由于准则追求的是理想的规范化企业内部控制流程体系,难免在落实到千差万别的企业中时会存在背离。再者,企业的运行需要融合企业的商务环境、文化背景、经济环境、企业发展阶段等诸多因素,使得内部控制规范无法完全考虑到企业的实际运行。此外,以逐项准则法的思路来探讨内部控制 XBRL 分类标准,容易将目光局限于准则而缺少对实际操作的思考,有可能造成脱离实际的后果。

8.2.2 实务法

实务法,是指以企业现行的内部控制制度和系统为依据,建立内部控制 XBRL 分类标准。实务法是以企业的实际运营活动为落脚点,根据不同企业内部控制系统的设计与运行,归纳总结出的内部控制 XBRL 分类标准。

1. 以实务法作为编制内部控制 XBRL 分类标准依据的优势

以实务法作为编制内部控制 XBRL 分类标准的依据,具有以下两点优势。

1) 标准全面、具体

实务法需要通过对大量企业的实地调研结果进行归纳分析,通过分类和筛选最后总结出一套内部控制体系。由于在调研的过程中涉及方方面面不同的企业,它们处于不同的行业,提供不同的产品,面对不同的风险,有着各自的经营、财务风险,所以由此总结出来的内部控制标准必然周全地考虑到了多方面的问题。并且,通过这些大量的数据,可以发现和归纳出一些共同的诉求和内部控制活动,这些对于每个企业都很重要的、每个企业都有涉及的内部控制环节,需要重点把握并值得投入更多的资源去研究、设计对应的内部控制 XBRL 分类标准。此外,可以针对那些不同的企业环境、企业风险的内部控制环节进行整理和分类,设计可以满足不同企业需求,量身定制的内部控制规范体系。

通过实地的调研,能够深入企业的实际运营环节,与不同职能的人员进行沟通,了解他们对内部控制的理解和对现行内部控制制度的评价,从而有助于从内部控制的框架结构深入到具体的各个环节,详细把握各环节重要的内部控制措施,避

免流于形式、纸上谈兵的问题。以实务法作为分类标准制定方法，由于能够切实了解企业实际运营过程中需要考虑的问题和实施步骤，其分类的层次可以做到更为细化和具体，让人对每个控制环节的具体实施内容和考虑依据一目了然。此外，细化的分类标准也能使内部控制规范的实行更为统一、规范，减少了疏漏的可能性，降低了有些企业利用漏洞的概率。

2）符合企业实际的需求，易于企业实行

采用实务法，通过对形形色色企业进行实地调研，能够了解到企业面临的包括战略风险、投资风险、市场风险、运营风险、财务风险、法律风险等在内的所有类型风险，从而了解到它们对于内部控制的实际需求（Calderon T G，2002）。企业作为最终的内部控制体系的实际操作者，他们对于内部控制的要求必须得到重视，不然则容易产生理论脱离实际的弊病。实务法在掌握了企业的实际需求后，根据他们的诉求来编制一套合理的内部控制体系，必然能针对性地为企业面临的内部控制风险提供一套解决方案，及时地解决企业的内部控制隐患，具有很高的应用价值。

此外，根据企业的需求而编制的内部控制 XBRL 分类标准，其所适用的控制措施必然符合企业现有的预期，企业易于理解针对每个风险点所采取措施的必要性和作用，也更能接受这套内部控制方案。这样的内部控制 XBRL 分类标准在设计时也会倾向于考虑企业实施的可行性，其采取的控制手段也是企业易于操作和掌握的，将使内部控制 XBRL 分类标准真正落到实处，真正在企业中贯彻执行。

2. *以实务法作为编制内部控制 XBRL 分类标准依据的不足*

然而，要通过实务法研究出这样一套内部控制 XBRL 分类标准，也面临着很大的困难。

1）研究成本过大，可操作性差

目前中国的境内上市公司超过 5 000 家，其他公司更数以万计，想要对每个企业的内部控制制度加以了解是不可能的。即使是通过财政部等权威机构组织，仅对每家上市公司的内部控制进行考察，也将是一个耗费巨大的工程。巨大的人力、时间、资金成本的投入远远超过成本效益的考虑。而在进行考察的过程中，随着时间的推移，很多企业面临的竞争环境、企业内部结构也将发生巨大的改变，历史的调研数据的意义不断减少，也使得实务法的实施可行性进一步下降。

此外，上文也提到不同企业面临的经营风险、控制环境不同，使得它们所采取的内部控制措施可能各有侧重，从而内部控制活动千差万别，对应的 XBRL 设计难以入手。即使能够穷尽所有的内部控制措施，也有可能超过 XBRL 的容载量，从而在技术上无法实现。而如果仅仅是提炼它们共同的重要内部控制环节，这样会耗时耗力。

2）企业和政府对内部控制的侧重点不同

实务法是以企业的实际运营为切入点,完全地考虑企业对内部控制的要求,常常会忽略政府制定《企业内部控制基本规范》的目的所在。虽然企业内部控制存在合规性的要求,使得它们必须满足《企业内部控制基本规范》,然而由于它们的利益出发点不同,所选择的侧重点也有所不同。仅就舞弊问题为例,企业可能更侧重于控制和防止基层执行人员和中层管理人员的舞弊行为,而政府更看重企业高管的舞弊行为。企业的内部控制目标是在合规的前提下,经营效率最高,实现利润最大化;而政府的目标是在企业经营效益好的基础上,社会总福利最大化。两者的不同目标,会让他们的内部控制侧重点产生分歧。

3）企业缺少实际的内部控制报告

由于目前很多企业都缺少实际的对内的内部控制报告,这对采用实务法调研造成了更大的困难,企业数据的采集将耗费更多的时间。此外,由于缺乏口径一致的内部控制报告模板,通过企业各部门人员的描述难免详略不一,同时由于各司其职,也使得他们很难系统地认识到内部控制问题,这对采用实务法造成了进一步的困难。

8.2.3 以逐项准则法为分类标准的制定方法

综上所述,逐项准则法和实务法各有优劣,但考虑到研究的资源限制和成本效益原则,因此最终还是选择逐项准则法进行研究。

首先,现行的《企业内部控制基本规范》和《企业内部控制应用指引》具有较强的可操作性,使得依据逐项准则法是可行的。《企业内部控制应用指引》对 18 个内部控制环节进行了分类阐释,明确指出它们的风险点是什么,控制的目标是什么,以及相关的内部控制要做到哪些,条理清楚、结构清晰。由于《企业内部控制应用指引》所涉及的内部控制活动较为宽泛,缺乏具体的操作明细,所以在研究过程中,笔者融入了 COSO 关于内部控制的相关具体规范,使得逐项准则法所依据的内部控制准则脉络清晰、内容明确,便于内部控制 XBRL 分类标准的编制。由于 COSO 中的结构与《企业内部控制应用指引》上的结构一致,使得《企业内部控制应用指引》也具备了上述结构完整、层次清晰的特征,所以据此编制的内部控制 XBRL 分类标准能快速实现主体构建,再加上 COSO 的具体内部控制活动部分,能对《企业内部控制应用指引》进行适当补足和具体化,对现有的层次再向下延伸一级,所编制的内部控制 XBRL 分类标准就足够具体、完善了。

其次,就内部控制领域而言,实务法在现实中尚不成熟。其一是实务法的研究方法尚没有形成一套完整的体系,需要研究者自己摸索,难免会多走弯路,增加研究成本和研究难度。其二,目前企业所实施的内部控制体系或多或少会存在一些

瑕疵，很难找到一个完美的模板，也无法判断哪个企业是做得足够好的，所以采用企业实际的操作方法编制的标准并不一定能达到内部控制规范的要求。

最后，实务仅是对当前情况的追认，而准则是企业未来发展方向的指引。中国的内部控制相关准则是财政部等有关政府部门制定的对于企业内部控制规范的要求，是在企业现有的内部控制水平上的一个提升，有助于企业完善现有的内部控制系统。实务法依据的只是企业现行或历史的内部控制系统，依此编制的 XBRL 分类标准缺乏对现行制度的改善，无法做到帮助企业提升内部控制的有效性和规范性。

综合以上 3 点现实情况，笔者认为采用逐项准则法编制内部控制 XBRL 分类标准更符合目前的研究目的，在现存的研究资源局限性条件下研究风险更小，也更符合内部控制系统的设立目的。

第9章

基于《企业内部控制应用指引》的中国内部控制XBRL分类标准制定

基于前述的理论探讨，本书给出了一个基于《企业内部控制应用指引》的中国内部控制XBRL分类标准的制定方案。该方案利用逐项准则法，针对内部控制报告，形成了一个适应中国当前需求的内部控制XBRL分类标准方案。通过对COSO、COBIT等内部控制相关的理论框架的分析，选择《企业内部控制应用指引》作为内部控制XBRL分类标准的制定基础。从技术角度，按照《企业内部控制应用指引》总体结构形成基本模块，并进一步根据法规内容提取元素。本书所给出的内部控制XBRL分类标准在模块划分、分类标准架构和元素命名等方法都具有相当的创新性。

9.1 分类标准制定的一般理论

XBRL分类标准的制定过程(Taxonomy Editing)是指从对象领域中提取概念与结构，并应用XBRL语法进行描述，最后形成分类标准的过程。

XBRL分类标准的制定又被称为分类标准建模(Taxonomy Modeling)，这是因为从信息技术领域的角度看，分类标准的制定就是使用信息技术领域标准的规范、理论和方法，针对特定的客观世界，用符合信息技术领域内语法的方式，描述该客观世界，最后形成一组数据规范的过程(Dzinkowski R, 2006)。该数据规范用于产生具体的实例数据。

具体到XBRL领域，分类标准的制定就是使用软件工程、知识工程和本体工程的理论和方法，针对商业领域，使用系统性的、基于规则的、可以定量描述的XML语法，描述商业领域的活动和结果，最后形成XML模式文档(XBRL模式文档)和XLink链接库文档(XBRL链接库文档)的过程。

Debrecenya R和Gray G L(2001)的文章中，给出了一个称为“分类工程”(Taxonomy Engineering)的方法。分类工程方法中包括了分类标准制定所依据的方法论、制定阶段和层次划分，使得分类标准制定具有一个基于扎实理论技术的思维框架。

分类工程的方法论基础包括软件工程(Software Engineering)、知识工程(Knowledge Engineering)和本体工程(Ontology Engineering)。其作用分别是:

(1) 软件工程的理论作用在于提供了诸多形式化方法,以用于分类标准开发的规范说明,如分类标准制定的阶段划分,数据规范与访问规范,以及开发、实施和维护等工程概念。

(2) 知识工程用于特定领域的知识管理系统的创建、维护和开发。知识工程方法使得计算机能够理解特定领域或语境的知识,并将这些知识转化为结构化的数据或信息,从而能够使用逻辑方式进行推理。从知识工程角度看,XBRL 分类标准就是特定于商业(特别是会计)领域的知识管理模式,XBRL 实例文档就是商业知识库。因此,知识工程方法给分类标准制定提供了理解和表示特定领域和语境的方法,将知识转化为结构化数据的方法,以及根据特定任务要求设计知识库的方法。

(3) 本体工程源自本体论(Ontology)。本体论原来是哲学上的命题,现在用于信息检索领域。所以,本体工程不仅是一种建模方法,更是一种研究方法论。本体工程提供了知识库设计的基本原理,即对一个领域中用户感兴趣的客观世界中的概念进行提取和定义的思想方法。XBRL 的总体体系结构,即"规范、分类标准和实例"3 要素结构,就是直接源自本体论的。

按照分类工程所规定的分类标准开发的全过程包括了分析(analysis)、设计(design)、构建(building)、测试(testing)、发布与认证(publication and recognition)、使用与维护(usage and maintenance)6 个阶段。其中,前 3 个阶段即是分类标准的编制阶段。在 US GAAP 的分类框架中,将分类标准的编制分为 3 个层次进行,包括概念层、逻辑层与物理层,其实质也是对应于这 3 个阶段。

(1) 分析阶段:分析阶段的主要任务是分类标准的需求分析,首先,需要确定分类标准对象域(taxonomy scope),分类标准所要表达的既有可能是会计领域的准则,如企业会计准则、企业内部控制规范等,也有可能是针对具体的国家、行业或者企业所作出的、对这些规范的扩展;其次,需要对这些对象域进行划分和组织。分析阶段的成果被称为概念模型(conceptual model),其内容主要是分类标准表达对象的说明和高层结构。

(2) 设计阶段:从本体工程的角度看,设计阶段的工作内容是一个领域专家和技术专家的接口,由领域专家从各种信息源提取出与具体实现无关的领域知识,然后由技术人员将领域知识进行系统化组织。为了提高信息组织的规范化水平,应使用结构化系统分析与设计方法(Structured Systems Analysis and Design Method,SSADM)对信息进行组织,并用 Rational Rose、Power Designer 或 Excel 电子表格等规范化工具进行描述,形成形式化的知识库(Loraas T M, 2008)。设计阶段的成果是逻辑模型,即与具体数据格式无关的信息模型以及相应的说明文档。在设计阶段,还应对所要使用的技术进行评估并选择，所得到的结果又被称为分类标准架构。

(3) 构建阶段：构建阶段的输入是信息模型，其输出就是合法的分类标准内容，包括元素、分类模式和分类链接库。目前，已经有许多成熟的分类标准编辑工具可供使用，如 Fujitsu、UBMatrix 等，但是，仍然有许多复杂的工作需要人工处理，如元素命名、模式与链接库文档组织等。在这个过程中，要遵守一些成熟的语义规则（semantic principal），如 FRTA（Financial Reporting Taxonomy Architecture，财务报告分类标准架构）等。为了进一步提高分类标准制定的可操作性，XBRL 创始人 Charles Hoffman 提出了模式（pattern）的思想。本书综合使用了这些思想方法，制定了一个内部控制分类标准草案。这个分类标准草案将在未来的应用中递归地得到修正，以适应内部控制的实际应用。

本书将完整描述表达内部控制的 XBRL 分类标准的分析、设计和构建阶段，分别从概念层、逻辑层与物理层探讨了内部控制领域 XBRL 分类标准建模的依据、主要应解决的问题和相应的解决方案，并简述该 XBRL 分类标准的使用与扩展方法。本书完整制定了基于中国《企业内部控制应用指引》的分类标准，称为 XBRL 内部控制分类标准，其元素定义与结构详见本章 9.4 节。

9.2 分类标准分析

XBRL 内部控制分类标准分析阶段的目的是从总体上研究未来用 XBRL 分类标准所描述的主题领域，其内容主要从高层次的角度来描述内部控制的领域背景、建模范围的建立、需求的收集和主体结构。

9.2.1 企业信息化水平

企业信息化水平是 XBRL 系统建模与运行的基础设施支持与约束条件。信息化对于内部控制的意义是双重性质的：其一，作为内部控制的实现工具；其二，作为内部控制的对象。

1. 作为内部控制实现工具的信息化水平要求

作为内部控制实现工具的信息化水平要求是 COSO 模型中“信息与沟通”的主要体现形式。根据《企业内部控制应用指引》第 17 号《内部信息传递》，企业的日常沟通包括公司内部由上而下的发布机制、由下而上的反馈机制、横向传递的交流机制，以及公司与投资者、客户、供应商、债权人、监管者和注册会计师之间的沟通、协调和汇报机制（Chery L D, 2000）。如果这些机制都靠人工（纸面、口头）实现，显然是一种低效的实现方式。企业信息化的一个主要目标就是采取电子形式实现辅助或自动地支持企业的信息交流。虽然在《内部信息传递》的表述中没有明确要

求,但在大多数企业的解决方案中都提出基于信息化手段的解决方案。因此,可以明确地说,具有一定信息化水平是企业内部控制实施的必要手段,也是企业内部控制 XBRL 工作开展的必要条件。

2. 作为内部控制对象的信息系统

信息系统既对企业的内部控制带来了新的机遇,也带来了新的挑战。随着软硬件系统的日趋复杂,人们越来越发现信息系统本身作为一项内部控制对象的重要性和必要性(黄正瑞,1996;姜玉泉,2002)。《企业内部控制应用指引》第 18 号《信息系统》中对相应的风险和控制活动进行了梳理。

企业信息化水平对于 XBRL 的设计与实施具有直接作用:

(1) XBRL 要求企业具有一定的信息化水平作为技术基础支持。XML 是一种抽象层次较高的技术,XBRL 的主要作用也在于系统间的传递。从 XBRL 的实践来看,绝大多数数据应当是由现有其他信息系统转换而来。在内部控制领域,同样也需要信息系统提供基础数据,并存储和传递 XBRL 数据。所以,就实施 XBRL 的企业而言,要求具有一定的信息化水平。另外,从 XBRL 数据提取,特别是分类标准建立角度,需要考虑到 XBRL 数据与现有信息系统中数据的对接。

(2) XBRL 分类标准不能提出超出企业能力的信息化水平要求。作为一项实用的规范和技术,XBRL 必须考虑到其推广的成本。如果为了技术本身的便利,如要求大多数数据能够自动生成等,则显然将导致过高的实施成本而无法推行。所以,在制定 XBRL 分类标准的时候,不能提出过于具体的数据要求、过于高效的计算要求和过于高端的软硬件要求。

(3) XBRL 系统本身既是执行内部控制的工具,也是内部控制的对象。XBRL 数据是记录内部控制状况的物理媒介,也同样需要得到保护、防止篡改。除了在具体实施中采用一般性的 IT 控制方法,还应考虑引入内部控制的“分权”方式,实现从制度上解决问题。在设计分类标准时,应考虑到 XBRL 数据作为多个部门的“数据接口”,同时能够被多个部门理解、使用和互相验证。

9.2.2　内部控制 XBRL 分类标准制定的规范背景

内部控制规范是 XBRL 分类标准制定的制度基础,从逐项准则法角度看,合适的内部控制规范即是 XBRL 分类标准制定的直接依据。

1. 作为操作规范的 COSO 框架

目前主要国家在内部控制领域的操作规范都直接采用或源于 COSO。COSO 共有两个版本,其一是 1992 年颁布的《内部控制——整合框架》,即 COSO-Ⅰ;其二是 2004 年版本的《企业风险管理——整合框架》,也被称为 COSO-Ⅱ。对比这两个规范,COSO-Ⅱ在考虑企业活动的整体性、风险管理的战略层次等方面高于

COSO-Ⅰ，但仍以 COSO-Ⅰ为核心。而 COSO-Ⅰ作为成熟的内部控制操作框架，已经得到普遍应用，从分类标准制定角度，是一个较好的理论框架依据。

如图 9-1 所示，COSO 框架可以从 3 个维度进行分解：目标、要素和组织结构。其中，目标的 3 项取值是运营效果和效率(Operations)、财务报告的可靠性(Financial Reporting)、合规性(Compliance)；5 大要素是控制环境(Control Environment)、风险评估(Risk Assessment)、控制活动(Control Activities)、信息与沟通(Information & Communication)、监控(Monitoring)；COSO 的组织结构维度与其他管理模式组织方式一样，首先按照企业的组织结构细分到业务单元(Unit)，进而细分到各个流程以及作业活动层次(Activities)。显然，在这 3 个维度中，5 大要素是 COSO 考虑的核心问题，也是 COSO 所提出的内部控制的主要内容。

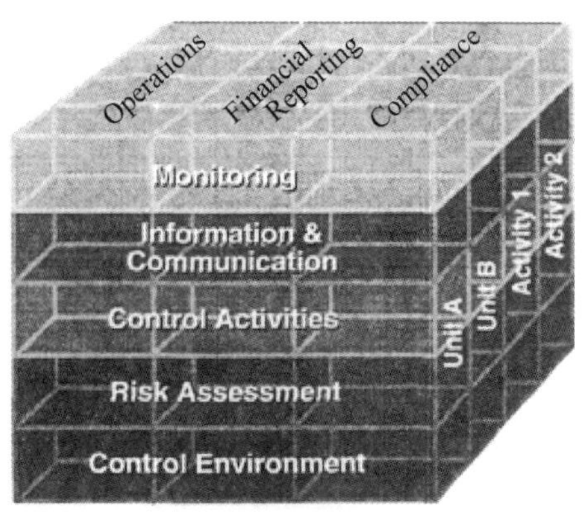

图 9-1　COSO 框架图

资料来源：1992 年 COSO 报告

2. 内部控制规范与操作框架的关系

本书主要基于 SOX 与 COSO、COBIT 的关系，探讨内部控制规范如何被相应的操作框架具体化的思想、方式与内容。

1) 以萨班斯-奥克斯利法案(SOX)和 COSO 为核心的内部控制规范体系

在美国的上市公司监管体系中，形成了以 SOX 为法律依据和 COSO 为操作框架的内部控制规范体系，如图 9-2 所示。其中，SOX(特别是其 404 条款)构成了内部控制监管的法律基础(Mock T J, 2009)。SOX 404 条款中说明了实施公司内部控制体系的规范和制约，指出了管理层和审计师对于内部控制规范制定和实施的责任，包括管理层需要对财务报告的内部控制进行报告，而审计师应该对管理层的评价进行认证和报告(Faye B A, 2008)。

SOX 中并没有内部控制的操作指导，但是，在 SOX 中以法律形式要求成立上市公司会计监督委员会(The Public Company Accounting Oversight Board, PCAOB)。PCAOB 在其 2004 年 3 月 9 日颁布的《第 2 号审计准则——内部控制审计准则》(Auditing Standard No. 2-An Audit of Internal Control Over Financial Reporting Performed in Conjunction with An Audit of Financial Statements)中，指定 COSO-Ⅰ[①]作为该准则的执行框架，并具体到要求企业的内部控制规范应包含

① 如无特殊说明，下文中 COSO 即指 COSO-Ⅰ。

COSO 中的所有要素。由此，COSO-Ⅰ成为 SOX 的操作框架。

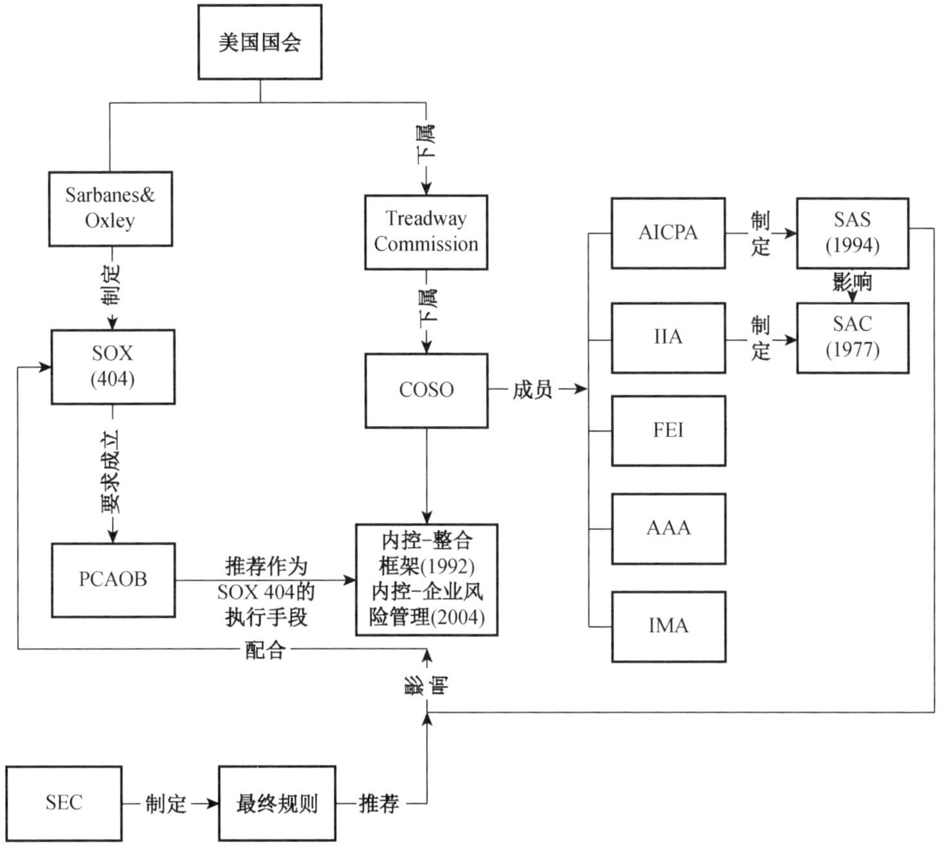

图 9-2　COSO 与 SOX 之间的关系

COSO 委员会的上级机构是美国国会下属的反虚假财务报告委员会（通常称 Treadway 委员会），该委员会的主旨是探讨财务报告中的舞弊产生的原因并寻求解决方案。1987 年，Treadway 委员会成立了 COSO 委员会，其目的是从内部控制问题入手，减少舞弊的发生。COSO 委员会还吸纳了美国注册会计师协会（AICPA）、美国会计学会（American Accounting Association，AAA）、美国财务经理人协会（Financial Executives International，FEI）、美国内部审计师协会（国际内部审计师协会的前身，Institute of Internal Auditors，IIA）、美国管理会计师协会（Isle of Man Assurance Limited，IMA）作为其成员。由此，COSO 方案成了一个以内部审计为核心、综合管理控制的整合性框架，该框架在 1994 年进行了修订性质的增补。2004 年，随着《萨班斯-奥克斯利法案》的实施和其影响的深化，以及业界对风险管理的日益关注，COSO 委员会在 1994 年的 COSO 报告的基础上,结合《萨班斯-奥克斯利法案》在报告方面的要求,颁布了《企业风险管理——整合框架》(Enterprise Risk Management, ERM)的报告,从涉及业务领域与影响层次两方面拓展了内部控制的范围。

2) 以 COBIT 为核心的 IT 控制框架

COBIT 是由美国信息系统审计和控制协会 ISACA 下属的 IT 治理协会 ITGI(IT Governance Institute)所颁布的一个 IT 控制模型,现在已成为国际通用的 IT 治理框架。COBIT 于 1996 年发布第 1 版,1998 年发布第 2 版,2000 年发布第 3 版,2005 年发布 4.0 版本,2007 年发布 4.1 版本,最新版本为 2019 年发布的 COBIT 2019。

COSO 虽然较好地体现了 SOX 的内部控制要求,但有关 IT 控制方面的内容却非常缺乏。随着信息化浪潮的推进,IT 治理与控制已经成为企业,特别是大型企业中不可缺少的基础设施(Reck J L, 2006)。人们对于 IT 作为控制工具和控制对象的需求都非常强烈。在 4.1 版本中,COBIT 明确提出其定位是将纯粹的业务控制标准(即 COSO)与纯粹的 IT 控制标准(如 ISO/IEC 17799)关联起来,进而建立一个在信息环境下统一的内部控制标准,并作为 SOX 在 IT 控制领域的实现工具(Mohammad J A, 2010)。PCAOB 发布的《第 2 号审计准则——内部控制审计准则》中虽然没有明确指定 COBIT 作为 IT 控制工具,但对 IT 基础层次的内部控制也提出 4 大部分要求,一一对应于 COBIT 的 4 项基本目标。特别地,ITGI 于 2004 年 4 月提出了"IT Control Objectives for Sarbanes-Oxley",于 2006 年 9 月提出了第二版"IT Control Objectives for SOX,2 Edition",目前最新版是 2014 年 11 月提出的第三版"IT Control Objectives for Sarbanes-Oxley Using COBIT 5, 3 Edition"。因此,COBIT 已经成为目前内部控制领域中 IT 控制的通用解决方案。

与 COSO 类似,COBIT 也吸取了诸多领域组织和规范的优点,包括 COSO、IT 基础架构库(ITIL)、国际标准化组织(International Standardization Organization, ISO)颁布的 ISO/IEC 17799、美国软件工程协会(Software Engineering Institute, SEI)颁布的软件能力成熟度模型(Capability Maturity Model for Software, CMM)、美国项目管理协会(Project Management Institute, PMI)的相关规范和信息安全论坛(Information Security Forum, ISF)的相关规范等,如图 9-3 所示。

3) 中国内部控制框架结构——"规范+指引"的体系结构

内部控制在我国起步较晚,从监管阶段(1996—1999)到独立探索阶段(1999—2005)到初步发展阶段(2006 至今),自美国 SOX 法案出台后,中国通过借鉴美国 COSO 框架颁布了一系列上市公司内部控制基本准则和规范。

2006 年,上海证券交易所和深圳证券交易所先后发表了《上市公司内部控制指引》。其中上海证券交易所指引共 9 页,35 条指引;深证证券交易所指引共 13 页,83 条指引,均主要借鉴 COSO 委员会的《企业风险管理——整合框架》(COSO-Ⅱ)。

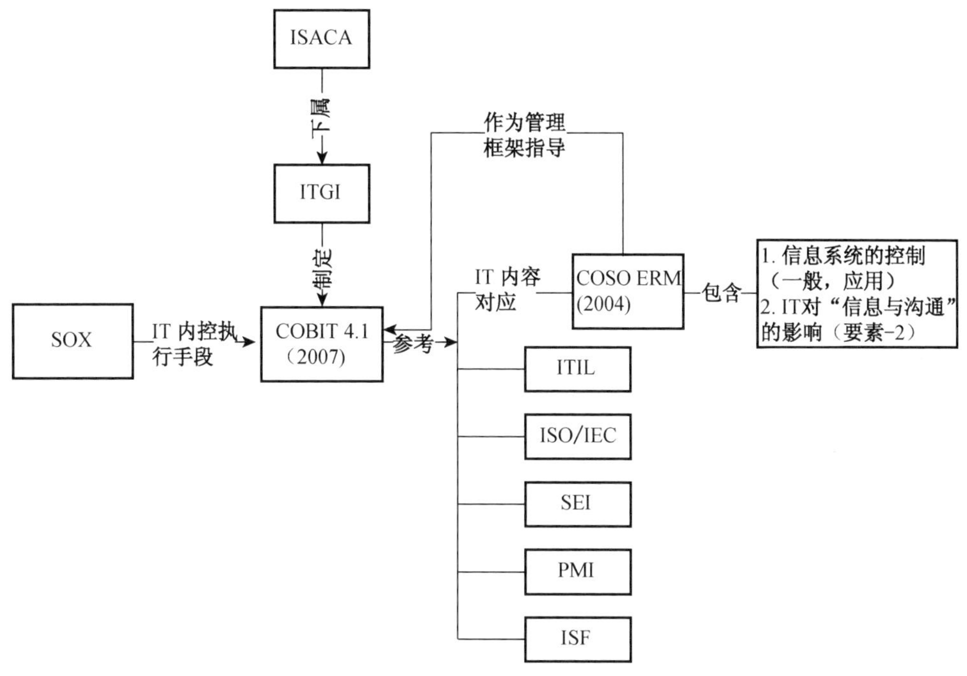

图 9-3　COBIT 与 COSO、SOX 之间的关系

2008 年 6 月 28 日，中国财政部、证监会、审计署、银监会、保监会联合发布了《企业内部控制基本规范》，并于 2010 年 4 月 26 日由财政部、证监会、审计署、银监会、保监会联合发布了《企业内部控制应用指引》(18 项)《企业内部控制评价指引》《企业内部控制审计指引》等配套指引，对《企业内部控制基本规范》的实施进行具体指导。至此，形成了一个以“规范＋指引”的、具有中国特色的体系结构。这个体系从总体上具有与国际规范对应的关系，但在细节上又具有自身的特色，如图 9-4 所示。

9.2.3　中国内部控制 XBRL 分类标准概念框架

基于对国际与中国的内部控制规范与执行框架的分析，本书立足于中国的《企业内部控制应用指引》，结合国际上先进的分类标准结构，得到了一个适应性和通用性较强的中国内部控制 XBRL 分类标准。

1. 基于 COSO 的 XBRL 领域框架分析

由于 SOX 是以 COSO 作为执行框架的，因此本书首先分析基于 COSO 的逻辑框架与 XBRL 建模对象。COSO 的 5 大要素之间不是平行的、独立的关系，而是存在着内部的逻辑关系，如图 9-5 所示。

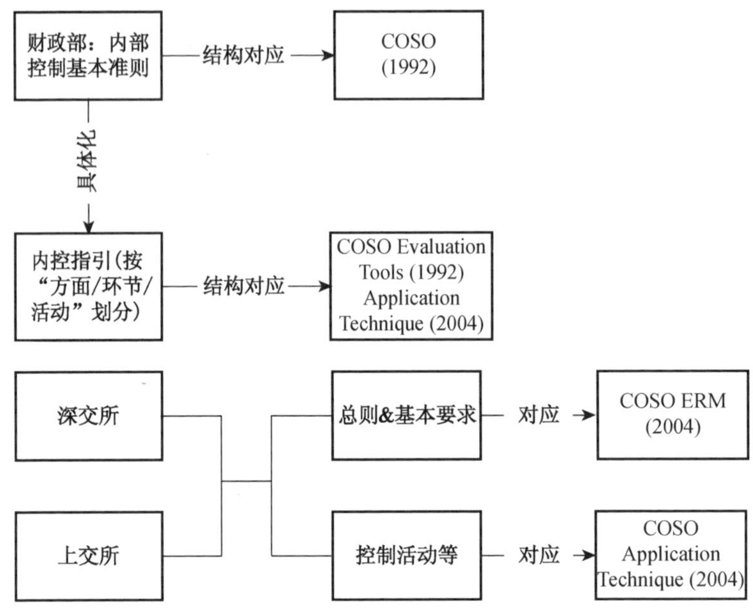

图 9-4　中国内部控制规范与国际规范的对应关系

1）控制环境

底层的区域（Control Environment）显示了企业整体的控制环境，这是制定企业内部控制方案的基础，也是对企业的稳定的、长期的治理状况的认识。显然，由于企业组织机构和从事领域的多样性，"控制环境"这一要素的描述缺乏统一的、具有普遍意义的认识角度与内容，因而难以制定相应的 XBRL 概念与结构。

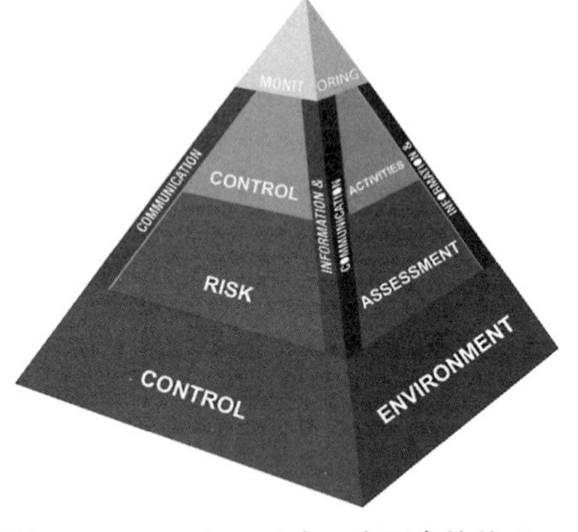

图 9-5　COSO(1992)中 5 大要素的关系

资料来源：1992 年 COSO 报告

2）监控

上层的区域（Monitoring）对应 5 要素中的"监控"。内部控制控制本质上仍是一种管理活动，COSO 指出，为确保内部控制的设计合理性和执行的有效性，特别是当企业到达一定规模时，内部控制的设计和执行本身就需要控制。也就是说，"监控"是对内部控制的"控制"。在企业中，这一要素在绝大多数程度上是通过制度和组织设计来体现的，例如，设立内部审计部门或审计委员会对内部控制活动进行评估等。因此，从 XBRL 内部控制分类标准制定角度，这一层面是内部控制信息的消

费者而非生产者，故也无法作为 XBRL 分类标准所描述的对象。

3）交易层次的内部控制要素

中层的区域对应于企业交易层次的内部控制要素，包括风险评估、控制活动以及信息与沟通。如果将前述的 COSO 对象和目标连带考虑，可以得到一个一般性的内部控制逻辑架构，即任何控制所必需的控制对象、目标、风险点识别和对应控制活动的制定和执行（由于“信息与沟通”要素是实现这一架构的支持因素，所以不被纳入这个架构本身）（Oprean V B，2014）。

由控制对象、目标、风险点识别和对应控制活动所形成的架构是针对企业交易层次的内部控制流程的反映，是最具一般性和操作性的部分，同时也是内部控制评估和审计的基础（O'd ED，2000）。所以，COSO（1992）基于这一架构制定了 COSO 的推荐性的《参考手册》，因此也成为 XBRL 分类标准最易于表达、也最具有价值的描述对象。OCEG 组织就是在这一架构基础上制定 XBRL 分类标准，并完全采用了 COSO（1992）《参考手册》的内容。

2. COSO 内部控制框架与中国内部控制规范的比较

中国的内部控制体系既消化和吸收国际上内部控制的各方面先进思想和经验，又具有自身的特色。因此，需要结合国际规范和中国的内部控制规范进行梳理，从中得到中国制定内部控制 XBRL 分类标准框架的理论支持。

将 COSO（1992）框架、《参考手册》与《企业内部控制基本规范》《企业内部控制应用指引》进行对比，并从制定 XBRL 分类标准建模的角度，得到如下异同点。

1）相同点

（1）在框架层，COSO（1992）框架与《企业内部控制基本规范》的内涵基本相同。首先，两者对于内部控制的定义是一致的；其次，关于控制目标的表述，《企业内部控制基本规范》重述了 COSO（1992）的“财务报告可靠性”“经营效率”“合规性”3 项目标，并结合了 COSO（1994）修订后加入的“资产保全”目标；最后，《企业内部控制基本规范》显然采用了 COSO 框架的内部控制要素，其一一对应关系如表 9-1 所示。

表 9-1　《企业内部控制基本规范》与 COSO 框架的要素对应关系

企业内部控制基本规范	COSO 框架
内部环境	控制环境（Control Environment）
风险评估	风险评估（Risk Assessment）
控制活动	控制活动（Control Activities）

（续表）

企业内部控制基本规范	COSO框架
信息与沟通	信息与沟通（Information & Communication）
内部监督	监控（Monitoring）

（2）在执行层，COSO《参考手册》与《企业内部控制应用指引》的内涵基本相同。首先，两者都是以具有普遍性的活动为内部控制规范制定的首要对象。在COSO《参考手册》中，定义了46项活动与子活动作为顶层目录，而在《企业内部控制应用指引》中，也是以18项活动作为内部控制规范的基本分类的。其次，两者基本上都是沿着"活动、目标、风险点评估、控制活动"的应用框架展开的。

2）不同点

（1）在框架层，由于《企业内部控制基本规范》的制定时间比COSO（1992）框架更晚，所以能够更反映内部控制的新思想。例如，在控制目标中，《企业内部控制基本规范》还加入了"促进企业实现发展战略"一项目标，这显然是源于COSO（2004）。

（2）在执行层，两者的区分更为明显。

（i）首先，由于中外企业内部控制的具体关注点差异，在大多数内容中，COSO《参考手册》与《企业内部控制应用指引》中的活动并不具有一一对应的关系。其一，对于相同活动所包含的具体内容，两者的理解是不同的，例如，《企业内部控制应用指引第7号——采购业务》中，不仅包括供应商选择、采购过程，还包括与采购相关的资金活动管理；而在COSO《参考手册》中的"Procurement（采购）"活动中，仅包含"Select Vendor（供应商选择）"与"Purchase（购买）"等两个子活动，而相关的资金活动管理内容被置于多个其他活动或子活动中。其二，由于管理理念、重点需要解决的问题、时代的不同，两者设置了一些完全不能纳入对方体系中的内容，如《企业内部控制应用指引第4号——社会责任》就是较新的管理理念的体现。其三，即使是对应项目，其具体内容也有差异，例如，在两者都有的、针对"研究与开发"活动的控制活动中，《企业内部控制应用指引》着重于研发活动开始时的制度建设，而COSO应用手册则着重于研发过程中的具体行为控制。

（ii）其次，中外企业内部控制的规范层面不同。《企业内部控制应用指引》显然着重于指导性、总结性意见，而COSO《参考手册》则着重于具体执行。在"活动"的划分中，即使不考虑两者之间的分类不同，COSO《参考手册》的划分也比《企业内部控制应用指引》更细。COSO《参考手册》中对"活动"共分为3层46项，其中具体活动共36项，《企业内部控制应用指引》没有分层次，并且只划分了18项。针对

"目标",COSO《参考手册》中对"目标"根据"活动"进一步细分,每项"活动"均应实现多个"目标",共计133项,这也是现实中实际考虑的情况,《企业内部控制应用指引》没有单列出"目标"项目,而是在每一号指引的前言开始位置简单地、综合性地说明。针对"风险点",COSO《参考手册》中对"风险点"根据"目标"进一步细分,每项"目标"均应考察多个"风险点",共计251项,平均每项"目标"考察1.88个"风险点",平均每项"活动"考察5.46个"风险点",《企业内部控制应用指引》直接针对"活动"列出"风险点"项目,平均每项"活动"仅考察1.61个"风险点"。针对"控制活动",COSO《参考手册》中除数量较大以外,所列出的"控制活动"操作性都较强,而《企业内部控制应用指引》的指导性质较强。

3. 基于《企业内部控制应用指引》的中国内部控制XBRL分类标准概念框架

综上所述,针对制定基于《企业内部控制应用指引》的XBRL分类标准,在概念建模层次,其框架内容如下。

(1) 中国内部控制XBRL分类标准应采用类似OCEG GRC-XML COSO分类标准的总体结构,即划分为"活动""目标""风险点"和"控制活动"四大部分,但在"活动"中不区分"子活动",即在"活动"结构中仅有一级结构。这是由《企业内部控制应用指引》的结构决定的。中国内部控制XBRL分类标准总体结构与OCEG GRC-XML COSO分类标准总体结构的对比,如图9-6(a)和图9-6(b)所示。

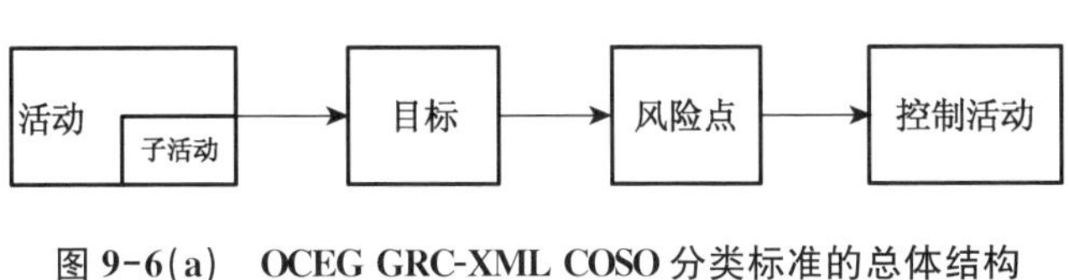

图9-6(a)　OCEG GRC-XML COSO分类标准的总体结构

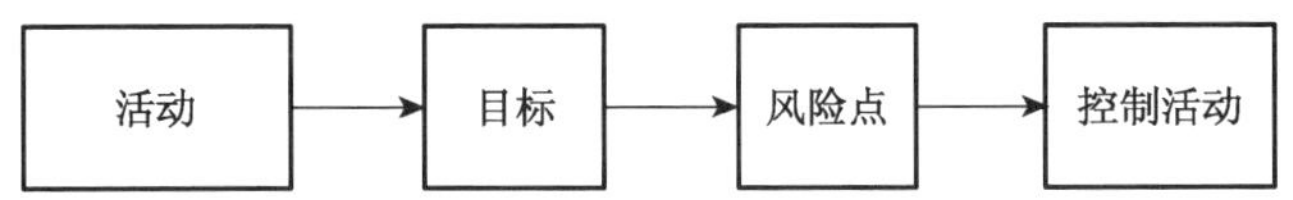

图9-6(b)　中国内部控制XBRL分类标准的总体结构

(2) 中国内部控制XBRL分类标准应直接以《企业内部控制应用指引》作为构建分类标准的依据,即直接采用《企业内部控制应用指引》中的"活动""目标""风险点"和"控制活动"构建元素集合,并按照"活动-(达到)→目标""目标-(注意)→风险点"和"风险点-(执行)→控制活动"三个层次展开展示和定义关系,如图9-7所示。OCEG GRC-XML的体系结构中是以COSO为核心分类标准,而以GRC的其他内容作为COSO扩展来处理,其核心因素是因为GRC处于比COSO更具体的地位。相反,根据上述分析,《企业内部控制应用指引》的抽象程度比COSO《参考手册》更高，所以，以 COSO《参考手册》作为《企业内部控制应用指引》的基础是不正确的。如果企业需要，甚至可以用 COSO《参考手册》（即 OCEG GRC-XML COSO 分类标准）作为《企业内部控制应用指引》的扩展。

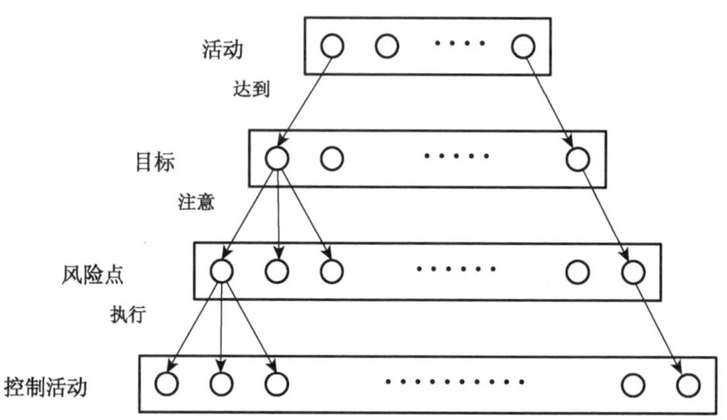

图 9-7　元素层次图

（3）中国内部控制 XBRL 分类标准应采用比较简单的技术体系结构。因为 COSO《参考手册》的结构比较清晰、简单，也不涉及大规模、复杂的计算内容，并且简单结构还有利于保持分类标准本身的稳定性。所以，从 OCEG GRC-XML COSO 分类标准所选择使用的技术看，除了对展示链接库、定义链接库的角色、弧角色有一些扩展外，基本没有采用新的扩展分类标准。在基本规范 XBRL Specification 2.1 的使用中，放弃了有争议的元组机制，数据类型的选择仅有货币型（monetaryItemType）和字符串型（stringItemType）等两种，抽象元素仅有 10 个。《企业内部控制应用指引》与 COSO《参考手册》的总体架构类似，所以，在建立适应于中国内部控制工作的分类标准时也采用类似的技术体系结构。

9.3　分类标准设计

在 XBRL 分类标准设计阶段，本书将针对内部控制领域，划分不同的数据模块，并分离出各个不同的、用于反映内部控制事项的数据元素。进一步地，本书将对元素命名与类型进行深入探讨，并给出具有独创性的解决方案。

9.3.1　模块划分与元素提取

本书主要按照逐项准则法，主要依据《企业内部控制应用指引》，并结合上文所述的框架进行模块划分与元素提取。

1. 模块划分

根据《企业内部控制应用指引》的组织形式，将“内部控制 XBRL 分类标准”按《企业内部控制应用指引》中的 18 项规范组织成 18 个模块，并各自以一个文件夹存储相应的核心文件。采用这种组织形式的理由是：

（1）按规范组织符合逐项准则法的要求，与《企业内部控制应用指引》组织形式一致。

（2）有原型系统可供参考，OCEG 对 COSO 的分类标准建模方法即是根据 COSO《参考手册》进行逐项建模的。

（3）符合 COSO 针对活动展开内部控制的基本思想，即针对逐项企业活动反映对应的“控制目标”“风险估计”和“控制活动”等要素。

2. 元素提取

本书按活动、目标、风险点和控制活动根据《企业内部控制应用指引》中的条款逐条提取元素。需要特别说明的是“目标”项目，虽然在《企业内部控制应用指引》中，没有显式地说明在每项活动中应达到的具体目标，但每项活动的“总则”的“第一条”显然是该项活动应达到的具体目标，因此，应以“总则”的“第一条”作为“目标”元素提取的对象。表 9-2 给出了一个根据《企业内部控制应用指引第 1 号——组织结构》提取元素的例子，由于篇幅限制，未列出所有控制活动。

表 9-2 元素提取

元素	提取对象
活动元素 1	组织结构
目标元素 1	促进企业实现发展战略，优化治理结构、管理体制和运行机制，建立现代企业制度
风险点 1 风险点 2	治理结构形同虚设，缺乏科学决策、良性运行机制和执行力，可能导致企业经营失败，难以实现发展战略 内部机构设计不科学，权责分配不合理，可能导致机构重叠、职能交叉或缺失、推诿扯皮，运行效率低下
控制活动 1 控制活动 2 ……	企业应当根据国家有关法律法规的规定，明确董事会、监事会和经理层的职责权限、任职条件、议事规则和工作程序，确保决策、执行和监督相互分离，形成制衡 企业应当制定组织结构图、业务流程图、岗（职）位说明书和权限指引等内部管理制度或相关文件，使员工了解和掌握组织架构设计及权责分配情况，正确履行职责 ……

9.3.2 元素命名

1. 元素名称结构

XBRL 领域的逻辑建模中，概念名称往往有现实中相对应的术语。在财务报告分类标准中，元素名称来自财务报告项目及其衍生项目名称；在总分类账分类标准中，元素名称来自账簿记录的术语。这种命名能够使得概念易于被使用者理解，并易于扩展。

但是，在内部控制领域，除一些基本概念，如《企业内部控制应用指引》和COSO主要术语等，其他内容很少有通用的术语进行概括。如果对描述内容进行总结，则会因为总结得到的术语没有得到普遍认可而导致理解困难，进而导致扩展时的困难。因此，建议命名方式如下：

(1) 采用“术语+编号”的形式对元素进行命名。

(2) 借鉴 OCEG 的方式，在“术语”部分采用单词缩写的形式。这种方式有两个优点，其一，可以规范元素命名，适于数据库存储；其二，与大多数审计底稿中的项目编号方式一致，易于与企业的评价系统平滑对接。

(3) 在术语缩写中采用通用的商业术语的缩写方式，从而分类标准使用者易于正确、一致地理解概念。

表 9-3 内部控制 XBRL 分类标准中的主要术语

缩写	英文	中文
ACT	Activities	活动
OBJ	Object	目标
RSK	Risk	风险
CTA	Control Activities	控制活动
ORS	Organizational Structure	组织架构
DES	Development Strategy	发展战略
HRS	Human Resource	人力资源
SOR	Social Responsibility	社会责任
ENC	Enterprise Culture	企业文化
FUA	Fund Activities	资金活动
PRC	Procurement	采购业务
ASM	Asset Management	资产管理
MNS	Marketing and Sales	销售业务

（续表）

缩　写	英　文	中　文
RND	Research and Development	研究与开发
ENG	Engineering	工程项目
ASS	Assurance	担保业务
OTS	Outsourcing	业务外包
FIR	Financial Reporting	财务报告
OBU	Overall Budget	全面预算
COM	Contract Management	合同管理
IMD	Internal Message Delivering	内部信息传递
INS	Information Systems	信息系统

2. 元素名称中的编号方法探讨

在 OCEG 中的编号采用连续编号方式。即分别对于各项活动、目标、风险评估和控制活动均采取从 1 开始的连续编号方式。这种方式的优点是简单明了，但其缺点也是明显的。

1）从属方式不清

按照《企业内部控制应用指引》和 COSO 框架，"控制活动""风险点评估""目标"和"活动"具有依次从属关系，但连续编号无法反映这种从属关系。例如，如表 9-4 所示，在 OCEG 中所有概念在同一类别中均采取连续编号方式。从而，风险编号 001－003（RSK-010-INB-MLG-001、RSK-010-INB-MLG-002、RSK-010-INB-MLG-003）对应于目标编号 001（OBJ-010-INB-MLG-001）；而风险编号 004（RSK-010-INB-MLG-004）则对应于目标编号 002（OBJ-010-INB-MLG-002）。类似地，风险与控制活动之间的从属关系也会出现这种对应关系。显然，这种对应关系不能表达不同 COSO 要素之间的从属关系，对于使用者来说难于识别、记忆和理解。

表 9-4　OCEG 分类标准元素命名与层次结构

ACT-010-INB-REC	OBJ-010-INB-MLG-001	RSK-010-INB-MLG-001	CTA-010-INB-MLG-001
			CTA-010-INB-MLG-002
			CTA-010-INB-MLG-003
			CTA-010-INB-MLG-004
			CTA-010-INB-MLG-005
			CTA-010-INB-MLG-006

（续表）

ACT-010-INB-REC	OBJ-010-INB-MLG-001	RSK-010-INB-MLG-001	CTA-010-INB-MLG-001
			CTA-010-INB-MLG-007
		RSK-010-INB-MLG-002	CTA-010-INB-MLG-008
			CTA-010-INB-MLG-009
			CTA-010-INB-MLG-010
		RSK-010-INB-MLG-003	CTA-010-INB-MLG-011
	OBJ-010-INB-MLG-002	RSK-010-INB-MLG-004	CTA-010-INB-MLG-012
	OBJ-010-INB-MLG-003	RSK-010-INB-MLG-005	CTA-010-INB-MLG-013
		RSK-010-INB-REC-001	CTA-010-INB-REC-001

2）扩展困难

连续编号不但在核心分类标准的表达中会导致低效的认知，并且进一步妨碍了分类标准的扩展。例如，如果一个用户希望在编号为 001 的目标的实现过程中评估一个新的风险点，这个风险点的编号只能按照连续的顺序编为 RSK-010-INB-MLG-006，从而使得对应于同一个目标编号的风险点编号出现不连续的混乱现象，即对应于目标编号 001（OBJ-010-INB-MLG-001）的风险编号变为 001－003、006（RSK-010-INB-MLG-001、RSK-010-INB-MLG-002、RSK-010-INB-MLG-003、RSK-010-INB-MLG-006）。对应地，如果继续增加针对该风险点的控制活动，则编号将更加混乱。显然，这种混乱的编号方式极易使分类标准的使用者出现认识错误。

综上所述，本书将在分类标准的概念命名中，采取分级别的多层次编号方式。按照 COSO 划分的不同要素，具体编号方式如下：

（1）活动：位于统驭关系的第 1 层，无编号；

（2）目标：位于统驭关系的第 2 层，在同一个对应活动中连续编号；

（3）风险点：位于统驭关系的第 3 层，在同一个对应目标下连续编号；

（4）控制活动：位于统驭关系的第 4 层，在同一个对应目标下连续编号。

3. 元素命名方法

1）表示“活动”的元素的命名

采用“ACT-XXX”的形式。

其中，ACT 表明该元素是一个活动；XXX 以缩写形式表示具体的活动名称。例如，表示“组织结构”活动的元素名称为“ACT-ORS”。

2）表示“目标”的元素的命名

采用“OBJ-XXX-NNN”的形式。

其中，OBJ 表明该元素是一项目标；由于按照《企业内部控制应用指引》和COSO 框架，“目标”是根据“活动”制定的，也就是说，“目标”从属于对应的“活动”，这使得“目标”与“活动”之间形成了“一对多”的关系，所以在其后的 XXX 以缩写形式给出了“目标”所从属的“活动”；NNN 表示《企业内部控制应用指引》中给出的“活动”所应实现的“目标”的编号。例如，按照《企业内部控制应用指引》，目标“促进企业自主创新，增强核心竞争力，有效控制研发风险，实现发展战略”是活动“研究与开发”所应实现的第一个目标，则该目标的元素命名为“OBJ-RND-001”。

3）表示“风险”的元素的命名

采用“RSK-OBJ-XXX-NNN-MMM”的形式。

其中，RSK 表明该元素是一项风险点；类似地，“风险点”是根据“目标”制定的，也构成了因从属关系而形成的“一对多”的关系，所以在其后以“XXX-NNN”形式给出了“目标”的编号（略去冗余字符 OBJ）；最后以 MMM 对应于该“目标”下“风险点”的编号。例如，按照《企业内部控制应用指引》，风险点“研究项目未经科学论证或论证不充分，可能导致创新不足或资源浪费”是实现目标“促进企业自主创新，增强核心竞争力，有效控制研发风险，实现发展战略”所应检查的第一个风险点，则该目标的元素命名为“RSK-RND-001-001”。

4）表示“控制活动”的元素的命名

采用“CTA-OBJ-XXX-NNN-MMM-PPP”的形式。

其中，CTA 表明该元素是一项控制活动；类似地，“控制活动”是根据“风险点”制定的，也构成了因从属关系而形成的“一对多”的关系，所以在其后以“XXX-NNN-MMM”形式给出了“风险点”的编号（略去冗余字符 RSK）；最后以 PPP 对应于该“风险点”下“控制活动”的编号。例如，按照《企业内部控制应用指引》，控制活动“提出研究项目立项申请，编制可行性研究报告”是关于风险点“未经科学论证或论证不充分，可能导致创新不足或资源浪费”所执行的第一项控制活动，则该目标的元素命名为“RSK-RND-001-001-001”。

9.4　分类标准构建

通过分类标准构建阶段得到的物理模型是指数据信息的代码表示。就 XBRL 建模而言，其工作内容包括组织 XBRL 文件与文件夹，组织复杂元素，选择适当的技术架构，定义元素类型以及其他属性，制定链接库等。通过物理建模，能够形成一个可供使用的分类标准。

9.4.1 文件夹结构与命名

1. 文件夹结构

在《企业内部控制应用指引》中,针对企业在日常经营中的18项具有普遍性的活动(组织架构、发展战略、人力资源、社会责任、企业文化、资金活动、采购业务、资产管理、销售业务、研究与开发、工程项目、担保业务、业务外包、财务报告、全面预算、合同管理、内部信息传递和信息系统),给出了相应的内部控制目标、风险点评估和风险控制活动的基本内容。按照逻辑建模中的模块划分方法,将这18项活动中的每项活动与相关的风险点评估、风险控制活动内容相结合,共可组成18个文件夹。

2. 文件夹命名

在XBRL领域中,文件夹的命名方式有两类:

1) 以关键字英文缩写形式命名

例如,在上海证券交易所和深圳证券交易所制定的上市公司信息披露XBRL分类标准中,存放中国特定的内容的文件夹被命名为cn(China);存放中国证监会特定的内容的文件夹被命名为csrc(China Securities Regulatory Commission);存放财务报告特定的内容的文件夹被命名为fr(Financial Reporting)。

2) 以准则编号进行命名

例如,在IFRS制定的分类标准中,其文件夹的命名为ifrs_X_2009-04-01形式,其中,X表示国际财务报告准则的编号,表明这是第X号国际财务会计准则所涉及的内容;在中国财政部制定的《企业会计准则通用分类标准》中,其文件夹的命名为cas_X_2010-09-30,其中,X表示中国企业会计准则的编号,表明这是第X号中国企业会计准则所涉及的内容。

现实中,大多数分类标准文件夹的命名方法可能是两者的结合,这使得上述这种分法有些过于简单。但是,显然每种分类标准的文件夹命名中都会以其中一种方法为主体。一般地说,两种命名方式中,"关键字英文缩写形式"常见于采用实务法制定的分类标准,例如,美国US GAAP、中国上海证券交易所、深圳证券交易所等制定的分类标准;"准则编号形式"常见于采用逐项准则法制定的分类标准,例如,国际会计准则委员会、中国财政部制定的分类标准。本书建议中国内部控制XBRL分类标准的制定方式为逐项准则法,因此对应地建议文件夹的命名形式如下:

```
cicg_X_2011-12-31
```

其中,cicg是China Internal Control Guidelines(中国企业内部控制应用指引)的缩写;X是具体指引的编号,从1至18号;2011-12-31是假定的内部控制XBRL

分类标准的颁布日期。表 9-5 给出了《企业内部控制应用指引》各项活动所对应的文件夹命名。

表 9-5　内部控制 XBRL 分类标准文件夹命名

活　　动	文件夹名称
组织架构	cicg_1_2011-12-31
发展战略	cicg_2_2011-12-31
人力资源	cicg_3_2011-12-31
社会责任	cicg_4_2011-12-31
企业文化	cicg_5_2011-12-31
资金活动	cicg_6_2011-12-31
采购业务	cicg_7_2011-12-31
资产管理	cicg_8_2011-12-31
销售业务	cicg_9_2011-12-31
研究与开发	cicg_10_2011-12-31
工程项目	cicg_11_2011-12-31
担保业务	cicg_12_2011-12-31
业务外包	cicg_13_2011-12-31
财务报告	cicg_14_2011-12-31
全面预算	cicg_15_2011-12-31
合同管理	cicg_16_2011-12-31
内部信息传递	cicg_17_2011-12-31
信息系统	cicg_18_2011-12-31

9.4.2　元素与链接库定义

1. 技术架构选择

如前所述,中国内部控制 XBRL 分类标准应采用一种较为简单的技术架构。在 OCEG GRC-XML COSO 分类标准的建立中,选择了一个相对简单的技术方案。数据类型、元素定义时所采用的属性和属性值都比较单一。运行实践表明,这种技术架构的选择是合理的。所以,在中国内部控制 XBRL 分类标准的选择上,本书也采取类似的技术结构,理由如下。

(1)《企业内部控制应用指引》本身体现出一种简单的结构。首先,“活动”“目标”“风险点”和“控制活动”的模块划分很明确,并且模块之间没有交集,从总体框架不需要过于复杂的技术结构。其次,《企业内部控制应用指引》的项目内容很简单,都是叙述性的语言,并且项目内部没有更多的细节性结构。再次,不同模块项目之间的关系也是简单的一对多关系,并且没有递归和环路。最后,依据《企业内部控制应用指引》所制定的分类标准体现的是内部控制报告,其内容都是在期末做出的结论或判断,因此其时期属性也都是简单的“instant(时间点)”。

(2)《企业内部控制应用指引》的使用方式决定了分类标准的简单性。如前所述,《企业内部控制应用指引》中的内容基本上属于指导性意见,操作性较差,难以直接产生内部控制报告。所以,未来中国内部控制 XBRL 分类标准的使用绝大多数情况下应该是:先在基本分类标准的基础上扩展出具有操作性的、可以直接赋值的元素;然后,先以数值实例化操作性强的扩展元素,再以描述性语句实例化基本分类标准中的元素。

(3) 基于《企业内部控制应用指引》的 XBRL 分类标准的技术简单性并不排斥在扩展时采用复杂的技术,相反,由于核心分类标准较简单,扩展部分反而可以不受过于严格的技术限制(分类标准越复杂,技术限制越严格),从而可以灵活采用各种扩展技术。OCEG GRC-XML COSO 分类标准的设置很简单,但其扩展就具有诸如维度在内的扩展技术结构。中国内部控制 XBRL 的核心分类标准采取一种简单的结构,但未来可以与 XBRL GL 连接,并增加诸如 Formula 的扩展规范,以实现内部控制的实时监控。

2. 有关维度和公式规范的说明

1) 维度问题

从 COSO 框架中所获得的第一印象似乎是其与维度具有天然的联系。COSO 框架具有 3 个维度,“目标”“对象”和“要素”,如果直觉地处理,即应该以此三个维度作为 XBRL 维度进行建模与编码。但是,深入研究即可发现:

(1) 对象维度:蕴含于现代管理理论中的核心是关于“活动”的管理。所以,尽管 COSO 对象维度中具有“实体”成员,但是,在《参考手册》的实现中,仍只考虑对象中的“活动”成员,即“对象”维度中仅有一个成员。

(2) 目标维度:COSO《参考手册》中对每项活动的目标进行了细化,细化后得到了特定业务的具体目标。但是,每项具体目标可能对应于超过一个 COSO 中的 3 大目标。也就是说,如果建立 XBRL 中的“目标”维度,将无法通过维度成员来定位一个具体目标,这是“维度”规范所无法处理的问题。

(3) 要素维度:在 XBRL 维度规范中,一个维度中的各个成员应该是平行的,正交的。所谓平行是指所有成员位于同一层次,例如,“国家”维度中,“中国”“美国”都是国家,其概念含义位于同一层次;所谓正交是指所有成员之间无交集,“中

国”“美国”之间显然没有交集。但是，通过对COSO框架的分析可知，5个“要素”成员显然不在一个层次上，例如，“风险点”和“控制活动”是XBRL的反映对象，而XBRL又是“信息与沟通”的具体方式。

所以，在《参考手册》中，所有内容最终被组成以“活动”为起始点的树形结构，而不是“交叉表”(Pivot Table)。根据上述分析，维度规范并不适于内部控制规范的核心分类标准设计。

2）公式问题

同样地，内部控制与公式规范之间的关系也具有类似问题。就内部控制的反映和监督而言，多数情况下可以归结为异常情况的反映和监督。所谓异常情况，从信息角度，即是出现不符合预定规则的信息。这可以进一步建模为一个逻辑表达式，而这正是公式规范中3大断言——存在性断言(Existence Assertions)、数值断言(Value Assertions)以及一致性断言(Consistency Assertions)的形式。所以，在内部控制XBRL分类标准中引入公式似乎是一个自然的选择。

但是，基于《企业内部控制应用指引》的XBRL分类标准的描述对象是企业的“内部控制报告”，而不是“内部控制活动报告”。这个报告是一个做最终总结和判断的报告，而不是一个实时监控与记录的报告。该报告的内容实际上可以视为断言计算的结果。因此，未来如果将分类标准扩展至“内部控制活动报告”，则应引入公式规范。而在目前这个层次，引入公式规范作用不明显。

3. 命名空间

从技术角度，命名空间是一种防止命名冲突的机制；在XBRL领域，命名空间既是一种权威性的证明，也是使用者识别版本与发布者的指导。本书在中国内部控制XBRL分类标准中设定了除XBRL国际组织默认之外的命名空间，按照XBRL领域的一般规则，其形式是包含分类标准发布日期的统一资源标识符(Unified Resource Identifier, URI)，如果发布日期是2021年12月31日，则该命名空间为：

```
http://xbrl.mof.gov.cn/taxonomy/2021-12-31/cicg
```

其中，二级域名xbrl.mof.gov.cn表示是由财政部(Ministry of Finance)颁布的XBRL相关的规范，taxonomy表示其内容是分类标准，cicg是China Internal Control Guidelines(中国企业内部控制应用指引)的缩写(代码中缩写为小写形式)。上述命名空间的前缀为cicg，用于定义命名空间及前缀的语句为：

```
xmlns:cicg=" http://xbrl.mof.gov.cn/taxonomy/2021-12-31/cicg"
```

4. 元素定义

下面首先给出一个分类标准中元素定义的例子：

表 9-6　元素定义示例

定义属性	属性值
元素名称	ACT-ORS
ID	cicg-act_ACT-ORS
时期类型	Instant
数据类型	stringItemType
抽象	False
XML 语法表示： ＜element name＝" ACT-ORS " id＝" cicg-act_ACT-ORS" type＝"xbrli：stringItemType" substitutionGroup＝" xbrli：item" abstract ＝" false" nillable ＝" true" xbrli：periodType ＝ "instant"/＞	

具体说明如下。

1）简单类型

由于所有的元素都是可以自描述的（即不需要其他元素的含义辅助），所以，所有的元素都是简单元素，实现为 item，即属性值 substitutionGroup＝"xbrli：item"。

2）元素属性

（1）元素名称（element name）：元素名称按照前述的“关键字＋编号”的方式创建，在同一命名空间内，元素的名称是唯一的。

（2）元素 ID（element ID）：元素 ID 用来标识元素的定义位置，按照 XBRL 领域的一般规则，元素 ID 的形式是“分类标准的命名空间前缀_元素名称”。

（3）时期类型（period type）：由于描述对象是内部控制报告，均为期末总结性描述，因此时期类型均为“instant（时间点）”。

（4）数据类型（data type）：由于《企业内部控制应用指引》的项目均是描述性的，所以所有元素的数据类型均为“stringItemType”。

（5）抽象（abstract）元素：在 XBRL FR 中的抽象元素一般对应于文档中的标题，在 OCEG GRC-XML COSO 分类标准中的抽象元素是指 COSO 中的 3 个总体目标。在中国内部控制 XBRL 分类标准中均无这些情况，所以没有设置抽象元素。

5. ELR

扩展链接角色（ELR）用于定义新的 role 和 arcrole。其中，role 用于分隔模块，arcrole 用来说明元素间的语义层的关系。

1）role

在 OCEG 制定的分类标准中，按照活动定义了 25 个 role，其 ID 为 ACTIVITYn（n=1，2，…，25），定义为 http：//www. oceg. org/xbrl/2009－07－31/role/

NNN，其中 NNN 为具体对应活动元素的标签。这种按顺序命名 ID 的方式具有识别困难、扩展性低的缺点，所以，在中国内部控制分类标准的制定中，应该以活动关键字缩写来定义 role 的 ID，以 http://www.mof.gov.cn/xbrl/2021-12-31/role/MMM（其中，MMM 为 3 个字符的活动关键字缩写）的形式定义 role。下表所示为定义的 role。在中国内部控制 XBRL 分类标准中展示链接库的划分方法与定义链接库的划分方法基本相同，所以这些 role 同时用于展示链接库和定义链接库。

表 9-7　role 定义

ID	定　义	对应活动元素名	中文标签
ORS	http://www.mof.gov.cn/xbrl/2021-12-31/role/ORS	ACT-ORS	组织架构
DES	http://www.mof.gov.cn/xbrl/2021-12-31/role/DES	ACT-DES	发展战略
HRS	http://www.mof.gov.cn/xbrl/2021-12-31/role/HRS	ACT-HRS	人力资源
SOR	http://www.mof.gov.cn/xbrl/2021-12-31/role/SOR	ACT-SOR	社会责任
ENC	http://www.mof.gov.cn/xbrl/2021-12-31/role/ENC	ACT-ENC	企业文化
FUA	http://www.mof.gov.cn/xbrl/2021-12-31/role/FUA	ACT-FUA	资金活动
PRC	http://www.mof.gov.cn/xbrl/2021-12-31/role/PRC	ACT-PRC	采购业务
ASM	http://www.mof.gov.cn/xbrl/2021-12-31/role/ASM	ACT-ASM	资产管理
MNS	http://www.mof.gov.cn/xbrl/2021-12-31/role/MNS	ACT-MNS	销售业务
RND	http://www.mof.gov.cn/xbrl/2021-12-31/role/RND	ACT-RND	研究与开发
ENG	http://www.mof.gov.cn/xbrl/2021-12-31/role/ENG	ACT-ENG	工程项目
ASS	http://www.mof.gov.cn/xbrl/2021-12-31/role/ASS	ACT-ASS	担保业务
OTS	http://www.mof.gov.cn/xbrl/2021-12-31/role/OTS	ACT-OTS	业务外包
FIR	http://www.mof.gov.cn/xbrl/2021-12-31/role/FIR	ACT-FIR	财务报告
OBU	http://www.mof.gov.cn/xbrl/2021-12-31/role/OBU	ACT-OBU	全面预算
COM	http://www.mof.gov.cn/xbrl/2021-12-31/role/COM	ACT-COM	合同管理
IMD	http://www.mof.gov.cn/xbrl/2021-12-31/role/IMD	ACT-IMD	内部信息传递
INS	http://www.mof.gov.cn/xbrl/2021-12-31/role/INS	ACT-INS	信息系统

2）arcrole

与 OCEG GRC-XML COSO 分类标准类似，在中国内部控制 XBRL 分类标准中，arcrole 同样用于定义链接库，用来表达元素之间的定义关系。

（1）定义链接库的必要性：许多分类标准中或者不创建定义链接库，或者使用定义链接库作为维度链接的载体。这是因为 XBRL 基本规范中给出的 4 类定义关系缺乏供处理器进一步处理的能力，所以在制定分类标准时一般不考虑定义关系。而维度链接则可以直接作为计算的依据，因此应用较多。在定义内部控制 XBRL 分类标准时，特定的关系有利于搜索、检验等应用。

（2）特定的定义链接类型：从模块关系“活动”→“目标”→“风险点”→“控制活动”中提取特定的定义链接类型。因为《企业内部控制应用指引》中没有活动分层关系，也没有具体化目标与 COSO 框架目标的关系，所以 OCEG GRC-XML COSO 分类标准中的 objective-property、activity-subActivity 关系不必存在，仅存在模块之间的两两关系类型。arcrole 的具体描述如表 9-8 所示。显然，对于具体的元素而言，这些关系都只能是单向成立的，即不可能元素 A 到 B 的关系与元素 B 到 A 的关系是相同的，所以其属性 cyclesAllowed 的值为 undirected。

表 9-8　arcrole 具体描述

arcrole 定义	解　　释
http://www.mof.gov.cn/xbrl/2021-12-31/arcrole/activity-objective	从活动到目标的关系
http://www.mof.gov.cn/xbrl/2021-12-31/arcrole/objective-risk	从目标到风险点的关系
http://www.mof.gov.cn/xbrl/2021-12-31/arcrole/risk-controlActivity	从风险点到控制活动的关系

6. 链接库

1）引用链接库

所有元素都直接来源于《企业内部控制应用指引》的各号指引，因此，所有引用链接库中的所有引用元素的结构（即子元素构成）都如表 9-9 所示。

表 9-9　引用元素说明

子元素	元素值	说明
Publisher	Ministry of Finance	中国财政部
Name	Application Guideline of Enterprise Internal Control	《企业内部控制应用指引》
IssueDate	2015-03-31	《企业内部控制应用指引》的发布时间
Chapter	不定，在 1 到 18 之间，对应各号指引	指引编号

2）标签链接库

所有元素都有且仅有一个标准标签，这个标签的内容就是《企业内部控制应用指引》中对应项目的规范文本。

3）展示链接库

展示链接库按照“活动”→“目标”→“风险点”→“控制活动”关系逐层展开，并根据活动归属按自定义的 role 划分成 18 个模块。

4）定义链接库

定义链接库的结构与展示链接库基本相同，并同样根据活动归属用自定义的 role 划分成 18 个模块。这是因为《企业内部控制应用指引》中的层次与顺序关系既是定义上的关系，也是显示上的关系，所以定义链接库与展示链接库的关系基本相同。具有特点的是：定义链接库中的弧角色（arcrole）没有采用 XBRL 基本规范（XBRL Specification 2.1）中的定义链接库弧角色，而是采用了自定义的 3 个弧角色。

9.5 基于《企业内部控制应用指引》的分类标准元素列表

2010 年 4 月 26 日，财政部会同证监会、审计署、国资委、银监会、保监会等部门在北京召开联合发布会，发布了《企业内部控制配套指引》。表 9-10 即给出了基于该版本指引的分类标准的元素列表。由于基于《企业内部控制应用指引》的分类标准中元素类型与结构比较简单，本书以展示关系给出其全部元素列表，并同时给出其中文标签。

表 9-10 基于《企业内部控制应用指引》的分类标准元素列表

序号	元素（名称）	标 签	深度	顺序
1	ACT-ORS	组织架构	0	1
2	OBJ-ORS-001	促进企业实现发展战略，优化治理结构、管理体制和运行机制，建立现代企业制度	1	1
3	RSK-ORS-001-001	治理结构形同虚设，缺乏科学决策、良性运行机制和执行力，可能导致企业经营失败，难以实现发展战略	2	1
4	CTA-ORS-001-001-001	治理结构形同虚设，缺乏科学决策、良性运行机制和执行力，可能导致企业经营失败，难以实现发展战略	3	1
5	CTA-ORS-001-001-002	企业的重大决策、重大事项、重要人事任免及大额资金支付业务等，应当按照规定的权限和程序实行集体决策审批或者联签制度。任何个人不得单独进行决策或者擅自改变集体决策意见	3	2

（续表）

序号	元素（名称）	标　　签	深度	顺序
6	CTA-ORS-001-001-003	企业应当对各机构的职能进行科学合理的分解，确定具体岗位的名称、职责和工作要求等，明确各个岗位的权限和相互关系	3	3
7	CTA-ORS-001-001-004	企业应当制定组织结构图、业务流程图、岗（职）位说明书和权限指引等内部管理制度或相关文件，使员工了解和掌握组织架构设计及权责分配情况，正确履行职责	3	4
8	RSK-ORS-001-002	内部机构设计不科学，权责分配不合理，可能导致机构重叠、职能交叉或缺失、推诿扯皮，运行效率低下	2	2
9	CTA-ORS-001-002-001	合理设置内部职能机构，明确各机构的职责权限，避免职能交叉、缺失或权责过于集中，形成各司其职、各负其责、相互制约、相互协调的工作机制	3	1
10	CTA-ORS-001-002-002	应当根据组织架构的设计规范，对现有治理结构和内部机构设置进行全面梳理，确保本企业治理结构、内部机构设置和运行机制等符合现代企业制度要求	3	2
11	CTA-ORS-001-002-003	企业拥有子公司的，应当建立科学的投资管控制度，通过合法有效的形式履行出资人职责、维护出资人权益	3	3
12	CTA-ORS-001-002-004	企业应当定期对组织架构设计与运行的效率和效果进行全面评估，发现组织架构设计与运行中存在缺陷的，应当进行优化调整	3	4
13	ACT-DES	发展战略	0	1
14	OBJ-DES-001	促进企业增强核心竞争力和可持续发展能力	1	1
15	RSK-DES-001-001	缺乏明确的发展战略或发展战略实施不到位，可能导致企业盲目发展，难以形成竞争优势，丧失发展机遇和动力	2	1
16	CTA-DES-001-001-001	企业应当在充分调查研究、科学分析预测和广泛征求意见的基础上制定发展目标	3	1
17	CTA-DES-001-001-002	企业应当根据发展目标制定战略规划。战略规划应当明确发展的阶段性和发展程度，确定每个发展阶段的具体目标、工作任务和实施路径	3	2
18	CTA-DES-001-001-003	企业应当在董事会下设立战略委员会，或指定相关机构负责发展战略管理工作，履行相应职责	3	3

（续表）

序号	元素（名称）	标　　签	深度	顺序
19	RSK-DES-001-002	发展战略过于激进，脱离企业实际能力或偏离主业，可能导致企业过度扩张，甚至经营失败	2	2
20	CTA-DES-001-002-001	董事会应当严格审议战略委员会提交的发展战略方案，重点关注其全局性、长期性和可行性	3	1
21	CTA-DES-001-002-002	企业应当根据发展战略，制定年度工作计划，编制全面预算，将年度目标分解、落实；同时完善发展战略管理制度，确保发展战略有效实施	3	2
22	CTA-DES-001-002-003	企业应当重视发展战略的宣传工作，通过内部各层级会议和教育培训等有效方式，将发展战略及其分解落实情况传递到内部各管理层级和全体员工	3	3
23	RSK-DES-001-003	发展战略因主观原因频繁变动，可能导致资源浪费，甚至危及企业的生存和持续发展	2	3
24	CTA-DES-001-003-001	战略委员会应当加强对发展战略实施情况的监控，定期收集和分析相关信息，对于明显偏离发展战略的情况，应当及时报告	3	1
25	CTA-DES-001-003-002	由于经济形势、产业政策、技术进步、行业状况以及不可抗力等因素发生重大变化，确需对发展战略作出调整的，应当按照规定权限和程序调整发展战略	3	2
26	ACT-HRS	人力资源	0	1
27	OBJ-HRS-001	促进企业加强人力资源建设，充分发挥人力资源对实现企业发展战略的重要作用	1	1
28	RSK-HRS-001-001	人力资源缺乏或过剩、结构不合理、开发机制不健全，可能导致企业发展战略难以实现	2	1
29	CTA-HRS-001-001-001	企业应当根据人力资源总体规划，结合生产经营实际需要，制定年度人力资源需求计划，完善人力资源引进制度，规范工作流程，按照计划、制度和程序组织人力资源引进工作	3	1
30	CTA-HRS-001-001-002	企业应当根据人力资源能力框架要求，明确各岗位的职责权限、任职条件和工作要求，遵循德才兼备、以德为先和公开、公平、公正的原则，通过公开招聘、竞争上岗等多种方式选聘优秀人才，重点关注选聘对象的价值取向和责任意识	3	2
31	CTA-HRS-001-001-003	企业确定选聘人员后，应当依法签订劳动合同，建立劳动用工关系	3	3

(续表)

序号	元素(名称)	标　　签	深度	顺序
32	RSK-HRS-001-002	人力资源激励约束制度不合理、关键岗位人员管理不完善,可能导致人才流失、经营效率低下或关键技术、商业秘密和国家机密泄露	2	2
33	CTA-HRS-001-002-001	企业应当建立选聘人员试用期和岗前培训制度,对试用人员进行严格考察,促进选聘员工全面了解岗位职责,掌握岗位基本技能,适应工作要求。试用期满考核合格后,方可正式上岗;试用期满考核不合格者,应当及时解除劳动关系	3	1
34	CTA-HRS-001-002-002	企业应当重视人力资源开发工作,建立员工培训长效机制,营造尊重知识、尊重人才和关心员工职业发展的文化氛围,加强后备人才队伍建设,促进全体员工的知识、技能持续更新,不断提升员工的服务效能	3	2
35	CTA-HRS-001-002-003	企业应当建立和完善人力资源的激励约束机制,设置科学的业绩考核指标体系,对各级管理人员和全体员工进行严格考核与评价,以此作为确定员工薪酬、职级调整和解除劳动合同等的重要依据,确保员工队伍处于持续优化状态	3	3
36	CTA-HRS-001-002-004	企业应当制定与业绩考核挂钩的薪酬制度,切实做到薪酬安排与员工贡献相协调,体现效率优先,兼顾公平	3	4
37	RSK-HRS-001-003	人力资源退出机制不当,可能导致法律诉讼或企业声誉受损	2	3
38	CTA-HRS-001-003-001	企业应当制定各级管理人员和关键岗位员工定期轮岗制度,明确轮岗范围、轮岗周期、轮岗方式等,形成相关岗位员工的有序持续流动,全面提升员工素质	3	1
39	CTA-HRS-001-003-002	企业应当按照有关法律法规规定,结合企业实际,建立健全员工退出(辞职、解除劳动合同、退休等)机制,明确退出的条件和程序,确保员工退出机制得到有效实施	3	2
40	CTA-HRS-001-003-003	企业应当定期对年度人力资源计划执行情况进行评估,总结人力资源管理经验,分析存在的主要缺陷和不足,完善人力资源政策,促进企业整体团队充满生机和活力	3	3
41	ACT-SOR	社会责任	0	1
42	OBJ-SOR-001	促进企业履行社会责任,实现企业与社会的协调发展	1	1

（续表）

序号	元素（名称）	标　签	深度	顺序
43	RSK-SOR-001-001	安全生产措施不到位，责任不落实，可能导致企业发生安全事故	2	1
44	CTA-SOR-001-001-001	企业应当根据国家有关安全生产的规定，结合本企业实际情况，建立严格的安全生产管理体系、操作规范和应急预案，强化安全生产责任追究制度，切实做到安全生产	3	1
45	CTA-SOR-001-001-002	企业应当重视安全生产投入，在人力、物力、资金、技术等方面提供必要的保障，健全检查监督机制，确保各项安全措施落实到位，不得随意降低保障标准和要求	3	2
46	CTA-SOR-001-001-003	企业应当贯彻预防为主的原则，采用多种形式增强员工安全意识，重视岗位培训，对于特殊岗位实行资格认证制度	3	3
47	CTA-SOR-001-001-004	企业如果发生生产安全事故，应当按照安全生产管理制度妥善处理，排除故障，减轻损失，追究责任	3	4
48	RSK-SOR-001-002	产品质量低劣，侵害消费者利益，可能导致企业巨额赔偿、形象受损，甚至破产	2	2
49	CTA-SOR-001-002-001	企业应当根据国家和行业相关产品质量的要求，从事生产经营活动，切实提高产品质量和服务水平，努力为社会提供优质安全健康的产品和服务，最大限度地满足消费者的需求，对社会和公众负责，接受社会监督，承担社会责任	3	1
50	CTA-SOR-001-002-002	企业应当规范生产流程，建立严格的产品质量控制和检验制度，严把质量关，禁止缺乏质量保障、危害人民生命健康的产品流向社会	3	2
51	CTA-SOR-001-002-003	企业应当加强产品的售后服务。售后发现存在严重质量缺陷、隐患的产品，应当及时召回或采取其他有效措施，最大限度地降低或消除缺陷、隐患产品的社会危害	3	3
52	RSK-SOR-001-003	环境保护投入不足，资源耗费大，造成环境污染或资源枯竭，可能导致企业巨额赔偿、缺乏发展后劲，甚至停业	2	3
53	CTA-SOR-001-003-001	企业应当按照国家有关环境保护与资源节约的规定，结合本企业实际情况，建立环境保护与资源节约制度，认真落实节能减排责任，积极开发和使用节能产品，发展循环经济，降低污染物排放，提高资源综合利用效率	3	1

（续表）

序号	元素（名称）	标　　签	深度	顺序
54	CTA-SOR-001-003-002	企业应当重视生态保护，加大对环保工作的人力、物力、财力的投入和技术支持，不断改进工艺流程，降低能耗和污染物排放水平，实现清洁生产	3	2
55	CTA-SOR-001-003-003	企业应当重视资源节约和资源保护，着力开发利用可再生资源，防止对不可再生资源进行掠夺性或毁灭性开发	3	3
56	CTA-SOR-001-003-004	企业应当建立环境保护和资源节约的监控制度，定期开展监督检查，发现问题，及时采取措施予以纠正。污染物排放超过国家有关规定的，企业应当承担治理或相关法律责任	3	4
57	RSK-SOR-001-004	促进就业和员工权益保护不够，可能导致员工积极性受挫，影响企业发展和社会稳定	2	4
58	CTA-SOR-001-004-001	企业应当依法保护员工的合法权益，贯彻人力资源政策，保护员工依法享有劳动权利和履行劳动义务，保持工作岗位相对稳定，积极促进充分就业，切实履行社会责任	3	1
59	CTA-SOR-001-004-002	企业应当与员工签订并履行劳动合同，遵循按劳分配、同工同酬的原则，建立科学的员工薪酬制度和激励机制，不得克扣或无故拖欠员工薪酬	3	2
60	CTA-SOR-001-004-003	企业应当及时办理员工社会保险，足额缴纳社会保险费，保障员工依法享受社会保险待遇	3	3
61	CTA-SOR-001-004-004	企业应当加强职工代表大会和工会组织建设，维护员工合法权益，积极开展员工职业教育培训，创造平等发展机会	3	4
62	CTA-SOR-001-004-005	企业应当按照产学研用相结合的社会需求，积极创建实习基地，大力支持社会有关方面培养、锻炼社会需要的应用型人才	3	5
63	CTA-SOR-001-004-006	企业应当积极履行社会公益方面的责任和义务，关心帮助社会弱势群体，支持慈善事业	3	6
64	ACT-ENC	企业文化	0	1
65	OBJ-ENC-001	加强企业文化建设，发挥企业文化在企业发展中的重要作用	1	1
66	RSK-ENC-001-001	缺乏积极向上的企业文化，可能导致员工丧失对企业的信心和认同感，企业缺乏凝聚力和竞争力	2	1

（续表）

序号	元素（名称）	标　签	深度	顺序
67	CTA-ENC-001-001-001	企业应当采取切实有效的措施，积极培育具有自身特色的企业文化，引导和规范员工行为，打造以主业为核心的企业品牌，形成整体团队的向心力，促进企业长远发展	3	1
68	CTA-ENC-001-001-002	董事、监事、经理和其他高级管理人员应当在企业文化建设中发挥主导和垂范作用，以自身的优秀品格和脚踏实地的工作作风，带动影响整个团队，共同营造积极向上的企业文化环境	3	2
69	CTA-ENC-001-001-003	企业文化建设应当融入生产经营全过程，切实做到文化建设与发展战略的有机结合，增强员工的责任感和使命感，规范员工行为方式，使员工自身价值在企业发展中得到充分体现	3	3
70	CTA-ENC-001-001-004	企业应当建立企业文化评估制度，明确评估的内容、程序和方法，落实评估责任制，避免企业文化建设流于形式	3	4
71	RSK-ENC-001-002	缺乏开拓创新、团队协作和风险意识，可能导致企业发展目标难以实现，影响可持续发展	2	2
72	CTA-ENC-001-002-001	企业应当根据发展战略和实际情况，总结优良传统，挖掘文化底蕴，提炼核心价值，确定文化建设的目标和内容，形成企业文化规范，使其构成员工行为守则的重要组成部分	3	1
73	CTA-ENC-001-002-002	企业文化评估，应当重点关注董事、监事、经理和其他高级管理人员在企业文化建设中的责任履行情况、全体员工对企业核心价值观的认同感、企业经营管理行为与企业文化的一致性、企业品牌的社会影响力、参与企业并购重组各方文化的融合度，以及员工对企业未来发展的信心	3	2
74	RSK-ENC-001-003	缺乏诚实守信的经营理念，可能导致舞弊事件的发生，造成企业损失，影响企业信誉	2	3
75	CTA-ENC-001-003-001	企业应当培育体现企业特色的发展愿景、积极向上的价值观、诚实守信的经营理念、履行社会责任和开拓创新的企业精神，以及团队协作和风险防范意识	3	1
76	ACT-FUA	资金互动	0	1
77	OBJ-FUA-001	促进企业正常组织资金活动，防范和控制资金风险，保证资金安全，提高资金使用效益	1	1

（续表）

序号	元素（名称）	标　签	深度	顺序
78	RSK-FUA-001-001	筹资决策不当，引发资本结构不合理或无效融资，可能导致企业筹资成本过高或债务危机	2	1
79	CTA-FUA-001-001-001	企业应当根据筹资目标和规划，结合年度全面预算，拟订筹资方案，明确筹资用途、规模、结构和方式等相关内容，对筹资成本和潜在风险作出充分估计	3	1
80	CTA-FUA-001-001-002	企业应当对筹资方案进行科学论证，不得依据未经论证的方案开展筹资活动。重大筹资方案应当形成可行性研究报告，全面反映风险评估情况	3	2
81	CTA-FUA-001-001-003	企业应当对筹资方案进行严格审批，重点关注筹资用途的可行性和相应的偿债能力。重大筹资方案，应当按照规定的权限和程序实行集体决策或者联签制度	3	3
82	CTA-FUA-001-001-004	企业应当根据批准的筹资方案，严格按照规定权限和程序筹集资金。银行借款或发行债券，应当重点关注利率风险、筹资成本、偿还能力以及流动性风险等；发行股票应当重点关注发行风险、市场风险、政策风险以及公司控制权风险等	3	4
83	CTA-FUA-001-001-005	企业应当严格按照筹资方案确定的用途使用资金。筹资用于投资的，应当分别按照本指引第三章和《企业内部控制应用指引第 11 号——工程项目》规定，防范和控制资金使用的风险	3	5
84	CTA-FUA-001-001-006	企业应当加强债务偿还和股利支付环节的管理，对偿还本息和支付股利等作出适当安排	3	6
85	CTA-FUA-001-001-007	企业应当加强筹资业务的会计系统控制，建立筹资业务的记录、凭证和账簿，按照国家统一会计准则制度，正确核算和监督资金筹集、本息偿还、股利支付等相关业务，妥善保管筹资合同或协议、收款凭证、入库凭证等资料，定期与资金提供方进行账务核对，确保筹资活动符合筹资方案的要求	3	7
86	RSK-FUA-001-002	投资决策失误，引发盲目扩张或丧失发展机遇，可能导致资金链断裂或资金使用效益低下	2	2
87	CTA-FUA-001-002-001	企业应当根据投资目标和规划，合理安排资金投放结构，科学确定投资项目，拟订投资方案，重点关注投资项目的收益和风险。企业选择投资项目应当突出主业，谨慎从事股票投资或衍生金融产品等高风险投资	3	1

（续表）

序号	元素（名称）	标　签	深度	顺序
88	CTA-FUA-001-002-002	企业应当加强对投资方案的可行性研究，重点对投资目标、规模、方式、资金来源、风险与收益等作出客观评价	3	2
89	CTA-FUA-001-002-003	企业应当按照规定的权限和程序对投资项目进行决策审批，重点审查投资方案是否可行、投资项目是否符合国家产业政策及相关法律法规的规定，是否符合企业投资战略目标和规划、是否具有相应的资金能力、投入资金能否按时收回、预期收益能否实现，以及投资和并购风险是否可控等。重大投资项目，应当按照规定的权限和程序实行集体决策或者联签制度	3	3
90	CTA-FUA-001-002-004	企业应当根据批准的投资方案，与被投资方签订投资合同或协议，明确出资时间、金额、方式、双方权利义务和违约责任等内容，按规定的权限和程序审批后履行投资合同或协议	3	4
91	CTA-FUA-001-002-005	企业应当加强对投资项目的会计系统控制，根据对被投资方的影响程度，合理确定投资会计政策，建立投资管理台账，详细记录投资对象、金额、持股比例、期限、收益等事项，妥善保管投资合同或协议、出资证明等资料	3	5
92	CTA-FUA-001-002-006	企业应当加强投资收回和处置环节的控制，对投资收回、转让、核销等决策和审批程序作出明确规定	3	6
93	RSK-FUA-001-003	资金活动管控不严，可能导致资金被挪用、侵占、抽逃或遭受欺诈	2	3
94	CTA-FUA-001-003-001	企业应当充分发挥全面预算管理在资金综合平衡中的作用，严格按照预算要求组织协调资金调度，确保资金及时收付，实现资金的合理占用和营运良性循环	3	1
95	CTA-FUA-001-003-002	企业应当定期组织召开资金调度会或资金安全检查，对资金预算执行情况进行综合分析，发现异常情况，及时采取措施妥善处理，避免资金冗余或资金链断裂	3	2
96	RSK-FUA-001-004	资金调度不合理、营运不畅，可能导致企业陷入财务困境或资金冗余	2	4
97	CTA-FUA-001-004-001	企业应加强资金营运全过程的管理，统筹协调内部各机构在生产经营过程中的资金需求，切实做好资金在采购、生产、销售等各环节的综合平衡，全面提升资金营运效率	3	1

（续表）

序号	元素（名称）	标　　签	深度	顺序
98	CTA-FUA-001-004-002	企业应当加强对营运资金的会计系统控制，严格规范资金的收支条件、程序和审批权限	3	2
99	ACT-PRC	采购业务	0	1
100	OBJ-PRC-001	促进企业合理采购，满足生产经营需要，规范采购行为，防范采购风险	1	1
101	RSK-PRC-001-001	采购计划安排不合理，市场变化趋势预测不准确，造成库存短缺或积压，可能导致企业生产停滞或资源浪费	2	1
102	CTA-PRC-001-001-001	企业的采购业务应当集中，避免多头采购或分散采购，以提高采购业务效率，降低采购成本，堵塞管理漏洞。企业应当对办理采购业务的人员定期进行岗位轮换。重要和技术性较强的采购业务，应当组织相关专家进行论证，实行集体决策和审批	3	1
103	CTA-PRC-001-001-002	企业应当建立采购申请制度，依据购买物资或接受劳务的类型，确定归口管理部门，授予相应的请购权，明确相关部门或人员的职责权限及相应的请购和审批程序	3	2
104	CTA-PRC-001-001-003	企业应当建立科学的供应商评估和准入制度，确定合格供应商清单，与选定的供应商签订质量保证协议，建立供应商管理信息系统，对供应商提供物资或劳务的质量、价格、交货及时性、供货条件及其资信、经营状况等进行实时管理和综合评价，根据评价结果对供应商进行合理选择和调整	3	3
105	CTA-PRC-001-001-004	企业应当根据市场情况和采购计划合理选择采购方式。大宗采购应当采用招标方式，合理确定招投标的范围、标准、实施程序和评标规则；一般物资或劳务等的采购可以采用询价或定向采购的方式并签订合同协议；小额零星物资或劳务等的采购可以采用直接购买等方式	3	4
106	CTA-PRC-001-001-005	企业应当建立采购物资定价机制，采取协议采购、招标采购、谈判采购、询比价采购等多种方式合理确定采购价格，最大限度地减小市场变化对企业采购价格的影响	3	5
107	RSK-PRC-001-002	供应商选择不当，采购方式不合理，招投标或定价机制不科学，授权审批不规范，可能导致采购物资质次价高，出现舞弊或遭受欺诈	2	2

（续表）

序号	元素（名称）	标　　签	深度	顺序
108	CTA-PRC-001-002-001	企业应当根据确定的供应商、采购方式、采购价格等情况拟订采购合同，准确描述合同条款，明确双方权利、义务和违约责任，按照规定权限签订采购合同	3	1
109	CTA-PRC-001-002-002	企业应当建立严格的采购验收制度，确定检验方式，由专门的验收机构或验收人员对采购项目的品种、规格、数量、质量等相关内容进行验收，出具验收证明。涉及大宗和新、特物资采购的，还应进行专业测试	3	2
110	CTA-PRC-001-002-003	企业应当加强物资采购供应过程的管理，依据采购合同中确定的主要条款跟踪合同履行情况，对有可能影响生产或工程进度的异常情况，应出具书面报告并及时提出解决方案	3	3
111	RSK-PRC-001-003	采购验收不规范，付款审核不严，可能导致采购物资、资金损失或信用受损	2	3
112	CTA-PRC-001-003-001	企业应当加强采购付款的管理，完善付款流程，明确付款审核人的责任和权力，严格审核采购预算、合同、相关单据凭证、审批程序等相关内容，审核无误后按照合同规定及时办理付款	3	1
113	CTA-PRC-001-003-002	企业应当加强预付账款和定金的管理。涉及大额或长期的预付款项，应当定期进行追踪核查，综合分析预付账款的期限、占用款项的合理性、不可收回风险等情况，发现有疑问的预付款项，应当及时采取措施	3	2
114	CTA-PRC-001-003-002	企业应当加强对购买、验收、付款业务的会计系统控制，详细记录供应商情况、请购申请、采购合同、采购通知、验收证明、入库凭证、商业票据、款项支付等情况，确保会计记录、采购记录与仓储记录核对一致	3	3
115	CTA-PRC-001-003-003	企业应当建立退货管理制度，对退货条件、退货手续、货物出库、退货货款回收等作出明确规定，并在与供应商的合同中明确退货事宜，及时收回退货货款。涉及符合索赔条件的退货，应在索赔期内及时办理索赔	3	4
116	ACT-ASM	资产管理	0	1
117	OBJ-ASM-001	为了提高资产使用效能，保证资产安全	1	1
118	RSK-ASM-001-001	存货积压或短缺，可能导致流动资金占用过量、存货价值贬损或生产中断	2	1

（续表）

序号	元素（名称）	标　　签	深度	顺序
119	CTA-ASM-001-001-001	企业应当采用先进的存货管理技术和方法，规范存货管理流程，明确存货取得、验收入库、原料加工、仓储保管、领用发出、盘点处置等环节的管理要求，充分利用信息系统，强化会计、出入库等相关记录，确保存货管理全过程的风险得到有效控制	3	1
120	CTA-ASM-001-001-002	企业应当建立存货管理岗位责任制，明确内部相关部门和岗位的职责权限，切实做到不相容岗位相互分离、制约和监督	3	2
121	CTA-ASM-001-001-003	企业应当重视存货验收工作，规范存货验收程序和方法，对入库存货的数量、质量、技术规格等方面进行查验，验收无误方可入库	3	3
122	CTA-ASM-001-001-004	企业应当明确存货发出和领用的审批权限，大批存货、贵重商品或危险品的发出应当实行特别授权。仓储部门应当根据经审批的销售（出库）通知单发出货物	3	4
123	CTA-ASM-001-001-005	企业仓储部门应当详细记录存货入库、出库及库存情况，做到存货记录与实际库存相符，并定期与财会部门、存货管理部门进行核对	3	5
124	CTA-ASM-001-001-006	企业应当根据各种存货采购间隔期和当前库存，综合考虑企业生产经营计划、市场供求等因素，充分利用信息系统，合理确定存货采购日期和数量，确保存货处于最佳库存状态	3	6
125	CTA-ASM-001-001-007	企业应当建立存货盘点清查制度，结合本企业实际情况确定盘点周期、盘点流程等相关内容，核查存货数量，及时发现存货减值迹象。企业至少应当于每年年度终了开展全面盘点清查，盘点清查结果应当形成书面报告	3	7
126	RSK-ASM-001-002	固定资产更新改造不够、使用效能低下、维护不当、产能过剩，可能导致企业缺乏竞争力、资产价值贬损、安全事故频发或资源浪费	2	2
127	CTA-ASM-001-002-001	企业应当加强房屋建筑物、机器设备等各类固定资产的管理，重视固定资产维护和更新改造，不断提升固定资产的使用效能，积极促进固定资产处于良好运行状态	3	1
128	CTA-ASM-001-002-002	企业应当制定固定资产目录，对每项固定资产进行编号，按照单项资产建立固定资产卡片，详细记录各项固定资产的来源、验收、使用地点、责任单位和责任人、运转、维修、改造、折旧、盘点等相关内容	3	2

（续表）

序号	元素(名称)	标　　签	深度	顺序
129	CTA-ASM-001-002-003	企业应当根据发展战略，充分利用国家有关自主创新政策，加大技改投入，不断促进固定资产技术升级，淘汰落后设备，切实做到保持本企业固定资产技术的先进性和企业发展的可持续性	3	3
130	CTA-ASM-001-002-004	企业应当严格执行固定资产投保政策，对应投保的固定资产项目按规定程序进行审批，及时办理投保手续	3	4
131	CTA-ASM-001-002-005	企业应当规范固定资产抵押管理，确定固定资产抵押程序和审批权限等	3	5
132	CTA-ASM-001-002-006	企业应当建立固定资产清查制度，至少每年进行全面清查。对固定资产清查中发现的问题，应当查明原因，追究责任，妥善处理	3	6
133	RSK-ASM-001-003	无形资产缺乏核心技术、权属不清、技术落后、存在重大技术安全隐患，可能导致企业法律纠纷、缺乏可持续发展能力	2	3
134	CTA-ASM-001-003-001	企业应当加强对品牌、商标、专利、专有技术、土地使用权等无形资产的管理，分类制定无形资产管理办法，落实无形资产管理责任制，促进无形资产有效利用，充分发挥无形资产对提升企业核心竞争力的作用	3	1
135	CTA-ASM-001-003-002	企业应当全面梳理外购、自行开发以及其他方式取得的各类无形资产的权属关系，加强无形资产权益保护，防范侵权行为和法律风险。无形资产具有保密性质的，应当采取严格保密措施，严防泄露商业秘密	3	2
136	CTA-ASM-001-003-003	企业应当定期对专利、专有技术等无形资产的先进性进行评估，淘汰落后技术，加大研发投入，促进技术更新换代，不断提升自主创新能力，努力做到核心技术处于同行业领先水平	3	3
137	CTA-ASM-001-003-004	企业应当重视品牌建设，加强商誉管理，通过提供高质量产品和优质服务等多种方式，不断打造和培育主业品牌，切实维护和提升企业品牌的社会认可度	3	4
138	ACT-MNS	销售业务	0	1
139	OBJ-MNS-001	促进企业销售稳定增长，扩大市场份额，规范销售行为，防范销售风险	1	1

(续表)

序号	元素(名称)	标签	深度	顺序
140	RSK-MNS-001-001	销售政策和策略不当,市场预测不准确,销售渠道管理不当等,可能导致销售不畅、库存积压、经营难以为继	2	1
141	CTA-MNS-001-001-001	企业销售部门应当按照经批准的销售合同开具相关销售通知。发货和仓储部门应当对销售通知进行审核,严格按照所列项目组织发货,确保货物的安全发运。企业应当加强销售退回管理,分析销售退回原因,及时妥善处理	3	1
142	CTA-MNS-001-001-001	企业应当做好销售业务各环节的记录,填制相应的凭证,设置销售台账,实行全过程的销售登记制度	3	2
143	CTA-MNS-001-001-001	企业应当完善客户服务制度,加强客户服务和跟踪,提升客户满意度和忠诚度,不断改进产品质量和服务水平	3	3
144	RSK-MNS-001-002	客户信用管理不到位,结算方式选择不当,账款回收不力等,可能导致销售款项不能收回或遭受欺诈	2	2
145	CTA-MNS-001-002-001	企业应当完善应收款项管理制度,严格考核,实行奖惩。销售部门负责应收款项的催收,催收记录(包括往来函电)应妥善保存;财会部门负责办理资金结算并监督款项回收	3	1
146	CTA-MNS-001-002-002	企业应当加强商业票据管理,明确商业票据的受理范围,严格审查商业票据的真实性和合法性,防止票据欺诈	3	2
147	CTA-MNS-001-002-003	企业应当加强对销售、发货、收款业务的会计系统控制,详细记录销售客户、销售合同、销售通知、发运凭证、商业票据、款项收回等情况,确保会计记录、销售记录与仓储记录核对一致	3	3
148	RSK-MNS-001-003	销售过程存在舞弊行为,可能导致企业利益受损	2	3
149	CTA-MNS-001-003-001	企业应当加强市场调查,合理确定定价机制和信用方式,根据市场变化及时调整销售策略,灵活运用销售折扣、销售折让、信用销售、代销和广告宣传等多种策略和营销方式,促进销售目标实现,不断提高市场占有率	3	1
150	CTA-MNS-001-003-001	企业在销售合同订立前,应当与客户进行业务洽谈、磋商或谈判,关注客户信用状况、销售定价、结算方式等相关内容	3	2

（续表）

序号	元素（名称）	标　　签	深度	顺序
151	ACT-RND	研究与开发	0	1
152	OBJ-RND-001	促进企业自主创新，增强核心竞争力，有效控制研发风险，实现发展战略	1	1
153	RSK-RND-001-001	研究项目未经科学论证或论证不充分，可能导致创新不足或资源浪费	2	1
154	CTA-RND-001-001-001	企业应当根据实际需要，结合研发计划，提出研究项目立项申请，开展可行性研究，编制可行性研究报告	3	1
155	CTA-RND-001-001-002	研究项目应当按照规定的权限和程序进行审批，重大研究项目应当报经董事会或类似权力机构集体审议决策	3	2
156	RSK-RND-001-002	研发人员配备不合理或研发过程管理不善，可能导致研发成本过高、舞弊或研发失败	2	2
157	CTA-RND-001-002-001	企业应当加强对研究过程的管理，合理配备专业人员，严格落实岗位责任制，确保研究过程高效、可控	3	1
158	CTA-RND-001-002-002	企业与其他单位合作进行研究的，应当对合作单位进行尽职调查，签订书面合作研究合同，明确双方投资、分工、权利义务、研究成果产权归属等	3	2
159	CTA-RND-001-002-003	企业应当建立和完善研究成果验收制度，组织专业人员对研究成果进行独立评审和验收	3	3
160	CTA-RND-001-002-004	企业应当建立严格的核心研究者管理制度，明确界定核心研究者范围和名册清单，签署符合国家有关法律法规要求的保密协议	3	4
161	RSK-RND-001-003	研究成果转化应用不足、保护措施不力，可能导致企业利益受损	2	3
162	CTA-RND-001-003-001	企业应当加强研究成果的开发，形成科研、生产、市场一体化的自主创新机制，促进研究成果转化	3	1
163	CTA-RND-001-003-002	企业应当建立研究成果保护制度，加强对专利权、非专利技术、商业秘密及研发过程中形成的各类涉密图纸、程序、资料的管理，严格按照制度规定借阅和使用。禁止无关人员接触研究成果	3	2
164	CTA-RND-001-003-003	企业应当建立研发活动评估制度，加强对立项与研究、开发与保护等过程的全面评估，认真总结研发管理经验，分析存在的薄弱环节，完善相关制度和办法，不断改进和提升研发活动的管理水平	3	3

（续表）

序号	元素（名称）	标　　签	深度	顺序
165	ACT-ENG	工程项目	0	1
166	OBJ-ENG-001	加强工程项目管理，提高工程质量，保证工程进度，控制工程成本，防范商业贿赂等舞弊行为	1	1
167	RSK-ENG-001-001	立项缺乏可行性研究或者可行性研究流于形式，决策不当，盲目上马，可能导致难以实现预期效益或项目失败	2	1
168	CTA-ENG-001-001-001	企业应当指定专门机构归口管理工程项目，根据发展战略和年度投资计划，提出项目建议书，开展可行性研究，编制可行性研究报告	3	1
169	CTA-ENG-001-001-002	企业应当组织规划、工程、技术、财会、法律等部门的专家对项目建议书和可行性研究报告进行充分论证和评审，出具评审意见，作为项目决策的重要依据	3	2
170	CTA-ENG-001-001-003	企业应当按照规定的权限和程序对工程项目进行决策，决策过程应有完整的书面记录。重大工程项目的立项，应当报经董事会或类似权力机构集体审议批准。总会计师或分管会计工作的负责人应当参与项目决策	3	3
171	CTA-ENG-001-001-004	企业应当在工程项目立项后、正式施工前，依法取得建设用地、城市规划、环境保护、安全、施工等方面的许可	3	4
172	RSK-ENG-001-002	项目招标暗箱操作，存在商业贿赂，可能导致中标人实质上难以承担工程项目、中标价格失实及相关人员涉案	2	2
173	CTA-ENG-001-002-001	企业的工程项目一般应当采用公开招标的方式，择优选择具有相应资质的承包单位和监理单位	3	1
174	CTA-ENG-001-002-002	企业应当依法组织工程招标的开标、评标和定标，并接受有关部门的监督	3	2
175	CTA-ENG-001-002-003	企业应当依法组建评标委员会。评标委员会由企业的代表和有关技术、经济方面的专家组成。评标委员会应当客观、公正地履行职务、遵守职业道德，对所提出的评审意见承担责任	3	3
176	CTA-ENG-001-002-004	企业应当采取必要的措施，保证评标在严格保密的情况下进行。评标委员会应当按照招标文件确定的标准和方法，对投标文件进行评审和比较，择优选择中标候选人	3	4

（续表）

序号	元素（名称）	标　　签	深度	顺序
177	CTA-ENG-001-002-005	评标委员会成员和参与评标的有关工作人员不得透露对投标文件的评审和比较、中标候选人的推荐情况以及与评标有关的其他情况，不得私下接触投标人，不得收受投标人的财物或者其他好处	3	5
178	CTA-ENG-001-002-006	企业应当按照规定的权限和程序从中标候选人中确定中标人，及时向中标人发出中标通知书，在规定的期限内与中标人订立书面合同，明确双方的权利、义务和违约责任	3	6
179	RSK-ENG-001-003	工程造价信息不对称，技术方案不落实，概预算脱离实际，可能导致项目投资失控	2	3
180	CTA-ENG-001-003-001	企业应当加强工程造价管理，明确初步设计概算和施工图预算的编制方法，按照规定的权限和程序进行审核批准，确保概预算科学合理	3	1
181	CTA-ENG-001-003-002	企业应当向招标确定的设计单位提供详细的设计要求和基础资料，进行有效的技术、经济交流	3	2
182	CTA-ENG-001-003-003	企业应当建立设计变更管理制度。设计单位应当提供全面、及时的现场服务。因过失造成设计变更的，应当实行责任追究制度	3	3
183	CTA-ENG-001-003-004	企业应当组织工程、技术、财会等部门的相关专业人员或委托具有相应资质的中介机构对编制的概预算进行审核，重点审查编制依据、项目内容、工程量的计算、定额套用等是否真实、完整和准确	3	4
184	RSK-ENG-001-004	工程物资质次价高，工程监理不到位，项目资金不落实，可能导致工程质量低劣，进度延迟或中断	2	4
185	CTA-ENG-001-004-001	企业应当加强对工程建设过程的监控，实行严格的概预算管理，切实做到及时备料，科学施工，保障资金，落实责任，确保工程项目达到设计要求	3	1
186	CTA-ENG-001-004-002	按照合同约定，企业自行采购工程物资的，应当按照《企业内部控制应用指引第 7 号——采购业务》等相关指引的规定，组织工程物资采购、验收和付款；由承包单位采购工程物资的，企业应当加强监督，确保工程物资采购符合设计标准和合同要求。严禁不合格工程物资投入工程项目建设	3	2

（续表）

序号	元素（名称）	标　　签	深度	顺序
187	CTA-ENG-001-004-003	企业应当实行严格的工程监理制度，委托经过招标确定的监理单位进行监理。工程监理单位应当依照国家法律法规及相关技术标准、设计文件和工程承包合同，对承包单位在施工质量、工期、进度、安全和资金使用等方面实施监督	3	3
188	CTA-ENG-001-004-004	企业财会部门应当加强与承包单位的沟通，准确掌握工程进度，根据合同约定，按照规定的审批权限和程序办理工程价款结算，不得无故拖欠	3	4
189	CTA-ENG-001-004-005	企业应当严格控制工程变更，确需变更的，应当按照规定的权限和程序进行审批	3	5
190	RSK-ENG-001-005	竣工验收不规范，最终把关不严，可能导致工程交付使用后存在重大隐患	2	5
191	CTA-ENG-001-005-001	企业收到承包单位的工程竣工报告后，应当及时编制竣工决算，开展竣工决算审计，组织设计、施工、监理等有关单位进行竣工验收	3	1
192	CTA-ENG-001-005-002	企业应当组织审核竣工决算，重点审查决算依据是否完备，相关文件资料是否齐全，竣工清理是否完成，决算编制是否正确	3	2
193	CTA-ENG-001-005-003	企业应当及时组织工程项目竣工验收。交付竣工验收的工程项目，应当符合规定的质量标准，有完整的工程技术经济资料，并具备国家规定的其他竣工条件	3	3
194	CTA-ENG-001-005-004	企业应当按照国家有关档案管理的规定，及时收集、整理工程建设各环节的文件资料，建立完整的工程项目档案	3	4
195	CTA-ENG-001-005-005	企业应当建立完工项目后评估制度，重点评价工程项目预期目标的实现情况和项目投资效益等，并以此作为绩效考核和责任追究的依据	3	5
196	ACT-ASS	担保业务	0	1
197	OBJ-ASS-001	为了加强企业担保业务管理，防范担保业务风险	1	1
198	RSK-ASS-001-001	对担保申请人的资信状况调查不深，审批不严或越权审批，可能导致企业担保决策失误或遭受欺诈	2	1
199	CTA-ASS-001-001-001	企业应当指定相关部门负责办理担保业务，对担保申请人进行资信调查和风险评估，评估结果应出具书面报告。企业也可委托中介机构对担保业务进行资信调查和风险评估工作	3	1

（续表）

序号	元素（名称）	标　　签	深度	顺序
200	CTA-ASS-001-001-002	被担保人要求变更担保事项的，企业应当重新履行调查评估与审批程序	3	2
201	CTA-ASS-001-001-003	企业应当建立担保授权和审批制度，规定担保业务的授权批准方式、权限、程序、责任和相关控制措施，在授权范围内进行审批，不得超越权限审批。重大担保业务，应当报经董事会或类似权力机构批准	3	3
202	RSK-ASS-001-002	对被担保人出现财务困难或经营陷入困境等状况监控不力，应对措施不当，可能导致企业承担法律责任	2	2
203	CTA-ASS-001-002-001	企业应当根据审核批准的担保业务订立担保合同。担保合同应明确被担保人的权利、义务、违约责任等相关内容，并要求被担保人定期提供财务报告与有关资料，及时通报担保事项的实施情况	3	1
204	CTA-ASS-001-002-002	企业应当采取合法有效的措施加强对子公司担保业务的统一监控。企业内设机构未经授权不得办理担保业务	3	2
205	CTA-ASS-001-002-003	企业担保经办部门应当加强担保合同的日常管理，定期监测被担保人的经营情况和财务状况，对被担保人进行跟踪和监督，了解担保项目的执行、资金的使用、贷款的归还、财务运行及风险等情况，确保担保合同有效履行	3	3
206	RSK-ASS-001-003	担保过程中存在舞弊行为，可能导致经办审批等相关人员涉案或企业利益受损	2	3
207	CTA-ASS-001-003-001	企业应当加强对担保业务的会计系统控制，及时足额收取担保费用，建立担保事项台账，详细记录担保对象、金额、期限、用于抵押和质押的物品或权利以及其他有关事项	3	1
208	CTA-ASS-001-003-002	企业应当加强对反担保财产的管理，妥善保管被担保人用于反担保的权利凭证，定期核实财产的存续状况和价值，发现问题及时处理，确保反担保财产安全完整	3	2
209	CTA-ASS-001-003-003	企业应当建立担保业务责任追究制度，对在担保中出现重大决策失误、未履行集体审批程序或不按规定管理担保业务的部门及人员，应当严格追究相应的责任	3	3
210	CTA-ASS-001-003-004	企业应当在担保合同到期时，全面清查用于担保的财产、权利凭证，按照合同约定及时终止担保关系	3	4

（续表）

序号	元素（名称）	标　签	深度	顺序
211	ACT-OTS	业务外包	0	1
212	OBJ-OTS-001	加强业务外包管理，规范业务外包行为，防范业务外包风险	1	1
213	RSK-OTS-001-001	外包范围和价格确定不合理，承包方选择不当，可能导致企业遭受损失	2	1
214	CTA-OTS-001-001-001	企业应当根据年度生产经营计划和业务外包管理制度，结合确定的业务外包范围，拟定实施方案，按照规定的权限和程序审核批准	3	1
215	CTA-OTS-001-001-002	企业应当综合考虑内外部因素，合理确定外包价格，严格控制业务外包成本，切实做到符合成本效益原则	3	2
216	CTA-OTS-001-001-003	企业应当引入竞争机制，遵循公开、公平、公正的原则，采用适当方式，择优选择外包业务的承包方。采用招标方式选择承包方的，应当符合招投标法的相关规定	3	3
217	CTA-OTS-001-001-004	企业应当按照规定的权限和程序从候选承包方中确定最终承包方，并签订业务外包合同。业务外包合同内容主要包括：外包业务的内容和范围，双方权利和义务，服务和质量标准，保密事项，费用结算标准和违约责任等事项	3	4
218	CTA-OTS-001-001-005	企业外包业务需要保密的，应当在业务外包合同或者另行签订的保密协议中明确规定承包方的保密义务和责任，要求承包方向其从业人员提示保密要求和应承担的责任	3	5
219	RSK-OTS-001-002	业务外包监控不严、服务质量低劣，可能导致企业难以发挥业务外包的优势	2	2
220	CTA-OTS-001-002-001	企业应当加强业务外包实施的管理，严格按照业务外包制度、工作流程和相关要求，组织开展业务外包，并采取有效的控制措施，确保承包方严格履行业务外包合同	3	1
221	CTA-OTS-001-002-002	企业应当做好与承包方的对接工作，加强与承包方的沟通与协调，及时搜集相关信息，发现和解决外包业务日常管理中存在的问题	3	2
222	CTA-OTS-001-002-003	企业应当根据国家统一的会计准则制度，加强对外包业务的核算与监督，做好业务外包费用结算工作	3	3
223	RSK-OTS-001-003	业务外包存在商业贿赂等舞弊行为，可能导致企业相关人员涉案	2	3

（续表）

序号	元素(名称)	标　　签	深度	顺序
224	CTA-OTS-001-003-001	企业应当对承包方的履约能力进行持续评估，有确凿证据表明承包方存在重大违约行为，导致业务外包合同无法履行的，应当及时终止合同	3	1
225	CTA-OTS-001-003-002	业务外包合同执行完成后需要验收的，企业应当组织相关部门或人员对完成的业务外包合同进行验收，出具验收证明	3	2
226	ACT-FIR	财务报告	0	1
227	OBJ-FIR-001	规范企业财务报告，保证财务报告的真实、完整	1	1
228	RSK-FIR-001-001	编制财务报告违反会计法律法规和国家统一的会计准则制度，可能导致企业承担法律责任和声誉受损	2	1
229	CTA-FIR-001-001-001	企业编制财务报告，应当重点关注会计政策和会计估计，对财务报告产生重大影响的交易和事项的处理应当按照规定的权限和程序进行审批	3	1
230	CTA-FIR-001-001-002	企业应当按照国家统一的会计准则制度规定，根据登记完整、核对无误的会计账簿记录和其他有关资料编制财务报告，做到内容完整、数字真实、计算准确，不得漏报或者随意进行取舍	3	2
231	CTA-FIR-001-001-003	企业财务报告列示的资产、负债、所有者权益金额应当真实可靠	3	3
232	CTA-FIR-001-001-004	企业财务报告应当如实列示当期收入、费用和利润	3	4
233	CTA-FIR-001-001-005	企业财务报告列示的各种现金流量由经营活动、投资活动和筹资活动的现金流量构成，应当按照规定划清各类交易和事项的现金流量的界限	3	5
234	CTA-FIR-001-001-006	附注是财务报告的重要组成部分，对反映企业财务状况、经营成果、现金流量的报表中需要说明的事项，作出真实、完整、清晰的说明	3	6
235	CTA-FIR-001-001-007	企业集团应当编制合并财务报表，明确合并财务报表的合并范围和合并方法，如实反映企业集团的财务状况、经营成果和现金流量	3	7
236	CTA-FIR-001-001-008	企业编制财务报告，应当充分利用信息技术，提高工作效率和工作质量，减少或避免编制差错和人为调整因素	3	8

（续表）

序号	元素（名称）	标　　签	深度	顺序
237	RSK-FIR-001-002	提供虚假财务报告，误导财务报告使用者，造成决策失误，干扰市场秩序	2	2
238	CTA-FIR-001-002-001	企业应当依照法律法规和国家统一的会计准则制度的规定，及时对外提供财务报告	3	1
239	CTA-FIR-001-002-002	企业财务报告编制完成后，应当装订成册，加盖公章，由企业负责人、总会计师或分管会计工作的负责人、财会部门负责人签名并盖章	3	2
240	CTA-FIR-001-002-003	财务报告须经注册会计师审计的，注册会计师及其所在的事务所出具的审计报告，应当随同财务报告一并提供	3	3
241	RSK-FIR-001-003	不能有效利用财务报告，难以及时发现企业经营管理中存在的问题，可能导致企业财务和经营风险失控	2	3
242	CTA-FIR-001-003-001	企业应当重视财务报告分析工作，定期召开财务分析会议，充分利用财务报告反映的综合信息，全面分析企业的经营管理状况和存在的问题，不断提高经营管理水平	3	1
243	CTA-FIR-001-003-002	企业应当分析企业的资产分布、负债水平和所有者权益结构，通过资产负债率、流动比率、资产周转率等指标分析企业的偿债能力和营运能力；分析企业净资产的增减变化，了解和掌握企业规模和净资产不断变化的过程	3	2
244	CTA-FIR-001-003-003	企业应当分析各项收入、费用的构成及其增减变动情况，通过净资产收益率、每股收益等指标，分析企业的盈利能力和发展能力，了解和掌握当期利润增减变化的原因和未来发展趋势	3	3
245	CTA-FIR-001-003-004	企业应当分析经营活动、投资活动、筹资活动现金流量的运转情况，重点关注现金流量能否保证生产经营过程的正常运行，防止现金短缺或闲置	3	4
246	CTA-FIR-001-003-005	企业定期的财务分析应当形成分析报告，构成内部报告的组成部分	3	5
247	ACT-OBU	全面预算	0	1
248	OBJ-OBU-001	促进企业实现发展战略，发挥全面预算管理作用	1	1
249	RSK-OBU-001-001	不编制预算或预算不健全，可能导致企业经营缺乏约束或盲目经营	2	1

（续表）

序号	元素(名称)	标　　签	深度	顺序
250	CTA-OBU-001-001-001	企业应当建立和完善预算编制工作制度，明确编制依据、编制程序、编制方法等内容，确保预算编制依据合理、程序适当、方法科学，避免预算指标过高或过低	3	1
251	CTA-OBU-001-001-002	企业应当根据发展战略和年度生产经营计划，综合考虑预算期内经济政策、市场环境等因素，按照上下结合、分级编制、逐级汇总的程序，编制年度全面预算	3	2
252	CTA-OBU-001-001-003	企业预算管理委员会应当对预算管理工作机构在综合平衡基础上提交的预算方案进行研究论证，从企业发展全局角度提出建议，形成全面预算草案，并提交董事会	3	3
253	CTA-OBU-001-001-004	企业董事会审核全面预算草案，应当重点关注预算科学性和可行性，确保全面预算与企业发展战略、年度生产经营计划相协调	3	4
254	RSK-OBU-001-002	预算目标不合理、编制不科学，可能导致企业资源浪费或发展战略难以实现	2	2
255	CTA-OBU-001-002-001	企业应当加强对预算执行的管理，明确预算指标分解方式、预算执行审批权限和要求、预算执行情况报告等，落实预算执行责任制，确保预算刚性，严格预算执行	3	1
256	CTA-OBU-001-002-002	企业全面预算一经批准下达，各预算执行单位应当认真组织实施，将预算指标层层分解，从横向和纵向落实到内部各部门、各环节和各岗位，形成全方位的预算执行责任体系	3	2
257	CTA-OBU-001-002-003	企业应当根据全面预算管理要求，组织各项生产经营活动和投融资活动，严格预算执行和控制	3	3
258	CTA-OBU-001-002-004	企业预算管理工作机构应当加强与各预算执行单位的沟通，运用财务信息和其他相关资料监控预算执行情况，采用恰当方式及时向决策机构和各预算执行单位报告、反馈预算执行进度、执行差异及其对预算目标的影响，促进企业全面预算目标的实现	3	4
259	CTA-OBU-001-002-005	企业预算管理工作机构和各预算执行单位应当建立预算执行情况分析制度，定期召开预算执行分析会议，通报预算执行情况，研究、解决预算执行中存在的问题，提出改进措施	3	5

（续表）

序号	元素（名称）	标　　签	深度	顺序
260	CTA-OBU-001-002-006	企业批准下达的预算应当保持稳定，不得随意调整。由于市场环境、国家政策或不可抗力等客观因素，导致预算执行发生重大差异确需调整预算的，应当履行严格的审批程序	3	6
261	RSK-OBU-001-003	预算缺乏刚性、执行不力、考核不严，可能导致预算管理流于形式	2	3
262	CTA-OBU-001-003-001	企业应当建立严格的预算执行考核制度，对各预算执行单位和个人进行考核，切实做到有奖有惩、奖惩分明	3	1
263	CTA-OBU-001-003-002	企业预算管理委员会应当定期组织预算执行情况考核，将各预算执行单位负责人签字上报的预算执行报告和已掌握的动态监控信息进行核对，确认各执行单位预算完成情况。必要时，实行预算执行情况内部审计制度	3	2
264	CTA-OBU-001-003-003	企业预算执行情况考核工作，应当坚持公开、公平、公正的原则，考核过程及结果应有完整的记录	3	3
265	ACT-COM	合同管理	0	1
266	OBJ-COM-001	促进企业加强合同管理，维护企业合法权益	1	1
267	RSK-COM-001-001	未订立合同、未经授权对外订立合同、合同对方主体资格未达要求、合同内容存在重大疏漏和欺诈，可能导致企业合法权益受到侵害	2	1
268	CTA-COM-001-001-001	企业对外发生经济行为，除即时结清方式外，应当订立书面合同。合同订立前，应当充分了解合同对方的主体资格、信用状况等有关内容，确保对方当事人具备履约能力	3	1
269	CTA-COM-001-001-002	企业应当根据协商、谈判等的结果，拟订合同文本，按照自愿、公平原则，明确双方的权利义务和违约责任，做到条款内容完整，表述严谨准确，相关手续齐备，避免出现重大疏漏	3	2
270	CTA-COM-001-001-002	企业应当对合同文本进行严格审核，重点关注合同的主体、内容和形式是否合法，合同内容是否符合企业的经济利益，对方当事人是否具有履约能力，合同权利和义务、违约责任和争议解决条款是否明确等	3	3
271	CTA-COM-001-001-003	企业应当按照规定的权限和程序与对方当事人签署合同。正式对外订立的合同，应当由企业法定代表人或由其授权的代理人签名或加盖有关印章。授权签署合同的，应当签署授权委托书	3	4

（续表）

序号	元素（名称）	标 签	深度	顺序
272	CTA-COM-001-001-004	企业应当建立合同专用章保管制度。合同经编号、审批及企业法定代表人或由其授权的代理人签署后，方可加盖合同专用章	3	5
273	CTA-COM-001-001-005	企业应当加强合同信息安全保密工作，未经批准，不得以任何形式泄露合同订立与履行过程中涉及的商业秘密或国家机密	3	6
274	RSK-COM-001-002	合同未全面履行或监控不当，可能导致企业诉讼失败、经济利益受损	2	2
275	CTA-COM-001-002-001	企业应当遵循诚实信用原则严格履行合同，对合同履行实施有效监控，强化对合同履行情况及效果的检查、分析和验收，确保合同全面有效履行	3	1
276	CTA-COM-001-002-002	在合同履行过程中发现有显失公平、条款有误或对方有欺诈行为等情形，或因政策调整、市场变化等客观因素，已经或可能导致企业利益受损，应当按规定程序及时报告，并经双方协商一致，按照规定权限和程序办理合同变更或解除事宜	3	2
277	CTA-COM-001-002-003	企业应当加强合同纠纷管理，在履行合同过程中发生纠纷的，应当依据国家相关法律法规，在规定时效内与对方当事人协商并按规定权限和程序及时报告	3	3
278	RSK-COM-001-003	合同纠纷处理不当，可能损害企业利益、信誉和形象	2	3
279	CTA-COM-001-003-001	企业财会部门应当根据合同条款审核后办理结算业务。未按合同条款履约的，或应签订书面合同而未签订的，财会部门有权拒绝付款，并及时向企业有关负责人报告	3	1
280	CTA-COM-001-003-002	合同管理部门应当加强合同登记管理，充分利用信息化手段，定期对合同进行统计、分类和归档，详细登记合同的订立、履行和变更等情况，实行合同的全过程封闭管理	3	2
281	CTA-COM-001-003-003	企业应当建立合同履行情况评估制度，至少于每年年末对合同履行的总体情况和重大合同履行的具体情况进行分析评估，对分析评估中发现合同履行中存在的不足，应当及时加以改进	3	3
282	ACT-IMD	内部信息传递	0	1

（续表）

序号	元素（名称）	标签	深度	顺序
283	OBJ-IMD-001	促进企业生产经营管理信息在内部各管理层级之间的有效沟通和充分利用	1	1
284	RSK-IMD-001-001	内部报告系统缺失、功能不健全、内容不完整，可能影响生产经营有序运行	2	1
285	CTA-IMD-001-001-001	企业应当根据发展战略、风险控制和业绩考核要求，科学规范不同级次内部报告的指标体系，采用经营快报等多种形式，全面反映与企业生产经营管理相关的各种内外部信息	3	1
286	CTA-IMD-001-001-002	企业应当制定严密的内部报告流程，充分利用信息技术，强化内部报告信息集成和共享，将内部报告纳入企业统一信息平台，构建科学的内部报告网络体系	3	2
287	RSK-IMD-001-002	内部信息传递不通畅、不及时，可能导致决策失误、相关政策措施难以落实	2	2
288	CTA-IMD-001-002-001	企业应当关注市场环境、政策变化等外部信息对企业生产经营管理的影响，广泛收集、分析、整理外部信息，并通过内部报告传递到企业内部相关管理层级，以便采取应对策略	3	1
289	CTA-IMD-001-002-002	企业应当拓宽内部报告渠道，通过落实奖励措施等多种有效方式，广泛收集合理化建议	3	2
290	CTA-IMD-001-002-003	企业各级管理人员应当充分利用内部报告管理和指导企业的生产经营活动，及时反映全面预算执行情况，协调企业内部相关部门和各单位的运营进度，严格绩效考核和责任追究，确保企业实现发展目标	3	3
291	CTA-IMD-001-002-004	企业应当有效利用内部报告进行风险评估，准确识别和系统分析企业生产经营活动中的内外部风险，确定风险应对策略，实现对风险的有效控制	3	4
292	RSK-IMD-001-003	内部信息传递中泄露商业秘密，可能削弱企业核心竞争力	2	3
293	CTA-IMD-001-003-001	企业应当制定严格的内部报告保密制度，明确保密内容、保密措施、保密级别和传递范围，防止泄露商业秘密	3	1
294	CTA-IMD-001-003-002	企业应当建立内部报告的评估制度，定期对内部报告的形成和使用进行全面评估，重点关注内部报告的及时性、安全性和有效性	3	2
295	ACT-INS	信息系统	0	1

（续表）

序号	元素(名称)	标　　签	深度	顺序
296	OBJ-INS-001	促进企业有效实施内部控制，提高企业现代化管理水平，减少人为因素	1	1
297	RSK-INS-001-001	信息系统缺乏或规划不合理，可能造成信息孤岛或重复建设，导致企业经营管理效率低下	2	1
298	CTA-INS-001-001-001	企业应当根据信息系统建设整体规划提出项目建设方案，明确建设目标、人员配备、职责分工、经费保障和进度安排等相关内容，按照规定的权限和程序审批后实施	3	1
299	CTA-INS-001-001-002	企业应当切实做好信息系统上线的各项准备工作，培训业务操作和系统管理人员，制定科学的上线计划和新旧系统转换方案，考虑应急预案，确保新旧系统顺利切换和平稳衔接。系统上线涉及数据迁移的，还应制定详细的数据迁移计划	3	2
300	RSK-INS-001-002	系统开发不符合内部控制要求，授权管理不当，可能导致无法利用信息技术实施有效控制	2	2
301	CTA-INS-001-002-001	企业开发信息系统，应当将生产经营管理业务流程、关键控制点和处理规则嵌入系统程序，实现手工环境下难以实现的控制功能	3	1
302	CTA-INS-001-002-002	企业信息系统归口管理部门应当加强信息系统开发全过程的跟踪管理，组织开发单位与内部各单位的日常沟通和协调，督促开发单位按照建设方案、计划进度和质量要求完成编程工作，对配备的硬件设备和系统软件进行检查验收，组织系统上线运行等	3	2
303	RSK-INS-001-003	系统运行维护和安全措施不到位，可能导致信息泄露或毁损，系统无法正常运行	2	3
304	CTA-INS-001-003-001	企业应当加强信息系统运行与维护的管理，制定信息系统工作程序、信息管理制度以及各模块子系统的具体操作规范，及时跟踪、发现和解决系统运行中存在的问题，确保信息系统按照规定的程序、制度和操作规范持续稳定运行	3	1
305	CTA-INS-001-003-002	企业应当根据业务性质、重要性程度、涉密情况等确定信息系统的安全等级，建立不同等级信息的授权使用制度，采用相应技术手段保证信息系统运行安全有序	3	2
306	CTA-INS-001-003-003	企业应当建立用户管理制度，加强对重要业务系统的访问权限管理，定期审阅系统账号，避免授权不当或存在非授权账号，禁止不相容职务用户账号的交叉操作	3	3

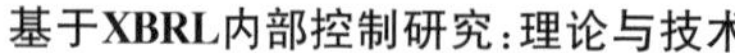

（续表）

序号	元素（名称）	标　签	深度	顺序
307	CTA-INS-001-003-004	企业应当综合利用防火墙、路由器等网络设备，漏洞扫描、入侵检测等软件技术以及远程访问安全策略等手段，加强网络安全，防范来自网络的攻击和非法侵入	3	4
308	CTA-INS-001-003-005	企业应当建立系统数据定期备份制度，明确备份范围、频度、方法、责任人、存放地点、有效性检查等内容	3	5
309	CTA-INS-001-003-006	企业应当加强服务器等关键信息设备的管理，建立良好的物理环境，指定专人负责检查，及时处理异常情况。未经授权，任何人不得接触关键信息设备	3	6

第 10 章

内部控制 XBRL 应用案例

本案例是以一个大型企业为背景，研究 XBRL 内部控制应用，并说明本书所制定的分类标准的可用性。尽管所作的假设可能过于简单，但足以说明 XBRL 的应用方式。

本案例假设了一个具有一般意义的企业——A 企业，A 企业组织结构完整，信息化程度高，企业管理信息系统覆盖面广，涵盖企业多个部门（企业财务部门、企业采购部门、企业仓储部门、企业销售部门、企业人力资源部门），与部门相对应，企业现有多个子信息系统在运行（财务管理系统、生产控制系统、物流管理系统、采购系统和人力资源系统）。

A 企业以《企业内部控制应用指引》作为企业内部控制设计的依据，并在具体的控制点设计上引入 COSO《内部控制——整合框架》对应《参考手册》中的控制活动。同时，A 企业的内部控制审计底稿也是以《企业内部控制应用指引》和 COSO《内部控制——整合框架》《参考手册》为依据编制的。

为了说明在企业内部控制管理中引入 XBRL 是可行的和有意义的，本案例以 A 企业的一个采购业务活动为切入点，分析和总结该业务操作流程、涉及的内部控制活动，以及在这个过程中产生的各种数据；然后给出相关内部控制数据 XBRL 实例化的方法和形成的实例数据；最后通过一个内部控制评价模型说明 XBRL 内部控制底稿实例数据的作用和应用方式。

10.1 采购业务活动分析

10.1.1 业务流程及内部控制活动

不失一般性，下面给出 A 企业原材料采购活动的 3 项主要流程：

（1）生产部门根据经批准的生产计划，或公司经理会议通过的临时计划，向仓库提出原材料使用计划。

（2）仓库根据实际库存量，经相关人员批准后，向采购部门提出采购计划。

（3）采购部经部门经理在授权范围内进行批准，采购人员进行采购。

根据《企业内部控制应用指引》和COSO《内部控制——评价工具》中《参考手册》，企业制定如表10-1所示的控制活动。该活动可归入《企业内部控制应用指引第7号——采购业务》，表10-1中同时给出A企业针对采购的控制活动与《企业内部控制应用指引第7号——采购业务》中相关内容的对应关系。

表10-1　采购活动及其对应控制内容

A企业原材料采购业务流程	A企业采购内部控制活动	《企业内部控制应用指引第7号——采购业务》所提示的风险点	《企业内部控制应用指引第7号——采购业务》中对应的控制活动要求
(1) 生产部门根据经批准的生产计划，或公司经理会议通过的临时计划，向仓库提出原材料使用计划	(1) 建立请购的一般和特殊授权程序。 (2) 对所有请购的商品和劳务编制请购单	采购计划安排不合理，市场变化趋势预测不准确，造成库存短缺或积压，可能导致企业生产停滞或资源浪费	企业的采购业务应当集中，避免多头采购或分散采购，以提高采购业务效率，降低采购成本，堵塞管理漏洞。企业应当对办理采购业务的人员定期进行岗位轮换。重要和技术性较强的采购业务，应当组织相关专家进行论证，实行集体决策和审批
(2) 仓库根据实际库存量，经相关人员批准后，向采购部门提出采购计划	(3) 每一张订购单都要求有一张已批准的请购单	采购计划安排不合理，市场变化趋势预测不准确，造成库存短缺或积压，可能导致企业生产停滞或资源浪费	企业可以根据实际需要设置专门的请购部门，对需求部门提出的采购需求进行审核，并进行归类汇总，统筹安排企业的采购计划
	(4) 使用有预先编号的订购单并加以控制	供应商选择不当，采购方式不合理，招投标或定价机制不科学，授权审批不规范，可能导致采购物资质次价高，出现舞弊或遭受欺诈	企业应当根据确定的供应商、采购方式、采购价格等情况拟订采购合同，准确描述合同条款，明确双方权利、义务和违约责任，按照规定权限签订采购合同
(3) 采购部经部门经理在授权范围内进行批准，采购人员进行采购	(5) 送交验收部门的订购单副联无涂掉采购数量。 (6) 验收时盘点和检查商品并与有关订购单核对。 (7) 所编制的验收单预先编号。 (8) 验收部门将商品送交仓库或其他请购部门，取得对方签章的收据。 (9) 凭单经过被授权的人员批准	采购验收不规范，付款审核不严，可能导致采购物资、资金损失或信用受损	企业应当建立严格的采购验收制度，确定检验方式，由专门的验收机构或验收人员对采购项目的品种、规格、数量、质量等相关内容进行验收，出具验收证明。涉及大宗和新、特物资采购的，还应进行专业测试

（续表）

A企业原材料采购业务流程	A企业采购内部控制活动	《企业内部控制应用指引第7号——采购业务》所提示的风险点	《企业内部控制应用指引第7号——采购业务》中对应的控制活动要求
	(10) 商品存放在加锁的地方，并限制接近。 (11) 设有保安人员守卫仓库存货	采购验收不规范，付款审核不严，可能导致采购物资、资金损失或信用受损	企业应当加强物资采购供应过程的管理，依据采购合同中确定的主要条款跟踪合同履行情况，对有可能影响生产或工程进度的异常情况，应出具书面报告并及时提出解决方案
(3) 采购部经部门经理在授权范围内进行批准，采购人员进行采购	(12) 编制凭单时，将凭单同订购单、验收单和供应商发票相配合。 (13) 独立检查供应商发票和凭单计算的正确性。 (14) 凭单经过被授权的人员批准	采购验收不规范，付款审核不严，可能导致采购物资、资金损失或信用受损	企业应当加强采购付款的管理，完善付款流程，明确付款审核人的责任和权力，严格审核采购预算、合同、相关单据凭证、审批程序等相关内容，审核无误后按照合同规定及时办理付款
	(15) 编每日凭单汇总表，并将其与有关记账凭证上记录的金额比较。 (16) 对有关记账凭证的分录进行独立检查，以确定账户分类的适当性和入账的及时性。 (17) 定期独立检查未付凭单档案内凭单总和与应付账款总和核对	采购验收不规范，付款审核不严，可能导致采购物资、资金损失或信用受损	企业应当加强对购买、验收、付款业务的会计系统控制，详细记录供应商情况、请购申请、采购合同、采购通知、验收证明、入库凭证、商业票据、款项支付等情况，确保会计记录、采购记录与仓储记录核对一致

10.1.2 内部控制评价底稿

当企业在期末进行内部控制评价时，针对A企业采购业务的内部控制，可设计内部控制评价底稿的形式如表10-2所示。

表10-2 内部控制评价底稿（片段）

内部控制活动	优	良	中	差
（一）请购商品和劳务 1. 是否已建立请购的一般和特殊授权程序？ 2. 是否对所有请购的商品和劳务编制请购单？ （二）编制请购单 3. 每一张订购单是否都要求有一张已批准的请购单？ 4. 是否使用有预先编号的订购单并加以控制？				

(续表)

内部控制活动	优	良	中	差
(三) 验收货物				
5. 送交验收部门的订购单副联是否已涂掉采购数量?				
6. 验收时是否盘点和检查商品并与有关订购单核对?				
7. 所编制的验收单是否预先编号?				
8. 验收部门将商品送交仓库或其他请购部门,是否取得对方签章的收据?				
9. 凭单是否经过被授权的人员批准?				
(四) 储存已验收商品存货				
10. 商品是否存放在加锁的地方,并限制接近?				
11. 是否设有保安人员守卫仓库存货?				
(五) 编制付款凭单				
12. 编制凭单时,是否将凭单同订购单、验收单和供应商发票相配合?				
13. 是否独立检查供应商发票和凭单计算的正确性?				
14. 凭单是否经过被授权的人员批准?				
(六) 记录负债				
15. 是否编每日凭单汇总表,并将其与有关记账凭证上记录的金额比较?				
16. 是否对有关记账凭证的分录进行独立检查,以确定账户分类的适当性和入账的及时性?				
17. 是否定期独立检查未付凭单档案内凭单总和与应付账款一致?				

10.2 业务过程中产生的数据集合

根据上述内容,下面以采购业务为例,整理一般业务过程中产生的数据集合。

10.2.1 数据分类

从内部控制的角度,可以将一般业务过程中产生的数据集合分为业务数据、监控数据、内部控制评价底稿数据和内部控制评价数据(Faye B A, 2008),如图 10-1 所示。

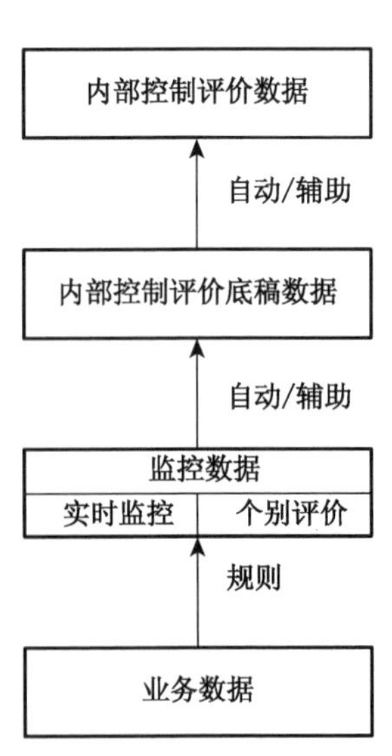

图 10-1 采购活动产生的数据集合

对 4 类数据详细解释如下:

(1) 业务数据是记录业务活动的实时数据,随业务的发生而产生。本书中的业务数据是相对于企业的内部控制活动而言,是一个含义较广的数据,包括企业信息系统中的业务、会计和管理 3 部分内容。显然,业务数据是一种时间序列数据(Time-Series Data)。

(2) 监控是对日常内部控制活动运行质量的评价,按

照COSO框架,监控分为日常监控(Ongoing Monitoring)和个别评估(Separate Evaluation)。此处将记录日常内部控制活动所产生的数据作为监控活动,将被产生的数据作为监控数据。为简化问题,只考虑日常监控。同理,日常监控数据也是时间序列数据。

(3) 内部控制评价底稿数据是内部控制底稿中所记录的、用于判断控制措施实施效果的总结性数据,并作为产生内部控制评价数据的基础。由于内部控制评价只在期末发生,因此对应的底稿数据是截面数据(Cross-Sectional Data)。

(4) 内部控制评价数据是用于支持描述内部控制评价内容的数据。内部控制评价数据是抽象程度最高的数据,同理,也是截面数据。

在内部控制活动中,从业务数据→监控数据→底稿数据→评价数据的过程类似于财务会计活动中从交易数据→账簿数据→底稿数据→报告数据的过程。具体如下:

(1) 监控数据可以视为业务数据是否符合规则的实时判断,因此基于业务数据根据“规则”(即内部控制制度、方法)产生。

(2) 底稿数据可以认为是监控数据的总结。这种总结既有可能是具有电子数据基础,并可以通过统计或计算得到的,也有可能是计算机将相关信息提交给阅读者,然后由阅读者做出判断得到的。所以,其方法可能是“自动”完成的,有可能是“计算机辅助”完成的。

(3) 评价数据是底稿数据的进一步总结形成的。同理,其方法可能是“自动”完成的,有可能是“计算机辅助”完成的。

10.2.2 数据类别示例

以下以采购活动为例,给出其中所涉及的4类数据的例子。

1. 业务数据示例

业务数据如表10-3所示。

表10-3 业务数据

数据来源	数据名称
生产部门	请购单-编号
生产部门	请购单-生产部门签字
仓库部门	请购单-仓库部门签字
采购部门	订购单-编号
采购部门	订购单-采购部门签字
财务部门	订购单-财务部门签字

业务数据的数据类型较多,可以是字符型、货币型、数量型等。

2. 监控数据示例

出于简化问题的原因,下面只给出日常监控数据(表 10-4)。

表 10-4　监控数据

数据名称	数据来源(相关业务数据)	规　　则
请购单授权	请购单-编号,请购单-生产部门签字	如果存在一张请购单(即“请购单-编号”数据存在),则必须存在“请购单-生产部门签字”数据
订购决策控制	请购单-编号,订购单-编号	如果存在一张订购单(即“订购单-编号”数据存在),则必须存在一张请购单(即对应的“请购单-编号”数据存在)

如果根据相关数据对应规则成立,则该项监控数据的值为“是”,否则为“否”,显然,监控数据值是布尔型数据类型。

3. 底稿数据示例

底稿数据如表 10-5 所示。

表 10-5　底稿数据

数据名称	数据来源(相关监控数据)	规　　则
是否已建立请购的一般和特殊授权程序	请购单授权	如果年“订购单授权”取值为“是”的占总“订购单授权”数值总数的 95%以上(含 95%),那么该数据值取值为“优”,85%～95%(含 85%)为“良”,75%～85%(含 75%)为“中”,75%以下为“差”。
每一张订购单是否都要求有一张已批准的请购单	订购决策控制	如果年“订购决策控制”取值为“是”的占总“订购决策控制”数值总数的 95%以上(含 95%),那么该数据值取值为“优”,85%～95%(含 85%)为“良”,75%～85%(含 75%)为“中”,75%以下为“差”。

上述监控数据根据规则产生。监控数据也有可能根据阅读者的判断得出。监控数据的数据类型可能是布尔型、数值型或者字符型(评语)。

4. 评价数据示例

评价数据如表 10-6 所示。

表 10-6　评价数据

数据名称	数据来源(各类数据)	规则
财务报告可靠性	业务数据……	用户选择的评价公式,见 5.4 节所示。
	监控数据……	
	底稿数据……	

需要说明的是，人们完全可以从各个角度去评价企业的内部控制状况，如 COSO 目标、要素等，表 10-6 中所示的是根据 COSO 目标所举例的一个评价数据。即使是针对同一评价角度，本体系结构也允许用户灵活地采用不同的评价公式，然后根据评价公式的要求，选择不同的数据类别以及具体数据。详见 5.4 节内容。一般地说，监控数据的数据类型是数值型、百分比类型或字符型（评语）。

10.3　内部控制数据的 XBRL 化

在上述 4 类数据中，业务数据是时间序列数据，用 XBRL GL 数据表示；业务数据导出的监控数据也是时间序列数据，所以也用 XBRL GL 数据表示；底稿数据是年终的总结性数据，采用基于前述内部控制 XBRL 分类标准的实例数据表示。

从业务数据产生监控数据的规则可以用 Formula 公式规范表示，本书不予赘述。另外，评价数据作为最高抽象层次的数据，可以视为底稿数据的计算结果，并置于下一节讲述。

10.3.1　业务数据的 XBRL GL 建模

上表 10-3 的业务数据来自两个数据源：请购单和订购单。其中，请购单涉及生产、仓库 2 个部门；订购单涉及采购、财务 2 个部门。为简化计，本书只给出一张请购单和一张订购单的案例。

1. 原型

本案例原型是企业的一张请购单和一张订购单，其中请购单和订购单中均只含同一条采购商品记录。

请购单中的主要信息包括请购单编号、请购单位（生产部门）、批准人（仓库部门），以及请购产品的编号、品名、单位、单价和金额等，如表 10-7 所示。

表 10-7　请购单示例

请　购　单							
单位：车间			2021 年 12 月 15 日				编号 A0001
编号	品名	用途	规格	单位	数量	预计单价	预计金额
1	纸张	印刷	100 g	吨	10	7 000.00	70 000.00
备注						合计	70 000.00
批准：王东			复核：刘南				制单：赵北

订购单中的主要信息包括订购单编号、批准人(财务部门),以及请购产品的编号、品名、单位、单价和金额等,如表 10-8 所示。另外,还有作为默认项目的订购单位(采购部门)信息。

表 10-8　订购单

订购单							
请购单编号:A0001			2021 年 12 月 15 日				编号:B0001
编号	品名	供应商	规格	单位	数量	单价	金额
1	纸张	天地纸业有限公司	100 g	吨	10	6 800.00	68 000.00
备注						合计	68 000.00
批准:张西			复核:陆前				制单:杨后

2. 模型

按照 XBRL GL 的建模方式,主体内容如下:

(1) 首先建立一个物理文档,以 xbrl 为根元素,容纳所有内容。

(2) 在 xbrl 元素内部建立 2 个 accountingEntries 元素:由于请购单和订购单是不同的两类文档,所以应在 xbrl 内部建立两个元素作为容器,作为描述请购单和订购单的虚拟文档。

(3) 在每个 accountingEntries 元素内部建立 entryHeader 元素:一个 entryHeader 元素表述一张请购单或订购单。因为上述案例中只有一张请购单和一张订购单,所以在表述请购单文档集合的 accountingEntries 元素内部只建立一个表示一张请购单的 entryHeader 元素;在表述订购单文档集合的 accountingEntries 元素内部只建立一个表示一张订购单的 entryHeader 元素。

(4) 在每个 entryHeader 元素中,建立表达请购单或订购单总体信息的元素如 postedDate(发布时间)、enteredBy(制单人员)、enteredDate(制单时间)、sourceJournalID(日记账标识符)、sourceJournalDescription(日记账描述)、entryOrigin(分录来源)、entryNumber(分录编号,这里是请购单或订购单编号);以及逐条描述每件商品信息的 entryDetail 元素。

(5) 在每个 entryDetail 元素中,建立表达每条商品记录的细节性信息,主要包括:

- 描述信息分录的 account 元素:这里的 account(账户)是广义的账户含义,用于给出一条信息的分录名称与编号等。
- 描述数额的 amount 元素:描述一条商品记录的请购额或采购额。
- 描述商业主体信息的 identifierReference 元素:在请购单中给出生产部门

的信息；在订购单中给出供应商的信息。

• 描述商品信息的 measurable 元素：包括商品的名称、编号、单价和数量等。

上述内容可以用 XBRL GL 数据结构描述如表 10-9 和表 10-10 所示。由于页面篇幅问题，略去了一些次要信息，并且两张表均从纵向切分，分别切分为 5 张表和 6 张表。

表 10-9　请购单的 XBRL GL 数据结构模型

Line Number	Account		Amount	Posting Date
	Account Sub			
	Account Sub ID	Account Sub Type		
1	T1001	请购单	70 000.00	2021/12/15

续表 10-9(一)

Identifier Reference				
Identifier Code	Identifier External Reference		Identifier Description	Identifier Type
	Identifier Authority Code	Identifier Authority		
0910	310101199001304567	上海市公安局黄浦分局	赵北	E

续表 10-9(二)

Document Type	Document Number	Document Reference	Document Date
other	A0001	T20211215	2021/12/15

续表 10-9(三)

Document Charge Reimb	Document Location	Detail Comment	Measurable
			Measurable Description
TRUE	采购专柜-1		纸张

续表 10-9(四)

Measurable				Job Info
Measurable Quantity	Measurable Qualifier	Measurable Unit of Measure	Measurable Cost PerUnit	Job Code
10		吨	7 000.00	C001

表 10-10　订购单的 XBRL GL 数据结构模型

Line Number	Account		Amount	Posting Date
	Account Sub			
	Account Sub ID	Account Sub Type		
1	T1002	订购单	68 000.00	2021/12/15

续表 10-10(一)

Identifier Reference		
Identifier Code	Identifier Description	Identifier Category
A0001	与订购单对应的请购单	请购单

续表 10-10(二)

Identifier Reference				
Identifier Code	Identifier External Reference		Identifier Description	Identifier Type
	Identifier Authority Code	Identifier Authority		
0910	310101199001304568	上海市公安局黄浦分局	杨后	E

续表 10-10(三)

Document Type	Document Number	Document Reference	Document Date
other	B0001	T20211215	2021/12/15

续表 10-10(四)

Document Charge Reimb	Document Location	Detail Comment	Measurable
			Measurable Description
TRUE	采购专柜-2		纸张

续表 10-10(五)

Measurable				Job Info
Measurable Quantity	Measurable Qualifier	Measurable Unit of Measure	Measurable Cost PerUnit	Job Code
10		吨	6 800.00	C001

3. 代码

下面简要给出包含请购单和订购单的 XBRL GL 实例文档代码，次要信息已略去，代码含义不赘述。

```
<xbrli:xbrl
xsi:schemaLocation="http://www.xbrl.org/int/gl/plt/2015-03-25 ../plt/case-c-b-m-u-t/gl-plt-2015-03-25.xsd" xmlns:iso639="http://www.xbrl.org/2005/iso639"
xmlns:iso4217="http://www.xbrl.org/2003/iso4217"
xmlns:gl-plt="http://www.xbrl.org/int/gl/plt/2015-03-25"
xmlns:gl-usk="http://www.xbrl.org/int/gl/usk/2015-03-25"
xmlns:gl-bus="http://www.xbrl.org/int/gl/bus/2015-03-25"
xmlns:gl-muc="http://www.xbrl.org/int/gl/muc/2015-03-25"
xmlns:gl-cor="http://www.xbrl.org/int/gl/cor/2015-03-25"
xmlns:xsi="http://www.w3.org/2001/XMLSchema-instance"
xmlns:xlink="http://www.w3.org/1999/xlink"
xmlns:xbrll="http://www.xbrl.org/2003/linkbase"
xmlns:xbrli="http://www.xbrl.org/2003/instance">
    <xbrll:schemaRef xlink:href="../plt/case-c-b-m-u-t/gl-plt-2015-03-25.xsd"
xlink:arcrole="http://www.w3.org/1999/xlink/properties/linkbase"
xlink:type="simple"/>
  上下文和单位信息(略)
  以下对应请购单
  <gl-cor:accountingEntries>
    请购单和请购主体等信息(略)
    以下对应一张请购单
      <gl-cor:entryHeader>
      请购单总体信息
      <gl-cor:postedDate contextRef="now">2021-12-15</gl-cor:postedDate>
      <gl-cor:enteredBy contextRef="now">赵北</gl-cor:enteredBy>
      <gl-cor:enteredDate contextRef="now">2021-12-15</gl-cor:enteredDate>
      <gl-cor:sourceJournalID
contextRef ="now">other</gl-cor:sourceJournalID>
        <gl-bus:sourceJournalDescription contextRef="now">请购单
</gl-bus:sourceJournalDescription>
      <gl-bus:entryOrigin contextRef="now">手工输入</gl-bus:entryOrigin>
      <gl-cor:entryNumber contextRef="now">A0001</gl-cor:entryNumber>
      以下对应一条商品记录
      <gl-cor:entryDetail>
      <gl-cor:amount contextRef="now" unitRef="RMB"
```

```
decimals="2">70000</gl-cor:amount>
                <gl-cor:lineNumber contextRef="now">1</gl-cor:lineNumber>
                <gl-cor:account>
                <gl-cor:accountSub>
                <gl-cor:accountSubID
contextRef="now">T1001</gl-cor:accountSubID>
                    <gl-cor:accountSubType contextRef="now">请购单
</gl-cor:accountSubType>
               </gl-cor:accountSub>
               </gl-cor:account>
               <gl-cor:postingDate
contextRef="now">2021-12-15</gl-cor:postingDate>
               <gl-cor:identifierReference>
               <gl-cor:identifierCode
contextRef="now">0910</gl-cor:identifierCode>
                  <gl-cor:identifierExternalReference>
                  <gl-cor:identifierAuthorityCode
contextRef="now">310101199001304567</gl-cor:identifierAuthorityCode>
                  <gl-cor:identifierAuthority contextRef="now">上海市公安局黄浦分局
</gl-cor:identifierAuthority></gl-cor:identifierExternalReference>
                 <gl-cor:identifierDescription contextRef="now">赵北
</gl-cor:identifierDescription>
                 <gl-cor:identifierType contextRef="now">E</gl-cor:identifierType>
               </gl-cor:identifierReference>
               <gl-cor:documentType contextRef="now">other</gl-cor:documentType>
               <gl-cor:documentNumber
contextRef="now">A0001</gl-cor:documentNumber>
               <gl-cor:documentDate
contextRef="now">2021-12-15</gl-cor:documentDate>
               <gl-bus:documentLocation contextRef="now">采购专柜
-1</gl-bus:documentLocation>
               <gl-bus:measurable>
                 <gl-bus:measurableDescription contextRef="now">纸张
</gl-bus:measurableDescription>
                  <gl-bus:measurableQuantity contextRef="now" unitRef="NotUsed"
decimals="2">1 0</gl-bus:measurableQuantity>
                   <gl-bus:measurableUnitOfMeasure
contextRef="now">tons</gl-bus:measurableUnitOfMeasure>
                   <gl-bus:measurableCostPerUnit contextRef="now">7000.00
```

```
          </gl-bus:measurableCostPerUnit>
        </gl-bus:measurable>
        <gl-bus:jobInfo>
          <gl-usk:jobCode contextRef="now">C001</gl-usk:jobCode>
        </gl-bus:jobInfo>
      </gl-cor:entryDetail>
     <gl-cor:entryHeader>
    <gl-cor:accountingEntries>
  以下对应采购单
  <gl-cor:accountingEntries>
    采购单和采购主体等信息(略)
    以下对应一张采购单
    <gl-cor:entryHeader>
      采购单总体信息
      <gl-cor:postedDate contextRef="now">2021-12-15</gl-cor:postedDate>
      <gl-cor:enteredBy contextRef="now">杨后</gl-cor:enteredBy>
      <gl-cor:enteredDate contextRef="now">2021-12-15</gl-cor:enteredDate>
      <gl-cor:sourceJournalID
contextRef="now">other</gl-cor:sourceJournalID>
        <gl-bus:sourceJournalDescription contextRef="now">采购单
</gl-bus:sourceJournalDescription>
      <gl-bus:entryOrigin contextRef="now">手工输入</gl-bus:entryOrigin>
      <gl-cor:entryNumber contextRef="now">A0001</gl-cor:entryNumber>
      以下对应一条商品记录
      <gl-cor:entryDetail>
        <gl-cor:amount contextRef="now" unitRef="RMB"
decimals="2">68000</gl-cor:amount>
          <gl-cor:lineNumber contextRef="now">1</gl-cor:lineNumber>
          <gl-cor:account>
          <gl-cor:accountSub>
            <gl-cor:accountSubID
contextRef="now">T1001</gl-cor:accountSubID>
              <gl-cor:accountSubType contextRef="now">采购单
</gl-cor:accountSubType>
          </gl-cor:accountSub>
          </gl-cor:account>
          <gl-cor:postingDate
contextRef="now">2021-12-15</gl-cor:postingDate>
          引用请购单信息
```

```
<gl-cor：identifierReference>
<gl-cor：identifierCode
contextRef="now">A0001</gl-cor：identifierCode>
<gl-cor：identifierDescription contextRef="now">与订购单对应的请购单</gl-
cor：identifierDescription>
<gl-cor：identifierCategory contextRef="now">请购单
</gl-cor：identifierType>
</gl-cor：identifierReference>
订购单信息
<gl-cor：identifierReference>
<gl-cor：identifierCode
contextRef="now">A0001</gl-cor：identifierCode>
<gl-cor：identifierExternalReference>
<gl-cor：identifierAuthorityCode
contextRef="now">310101199001304568</gl-cor：identifierAuthorityCode>
<gl-cor：identifierAuthority contextRef="now">上海市公安局黄浦分局
</gl-cor：identifierAuthority></gl-cor：identifierExternalReference>
<gl-cor：identifierDescription contextRef="now">杨后
</gl-cor：identifierDescription>
<gl-cor：identifierType contextRef="now">E</gl-cor：identifierType>
</gl-cor：identifierReference>
<gl-cor：documentType contextRef="now">other</gl-cor：documentType>
<gl-cor：documentNumber
contextRef="now">B0001</gl-cor：documentNumber>
<gl-cor：documentDate
contextRef="now">2021-12-15</gl-cor：documentDate>
<gl-bus：documentLocation contextRef="now">采购专柜
-2</gl-bus：documentLocation>
<gl-bus：measurable>
<gl-bus：measurableDescription contextRef="now">纸张
</gl-bus：measurableDescription>
<gl-bus：measurableQuantity contextRef="now" unitRef="NotUsed"
decimals="2">10</gl-bus：measurableQuantity>
<gl-bus：measurableUnitOfMeasure
contextRef="now">tons</gl-bus：measurableUnitOfMeasure>
<gl-bus：measurableCostPerUnit contextRef="now">6800.00
</gl-bus：measurableCostPerUnit>
</gl-bus：measurable>
<gl-bus：jobInfo>
```

```
          <gl-usk:jobCode contextRef="now">C001</gl-usk:jobCode>
        </gl-bus:jobInfo>
      </gl-cor:entryDetail>
    <gl-cor:entryHeader>
  <gl-cor:accountingEntries>
<xbrli:xbrl
```

10.3.2　监控数据的 XBRL GL 建模

在获得请购单和订购单的数据之后，系统自动对这些数据进行判断，并依此生成监控数据。按照表 10-4 的内容，本章给出了两类监控信息，其类型均为布尔值。

1. 原型

本案例原型是企业的一份实时监控日志，其中包含 2 类各 1 条信息，即"请购单授权"和"订购决策控制"各 1 条，如表 10-11 所示。

表 10-11　监控日志示例

监控日志				
编号:C0001				
编号	日期	时间	监控项目	结果
1	2021 年 12 月 15 日	00:00	请购单授权	是
2	2021 年 12 月 15 日	00:00	订购决策控制	是

2. 模型

按照 XBRL GL 的建模方式，主体内容如下：

(1) 首先建立一个物理文档，以 xbrl 为根元素，容纳所有内容。

(2) 在 xbrl 元素内部建立 1 个 accountingEntries 元素：由于监控日志是一张表，所以仅需在 xbrl 内部建立一个元素作为容器，作为描述监控日志的虚拟文档。

(3) 在 accountingEntries 元素内部建立 entryHeader 元素：一个 entryHeader 元素表述一份监控日志。因为上述案例中只有一张监控日志，所以在 accountingEntries 元素内部只建立一个 entryHeader 元素。

(4) 在 entryHeader 元素中，建立表达监控日志总体信息的元素如 postedDate（发布时间）、enteredBy（制单人员）、enteredDate（制单时间）、sourceJournalID（日记账标识符）、sourceJournalDescription（日记账描述）、entryOrigin（分录来源）、entryNumber（分录编号，这里是监控日志文件编号）；以及逐条描述每条监控记录的 entryDetail 元素。

(5) 在每个 entryDetail 元素中，建立表达每条商品记录的细节性信息，主要包括：

• 描述信息分录的 account 元素：这里的 account（账户）是广义的账户含义，用于给出一条信息的分录名称与编号等。

• 描述非数值型元素内容地址的 detailMatchingElement 元素：该元素内容为"gl-bus：measurableQualifier"，说明非数值型元素的内容位于 measurableQualifier 元素中。

上述内容可以用 XBRL GL 数据结构描述，如表 10-12 所示。由于页面篇幅问题，将表从纵向切分为 4 张表。

表 10-12　监控日志的 XBRL GL 数据结构模型

Line Number	Account		Detail Matching Element	Posting Date
	Account Sub			
	Account Sub ID	Account Sub Type		
1	T9001	请购单授权	gl-bus：measurableQualifier	2021/12/15
2	T9001	订购决策控制	gl-bus：measurableQualifier	2021/12/15

续表 10-12（一）

Identifier Reference				
Identifier Code	Identifier External Reference		Identifier Description	Identifier Type
	Identifier Authority Code	Identifier Authority		
0914	310101199001304567	上海市公安局黄浦分局	管理员：黄山	E
0914	310101199001304567	上海市公安局黄浦分局	管理员：黄山	E

续表 10-12（二）

Document Type	Document Number	Document Reference	Document Date
other	C0001	T202112150000	2021/12/15
other	C0001	T202112150000	2021/12/15

续表 10-12（三）

Document Location	Detail Comment	Measurable
		Measurable Qualifier
管理专柜-1	日志时间为 2021-12-15-00-00	是
管理专柜-1	日志时间为 2021-12-15-00-00	是

3. 代码

下面简要给出包含请购单和订购单的 XBRL GL 实例文档代码，次要信息已略去，代码含义不赘述。

```
<xbrli:xbrl
xsi:schemaLocation="http://www.xbrl.org/int/gl/plt/2015-03-25 ../plt/case-c-b-m-u-t/gl-plt-2015-03-25.xsd" xmlns:iso639="http://www.xbrl.org/2005/iso639"
xmlns:iso4217="http://www.xbrl.org/2003/iso4217"
xmlns:gl-plt="http://www.xbrl.org/int/gl/plt/2015-03-25"
xmlns:gl-usk="http://www.xbrl.org/int/gl/usk/2015-03-25"
xmlns:gl-bus="http://www.xbrl.org/int/gl/bus/2015-03-25"
xmlns:gl-muc="http://www.xbrl.org/int/gl/muc/2015-03-25"
xmlns:gl-cor="http://www.xbrl.org/int/gl/cor/2015-03-25"
xmlns:xsi="http://www.w3.org/2001/XMLSchema-instance"
xmlns:xlink="http://www.w3.org/1999/xlink"xmlns:xbrll="http://www.xbrl.org/2003/linkbase"
xmlns:xbrli="http://www.xbrl.org/2003/instance">
      <xbrll:schemaRef xlink:href="../plt/case-c-b-m-u-t/gl-plt-2015-03-25.xsd"
xlink: arcrole = " http://www. w3. org/1999/xlink/properties/linkbase " xlink: type = "
    simple"/>
    上下文和单位信息(略)
    以下对应监控日志
    <gl-cor:accountingEntries>
      监控日志和监控主体等信息(略)
      以下对应一张监控日志
      <gl-cor:entryHeader>
        监控日志总体信息
        <gl-cor:postedDate contextRef="now">2021-12-15</gl-cor:postedDate>
        <gl-cor:enteredBy contextRef="now">黄山</gl-cor:enteredBy>
        <gl-cor:enteredDate contextRef="now">2021-12-15</gl-cor:enteredDate>
        <gl-cor:sourceJournalID contextRef="now">other</gl-cor:sourceJournalID>
        <gl-bus:sourceJournalDescription contextRef="now">监控日志
</gl-bus:sourceJournalDescription>
        <gl-bus:entryOrigin contextRef="now">自动生成</gl-bus:entryOrigin>
        <gl-cor:entryNumber contextRef="now">C0001</gl-cor:entryNumber>
        以下对应一条监控记录:请购单授权
        <gl-cor:entryDetail>
          <gl-cor:lineNumber contextRef="now">1</gl-cor:lineNumber>
          <gl-cor:account>
            <gl-cor:accountSub>
```

```
<gl-cor:accountSubID contextRef="now">T9001</gl-cor:accountSubID>
<gl-cor:accountSubType contextRef="now">请购单授权
</gl-cor:accountSubType>
</gl-cor:accountSub>
</gl-cor:account>
<gl-cor:postingDate contextRef="now">2021-12-15</gl-cor:postingDate>
<gl-cor:detailMatchingElement
contextRef="now">gl-bus:measurableQualifier</gl-cor:detailMatchingElement><gl-cor:identifierReference>
<gl-cor:identifierCode contextRef="now">0914</gl-cor:identifierCode>
<gl-cor:identifierExternalReference>
<gl-cor:identifierAuthorityCode
contextRef="now">310101199001304567</gl-cor:identifierAuthorityCode>
<gl-cor:identifierAuthority contextRef="now">上海市公安局黄浦分局
</gl-cor:identifierAuthority></gl-cor:identifierExternalReference>
<gl-cor:identifierDescription contextRef="now">黄山
</gl-cor:identifierDescription>
<gl-cor:identifierType contextRef="now">E</gl-cor:identifierType>
</gl-cor:identifierReference>
<gl-cor:documentType contextRef="now">other</gl-cor:documentType>
<gl-cor:documentNumber contextRef="now">A0001</gl-cor:documentNumber>
<gl-cor:documentDate contextRef="now">2021-12-15</gl-cor:documentDate>
<gl-bus:documentLocation contextRef="now">管理专柜
-1</gl-bus:documentLocation>
<gl-bus:measurable>
<gl-bus:measurableQualifier contextRef="now">是
</gl-bus:measurableQualifier>
</gl-bus:measurable>
</gl-cor:entryDetail>
```


以下对应另一条监控记录：订购决策控制


```
<gl-cor:entryDetail>
<gl-cor:lineNumber contextRef="now">1</gl-cor:lineNumber>
<gl-cor:account>
<gl-cor:accountSub>
<gl-cor:accountSubID contextRef="now">T9001</gl-cor:accountSubID>
```

```
            <gl-cor:accountSubType contextRef="now">订购决策控制
</gl-cor:accountSubType>
            <gl-cor:accountSub>
          </gl-cor:account>
          <gl-cor:postingDate contextRef="now">2021-12-15</gl-cor:postingDate>
          <gl-cor:detailMatchingElement
contextRef="now">gl-bus:measurableQualifier</gl-cor:detailMatchingElement><gl-cor:
identifierReference>
            <gl-cor:identifierCode contextRef="now">0914</gl-cor:identifierCode>
            <gl-cor:identifierExternalReference>
              <gl-cor:identifierAuthorityCode
contextRef="now ">310101199001304567</gl-cor:identifierAuthorityCode>
              <gl-cor:identifierAuthority contextRef="now">上海市公安局黄浦分局
</gl-cor:identifierAuthority></gl-cor:identifierExternalReference>
              <gl-cor:identifierDescription contextRef="now">黄山
</gl-cor:identifierDescription>
              <gl-cor:identifierType contextRef="now">E</gl-cor:identifierType>
            </gl-cor:identifierReference>
            < gl-cor: documentType contextRef = " now " > other </gl-cor:
            documentType>
            <gl-cor:documentNumber contextRef = "now"> A0001</gl-cor:document-
            Number>
            <gl-cor:documentDate contextRef="now">2021-12-15</gl-cor:document-
            Date>
            <gl-bus:documentLocation contextRef="now">管理专柜
-1</gl-bus:documentLocation>
            <gl-bus:measurable>
              <gl-bus:measurableQualifier contextRef="now">是
</gl-bus:measurableQualifier>
          </gl-bus:measurable>
        </gl-cor:entryDetail>
      <gl-cor:entryHeader>
    <gl-cor:accountingEntries>
<xbrli:xbrl>
```

10.3.3　底稿数据的 XBRL 数据建模

下面说明内部控制底稿数据的 XBRL 实例化。

内部控制底稿数据的 XBRL 实例化包括如下 3 个步骤：首先，查找对应的概念与元素；其次，扩展尚未被基本分类标准定义的元素；最后，将所有元素实例化。如图10-2所示。

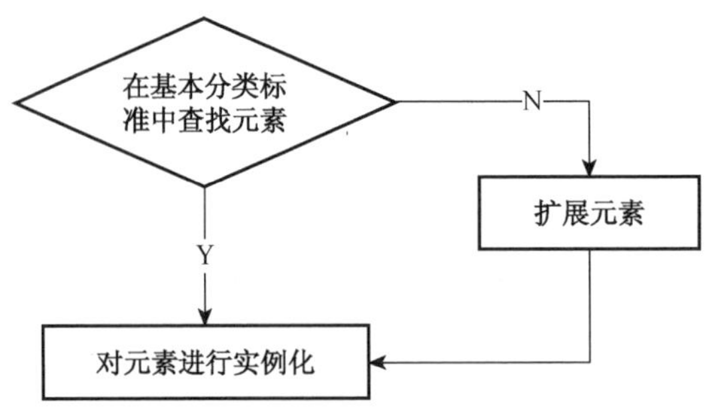

图 10-2 XBRL 实例化过程

10.3.4 内部控制 XBRL 分类标准的使用

在使用查找对应的概念与元素时，首先确定涉及的《企业内部控制应用指引》中的项目，然后根据项目确定相应的分类标准中的元素（即所谓基本分类标准中的元素）。

以表 10-1 所描述的第一行内容为例，其中：

（1）风险的标签为“采购计划安排不合理，市场变化趋势预测不准确，造成库存短缺或积压，可能导致企业生产停滞或资源浪费。”通过该标签根据本书制定的分类标准可得，相应的元素名称为“RSK-PRC-001-001”，该元素的定义为：

```
<element name=" RSK-PRC-001-001" type="xbrli:stringItemType"
substitutionGroup="xbrli:item" nillable="true" abstract="false"  id="cicg-rsk_
RSK-PRC-001-001" xbrli:periodType="instant"/>
```

（2）控制活动的标签为“企业的采购业务应当集中，避免多头采购或分散采购，以提高采购业务效率，降低采购成本，堵塞管理漏洞。企业应当对办理采购业务的人员定期进行岗位轮换。重要和技术性较强的采购业务，应当组织相关专家进行论证，实行集体决策和审批。”通过该标签根据本书制定的分类标准可得，相应的元素名称为“CTA-PRC-001-001”，该元素的定义为：

```
<element name=" CTA-PRC-001-001" type="xbrli:stringItemType"
substitutionGroup="xbrli:item" nillable="true" abstract="false"  id="cicg-cta_
CTA-PRC-001-001" xbrli:periodType="instant"/>
```

10.3.5 内部控制 XBRL 分类标准的扩展

显然，底稿数据“是否已建立请购的一般和特殊授权程序”所应对应的元素并

未包含在基本分类标准中，所以，需要对该数据进行扩展定义。此处假定扩展文件都位于一个扩展文件夹 cicg-2021-12-31-ext 中。其中，应包括 5 项扩展内容。

1. 元素扩展

扩展内容位于扩展模式文档 cicg-2021-12-31-ext. xsd 中，其中定义数据元素如下（其中 id 属性值中的前缀为示例）：

```
<element name=" CTA-PRC-001-002" type="xbrli:stringItemType" substitutionGroup="xbrli:item" nillable="true" abstract="false"  id="ext-cta_ CTA-PRC-001-002" xbrli:periodType="instant"/>
```

2. 标签链接库扩展

扩展内容位于扩展标签链接库文件 cicg-2021-12-31-label-ext. xml 中，其中定义定位器，标签弧和标签资源如下：

1）定位器

```
<loc xlink:type="locator" xlink:href="cicg-2021-12-31-ext.xsd# ext-cta_ CTA-PRC-001-002" xlink:label=" ext-cta_ CTA-PRC-001-002"/>
```

2）标签弧

```
<labelArc xlink:type = "arc" xlink:arcrole = "http://www.xbrl.org/2003/arcrole/concept-label" xlink:from=" ext-cta_ CTA-PRC-001-002" xlink:to=" ext-cta_ CTA-PRC-001-002_lbl"/>
```

3）标签资源

```
<label xlink:type = " resource" xlink:role = " http://www.xbrl.org/2003/role/label" xlink:label=" ext-cta_ CTA-PRC-001-002_lbl" xml:lang="zh">是否已建立请购的一般和特殊授权程序</label>
```

3. 引用链接库

扩展内容位于扩展引用链接库文件 cicg-2021-12-31-reference-ext. xml 中，其中定义定位器，引用弧和引用资源如下：

1）定位器

```
<loc xlink:type="locator" xlink:href="cicg-2021-12-31-ext.xsd# ext-cta_ CTA-PRC-001-002" xlink:label=" ext-cta_ CTA-PRC-001-002"/>
```

2）引用弧

```
<referenceArc xlink:type="arc" xlink:arcrole="http://www.xbrl.org/2003/arcrole/concept-reference" xlink:from=" CTA-PRC-001-002" xlink:to=" CTA-PRC-001-002_ref"/>
```

3) 引用资源

```
<reference xlink:type="resource" xlink:role="http://www.xbrl.org/2003/role/reference" xlink:label="cicid-pt_HuoBiZiJin_ref">
<ref:Publisher>财政部</ref:Publisher>
<ref:Name>企业内部控制应用指引</ref:Name>
<ref:Chapter>7</ref:Chapter>
</reference>
```

上述引用资源表示本元素依据的法律规范是财政部颁布的《企业内部控制应用指引》中的第7号指引。

4. 展示链接库

扩展内容位于扩展展示链接库文件 cicg-2021-12-31-presentation-ext.xml 中,扩展的控制活动元素与原有的风险元素构成 parent-child 关系,并延续其顺序,其中定义定位器,展示弧如下。

1) 风险元素定位器

```
<loc xlink:type="locator" xlink:href="cicg-2021-12-31.xsd#cicg-rsk_RSK-PRC-001-001" xlink:label="cicg-rsk_RSK-PRC-001-001"/>
```

2) 扩展控制活动元素定位器

```
<loc xlink:type="locator" xlink:href="cicg-2021-12-31-ext.xsd#ext-cta_CTA-PRC-001-002" xlink:label="ext-cta_CTA-PRC-001-002"/>
```

3) 展示弧

```
<presentationArc xlink:type="arc"
xlink:arcrole="http://www.xbrl.org/2003/arcrole/parent-child" xlink:from="cicg-rsk_RSK-PRC-001-001" xlink:to="ext-cta_CTA-PRC-001-002" order="2" use="optional"/>
```

5. 定义链接库

扩展内容位于扩展定义链接库文件 cicg-2021-12-31-definition-ext.xml 中,扩展定义链接库的内容与扩展展示链接库中的内容基本相同,但弧角色不同。

1) 风险元素定位器

```
<loc xlink:type="locator" xlink:href="cicg-2021-12-31.xsd#cicg-rsk_RSK-PRC-001-001" xlink:label="cicg-rsk_RSK-PRC-001-001"/>
```

2) 扩展控制活动元素定位器

```
<loc xlink:type="locator" xlink:href="cicg-2021-12-31-ext.xsd#ext-cta_CTA-PRC-001-002" xlink:label="ext-cta_CTA-PRC-001-002"/>
```

3）定义弧

<definitionArc xlink:type="arc" xlink:arcrole=" http://www. mof.gov.cn /xbrl/2021-12-31/arcrole/risk-controlActivity " xlink:from=" cicg-rsk_ RSK-PRC-001-001" xlink:to=" ext-cta_ CTA-PRC-001-002" order="2" use="optional"/>

10.3.6　内部控制 XBRL 元素的实例化

在上述元素中，需要实例化的元素共有 3 个，其中 2 个是基本分类标准中的元素，1 个是扩展分类标准中的元素。2 个基本分类标准中的元素值是人类阅读者根据计算机提供的信息进行人工判断得到的，1 个扩展分类标准中的元素是根据前述计算机的计算自动生成的。3 项实例如下：

< cicg-rsk: RSK-PRC-001-001 contextRef="Mu_instant_20211231">风险关注情况良好</ cicg-rsk: RSK-PRC-001-001>

< cicg-cta: CTA-PRC-001-001 contextRef=" Mu _instant_20211231">控制措施实施良好</ cicg-cta: CTA-PRC-001-001>

< ext-cta: CTA-PRC-001-002 contextRef=" Mu _instant_20211231">良</ ext-cta: CTA-PRC-001-002>

在上述 3 个实例中，Mu 表示描述的实体是母公司，instant 表示该值是一个时点值，20211231 则说明该时点为 2021 年 12 月 31 日。因为 3 个实例都是字符串类型，所以均无单位及精度属性。

10.4　内部控制 XBRL 实例数据的应用

下面构建了一个根据底稿实例数据自动产生评价数据的模型，用以说明 XBRL 内部控制实例数据的应用。

在对企业内部控制活动进行综合评价时，可以将底稿数据视为一套能够从整体上反映内部控制的评价指标体系，然后据此利用这些指标建立评价模型进行评价。根据整理目前所披露的内部控制评价报告，可以将评价角度归结为以下 3 种：

(1) 从不同活动项目角度进行评价。

(2) 从 COSO 所制定的 3 大目标——“财务报告可靠性”“管理合规性”和“经营效率”的满足性角度进行评价。

(3) 从 COSO 所制定的 5 大要素——“控制环境”“信息与沟通”“风险评估”“控制活动”“监控”的执行角度进行评价。

根据上述内容，构建了一个具有一般意义的、可以涵盖不同活动项目角度的评价模型，如表 10-13 所示。其中，一级指标为分类标准中的风险点元素，二级指标为分类标准中的控制活动元素。

表 10-13　内部控制评价模型

一级指标(X)$_1$	评语等级(v)	权重(W)$_1$	二级指标(X)$_2$	权重(W)$_2$	评语等级(v)$_2$
X_1：RSK-PRC-001-001	良好	W_1	X_{11}：CTA-PRC-001-001	W_{11}	良好
			X_{12}：CTA-PRC-001-002	W_{12}	良好
……	……	W_2	……	W_{22}	……
			……	W_{2j}	……
			……	W_{i1}	……

可以根据评语等级给出相应的评分，然后构建一个公式评价活动“采购业务”内部控制执行情况的公式：

$$PRC=\frac{\sum_{N=1}^{n}W_N X_N\times\sum_{N=1}^{n}W}{n}$$

Excel 已经推出一个称为 Investor Assistant 的工具，可以直接读取 XBRL 实例数据，所以这个公式可以使用 Excel 或其他 XBRL 通用工具通过读取底稿实例数据计算得到，如图 10-3 所示。

图 10-3　XBRL 内部控制实例数据的应用

需要说明的是：该公式显然不够精确，并且不是所有的活动都可以通过固定的权重和公式计算得到。但是，在这个模型中，已经可以充分说明 XBRL 对于降低内部控制评价的成本，提高内部控制评价的规范性和有效性，以及可以预见的其他内容都具有重要意义。随着 XBRL 专用工具的发展，以及各种传统工具（如 Excel）逐步支持 XBRL，XBRL 内部控制体系将越来越表现出它的巨大潜力。

附录 1

XBRL GL 分类标准(2015-03-25)

本书附录 1 翻译整理自 XBRL GL 最新版本的分类标准,即 2015 年 3 月 25 日 XBRL 国际组织发布的《XBRL GL 分类标准(XBRL GL Taxonomy 2015-03-25)》。因篇幅所限,本书在所有模块中都仅给出部分类型、元素及关系,并且省略了根元素以及注释等内容。

除案例外,该版本分类标准共分为 8 个模块,每个模块的内容分别如下。案例模块结构本质上不属于分类标准范畴,因此略去。

另外,XBRL GL 分类标准(2015-03-25 版本)是在富士通公司的帮助下完成的,因此加日文版本的标签链接库,本书也一并略去。另外,对于每个用于说明元素含义的 label 元素,本书翻译了其文本内容,并在原有英文后以括号内文字的形式呈现,以飨读者。

1. 核心(COR)

1) 模式文档

全部为元素定义,部分内容如下。

```
<element name="account" id="gl-cor_account" type="gl-cor:accountComplexType" substitutionGroup="xbrli:tuple" nillable="true"/>

<element name="accountingEntries" id="gl-cor_accountingEntries" type="gl-cor:accountingEntriesComplexType" substitutionGroup="xbrli:tuple" nillable="false"/>

<element name="accountMainDescription" id="gl-cor_accountMainDescription" type="gl-cor:accountMainDescriptionItemType" substitutionGroup="xbrli:item" nillable="true" xbrli:periodType="instant"/>

<element name="accountMainID" id="gl-cor_accountMainID" type="gl-cor:accountMainIDItemType" substitutionGroup="xbrli:item" nillable="true" xbrli:periodType="instant"/>

<element name="accountPurposeCode" id="gl-cor_accountPurposeCode" type="gl-gen:accountPurposeCodeItemType" substitutionGroup="xbrli:item" nillable="true" xbrli:periodType="instant"/>
```

```xml
<element name="accountPurposeDescription" id="gl-cor_accountPurposeDescription" type="gl-cor:accountPurposeDescriptionItemType" substitutionGroup="xbrli:item" nillable="true" xbrli:periodType="instant"/>
<element name="accountActive" id="gl-cor_accountActive" type="gl-gen:activeItemType" substitutionGroup="xbrli:item" nillable="true" xbrli:periodType="instant"/>
<element name="accountSub" id="gl-cor_accountSub" type="gl-cor:accountSubComplexType" substitutionGroup="xbrli:tuple" nillable="true"/>
<element name="accountSubDescription" id="gl-cor_accountSubDescription" type="gl-cor:accountSubDescriptionItemType" substitutionGroup="xbrli:item" nillable="true" xbrli:periodType="instant"/>
<element name="accountSubID" id="gl-cor_accountSubID" type="gl-cor:accountSubIDItemType" substitutionGroup="xbrli:item" nillable="true" xbrli:periodType="instant"/>
<element name="accountSubType" id="gl-cor_accountSubType" type="gl-cor:accountSubTypeItemType" substitutionGroup="xbrli:item" nillable="true" xbrli:periodType="instant"/>
<element name="accountType" id="gl-cor_accountType" type="gl-gen:accountTypeItemType" substitutionGroup="xbrli:item" nillable="true" xbrli:periodType="instant"/>
<element name="amount" id="gl-cor_amount" type="gl-gen:amountItemType" substitutionGroup="xbrli:item" nillable="true" xbrli:periodType="instant"/>
<element name="bookTaxDifference" id="gl-cor_bookTaxDifference" type="gl-gen:bookTaxDifferenceItemType" substitutionGroup="xbrli:item" nillable="true" xbrli:periodType="instant"/>
<element name="confirmedDate" id="gl-cor_confirmedDate" type="gl-cor:confirmedDateItemType" substitutionGroup="xbrli:item" nillable="true" xbrli:periodType="instant"/>
<element name="creationDate" id="gl-cor_creationDate" type="gl-cor:creationDateItemType" substitutionGroup="xbrli:item" nillable="true" xbrli:periodType="instant"/>
<element name="dateAcknowledged" id="gl-cor_dateAcknowledged" type="gl-cor:dateAcknowledgedItemType" substitutionGroup="xbrli:item" nillable="true" xbrli:periodType="instant"/>
<element name="debitCreditCode" id="gl-cor_debitCreditCode" type="gl-gen:debitCreditCodeItemType" substitutionGroup="xbrli:item" nillable="true" xbrli:periodType="instant"/>
<element name="detailComment" id="gl-cor_detailComment" type="gl-cor:detailCommentItemType" substitutionGroup="xbrli:item" nillable="true" xbrli:periodType="instant"/>
```

<element name="documentApplyToNumber" id="gl-cor_documentApplyToNumber" type="gl-cor:documentApplyToNumberItemType" substitutionGroup="xbrli:item" nillable="true" xbrli:periodType="instant"/>

<element name="documentDate" id="gl-cor_documentDate" type="gl-cor:documentDateItemType" substitutionGroup="xbrli:item" nillable="true" xbrli:periodType="instant"/>

<element name="documentNumber" id="gl-cor_documentNumber" type="gl-cor:documentNumberItemType" substitutionGroup="xbrli:item" nillable="true" xbrli:periodType="instant"/>

<element name="invoiceType" id="gl-cor_invoiceType" type="gl-gen:invoiceTypeItemType" substitutionGroup="xbrli:item" nillable="true" xbrli:periodType="instant"/>

<element name="documentReference" id="gl-cor_documentReference" type="gl-cor:documentReferenceItemType" substitutionGroup="xbrli:item" nillable="true" xbrli:periodType="instant"/>

<element name="documentType" id="gl-cor_documentType" type="gl-gen:documentTypeItemType" substitutionGroup="xbrli:item" nillable="true" xbrli:periodType="instant"/>

<element name="enteredBy" id="gl-cor_enteredBy" type="gl-cor:enteredByItemType" substitutionGroup="xbrli:item" nillable="true" xbrli:periodType="instant"/>

<element name="enteredDate" id="gl-cor_enteredDate" type="gl-cor:enteredDateItemType" substitutionGroup="xbrli:item" nillable="true" xbrli:periodType="instant"/>

<element name="entityInformation" id="gl-cor_entityInformation" type="gl-cor:entityInformationComplexType" substitutionGroup="xbrli:tuple" nillable="true"/>

<element name="entriesComment" id="gl-cor_entriesComment" type="gl-cor:entriesCommentItemType" substitutionGroup="xbrli:item" nillable="true" xbrli:periodType="instant"/>

<element name="entriesType" id="gl-cor_entriesType" type="gl-gen:entriesTypeItemType" substitutionGroup="xbrli:item" nillable="false" xbrli:periodType="instant"/>

<element name="entryComment" id="gl-cor_entryComment" type="gl-cor:entryCommentItemType" substitutionGroup="xbrli:item" nillable="true" xbrli:periodType="instant"/>

<element name="entryNumberCounter" id="gl-cor_entryNumberCounter" type="gl-cor:counterItemType" substitutionGroup="xbrli:item" nillable="true" xbrli:periodType="instant"/>

<element name="entryDetail" id="gl-cor_entryDetail" type="gl-cor:entryDetailComplexType" substitutionGroup="xbrli:tuple" nillable="true"/>

```
<element name="entryHeader" id="gl-cor_entryHeader" type="gl-cor:entryHeaderComplexType" substitutionGroup="xbrli:tuple" nillable="true"/>
<element name="entryNumber" id="gl-cor_entryNumber" type="gl-cor:entryNumberItemType" substitutionGroup="xbrli:item" nillable="true" xbrli:periodType="instant"/>
<element name="lineNumberCounter" id="gl-cor_lineNumberCounter" type="gl-cor:counterItemType" substitutionGroup="xbrli:item" nillable="true" xbrli:periodType="instant"/>
<element name="entryType" id="gl-cor_entryType" type="gl-gen:entryTypeItemType" substitutionGroup="xbrli:item" nillable="true" xbrli:periodType="instant"/>
<element name="identifierCategory" id="gl-cor_identifierCategory" type="gl-cor:identifierCategoryItemType" substitutionGroup="xbrli:item" nillable="true" xbrli:periodType="instant"/>
<element name="identifierCode" id="gl-cor_identifierCode" type="gl-cor:identifierCodeItemType" substitutionGroup="xbrli:item" nillable="true" xbrli:periodType="instant"/>
<element name="identifierDescription" id="gl-cor_identifierDescription" type="gl-cor:identifierDescriptionItemType" substitutionGroup="xbrli:item" nillable="true" xbrli:periodType="instant"/>
<element name="identifierActive" id="gl-cor_identifierActive" type="gl-gen:activeItemType" substitutionGroup="xbrli:item" nillable="true" xbrli:periodType="instant"/>
<element name="identifierEMail" id="gl-cor_identifierEMail" type="gl-cor:identifierEmailAddressStructureComplexType" substitutionGroup="xbrli:tuple" nillable="true"/>
<element name="identifierEmailAddress" id="gl-cor_identifierEmailAddress" type="gl-gen:emailAddressItemType" substitutionGroup="xbrli:item" nillable="true" xbrli:periodType="instant"/>
<element name="identifierEmailAddressUsage" id="gl-cor_identifierEmailAddressUsage" type="gl-gen:emailAddressUsageItemType" substitutionGroup="xbrli:item" nillable="true" xbrli:periodType="instant"/>
<element name="identifierPhoneNumber" id="gl-cor_identifierPhoneNumber" type="gl-cor:identifierPhoneNumberComplexType" substitutionGroup="xbrli:tuple" nillable="true"/>
<element name="identifierPhone" id="gl-cor_identifierPhone" type="gl-gen:phoneNumberItemType" substitutionGroup="xbrli:item" nillable="true" xbrli:periodType="instant"/>
<element name="identifierPhoneNumberDescription" id="gl-cor_identifierPhoneNumberDescription" type="gl-gen:phoneNumberDescriptionItemType" substitutionGroup="xbrli:item" nillable="true" xbrli:periodType="instant"/>
```

<element name="identifierFaxNumber" id="gl-cor_identifierFaxNumber" type="gl-cor:identifierFaxNumberComplexType" substitutionGroup="xbrli:tuple" nillable="true"/>

<element name="identifierFax" id="gl-cor_identifierFax" type="gl-gen:faxNumberItemType" substitutionGroup="xbrli:item" nillable="true" xbrli:periodType="instant"/>

<element name="identifierFaxNumberUsage" id="gl-cor_identifierFaxNumberUsage" type="gl-gen:faxNumberUsageItemType" substitutionGroup="xbrli:item" nillable="true" xbrli:periodType="instant"/>

<element name="identifierReference" id="gl-cor_identifierReference" type="gl-cor:identifierReferenceComplexType" substitutionGroup="xbrli:tuple" nillable="true"/>

<element name="identifierExternalReference" id="gl-cor_identifierExternalReference" type="gl-cor:identifierExternalReferenceComplexType" substitutionGroup="xbrli:tuple" nillable="true"/>

<element name="identifierAuthorityCode" id="gl-cor_identifierAuthorityCode" type="gl-cor:identifierAuthorityCodeItemType" substitutionGroup="xbrli:item" nillable="true" xbrli:periodType="instant"/>

<element name="identifierAuthority" id="gl-cor_identifierAuthority" type="gl-cor:identifierAuthorityItemType" substitutionGroup="xbrli:item" nillable="true" xbrli:periodType="instant"/>

<element name="identifierAuthorityVerificationDate" id="gl-cor_identifierAuthorityVerificationDate" type="gl-cor:identifierAuthorityVerificationDateItemType" substitutionGroup="xbrli:item" nillable="true" xbrli:periodType="instant"/>

<element name="identifierType" id="gl-cor_identifierType" type="gl-gen:identifierTypeItemType" substitutionGroup="xbrli:item" nillable="true" xbrli:periodType="instant"/>

2）链接库

(1）标签链接库:部分内容如下。

<labelArc xlink:type="arc" xlink:arcrole="http://www.xbrl.org/2003/arcrole/concept-label" xlink:from="account" xlink:to="account_lbl"/>

<label xlink:type="resource" xlink:label="account_lbl" xlink:role="http://www.xbrl.org/2003/role/label"xlink:title="gl-cor_account_en" xml:lang="en">Account Identifier(账户标识符)</label>

<loc xlink:type="locator" xlink:href="../gl-cor-2015-03-25.xsd#gl-cor_accountingEntries" xlink:label="accountingEntries"/>

<label xlink:type="resource" xlink:label="accountingEntries_lbl" xlink:role="http://www.xbrl.org/2003/role/documentation" xml:lang="en">Root for XBRL GL. No entry made here.(本元素为XBRL GL的根目录,此处不可创建分录。)</label>

<labelArc xlink:type="arc" xlink:arcrole="http://www.xbrl.org/2003/arcrole/con-

cept-label" xlink:from="accountingEntries" xlink:to="accountingEntries_lbl"/>

<label xlink:type="resource" xlink:label="accountingEntries_lbl" xlink:role="http://www.xbrl.org/2003/role/label" xlink:title="gl-cor_accountingEntries_en" xml:lang="en">Accounting Entries(会计分录)</label>

<loc xlink:type="locator" xlink:href="../gl-cor-2015-03-25.xsd#gl-cor_accountMainDescription" xlink:label="accountMainDescription"/>

<label xlink:type="resource" xlink:label="accountMainDescription_lbl" xlink:role="http://www.xbrl.org/2003/role/documentation" xml:lang="en">Description of accountMainID-the human readable describer that accompanies the code used in accountMainID(账户编码描述——补充用于账户编码代码的人类可读描述。)</label>

<labelArc xlink:type="arc" xlink:arcrole="http://www.xbrl.org/2003/arcrole/concept-label" xlink:from="accountMainDescription" xlink:to="accountMainDescription_lbl"/>

<label xlink:type="resource" xlink:label="accountMainDescription_lbl" xlink:role="http://www.xbrl.org/2003/role/label" xlink:title="gl-cor_accountMainDescription_en" xml:lang="en">Main AccountDescription(主要账户描述)</label>

<loc xlink:type="locator" xlink:href="../gl-cor-2015-03-25.xsd#gl-cor_accountMainID" xlink:label="accountMainID"/>

<label xlink:type="resource" xlink:label="accountMainID_lbl" xlink:role="http://www.xbrl.org/2003/role/documentation" xml:lang="en">Main account-the code used to identify the accounting bucket the entry has been assigned to. Examples might be 1000 for Cash, 567GAAZ for Sales Expense or Z for tax payments. Identifiers such as department, branch, division, manager, or other modifiers are noted in the Subaccount area. Before needing to post, account is not necessary. Posting to the general ledger almost always requires an entry here.(主要账户——用于标识会计分录所归属的会计账户的代码。比如,现金代码为1000,销售费用代码为567GAAZ或者支付税款代码为Z。例如内部部门、分支机构、职能部门、经理等更详细内容的标识符在二级账户中注明。在过账之前,不需要操作账户。过账时,需要将此处的分录过至总分类账。)</label>

<labelArc xlink:type="arc" xlink:arcrole="http://www.xbrl.org/2003/arcrole/concept-label" xlink:from="accountMainID" xlink:to="accountMainID_lbl"/>

<label xlink:type="resource" xlink:label="accountMainID_lbl" xlink:role="http://www.xbrl.org/2003/role/label"xlink:title="gl-cor_accountMainID_en" xml:lang="en">Main Account Number(主要账户编号)</label>

<loc xlink:type="locator" xlink:href="../gl-cor-2015-03-25.xsd#gl-cor_accountPurposeCode" xlink:label="accountPurposeCode"/>

<label xlink:type="resource" xlink:label="accountPurposeCode_lbl" xlink:role="http://www.xbrl.org/2003/role/documentation" xml:lang="en">Code related to usage for account aggregate-Consolidating, European, IFRS, Offsetting, Primary, Tax, USGAAP, Japanese, Other. Japanese companies will use this for the tax required offsetting entry. If left

blank, assumes default accounting method for company.(本元素用于账户汇总,例如合并、欧洲、基于国际财务报告准则、抵消、原始、税务、基于美国会计准则、基于日本会计准则和其他类别账户的汇总等。日本公司使用本元素以实现税务方面所需的抵消分录。如果本元素没有值,则假定公司使用默认的会计方法。)</label>

<labelArc xlink:type = "arc" xlink:arcrole = "http://www.xbrl.org/2003/arcrole/concept-label" xlink:from = "accountPurposeCode" xlink:to = "accountPurposeCode_lbl"/>

<label xlink:type = "resource" xlink:label = "accountPurposeCode_lbl" xlink:role = "http://www.xbrl.org/2003/role/label" xlink:title = "gl-cor_accountPurposeCode_en" xml:lang = "en">Purpose of Account(账户目的)</label>

<loc xlink:type = "locator" xlink:href = "../gl-cor-2015-03-25.xsd#gl-cor_accountPurposeDescription" xlink:label = "accountPurposeDescription"/>

<label xlink:type = "resource" xlink:label = "accountPurposeDescription_lbl" xlink:role = "http://www.xbrl.org/2003/role/documentation" xml:lang = "en">Description of usage for aggregate account(汇总账户使用方法的描述)</label>

<labelArc xlink:type = "arc" xlink:arcrole = "http://www.xbrl.org/2003/arcrole/concept-label" xlink:from = "accountPurposeDescription" xlink:to = "accountPurposeDescription_lbl"/>

<label xlink:type = "resource" xlink:label = "accountPurposeDescription_lbl" xlink:role = "http://www.xbrl.org/2003/role/label" xlink:title = "gl-cor_accountPurposeDescription_en" xml:lang = "en">Description of Purpose of Account(账户目的的描述)</label>

<loc xlink:type = "locator" xlink:href = "../gl-cor-2015-03-25.xsd#gl-cor_accountSubDescription" xlink:label = "accountSubDescription"/>

<label xlink:type = "resource" xlink:label = "accountSubDescription_lbl" xlink:role = "http://www.xbrl.org/2003/role/documentation" xml:lang = "en">The description that accompanies accountSubID belongs here.(此处为企业所应用的二级账户编号的描述。)</label>

<labelArc xlink:type = "arc" xlink:arcrole = "http://www.xbrl.org/2003/arcrole/concept-label" xlink:from = "accountSubDescription" xlink:to = "accountSubDescription_lbl"/>

<label xlink:type = "resource" xlink:label = "accountSubDescription_lbl" xlink:role = "http://www.xbrl.org/2003/role/label" xlink:title = "gl-cor_accountSubDescription_en" xml:lang = "en">SubaccountDescription(二级账户描述)</label>

<loc xlink:type = "locator" xlink:href = "../gl-cor-2015-03-25.xsd#gl-cor_accountSub" xlink:label = "accountSub"/>

<label xlink:type = "resource" xlink:label = "accountSub_lbl" xlink:role = "http://www.xbrl.org/2003/role/documentation" xml:lang = "en">Tuple to hold multiple accountSubIDs and Descriptions(包含多个二级账户编号和描述的元组。)</label>

<labelArc xlink:type = "arc" xlink:arcrole = "http://www.xbrl.org/2003/arcrole/concept-label" xlink:from = "accountSub" xlink:to = "accountSub_lbl"/>

<label xlink:type = "resource" xlink:label = "accountSub_lbl" xlink:role = "http://www.xbrl.org/2003/role/label" xlink:title = "gl-cor_accountSub_en" xml:lang = "en">Subaccount

Information(二级账户信息)</label>

<loc xlink:type="locator" xlink:href="../gl-cor-2015-03-25.xsd#gl-cor_accountSubID" xlink:label="accountSubID"/>

<label xlink:type="resource" xlink:label="accountSubID_lbl" xlink:role="http://www.xbrl.org/2003/role/documentation" xml:lang="en">Where the primary account was placed in accountMainID, the code used for each profit center, division, business unit, fund, program, branch, project, class, su-class or other modifier is placed here.(账户编码中原始账户存储的位置。每一个利润中心、部门、事业部、资金、计划、分支、项目、类型、子类型的编码都在这里存储。)</label>

<labelArc xlink:type="arc" xlink:arcrole="http://www.xbrl.org/2003/arcrole/concept-label" xlink:from="accountSubID" xlink:to="accountSubID_lbl"/>

<label xlink:type="resource" xlink:label="accountSubID_lbl" xlink:role="http://www.xbrl.org/2003/role/label" xlink:title="gl-cor_accountSubID_en" xml:lang="en">Sub-account(二级账户)</label>

<loc xlink:type="locator" xlink:href="../gl-cor-2015-03-25.xsd#gl-cor_accountSubType" xlink:label="accountSubType"/>

<label xlink:type="resource" xlink:label="accountSubType_lbl" xlink:role="http://www.xbrl.org/2003/role/documentation" xml:lang="en">Type of sub-account-profit center, division, business unit, fund, program, branch, project, class, su-class or other modifier is placed here. For example: Accountability center: Business unit: Class: Department: Project: Fund: Program: Job: Profit center: Branch: Setup class: Division: Unit(二级账户类型——如利润中心、部门、事业部、资金、计划、分支、项目、类型、自类型和其他限定类型。例如,一个二级账户可以是"责任中心:事业部:类型:部门:项目:资金:安排:职位:利润中心:分支机构:配置类型:职能部门:单元"。)</label>

<labelArc xlink:type="arc" xlink:arcrole="http://www.xbrl.org/2003/arcrole/concept-label" xlink:from="accountSubType" xlink:to="accountSubType_lbl"/>

<label xlink:type="resource" xlink:label="accountSubType_lbl" xlink:role="http://www.xbrl.org/2003/role/label" xlink:title="gl-cor_accountSubType_en" xml:lang="en">Type of Subaccount(二级账户类型)</label>

<loc xlink:type="locator" xlink:href="../gl-cor-2015-03-25.xsd#gl-cor_accountType" xlink:label="accountType"/>

<label xlink:type="resource" xlink:label="accountType_lbl" xlink:role="http://www.xbrl.org/2003/role/documentation" xml:lang="en">Type of account(账户类型)</label>

<labelArc xlink:type="arc" xlink:arcrole="http://www.xbrl.org/2003/arcrole/concept-label" xlink:from="accountType" xlink:to="accountType_lbl"/>

<label xlink:type="resource" xlink:label="accountType_lbl" xlink:role="http://www.xbrl.org/2003/role/label" xlink:title="gl-cor_accountType_en" xml:lang="en">Account Type(账户类型)</label>

<loc xlink:type="locator" xlink:href="../gl-cor-2015-03-25.xsd#gl-cor_amount"

xlink:label="amount"/>

<label xlink:type="resource" xlink:label="amount_lbl" xlink:role="http://www.xbrl.org/2003/role/documentation" xml:lang="en">This field (amount) represents the primary monetary amount related to the subject of the entryDetail line. There is one primary monetary amount per entryDetail structure. It may, for example, represent the amount of one line of a journal entry, the balance on a document, or the extended amount of a line item on an invoice. Amount is not required if detailed entry is used for non-financial work and other elements are populated, in particular measurableQuantity. The amount field is a signed number (either positive or negative itself) and used in conjunction with a separate signOfAmount and a separate debitCreditCode, which together are considered for understanding the monetary amount. The unit of measure is determined by amountCurrency if present, and by the default or home currency if amountCurrency is not present.[这个字段(金额)代表与分录明细账户相关的原始货币金额。每一个分录明细结构都包含原始货币金额。例如,它也许代表一行会计分录的金额、会计凭证金额、发票一行事项的合计金额。如果明细分录用于非财务工作并且其他元素值已经被赋予,那么金额不是必需的,而是置于 measureQuantity 元素内容中。金额是有符号的数字(它本身或正或负),并且需要和(正负)金额以及借贷符号一起使用,这样才能够使用户正确理解货币金额。度量单位由指定的货币类型决定。但如果不指定货币类型,那么使用默认值或本国货币。]</label>

<labelArc xlink:type="arc" xlink:arcrole="http://www.xbrl.org/2003/arcrole/concept-label" xlink:from="amount" xlink:to="amount_lbl"/>

<label xlink:type="resource" xlink:label="amount_lbl" xlink:role="http://www.xbrl.org/2003/role/label" xlink:title="gl-cor_amount_en" xml:lang="en">Monetary Amount(货币金额)</label>

<loc xlink:type="locator" xlink:href="../gl-cor-2015-03-25.xsd#gl-cor_bookTaxDifference" xlink:label="bookTaxDifference"/>

<label xlink:type="resource" xlink:label="bookTaxDifference_lbl" xlink:role="http://www.xbrl.org/2003/role/documentation" xml:lang="en">Enumerated field with possible values of permanent, temporary or none indicating the type of difference between book and tax accounting methods. Omission of this field is equivalent to "none"(枚举型,取值可以是“永久”“暂时”和“无”。表示会税方法差异类型。如果该字段空缺,则等同于取值“无”。)</label>

<labelArc xlink:type="arc" xlink:arcrole="http://www.xbrl.org/2003/arcrole/concept-label" xlink:from="bookTaxDifference" xlink:to="bookTaxDifference_lbl"/>

<label xlink:type="resource" xlink:label="bookTaxDifference_lbl" xlink:role="http://www.xbrl.org/2003/role/label" xlink:title="gl-cor_bookTaxDifference_en" xml:lang="en">Type of Difference Between Book and Tax(会税方法差异类型)</label>

<loc xlink:type="locator" xlink:href="../gl-cor-2015-03-25.xsd#gl-cor_confirmedDate" xlink:label="confirmedDate"/>

<label xlink:type="resource" xlink:label="confirmedDate_lbl" xlink:role="http://www.xbrl.org/2003/role/documentation" xml:lang="en">Date of confirmation of shipment/receipt.(发出/收到确认日期)</label>

<labelArc xlink:type="arc" xlink:arcrole="http://www.xbrl.org/2003/arcrole/concept-label" xlink:from="confirmedDate" xlink:to="confirmedDate_lbl"/>

<label xlink:type="resource" xlink:label="confirmedDate_lbl" xlink:role="http://www.xbrl.org/2003/role/label" xlink:title="label_confirmedDate" xml:lang="en">Confirmation Date(确认日期)</label>

<loc xlink:type="locator" xlink:href="../gl-cor-2015-03-25.xsd#gl-cor_creationDate" xlink:label="creationDate"/>

<label xlink:type="resource" xlink:label="creationDate_lbl" xlink:role="http://www.xbrl.org/2003/role/documentation" xml:lang="en">Date/time file was created.(文件创建日期/时间)</label>

<labelArc xlink:type="arc" xlink:arcrole="http://www.xbrl.org/2003/arcrole/concept-label" xlink:from="creationDate" xlink:to="creationDate_lbl"/>

<label xlink:type="resource" xlink:label="creationDate_lbl" xlink:role="http://www.xbrl.org/2003/role/label"xlink:title="gl-cor_creationDate_en" xml:lang="en">Creation Date(创建日期)</label>

<loc xlink:type="locator" xlink:href="../gl-cor-2015-03-25.xsd#gl-cor_dateAcknowledged" xlink:label="dateAcknowledged"/>

<label xlink:type="resource" xlink:label="dateAcknowledged_lbl" xlink:role="http://www.xbrl.org/2003/role/documentation" xml:lang="en">Date of acknowledgement of goods/services shipped/received.(货物/服务已发出/收到的通知日期)</label>

<labelArc xlink:type="arc" xlink:arcrole="http://www.xbrl.org/2003/arcrole/concept-label" xlink:from="dateAcknowledged" xlink:to="dateAcknowledged_lbl"/>

<label xlink:type="resource" xlink:label="dateAcknowledged_lbl" xlink:role="http://www.xbrl.org/2003/role/label" xlink:title="label_dateAcknowledged" xml:lang="en">Acknowledgement Date(通知日期)</label>

<loc xlink:type="locator" xlink:href="../gl-cor-2015-03-25.xsd#gl-cor_debitCreditCode" xlink:label="debitCreditCode"/>

<label xlink:type="resource" xlink:label="debitCreditCode_lbl" xlink:role="http://www.xbrl.org/2003/role/documentation" xml:lang="en">Optional identifier of whether the amount is a (D)ebit, a (C)redit or Undefined[该元素是一个可选的标识符，指定金额是借项(D)、贷项(C)或者未定义。]</label>

<labelArc xlink:type="arc" xlink:arcrole="http://www.xbrl.org/2003/arcrole/concept-label" xlink:from="debitCreditCode" xlink:to="debitCreditCode_lbl"/>

<label xlink:type="resource" xlink:label="debitCreditCode_lbl" xlink:role="http://www.xbrl.org/2003/role/label" xlink:title="gl-cor_debitCreditCode_en" xml:lang="en">Debit/Credit Identifier(借/贷标识符)</label>

<loc xlink:type="locator" xlink:href="../gl-cor-2015-03-25.xsd#gl-cor_detailComment" xlink:label="detailComment"/>

<label xlink:type="resource" xlink:label="detailComment_lbl" xlink:role="http://

www.xbrl.org/2003/role/documentation" xml:lang="en">Description of this line of detail only(仅用于本行的详细描述。)</label>

<labelArc xlink:type="arc" xlink:arcrole="http://www.xbrl.org/2003/arcrole/concept-label" xlink:from="detailComment" xlink:to="detailComment_lbl"/>

<label xlink:type="resource" xlink:label="detailComment_lbl" xlink:role="http://www.xbrl.org/2003/role/label" xlink:title="gl-cor_detailComment_en" xml:lang="en">Description(描述)</label>

<loc xlink:type="locator" xlink:href="../gl-cor-2015-03-25.xsd#gl-cor_documentApplyToNumber" xlink:label="documentApplyToNumber"/>

<label xlink:type="resource" xlink:label="documentApplyToNumber_lbl" xlink:role="http://www.xbrl.org/2003/role/documentation" xml:lang="en">Document number of primary invoice number, used to offset payments, debits and credits; for an invoice, usually the same as the documentNumber. When calculating open balance on an invoice, or open amount on payments in advance or not fully applied, this permits calculation of the open item. (原始发票编号对应的凭证编号,用于抵消发票的支付、借项和贷项,通常和发票编号相同。当计算发票的期初余额、提前或未完全支付的期初金额时,本元素用于计算这些期初事项。)</label>

<labelArc xlink:type="arc" xlink:arcrole="http://www.xbrl.org/2003/arcrole/concept-label" xlink:from="documentApplyToNumber" xlink:to="documentApplyToNumber_lbl"/>

<label xlink:type="resource" xlink:label="documentApplyToNumber_lbl" xlink:role="http://www.xbrl.org/2003/role/label" xlink:title="gl-cor_documentApplyToNumber_en" xml:lang="en">Apply To Number(应用到编号)</label>

<loc xlink:type="locator" xlink:href="../gl-cor-2015-03-25.xsd#gl-cor_documentDate" xlink:label="documentDate"/>

<label xlink:type="resource" xlink:label="documentDate_lbl" xlink:role="http://www.xbrl.org/2003/role/documentation" xml:lang="en">Date (and less likely in the paper world but possible in the e-world, time) on actual document (invoice, voucher, check date). Other dates control posting information.[实际凭证(发票、代金券、支票)上的日期或时间,在纸质版下很少出现、在电子版较可能出现。其他日期控制过账信息。]</label>

<labelArc xlink:type="arc" xlink:arcrole="http://www.xbrl.org/2003/arcrole/concept-label" xlink:from="documentDate" xlink:to="documentDate_lbl"/>

<label xlink:type="resource" xlink:label="documentDate_lbl" xlink:role="http://www.xbrl.org/2003/role/label" xlink:title="gl-cor_documentDate_en" xml:lang="en">Document Date(凭证日期)</label>

<loc xlink:type="locator" xlink:href="../gl-cor-2015-03-25.xsd#gl-cor_documentInfo" xlink:label="documentInfo"/>

<label xlink:type="resource" xlink:label="documentInfo_lbl" xlink:role="http://www.xbrl.org/2003/role/documentation" xml:lang="en">Parent for descriptive information about the accountingEntries section in which it is contained.(包含会计分录描述信息的上级元

素)</label>

<labelArc xlink:type="arc" xlink:arcrole="http://www.xbrl.org/2003/arcrole/concept-label" xlink:from="documentInfo" xlink:to="documentInfo_lbl"/>

<label xlink:type="resource" xlink:label="documentInfo_lbl" xlink:role="http://www.xbrl.org/2003/role/label" xlink:title="gl-cor_documentInfo_en" xml:lang="en">Document Information(凭证信息)</label>

<loc xlink:type="locator" xlink:href="../gl-cor-2015-03-25.xsd#gl-cor_documentNumber" xlink:label="documentNumber"/>

<label xlink:type="resource" xlink:label="documentNumber_lbl" xlink:role="http://www.xbrl.org/2003/role/documentation" xml:lang="en">Invoice, check, voucher, or other source document identifier(发票、支票、代金券或者其他来源凭证的标识符)</label>

<labelArc xlink:type="arc" xlink:arcrole="http://www.xbrl.org/2003/arcrole/concept-label" xlink:from="documentNumber" xlink:to="documentNumber_lbl"/>

<label xlink:type="resource" xlink:label="documentNumber_lbl" xlink:role="http://www.xbrl.org/2003/role/label" xlink:title="gl-cor_documentNumber_en" xml:lang="en">Document Number(凭证编号)</label>

<loc xlink:type="locator" xlink:href="../gl-cor-2015-03-25.xsd#gl-cor_documentReference" xlink:label="documentReference"/>

<label xlink:type="resource" xlink:label="documentReference_lbl" xlink:role="http://www.xbrl.org/2003/role/documentation" xml:lang="en">Internal reference for the document above; number assigned internally to track the document(上述凭证的内部引用,在内部分配编号以便追溯凭证)</label>

<labelArc xlink:type="arc" xlink:arcrole="http://www.xbrl.org/2003/arcrole/concept-label" xlink:from="documentReference" xlink:to="documentReference_lbl"/>

<label xlink:type="resource" xlink:label="documentReference_lbl" xlink:role="http://www.xbrl.org/2003/role/label" xlink:title="gl-cor_documentReference_en" xml:lang="en">Document Reference(凭证引用)</label>

<loc xlink:type="locator" xlink:href="../gl-cor-2015-03-25.xsd#gl-cor_documentType" xlink:label="documentType"/>

<label xlink:type="resource" xlink:label="documentType_lbl" xlink:role="http://www.xbrl.org/2003/role/documentation" xml:lang="en">An enumerated field describing the original source document, with invoice, voucher, check and other enumerated entries(用发票、代金券、支票或者其他枚举型实体来描述原始来源凭证的枚举值域)</label>

<labelArc xlink:type="arc" xlink:arcrole="http://www.xbrl.org/2003/arcrole/concept-label" xlink:from="documentType" xlink:to="documentType_lbl"/>

<label xlink:type="resource" xlink:label="documentType_lbl" xlink:role="http://www.xbrl.org/2003/role/label" xlink:title="gl-cor_documentType_en" xml:lang="en">Document Type(凭证类型)</label>

<loc xlink:type="locator" xlink:href="../gl-cor-2015-03-25.xsd#gl-cor_enteredBy"

xlink:label="enteredBy"/>

<label xlink:type="resource" xlink:label="enteredBy_lbl" xlink:role="http://www.xbrl.org/2003/role/documentation" xml:lang="en">Initials/name of operator originally entering.(原始录入的操作员的草签/姓名)</label>

<labelArc xlink:type="arc" xlink:arcrole="http://www.xbrl.org/2003/arcrole/concept-label" xlink:from="enteredBy" xlink:to="enteredBy_lbl"/>

<label xlink:type="resource" xlink:label="enteredBy_lbl" xlink:role="http://www.xbrl.org/2003/role/label" xlink:title="gl-cor_enteredBy_en" xml:lang="en">Entry Creator(分录创建人)</label>

<loc xlink:type="locator" xlink:href="../gl-cor-2015-03-25.xsd#gl-cor_enteredDate" xlink:label="enteredDate"/>

<label xlink:type="resource" xlink:label="enteredDate_lbl" xlink:role="http://www.xbrl.org/2003/role/documentation" xml:lang="en">Represents the actual date/time of entry into computer (automated from system date, often misrepresented by changing system clock). Posting dates are maintained separately.[录入计算机的真实日期/时间(根据系统日期自动产生并记录,若改动系统时钟则该信息有误),过账日期单独维护。]</label>

<labelArc xlink:type="arc" xlink:arcrole="http://www.xbrl.org/2003/arcrole/concept-label" xlink:from="enteredDate" xlink:to="enteredDate_lbl"/>

<label xlink:type="resource" xlink:label="enteredDate_lbl" xlink:role="http://www.xbrl.org/2003/role/label" xlink:title="gl-cor_enteredDate_en" xml:lang="en">Entry Date(录入日期)</label>

<loc xlink:type="locator" xlink:href="../gl-cor-2015-03-25.xsd#gl-cor_entityInformation" xlink:label="entityInformation"/>

<label xlink:type="resource" xlink:label="entityInformation_lbl" xlink:role="http://www.xbrl.org/2003/role/documentation" xml:lang="en">Holder for entity information—information about the reporting organization.(实体信息内容——有关报告组织的信息。)</label>

<labelArc xlink:type="arc" xlink:arcrole="http://www.xbrl.org/2003/arcrole/concept-label" xlink:from="entityInformation" xlink:to="entityInformation_lbl"/>

<label xlink:type="resource" xlink:label="entityInformation_lbl" xlink:role="http://www.xbrl.org/2003/role/label" xlink:title="gl-cor_entityInformation_en" xml:lang="en">Entity Information section(实体信息部分)</label>

<loc xlink:type="locator" xlink:href="../gl-cor-2015-03-25.xsd#gl-cor_entriesComment" xlink:label="entriesComment"/>

<label xlink:type="resource" xlink:label="entriesComment_lbl" xlink:role="http://www.xbrl.org/2003/role/documentation" xml:lang="en">Text for entire document.(记录完整凭证的文本)</label>

<labelArc xlink:type="arc" xlink:arcrole="http://www.xbrl.org/2003/arcrole/concept-label" xlink:from="entriesComment" xlink:to="entriesComment_lbl"/>

<label xlink:type="resource" xlink:label="entriesComment_lbl" xlink:role="http://

www.xbrl.org/2003/role/label" xlink:title="gl-cor_entriesComment_en" xml:lang="en"> Document Comment(凭证注释)</label>

<loc xlink:type="locator" xlink:href="../gl-cor-2015-03-25.xsd#gl-cor_qualifierEntry" xlink:label="qualifierEntry"/>

<label xlink:type="resource" xlink:label="qualifierEntry_lbl" xlink:role="http://www.xbrl.org/2003/role/documentation" xml:lang="en">Entry Qualifier—An enumerated field that qualifies the type of entry, specifically useful for general ledger and trial balance environments when it is important to state the values represented are summarized as of the reporting date—opening or closing balances. In accounting systems, this is often known as BBF (balance brought forward.) Permitted values are: standard, balance-brought-forward and other.[分录限定词——一个说明分录类型的枚举型元素。当需要申明列示金额是报告时间日期的汇总时，如期初余额或期末余额，特别是用于计算总分类账和试算平衡时，该元素非常有用。会计系统中，这也通常称为上期结转(BBF)。允许的值包括"标准""上期结转"和"其他"。]

</label>

<labelArc xlink:type="arc" xlink:arcrole="http://www.xbrl.org/2003/arcrole/concept-label" xlink:from="qualifierEntry" xlink:to="qualifierEntry_lbl"/>

<label xlink:type="resource" xlink:label="qualifierEntry_lbl" xlink:role="http://www.xbrl.org/2003/role/label" xlink:title="gl-cor_qualifierEntry_en" xml:lang="en">Entry Qualifier(分录限定词)</label>

<loc xlink:type="locator" xlink:href="../gl-cor-2015-03-25.xsd#gl-cor_entriesType" xlink:label="entriesType"/>

<label xlink:type="resource" xlink:label="entriesType_lbl" xlink:role="http://www.xbrl.org/2003/role/documentation" xml:lang="en">account: information to fill in a chart of accounts file.

balance: the results of accumulation of a complete and validated list of entries for an account (or a list of account) in a specific period—sometimes called general ledger

entries: a list of individual accounting entries, which might be posted/validated or non-posted/validated

journal: a self-balancing (Dr=Cr) list of entries for a specific period including beginning balance for that period.

ledger: a complete list of entries for a specific account (or list of accounts) for a specific period; note-debits do not have to equal credits.

assets: a listing of open receivables, payables, inventory, fixed assets or other information that can be extracted from but are not necessarily included as part of a journal entry.

trialBalance: the self-balancing (Dr=Cr) result of accumulation of a complete and validated list of entries for the entity in a complete list of accounts in a specific period.

taxtables: aids automated interpretation of instances that represent tax tables; Tax table are defined by using multiple [taxes] structures to gather the population of codes, authorities and rates; through [taxTableCode] cross - references in the [taxes] structure,

these "master file" tax tables can be referenced.

mapping: a collection of mappings between interrelated data sets, such as a local and related corporate standard chart of accounts or detail data mapped to summarized end reporting concepts.

versioning: a collection of changes between two versions of the same class of information, such as updates to a master file like a chart of accounts.

master_file: a collection of master files, such as the customer or inventory master file.

trade_document: a collection of trade/transactional documents, such as vendor invoices or customer orders.

profile_compliant: the meaning of this collection of information can be determined by understanding an established profile and especially an XBRL GL Profile. Profiles are determined through namespace declarations, schemaRef and conventions of those profiles.

Often sorted by date or by account, these terms have specific, and sometimes different, meanings in different areas. Common practice will drive accounting method/term matches.

[XBRL GL 中给出的分录类型包括:

账户:填在账户文件中的信息。

余额:在特定时期内一个或多个账户完整的、有效的分录项目汇总结果,有时也被称为总分类账。

分录:独立会计分录所组成的列表,可以由其他部门过账而来,也可以自建,但要求其必须是有效的。

日记账:特定时期内借贷平衡的分录列表,包括这个时期的期初余额。

分类账:特定时期内、特定账户(或者一批账户)的完整分录;注意,借项没有对等的贷项。

资产:应收账款、应付账款、存货、固定资产或者其他信息的列表,这些信息可能但不是必须来自会计分录。

试算平衡:针对一个实体,在特定时期内的完整账户列表中,借贷平衡的有效、完整的分录列表汇总结果。

税表:用于帮助自动解读税表实例。税表以(税种)结构定义,用来汇总代码、机构和税率。这些"主文件"税表可以根据税表代码、通过在(税种)结构中交叉引用的方式进行引用。

映射:一个映射集合,其中每个映射表达了具有相互关联数据之间的关系,例如将本地相关公司的标准账户表或明细信息映射到期末汇总报告项目。

版本管理:同类信息的两个版本之间的变化集合,例如像更新账户表一样更新主文件。

主文件:主文件集合,例如客户主文件或者存货主文件。

交易凭证：交易凭证集合，例如，供应商发票或者客户订单。

配置文件规范：表明这个信息集可以通过理解配置文件或者 XBRL GL 配置文件决定。配置文件可以通过命名空间声明、模式引用和这些文件的惯例。

这些分录项目通常以日期、账户进行分类，这些分录项目术语在不同的领域、时间具有不同的含义。应视具体工作实践采用与之匹配的会计方法。]

```
</label>
<labelArc xlink:type="arc" xlink:arcrole="http://www.xbrl.org/2003/arcrole/concept-label" xlink:from="entriesType" xlink:to="entriesType_lbl"/>
<label xlink:type="resource" xlink:label="entriesType_lbl" xlink:role="http://www.xbrl.org/2003/role/label"xlink:title="gl-cor_entriesType_en" xml:lang="en">Document Type(凭证类型)</label>
<loc xlink:type="locator" xlink:href="../gl-cor-2015-03-25.xsd#gl-cor_entryComment" xlink:label="entryComment"/>
<label xlink:type="resource" xlink:label="entryComment_lbl" xlink:role="http://www.xbrl.org/2003/role/documentation" xml:lang="en">Description of entry described by this entry header (e.g. Opening Balance)(以分录标题形式给出的分录描述，例如，期初余额)</label>
<labelArc xlink:type="arc" xlink:arcrole="http://www.xbrl.org/2003/arcrole/concept-label" xlink:from="entryComment" xlink:to="entryComment_lbl"/>
<label xlink:type="resource" xlink:label="entryComment_lbl" xlink:role="http://www.xbrl.org/2003/role/label" xlink:title="gl-cor_entryComment_en" xml:lang="en">Entry Description(分录描述)</label>
<loc xlink:type="locator" xlink:href="../gl-cor-2015-03-25.xsd#gl-cor_entryDetail" xlink:label="entryDetail"/>
<label xlink:type="resource" xlink:label="entryDetail_lbl" xlink:role="http://www.xbrl.org/2003/role/documentation" xml:lang="en">Parent for entry detail(分录详情的父元素)</label>
<labelArc xlink:type="arc" xlink:arcrole="http://www.xbrl.org/2003/arcrole/concept-label" xlink:from="entryDetail" xlink:to="entryDetail_lbl"/>
<label xlink:type="resource" xlink:label="entryDetail_lbl" xlink:role="http://www.xbrl.org/2003/role/label" xlink:title="gl-cor_entryDetail_en" xml:lang="en">Entry Detail(分录详情)</label>
<loc xlink:type="locator" xlink:href="../gl-cor-2015-03-25.xsd#gl-cor_entryHeader" xlink:label="entryHeader"/>
<label xlink:type="resource" xlink:label="entryHeader_lbl" xlink:role="http://www.xbrl.org/2003/role/documentation" xml:lang="en">Parent for entry headers/journal entry headers.(分录/日记账分录表头的父元素)</label>
<labelArc xlink:type="arc" xlink:arcrole="http://www.xbrl.org/2003/arcrole/con-
```

cept-label" xlink:from="entryHeader" xlink:to="entryHeader_lbl"/>

<label xlink:type="resource" xlink:label="entryHeader_lbl" xlink:role="http://www.xbrl.org/2003/role/label" xlink:title="gl-cor_entryHeader_en" xml:lang="en">Entry Information(分录信息)</label>

<loc xlink:type="locator" xlink:href="../gl-cor-2015-03-25.xsd#gl-cor_entryNumber" xlink:label="entryNumber"/>

<label xlink:type="resource" xlink:label="entryNumber_lbl" xlink:role="http://www.xbrl.org/2003/role/documentation" xml:lang="en">Identifier within source journal(源日记账中的标识符)</label>

<labelArc xlink:type="arc" xlink:arcrole="http://www.xbrl.org/2003/arcrole/concept-label" xlink:from="entryNumber" xlink:to="entryNumber_lbl"/>

<label xlink:type="resource" xlink:label="entryNumber_lbl" xlink:role="http://www.xbrl.org/2003/role/label"xlink:title="gl-cor_entryNumber_en" xml:lang="en">Entry Identifier(分录标识符)</label>

<loc xlink:type="locator" xlink:href="../gl-cor-2015-03-25.xsd#gl-cor_entryType" xlink:label="entryType"/>

<label xlink:type="resource" xlink:label="entryType_lbl" xlink:role="http://www.xbrl.org/2003/role/documentation" xml:lang="en">One of the following enumerated list: adjusting, budget, comparative, external-accountant, standard, passed-adjusting, eliminating, proposed, recurring, reclassifying, simulated, tax, other(该元素取值为如下枚举值列表中的一个:调整、预算、比较、外部会计、标准、追溯调整、消除、提议、经常性、重分类、模拟、税和其他。)

</label>

<labelArc xlink:type="arc" xlink:arcrole="http://www.xbrl.org/2003/arcrole/concept-label" xlink:from="entryType" xlink:to="entryType_lbl"/>

<label xlink:type="resource" xlink:label="entryType_lbl" xlink:role="http://www.xbrl.org/2003/role/label" xlink:title="gl-cor_entryType_en" xml:lang="en">Type Identifier(类型标识符)</label>

<loc xlink:type="locator" xlink:href="../gl-cor-2015-03-25.xsd#gl-cor_identifierCategory" xlink:label="identifierCategory"/>

<label xlink:type="resource" xlink:label="identifierCategory_lbl" xlink:role="http://www.xbrl.org/2003/role/documentation" xml:lang="en">For use as Customer, Vendor or Employee Class (such as Residential/Commercial/Institutional/Government or Retail/Wholesale or other classifications used by business).(用于客户、供应商或者员工等类型的进一步细分(例如,本地的、商务的、机构的、政府或者零售、批发等商务上的分类。))</label>

<labelArc xlink:type="arc" xlink:arcrole="http://www.xbrl.org/2003/arcrole/concept-label" xlink:from="identifierCategory" xlink:to="identifierCategory_lbl"/>

<label xlink:type="resource" xlink:label="identifierCategory_lbl"xlink:role="http://www.xbrl.org/2003/role/label" xml:lang="en">Identifier Category(标识符分类)</label>

<loc xlink:type="locator" xlink:href="../gl-cor-2015-03-25.xsd#gl-cor_identifierCode" xlink:label="identifierCode"/>

<label xlink:type="resource" xlink:label="identifierCode_lbl" xlink:role="http://www.xbrl.org/2003/role/documentation" xml:lang="en">Internal ID Number associated with identifierReference(与标识符引用相关的内部ID编号)</label>

<labelArc xlink:type="arc" xlink:arcrole="http://www.xbrl.org/2003/arcrole/concept-label" xlink:from="identifierCode" xlink:to="identifierCode_lbl"/>

<label xlink:type="resource" xlink:label="identifierCode_lbl" xlink:role="http://www.xbrl.org/2003/role/label" xlink:title="gl-cor_identifierCode_en" xml:lang="en">ID Number (internal)[ID编号(内部)]</label>

<loc xlink:type="locator" xlink:href="../gl-cor-2015-03-25.xsd#gl-cor_identifierDescription" xlink:label="identifierDescription"/>

<label xlink:type="resource" xlink:label="identifierDescription_lbl" xlink:role="http://www.xbrl.org/2003/role/documentation" xml:lang="en">Textual description of identifierReference.(标识符的正文描述)</label>

<labelArc xlink:type="arc" xlink:arcrole="http://www.xbrl.org/2003/arcrole/concept-label" xlink:from="identifierDescription" xlink:to="identifierDescription_lbl"/>

<label xlink:type="resource" xlink:label="identifierDescription_lbl" xlink:role="http://www.xbrl.org/2003/role/label" xlink:title="gl-cor_identifierDescription_en" xml:lang="en">Identifier Description(标识符描述)</label>

<loc xlink:type="locator" xlink:href="../gl-cor-2015-03-25.xsd#gl-cor_identifierEMail" xlink:label="identifierEMail"/>

<label xlink:type="resource" xlink:label="identifierEMail_lbl" xlink:role="http://www.xbrl.org/2003/role/documentation" xml:lang="en">Email address for Identifier.(标识符的电子邮箱地址)</label>

<labelArc xlink:type="arc" xlink:arcrole="http://www.xbrl.org/2003/arcrole/concept-label" xlink:from="identifierEMail" xlink:to="identifierEMail_lbl"/>

<label xlink:type="resource" xlink:label="identifierEMail_lbl" xlink:role="http://www.xbrl.org/2003/role/label" xlink:title="label_identifierEMail" xml:lang="en">Email Address(电子邮箱地址)</label>

<loc xlink:type="locator" xlink:href="../gl-cor-2015-03-25.xsd#gl-cor_identifierPhoneNumber" xlink:label="identifierPhoneNumber"/>

<label xlink:type="resource" xlink:label="identifierPhoneNumber_lbl" xlink:role="http://www.xbrl.org/2003/role/documentation" xml:lang="en">Phone number related to Identifier.(与标识符相关的电话号码)</label>

<labelArc xlink:type="arc" xlink:arcrole="http://www.xbrl.org/2003/arcrole/concept-label" xlink:from="identifierPhoneNumber" xlink:to="identifierPhoneNumber_lbl"/>

<label xlink:type="resource" xlink:label="identifierPhoneNumber_lbl" xlink:role="http://www.xbrl.org/2003/role/label" xlink:title="label_identifierPhoneNumber" xml:lang

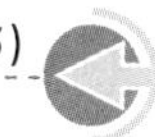

="en">Phone Number(电话号码)</label>

<loc xlink:type="locator" xlink:href="../gl-cor-2015-03-25.xsd#gl-cor_identifierReference" xlink:label="identifierReference"/>

<label xlink:type="resource" xlink:label="identifierReference_lbl" xlink:role="http://www.xbrl.org/2003/role/documentation" xml:lang="en">Identification for customer, vendor, or employee.(识别客户、供应商或者员工)</label>

<labelArc xlink:type="arc" xlink:arcrole="http://www.xbrl.org/2003/arcrole/concept-label" xlink:from="identifierReference" xlink:to="identifierReference_lbl"/>

<label xlink:type="resource" xlink:label="identifierReference_lbl" xlink:role="http://www.xbrl.org/2003/role/label" xlink:title="gl-cor_identifierReference_en" xml:lang="en">Identifier Reference(标识符引用)</label>

<loc xlink:type="locator" xlink:href="../gl-cor-2015-03-25.xsd#gl-cor_identifierAuthorityCode" xlink:label="identifierTaxCode"/>

<label xlink:type="resource" xlink:label="identifierTaxCode_lbl" xlink:role="http://www.xbrl.org/2003/role/documentation" xml:lang="en">External Authority (e,g, Tax Authority) ID Number associated with identifierReference[与标识符引用相关的外部权力机关(如税务机构)的 ID 编号。]</label>

<labelArc xlink:type="arc" xlink:arcrole="http://www.xbrl.org/2003/arcrole/concept-label" xlink:from="identifierTaxCode" xlink:to="identifierTaxCode_lbl"/>

<label xlink:type="resource" xlink:label="identifierTaxCode_lbl" xlink:role="http://www.xbrl.org/2003/role/label" xlink:title="gl-cor_identifierTaxCode_en" xml:lang="en">External Authority ID Number(外部权力机关 ID 编号)</label>

<loc xlink:type="locator" xlink:href="../gl-cor-2015-03-25.xsd#gl-cor_identifierType" xlink:label="identifierType"/>

<label xlink:type="resource" xlink:label="identifierType_lbl" xlink:role="http://www.xbrl.org/2003/role/documentation" xml:lang="en">Entity type (enumerated): e.g., customer, vendor, employee.[实体类型(枚举型):例如,客户、供应商、员工。]</label>

<labelArc xlink:type="arc" xlink:arcrole="http://www.xbrl.org/2003/arcrole/concept-label" xlink:from="identifierType" xlink:to="identifierType_lbl"/>

<label xlink:type="resource" xlink:label="identifierType_lbl" xlink:role="http://www.xbrl.org/2003/role/label" xlink:title="gl-cor_identifierType_en" xml:lang="en">Identifier Type(标识符类型)</label>

(2) 展示链接库:部分内容如下。

<loc xlink:type="locator" xlink:href="gl-cor-2015-03-25.xsd#gl-cor_accountingEntries" xlink:label="gl-cor_accountingEntries" xlink:title="presentation: accountingEntries to documentInfo"/>

<loc xlink:type="locator" xlink:href="gl-cor-2015-03-25.xsd#gl-cor_documentInfo" xlink:label="gl-cor_documentInfo" xlink:title="presentation: accountingEntries to docu-

mentInfo"/>

<presentationArc xlink：type = "arc" xlink：arcrole = "http：//www. xbrl. org/2003/arcrole/parent-child" xlink：from = "gl-cor_accountingEntries" xlink：to = "gl-cor_documentInfo" xlink：title = "presentation： accountingEntries to documentInfo" use = "optional" order = "10.0"/>

<loc xlink：type = "locator" xlink：href = "gl-cor-2015-03-25. xsd#gl-cor_entriesType" xlink：label = "gl-cor_entriesType" xlink：title = "presentation： documentInfo to entriesType"/>

<presentationArc xlink：type = "arc" xlink：arcrole = "http：//www. xbrl. org/2003/arcrole/parent-child" xlink：from = "gl-cor_documentInfo" xlink：to = "gl-cor_entriesType" xlink：title = "presentation： documentInfo to entriesType" use = "optional" order = "10.0"/>

<loc xlink：type = "locator" xlink：href = "gl-cor-2015-03-25. xsd#gl-cor_uniqueID" xlink：label = "gl-cor_uniqueID" xlink：title = "presentation： documentInfo to uniqueID"/>

<presentationArc xlink：type = "arc" xlink：arcrole = "http：//www. xbrl. org/2003/arcrole/parent-child" xlink：from = "gl-cor_documentInfo" xlink：to = "gl-cor_uniqueID" xlink：title = "presentation： documentInfo to uniqueID" use = "optional" order = "20.0"/>

<loc xlink：type = "locator" xlink：href = "gl-cor-2015-03-25. xsd#gl-cor_revisesUniqueID" xlink：label = "gl-cor_revisesUniqueID" xlink：title = "presentation： documentInfo to revisesUniqueID"/>

<presentationArc xlink：type = "arc" xlink：arcrole = "http：//www. xbrl. org/2003/arcrole/parent-child" xlink：from = "gl-cor_documentInfo" xlink：to = "gl-cor_revisesUniqueID" xlink：title = "presentation： documentInfo to revisesUniqueID" use = "optional" order = "30.0"/>

<loc xlink：type = "locator" xlink：href = "gl-cor-2015-03-25. xsd#gl-cor_revisesUniqueIDAction" xlink：label = "gl-cor_revisesUniqueIDAction" xlink：title = "presentation： documentInfo to revisesUniqueIDAction"/>

<presentationArc xlink：type = "arc" xlink：arcrole = "http：//www. xbrl. org/2003/arcrole/parent-child" xlink：from = "gl-cor_documentInfo" xlink：to = "gl-cor_revisesUniqueIDAction" xlink：title = "presentation： documentInfo to revisesUniqueIDAction" use = "optional" order = "40.0"/>

<loc xlink：type = "locator" xlink：href = "gl-cor-2015-03-25. xsd#gl-cor_language" xlink：label = "gl-cor_language" xlink：title = "presentation： documentInfo to language"/>

<presentationArc xlink：type = "arc" xlink：arcrole = "http：//www. xbrl. org/2003/arcrole/parent-child" xlink：from = "gl-cor_documentInfo" xlink：to = "gl-cor_language" xlink：title = "presentation： documentInfo to language" use = "optional" order = "50.0"/>

<loc xlink：type = "locator" xlink：href = "gl-cor-2015-03-25. xsd#gl-cor_creationDate" xlink：label = "gl-cor_creationDate" xlink：title = "presentation： documentInfo to creationDate"/>

<presentationArc xlink：type = "arc" xlink：arcrole = "http：//www. xbrl. org/2003/arcrole/parent-child" xlink：from = "gl-cor_documentInfo" xlink：to = "gl-cor_creationDate" xlink：

title="presentation: documentInfo to creationDate" use="optional" order="60.0"/>

<loc xlink:type="locator" xlink:href="gl-cor-2015-03-25.xsd#gl-cor_entriesComment" xlink:label="gl-cor_entriesComment" xlink:title="presentation: documentInfo to entriesComment"/>

<presentationArc xlink:type="arc" xlink:arcrole="http://www.xbrl.org/2003/arcrole/parent-child" xlink:from="gl-cor_documentInfo" xlink:to="gl-cor_entriesComment" xlink:title="presentation: documentInfo to entriesComment" use="optional" order="70.0"/>

<loc xlink:type="locator" xlink:href="gl-cor-2015-03-25.xsd#gl-cor_periodCoveredStart" xlink:label="gl-cor_periodCoveredStart" xlink:title="presentation: documentInfo to periodCoveredStart"/>

<presentationArc xlink:type="arc" xlink:arcrole="http://www.xbrl.org/2003/arcrole/parent-child" xlink:from="gl-cor_documentInfo" xlink:to="gl-cor_periodCoveredStart" xlink:title="presentation: documentInfo to periodCoveredStart" use="optional" order="80.0"/>

<loc xlink:type="locator" xlink:href="gl-cor-2015-03-25.xsd#gl-cor_periodCoveredEnd" xlink:label="gl-cor_periodCoveredEnd" xlink:title="presentation: documentInfo to periodCoveredEnd"/>

<presentationArc xlink:type="arc" xlink:arcrole="http://www.xbrl.org/2003/arcrole/parent-child" xlink:from="gl-cor_documentInfo" xlink:to="gl-cor_periodCoveredEnd" xlink:title="presentation: documentInfo to periodCoveredEnd" use="optional" order="90.0"/>

<loc xlink:type="locator" xlink:href="gl-cor-2015-03-25.xsd#gl-cor_entityInformation" xlink:label="entityInformation_1127881449894_1" xlink:title="presentation: accountingEntries to entityInformation"/>

<presentationArc xlink:type="arc" xlink:arcrole="http://www.xbrl.org/2003/arcrole/parent-child" xlink:from="gl-cor_accountingEntries" xlink:to="entityInformation_1127881449894_1" xlink:title="presentation: accountingEntries to entityInformation" use="optional" order="20.0"/>

<loc xlink:type="locator" xlink:href="gl-cor-2015-03-25.xsd#gl-cor_entryHeader" xlink:label="gl-cor_entryHeader" xlink:title="presentation: accountingEntries to entryHeader"/>

<presentationArc xlink:type="arc" xlink:arcrole="http://www.xbrl.org/2003/arcrole/parent-child" xlink:from="gl-cor_accountingEntries" xlink:to="gl-cor_entryHeader" xlink:title="presentation: accountingEntries to entryHeader" use="optional" order="30.0"/>

<loc xlink:type="locator" xlink:href="gl-cor-2015-03-25.xsd#gl-cor_entryDetail" xlink:label="entryDetail_1107629821232_1" xlink:title="presentation: entryHeader to entryDetail"/>

<presentationArc xlink:type="arc" xlink:arcrole="http://www.xbrl.org/2003/arcrole/parent-child" xlink:from="gl-cor_entryHeader" xlink:to="entryDetail_1107629821232_1" xlink:title="presentation: entryHeader to entryDetail" use="optional" order="400.0"/>

<loc xlink:type="locator" xlink:href="gl-cor-2015-03-25.xsd#gl-cor_xbrlInfo" xlink:label="gl-cor_xbrlInfo" xlink:title="presentation: entryDetail to xbrlInfo"/>

<presentationArc xlink:type="arc" xlink:arcrole="http://www.xbrl.org/2003/arcrole/parent-child" xlink:from="entryDetail_1107629821232_1" xlink:to="gl-cor_xbrlInfo" xlink:title="presentation: entryDetail to xbrlInfo" use="optional" order="140.0"/>

<loc xlink:type="locator" xlink:href="gl-cor-2015-03-25.xsd#gl-cor_xbrlInclude" xlink:label="gl-cor_xbrlInclude" xlink:title="presentation: xbrlInfo to xbrlInclude"/>

<presentationArc xlink:type="arc" xlink:arcrole="http://www.xbrl.org/2003/arcrole/parent-child" xlink:from="gl-cor_xbrlInfo" xlink:to="gl-cor_xbrlInclude" xlink:title="presentation: xbrlInfo to xbrlInclude" use="optional" order="10.0"/>

<loc xlink:type="locator" xlink:href="gl-cor-2015-03-25.xsd#gl-cor_summaryReportingElement" xlink:label="gl-cor_summaryReportingElement" xlink:title="presentation: xbrlInfo to summaryReportingElement"/>

<presentationArc xlink:type="arc" xlink:arcrole="http://www.xbrl.org/2003/arcrole/parent-child" xlink:from="gl-cor_xbrlInfo" xlink:to="gl-cor_summaryReportingElement" xlink:title="presentation: xbrlInfo to summaryReportingElement" use="optional" order="20.0"/>

<loc xlink:type="locator" xlink:href="gl-cor-2015-03-25.xsd#gl-cor_detailMatchingElement" xlink:label="gl-cor_detailMatchingElement" xlink:title="presentation: xbrlInfo to detailMatchingElement"/>

<presentationArc xlink:type="arc" xlink:arcrole="http://www.xbrl.org/2003/arcrole/parent-child" xlink:from="gl-cor_xbrlInfo" xlink:to="gl-cor_detailMatchingElement" xlink:title="presentation: xbrlInfo to detailMatchingElement" use="optional" order="30.0"/>

<loc xlink:type="locator" xlink:href="gl-cor-2015-03-25.xsd#gl-cor_taxes" xlink:label="gl-cor_taxes" xlink:title="presentation: entryDetail to taxes"/>

<presentationArc xlink:type="arc" xlink:arcrole="http://www.xbrl.org/2003/arcrole/parent-child" xlink:from="entryDetail_1107629821232_1" xlink:to="gl-cor_taxes" xlink:title="presentation: entryDetail to taxes" use="optional" order="300.0"/>

<loc xlink:type="locator" xlink:href="gl-cor-2015-03-25.xsd#gl-cor_taxDescription" xlink:label="gl-cor_taxDescription" xlink:title="presentation: taxes to taxDescription"/>

<presentationArc xlink:type="arc" xlink:arcrole="http://www.xbrl.org/2003/arcrole/parent-child" xlink:from="gl-cor_taxes" xlink:to="gl-cor_taxDescription" xlink:title="presentation: taxes to taxDescription" use="optional" order="3.0"/>

<loc xlink:type="locator" xlink:href="gl-cor-2015-03-25.xsd#gl-cor_taxAmount"

```
xlink:label="gl-cor_taxAmount" xlink:title="presentation: taxes to taxAmount"/>
    <presentationArc xlink:type="arc" xlink:arcrole="http://www.xbrl.org/2003/arcrole/parent-child" xlink:from="gl-cor_taxes" xlink:to="gl-cor_taxAmount" xlink:title="presentation: taxes to taxAmount" use="optional" order="4.0"/>
    <loc xlink:type="locator" xlink:href="gl-cor-2015-03-25.xsd#gl-cor_taxBasis" xlink:label="gl-cor_taxBasis" xlink:title="presentation: taxes to taxBasis"/>
    <presentationArc xlink:type="arc" xlink:arcrole="http://www.xbrl.org/2003/arcrole/parent-child" xlink:from="gl-cor_taxes" xlink:to="gl-cor_taxBasis" xlink:title="presentation: taxes to taxBasis" use="optional" order="5.0"/>
    <loc xlink:type="locator" xlink:href="gl-cor-2015-03-25.xsd#gl-cor_taxExchangeRate" xlink:label="gl-cor_taxExchangeRate" xlink:title="presentation: taxes to taxExchangeRate"/>
    <presentationArc xlink:type="arc" xlink:arcrole="http://www.xbrl.org/2003/arcrole/parent-child" xlink:from="gl-cor_taxes" xlink:to="gl-cor_taxExchangeRate" xlink:title="presentation: taxes to taxExchangeRate" use="optional" order="6.0"/>
    <loc xlink:type="locator" xlink:href="gl-cor-2015-03-25.xsd#gl-cor_taxPercentageRate" xlink:label="gl-cor_taxPercentageRate" xlink:title="presentation: taxes to taxPercentageRate"/>
    <presentationArc xlink:type="arc" xlink:arcrole="http://www.xbrl.org/2003/arcrole/parent-child" xlink:from="gl-cor_taxes" xlink:to="gl-cor_taxPercentageRate" xlink:title="presentation: taxes to taxPercentageRate" use="optional" order="7.0"/>
    <loc xlink:type="locator" xlink:href="gl-cor-2015-03-25.xsd#gl-cor_taxCode" xlink:label="gl-cor_taxCode" xlink:title="presentation: taxes to taxCode"/>
    <presentationArc xlink:type="arc" xlink:arcrole="http://www.xbrl.org/2003/arcrole/parent-child" xlink:from="gl-cor_taxes" xlink:to="gl-cor_taxCode" xlink:title="presentation: taxes to taxCode" use="optional" order="8.0"/>
    <loc xlink:type="locator" xlink:href="gl-cor-2015-03-25.xsd#gl-cor_taxCommentExemption" xlink:label="gl-cor_taxCommentExemption" xlink:title="presentation: taxes to TaxCommentExemption"/>
    <presentationArc xlink:type="arc" xlink:arcrole="http://www.xbrl.org/2003/arcrole/parent-child" xlink:from="gl-cor_taxes" xlink:to="gl-cor_taxCommentExemption" xlink:title="presentation: taxes to TaxCommentExemption" use="optional" order="9.0"/>
    <loc xlink:type="locator" xlink:href="gl-cor-2015-03-25.xsd#gl-cor_taxAuthority" xlink:label="taxAuthority_1130073633666_0" xlink:title="taxAuthority"/>
    <presentationArc xlink:type="arc" xlink:arcrole="http://www.xbrl.org/2003/arcrole/parent-child" xlink:from="gl-cor_taxes" xlink:to="taxAuthority_1130073633666_0" xlink:title="presentation: taxes to taxAuthority" order="1.0"/>
    <loc xlink:type="locator" xlink:href="gl-cor-2015-03-25.xsd#gl-cor_taxTableCode"
```

xlink:label="taxTableCode_1130073689737_0" xlink:title="taxTableCode"/>

<presentationArc xlink:type="arc" xlink:arcrole="http://www.xbrl.org/2003/arcrole/parent-child" xlink:from="gl-cor_taxes" xlink:to="taxTableCode_1130073689737_0" xlink:title="presentation: taxes to taxTableCode" order="2.0"/>

<loc xlink:type="locator" xlink:href="gl-cor-2015-03-25.xsd#gl-cor_detailComment" xlink:label="detailComment_1102550711585_0" xlink:title="detailComment"/>

<presentationArc xlink:type="arc" xlink:arcrole="http://www.xbrl.org/2003/arcrole/parent-child" xlink:from="entryDetail_1107629821232_1" xlink:to="detailComment_1102550711585_0" xlink:title="presentation: entryDetail to detailComment" order="150.0"/>

<loc xlink:type="locator" xlink:href="gl-cor-2015-03-25.xsd#gl-cor_lineNumber" xlink:label="lineNumber_1102550711585_1" xlink:title="lineNumber"/>

<presentationArc xlink:type="arc" xlink:arcrole="http://www.xbrl.org/2003/arcrole/parent-child" xlink:from="entryDetail_1107629821232_1" xlink:to="lineNumber_1102550711585_1" xlink:title="presentation: entryDetail to lineNumber" order="10.0"/>

<loc xlink:type="locator" xlink:href="gl-cor-2015-03-25.xsd#gl-cor_account" xlink:label="gl-cor_account" xlink:title="presentation: entryDetail to account"/>

<presentationArc xlink:type="arc" xlink:arcrole="http://www.xbrl.org/2003/arcrole/parent-child" xlink:from="entryDetail_1107629821232_1" xlink:to="gl-cor_account" xlink:title="presentation: entryDetail to account" order="20.0"/>

<loc xlink:type="locator" xlink:href="gl-cor-2015-03-25.xsd#gl-cor_accountMainID" xlink:label="gl-cor_accountMainID" xlink:title="presentation: account to accountMainID"/>

<presentationArc xlink:type="arc" xlink:arcrole="http://www.xbrl.org/2003/arcrole/parent-child" xlink:from="gl-cor_account" xlink:to="gl-cor_accountMainID" xlink:title="presentation: account to accountMainID" use="optional" order="10.0"/>

<loc xlink:type="locator" xlink:href="gl-cor-2015-03-25.xsd#gl-cor_accountMainDescription" xlink:label="gl-cor_accountMainDescription" xlink:title="presentation: account to accountMainDescription"/>

<presentationArc xlink:type="arc" xlink:arcrole="http://www.xbrl.org/2003/arcrole/parent-child" xlink:from="gl-cor_account" xlink:to="gl-cor_accountMainDescription" xlink:title="presentation: account to accountMainDescription" use="optional" order="20.0"/>

<loc xlink:type="locator" xlink:href="gl-cor-2015-03-25.xsd#gl-cor_mainAccountType" xlink:label="gl-cor_mainAccountType" xlink:title="presentation: account to mainAccountType"/>

<presentationArc xlink:type="arc" xlink:arcrole="http://www.xbrl.org/2003/arcrole/parent-child" xlink:from="gl-cor_account" xlink:to="gl-cor_mainAccountType" xlink:title="presentation: account to mainAccountType" use="optional" order="30.0"/>

<loc xlink:type="locator" xlink:href="gl-cor-2015-03-25.xsd#gl-cor_parentAccountMainID" xlink:label="gl-cor_parentAccountMainID" xlink:title="presentation: account to parentAccountMainID"/>

<presentationArc xlink:type="arc" xlink:arcrole="http://www.xbrl.org/2003/arcrole/parent-child" xlink:from="gl-cor_account" xlink:to="gl-cor_parentAccountMainID" xlink:title="presentation: account to parentAccountMainID" use="optional" order="35.0"/>

<loc xlink:type="locator" xlink:href="gl-cor-2015-03-25.xsd#gl-cor_accountPurposeCode" xlink:label="gl-cor_accountPurposeCode" xlink:title="presentation: account to accountPurposeCode"/>

<presentationArc xlink:type="arc" xlink:arcrole="http://www.xbrl.org/2003/arcrole/parent-child" xlink:from="gl-cor_account" xlink:to="gl-cor_accountPurposeCode" xlink:title="presentation: account to accountPurposeCode" use="optional" order="50.0"/>

<loc xlink:type="locator" xlink:href="gl-cor-2015-03-25.xsd#gl-cor_accountPurposeDescription" xlink:label="gl-cor_accountPurposeDescription" xlink:title="presentation: account to accountPurposeDescription"/>

<presentationArc xlink:type="arc" xlink:arcrole="http://www.xbrl.org/2003/arcrole/parent-child" xlink:from="gl-cor_account" xlink:to="gl-cor_accountPurposeDescription" xlink:title="presentation: account to accountPurposeDescription" use="optional" order="60.0"/>

<loc xlink:type="locator" xlink:href="gl-cor-2015-03-25.xsd#gl-cor_accountType" xlink:label="gl-cor_accountType" xlink:title="presentation: account to accountType"/>

<presentationArc xlink:type="arc" xlink:arcrole="http://www.xbrl.org/2003/arcrole/parent-child" xlink:from="gl-cor_account" xlink:to="gl-cor_accountType" xlink:title="presentation: account to accountType" use="optional" order="70.0"/>

<loc xlink:type="locator" xlink:href="gl-cor-2015-03-25.xsd#gl-cor_accountSub" xlink:label="gl-cor_accountSub" xlink:title="presentation: account to accountSub"/>

<presentationArc xlink:type="arc" xlink:arcrole="http://www.xbrl.org/2003/arcrole/parent-child" xlink:from="gl-cor_account" xlink:to="gl-cor_accountSub" xlink:title="presentation: account to accountSub" use="optional" order="80.0"/>

<loc xlink:type="locator" xlink:href="gl-cor-2015-03-25.xsd#gl-cor_accountSubDescription" xlink:label="gl-cor_accountSubDescription" xlink:title="presentation: accountSub to accountSubDescription"/>

<presentationArc xlink:type="arc" xlink:arcrole="http://www.xbrl.org/2003/arcrole/parent-child" xlink:from="gl-cor_accountSub" xlink:to="gl-cor_accountSubDescription" xlink:title="presentation: accountSub to accountSubDescription" use="optional" order="10.0"/>

<loc xlink:type="locator" xlink:href="gl-cor-2015-03-25.xsd#gl-cor_accountSubID"

xlink:label="gl-cor_accountSubID" xlink:title="presentation: accountSub to accountSubID"/>

<presentationArc xlink:type="arc" xlink:arcrole="http://www.xbrl.org/2003/arcrole/parent-child" xlink:from="gl-cor_accountSub" xlink:to="gl-cor_accountSubID" xlink:title="presentation: accountSub to accountSubID" use="optional" order="20.0"/>

<loc xlink:type="locator" xlink:href="gl-cor-2015-03-25.xsd#gl-cor_accountSubType" xlink:label="gl-cor_accountSubType" xlink:title="presentation: accountSub to accountSubType"/>

<presentationArc xlink:type="arc" xlink:arcrole="http://www.xbrl.org/2003/arcrole/parent-child" xlink:from="gl-cor_accountSub" xlink:to="gl-cor_accountSubType" xlink:title="presentation: accountSub to accountSubType" use="optional" order="30.0"/>

<loc xlink:type="locator" xlink:href="gl-cor-2015-03-25.xsd#gl-cor_segmentParentTuple" xlink:label="gl-cor_segmentParentTuple" xlink:title="presentation: accountSub to segmentParentTuple"/>

<presentationArc xlink:type="arc" xlink:arcrole="http://www.xbrl.org/2003/arcrole/parent-child" xlink:from="gl-cor_accountSub" xlink:to="gl-cor_segmentParentTuple" xlink:title="presentation: accountSub to segmentParentTuple" use="optional" order="31.0"/>

<loc xlink:type="locator" xlink:href="gl-cor-2015-03-25.xsd#gl-cor_parentSubaccountCode" xlink:label="gl-cor_parentSubaccountCode" xlink:title="presentation: segmentParentTuple to parentSubaccountCode"/>

<presentationArc xlink:type="arc" xlink:arcrole="http://www.xbrl.org/2003/arcrole/parent-child" xlink:from="gl-cor_segmentParentTuple" xlink:to="gl-cor_parentSubaccountCode" xlink:title="presentation: segmentParentTuple to parentSubaccountCode" use="optional" order="1.0"/>

<loc xlink:type="locator" xlink:href="gl-cor-2015-03-25.xsd#gl-cor_parentSubaccountType" xlink:label="gl-cor_parentSubaccountType" xlink:title="presentation: segmentParentTuple to parentSubaccountType"/>

<presentationArc xlink:type="arc" xlink:arcrole="http://www.xbrl.org/2003/arcrole/parent-child" xlink:from="gl-cor_segmentParentTuple" xlink:to="gl-cor_parentSubaccountType" xlink:title="presentation: segmentParentTuple to parentSubaccountType" use="optional" order="2.0"/>

<loc xlink:type="locator" xlink:href="gl-cor-2015-03-25.xsd#gl-cor_reportingTreeIdentifier" xlink:label="gl-cor_reportingTreeIdentifier" xlink:title="presentation: segmentParentTuple to reportingTreeIdentifier"/>

<presentationArc xlink:type="arc" xlink:arcrole="http://www.xbrl.org/2003/arcrole/parent-child" xlink:from="gl-cor_segmentParentTuple" xlink:to="gl-cor_reportingTreeIdentifier" xlink:title="presentation: segmentParentTuple to reportingTreeIdentifi-

er" use="optional" order="3.0"/>

<loc xlink:type="locator" xlink:href="gl-cor-2015-03-25.xsd#gl-cor_parentSubaccountProportion" xlink:label="gl-cor_parentSubaccountProportion" xlink:title="presentation: segmentParentTuple to parentSubaccountProportion"/>

<presentationArc xlink:type="arc" xlink:arcrole="http://www.xbrl.org/2003/arcrole/parent-child" xlink:from="gl-cor_segmentParentTuple" xlink:to="gl-cor_parentSubaccountProportion" xlink:title="presentation: segmentParentTuple to parentSubaccountProportion" use="optional" order="4.0"/>

<loc xlink:type="locator" xlink:href="gl-cor-2015-03-25.xsd#gl-cor_accountActive" xlink:label="accountActive_1130118809206_0" xlink:title="accountActive"/>

<presentationArc xlink:type="arc" xlink:arcrole="http://www.xbrl.org/2003/arcrole/parent-child" xlink:from="gl-cor_account" xlink:to="accountActive_1130118809206_0" xlink:title="presentation: account to accountActive" order="90.0"/>

<loc xlink:type="locator" xlink:href="gl-cor-2015-03-25.xsd#gl-cor_mainAccountTypeDescription" xlink:label="gl-cor_mainAccountTypeDescription" xlink:title="presentation: account to mainAccountTypeDescription"/>

<presentationArc xlink:type="arc" xlink:arcrole="http://www.xbrl.org/2003/arcrole/parent-child" xlink:from="gl-cor_account" xlink:to="gl-cor_mainAccountTypeDescription" xlink:title="presentation: account to mainAccountTypeDescription" use="optional" order="31.0"/>

<loc xlink:type="locator" xlink:href="gl-cor-2015-03-25.xsd#gl-cor_accountTypeDescription" xlink:label="gl-cor_accountTypeDescription" xlink:title="presentation: account to accountTypeDescription"/>

<presentationArc xlink:type="arc" xlink:arcrole="http://www.xbrl.org/2003/arcrole/parent-child" xlink:from="gl-cor_account" xlink:to="gl-cor_accountTypeDescription" xlink:title="presentation: account to accountTypeDescription" use="optional" order="71.0"/>

<loc xlink:type="locator" xlink:href="gl-cor-2015-03-25.xsd#gl-cor_debitCreditCode" xlink:label="debitCreditCode_1102550734037_1" xlink:title="debitCreditCode"/>

<presentationArc xlink:type="arc" xlink:arcrole="http://www.xbrl.org/2003/arcrole/parent-child" xlink:from="entryDetail_1107629821232_1" xlink:to="debitCreditCode_1102550734037_1" xlink:title="presentation: entryDetail to debitCreditCode" order="45.0"/>

<loc xlink:type="locator" xlink:href="gl-cor-2015-03-25.xsd#gl-cor_signOfAmount" xlink:label="signOfAmount_1102550763079_0" xlink:title="signOfAmount"/>

<presentationArc xlink:type="arc" xlink:arcrole="http://www.xbrl.org/2003/arcrole/parent-child" xlink:from="entryDetail_1107629821232_1" xlink:to="signOfAmount_1102550763079_0" xlink:title="presentation: entryDetail to signOfAmount" order="40.0"/>

<loc xlink:type="locator" xlink:href="gl-cor-2015-03-25.xsd#gl-cor_amount" xlink:label="amount_1102550775777_0" xlink:title="amount"/>

<presentationArc xlink：type="arc" xlink：arcrole="http：//www.xbrl.org/2003/arcrole/parent-child" xlink：from="entryDetail_1107629821232_1" xlink：to="amount_1102550775777_0" xlink：title="presentation： entryDetail to amount" order="30.0"/>

<loc xlink：type="locator" xlink：href="gl-cor-2015-03-25.xsd#gl-cor_postingDate" xlink：label="postingDate_1102550789167_0" xlink：title="postingDate"/>

<presentationArc xlink：type="arc" xlink：arcrole="http：//www.xbrl.org/2003/arcrole/parent-child" xlink：from="entryDetail_1107629821232_1" xlink：to="postingDate_1102550789167_0" xlink：title="presentation： entryDetail to postingDate" order="50.0"/>

<loc xlink：type="locator" xlink：href="gl-cor-2015-03-25.xsd#gl-cor_identifierReference" xlink：label="identifierReference_1130072069367_1" xlink：title="identifierReference"/>

<presentationArc xlink：type="arc" xlink：arcrole="http：//www.xbrl.org/2003/arcrole/parent-child" xlink：from="entryDetail_1107629821232_1" xlink：to="identifierReference_1130072069367_1" xlink：title="presentation： entryDetail to identifierReference" order="70.0"/>

<loc xlink：type="locator" xlink：href="gl-cor-2015-03-25.xsd#gl-cor_identifierCode" xlink：label="gl-cor_identifierCode" xlink：title="presentation： identifierReference to identifierCode"/>

<presentationArc xlink：type="arc" xlink：arcrole="http：//www.xbrl.org/2003/arcrole/parent-child" xlink：from="identifierReference_1130072069367_1" xlink：to="gl-cor_identifierCode" xlink：title="presentation： identifierReference to identifierCode" use="optional" order="1.0"/>

<loc xlink：type="locator" xlink：href="gl-cor-2015-03-25.xsd#gl-cor_identifierDescription" xlink：label="gl-cor_identifierDescription" xlink：title="presentation： identifierReference to identifierDescription"/>

<presentationArc xlink：type="arc" xlink：arcrole="http：//www.xbrl.org/2003/arcrole/parent-child" xlink：from="identifierReference_1130072069367_1" xlink：to="gl-cor_identifierDescription" xlink：title="presentation： identifierReference to identifierDescription" use="optional" order="3.0"/>

<loc xlink：type="locator" xlink：href="gl-cor-2015-03-25.xsd#gl-cor_identifierType" xlink：label="gl-cor_identifierType" xlink：title="presentation： identifierReference to identifierType"/>

<presentationArc xlink：type="arc" xlink：arcrole="http：//www.xbrl.org/2003/arcrole/parent-child" xlink：from="identifierReference_1130072069367_1" xlink：to="gl-cor_identifierType" xlink：title="presentation： identifierReference to identifierType" use="optional" order="4.0"/>

<loc xlink：type="locator" xlink：href="gl-cor-2015-03-25.xsd#gl-cor_identifierCategory" xlink：label="gl-cor_identifierCategory" xlink：title="presentation： identifierReference to IdentifierCategory"/>

2. 拓展交易概念(BUS)

1）模式文档

其内容包括类型和元素定义。

(1) 类型定义:部分内容如下。

```
<complexType name="periodUnitTypeItemType">
    <simpleContent>
        <restriction base="xbrli:tokenItemType">
            <enumeration value="daily"/>
            <enumeration value="weekly"/>
            <enumeration value="bi-weekly"/>
            <enumeration value="semi-monthly"/>
            <enumeration value="monthly"/>
            <enumeration value="quarterly"/>
            <enumeration value="thirdly"/>
            <enumeration value="semiannual"/>
            <enumeration value="annual"/>
            <enumeration value="ad-hoc"/>
            <enumeration value="current-period-only"/>
            <enumeration value="other"/>
        </restriction>
    </simpleContent>
</complexType>
    <complexType name="accountingMethodPurposeItemType">
    <simpleContent>
        <restriction base="xbrli:tokenItemType">
            <enumeration value="book"/>
            <enumeration value="tax"/>
            <enumeration value="management"/>
            <enumeration value="statutory"/>
            <enumeration value="other"/>
        </restriction>
    </simpleContent>
</complexType>
```

(2) 元素定义:部分内容如下。

```
<element name="accountantAddress" id="gl-bus_accountantAddress" type="gl-bus:accountantAddressComplexType" substitutionGroup="xbrli:tuple" nillable="true"/>
<element name="accountantInformation" id="gl-bus_accountantInformation" type=
```

```
"gl-bus:accountantInformationComplexType" substitutionGroup="xbrli:tuple" nillable="true"/>
    <element name="accountantCity" id="gl-bus_accountantCity" type="gl-bus:accountantCityItemType" substitutionGroup="xbrli:item" nillable="true" xbrli:periodType="instant"/>
    <element name="accountantCountry" id="gl-bus_accountantCountry" type="gl-bus:accountantCountryItemType" substitutionGroup="xbrli:item" nillable="true" xbrli:periodType="instant"/>
    <element name="accountantEngagementType" id="gl-bus_accountantEngagementType" type="gl-bus:accountantEngagementTypeItemType" substitutionGroup="xbrli:item" nillable="true" xbrli:periodType="instant"/>
    <element name="accountantName" id="gl-bus_accountantName" type="gl-bus:accountantNameItemType" substitutionGroup="xbrli:item" nillable="true" xbrli:periodType="instant"/>
    <element name="accountantStateOrProvince" id="gl-bus_accountantStateOrProvince" type="gl-bus:accountantStateOrProvinceItemType" substitutionGroup="xbrli:item" nillable="true" xbrli:periodType="instant"/>
    <element name="accountantStreet" id="gl-bus_accountantStreet" type="gl-bus:accountantStreetItemType" substitutionGroup="xbrli:item" nillable="true" xbrli:periodType="instant"/>
    <element name="accountantBuildingNumber" id="gl-bus_accountantBuildingNumber" type="gl-bus:accountantBuildingNumberItemType" substitutionGroup="xbrli:item" nillable="true" xbrli:periodType="instant"/>
    <element name="accountantAddressName" id="gl-bus_accountantAddressName" type="gl-bus:accountantAddressNameItemType" substitutionGroup="xbrli:item" nillable="true" xbrli:periodType="instant"/>
    <element name="accountantAddressDescription" id="gl-bus_accountantAddressDescription" type="gl-bus:accountantAddressDescriptionItemType" substitutionGroup="xbrli:item" nillable="true" xbrli:periodType="instant"/>
    <element name="accountantAddressPurpose" id="gl-bus_accountantAddressPurpose" type="gl-bus:accountantAddressPurposeItemType" substitutionGroup="xbrli:item" nillable="true" xbrli:periodType="instant"/>
    <element name="accountantAddressStreet2" id="gl-bus_accountantAddressStreet2" type="gl-bus:accountantAddressStreet2ItemType" substitutionGroup="xbrli:item" nillable="true" xbrli:periodType="instant"/>
    <element name="accountantZipOrPostalCode" id="gl-bus_accountantZipOrPostalCode" type="gl-bus:accountantZipOrPostalCodeItemType" substitutionGroup="xbrli:item" nillable="true" xbrli:periodType="instant"/>
    <element name="accountantAddressActive" id="gl-bus_accountantAddressActive"
```

```xml
type="gl-gen:activeItemType" substitutionGroup="xbrli:item" nillable="true" xbrli:periodType="instant"/>
<element name="allocationCode" id="gl-bus_allocationCode" type="gl-bus:allocationCodeItemType" substitutionGroup="xbrli:item" nillable="true" xbrli:periodType="instant"/>
<element name="amountMemo" id="gl-bus_amountMemo" type="gl-bus:amountMemoItemType" substitutionGroup="xbrli:item" nillable="true" xbrli:periodType="instant"/>
<element name="batchDescription" id="gl-bus_batchDescription" type="gl-bus:batchDescriptionItemType" substitutionGroup="xbrli:item" nillable="true" xbrli:periodType="instant"/>
<element name="batchID" id="gl-bus_batchID" type="gl-bus:batchIDItemType" substitutionGroup="xbrli:item" nillable="true" xbrli:periodType="instant"/>
<element name="budgetAllocationCode" id="gl-bus_budgetAllocationCode" type="gl-bus:budgetAllocationCodeItemType" substitutionGroup="xbrli:item" nillable="true" xbrli:periodType="instant"/>
<element name="budgetScenario" id="gl-bus_budgetScenario" type="gl-bus:budgetScenarioItemType" substitutionGroup="xbrli:item" nillable="true" xbrli:periodType="instant"/>
<element name="budgetScenarioPeriodStart" id="gl-bus_budgetScenarioPeriodStart" type="gl-bus:budgetScenarioPeriodStartItemType" substitutionGroup="xbrli:item" nillable="true" xbrli:periodType="instant"/>
<element name="budgetScenarioPeriodEnd" id="gl-bus_budgetScenarioPeriodEnd" type="gl-bus:budgetScenarioPeriodEndItemType" substitutionGroup="xbrli:item" nillable="true" xbrli:periodType="instant"/>
<element name="budgetScenarioText" id="gl-bus_budgetScenarioText" type="gl-bus:budgetScenarioTextItemType" substitutionGroup="xbrli:item" nillable="true" xbrli:periodType="instant"/>
<element name="businessDescription" id="gl-bus_businessDescription" type="gl-bus:businessDescriptionItemType" substitutionGroup="xbrli:item" nillable="true" xbrli:periodType="instant"/>
```

2) 链接库

(1) 标签链接库:部分内容如下。

```xml
<loc xlink:type="locator" xlink:href="../gl-bus-2015-03-25.xsd#gl-bus_reportingCalendar" xlink:label="reportingCalendar"/>
<label xlink:type="resource" xlink:label="reportingCalendar_lbl" xlink:role="http://www.xbrl.org/2003/role/documentation" xml:lang="en">A tool to collect the periods used to summarise results from transactions.(收集用于汇总交易结果的期间的工具。)</label>
<labelArc xlink:type="arc" xlink:arcrole="http://www.xbrl.org/2003/arcrole/con-
```

cept-label" xlink:from="reportingCalendar" xlink:to="reportingCalendar_lbl"/>

<label xlink:type="resource" xlink:label="reportingCalendar_lbl" xlink:role="http://www.xbrl.org/2003/role/label" xlink:title="gl-bus_reportingCalendar_en" xml:lang="en">Reporting Calendar(报告日历)</label>

<loc xlink:type="locator" xlink:href="../gl-bus-2015-03-25.xsd#gl-bus_reportingCalendarCode" xlink:label="reportingCalendarCode"/>

<label xlink:type="resource" xlink:label="reportingCalendarCode_lbl" xlink:role="http://www.xbrl.org/2003/role/documentation" xml:lang="en">The code used to identify this specific reporting calendar, unique across periods(用于识别特定报告日历的代码,如果报告跨越多个期间,则该代码应具有唯一性)</label>

<labelArc xlink:type="arc" xlink:arcrole="http://www.xbrl.org/2003/arcrole/concept-label" xlink:from="reportingCalendarCode" xlink:to="reportingCalendarCode_lbl"/>

<label xlink:type="resource" xlink:label="reportingCalendarCode_lbl" xlink:role="http://www.xbrl.org/2003/role/label"xlink:title="gl-bus_reportingCalendarCode_en" xml:lang="en">Reporting Calendar Code(报告日历代码)</label>

<loc xlink:type="locator" xlink:href="../gl-bus-2015-03-25.xsd#gl-bus_reportingCalendarDescription" xlink:label="reportingCalendarDescription"/>

<label xlink:type="resource" xlink:label="reportingCalendarDescription_lbl" xlink:role="http://www.xbrl.org/2003/role/documentation" xml:lang="en">A description of the reporting calendar (associated with the reportingCalendarCode given)[报告日历的描述(和给定的报告日历代码关联)]</label>

<labelArc xlink:type="arc" xlink:arcrole="http://www.xbrl.org/2003/arcrole/concept-label" xlink:from="reportingCalendarDescription" xlink:to="reportingCalendarDescription_lbl"/>

<label xlink:type="resource" xlink:label="reportingCalendarDescription_lbl" xlink:role="http://www.xbrl.org/2003/role/label" xlink:title="gl-bus_reportingCalendarDescription_en" xml:lang="en">Reporting Calendar Description(报告日历描述)</label>

<loc xlink:type="locator" xlink:href="../gl-bus-2015-03-25.xsd#gl-bus_reportingCalendarTitle" xlink:label="reportingCalendarTitle"/>

<label xlink:type="resource" xlink:label="reportingCalendarTitle_lbl" xlink:role="http://www.xbrl.org/2003/role/documentation" xml:lang="en">A description of the reporting period. The actual beginning and ending dates are found within the 'reportingCalendarPeriod' structure(关于报告期间的描述。真实的起始和结束日期可以在报告日历期间结构中找到。)

</label>

<labelArc xlink:type="arc" xlink:arcrole="http://www.xbrl.org/2003/arcrole/concept-label" xlink:from="reportingCalendarTitle" xlink:to="reportingCalendarTitle_lbl"/>

<label xlink:type="resource" xlink:label="reportingCalendarTitle_lbl" xlink:role="http://www.xbrl.org/2003/role/label" xlink:title="gl-bus_reportingCalendarTitle_en"

xml:lang="en">Reporting Calendar Title(报告日历标题)</label>

<loc xlink:type="locator" xlink:href="../gl-bus-2015-03-25.xsd#gl-bus_reportingCalendarPeriodType" xlink:label="reportingCalendarPeriodType"/>

<label xlink:type="resource" xlink:label="reportingCalendarPeriodType_lbl" xlink:role="http://www.xbrl.org/2003/role/documentation" xml:lang="en">A code for the type of period involved. Enumerated as: monthly, quarterly, semi-annually, 4-5-4, ad-hoc, other. (表示期间种类的代码,其类型为枚举型。例如,月度、季度、半年,4-5-4日程表,特定,其他。)

</label>

<labelArc xlink:type="arc" xlink:arcrole="http://www.xbrl.org/2003/arcrole/concept-label" xlink:from="reportingCalendarPeriodType" xlink:to="reportingCalendarPeriodType_lbl"/>

<label xlink:type="resource" xlink:label="reportingCalendarPeriodType_lbl" xlink:role="http://www.xbrl.org/2003/role/label" xlink:title="gl-bus_reportingCalendarPeriodType_en" xml:lang="en">Code Related to Type of Periods(与期间种类相关的代码)</label>

<loc xlink:type="locator" xlink:href="../gl-bus-2015-03-25.xsd#gl-bus_reportingCalendarPeriodTypeDescription" xlink:label="reportingCalendarPeriodTypeDescription"/>

<label xlink:type="resource" xlink:label="reportingCalendarPeriodTypeDescription_lbl" xlink:role="http://www.xbrl.org/2003/role/documentation" xml:lang="en">A description of the type of period involved.(期间种类的描述)

</label>

<labelArc xlink:type="arc" xlink:arcrole="http://www.xbrl.org/2003/arcrole/concept-label" xlink:from="reportingCalendarPeriodTypeDescription" xlink:to="reportingCalendarPeriodTypeDescription_lbl"/>

<label xlink:type="resource" xlink:label="reportingCalendarPeriodTypeDescription_lbl"xlink:role="http://www.xbrl.org/2003/role/label" xlink:title="gl-bus_reportingCalendarPeriodTypeDescription_en" xml:lang="en">Description of periods(关于期间的描述)</label>

<loc xlink:type="locator" xlink:href="../gl-bus-2015-03-25.xsd#gl-bus_reportingCalendarOpenClosedStatus" xlink:label="reportingCalendarOpenClosedStatus"/>

<label xlink:type="resource" xlink:label="reportingCalendarOpenClosedStatus_lbl" xlink:role="http://www.xbrl.org/2003/role/documentation" xml:lang="en">An identifier on whether the reporting calendar is still open for activity. enumerated, "open", "closed", "pending"(报告日历内某活动是否未清的标识符,枚举值为"未清账""已关账"和"未决"。)</label>

<labelArc xlink:type="arc" xlink:arcrole="http://www.xbrl.org/2003/arcrole/concept-label" xlink:from="reportingCalendarOpenClosedStatus" xlink:to="reportingCalendarOpenClosedStatus_lbl"/>

<label xlink:type="resource" xlink:label="reportingCalendarOpenClosedStatus_lbl" xlink:role="http://www.xbrl.org/2003/role/label" xlink:title="gl-bus_reportingCalendarOpenClosedStatus_en" xml:lang="en">Closed status(已关账状态)</label>

<loc xlink:type="locator" xlink:href="../gl-bus-2015-03-25.xsd#gl-bus_reportingPurpose" xlink:label="reportingPurpose"/>

<label xlink:type="resource" xlink:label="reportingPurpose_lbl" xlink:role="http://www.xbrl.org/2003/role/documentation" xml:lang="en">A description of the accounting set of books involved. Uses enumeration from accounting method purpose.(相关会计账套的描述。枚举值为会计方法目的。)</label>

<labelArc xlink:type="arc" xlink:arcrole="http://www.xbrl.org/2003/arcrole/concept-label" xlink:from="reportingPurpose" xlink:to="reportingPurpose_lbl"/>

<label xlink:type="resource" xlink:label="reportingPurpose_lbl" xlink:role="http://www.xbrl.org/2003/role/label" xlink:title="gl-bus_reportingPurpose_en" xml:lang="en">Reporting Purpose(报告目的)</label>

<loc xlink:type="locator" xlink:href="../gl-bus-2015-03-25.xsd#gl-bus_reportingCalendarPeriod" xlink:label="reportingCalendarPeriod"/>

<label xlink:type="resource" xlink:label="reportingCalendarPeriod_lbl" xlink:role="http://www.xbrl.org/2003/role/documentation" xml:lang="en">A tool to collect a specific set of periods used to summarize results from transactions.(收集用于汇总交易结果的期间的工具。)</label>

<labelArc xlink:type="arc" xlink:arcrole="http://www.xbrl.org/2003/arcrole/concept-label" xlink:from="reportingCalendarPeriod" xlink:to="reportingCalendarPeriod_lbl"/>

<label xlink:type="resource" xlink:label="reportingCalendarPeriod_lbl" xlink:role="http://www.xbrl.org/2003/role/label" xlink:title="gl-bus_reportingCalendarPeriod_en" xml:lang="en">Reporting Calendar Period(报告日历期间)</label>

<loc xlink:type="locator" xlink:href="../gl-bus-2015-03-25.xsd#gl-bus_periodIdentifier" xlink:label="periodIdentifier"/>

<label xlink:type="resource" xlink:label="periodIdentifier_lbl" xlink:role="http://www.xbrl.org/2003/role/documentation" xml:lang="en">An identifier for this period in this calendar(在这个日期中特定期间的标识符)</label>

<labelArc xlink:type="arc" xlink:arcrole="http://www.xbrl.org/2003/arcrole/concept-label" xlink:from="periodIdentifier" xlink:to="periodIdentifier_lbl"/>

<label xlink:type="resource" xlink:label="periodIdentifier_lbl" xlink:role="http://www.xbrl.org/2003/role/label" xlink:title="gl-bus_periodIdentifier_en" xml:lang="en">Reporting Period Identifier(报告期间标识符)</label>

<loc xlink:type="locator" xlink:href="../gl-bus-2015-03-25.xsd#gl-bus_periodDescription" xlink:label="periodDescription"/>

<label xlink:type="resource" xlink:label="periodDescription_lbl" xlink:role="http://www.xbrl.org/2003/role/documentation" xml:lang="en">A description of this specific reporting period in this calendar.(对日历中特定报告期间的描述)</label>

<labelArc xlink:type="arc" xlink:arcrole="http://www.xbrl.org/2003/arcrole/con-

cept-label" xlink:from="periodDescription" xlink:to="periodDescription_lbl"/>

<label xlink:type="resource" xlink:label="periodDescription_lbl" xlink:role="http://www.xbrl.org/2003/role/label" xlink:title="gl-bus_periodDescription_en" xml:lang="en">Period Description(期间描述)</label>

<loc xlink:type="locator" xlink:href="../gl-bus-2015-03-25.xsd#gl-bus_periodStart" xlink:label="periodStart"/>

<label xlink:type="resource" xlink:label="periodStart_lbl" xlink:role="http://www.xbrl.org/2003/role/documentation" xml:lang="en">The beginning date/time of a period(期间的开始日期/时间)</label>

<labelArc xlink:type="arc" xlink:arcrole="http://www.xbrl.org/2003/arcrole/concept-label" xlink:from="periodStart" xlink:to="periodStart_lbl"/>

<label xlink:type="resource" xlink:label="periodStart_lbl" xlink:role="http://www.xbrl.org/2003/role/label" xlink:title="gl-bus_periodStart_en" xml:lang="en">Period Start Date(期初日期)</label>

<loc xlink:type="locator" xlink:href="../gl-bus-2015-03-25.xsd#gl-bus_periodEnd" xlink:label="periodEnd"/>

<label xlink:type="resource" xlink:label="periodEnd_lbl" xlink:role="http://www.xbrl.org/2003/role/documentation" xml:lang="en">The ending date/time of a period(期间的结束日期/时间)</label>

<labelArc xlink:type="arc" xlink:arcrole="http://www.xbrl.org/2003/arcrole/concept-label" xlink:from="periodEnd" xlink:to="periodEnd_lbl"/>

<label xlink:type="resource" xlink:label="periodEnd_lbl" xlink:role="http://www.xbrl.org/2003/role/label" xlink:title="gl-bus_periodEnd_en" xml:lang="en">Period End Date(期末日期)</label>

<loc xlink:type="locator" xlink:href="../gl-bus-2015-03-25.xsd#gl-bus_periodClosedDate" xlink:label="periodClosedDate"/>

<label xlink:type="resource" xlink:label="periodClosedDate_lbl" xlink:role="http://www.xbrl.org/2003/role/documentation" xml:lang="en">The date/time a period has been closed for activity. If this is present with a nill value (xsi:nill="true") then the period is not closed.(活动期间结束日期/时间。如果没有值就是期间尚未结束。)</label>

<labelArc xlink:type="arc" xlink:arcrole="http://www.xbrl.org/2003/arcrole/concept-label" xlink:from="periodClosedDate" xlink:to="periodClosedDate_lbl"/>

<label xlink:type="resource" xlink:label="periodClosedDate_lbl" xlink:role="http://www.xbrl.org/2003/role/label" xlink:title="gl-bus_periodClosedDate_en" xml:lang="en">Period Closed Date(期间结束日期)</label>

<loc xlink:type="locator" xlink:href="../gl-bus-2015-03-25.xsd#gl-bus_accountantAddress" xlink:label="accountantAddress"/>

<label xlink:type="resource" xlink:label="accountantAddress_lbl" xlink:role="http://www.xbrl.org/2003/role/documentation" xml:lang="en">Section which contains ac-

countant address information.（包含会计师地址信息的部分）</label>

<labelArc xlink:type="arc" xlink:arcrole="http://www.xbrl.org/2003/arcrole/concept-label" xlink:from="accountantAddress" xlink:to="accountantAddress_lbl"/>

<label xlink:type="resource" xlink:label="accountantAddress_lbl" xlink:role="http://www.xbrl.org/2003/role/label" xlink:title="gl-bus_accountantAddress_en" xml:lang="en">Accountant Address(会计师地址)</label>

<loc xlink:type="locator" xlink:href="../gl-bus-2015-03-25.xsd#gl-bus_accountantCity" xlink:label="accountantCity"/>

<label xlink:type="resource" xlink:label="accountantCity_lbl" xlink:role="http://www.xbrl.org/2003/role/documentation" xml:lang="en">City of the accountant(会计师所在城市)

</label>

<labelArc xlink:type="arc" xlink:arcrole="http://www.xbrl.org/2003/arcrole/concept-label" xlink:from="accountantCity" xlink:to="accountantCity_lbl"/>

<label xlink:type="resource" xlink:label="accountantCity_lbl" xlink:role="http://www.xbrl.org/2003/role/label" xlink:title="gl-bus_accountantCity_en" xml:lang="en">City(城市)</label>

<loc xlink:type="locator" xlink:href="../gl-bus-2015-03-25.xsd#gl-bus_accountantCountry" xlink:label="accountantCountry"/>

<label xlink:type="resource" xlink:label="accountantCountry_lbl" xlink:role="http://www.xbrl.org/2003/role/documentation" xml:lang="en">Country of accountant(会计师所在国家)

</label>

<labelArc xlink:type="arc" xlink:arcrole="http://www.xbrl.org/2003/arcrole/concept-label" xlink:from="accountantCountry" xlink:to="accountantCountry_lbl"/>

<label xlink:type="resource" xlink:label="accountantCountry_lbl" xlink:role="http://www.xbrl.org/2003/role/label" xlink:title="gl-bus_accountantCountry_en" xml:lang="en">Country(国家)</label>

<loc xlink:type="locator" xlink:href="../gl-bus-2015-03-25.xsd#gl-bus_accountantEngagementType"xlink:label="accountantEngagementType"/>

<label xlink:type="resource" xlink:label="accountantEngagementType_lbl" xlink:role="http://www.xbrl.org/2003/role/documentation" xml:lang="en">Type of engagement being performed by external accountant(外部会计师履行的业务类型)

</label>

<labelArc xlink:type="arc" xlink:arcrole="http://www.xbrl.org/2003/arcrole/concept-label" xlink:from="accountantEngagementType" xlink:to="accountantEngagementType_lbl"/>

<label xlink:type="resource" xlink:label="accountantEngagementType_lbl" xlink:role="http://www.xbrl.org/2003/role/label" xlink:title="gl-bus_accountantEngagementType_

en" xml:lang="en">Type of Engagement(业务类型)</label>

<loc xlink:type="locator" xlink:href="../gl-bus-2015-03-25.xsd#gl-bus_accountantInformation" xlink:label="accountantInformation"/>

<label xlink:type="resource" xlink:label="accountantInformation_lbl" xlink:role="http://www.xbrl.org/2003/role/documentation" xml:lang="en">Information about the relevant external accountant(外部会计师的信息)

</label>

<labelArc xlink:type="arc" xlink:arcrole="http://www.xbrl.org/2003/arcrole/concept-label" xlink:from="accountantInformation" xlink:to="accountantInformation_lbl"/>

<label xlink:type="resource" xlink:label="accountantInformation_lbl" xlink:role="http://www.xbrl.org/2003/role/label" xlink:title="gl-bus_accountantInformation_en" xml:lang="en">Accountant Information(会计师信息)</label>

<loc xlink:type="locator" xlink:href="../gl-bus-2015-03-25.xsd#gl-bus_accountantName" xlink:label="accountantName"/>

<label xlink:type="resource" xlink:label="accountantName_lbl" xlink:role="http://www.xbrl.org/2003/role/documentation" xml:lang="en">Name of the accountant(会计师的姓名)

</label>

<labelArc xlink:type="arc" xlink:arcrole="http://www.xbrl.org/2003/arcrole/concept-label" xlink:from="accountantName" xlink:to="accountantName_lbl"/>

<label xlink:type="resource" xlink:label="accountantName_lbl" xlink:role="http://www.xbrl.org/2003/role/label" xlink:title="gl-bus_accountantName_en" xml:lang="en">Accountant Name(会计师姓名)</label>

<loc xlink:type="locator" xlink:href="../gl-bus-2015-03-25.xsd#gl-bus_accountantStateOrProvince" xlink:label="accountantStateOrProvince"/>

<label xlink:type="resource" xlink:label="accountantStateOrProvince_lbl" xlink:role="http://www.xbrl.org/2003/role/documentation" xml:lang="en">State, province or region of the accountant(会计师所在的州、省或地区)

</label>

<labelArc xlink:type="arc" xlink:arcrole="http://www.xbrl.org/2003/arcrole/concept-label" xlink:from="accountantStateOrProvince" xlink:to="accountantStateOrProvince_lbl"/>

<label xlink:type="resource" xlink:label="accountantStateOrProvince_lbl" xlink:role="http://www.xbrl.org/2003/role/label" xlink:title="gl-bus_accountantStateOrProvince_en" xml:lang="en">State or Province(州或省)</label>

<loc xlink:type="locator" xlink:href="../gl-bus-2015-03-25.xsd#gl-bus_accountantStreet" xlink:label="accountantStreet"/>

<label xlink:type="resource" xlink:label="accountantStreet_lbl" xlink:role="http://www.xbrl.org/2003/role/documentation" xml:lang="en">Street address of the accountant

（会计师的街道地址）

</label>

<labelArc xlink:type="arc" xlink:arcrole="http://www.xbrl.org/2003/arcrole/concept-label" xlink:from="accountantStreet" xlink:to="accountantStreet_lbl"/>

<label xlink:type="resource" xlink:label="accountantStreet_lbl" xlink:role="http://www.xbrl.org/2003/role/label" xlink:title="gl-bus_accountantStreet_en" xml:lang="en">Street(街道)</label>

<loc xlink:type="locator" xlink:href="../gl-bus-2015-03-25.xsd#gl-bus_accountantZipOrPostalCode" xlink:label="accountantZipOrPostalCode"/>

<label xlink:type="resource" xlink:label="accountantZipOrPostalCode_lbl" xlink:role="http://www.xbrl.org/2003/role/documentation" xml:lang="en">Zip or other postal code of the accountant(会计师的邮政编码)

</label>

<labelArc xlink:type="arc" xlink:arcrole="http://www.xbrl.org/2003/arcrole/concept-label" xlink:from="accountantZipOrPostalCode" xlink:to="accountantZipOrPostalCode_lbl"/>

<label xlink:type="resource" xlink:label="accountantZipOrPostalCode_lbl" xlink:role="http://www.xbrl.org/2003/role/label" xlink:title="gl-bus_accountantZipOrPostalCode_en" xml:lang="en">Zip or Postal Code(邮政编码)</label>

<loc xlink:type="locator" xlink:href="../gl-bus-2015-03-25.xsd#gl-bus_allocationCode" xlink:label="allocationCode"/>

<label xlink:type="resource" xlink:label="allocationCode_lbl" xlink:role="http://www.xbrl.org/2003/role/documentation" xml:lang="en">Code associated with the calculation formula: e.g. (D)ivide by number of periods, (T)otal for period given[和计算公式相关的代码：例如各期间数、期间综合等]</label>

<labelArc xlink:type="arc" xlink:arcrole="http://www.xbrl.org/2003/arcrole/concept-label" xlink:from="allocationCode" xlink:to="allocationCode_lbl"/>

<label xlink:type="resource" xlink:label="allocationCode_lbl" xlink:role="http://www.xbrl.org/2003/role/label"xlink:title="gl-bus_allocationCode_en" xml:lang="en">Allocation Code(分配代码)</label>

<loc xlink:type="locator" xlink:href="../gl-bus-2015-03-25.xsd#gl-bus_amountMemo" xlink:label="amountMemo"/>

<label xlink:type="resource" xlink:label="amountMemo_lbl"xlink:role="http://www.xbrl.org/2003/role/documentation" xml:lang="en">A boolean like entry that indicates whether an entryDetail line has been provided solely to provide additional details and that tools should not consider the amount in postings.[一个布尔型分录，指出是否需要一个独立的分录细节元素(entryDetail)例来详细说明额外细节，并指出工具是否应该在过账时考虑金额。]

</label>

<labelArc xlink:type="arc" xlink:arcrole="http://www.xbrl.org/2003/arcrole/con-

cept-label" xlink:from="amountMemo" xlink:to="amountMemo_lbl"/>

<label xlink:type="resource" xlink:label="amountMemo_lbl" xlink:role="http://www.xbrl.org/2003/role/label" xlink:title="label_amountMemo" xml:lang="en">Memo Line(备忘录行)</label>

<loc xlink:type="locator" xlink:href="../gl-bus-2015-03-25.xsd#gl-bus_batchDescription" xlink:label="batchDescription"/>

<label xlink:type="resource" xlink:label="batchDescription_lbl" xlink:role="http://www.xbrl.org/2003/role/documentation" xml:lang="en">Description of this batch(本批次的描述)</label>

<labelArc xlink:type="arc" xlink:arcrole="http://www.xbrl.org/2003/arcrole/concept-label" xlink:from="batchDescription" xlink:to="batchDescription_lbl"/>

<label xlink:type="resource" xlink:label="batchDescription_lbl" xlink:role="http://www.xbrl.org/2003/role/label" xlink:title="gl-bus_batchDescription_en" xml:lang="en">Batch Description(批次描述)</label>

<loc xlink:type="locator" xlink:href="../gl-bus-2015-03-25.xsd#gl-bus_batchID" xlink:label="batchID"/>

<label xlink:type="resource" xlink:label="batchID_lbl" xlink:role="http://www.xbrl.org/2003/role/documentation" xml:lang="en">ID for a batch for this group of entries(将一组分录组成一个批次,本元素指该批次的 ID)</label>

<labelArc xlink:type="arc" xlink:arcrole="http://www.xbrl.org/2003/arcrole/concept-label" xlink:from="batchID" xlink:to="batchID_lbl"/>

<label xlink:type="resource" xlink:label="batchID_lbl" xlink:role="http://www.xbrl.org/2003/role/label" xlink:title="gl-bus_batchID_en" xml:lang="en">Batch ID for Entry Group(分录组的批次 ID)</label>

<loc xlink:type="locator" xlink:href="../gl-bus-2015-03-25.xsd#gl-bus_budgetAllocationCode" xlink:label="budgetAllocationCode"/>

<label xlink:type="resource" xlink:label="budgetAllocationCode_lbl" xlink:role="http://www.xbrl.org/2003/role/documentation" xml:lang="en">Code associated with the calculation formula: e.g. (D)ivide by number of periods, (T)otal for period given[和计算公式相关的代码,例如除以期间个数(D)、给定期间加总(T)等]</label>

<labelArc xlink:type="arc" xlink:arcrole="http://www.xbrl.org/2003/arcrole/concept-label" xlink:from="budgetAllocationCode" xlink:to="budgetAllocationCode_lbl"/>

<label xlink:type="resource" xlink:label="budgetAllocationCode_lbl" xlink:role="http://www.xbrl.org/2003/role/label" xlink:title="gl-bus_budgetAllocationCode_en" xml:lang="en">Budget Allocation Code(预算分配代码)</label>

<loc xlink:type="locator" xlink:href="../gl-bus-2015-03-25.xsd#gl-bus_budgetScenario" xlink:label="budgetScenario"/>

<label xlink:type="resource" xlink:label="budgetScenario_lbl" xlink:role="http://www.xbrl.org/2003/role/documentation" xml:lang="en">Code for a budget scenario identi-

fier (such as PB for 'preliminary budget', or RB for 'revised budget', or other identifier for entryType)(预算场景标识符的代码，例如，PB代表原始预算，RB代表修正后的预算，以及标识其他分录类型的标识符。)</label>

<labelArc xlink:type="arc" xlink:arcrole="http://www.xbrl.org/2003/arcrole/concept-label" xlink:from="budgetScenario" xlink:to="budgetScenario_lbl"/>

<label xlink:type="resource" xlink:label="budgetScenario_lbl" xlink:role="http://www.xbrl.org/2003/role/label" xlink:title="gl-bus_budgetScenario_en" xml:lang="en">Scenario Code(场景代码)</label>

<loc xlink:type="locator" xlink:href="../gl-bus-2015-03-25.xsd#gl-bus_budgetScenarioPeriodStart" xlink:label="budgetScenarioPeriodStart"/>

<label xlink:type="resource" xlink:label="budgetScenarioPeriodStart_lbl" xlink:role="http://www.xbrl.org/2003/role/documentation" xml:lang="en">Start of period covered by associated budgetScenario(覆盖相关预算场景的期间的开始)</label>

<labelArc xlink:type="arc" xlink:arcrole="http://www.xbrl.org/2003/arcrole/concept-label" xlink:from="budgetScenarioPeriodStart" xlink:to="budgetScenarioPeriodStart_lbl"/>

<label xlink:type="resource" xlink:label="budgetScenarioPeriodStart_lbl" xlink:role="http://www.xbrl.org/2003/role/label" xlink:title="gl-bus_budgetScenarioPeriodStart_en" xml:lang="en">Budget Scenario Period Start(预算场景期初)</label>

<loc xlink:type="locator" xlink:href="../gl-bus-2015-03-25.xsd#gl-bus_budgetScenarioPeriodEnd" xlink:label="budgetScenarioPeriodEnd"/>

<label xlink:type="resource" xlink:label="budgetScenarioPeriodEnd_lbl"xlink:role="http://www.xbrl.org/2003/role/documentation" xml:lang="en">End of period covered by associated budgetScenario(覆盖相关预算场景的期间的结束)</label>

<labelArc xlink:type="arc" xlink:arcrole="http://www.xbrl.org/2003/arcrole/concept-label" xlink:from="budgetScenarioPeriodEnd" xlink:to="budgetScenarioPeriodEnd_lbl"/>

<label xlink:type="resource" xlink:label="budgetScenarioPeriodEnd_lbl" xlink:role="http://www.xbrl.org/2003/role/label" xlink:title="gl-bus_budgetScenarioPeriodEnd_en" xml:lang="en">Budget Scenario Period End(预算场景期末)</label>

<loc xlink:type="locator" xlink:href="../gl-bus-2015-03-25.xsd#gl-bus_budgetScenarioText" xlink:label="budgetScenarioText"/>

<label xlink:type="resource" xlink:label="budgetScenarioText_lbl" xlink:role="http://www.xbrl.org/2003/role/documentation" xml:lang="en">Text related to budgetScenario(预算场景相关文本)</label>

<labelArc xlink:type="arc" xlink:arcrole="http://www.xbrl.org/2003/arcrole/concept-label" xlink:from="budgetScenarioText" xlink:to="budgetScenarioText_lbl"/>

<label xlink:type="resource" xlink:label="budgetScenarioText_lbl" xlink:role="http://www.xbrl.org/2003/role/label" xlink:title="gl-bus_budgetScenarioText_en" xml:lang

="en">Scenario Description(场景描述)</label>

<loc xlink:type="locator" xlink:href="../gl-bus-2015-03-25.xsd#gl-bus_businessDescription" xlink:label="businessDescription"/>

<label xlink:type="resource" xlink:label="businessDescription_lbl" xlink:role="http://www.xbrl.org/2003/role/documentation" xml:lang="en">Description of the nature of the business of the entity.(实体业务的性质描述)</label>

<labelArc xlink:type="arc" xlink:arcrole="http://www.xbrl.org/2003/arcrole/concept-label" xlink:from="businessDescription" xlink:to="businessDescription_lbl"/>

<label xlink:type="resource" xlink:label="businessDescription_lbl" xlink:role="http://www.xbrl.org/2003/role/label" xlink:title="gl-bus_businessDescription_en" xml:lang="en">Business Description(业务描述)</label>

(2) 展示链接库:部分内容如下。

<loc xlink:type="locator" xlink:href="../cor/gl-cor-2015-03-25.xsd#gl-cor_documentInfo" xlink:label="documentInfo_1107629989734_0" xlink:title="documentInfo"/>

<loc xlink:type="locator" xlink:href="gl-bus-2015-03-25.xsd#gl-bus_periodCount" xlink:label="periodCount_1107629989734_1" xlink:title="periodCount"/>

<presentationArc xlink:type="arc" xlink:arcrole="http://www.xbrl.org/2003/arcrole/parent-child" xlink:from="documentInfo_1107629989734_0" xlink:to="periodCount_1107629989734_1" xlink:title="presentation: documentInfo to periodCount" order="100.0"/>

<loc xlink:type="locator" xlink:href="gl-bus-2015-03-25.xsd#gl-bus_creator" xlink:label="creator_1107630001030_0" xlink:title="creator"/>

<presentationArc xlink:type="arc" xlink:arcrole="http://www.xbrl.org/2003/arcrole/parent-child" xlink:from="documentInfo_1107629989734_0" xlink:to="creator_1107630001030_0" xlink:title="presentation: documentInfo to creator" order="65.0"/>

<loc xlink:type="locator" xlink:href="gl-bus-2015-03-25.xsd#gl-bus_periodUnit" xlink:label="periodUnit_1107630003464_0" xlink:title="periodUnit"/>

<presentationArc xlink:type="arc" xlink:arcrole="http://www.xbrl.org/2003/arcrole/parent-child" xlink:from="documentInfo_1107629989734_0" xlink:to="periodUnit_1107630003464_0" xlink:title="presentation: documentInfo to periodUnit" order="110.0"/>

<loc xlink:type="locator" xlink:href="gl-bus-2015-03-25.xsd#gl-bus_sourceApplication" xlink:label="sourceApplication_1107630006228_0" xlink:title="sourceApplication"/>

<presentationArc xlink:type="arc" xlink:arcrole="http://www.xbrl.org/2003/arcrole/parent-child" xlink:from="documentInfo_1107629989734_0" xlink:to="sourceApplication_1107630006228_0" xlink:title="presentation: documentInfo to sourceApplication" order="120.0"/>

<loc xlink:type="locator" xlink:href="gl-bus-2015-03-25.xsd#gl-bus_targetApplication" xlink:label="targetApplication_1107630009152_0" xlink:title="targetApplication"/>

<presentationArc xlink:type="arc" xlink:arcrole="http://www.xbrl.org/2003/arcrole/parent-child" xlink:from="documentInfo_1107629989734_0" xlink:to="targetApplication_1107630009152_0" xlink:title="presentation: documentInfo to targetApplication" order="130.0"/>

<loc xlink:type="locator" xlink:href="../cor/gl-cor-2015-03-25.xsd#gl-cor_entityInformation" xlink:label="entityInformation_1107629552606_1" xlink:title="presentation: accountingEntries to entityInformation"/>

<loc xlink:type="locator" xlink:href="gl-bus-2015-03-25.xsd#gl-bus_businessDescription" xlink:label="businessDescription_1107629513329_0" xlink:title="businessDescription"/>

<presentationArc xlink:type="arc" xlink:arcrole="http://www.xbrl.org/2003/arcrole/parent-child" xlink:from="entityInformation_1107629552606_1" xlink:to="businessDescription_1107629513329_0" xlink:title="presentation: entityInformation to businessDescription" order="60.0"/>

3. 多币种(MUC)

1)模式文档

全部为元素定义,部分内容如下。

<element name="amountCurrency" id="gl-muc_amountCurrency" type="gl-muc:currencyItemType" substitutionGroup="xbrli:item" nillable="true" xbrli:periodType="instant"/>

<element name="amountOriginalAmount" id="gl-muc_amountOriginalAmount" type="gl-gen:amountItemType" substitutionGroup="xbrli:item" nillable="true" xbrli:periodType="instant"/>

<element name="amountOriginalCurrency" id="gl-muc_amountOriginalCurrency" type="gl-muc:currencyItemType" substitutionGroup="xbrli:item" nillable="true" xbrli:periodType="instant"/>

<element name="defaultCurrency" id="gl-muc_defaultCurrency" type="gl-muc:currencyItemType" substitutionGroup="xbrli:item" nillable="true" xbrli:periodType="instant"/>

<element name="amountOriginalExchangeRate" id="gl-muc_amountOriginalExchangeRate" type="gl-muc:exchangeRateItemType" substitutionGroup="xbrli:item" nillable="true" xbrli:periodType="instant"/>

<element name="amountOriginalExchangeRateDate" id="gl-muc_amountOriginalExchangeRateDate" type="gl-muc:exchangeRateDateItemType" substitutionGroup="xbrli:item" nillable="true" xbrli:periodType="instant"/>

<element name="amountOriginalExchangeRateComment" id="gl-muc_amountOriginalExchangeRateComment" type="gl-muc:commentItemType" substitutionGroup="xbrli:item"

```
nillable="true" xbrli:periodType="instant"/>
<element name="amountOriginalExchangeRateSource" id="gl-muc_amountOriginalExchangeRateSource" type="gl-muc:exchangeRateSourceItemType" substitutionGroup="xbrli:item" nillable="true" xbrli:periodType="instant"/>
<element name="amountOriginalTriangulationAmount" id="gl-muc_amountOriginalTriangulationAmount" type="gl-gen:amountItemType" substitutionGroup="xbrli:item" nillable="true" xbrli:periodType="instant"/>
<element name="amountOriginalTriangulationCurrency" id="gl-muc_amountOriginalTriangulationCurrency" type="gl-muc:currencyItemType" substitutionGroup="xbrli:item" nillable="true" xbrli:periodType="instant"/>
<element name="amountOriginalTriangulationExchangeRate" id="gl-muc_amountOriginalTriangulationExchangeRate" type="gl-muc:exchangeRateItemType" substitutionGroup="xbrli:item" nillable="true" xbrli:periodType="instant"/>
<element name="amountOriginalTriangulationExchangeRateSource" id="gl-muc_amountOriginalTriangulationExchangeRateSource" type="gl-muc:exchangeRateSourceItemType" substitutionGroup="xbrli:item" nillable="true" xbrli:periodType="instant"/>
<element name="amountOriginalTriangulationExchangeRateType" id="gl-muc_amountOriginalTriangulationExchangeRateType" type="gl-muc:exchangeRateTypeItemType" substitutionGroup="xbrli:item" nillable="true" xbrli:periodType="instant"/>
```

2) 链接库

(1) 标签链接库:部分内容如下。

```
<loc xlink:type="locator" xlink:href="../gl-muc-2015-03-25.xsd#gl-muc_amountCurrency" xlink:label="gl-muc_amountCurrency"/>
<label xlink:type="resource" xlink:label="gl-muc_amountCurrency_lbl" xlink:role="http://www.xbrl.org/2003/role/documentation" xml:lang="en">The currency related to the amount can be entered here instead of the XBRL instance specified way, especially important in multi-currency situations. Recommend ISO 4217 coding.(不同于XBRL实例设定的方式,与金额相关的货币类型在这里输入,尤其是在多种货币的情况下。建议采用ISO 4217编码。)</label>
<labelArc xlink:type="arc" xlink:arcrole="http://www.xbrl.org/2003/arcrole/concept-label" xlink:from="gl-muc_amountCurrency" xlink:to="gl-muc_amountCurrency_lbl"/>
<label xlink:type="resource" xlink:label="gl-muc_amountCurrency_lbl" xlink:role="http://www.xbrl.org/2003/role/label" xlink:title="gl-muc_amountCurrency_en" xml:lang="en">Currency(货币类型)</label>
<loc xlink:type="locator" xlink:href="../gl-muc-2015-03-25.xsd#gl-muc_defaultCurrency" xlink:label="gl-muc_defaultCurrency"/>
<label xlink:type="resource" xlink:label="gl-muc_defaultCurrency_lbl" xlink:role="http://www.xbrl.org/2003/role/documentation" xml:lang="en">The default currency re-
```

lated to the amount can be entered here instead of the XBRL instance specified way, especially important in multi-currency situations. Recommend ISO 4217 coding(不同于 XBRL 实例设定的方式,与金额相关的默认货币类型在这里输入,尤其是在多种货币的情况下。建议采用 ISO 4217 编码。)</label>

<labelArc xlink:type="arc" xlink:arcrole="http://www.xbrl.org/2003/arcrole/concept-label" xlink:from="gl-muc_defaultCurrency" xlink:to="gl-muc_defaultCurrency_lbl"/>

<label xlink:type="resource" xlink:label="gl-muc_defaultCurrency_lbl" xlink:role="http://www.xbrl.org/2003/role/label" xlink:title="gl-muc_defaultCurrency_en" xml:lang="en">Default Currency(默认货币类型)</label>

<loc xlink:type="locator" xlink:href="../gl-muc-2015-03-25.xsd#gl-muc_amountOriginalCurrency" xlink:label="gl-muc_amountOriginalCurrency"/>

<label xlink:type="resource" xlink:label="gl-muc_amountOriginalCurrency_lbl" xlink:role="http://www.xbrl.org/2003/role/documentation" xml:lang="en">The currency used to track original, as opposed to home, amounts. Recommended ISO 4217 coding.(用于追溯原币金额、而非本币金额的货币类型。建议采用 ISO 4217 编码)</label>

<labelArc xlink:type="arc" xlink:arcrole="http://www.xbrl.org/2003/arcrole/concept-label" xlink:from="gl-muc_amountOriginalCurrency" xlink:to="gl-muc_amountOriginalCurrency_lbl"/>

<label xlink:type="resource" xlink:label="gl-muc_amountOriginalCurrency_lbl" xlink:role="http://www.xbrl.org/2003/role/label" xlink:title="gl-muc_amountOriginalCurrency_en" xml:lang="en">Original Currency(原币)</label>

<loc xlink:type="locator" xlink:href="../gl-muc-2015-03-25.xsd#gl-muc_amountOriginalAmount" xlink:label="gl-muc_amountOriginal"/>

<label xlink:type="resource" xlink:label="gl-muc_amountOriginal_lbl" xlink:role="http://www.xbrl.org/2003/role/documentation" xml:lang="en">Amount in original (as opposed to home) currency, for multi-currency tracking.(以原币、而非本币表达的金额,用于多币种的追溯。)</label>

<labelArc xlink:type="arc" xlink:arcrole="http://www.xbrl.org/2003/arcrole/concept-label" xlink:from="gl-muc_amountOriginal" xlink:to="gl-muc_amountOriginal_lbl"/>

(2) 展示链接库:部分内容如下。

<loc xlink:type="locator" xlink:href="../cor/gl-cor-2015-03-25.xsd#gl-cor_documentInfo" xlink:label="documentInfo_1107631488479_0" xlink:title="documentInfo"/>

<loc xlink:type="locator" xlink:href="gl-muc-2015-03-25.xsd#gl-muc_defaultCurrency" xlink:label="gl-muc_defaultCurrency"/>

<presentationArc xlink:type="arc" xlink:arcrole="http://www.xbrl.org/2003/arcrole/parent-child" xlink:from="documentInfo_1107631488479_0" xlink:to="gl-muc_defaultCurrency" xlink:title="presentation: documentInfo to defaultCurrency" order="140.0"/>

<loc xlink:type="locator" xlink:href="../cor/gl-cor-2015-03-25.xsd#gl-cor_entryDetail" xlink:label="entryDetail_1107631488479_0" xlink:title="entryDetail"/>

<loc xlink:type="locator" xlink:href="gl-muc-2015-03-25.xsd#gl-muc_multicurrencyDetail" xlink:label="gl-muc_multicurrencyDetail"/>

<presentationArc xlink:type="arc" xlink:arcrole="http://www.xbrl.org/2003/arcrole/parent-child" xlink:from="entryDetail_1107631488479_0" xlink:to="gl-muc_multicurrencyDetail" xlink:title="presentation: entryDetail to multicurrencyDetail" order="55.0"/>

<loc xlink:type="locator" xlink:href="gl-muc-2015-03-25.xsd#gl-muc_amountRestatedExchangeRate" xlink:label="gl-muc_exchangeRate2"/>

<presentationArc xlink:type="arc" xlink:arcrole="http://www.xbrl.org/2003/arcrole/parent-child" xlink:from="gl-muc_multicurrencyDetail" xlink:to="gl-muc_exchangeRate2" use="optional" order="4.0"/>

<loc xlink:type="locator" xlink:href="gl-muc-2015-03-25.xsd#gl-muc_multicurrencyDetailExchangeRateDate" xlink:label="gl-muc_exchangeRate2Date"/>

<presentationArc xlink:type="arc" xlink:arcrole="http://www.xbrl.org/2003/arcrole/parent-child" xlink:from="gl-muc_multicurrencyDetail" xlink:to="gl-muc_exchangeRate2Date" use="optional" order="1.0"/>

<loc xlink:type="locator" xlink:href="gl-muc-2015-03-25.xsd#gl-muc_amountRestatedAmount" xlink:label="amountRestatedAmount_1129822538988_0" xlink:title="amountRestatedAmount"/>

<presentationArc xlink:type="arc" xlink:arcrole="http://www.xbrl.org/2003/arcrole/parent-child" xlink:from="gl-muc_multicurrencyDetail" xlink:to="amountRestatedAmount_1129822538988_0" xlink:title="presentation: multicurrencyDetail to amountRestatedAmount" order="2.0"/>

<loc xlink:type="locator" xlink:href="gl-muc-2015-03-25.xsd#gl-muc_amountRestatedCurrency" xlink:label="amountRestatedCurrency_1129834773159_0" xlink:title="amountRestatedCurrency"/>

<presentationArc xlink:type="arc" xlink:arcrole="http://www.xbrl.org/2003/arcrole/parent-child" xlink:from="gl-muc_multicurrencyDetail" xlink:to="amountRestatedCurrency_1129834773159_0" xlink:title="presentation: multicurrencyDetail to amountRestatedCurrency" order="3.0"/>

<loc xlink:type="locator" xlink:href="gl-muc-2015-03-25.xsd#gl-muc_amountRestatedExchangeRateSource" xlink:label="amountRestatedExchangeRateSource_1129838136105_0" xlink:title="amountRestatedExchangeRateSource"/>

<presentationArc xlink:type="arc" xlink:arcrole="http://www.xbrl.org/2003/arcrole/parent-child" xlink:from="gl-muc_multicurrencyDetail" xlink:to="amountRestatedExchangeRateSource_1129838136105_0" xlink:title="presentation: multicurrencyDetail to amountRestatedExchangeRateSource" order="5.0"/>

<loc xlink:type="locator" xlink:href="gl-muc-2015-03-25.xsd#gl-muc_amountTrian-

```
gulationAmount" xlink:label="amountTriangulationAmount_1129838143355_0" xlink:title="amountTriangulationAmount"/>
<presentationArc xlink:type="arc" xlink:arcrole="http://www.xbrl.org/2003/arcrole/parent-child" xlink:from="gl-muc_multicurrencyDetail" xlink:to="amountTriangulationAmount_1129838143355_0" xlink:title="presentation: multicurrencyDetail to amountTriangulationAmount" order="7.0"/>
```

(3) 定义链接库:全部内容如下。

```
<link:loc xlink:type="locator" xlink:href="gl-muc-2015-03-25.xsd#gl-muc_taxExchangeRate" xlink:label="taxExchangeRate" xlink:title="taxExchangeRate"/>
<link:loc xlink:type="locator" xlink:href="../cor/gl-cor-2015-03-25.xsd#gl-cor_taxExchangeRate" xlink:label="taxExchangeRate_2" xlink:title="taxExchangeRate"/>
<link:definitionArc xlink:type="arc" xlink:arcrole="http://www.xbrl.org/2003/arcrole/essence-alias" xlink:from="taxExchangeRate" xlink:to="taxExchangeRate_2" xlink:title="definition: taxExchangeRate to taxExchangeRate" order="1.0"/>
```

4. 税务审计文件(TAF)

1) 模式文档

全部为元素定义,全部内容如下。

```
<element name="uniqueConsignmentReference" id="gl-taf_uniqueConsignmentReference" type="gl-taf:uniqueConsignmentReferenceItemType" substitutionGroup="xbrli:item" nillable="true" xbrli:periodType="instant"/>
<element name="originatingDocumentType" id="gl-taf_originatingDocumentType" type="gl-gen:documentTypeItemType" substitutionGroup="xbrli:item" nillable="true" xbrli:periodType="instant"/>
<element name="originatingDocumentNumber" id="gl-taf_originatingDocumentNumber" type="gl-taf:originatingDocumentNumberItemType" substitutionGroup="xbrli:item" nillable="true" xbrli:periodType="instant"/>
<element name="originatingDocumentDate" id="gl-taf_originatingDocumentDate" type="gl-taf:originatingDocumentDateItemType" substitutionGroup="xbrli:item" nillable="true" xbrli:periodType="instant"/>
<element name="originatingDocumentIdentifierType" id="gl-taf_originatingDocumentIdentifierType" type="gl-gen:identifierTypeItemType" substitutionGroup="xbrli:item" nillable="true" xbrli:periodType="instant"/>
<element name="originatingDocumentStructure" id="gl-taf_originatingDocumentStructure" type="gl-taf:originatingDocumentStructureComplexType" substitutionGroup="xbrli:tuple" nillable="true"/>
<element name="originatingDocumentIdentifierCode" id="gl-taf_originatingDocumentIdentifierCode" type="gl-taf:originatingDocumentIdentifierCodeItemType" substitution-
```

Group="xbrli:item" nillable="true" xbrli:periodType="instant"/>

<element name="originatingDocumentIdentifierTaxCode" id="gl-taf_originatingDocumentIdentifierTaxCode" type="gl-taf:originatingDocumentIdentifierTaxCodeItemType" substitutionGroup="xbrli:item" nillable="true" xbrli:periodType="instant"/>

<element name="tickingField" id="gl-taf_tickingField" type="gl-taf:tickingFieldItemType" substitutionGroup="xbrli:item" nillable="true" xbrli:periodType="instant"/>

<element name="documentRemainingBalance" id="gl-taf_documentRemainingBalance" type="gl-taf:documentRemainingBalanceItemType" substitutionGroup="xbrli:item" nillable="true" xbrli:periodType="instant"/>

2）链接库

（1）标签链接库：部分内容如下。

<loc xlink:type="locator" xlink:href="../gl-taf-2015-03-25.xsd#gl-taf_tickingField" xlink:label="label_tickingField_1109968485116_0" xlink:title="label_tickingField"/>

<label xlink:type="resource" xlink:label="label_tickingField_1109968485116_1" xlink:role="http://www.xbrl.org/2003/role/label" xlink:title="label_tickingField" xml:lang="en" id="label_tickingField_1109968485116_1">Ticking Field(打钩区域)</label>

<labelArc xlink:type="arc" xlink:arcrole="http://www.xbrl.org/2003/arcrole/concept-label" xlink:from="label_tickingField_1109968485116_0" xlink:to="label_tickingField_1109968485116_1" xlink:title="label: tickingField to label_tickingField"/>

<label xlink:type="resource" xlink:label="label_tickingField_1109968485116_1" xlink:role="http://www.xbrl.org/2003/role/documentation" xlink:title="label_tickingField" xml:lang="en" id="label_tickingField_1109968485116_2">Signifies that an item has been cleared, finished, finalized. When checking accounts are called for, the tick or letter showing this was done appears in this field. Can also be used for identifying that the original document against which a payment or DR/CR memo applies has been reconciled.(表示一个项目已经结束、完成、结项。当需要检查金额的时候，表示完工的打钩或者标记会出现在这个区域。这个元素也可以用来表明原始凭证、支付或借贷记账已经核对完成。)</label>

<loc xlink:type="locator" xlink:href="../gl-taf-2015-03-25.xsd#gl-taf_uniqueConsignmentReference" xlink:label="label_uniqueConsignmentReference_1109968505055_0" xlink:title="label_uniqueConsignmentReference"/>

<label xlink:type="resource" xlink:label="label_uniqueConsignmentReference_1109968505055_1" xlink:role="http://www.xbrl.org/2003/role/label" xlink:title="label_uniqueConsignmentReference" xml:lang="en" id="label_uniqueConsignmentReference_1109968505055_1">UCR(唯一托运引用)</label>

<labelArc xlink:type="arc" xlink:arcrole="http://www.xbrl.org/2003/arcrole/concept-label" xlink:from="label_uniqueConsignmentReference_1109968505055_0" xlink:to="label_uniqueConsignmentReference_1109968505055_1" xlink:title="label: uniqueConsignmentReference to label_uniqueConsignmentReference"/>

<label xlink: type = "resource" xlink: label = "label _ uniqueConsignmentReference _ 1109968505055_1" xlink: role = "http://www.xbrl.org/2003/role/documentation" xlink: title = "label_uniqueConsignmentReference" xml: lang = "en" id = "label_uniqueConsignmentReference_1109968505055_2">Unique Consignment Reference or UCR. An "origin to destination" reference code for internationalconsignments, developed in cooperation with the World Customs Organization and EAN International (EAN). [(http://www.wcoomd.org/ie/EN/press/UCR_new_e.pdf)(唯一托运引用)。用于国际货运中的“起始地—目的地”引用代码，与世界海关组织(World Customs Organization)和国际物品编码协会(EAN International)联合开发。文件网址为(http://www.wcoomd.org/ie/EN/press/UCR_new_e.pdf)]</label>

<loc xlink: type = "locator" xlink: href = "../gl-taf-2015-03-25.xsd#gl-taf_originatingDocumentType" xlink: label = "label_originatingDocumentType_1109968582156_0" xlink: title = "label_originatingDocumentType"/>

<label xlink: type = "resource" xlink: label = "label _ originatingDocumentType _ 1109968582156_1" xlink: role = "http://www.xbrl.org/2003/role/label" xlink: title = "label_ originatingDocumentType" xml: lang = "en" id = "label _ originatingDocumentType _ 1109968582156_1">Originating Document Type(原始凭证类型)</label>

<labelArc xlink: type = "arc" xlink: arcrole = "http://www.xbrl.org/2003/arcrole/concept-label" xlink: from = "label_originatingDocumentType_1109968582156_0" xlink: to = "label_ originatingDocumentType_1109968582156_1" xlink: title = "label: originatingDocumentType to label_originatingDocumentType"/>

<label xlink: type = "resource" xlink: label = "label _ originatingDocumentType _ 1109968582156_1" xlink: role = "http://www.xbrl.org/2003/role/documentation" xlink: title = "label_ originatingDocumentType" xml: lang = "en" id = "label _ originatingDocumentType _ 1109968582156_2">Originating document type-order, acknowledgement, confirmation, shipment, delivery/receipt, invoice, payment, etc.(原始凭证类型：订单、通知书、确认书、发货单、收货单、发票、支付等)</label>

(2) 展示链接库：部分内容如下。

<loc xlink: type = "locator" xlink: href = "../cor/gl-cor-2015-03-25.xsd#gl-cor_entryDetail" xlink: label = "entryDetail_1109969275653_0" xlink: title = "entryDetail"/>

<loc xlink: type = "locator" xlink: href = "gl-taf-2015-03-25.xsd#gl-taf_tickingField" xlink: label = "tickingField_1109969275653_1" xlink: title = "tickingField"/>

<presentationArc xlink: type = "arc" xlink: arcrole = "http://www.xbrl.org/2003/arcrole/parent-child" xlink: from = "entryDetail _ 1109969275653 _ 0" xlink: to = "tickingField _ 1109969275653_1" xlink: title = "presentation: entryDetail to tickingField" order = "301.0"/>

<loc xlink: type = "locator" xlink: href = "gl-taf-2015-03-25.xsd#gl-taf_uniqueConsignmentReference" xlink: label = "uniqueConsignmentReference_1109969289633_0" xlink: title = "uniqueConsignmentReference"/>

<presentationArc xlink: type = "arc" xlink: arcrole = "http://www.xbrl.org/2003/arc-

role/parent-child" xlink:from="entryDetail_1109969275653_0" xlink:to="uniqueConsignmentReference_1109969289633_0" xlink:title="presentation: entryDetail to uniqueConsignmentReference" order="303.0"/>

<loc xlink:type="locator" xlink:href="gl-taf-2015-03-25.xsd#gl-taf_originatingDocumentStructure" xlink:label="originatingDocumentStructure_1109969512894_0" xlink:title="originatingDocumentStructure"/>

<presentationArc xlink:type="arc" xlink:arcrole="http://www.xbrl.org/2003/arcrole/parent-child" xlink:from="entryDetail_1109969275653_0" xlink:to="originatingDocumentStructure_1109969512894_0" xlink:title="presentation: entryDetail to originatingDocumentStructure" order="304.0"/>

<loc xlink:type="locator" xlink:href="gl-taf-2015-03-25.xsd#gl-taf_originatingDocumentType" xlink:label="originatingDocumentType_1109969527395_0" xlink:title="originatingDocumentType"/>

<presentationArc xlink:type="arc" xlink:arcrole="http://www.xbrl.org/2003/arcrole/parent-child" xlink:from="originatingDocumentStructure_1109969512894_0" xlink:to="originatingDocumentType_1109969527395_0" xlink:title="presentation: originatingDocumentStructure to originatingDocumentType" order="1.0"/>

<loc xlink:type="locator" xlink:href="gl-taf-2015-03-25.xsd#gl-taf_originatingDocumentNumber" xlink:label="originatingDocumentNumber_1109969527395_1" xlink:title="originatingDocumentNumber"/>

<presentationArc xlink:type="arc" xlink:arcrole="http://www.xbrl.org/2003/arcrole/parent-child" xlink:from="originatingDocumentStructure_1109969512894_0" xlink:to="originatingDocumentNumber_1109969527395_1" xlink:title="presentation: originatingDocumentStructure to originatingDocumentNumber" order="2.0"/>

<loc xlink:type="locator" xlink:href="gl-taf-2015-03-25.xsd#gl-taf_originatingDocumentDate" xlink:label="originatingDocumentDate_1109969527395_2" xlink:title="originatingDocumentDate"/>

<presentationArc xlink:type="arc" xlink:arcrole="http://www.xbrl.org/2003/arcrole/parent-child" xlink:from="originatingDocumentStructure_1109969512894_0" xlink:to="originatingDocumentDate_1109969527395_2" xlink:title="presentation: originatingDocumentStructure to originatingDocumentDate" order="3.0"/>

<loc xlink:type="locator" xlink:href="gl-taf-2015-03-25.xsd#gl-taf_originatingDocumentIdentifierType" xlink:label="originatingDocumentIdentifierType_1109969527395_3" xlink:title="originatingDocumentIdentifierType"/>

<presentationArc xlink:type="arc" xlink:arcrole="http://www.xbrl.org/2003/arcrole/parent-child" xlink:from="originatingDocumentStructure_1109969512894_0" xlink:to="originatingDocumentIdentifierType_1109969527395_3" xlink:title="presentation: originatingDocumentStructure to originatingDocumentIdentifierType" order="4.0"/>

5. 美英概念(USK)

1) 模式文档

全部为元素定义,全部内容如下。

```
<element name="frequencyInterval" id="gl-usk_frequencyInterval" type="gl-usk:frequencyIntervalItemType" substitutionGroup="xbrli:item" nillable="true" xbrli:periodType="instant"/>
<element name="frequencyUnit" id="gl-usk_frequencyUnit" type="gl-usk:frequencyUnitItemType" substitutionGroup="xbrli:item" nillable="true" xbrli:periodType="instant"/>
<element name="jobCode" id="gl-usk_jobCode" type="gl-usk:jobCodeItemType" substitutionGroup="xbrli:item" nillable="true" xbrli:periodType="instant"/>
<element name="jobDescription" id="gl-usk_jobDescription" type="gl-usk:jobDescriptionItemType" substitutionGroup="xbrli:item" nillable="true" xbrli:periodType="instant"/>
<element name="jobPhaseCode" id="gl-usk_jobPhaseCode" type="gl-usk:jobPhaseCodeItemType" substitutionGroup="xbrli:item" nillable="true" xbrli:periodType="instant"/>
<element name="jobPhaseDescription" id="gl-usk_jobPhaseDescription" type="gl-usk:jobPhaseDescriptionItemType" substitutionGroup="xbrli:item" nillable="true" xbrli:periodType="instant"/>
<element name="jobActive" id="gl-usk_jobActive" type="gl-gen:activeItemType" substitutionGroup="xbrli:item" nillable="true" xbrli:periodType="instant"/>
<element name="lastDateRepeat" id="gl-usk_lastDateRepeat" type="gl-usk:lastDateRepeatItemType" substitutionGroup="xbrli:item" nillable="true" xbrli:periodType="instant"/>
<element name="nextDateRepeat" id="gl-usk_nextDateRepeat" type="gl-usk:nextDateRepeatItemType" substitutionGroup="xbrli:item" nillable="true" xbrli:periodType="instant"/>
<element name="recurringStdDescription" id="gl-usk_recurringStdDescription" type="gl-usk:recurringStdDescriptionItemType" substitutionGroup="xbrli:item" nillable="true" xbrli:periodType="instant"/>
<element name="repetitionsRemaining" id="gl-usk_repetitionsRemaining" type="gl-usk:repetitionsRemainingItemType" substitutionGroup="xbrli:item" nillable="true" xbrli:periodType="instant"/>
<element name="reverse" id="gl-usk_reverse" type="gl-usk:reverseTypeItemType" substitutionGroup="xbrli:item" nillable="true" xbrli:periodType="instant"/>
<element name="reversingDate" id="gl-usk_reversingDate" type="gl-usk:reversingDateItemType" substitutionGroup="xbrli:item" nillable="true" xbrli:periodType="in-
```

stant"/>

<element name="reversingStdId" id="gl-usk_reversingStdId" type="gl-usk:reversingStdIdItemType" substitutionGroup="xbrli:item" nillable="true" xbrli:periodType="instant"/>

<element name="endDateRepeatingEntry" id="gl-usk_endDateRepeatingEntry" type="gl-usk:endDateRepeatingEntryItemType" substitutionGroup="xbrli:item" nillable="true" xbrli:periodType="instant"/>

2) 链接库

(1) 标签链接库:部分内容如下。

<loc xlink:type="locator" xlink:href="../gl-usk-2015-03-25.xsd#gl-usk_frequencyInterval" xlink:label="frequencyInterval"/>

<label xlink:type="resource" xlink:label="frequencyInterval_lbl" xlink:role="http://www.xbrl.org/2003/role/documentation" xml:lang="en">For standard or recurring journals, how often entry may be made: every frequencyIntervalfrequencyUnit, such as every 7 (interval) days (unit) or every 1 (interval) quarter (unit). This field represents the interval.[对于标准的、经常性的日记账,指出登账频率,其内容包括时间间隔以及频率单位,例如每隔7(时间间隔)天(频率单位)或者每隔1(时间间隔)季度(频率单位)。本字段代表时间间隔。]
</label>

<labelArc xlink:type="arc" xlink:arcrole="http://www.xbrl.org/2003/arcrole/concept-label" xlink:from="frequencyInterval" xlink:to="frequencyInterval_lbl"/>

<label xlink:type="resource" xlink:label="frequencyInterval_lbl" xlink:role="http://www.xbrl.org/2003/role/label" xlink:title="gl-usk_frequencyInterval_en" xml:lang="en">Frequency Interval(频率间隔)</label>

<loc xlink:type="locator" xlink:href="../gl-usk-2015-03-25.xsd#gl-usk_frequencyUnit" xlink:label="frequencyUnit"/>

<label xlink:type="resource" xlink:label="frequencyUnit_lbl" xlink:role="http://www.xbrl.org/2003/role/documentation" xml:lang="en">For standard or recurring journals, how often entry may be made: every frequencyInterval frequencyUnit, such as every 7 (interval) days (unit) or every 1 (interval) quarter (unit). This field represents the unit. [对于标准的、经常性的日记账,指出登账频率,其内容包括时间间隔以及频率单位,例如每隔7(时间间隔)天(频率单位)或者每隔1(时间间隔)季度(频率单位)。本字段代表频率单位。]
</label>

<labelArc xlink:type="arc" xlink:arcrole="http://www.xbrl.org/2003/arcrole/concept-label" xlink:from="frequencyUnit" xlink:to="frequencyUnit_lbl"/>

<label xlink:type="resource" xlink:label="frequencyUnit_lbl" xlink:role="http://www.xbrl.org/2003/role/label" xlink:title="gl-usk_frequencyUnit_en" xml:lang="en">Frequency Unit(频率单位)</label>

<loc xlink:type="locator" xlink:href="../gl-usk-2015-03-25.xsd#gl-usk_jobCode"

xlink:label="jobCode"/>

<label xlink:type="resource" xlink:label="jobCode_lbl" xlink:role="http://www.xbrl.org/2003/role/documentation" xml:lang="en">Associated job number or code. This could be built into the account, but many systems maintain a separate job coding system. Use primarily if job identification is a separate system, and not considered part of the chart of accounts.(和工作编号或代码有关。这个元素可以嵌入至账户中,但是需要系统维护独立的工作代码系统。如果工作标识符是一个独立系统,直接进行使用,并且不要误认为是账户的一部分。)</label>

<labelArc xlink:type="arc" xlink:arcrole="http://www.xbrl.org/2003/arcrole/concept-label" xlink:from="jobCode" xlink:to="jobCode_lbl"/>

<label xlink:type="resource" xlink:label="jobCode_lbl"xlink:role="http://www.xbrl.org/2003/role/label" xlink:title="gl-usk_jobCode_en" xml:lang="en">Job Identifier(工作标识符)</label>

<loc xlink:type="locator" xlink:href="../gl-usk-2015-03-25.xsd#gl-usk_jobDescription" xlink:label="jobDescription"/>

<label xlink:type="resource" xlink:label="jobDescription_lbl" xlink:role="http://www.xbrl.org/2003/role/documentation" xml:lang="en">Description of job(工作的描述)</label>

<labelArc xlink:type="arc" xlink:arcrole="http://www.xbrl.org/2003/arcrole/concept-label" xlink:from="jobDescription" xlink:to="jobDescription_lbl"/>

<label xlink:type="resource" xlink:label="jobDescription_lbl" xlink:role="http://www.xbrl.org/2003/role/label" xlink:title="gl-usk_jobDescription_en" xml:lang="en">Job Description(工作描述)</label>

<loc xlink:type="locator" xlink:href="../gl-usk-2015-03-25.xsd#gl-usk_jobPhaseCode" xlink:label="jobPhaseCode"/>

<label xlink:type="resource" xlink:label="jobPhaseCode_lbl" xlink:role="http://www.xbrl.org/2003/role/documentation" xml:lang="en">Job code, phase, activity. Allows greater granularity than a simple job number. Although the core only reaches down from job to phases, this can be customized to extend down to cost codes.(工作代码、阶段、活动。允许使用比简单工作编码更细的粒度。虽然其基本内容给出了从工作到阶段的细化,但也可以进一步定制,细化至成本代码。)</label>

<labelArc xlink:type="arc" xlink:arcrole="http://www.xbrl.org/2003/arcrole/concept-label" xlink:from="jobPhaseCode" xlink:to="jobPhaseCode_lbl"/>

<label xlink:type="resource" xlink:label="jobPhaseCode_lbl" xlink:role="http://www.xbrl.org/2003/role/label" xlink:title="gl-usk_jobPhaseCode_en" xml:lang="en">Job Phase(工作阶段)</label>

<loc xlink:type="locator" xlink:href="../gl-usk-2015-03-25.xsd#gl-usk_jobPhaseDescription" xlink:label="jobPhaseDescription"/>

<label xlink:type="resource" xlink:label="jobPhaseDescription_lbl" xlink:role="ht-

tp://www.xbrl.org/2003/role/documentation" xml:lang="en">Description of Job code, phase, activity(工作代码、阶段、活动的描述)</label>

<labelArc xlink:type="arc" xlink:arcrole="http://www.xbrl.org/2003/arcrole/concept-label" xlink:from="jobPhaseDescription" xlink:to="jobPhaseDescription_lbl"/>

(2) 展示链接库:部分内容如下。

<loc xlink:type="locator" xlink:href="../cor/gl-cor-2015-03-25.xsd#gl-cor_entryHeader" xlink:label="entryHeader_1107630698013_0" xlink:title="presentation: accountingEntries to entryHeader"/>

<loc xlink:type="locator" xlink:href="gl-usk-2015-03-25.xsd#gl-usk_endDateRepeatingEntry" xlink:label="endDateRepeatingEntry_1107630123076_1" xlink:title="endDateRepeatingEntry"/>

<presentationArc xlink:type="arc" xlink:arcrole="http://www.xbrl.org/2003/arcrole/parent-child" xlink:from="entryHeader_1107630698013_0" xlink:to="endDateRepeatingEntry_1107630123076_1" xlink:title="presentation: entryHeader to endDateRepeatingEntry" order="270.0"/>

<loc xlink:type="locator" xlink:href="../cor/gl-cor-2015-03-25.xsd#gl-cor_entryHeader" xlink:label="entryHeader_1112797124749_0" xlink:title="entryHeader"/>

<loc xlink:type="locator" xlink:href="gl-usk-2015-03-25.xsd#gl-usk_reverse" xlink:label="reverse_1112797124749_1" xlink:title="reverse"/>

<presentationArc xlink:type="arc" xlink:arcrole="http://www.xbrl.org/2003/arcrole/parent-child" xlink:from="entry Header_1112797124749_0" xlink:to="reverse_1112797124749_1" xlink:title="presentation: entryHeader to reverse" order="280.0"/>

<loc xlink:type="locator" xlink:href="gl-usk-2015-03-25.xsd#gl-usk_reversingDate" xlink:label="reversingDate_1112797124749_2" xlink:title="reversingDate"/>

<presentationArc xlink:type="arc" xlink:arcrole="http://www.xbrl.org/2003/arcrole/parent-child" xlink:from="entryHeader_1112797124749_0" xlink:to="reversingDate_1112797124749_2" xlink:title="presentation: entryHeader to reversingDate" order="290.0"/>

<loc xlink:type="locator" xlink:href="gl-usk-2015-03-25.xsd#gl-usk_reversingStdId" xlink:label="reversingStdId_1112797342131_0" xlink:title="reversingStdId"/>

<presentationArc xlink:type="arc" xlink:arcrole="http://www.xbrl.org/2003/arcrole/parent-child" xlink:from="entryHeader_1112797124749_0" xlink:to="reversingStdId_1112797342131_0" xlink:title="presentation: entryHeader to reversingStdId" order="205.0"/>

<loc xlink:type="locator" xlink:href="gl-usk-2015-03-25.xsd#gl-usk_frequencyInterval" xlink:label="frequencyInterval_1112797342131_1" xlink:title="frequencyInterval"/>

<presentationArc xlink:type="arc" xlink:arcrole="http://www.xbrl.org/2003/arcrole/parent-child" xlink:from="entryHeader_1112797124749_0" xlink:to="frequencyInterval_

```xml
1112797342131_1" xlink:title="presentation: entryHeader to frequencyInterval" order="220.0"/>
    <loc xlink:type="locator" xlink:href="gl-usk-2015-03-25.xsd#gl-usk_recurringStdDescription" xlink:label="recurringStdDescription_1112797376821_0" xlink:title="recurringStdDescription"/>
    <presentationArc xlink:type="arc" xlink:arcrole="http://www.xbrl.org/2003/arcrole/parent-child" xlink:from="entryHeader_1112797124749_0" xlink:to="recurringStdDescription_1112797376821_0" xlink:title="presentation: entryHeader to recurringStdDescription" order="210.0"/>
    <loc xlink:type="locator" xlink:href="gl-usk-2015-03-25.xsd#gl-usk_frequencyUnit" xlink:label="frequencyUnit_1112797400666_0" xlink:title="frequencyUnit"/>
    <presentationArc xlink:type="arc" xlink:arcrole="http://www.xbrl.org/2003/arcrole/parent-child" xlink:from="entryHeader_1112797124749_0" xlink:to="frequencyUnit_1112797400666_0" xlink:title="presentation: entryHeader to frequencyUnit" order="230.0"/>
```

6. 通用(GEN)

1) 模式文档

全部为类型定义,部分内容如下。

```xml
<complexType name="accountPurposeCodeItemType">
    <simpleContent>
        <restriction base="xbrli:tokenItemType">
            <enumeration value="consolidating"/>
            <enumeration value="european"/>
            <enumeration value="ifrs"/>
            <enumeration value="offsetting"/>
            <enumeration value="primary"/>
            <enumeration value="tax"/>
            <enumeration value="usgaap"/>
            <enumeration value="japanese"/>
            <enumeration value="other"/>
        </restriction>
    </simpleContent>
</complexType>
<complexType name="accountTypeItemType">
    <simpleContent>
        <restriction base="xbrli:tokenItemType">
            <enumeration value="account"/>
            <enumeration value="bank"/>
```

```
            <enumeration value="employee"/>
            <enumeration value="customer"/>
            <enumeration value="job"/>
            <enumeration value="vendor"/>
            <enumeration value="measurable"/>
            <enumeration value="statistical"/>
            <enumeration value="other"/>
        </restriction>
    </simpleContent>
</complexType>
```

7. 调色板(PLT)

调色板是真正的用户使用入口,它将基础模块组织成不同的组合(其物理形式为文件夹),供相应的用户使用。分类标准中的组合共有 8 个,分别为 case-c、case-c-b、case-c-b-m、case-c-b-m-u、case-c-b-m-u-t、case-c-b-m-u-t-s、case-c-b-t 和 case-c-t。限于篇幅,本书仅给出最完整的一种组合 case-c-b-m-u-t-s 中文件的部分代码。

组合 case-c-b-m-u-t-s 中共有 8 个文件。

1) gl-bus-content-2015-03-25.xsd

该文档中仅有类型定义,这些类型主要是将来自 BUS 模块的元素和来自 XBRL 2.1 规范的类型打包为新的类型。

(1) 基于 BUS 模块的类型定义:例如,类型 organizationAddressComplexType(组织地址复杂类型)的定义。

```
<complexType name="organizationAddressComplexType">
    <complexContent>
        <restriction base="anyType">
            <sequence>
                <element ref="gl-bus:organizationAddressName" minOccurs="0" maxOccurs="1"/>
                <element ref="gl-bus:organizationAddressDescription" minOccurs="0" maxOccurs="1"/>
                <element ref="gl-bus:organizationAddressPurpose" minOccurs="0" maxOccurs="1"/>
                <element ref="gl-bus:organizationAddressLocationIdentifier" minOccurs="0" maxOccurs="1"/>
                <element ref="gl-bus:organizationBuildingNumber" minOccurs="0" maxOccurs="1"/>
                <element ref="gl-bus:organizationAddressStreet" minOccurs="0"
```

```
maxOccurs="1"/>
                    <element ref="gl-bus:organizationAddressStreet2" minOccurs="0"
maxOccurs="1"/>
                    <element ref="gl-bus:organizationAddressCity" minOccurs="0" max-
Occurs="1"/>
                    <element ref="gl-bus:organizationAddressStateOrProvince" minOc-
curs="0" maxOccurs="1"/>
                    <element ref="gl-bus:organizationAddressZipOrPostalCode" minOc-
curs="0" maxOccurs="1"/>
                    <element ref="gl-bus:organizationAddressCountry" minOccurs="0"
maxOccurs="1"/>
                    <element ref="gl-bus:organizationAddressActive" minOccurs="0"
maxOccurs="1"/>
                </sequence>
                <attribute name="id" type="ID"/>
            </restriction>
        </complexContent>
    </complexType>
```

（2）基于 XBRL 2.1 规范的类型定义：例如，类型 creatorItemType（创建人数据项类型）的定义。

```
<complexType name="creatorItemType">
    <simpleContent>
        <restriction base="xbrli:stringItemType">
        </restriction>
    </simpleContent>
</complexType>
```

2）gl-cor-content-2015-03-25.xsd

该文档中仅有类型定义，这些类型主要是将来自 COR 模块的元素、其他 content 文件的复杂类型和来自 XBRL 2.1 规范的类型打包为新的类型。

（1）基于 COR 模块和其他 content 文件复杂类型的类型定义：例如，类型 documentInfoComplexType（文档信息复杂类型）的定义。

```
<complexType name="documentInfoComplexType">
    <complexContent>
        <restriction base="anyType">
            <sequence>
                <element ref="gl-cor:entriesType" maxOccurs="1"/>
```

```
<element ref="gl-cor:uniqueID" minOccurs="0" maxOccurs="1"/>
<element ref="gl-cor:revisesUniqueID" minOccurs="0" maxOccurs="1"/>
<element ref="gl-cor:revisesUniqueIDAction" minOccurs="0" maxOccurs="1"/>
<element ref="gl-cor:language" minOccurs="0" maxOccurs="1"/>
<element ref="gl-cor:creationDate" minOccurs="0" maxOccurs="1"/>
<element ref="gl-bus:creator" minOccurs="0" maxOccurs="1"/>
<element ref="gl-cor:entriesComment" minOccurs="0" maxOccurs="1"/>
<element ref="gl-cor:periodCoveredStart" minOccurs="0" maxOccurs="1"/>
<element ref="gl-cor:periodCoveredEnd" minOccurs="0" maxOccurs="1"/>
<element ref="gl-bus:periodCount" minOccurs="0" maxOccurs="1"/>
<element ref="gl-bus:periodUnit" minOccurs="0" maxOccurs="1"/>
<element ref="gl-bus:periodUnitDescription" minOccurs="0" maxOccurs="1"/>
<element ref="gl-bus:sourceApplication" minOccurs="0" maxOccurs="1"/>
<element ref="gl-bus:targetApplication" minOccurs="0" maxOccurs="1"/>
<element ref="gl-muc:defaultCurrency" minOccurs="0" maxOccurs="1"/>
<element ref="gl-srcd:summaryReportingTaxonomies" minOccurs="0" maxOccurs="unbounded"/>
      </sequence>
      <attribute name="id" type="ID"/>
    </restriction>
  </complexContent>
</complexType>
```

(2) 基于 XBRL 2.1 规范的类型定义:例如,类型 uniqueIDItemType(唯一标识符数据项类型)的定义。

```
<complexType name="uniqueIDItemType">
  <simpleContent>
```

```
        <restriction base="xbrli:stringItemType">
        </restriction>
    </simpleContent>
</complexType>
```

3) gl-muc-content-2015-03-25.xsd

该文档中仅有类型定义，这些类型主要是将来自 MUC 模块的元素和来自 XBRL 2.1 规范的类型打包为新的类型。

(1) 基于 MUC 模块的类型定义：例如，类型 multicurrencyDetailComplexType（多币种细节复杂类型）的定义。

```
<complexType name="multicurrencyDetailComplexType" id="gl-muc_multicurrencyDetailComplexType">
    <complexContent>
        <restriction base="anyType">
            <sequence>
                <element minOccurs="0" ref="gl-muc:multicurrencyDetailExchangeRateDate"/>
                <element minOccurs="0" ref="gl-muc:amountRestatedAmount"/>
                <element minOccurs="0" ref="gl-muc:amountRestatedCurrency"/>
                <element minOccurs="0" ref="gl-muc:amountRestatedExchangeRate"/>
                <element minOccurs="0" ref="gl-muc:amountRestatedExchangeRateSource"/>
                <element minOccurs="0" ref="gl-muc:amountRestatedExchangeRateType"/>
                <element minOccurs="0" ref="gl-muc:amountTriangulationAmount"/>
                <element minOccurs="0" ref="gl-muc:amountTriangulationCurrency"/>
                <element minOccurs="0" ref="gl-muc:amountTriangulationExchangeRate"/>
                <element minOccurs="0" ref="gl-muc:amountTriangulationExchangeRateSource"/>
                <element minOccurs="0" ref="gl-muc:amountTriangulationExchangeRateType"/>
                <element minOccurs="0" ref="gl-muc:restatedTriangulationEx-
```

```
changeRate"/>
                        <element minOccurs="0" ref="gl-muc:restatedExchangeRateT-
riangulationSource"/>
                        <element minOccurs="0" ref="gl-muc:restatedExchangeRateT-
riangulationType"/>
                        <element minOccurs="0" maxOccurs="1" ref="gl-muc:multicur-
rencyDetailComment"/>
                </sequence>
                <attribute name="id" type="ID"/>
            </restriction>
        </complexContent>
```

(2) 基于 XBRL 2.1 规范的类型定义:例如,类型 currencyItemType(币种数据项类型)的定义。

```
<complexType name="currencyItemType">
    <simpleContent>
        <restriction base="xbrli:QNameItemType"/>
    </simpleContent>
</complexType>
```

4) gl-plt-all-2015-03-25. xsd

导入 gl-cor-content-2015-03-25. xsd 文档,构成访问接口。

```
<import namespace="http://www.xbrl.org/int/gl/cor/2015-03-25" schemaLocation=
"gl-cor-content-2015-03-25.xsd"/>
```

5) gl-plt-en-2015-03-25. xsd

导入 gl-cor-content-2015-03-25. xsd 文档,构成访问接口。本文件与 gl-cor-content-2015-03-25. xsd 的内容基本相同,其含义是为英语环境提供一个单独的访问接口。

```
<import namespace="http://www.xbrl.org/int/gl/cor/2015-03-25" schemaLocation=
"gl-cor-content-2015-03-25.xsd"/>
```

6) gl-srcd-content-2015-03-25. xsd

该文档中仅有类型定义,这些类型主要是将来自 SRCD 模块的元素打包为新的类型。全部内容如下。

```
<complexType name="summarySegmentComplexType">
    <sequence>
        <element maxOccurs="unbounded" minOccurs="0" ref="gl-srcd:summarySeg-
```

```
mentExplicitDimension"/>
            <element maxOccurs="unbounded" minOccurs="0" ref="gl-srcd:summarySeg-
mentTypedDimension"/>
            <element maxOccurs="unbounded" minOccurs="0" ref="gl-srcd:summarySeg-
mentSimpleElementContent"/>
            <element maxOccurs="unbounded" minOccurs="0" ref="gl-srcd:summarySeg-
mentContents"/>
        </sequence>
        <attribute name="id" type="ID"/>
    </complexType>
    <complexType name="summaryScenarioComplexType">
        <sequence>
            <element maxOccurs="unbounded" minOccurs="0" ref="gl-srcd:summarySce-
narioExplicitDimension"/>
            <element maxOccurs="unbounded" minOccurs="0" ref="gl-srcd:summarySce-
narioTypedDimension"/>
            <element maxOccurs="unbounded" minOccurs="0" ref="gl-srcd:summarySce-
narioSimpleElementContent"/>
            <element maxOccurs="unbounded" minOccurs="0" ref="gl-srcd:summarySce-
narioContents"/>
        </sequence>
        <attribute name="id" type="ID"/>
    </complexType>
```

7）gl-taf-content-2015-03-25. xsd

该文档中仅有类型定义，这些类型主要是将来自 TAF 模块的元素和来自 XBRL 2.1 规范的类型打包为新的类型。

（1）基于 TAF 模块的类型定义：例如，类型 originatingDocumentStructureComplexType(原始文档结构复杂类型)的定义。

```
    <complexType name="originatingDocumentStructureComplexType">
        <complexContent>
            <restriction base="anyType">
                <sequence minOccurs="1">
                        <element minOccurs="0" ref="gl-taf:originatingDocumentType"/>
                        <element minOccurs="0" ref="gl-taf:originatingDocumentNumber"/>
                        <element minOccurs="0" ref="gl-taf:originatingDocumentDate"/>
                        <element minOccurs="0" ref="gl-taf:originatingDocumentIdentifi-
erType"/>
```

```
            <element minOccurs = "0" ref = "gl-taf: originatingDocumentIdenti-
fierCode"/>
            <element minOccurs = " 0 " ref = " gl-taf: originatingDocumentIdentifi-
erTaxCode"/>
        </sequence>
        <attribute name="id" type="ID"/>
      </restriction>
    </complexContent>
  </complexType>
```

(2) 基于 XBRL 2.1 规范的类型定义:例如,类型 taxVerificationDateItemType(传真校验日期数据项类型)的定义。

```
<complexType name="taxVerificationDateItemType">
    <simpleContent>
        <restriction base="xbrli:dateTimeItemType"/>
    </simpleContent>
</complexType>
```

8) gl-usk-content-2015-03-25.xsd

该文档中仅有类型定义,这些类型主要是将来自 XBRL 2.1 规范的类型打包为新的类型。例如,类型 jobCodeItemType(作业代码数据项类型)的定义。

```
<complexType name="jobCodeItemType">
    <simpleContent>
        <restriction base="xbrli:stringItemType"/>
    </simpleContent>
</complexType>
```

8. 汇总报告上下文数据(SRCD)

1) 模式文档

其内容包括类型和元素定义。

(1) 类型定义:部分内容如下。

```
<complexType name="summaryPrecisionDecimalsComplexType">
    <choice>
        <element ref="gl-srcd:summaryPrecision"/>
        <element ref="gl-srcd:summaryPrecisionINF"/>
        <element ref="gl-srcd:summaryDecimals"/>
        <element ref="gl-srcd:summaryDecimalsINF"/>
    </choice>
```

```
        <attribute name="id" type="ID"/>
    </complexType>
    <complexType name="summaryPrecisionItemType">
        <simpleContent>
            <restriction base="xbrli:nonNegativeIntegerItemType"/>
        </simpleContent>
    </complexType>
    <complexType name="summaryPrecisionINFItemType">
        <simpleContent>
          <restriction base="xbrli:stringItemType">
            <length value="0"/>
            </restriction>
        </simpleContent>
    </complexType>
```

(2) 元素定义:部分内容如下。

```
<element name="summaryPrecisionDecimals" id="gl-srcd_summaryPrecisionDecimals" type="gl-srcd:summaryPrecisionDecimalsComplexType" substitutionGroup="xbrli:tuple" nillable="true"/>
<element name="summaryPrecision" id="gl-srcd_summaryPrecision" type="gl-srcd:summaryPrecisionItemType" substitutionGroup="xbrli:item" nillable="true" xbrli:periodType="instant"/>
<element name="summaryPrecisionINF" id="gl-srcd_summaryPrecisionINF" type="gl-srcd:summaryPrecisionINFItemType" substitutionGroup="xbrli:item" nillable="true" xbrli:periodType="instant"/>
<element name="summaryDecimals" id="gl-srcd_summaryDecimals" type="gl-srcd:summaryDecimalsItemType" substitutionGroup="xbrli:item" nillable="true" xbrli:periodType="instant"/>
<element name="summaryDecimalsINF" id="gl-srcd_summaryDecimalsINF" type="gl-srcd:summaryDecimalsINFItemType" substitutionGroup="xbrli:item" nillable="true" xbrli:periodType="instant"/>
<element name="summaryTuplePath" id="gl-srcd_summaryTuplePath" type="gl-srcd:summaryTuplePathItemType" substitutionGroup="xbrli:item" nillable="true" xbrli:periodType="instant"/>
<element name="detailedContentFilter" id="gl-srcd_detailedContentFilter" type="gl-srcd:detailedContentFilterItemType" substitutionGroup="xbrli:item" nillable="true" xbrli:periodType="instant"/>
<element name="reportingDateSelector" id="gl-srcd_reportingDateSelector" type="gl-srcd:reportingDateSelectorItemType" substitutionGroup="xbrli:item" nillable="true"
```

xbrli:periodType="instant"/>

<element name="summaryContext" id="gl-srcd_summaryContext" type="gl-srcd:summaryContextComplexType" substitutionGroup="xbrli:tuple" nillable="true"/>

<element name="summaryEntity" id="gl-srcd_summaryEntity" type="gl-srcd:summaryEntityComplexType" substitutionGroup="xbrli:tuple" nillable="true"/>

<element name="summaryIdentifier" id="gl-srcd_summaryIdentifier" type="gl-srcd:summaryIdentifierItemType" substitutionGroup="xbrli:item" nillable="true" xbrli:periodType="instant"/>

<element name="summaryScheme" id="gl-srcd_summaryScheme" type="gl-srcd:summarySchemeItemType" substitutionGroup="xbrli:item" nillable="true" xbrli:periodType="instant"/>

<element name="summarySegment" id="gl-srcd_summarySegment" type="gl-srcd:summarySegmentComplexType" substitutionGroup="xbrli:tuple" nillable="true"/>

2）链接库

（1）标签链接库:部分内容如下。

<link:loc xlink:type="locator" xlink:href="../gl-srcd-2015-03-25.xsd#gl-srcd_summaryScenarioSimpleElementValue" xlink:label="summary ScenarioSimpleElementValue" xlink:title="summaryScenarioSimpleElementValue"/>

<link:label xlink:type="resource" xlink:label="label_summaryScenarioSimpleElementValue" xlink:role="http://www.xbrl.org/2003/role/label" xlink:title="label_summaryScenarioSimpleElementValue" xml:lang="en" id="label_summaryScenarioSimpleElementValue">Summary Scenario Simple Element Value(汇总场景的简单元素值)</link:label>

<link:labelArc xlink:type="arc" xlink:arcrole="http://www.xbrl.org/2003/arcrole/concept-label" xlink:from="summaryScenarioSimpleElementValue" xlink:to="label_summaryScenarioSimpleElementValue" xlink:title="label: summaryScenarioSimpleElementValue to label_summaryScenarioSimpleElementValue"/>

<link:label xlink:type="resource" xlink:label="label_summaryScenarioSimpleElementValue_2" xlink:role="http://www.xbrl.org/2003/role/documentation" xlink:title="label_summaryScenarioSimpleElementValue" xml:lang="en" id="label_summaryScenarioSimpleElementValue_2">The value of the scenario simple element content.(场景的简单元素内容的值。)</link:label>

<link:labelArc xlink:type="arc" xlink:arcrole="http://www.xbrl.org/2003/arcrole/concept-label" xlink:from="summaryScenarioSimpleElementValue" xlink:to="label_summaryScenarioSimpleElementValue_2" xlink:title="label: summaryScenarioSimpleElementValue to label_summaryScenarioSimpleElementValue"/>

<link:loc xlink:type="locator" xlink:href="../gl-srcd-2015-03-25.xsd#gl-srcd_summaryScenarioSimpleElementContent" xlink:label="summaryScenarioSimpleElementContent" xlink:title="summaryScenarioSimpleElementContent"/>

<link:label xlink:type="resource" xlink:label="label_summaryScenarioSimpleElementContent" xlink:role="http://www.xbrl.org/2003/role/label" xlink:title="label_summaryScenarioSimpleElementContent" xml:lang="en" id="label_summaryScenarioSimpleElementContent">Summary Scenario Simple Element Content（汇总场景的简单元素内容）</link:label>

<link:labelArc xlink:type="arc" xlink:arcrole="http://www.xbrl.org/2003/arcrole/concept-label" xlink:from="summaryScenarioSimpleElementContent" xlink:to="label_summaryScenarioSimpleElementContent" xlink:title="label: summaryScenarioSimpleElementContent to label_summaryScenarioSimpleElementContent"/>

<link:label xlink:type="resource" xlink:label="label_summaryScenarioSimpleElementContent_2" xlink:role="http://www.xbrl.org/2003/role/documentation" xlink:title="label_summaryScenarioSimpleElementContent" xml:lang="en" id="label_summaryScenarioSimpleElementContent_2">This structure allows to explicitly indicate the information related to a simple element in the scenario of the context for a fact in the FR instance.（对于财务报告实例中的一个事实，其上下文中的场景子元素包含了一个简单元素。本结构显式说明这个简单元素的相关信息。）</link:label>

<link:labelArc xlink:type="arc" xlink:arcrole="http://www.xbrl.org/2003/arcrole/concept-label" xlink:from="summaryScenarioSimpleElementContent" xlink:to="label_summaryScenarioSimpleElementContent_2" xlink:title="label: summaryScenarioSimpleElementContent to label_summaryScenarioSimpleElementContent"/>

<link:loc xlink:type="locator" xlink:href="../gl-srcd-2015-03-25.xsd#gl-srcd_summaryScenarioSimpleElementContentElement" xlink:label="summarySimpleScenarioElementContentElement" xlink:title="summarySimpleScenarioElementContentElement"/>

<link:label xlink:type="resource" xlink:label="label_summarySimpleScenarioElementContentElement" xlink:role="http://www.xbrl.org/2003/role/label" xlink:title="label_summarySimpleScenarioElementContentElement" xml:lang="en" id="label_summarySimpleScenarioElementContentElement">Summary Scenario Simple Element（汇总场景的简单元素）</link:label>

<link:labelArc xlink:type="arc" xlink:arcrole="http://www.xbrl.org/2003/arcrole/concept-label" xlink:from="summarySimpleScenarioElementContentElement" xlink:to="label_summarySimpleScenarioElementContentElement" xlink:title="label: summarySimpleScenarioElementContentElement to label_summarySimpleScenarioElementContentElement"/>

<link:label xlink:type="resource" xlink:label="label_summarySimpleScenarioElementContentElement_2" xlink:role="http://www.xbrl.org/2003/role/documentation" xlink:title="label_summarySimpleScenarioElementContentElement" xml:lang="en" id="label_summarySimpleScenarioElementContentElement_2">QName for the scenario simple element, if appropriate.（如果需要，本元素也可以给出汇总场景的简单元素的QName。）</link:label>

<link:labelArc xlink:type="arc" xlink:arcrole="http://www.xbrl.org/2003/arcrole/

concept-label" xlink:from="summarySimpleScenarioElementContentElement" xlink:to="label_summarySimpleScenarioElementContentElement_2" xlink:title="label: summarySimpleScenarioElementContentElement to label_summarySimpleScenarioElementContentElement"/>

<link:loc xlink:type="locator" xlink:href="../gl-srcd-2015-03-25.xsd#gl-srcd_summaryScenarioContents" xlink:label="summaryScenarioContents" xlink:title="summaryScenarioContents"/>

<link:label xlink:type="resource" xlink:label="label_summaryScenarioContents" xlink:role="http://www.xbrl.org/2003/role/label" xlink:title="label_summaryScenarioContents" xml:lang="en" id="label_summaryScenarioContents">Summary Scenaio Non Dimensional Contents(汇总场景中的非维度内容)</link:label>

<link:labelArc xlink:type="arc" xlink:arcrole="http://www.xbrl.org/2003/arcrole/concept-label" xlink:from="summaryScenarioContents" xlink:to="label_summaryScenarioContents" xlink:title="label: summaryScenarioContents to label_summaryScenarioContents"/>

<link:label xlink:type="resource" xlink:label="label_summaryScenarioContents_2" xlink:role="http://www.xbrl.org/2003/role/documentation" xlink:title="label_summaryScenarioContents" xml:lang="en" id="label_summaryScenarioContents_2">The value must be CDATA and a valid XML fragment.(元素值必须是CDATA类型或者一个合法的XML片段。)</link:label>

<link:labelArc xlink:type="arc" xlink:arcrole="http://www.xbrl.org/2003/arcrole/concept-label" xlink:from="summaryScenarioContents" xlink:to="label_summaryScenarioContents_2" xlink:title="label: summaryScenarioContents to label_summaryScenarioContents"/>

(2) 展示链接库:部分内容如下。

<link:loc xlink:type="locator" xlink:href="../cor/gl-cor-2015-03-25.xsd#gl-cor_documentInfo" xlink:label="documentInfo" xlink:title="documentInfo"/>

<link:loc xlink:type="locator" xlink:href="gl-srcd-2015-03-25.xsd#gl-srcd_summaryReportingTaxonomies" xlink:label="summaryReportingTaxonomies" xlink:title="summaryReportingTaxonomies"/>

<link:presentationArc xlink:type="arc" xlink:arcrole="http://www.xbrl.org/2003/arcrole/parent-child" xlink:from="documentInfo" xlink:to="summaryReportingTaxonomies" xlink:title="presentation: documentInfo to summaryReportingTaxonomies" order="150.0"/>

<link:loc xlink:type="locator" xlink:href="gl-srcd-2015-03-25.xsd#gl-srcd_summaryReportingTaxonomyID" xlink:label="summaryReportingTaxonomyID" xlink:title="summaryReportingTaxonomyID"/>

<link:presentationArc xlink:type="arc" xlink:arcrole="http://www.xbrl.org/2003/

arcrole/parent-child" xlink:from="summaryReportingTaxonomies" xlink:to="summaryReportingTaxonomyID" xlink:title="presentation: summaryReportingTaxonomies to summaryReportingTaxonomyID" order="10.0"/＞

＜link:loc xlink:type="locator" xlink:href="gl-srcd-2015-03-25.xsd#gl-srcd_summaryReportingTaxonomySchemaRefHref" xlink:label="summaryReportingTaxonomySchemaRefLocation" xlink:title="summaryReportingTaxonomySchemaRefLocation"/＞

＜link:presentationArc xlink:type="arc" xlink:arcrole="http://www.xbrl.org/2003/arcrole/parent-child" xlink:from="summaryReportingTaxonomies" xlink:to="summaryReportingTaxonomySchemaRefLocation" xlink:title="presentation: summaryReportingTaxonomies to summaryReportingTaxonomySchemaRefLocation" order="30.0"/＞

＜link:loc xlink:type="locator" xlink:href="gl-srcd-2015-03-25.xsd#gl-srcd_summaryReportingTaxonomyHeader" xlink:label="summaryReportingTaxonomyHeader" xlink:title="summaryReportingTaxonomyHeader"/＞

＜link:presentationArc xlink:type="arc" xlink:arcrole="http://www.xbrl.org/2003/arcrole/parent-child" xlink:from="summaryReportingTaxonomies" xlink:to="summaryReportingTaxonomyHeader" xlink:title="presentation: summaryReportingTaxonomies to summaryReportingTaxonomyHeader" order="40.0"/＞

＜link:loc xlink:type="locator" xlink:href="gl-srcd-2015-03-25.xsd#gl-srcd_summaryReportingTaxonomyDescription" xlink:label="summaryReportingTaxonomyDescription" xlink:title="summaryReportingTaxonomyDescription"/＞

＜link:presentationArc xlink:type="arc" xlink:arcrole="http://www.xbrl.org/2003/arcrole/parent-child" xlink:from="summaryReportingTaxonomies" xlink:to="summaryReportingTaxonomyDescription" xlink:title="presentation: summaryReportingTaxonomies to summaryReportingTaxonomyDescription" order="50.0"/＞

＜link:loc xlink:type="locator" xlink:href="../cor/gl-cor-2015-03-25.xsd#gl-cor_entryDetail" xlink:label="entryDetail" xlink:title="entryDetail"/＞

＜link:loc xlink:type="locator" xlink:href="gl-srcd-2015-03-25.xsd#gl-srcd_richTextComment" xlink:label="richTextComment" xlink:title="richTextComment"/＞

＜link:presentationArc xlink:type="arc" xlink:arcrole="http://www.xbrl.org/2003/arcrole/parent-child" xlink:from="entryDetail" xlink:to="richTextComment" xlink:title="presentation: entryDetail to richTextComment" order="310.0"/＞

＜link:loc xlink:type="locator" xlink:href="gl-srcd-2015-03-25.xsd#gl-srcd_richTextComment Code" xlink:label="rich TextComment Code" xlink:title="rich TextComment-Code"/＞

＜link:presentationArc xlink:type="arc" xlink:arcrole="http://www.xbrl.org/2003/arcrole/parent-child" xlink:from="richTextComment" xlink:to="richTextCommentCode" xlink:title="presentation: richTextComment to richTextCommentCode" order="10.0"/＞

附录 2

OCEG GRC-XML COSO 分类标准元素列表

本书附录 2 翻译整理自 2011 年 1 月 20 日 OCEG 颁布的 GRC-XML COSO 分类标准 1.0 版本。由于 OCEG GRC-XML COSO 分类标准中元素类型与结构比较简单,我们此处以展示关系给出其全部元素列表,并将其标签翻译为中文同时给出。

序号	元素名	标　　签	深度	顺序
1	ACT-010-INB	进货	0	1
2	ACT-010-INB-REC	接收	1	1
3	OBJ-010-INB-REC-001	只接收经过适当订购的项目	2	1
4	OBJ-CTP-001	运营	3	1
5	RSK-010-INB-REC-001	进货活动难以取得采购订单信息	3	2
6	CTA-010-INB-REC-001	将已收到的物料,包括对收到的数量的核实证明,与经过适当批准的采购订单进行比较。不接收未适当订购的货物	4	1
7	CTA-010-INB-REC-002	在缺乏有效采购订单而接收物料时,监控提交付款的发票(业绩指标)	4	2
8	OBJ-010-INB-REC-002	只接受符合采购订单规格的物料	2	2
9	OBJ-CTP-001	运营	3	1
10	RSK-010-INB-REC-002	采购订单规格不清楚	3	2
11	CTA-010-INB-REC-003	保存现有的规格清单,用于检查和检验货物	4	1
12	CTA-010-INB-REC-004	与采购或其他适当人员核实规格	4	2
13	CTA-010-INB-REC-005	对与不达标物料有关的生产问题进行监控(业绩指标)	4	3
14	RSK-010-INB-REC-003	没有检验物料是否符合规格	3	3
15	CTA-010-INB-REC-006	对所有订购的物料根据需要建立检验程序	4	1

（续表）

序号	元素名	标　　签	深度	顺序
16	CTA-010-INB-REC-007	对与不达标物料和部件有关的生产问题进行监控（业绩指标）	4	2
17	OBJ-010-INB-REC-003	确保所有从收货活动移送到其他活动的物料都得到了记录	2	3
18	OBJ-CTP-001	运营	3	1
19	OBJ-CTP-002	财务报告	3	2
20	RSK-010-INB-REC-004	移送过程没有要求编制支持性的文件记录	3	3
21	CTA-010-INB-REC-008	要求对从收货活动移送到其他业务活动的物料进行适当的记录	4	1
22	RSK-010-INB-REC-005	移送文件记录可能丢失	3	4
23	CTA-010-INB-REC-009	对单据进行事先编号，并对丢失的单据进行调查	4	1
24	CTA-010-INB-REC-010	定期盘点实有物料，并与永续盘存记录进行调节。对任何差异展开调查（业绩指标）	4	2
25	OBJ-010-INB-REC-004	保护已收到的货物	2	4
26	OBJ-CTP-001	运营	3	1
27	OBJ-CTP-002	财务报告	3	2
28	RSK-010-INB-REC-006	针对已收到的货物的实物安全措施不适当	3	3
29	CTA-010-INB-REC-011	保持针对已收到货物的实物安全措施	4	1
30	CTA-010-INB-REC-012	分离保管和记账职能	4	2
31	OBJ-010-INB-REC-005	确保供应商、库存和采购订单信息被准确更新，以反映收货情况	2	5
32	OBJ-CTP-001	运营	3	1
33	OBJ-CTP-002	财务报告	3	2
34	RSK-010-INB-REC-007	收货信息可能丢失	3	3
35	CTA-010-INB-REC-013	对收货单据事先编号，并对丢失的单据进行调查	4	1
36	CTA-010-INB-REC-014	定期识别并调查未完成的采购订单	4	2
37	CTA-010-INB-REC-015	定期盘点实有物料，并与永续盘存记录进行调节。对差异展开调查（业绩指标）	4	3
38	RSK-010-INB-REC-008	收货信息没有及时或准确地输入信息系统	3	4

（续表）

序号	元素名	标　　签	深度	顺序
39	CTA-010-INB-REC-016	定期核实供应商、库存和未完成订单的准确性	4	1
40	CTA-010-INB-REC-017	定期确认信息被及时地输入信息系统	4	2
41	OBJ-010-INB-REC-006	立即退回拒收项目	2	6
42	OBJ-CTP-001	运营	3	1
43	RSK-010-INB-REC-009	对已收到的货物的检查不适当或不及时	3	2
44	CTA-010-INB-REC-018	保持检查已收到的项目的适当程序	4	1
45	OBJ-010-INB-REC-007	完整而准确地记录所有入库和出库	2	7
46	OBJ-CTP-001	运营	3	1
47	OBJ-CTP-002	财务报告	3	2
48	RSK-010-INB-REC-010	与入库/出库的物料有关的信息不完整或不准确	3	3
49	CTA-010-INB-REC-019	所有移送必须附有移送单据；仓库或其他活动的人员核实收到的物料及其数量	4	1
50	RSK-010-INB-REC-011	移送单据可能丢失	3	4
51	CTA-010-INB-REC-020	对移送单据进行事先编号，并对丢失的单据进行调查	4	1
52	CTA-010-INB-REC-021	定期盘点物料，并与永续盘存记录进行调节。对差异展开调查（业绩指标）	4	2
53	OBJ-010-INB-REC-008	所有移送给经营活动的货物需要经过适当申请	2	8
54	OBJ-CTP-001	运营	3	1
55	OBJ-CTP-002	财务报告	3	2
56	RSK-010-INB-REC-012	移送或申请程序不适当	3	3
57	CTA-010-INB-REC-022	只有申请得到适当批准，才能移送物料	4	1
58	OBJ-010-INB-REC-009	正确移送所有已申请的物料	2	9
59	OBJ-CTP-001	运营	3	1
60	OBJ-CTP-002	财务报告	3	2
61	OBJ-CTP-003	合规	3	3
62	RSK-010-INB-REC-013	申请可能丢失	3	4
63	CTA-010-INB-REC-023	对申请进行事先编号，并对丢失的单据展开调查	4	1

(续表)

序号	元素名	标　签	深度	顺序
64	RSK-010-INB-REC-014	移送未申请的物料	3	5
65	CTA-010-INB-REC-024	核实收到的物料是否符合经过批准的申请	4	1
66	OBJ-010-INB-REC-010	保持安全的工作环境和对危险物料的存储	2	10
67	OBJ-CTP-003	合规	3	1
68	RSK-010-INB-REC-015	安全考虑不适当	3	2
69	CTA-010-INB-REC-025	保持与职业安全和健康署(OSHA)的规定和其他相关法律和法规相一致、经过技术和法律人员批准的有关政策,并对遵循情况进行监控	4	1
70	CTA-010-INB-REC-026	追查报告的安全问题	4	2
71	CTA-010-INB-REC-027	保持处理和储存危险物料的适当程序	4	3
72	ACT-010-INB-MLG	管理物流	1	2
73	OBJ-010-INB-MLG-001	确保收到的物料和相关信息能得到处理,并及时提供给生产、仓储或其他部门	2	1
74	OBJ-CTP-001	运营	3	1
75	OBJ-CTP-002	财务报告	3	2
76	RSK-010-INB-MLG-001	计划和进度安排没有与进货活动相沟通,或者没有清楚地说明何时何地需要物料	3	3
77	CTA-010-INB-MLG-001	在计划和进度安排中说明所需的物料以及需要的时间	4	1
78	CTA-010-INB-MLG-002	将所有计划和进度安排与进货活动相沟通	4	2
79	CTA-010-INB-MLG-003	汇总物料需求并定期将它们提交给收货活动	4	3
80	CTA-010-INB-MLG-004	对已接收项目保持物料路径程序(material routing procedures)	4	4
81	CTA-010-INB-MLG-005	向进货活动提供非常规物料的路径指令	4	5
82	CTA-010-INB-MLG-006	监控与无法取得物料和部件有关的生产问题(业绩指标)	4	6
83	CTA-010-INB-MLG-007	考虑实施适时制(JIT)或类似的库存和生产管理理念	4	7
84	RSK-010-INB-MLG-002	已接收物料的信息没有被及时或准确地输入信息系统	3	4
85	CTA-010-INB-MLG-008	保持及时更新库存记录的程序	4	1

（续表）

序号	元素名	标　　签	深度	顺序
86	CTA-010-INB-MLG-009	对收货信息上的日期与库存信息上的日期进行比对(match),并进行必要的追查	4	2
87	CTA-010-INB-MLG-010	定期核实事先编号的收货单据是否已输入信息系统	4	3
88	OBJ-010-INB-MLG-002	确保对未及时供货的采购订单进行调查	2	2
89	OBJ-CTP-001	运营	3	1
90	RSK-010-INB-MLG-003	采购订单丢失或者未提交给进货活动	3	2
91	CTA-010-INB-MLG-011	对采购订单进行事先编号,对丢失的单据进行调查	4	1
92	RSK-010-INB-MLG-004	不存在约定交货日期信息	3	3
93	CTA-010-INB-MLG-012	妥善保存未完成的采购订单信息,以便识别过期仍未供货的采购订单	4	1
94	OBJ-010-INB-MLG-003	完整而准确地记录收到的货物和退回的货物	2	3
95	OBJ-CTP-001	运营	3	1
96	OBJ-CTP-002	财务报告	3	2
97	RSK-010-INB-MLG-005	丢失收货报告或丢失发运记录	3	3
98	CTA-010-INB-MLG-013	对单据进行事先编号,对丢失的单据进行调查	4	1
99	ACT-020-OPE	运营	0	2
100	ACT-020-OPE-MNS	管理和安排运营	1	1
101	OBJ-020-OPE-MNS-001	安排运营进度以减少库存,并确保及时地提供足够的产成品	2	1
102	OBJ-CTP-001	运营	3	1
103	RSK-020-OPE-MNS-001	与营销部门就销售预测进行沟通的效果不好	3	2
104	CTA-020-OPE-MNS-001	使用标准文件来编制和沟通销售预测	4	1
105	CTA-020-OPE-MNS-002	确保生产人员收到所有的销售预测	4	2
106	CTA-020-OPE-MNS-003	将生产进度和销售预测进行比较,以确保适当的时间安排和生产数量	4	3
107	RSK-020-OPE-MNS-002	多种产品争着在同一时间生产	3	3
108	CTA-020-OPE-MNS-004	根据既定的标准或管理层的判断来确定生产的优先顺序	4	1
109	CTA-020-OPE-MNS-005	评价生产能力的适当性	4	2

（续表）

序号	元素名	标　　签	深度	顺序
110	CTA-020-OPE-MNS-006	审批所有的生产进度	4	3
111	RSK-020-OPE-MNS-003	由于与采购活动沟通的效果不好，或对原材料需求的预测不准确、不及时，导致原材料不足或者过剩	3	4
112	CTA-020-OPE-MNS-007	利用正式的沟通渠道将物料需求告知采购活动，包括需要物料的数量和日期	4	1
113	CTA-020-OPE-MNS-008	将物料需求预测与生产进度和产品比较	4	2
114	CTA-020-OPE-MNS-009	用料清单进行比较；考虑获取物料所需的提前期的影响	4	3
115	CTA-020-OPE-MNS-010	制定和坚持准确而切合实际的生产进度	4	4
116	CTA-020-OPE-MNS-011	考虑建立适时制系统或类似生产和库存管理理念的成本/效益监控原材料库存不足或过剩的情形（业绩指标）	4	5
117	OBJ-020-OPE-MNS-002	将生产停工期缩至最短	2	2
118	OBJ-CTP-001	运营	3	1
119	RSK-020-OPE-MNS-004	设备维护不好、使用不当或陈旧过时	3	2
120	CTA-020-OPE-MNS-012	根据既定的预防性维护计划对设备进行维护	4	1
121	CTA-020-OPE-MNS-013	定期从修理和维护成本、生产能力、故障、过期和其他因素的角度对生产设备进行评价。考虑购买新设备的成本/效益	4	2
122	CTA-020-OPE-MNS-014	培训员工正确地使用设备	4	3
123	CTA-020-OPE-MNS-015	对由于设备失灵导致生产停工的情形进行监控（业绩指标）	4	4
124	RSK-020-OPE-MNS-005	缺乏熟练工人	3	3
125	CTA-020-OPE-MNS-016	培训现有员工执行多项任务	4	1
126	RSK-020-OPE-MNS-006	自然或其他灾害	3	4
127	CTA-020-OPE-MNS-017	维护并更新应急和自然灾害预案	4	1
128	CTA-020-OPE-MNS-018	定期测试应急预案	4	2
129	ACT-020-OPE-PER	执行运营	1	2
130	OBJ-020-OPE-PER-001	规格和生产进度，生产适当数量的产品	2	1
131	OBJ-CTP-001	运营	3	1
132	RSK-020-OPE-PER-001	没有清楚地沟通拟生产的数量	3	2

（续表）

序号	元素名	标　签	深度	顺序
133	CTA-020-OPE-PER-001	使用标准化的文件来编制和沟通生产计划和指令	4	1
134	RSK-020-OPE-PER-002	规格不适当或不清楚	3	3
135	CTA-020-OPE-PER-002	使用标准化的文件来沟通产品规格	4	1
136	RSK-020-OPE-PER-003	冗余的工序/运营活动	3	4
137	CTA-020-OPE-PER-003	考虑简化生产的方法，例如实行适时制原则	4	1
138	OBJ-020-OPE-PER-002	遵循职业安全和健康署（OSHA）的法律和法规	2	2
139	OBJ-CTP-001	运营	3	1
140	OBJ-CTP-003	合规	3	2
141	RSK-020-OPE-PER-004	满足生产期限要求的压力	3	3
142	CTA-020-OPE-PER-004	上级管理层用声明和行动来支持安全方面的考虑	4	1
143	CTA-020-OPE-PER-005	对于违反安全程序的员工执行处罚措施	4	2
144	CTA-020-OPE-PER-006	监控违反安全的行为（业绩指标）	4	3
145	RSK-020-OPE-PER-005	缺乏法律和法规意识	3	4
146	CTA-020-OPE-PER-007	举行定期的培训会议	4	1
147	CTA-020-OPE-PER-008	在醒目的位置张贴法律法规和公司政策	4	2
148	ACT-020-OPE-QUA	保证质量	1	3
149	OBJ-020-OPE-QUA-001	根据质量控制标准来生产产品	2	1
150	OBJ-CTP-001	运营	3	1
151	RSK-020-OPE-QUA-001	生产过程中没有包括用来确保生产质量的程序	3	2
152	CTA-020-OPE-QUA-001	将质量保证程序整合到生产过程之中	4	1
153	CTA-020-OPE-QUA-002	在可行的范围内使生产过程标准化	4	2
154	RSK-020-OPE-QUA-002	产品难以生产	3	3
155	CTA-020-OPE-QUA-003	设计产品时适当考虑潜在的生产困难	4	1
156	RSK-020-OPE-QUA-003	产品检验不适当	3	4
157	CTA-020-OPE-QUA-004	对每一轮生产进行足够数量的检验，以确保符合质量控制标准	4	1
158	CTA-020-OPE-QUA-005	监控缺陷率（业绩指标）	4	2

（续表）

序号	元素名	标　签	深度	顺序
159	RSK-020-OPE-QUA-004	在生产过程中没有发现或适当报告质量问题	3	5
160	CTA-020-OPE-QUA-006	由独立于生产过程的人员来检验产品	4	1
161	CTA-020-OPE-QUA-007	监控与质量有关的客户退货和投诉（业绩指标）	4	2
162	ACT-030-OTB	出货	0	3
163	ACT-030-OTB-PRO	处理订单	1	1
164	OBJ-030-OTB-PRO-001	只处理已授予信用的客户的订单	2	1
165	OBJ-CTP-001	运营	3	1
166	RSK-030-OTB-PRO-001	信用信息不完整、过时或不准确	3	2
167	CTA-030-OTB-PRO-001	提供准确、及时的客户信息的信用授权系统，这些信息涉及批准的信用限额、当前欠款余额、应收账款的账龄和其他相关信息	4	1
168	OBJ-030-OTB-PRO-002	准确而迅速地处理订单	2	2
169	OBJ-CTP-001	运营	3	1
170	RSK-030-OTB-PRO-002	定价和库存信息不准确或过时	3	2
171	CTA-030-OTB-PRO-002	使用当前的定价和库存信息	4	1
172	RSK-030-OTB-PRO-003	订单信息的处理不及时	3	3
173	CTA-030-OTB-PRO-003	对订单进行事先编号，定期追查那些没有在合理的时间范围内处理的订单	4	1
174	RSK-030-OTB-PRO-004	客户订单信息可能不清楚、不准确或不完整	3	4
175	CTA-030-OTB-PRO-004	向适当的营销/销售人员核实客户订单信息；必要时与客户联系	4	1
176	OBJ-030-OTB-PRO-003	只处理有效的客户订单	2	3
177	OBJ-CTP-001	运营	3	1
178	OBJ-CTP-002	财务报告	3	2
179	RSK-030-OTB-PRO-005	客户订单可能未经授权	3	3
180	CTA-030-OTB-PRO-005	向批准客户订单的适当的营销/销售人员核实	4	1
181	OBJ-030-OTB-PRO-004	处理所有已批准的订单	2	4
182	OBJ-CTP-001	运营	3	1

（续表）

序号	元素名	标 签	深度	顺序
183	RSK-030-OTB-PRO-006	订单文件记录丢失	3	2
184	CTA-030-OTB-PRO-006	对订单进行事先编号，对丢失的单据展开调查	4	1
185	ACT-030-OTB-STR	储存产品	1	2
186	OBJ-030-OTB-STR-001	保护产品免遭损坏	2	1
187	OBJ-CTP-001	运营	3	1
188	RSK-030-OTB-STR-001	员工疏忽	3	2
189	CTA-030-OTB-STR-001	对由于员工疏忽导致的损坏进行监控（业绩指标）	4	1
190	RSK-030-OTB-STR-002	处理和储存程序（包括储存容器、设施和维护）不适合产品的性质	3	3
191	CTA-030-OTB-STR-002	将产品储存在设计时已考虑产品特征以及法律和法规要求的容器和设施中	4	1
192	CTA-030-OTB-STR-003	根据储存设施的性质建立适当的维护程序和进度安排	4	2
193	RSK-030-OTB-STR-003	员工不熟悉处理和储存要求或程序	3	4
194	CTA-030-OTB-STR-004	向保管人员清楚地沟通处理和储存政策和程序	4	1
195	CTA-030-OTB-STR-005	监控对处理和储存政策和程序的遵循情况（业绩指标）	4	2
196	OBJ-030-OTB-STR-002	储存产品以便及时处理订单	2	2
197	OBJ-CTP-001	运营	3	1
198	RSK-030-OTB-STR-004	仓储设施的组织不恰当	3	2
199	CTA-030-OTB-STR-006	设计和维护高效率的仓库布局，以便按订单供货	4	1
200	RSK-030-OTB-STR-005	仓储能力不足	3	3
201	CTA-030-OTB-STR-007	在保证及时为订单供货的同时，将产品库存降至最低	4	1
202	CTA-030-OTB-STR-008	确定适当的仓库数量和位置	4	2
203	OBJ-030-OTB-STR-003	遵照适用的法律和法规处理和储存物料	2	3
204	OBJ-CTP-003	合规	3	1
205	RSK-030-OTB-STR-006	员工不了解适用的法律和法规	3	2
206	CTA-030-OTB-STR-009	由法律顾问或其他有资质的人员提供有关适用的法律和法规的信息	4	1

(续表)

序号	元素名	标　　签	深度	顺序
207	CTA-030-OTB-STR-010	定期进行有关法律和法规要求的培训	4	2
208	RSK-030-OTB-STR-007	处理和储存政策和程序不适当	3	3
209	CTA-030-OTB-STR-011	由法律顾问或其他有资质的人员审核处理和储存程序	4	1
210	CTA-030-OTB-STR-012	对由于不适当的处理或储存政策或程序导致的事故或问题进行监控(业绩指标)	4	2
211	OBJ-030-OTB-STR-004	保持完整而准确的库存产品和可供发运产品记录	2	4
212	OBJ-CTP-001	运营	3	1
213	OBJ-CTP-002	财务报告	3	2
214	RSK-030-OTB-STR-008	入库或出库的产品可能没有形成文件或予以记录	3	3
215	CTA-030-OTB-STR-013	产品入库和出库都应当有产品移送单据。对这些单据进行事先编号,对丢失的单据进行调查	4	1
216	RSK-030-OTB-STR-009	产品入库和出库可能未经适当授权	3	4
217	CTA-030-OTB-STR-014	采取相应的实物安全措施来防止未经授权的产品入库和出库	4	1
218	CTA-030-OTB-STR-015	定期盘点库存产品,并与永续盘存记录进行调节。对实物盘点和会计记录之间的差异进行调查	4	2
219	ACT-030-OTB-SHP	运送产品	1	3
220	OBJ-030-OTB-SHP-001	从仓库中取得正确品名和数量的产品	2	1
221	OBJ-CTP-001	运营	3	1
222	RSK-030-OTB-SHP-001	从仓库中领取的产品不对或数量不正确	3	2
223	CTA-030-OTB-SHP-001	将从仓库中领取的产品品名和数量与客户订单和(或)产品申请进行比较	4	1
224	RSK-030-OTB-SHP-002	缺乏足够数量的产品	3	3
225	CTA-030-OTB-SHP-002	保持永续盘存的产品库存记录。当存货数量低于预定标准时,通知运营或其他适当人员	4	1
226	OBJ-030-OTB-SHP-002	确保产品经过适当包装,将损坏降至最低	2	2
227	OBJ-CTP-001	运营	3	1
228	RSK-030-OTB-SHP-003	包装材料、容器或程序不适合产品的性质或发运方式	3	2

（续表）

序号	元素名	标　签	深度	顺序
229	CTA-030-OTB-SHP-003	采用设计时已考虑产品的性质和发运方式的包装材料、容器或程序	4	1
230	OBJ-030-OTB-SHP-003	只发运经过授权发运的产品	2	3
231	OBJ-CTP-001	运营	3	1
232	RSK-030-OTB-SHP-004	来自订单处理过程的信息不完整或不准确	3	2
233	CTA-030-OTB-SHP-004	将授权发运单据与客户订单进行比较	4	1
234	RSK-030-OTB-SHP-005	发运给客户的货物中包含未订购或未批准的产品	3	3
235	CTA-030-OTB-SHP-005	在发运前，将产品与客户订单进行比较	4	1
236	CTA-030-OTB-SHP-006	监控与客户未订购却收到产品有关的退货或付账争议（业绩指标）	4	2
237	OBJ-030-OTB-SHP-004	以效率最高的方式交货	2	4
238	OBJ-CTP-001	运营	3	1
239	RSK-030-OTB-SHP-006	正常发运渠道的中断	3	2
240	CTA-030-OTB-SHP-007	确定替代的发运方案	4	1
241	RSK-030-OTB-SHP-007	发运单据不准确或不完整	3	3
242	CTA-030-OTB-SHP-008	发运前审核发运单据的完整性，并与客户订单进行比较	4	1
243	RSK-030-OTB-SHP-008	利用了效率低下的发运方式	3	4
244	CTA-030-OTB-SHP-009	定期审核替代的发运方式，并确定效率最高的方式	4	1
245	OBJ-030-OTB-SHP-005	准确记录所有的发运业务，并将这些单据及时反映到应收账款中	2	5
246	OBJ-CTP-001	运营	3	1
247	OBJ-CTP-002	财务报告	3	2
248	RSK-030-OTB-SHP-009	不准确的信息进入发运单据之中	3	3
249	CTA-030-OTB-SHP-010	发运前将发货单据信息与客户订单进行比较	4	1
250	CTA-030-OTB-SHP-011	发运前独立核实发运单据信息	4	2
251	RSK-030-OTB-SHP-010	发运单据丢失	3	4
252	CTA-030-OTB-SHP-012	对发运单据进行事先编号，并对丢失的单据进行调查	4	1

(续表)

序号	元素名	标　　签	深度	顺序
253	OBJ-030-OTB-SHP-006	确保及时根据客户订单发运	2	6
254	OBJ-CTP-001	运营	3	1
255	RSK-030-OTB-SHP-011	订单或发货单据可能丢失	3	2
256	CTA-030-OTB-SHP-013	对订单和发运单据进行事先编号,对丢失的单据进行调查	4	1
257	ACT-040-MNS	市场营销与销售	0	4
258	ACT-040-MNS-MMA	管理市场营销活动	1	1
259	OBJ-040-MNS-MMA-001	设计市场营销战略时,考虑竞争、监管、经营环境或其他影响主体的市场因素的潜在变化	2	1
260	OBJ-CTP-001	运营	3	1
261	OBJ-CTP-002	财务报告	3	2
262	RSK-040-MNS-MMA-001	与可能影响主体的市场营销战略的因素有关的信息不充分	3	3
263	CTA-040-MNS-MMA-001	聘请具有主体所在行业经验的市场营销人员	4	1
264	CTA-040-MNS-MMA-002	成为行业或专业协会的积极成员	4	2
265	CTA-040-MNS-MMA-003	监控可能对主体产生影响的法律和法规动向	4	3
266	CTA-040-MNS-MMA-004	开展市场调研,并监控和分析经济、客户和行业趋势	4	4
267	OBJ-040-MNS-MMA-002	识别潜在和现有的客户,制定市场营销战略引导这些客户购买主体的产品或服务	2	2
268	OBJ-CTP-001	运营	3	1
269	RSK-040-MNS-MMA-002	有关定价、产品、现有或潜在客户、广告与促销的信息不准确、过时或无法获取	3	2
270	CTA-040-MNS-MMA-005	开展市场调研	4	1
271	CTA-040-MNS-MMA-006	对照竞争者的产品和定价来评价定价策略	4	2
272	CTA-040-MNS-MMA-007	评价广告和促销的有效性(业绩指标)	4	3
273	CTA-040-MNS-MMA-008	向研发人员了解产品性能、升级换代或新产品	4	4
274	OBJ-040-MNS-MMA-003	保持及时以最低的分销成本向客户交付产品的交货能力	2	3

（续表）

序号	元素名	标 签	深度	顺序
275	OBJ-CTP-001	运营	3	1
276	RSK-040-MNS-MMA-003	合适的分销商数量有限	3	2
277	CTA-040-MNS-MMA-009	识别和评价替代的分销方案	4	1
278	RSK-040-MNS-MMA-004	分销商的业绩不佳	3	3
279	CTA-040-MNS-MMA-010	与分销商沟通适当的客户信息以确保及时交货	4	1
280	CTA-040-MNS-MMA-011	从主体的整体市场营销战略的角度监控分销商的业绩	4	2
281	OBJ-040-MNS-MMA-004	应对市场对产品的需求，包括引入新产品以及现有产品的延续、改变或终止	2	4
282	OBJ-CTP-001	运营	3	1
283	RSK-040-MNS-MMA-005	缺乏有关竞争产品或潜在的新产品的信息或信息不准确	3	2
284	CTA-040-MNS-MMA-012	开展市场调研，包括是否存在竞争产品、处在开发过程中的产品以及客户偏好	4	1
285	CTA-040-MNS-MMA-013	成为行业或专业协会的积极成员	4	2
286	RSK-040-MNS-MMA-006	产品变得过时	3	3
287	CTA-040-MNS-MMA-014	开展市场调研，集中关注竞争者的技术创新和客户对于这种创新的接受程度或偏好	4	1
288	RSK-040-MNS-MMA-007	缺乏对产品的需求	3	4
289	CTA-040-MNS-MMA-015	监控主体和所在行业的产品销售趋势	4	1
290	CTA-040-MNS-MMA-016	评价广告和促销的有效性	4	2
291	CTA-040-MNS-MMA-017	开展市场调研	4	3
292	RSK-040-MNS-MMA-008	缺乏有关毛利率和(或)销售价格的信息	3	5
293	CTA-040-MNS-MMA-018	与会计、管理信息系统和其他适当人员沟通所需的信息	4	1
294	CTA-040-MNS-MMA-019	监控毛利率和销售价格，以关注竞争性价格压力的迹象	4	2
295	ACT-040-MNS-MSA	管理销售活动	1	2
296	OBJ-040-MNS-MSA-001	有效地实施市场营销战略	2	1
297	OBJ-CTP-001	运营	3	1
298	RSK-040-MNS-MSA-001	销售人员不了解市场营销战略	3	2

（续表）

序号	元素名	标　　签	深度	顺序
299	CTA-040-MNS-MSA-001	与销售人员沟通市场营销战略	4	1
300	RSK-040-MNS-MSA-002	销售人员忽视市场营销战略	3	3
301	CTA-040-MNS-MSA-002	制定销售定额、佣金和其他报酬或其他的业绩标准，使得不实施市场营销战略将会导致业绩评价和报酬下降，而积极实施市场营销战略将会导致报酬和认可程度的提高	4	1
302	OBJ-040-MNS-MSA-002	高效率地实现或超过销售指标	2	2
303	OBJ-CTP-001	运营	3	1
304	RSK-040-MNS-MSA-003	销售人员不了解潜在的客户	3	2
305	CTA-040-MNS-MSA-003	市场营销人员与销售人员沟通市场调研结果	4	1
306	RSK-040-MNS-MSA-004	销售人员缺乏产品特性或优点方面的知识	3	3
307	CTA-040-MNS-MSA-004	提供产品认知培训	4	1
308	CTA-040-MNS-MSA-005	聘请有资质和有经验的销售人员	4	2
309	RSK-040-MNS-MSA-005	客户信息不完整或不准确	3	4
310	CTA-040-MNS-MSA-006	维护客户信息系统，包括姓名、地址、电话号码、联系方式、规模、区域、过去的订购历史、扩大或改变业务的计划，或者其他可能对主体产品和服务的市场营销有用的信息	4	1
311	CTA-040-MNS-MSA-007	定期核实客户信息的准确性	4	2
312	RSK-040-MNS-MSA-006	销售人员业绩不佳	3	5
313	CTA-040-MNS-MSA-008	聘请有资质和有经验的销售人员	4	1
314	CTA-040-MNS-MSA-009	以效率最高的方式组织销售队伍和划分区域	4	2
315	OBJ-040-MNS-MSA-003	把所有的销售订单及时地传递给出货和服务活动	2	3
316	OBJ-CTP-001	运营	3	1
317	RSK-040-MNS-MSA-007	销售订单丢失	3	2
318	CTA-040-MNS-MSA-010	对销售订单进行事先编号，对丢失的订单进行调查	4	1
319	ACT-050-SER	服务	0	5

（续表）

序号	元素名	标　　签	深度	顺序
320	ACT-050-SER-PCS	提供客户服务	1	1
321	OBJ-050-SER-PCS-001	迅速而高效率地处理客户的询问	2	1
322	OBJ-CTP-001	运营	3	1
323	RSK-050-SER-PCS-001	信息系统不适当	3	2
324	CTA-050-SER-PCS-001	维护准确而及时的产品和客户信息	4	1
325	RSK-050-SER-PCS-002	员工未经过培训	3	3
326	CTA-050-SER-PCS-002	向员工提供最初的和定期的产品和客户服务培训	4	1
327	CTA-050-SER-PCS-003	客户服务代表给客户带来良好的印象，并且对产品非常了解	4	2
328	RSK-050-SER-PCS-003	客户服务部门组织不当	3	4
329	CTA-050-SER-PCS-004	以效率最高的方式组织客户服务部门（例如，按照产品线或地理位置等来组织）	4	1
330	OBJ-050-SER-PCS-002	满足客户的服务需求，以推进销售和市场营销目标	2	2
331	OBJ-CTP-001	运营	3	1
332	RSK-050-SER-PCS-004	不了解销售和市场营销目标	3	2
333	CTA-050-SER-PCS-005	客户服务代表了解市场营销、销售和客户服务的共同目标	4	1
334	ACT-050-SER-INT	安装	1	2
335	OBJ-050-SER-INT-001	正确、高效率和及时地进行授权的安装	2	1
336	OBJ-CTP-001	运营	3	1
337	RSK-050-SER-INT-001	员工未经过培训	3	2
338	CTA-050-SER-INT-001	向安装人员提供最初的和定期的有关安装技术和产品特征的培训	4	1
339	CTA-050-SER-INT-002	监控客户关于产品安装的投诉（业绩指标）	4	2
340	RSK-050-SER-INT-002	产品难以取得	3	3
341	CTA-050-SER-INT-003	协调安排的安装进度与运营环节的生产进度和发运环节的交付进度	4	1
342	RSK-050-SER-INT-003	客户信息不准确或难以取得	3	4
343	CTA-050-SER-INT-004	将安装授权文件与客户订单进行比较，核实信息的准确性，并审查这些文件的完整性	4	1

（续表）

序号	元素名	标　　签	深度	顺序
344	CTA-050-SER-INT-005	对安装授权文件进行事先编号，并对丢失的文件进行调查	4	2
345	RSK-050-SER-INT-004	服务人员不够用	3	5
346	CTA-050-SER-INT-006	安排安装进度和员工利用率，以便将成本降至最低	4	1
347	ACT-050-SER-PWS	提供质保服务	1	3
348	OBJ-050-SER-PWS-001	质保政策与市场营销和财务战略相一致	2	1
349	OBJ-CTP-001	运营	3	1
350	RSK-050-SER-PWS-001	市场信息不准确	3	2
351	CTA-050-SER-PWS-001	确认在设立质保政策时考虑了市场营销活动所提供的市场信息	4	1
352	OBJ-050-SER-PWS-002	及时根据质保政策对服务请求进行调查并作出反应	2	2
353	OBJ-CTP-001	运营	3	1
354	RSK-050-SER-PWS-002	缺乏足够的人手	3	2
355	CTA-050-SER-PWS-002	预测员工招聘数量需求	4	1
356	CTA-050-SER-PWS-003	监控员工人数、加班时间和工作量	4	2
357	RSK-050-SER-PWS-003	没有沟通质保政策的变化情况	3	3
358	CTA-050-SER-PWS-004	向适当的人员沟通产品质保政策的变化情况	4	1
359	ACT-050-SER-PPS	提供质保期后服务	1	4
360	OBJ-050-SER-PPS-001	客户服务代表采用最新的定价和其他产品信息	2	1
361	OBJ-CTP-001	运营	3	1
362	RSK-050-SER-PPS-001	信息难以取得或不准确	3	2
363	CTA-050-SER-PPS-001	逐日更新订单处理系统中的定价信息	4	1
364	CTA-050-SER-PPS-002	向客户服务代表提供访问订单处理系统的权限	4	2
365	OBJ-050-SER-PPS-002	以效率最高的方式及时对服务请求进行调查并作出回应	2	2
366	OBJ-CTP-001	运营	3	1
367	RSK-050-SER-PPS-002	缺乏足够数量的客户服务代表或服务人员	3	2

（续表）

序号	元素名	标　　签	深度	顺序
368	CTA-050-SER-PPS-003	保持适当的员工招聘数量，并以效率最高的方式组织客户服务部门	4	1
369	RSK-050-SER-PPS-003	服务人员培训不当	3	3
370	CTA-050-SER-PPS-004	正确地培训员工	4	1
371	ACT-060-PRC	采购	0	6
372	ACT-060-PRC-SEL	选择供应商	1	1
373	OBJ-060-PRC-SEL-001	识别能够满足公司需求的供应商，并向它们采购	2	1
374	OBJ-CTP-001	运营	3	1
375	RSK-060-PRC-SEL-001	供应商筛选不适当，包括未能很好地定期重新审核现有供应商资格，确定供应商是否有能力满足下列要求：• 技术规格 • 数量要求 • 价格 • 交货日期/提前期 • 服务	3	2
376	CTA-060-PRC-SEL-001	对有关供应商能力的下列内容进行调查并定期更新：生产质量和能力、价格（包括批量折扣或现金折扣以及付款条件）、订货提前期要求、现在和以前的客户满意程度、财务状况、管理层的稳定性、提供所需物料可能的法律限制和未决诉讼	4	1
377	CTA-060-PRC-SEL-002	根据供应商满足合同或采购订单的条款和规格的程度（例如，按时交付可接受的项目、纠正差错或问题以及服务），定期更新供应商信息	4	2
378	CTA-060-PRC-SEL-003	适当审核采购订单	4	3
379	CTA-060-PRC-SEL-004	监控与物料缺货和物料规格有关的生产问题（业绩指标）	4	4
380	CTA-060-PRC-SEL-005	监控退回购货的频率（业绩指标）	4	5
381	CTA-060-PRC-SEL-006	建立替代的供应商数据，并定期重新评价供应商选择决策	4	6
382	CTA-060-PRC-SEL-007	规定让供应商告知其潜在业绩问题、进行适当调研和跟踪的程序	4	7
383	OBJ-060-PRC-SEL-002	只从具有合法资质的供应商那里采购，并遵循适用的法律法规和合同	2	2
384	OBJ-CTP-001	运营	3	1
385	OBJ-CTP-003	合规	3	2

（续表）

序号	元素名	标　　签	深度	顺序
386	RSK-060-PRC-SEL-002	有关供应商欺诈或其他不当行为的信息难以取得或不准确	3	3
387	CTA-060-PRC-SEL-008	保持对供应商信息的更新	4	1
388	CTA-060-PRC-SEL-009	对采购订单进行审核和批准	4	2
389	CTA-060-PRC-SEL-010	制定行为守则并监控其实施	4	3
390	CTA-060-PRC-SEL-011	考虑简化供应商调查程序的办法	4	4
391	OBJ-060-PRC-SEL-003	确保充足的物料供应	2	3
392	OBJ-CTP-001	运营	3	1
393	RSK-060-PRC-SEL-003	关于运营或其他活动需求的沟通效果不佳	3	2
394	CTA-060-PRC-SEL-012	及时向采购活动沟通运营和其他活动的需求	4	1
395	RSK-060-PRC-SEL-004	由于其他更高优先级别的订单或自身供应中断，导致供应商不能提供所需的数量	3	3
396	CTA-060-PRC-SEL-013	利用远期合约	4	1
397	CTA-060-PRC-SEL-014	确定替代的供应商	4	2
398	CTA-060-PRC-SEL-015	利用长期需求分析	4	3
399	ACT-060-PRC-PUR	购买	1	2
400	OBJ-060-PRC-PUR-001	订购符合适当规格的项目	2	1
401	OBJ-CTP-001	运营	3	1
402	RSK-060-PRC-PUR-001	产品规格不适当	3	2
403	CTA-060-PRC-PUR-001	由技术人员审核现有的和修订的规格	4	1
404	CTA-060-PRC-PUR-002	监控和分析与物料规格有关的生产问题（业绩指标）；业绩指标的例子包括将当期停产和减产、仓促订购、损坏、物料价格和数量差异数据与前期的数据、同行或行业数据、预算或其他事先确定的目标进行比较	4	2
405	CTA-060-PRC-PUR-003	与采购人员沟通产品规格	4	3
406	CTA-060-PRC-PUR-004	适当审核和批准合同和采购订单	4	4
407	OBJ-060-PRC-PUR-002	支付适当的价款	2	2
408	OBJ-CTP-001	运营	3	1

（续表）

序号	元素名	标　　签	深度	顺序
409	RSK-060-PRC-PUR-002	价格信息过时或不完整	3	2
410	CTA-060-PRC-PUR-005	定期对每项采购获取竞争性报价	4	1
411	CTA-060-PRC-PUR-006	通过确定类似物料的总用量来考虑批量采购;合并订单以获得批量折扣	4	2
412	CTA-060-PRC-PUR-007	适当审核采购订单	4	3
413	CTA-060-PRC-PUR-008	监控物料价格差异(业绩指标)	4	4
414	CTA-060-PRC-PUR-009	利用套期保值或远期合约	4	5
415	OBJ-060-PRC-PUR-003	在适当的时间订购适当的数量	2	3
416	OBJ-CTP-001	运营	3	1
417	RSK-060-PRC-PUR-003	存货水平或者生产需求信息难以取得或不准确	3	2
418	CTA-060-PRC-PUR-010	维护准确的永续盘存存货记录	4	1
419	CTA-060-PRC-PUR-011	将定期生产进度与库存信息和订单提前期要求进行比对	4	2
420	CTA-060-PRC-PUR-012	适当审核采购订单	4	3
421	CTA-060-PRC-PUR-013	利用预测	4	4
422	CTA-060-PRC-PUR-014	考虑实施适时制或类似的库存和生产管理理念	4	5
423	OBJ-060-PRC-PUR-004	完整而准确地更新供应商信息,以反映未完成的采购订单	2	4
424	OBJ-CTP-001	运营	3	1
425	RSK-060-PRC-PUR-004	已签发的采购订单信息没有清楚、完整地沟通	3	2
426	CTA-060-PRC-PUR-015	将采购订单的副本呈送给适当的人员	4	1
427	RSK-060-PRC-PUR-005	采购订单未能及时输入系统	3	3
428	CTA-060-PRC-PUR-016	对采购订单进行事先编号,定期核实它们输入系统的情况。对数据输入的非正常延期进行调查	4	1
429	OBJ-060-PRC-PUR-005	及时接收订购的项目(另见进货活动中的目标 2)	2	5
430	OBJ-CTP-001	运营	3	1
431	RSK-060-PRC-PUR-006	已订购但未收到的项目的信息难以取得或不准确	3	2

(续表)

序号	元素名	标签	深度	顺序
432	CTA-060-PRC-PUR-017	在采购订单中规定发运方式和交货日期	4	1
433	CTA-060-PRC-PUR-018	对采购订单进行事先编号并予以登记	4	2
434	CTA-060-PRC-PUR-019	将收货信息与采购订单信息进行比对,并立即追查未完成的订单	4	3
435	CTA-060-PRC-PUR-020	从及时交货的角度监控供应商的业绩,对业绩不佳的供应商采取跟进行动	4	4
436	OBJ-060-PRC-PUR-006	完整而准确地记录已授权的采购订单	2	6
437	OBJ-CTP-001	运营	3	1
438	OBJ-CTP-002	财务报告	3	2
439	RSK-060-PRC-PUR-007	采购订单可能丢失	3	3
440	CTA-060-PRC-PUR-021	对采购订单进行事先编号并予以登记	4	1
441	OBJ-060-PRC-PUR-007	防止未经授权使用采购订单	2	7
442	OBJ-CTP-001	运营	3	1
443	OBJ-CTP-002	财务报告	3	2
444	RSK-060-PRC-PUR-008	防止未经授权使用采购订单的政策和程序不适当	3	3
445	CTA-060-PRC-PUR-022	对采购订单进行事先编号并予以登记	4	1
446	CTA-060-PRC-PUR-023	保持对采购订单的实物安全措施	4	2
447	CTA-060-PRC-PUR-024	审批采购订单	4	3
448	CTA-060-PRC-PUR-025	将公司负责采购订单的人员告知供应商	4	4
449	ACT-070-DEV	技术开发	0	7
450	OBJ-070-DEV-001	识别现有的技术或开发新技术,以满足市场营销活动发现的产品需求,或者其他活动发现的经营或管理流程需求	1	1
451	OBJ-CTP-001	运营	2	1
452	RSK-070-DEV-001	产品或流程需求没有向技术开发活动进行有效的沟通	2	2
453	CTA-070-DEV-001	向技术开发活动清楚地沟通需求与机会	3	1
454	CTA-070-DEV-002	由适当的活动发现需求	3	2
455	RSK-070-DEV-002	技术开发人员不具备识别或开发适当技术的专业能力	2	3
456	CTA-070-DEV-003	聘请有足够的能力履行职责的员工	3	1

（续表）

序号	元素名	标　签	深度	顺序
457	OBJ-070-DEV-002	高度关注可能对主体产生影响的当前技术发展	1	2
458	OBJ-CTP-001	运营	2	1
459	OBJ-CTP-003	合规	2	2
460	RSK-070-DEV-003	管理层无法获取有关当前技术发展的信息	2	3
461	CTA-070-DEV-004	监控业务、技术和行业文献	3	1
462	CTA-070-DEV-005	参加技术研讨会、发布会、交易会、博览会和类似的会议	3	2
463	CTA-070-DEV-006	定期汇总技术发展情况，并分发给适当的人员	3	3
464	RSK-070-DEV-004	技术开发人员只取得或具有对某个开发项目有用的知识，而不了解与它们相关的知识	2	4
465	CTA-070-DEV-007	定期沟通信息，包括项目的性质、状态、管理人员、预期采用的技术以及其他有关正在进行的或规划的研究与开发项目的信息	3	1
466	OBJ-070-DEV-003	确保开发的技术不侵犯现有的专利	1	3
467	OBJ-CTP-003	合规	2	1
468	RSK-070-DEV-005	技术可能没有被适当地界定	2	2
469	CTA-070-DEV-008	尽可能在开发的概念形成或早期阶段建壶详细的技术规格、计划、图样、图表或其他技术数据，并且在整个项目过程中根据需要对其进行修改	3	1
470	RSK-070-DEV-006	可能没有识别出相关的专利	2	3
471	CTA-070-DEV-009	与法律顾问沟通技术数据，以供开展专利搜索时采用	3	1
472	RSK-070-DEV-007	可能忽略了现有的专利	2	4
473	CTA-070-DEV-010	管理层对所有的技术项目进行适当的审核和批准	3	1
474	OBJ-070-DEV-004	把资源分配给那些预期能为主体带来最大的期望报酬的项目	1	4
475	OBJ-CTP-001	运营	2	1
476	RSK-070-DEV-008	技术开发项目不支持主体层次的目标或战略	2	2

（续表）

序号	元素名	标　　签	深度	顺序
477	CTA-070-DEV-011	适当的技术项目审核和批准	3	1
478	RSK-070-DEV-009	技术开发管理层不了解项目的优先事项	2	3
479	CTA-070-DEV-012	管理层就项目的优先事项进行清楚、完整的沟通	3	1
480	ACT-080-HRS	人力资源	0	8
481	ACT-080-HRS-MHR	管理人力资源项目	1	1
482	OBJ-080-HRS-MHR-001	符合适用的法律法规和公司政策	2	1
483	OBJ-CTP-003	合规	3	1
484	RSK-080-HRS-MHR-001	管理或监督人员不了解法律和法规的要求和公司政策	3	2
485	CTA-080-HRS-MHR-001	要求监督和管理人员参加劳动法律法规和公司人事政策的培训	4	1
486	RSK-080-HRS-MHR-002	管理或监督人员忽视法律和法规的要求和公司政策	3	3
487	CTA-080-HRS-MHR-002	法律顾问定期审核公司的人事政策和程序是否符合适用的法律和法规的要求	4	1
488	CTA-080-HRS-MHR-003	鼓励员工报告怀疑的违反法律和法规或公司政策的行为	4	2
489	CTA-080-HRS-MHR-004	对于违反法律和法规的行为采取适当的惩戒措施	4	3
490	OBJ-080-HRS-MHR-002	保持证明对适用的法律和法规的遵循情况方面的记录	2	2
491	OBJ-CTP-003	合规	3	1
492	RSK-080-HRS-MHR-003	人力资源人员不了解必须保存这些记录以证明对适用的法律和法规的遵循情况	3	2
493	CTA-080-HRS-MHR-005	人力资源人员定期接受有关法律和法规要求方面的培训	4	1
494	CTA-080-HRS-MHR-006	人力资源人员在被聘用之前经过适当的培训并具备适当的能力	4	2
495	RSK-080-HRS-MHR-004	记录丢失或过早地被销毁	3	3
496	CTA-080-HRS-MHR-007	根据法律法规和良好的经营实务归档和保存人力资源记录	4	1
497	CTA-080-HRS-MHR-008	利用日志、清单或其他适当工具来确保已经收到和保存了适当的记录	4	2

（续表）

序号	元素名	标　签	深度	顺序
498	CTA-080-HRS-MHR-009	只有经过授权的人员才能接触人力资源记录	4	3
499	CTA-080-HRS-MHR-010	所有选定要销毁的单据都要经过审核和批准	4	4
500	RSK-080-HRS-MHR-005	已获得和保存的信息不准确或不完整	3	4
501	CTA-080-HRS-MHR-011	审核以记录的形式收到和保存的信息的真实性、准确性和完整性	4	1
502	RSK-080-HRS-MHR-006	记录保存要求被忽视	3	5
503	CTA-080-HRS-MHR-012	在法律和法规的要求或公司政策被忽视时，采取适当的惩戒或其他措施	4	1
504	OBJ-080-HRS-MHR-003	保守人力资源信息的机密	2	3
505	OBJ-CTP-003	合规	3	1
506	OBJ-CTP-001	运营	3	2
507	RSK-080-HRS-MHR-007	对人力资源记录没有采取恰当的安全程序	3	3
508	CTA-080-HRS-MHR-013	只有经过授权的人员才能接触人力资源记录	4	1
509	CTA-080-HRS-MHR-014	访问以电子介质保存的机密记录要求有正确的安全密码；经常更换这些访问密码	4	2
510	CTA-080-HRS-MHR-015	监控访问人力资源记录的人员	4	3
511	RSK-080-HRS-MHR-008	人力资源人员泄露机密信息	3	4
512	CTA-080-HRS-MHR-016	针对向未经授权的人提供机密信息的个人采取惩戒措施	4	1
513	CTA-080-HRS-MHR-017	只有那些需要相应信息来履行自身职责的人员才能够访问机密信息	4	2
514	OBJ-080-HRS-MHR-004	将员工的流动率保持在可以接受的水平	2	4
515	OBJ-CTP-001	运营	3	1
516	RSK-080-HRS-MHR-009	报酬和福利低于其他公司提供的水平	3	2
517	CTA-080-HRS-MHR-018	定期审核和评价报酬和福利	4	1
518	CTA-080-HRS-MHR-019	将报酬和福利与本行业和本地区其他公司提供的水平进行比较	4	2
519	CTA-080-HRS-MHR-020	寻求员工就他们的需求所作的反馈	4	3
520	RSK-080-HRS-MHR-010	员工可能会感觉到他们的努力没有被注意或肯定	3	3

(续表)

序号	元素名	标　　签	深度	顺序
521	CTA-080-HRS-MHR-021	定期、标准化的业绩评价和职业咨询	4	1
522	CTA-080-HRS-MHR-022	制订能够反映过去的业绩和未来发展能力的报酬计划	4	2
523	ACT-080-HRS-PAP	计划和录用员工	1	2
524	OBJ-080-HRS-PAP-001	录用足够数量的具备适当资质的员工	2	1
525	OBJ-CTP-001	运营	3	1
526	RSK-080-HRS-PAP-001	所聘用的候选人的资质可能过高或过低	3	2
527	CTA-080-HRS-PAP-001	保持适当的识别、筛选和聘用候选人的实务	4	1
528	CTA-080-HRS-PAP-002	保持适当的岗位描述和聘用标准,以便用于对照岗位的要求测度和比较候选人的资质	4	2
529	RSK-080-HRS-PAP-002	对主体当前的人力资源情况缺乏了解	3	3
530	CTA-080-HRS-PAP-003	在考虑外部候选人之前,对主体内部潜在的候选人进行调查和审核	4	1
531	RSK-080-HRS-PAP-003	缺乏具备资质的候选人	3	4
532	CTA-080-HRS-PAP-004	发现当前履行其他岗位职责的具备资质的人员,并对他们进行再培训	4	1
533	CTA-080-HRS-PAP-005	在本地区以外建立网络和候选人资源	4	2
534	RSK-080-HRS-PAP-004	主体可能不了解未来的招聘需求	3	5
535	CTA-080-HRS-PAP-006	作为持续经营计划的一部分,定期更新未来的招聘需求	4	1
536	RSK-080-HRS-PAP-005	劳工组织可能会号召罢工或怠工	3	6
537	CTA-080-HRS-PAP-007	不断发现工会的要求和问题,采取合理步骤去避免劳动争议	4	1
538	CTA-080-HRS-PAP-008	在发生劳动争议时,寻求可行的替代劳动力资源	4	2
539	ACT-080-HRS-TND	培训与发展员工	1	3
540	OBJ-080-HRS-TND-001	确保员工得到适当的培训,以便有效地履行他们的责任	2	1
541	OBJ-CTP-001	运营	3	1
542	RSK-080-HRS-TND-001	可能没有适当确定培训的需求	3	2
543	CTA-080-HRS-TND-001	征求管理层、监督人员和员工的意见和想法,以确定培训需求	4	1

（续表）

序号	元素名	标　　签	深度	顺序
544	CTA-080-HRS-TND-002	对于业绩或可能反映培训缺陷的其他问题进行监控	4	2
545	OBJ-080-HRS-TND-002	确保员工得到有关其业绩和职业发展方面的适当的反馈	2	2
546	OBJ-CTP-001	运营	3	1
547	RSK-080-HRS-TND-002	没有定期或及时对员工进行评价	3	2
548	CTA-080-HRS-TND-003	定期评价员工业绩并向其提供职业咨询	4	1
549	ACT-090-ADM	管理	0	9
550	ACT-092-ADM-ENT	企业管理	1	1
551	OBJ-092-ADM-ENT-001	设计和实施可以实现主体层次目标的战略	2	1
552	OBJ-CTP-001	运营	3	1
553	RSK-092-ADM-ENT-001	有关影响主体的变化(例如竞争、产品、客户偏好或法律和法规变化)方面的信息不完整或不准确	3	2
554	CTA-092-ADM-ENT-001	制订体现高级管理层对公司的愿景的战略计划	4	1
555	CTA-092-ADM-ENT-002	定期评价高级管理层确定的方向和优先事项,以确保它们仍然有效	4	2
556	CTA-092-ADM-ENT-003	与所有相关活动沟通有关竞争者、产品、客户和法律法规变化方面的信息	4	3
557	CTA-092-ADM-ENT-004	在组织中建立向下、向上和平行的沟通,以便迅速识别和解决妨碍战略目标实现的问题	4	4
558	RSK-092-ADM-ENT-002	对关键成功因素缺乏了解	3	3
559	CTA-092-ADM-ENT-005	从行业和主体的角度识别和分析关键成功因素	4	1
560	RSK-092-ADM-ENT-003	资源不充分或不适当	3	4
561	CTA-092-ADM-ENT-006	识别和保持充足的内部资源供应,并确保外部资源的可取得性	4	1
562	RSK-092-ADM-ENT-004	对与股东、投资者或其他外部方面的关系的关注不够	3	5
563	CTA-092-ADM-ENT-007	与股东、投资者和其他外部方面有效地沟通	4	1
564	OBJ-092-ADM-ENT-002	保持可以与相关人员及时沟通准确的内部和外部信息的系统	2	2

(续表)

序号	元素名	标　　签	深度	顺序
565	OBJ-CTP-001	运营	3	1
566	RSK-092-ADM-ENT-005	信息过于具体而难以使用	3	2
567	CTA-092-ADM-ENT-008	建立执行管理层报告系统,着重关注经营管理中的关键信息	4	1
568	RSK-092-ADM-ENT-006	系统过时	3	3
569	CTA-092-ADM-ENT-009	定期审核信息系统,以确保它们能够满足公司不断变化的需求	4	1
570	RSK-092-ADM-ENT-007	信息不准确或不及时	3	4
571	CTA-092-ADM-ENT-010	建立信息系统,以确保内部和外部信息的准确性和及时性	4	1
572	OBJ-092-ADM-ENT-003	确保主体的员工了解可接受的行动和行为	2	3
573	OBJ-CTP-001	运营	3	1
574	RSK-092-ADM-ENT-008	缺少行为守则	3	2
575	CTA-092-ADM-ENT-011	实施并监控对行为守则的遵循情况	4	1
576	RSK-092-ADM-ENT-009	员工不了解行为守则	3	3
577	CTA-092-ADM-ENT-012	所有新员工都要温习行为守则的要求,所有员工也要定期温习	4	1
578	RSK-092-ADM-ENT-010	员工忽视行为守则	3	4
579	CTA-092-ADM-ENT-013	对违反行为守则的行为采取适当的惩戒措施,以便清楚地传递这样的信息:违反是不能容忍的	4	1
580	RSK-092-ADM-ENT-011	员工不诚实	3	5
581	CTA-092-ADM-ENT-014	聘用政策和程序要求对候选人的介绍材料进行核对	4	1
582	CTA-092-ADM-ENT-015	对被发现违法的员工采取适当的惩戒措施,并向权力机构举报	4	2
583	ACT-090-ADM	管理	0	10
584	ACT-093-ADM-EXR	对外关系管理	1	1
585	OBJ-093-ADM-EXR-001	试图合法地影响那些影响主体目标的政府政策和法规	2	1
586	OBJ-CTP-001	运营	3	1
587	RSK-093-ADM-EXR-001	对政府政策缺乏了解	3	2

（续表）

序号	元素名	标　　签	深度	顺序
588	CTA-093-ADM-EXR-001	聘用具备与主体有关的政府事务经验的人员	4	1
589	CTA-093-ADM-EXR-002	监控和沟通法规和其他政府信息	4	2
590	CTA-093-ADM-EXR-003	加入游说立法或监管机构的产业或行业组织	4	3
591	OBJ-093-ADM-EXR-002	积极参与到标准制定机构中	2	2
592	OBJ-CTP-001	运营	3	1
593	RSK-093-ADM-EXR-002	能否参与取决于是否得到任命	3	2
594	CTA-093-ADM-EXR-004	建立作为行业领导者的声望	4	1
595	RSK-093-ADM-EXR-003	席位数量有限	3	3
596	CTA-093-ADM-EXR-005	确保主体的官员在影响主体的问题上是经常露面的发言人	4	1
597	OBJ-093-ADM-EXR-003	参与到提高主体公众形象的社区活动中	2	3
598	OBJ-CTP-001	运营	3	1
599	RSK-093-ADM-EXR-004	对于社区问题缺乏信息和了解	3	2
600	CTA-093-ADM-EXR-006	鼓励员工支持民众活动	4	1
601	ACT-090-ADM	管理	0	11
602	ACT-094-ADM-ADM	提供行政服务	1	1
603	OBJ-094-ADM-ADM-001	以最低的成本及时提供高质量的服务	2	1
604	OBJ-CTP-001	运营	3	1
605	RSK-094-ADM-ADM-001	员工不足或冗余	3	2
606	CTA-094-ADM-ADM-001	估计服务用途，以确保适当的招聘数量	4	1
607	RSK-094-ADM-ADM-002	缺少与行政服务目标相融合的计划程序	3	3
608	CTA-094-ADM-ADM-002	必要时，评价利用外部服务公司、而不是自行提供服务的价值	4	1
609	RSK-094-ADM-ADM-003	分摊成本的会计系统不适当	3	4
610	CTA-094-ADM-ADM-003	准确归集成本，并公平地分摊这些成本	4	1
611	ACT-090-ADM	管理	0	12
612	ACT-095-ADM-MIT	信息技术管理	1	1
613	OBJ-095-ADM-MIT-001	利用信息技术（IT）来贯彻主体的战略规划	2	1

（续表）

序号	元素名	标　　签	深度	顺序
614	OBJ-CTP-001	运营	3	1
615	OBJ-CTP-002	财务报告	3	2
616	OBJ-CTP-003	合规	3	3
617	RSK-095-ADM-MIT-001	在制订战略规划时，信息技术、财务和经营管理的互动不够	3	4
618	CTA-095-ADM-MIT-001	制订 IT 战略规划，优化主体层次在 IT 上的投资与对 IT 的利用，确保 IT 行动支持主体的长期规划	4	1
619	CTA-095-ADM-MIT-002	让使用者参与 IT 战略规划的制订和维护	4	2
620	CTA-095-ADM-MIT-003	利用一个 IT 指导委员会	4	3
621	OBJ-095-ADM-MIT-002	完整而准确地获取、处理和维护信息，并将其提供给适当的人员，使他们能够履行他们的责任	2	2
622	OBJ-CTP-001	运营	3	1
623	OBJ-CTP-002	财务报告	3	2
624	OBJ-CTP-003	合规	3	3
625	RSK-095-ADM-MIT-002	系统的设计没有考虑使用者的需求，或者没有被正确执行	3	4
626	CTA-095-ADM-MIT-004	采用一个系统开发周期，包括下列关键方面或阶段：·系统设计申请·可行性研究·系统总体设计·系统具体描述·程序开发和测试·系统测试·转换·系统验收和批准	4	1
627	CTA-095-ADM-MIT-005	利用项目管理程序以确保对系统开发活动的恰当管理	4	2
628	CTA-095-ADM-MIT-006	让使用者参与系统的审核和批准，以确保系统的设计符合使用者的要求	4	3
629	RSK-095-ADM-MIT-003	系统和程序的修改没有被正确执行	3	5
630	CTA-095-ADM-MIT-007	使用控制良好的系统和程序变更程序，包括：·恰当审批系统/程序变更申请　·对批准的变更，跟踪变更的全过程·由使用者审核和批准变更的最终设计·对所有的变化，包括数据处理中发生的变化，进行适当的测试，并由使用者和数据处理管理层审核和批准测试结果·由申请者审批已测试变更的执行·通知受变更影响的数据处理部门·编制/更新文件记录（例如操作说明、用户手册、程序介绍和系统说明）	4	1

（续表）

序号	元素名	标　　签	深度	顺序
631	RSK-095-ADM-MIT-004	计算机操作未能使用正确的编程、文件和程序	3	6
632	CTA-095-ADM-MIT-008	编制并坚持生产任务进度；对偏离该进度的情形进行记录和审批	4	1
633	CTA-095-ADM-MIT-009	针对以下事项建立适当的任务安排和执行程序：·安排成批任务·安装在线应用系统·安装系统软件	4	2
634	CTA-095-ADM-MIT-010	按照经过批准的程序，在处理的过程中使用控制说明和参数	4	3
635	CTA-095-ADM-MIT-011	任何违反经过授权的安排和执行程序的行为，都要求经过书面审批，包括必要时让使用者参与	4	4
636	CTA-095-ADM-MIT-012	建立适当的程序来发现、报告和审批操作人员的行为，例如：·系统和应用软件的初次安装·系统失灵·重新启动和恢复·紧急情形·任何其他非正常情形	4	5
637	RSK-095-ADM-MIT-005	未经授权访问数据文件	3	7
638	CTA-095-ADM-MIT-013	建立安全政策，明确高级管理层对于信息安全的要求；通过适当的行动传达这些要求	4	1
639	CTA-095-ADM-MIT-014	制定标准、程序和指引，把安全政策转化为规则和遵循标准；这些标准和程序通常针对下列事项：·储存在计算机中的和数据处理过程之外的信息分类方案，包括安全类别（例如，研究，会计，市场营销）和安全级别（例如，最高机密，机密，仅限内部使用，未分类）·每一类信息中的数据以及经过授权使用这些数据的个人或职能，以及控制和保护要求	4	2
640	RSK-095-ADM-MIT-006	未经授权修改程序	3	8
641	CTA-095-ADM-MIT-015	考虑开展信息安全风险评估	4	1
642	CTA-095-ADM-MIT-016	利用安全或访问控制软件包，以增强对数据区以及系统和程序库的保护	4	2
643	CTA-095-ADM-MIT-017	采用适当的系统软件控制，以确保系统软件被正确执行、维护和防止未经授权的变更	4	3
644	CTA-095-ADM-MIT-018	针对计算机硬件和软件以及储存在数据处理过程之外的信息，保持适当的实物安全措施	4	4

(续表)

序号	元素名	标　签	深度	顺序
645	OBJ-095-ADM-MIT-003	信息系统在需要时可以使用	2	3
646	OBJ-CTP-001	运营	3	1
647	OBJ-CTP-002	财务报告	3	2
648	OBJ-CTP-003	合规	3	3
649	RSK-095-ADM-MIT-007	缺乏业务持续计划,或计划不周	3	4
650	CTA-095-ADM-MIT-019	建立和维持高级管理层对业务应急事件的要求	4	1
651	CTA-095-ADM-MIT-020	制订并保护业务持续计划	4	2
652	CTA-095-ADM-MIT-021	评估新系统或修改后的系统对业务持续计划的影响	4	3
653	CTA-095-ADM-MIT-022	建立替代的处理方案	4	4
654	RSK-095-ADM-MIT-008	备份和恢复程序不当	3	5
655	CTA-095-ADM-MIT-023	定期备份重要数据文档、系统和程序库,并另外储存	4	1
656	RSK-095-ADM-MIT-009	对 IT 资源的保护不够	3	6
657	CTA-095-ADM-MIT-024	定期测试业务持续程序	4	1
658	ACT-090-ADM	管理	0	13
659	ACT-096-ADM-MRK	(针对事故或其他可保险损失的)风险管理	1	1
660	OBJ-096-ADM-MRK-001	预防和降低事故发生的可能性	2	1
661	OBJ-CTP-001	运营	3	1
662	RSK-096-ADM-MRK-001	特定岗位、活动或场所有危险	3	2
663	CTA-096-ADM-MRK-001	识别危险的岗位、活动或场所	4	1
664	CTA-096-ADM-MRK-002	执行保证工人安全的政策、程序或预防措施	4	2
665	CTA-096-ADM-MRK-003	监控工人的报酬或相关的保险索赔,并与行业平均水平比较(业绩指标)	4	3
666	CTA-096-ADM-MRK-004	识别事故发生的原因,并实施适当的、符合成本效益原则的保护措施	4	4
667	RSK-096-ADM-MRK-002	生产设施老化	3	3
668	CTA-096-ADM-MRK-005	确保资本扩充计划涉及安全目标	4	1
669	RSK-096-ADM-MRK-003	无效的安全和员工培训计划	3	4

（续表）

序号	元素名	标　　签	深度	顺序
670	CTA-096-ADM-MRK-006	针对所有的新员工提供适当的安全和培训计划	4	1
671	CTA-096-ADM-MRK-007	针对现有员工定期更新上述计划	4	2
672	RSK-096-ADM-MRK-004	维护不佳或设备不足	3	5
673	CTA-096-ADM-MRK-008	制订维护计划，以确保设备得到充分的维护。对员工报告的运转不良设备进行调查并加以解决	4	1
674	RSK-096-ADM-MRK-005	员工忽视安全政策或程序	3	6
675	CTA-096-ADM-MRK-009	适当惩戒违反安全政策或程序的人	4	1
676	OBJ-096-ADM-MRK-002	确保符合适用的职业安全和健康	2	2
677	OBJ-CTP-003	合规	3	1
678	RSK-096-ADM-MRK-006	对 OSHA 的法律和法规缺乏了解	3	2
679	CTA-096-ADM-MRK-010	聘请胜任的法律顾问就 OSHA 的要求向主体提供建议。确保法律顾问定期审核适用的政策、程序及安全预防措施	4	1
680	OBJ-096-ADM-MRK-003	在保持充分的保险范围的同时，将保险索赔和其他与风险相关的成本降至最低	2	3
681	OBJ-CTP-001	运营	3	1
682	RSK-096-ADM-MRK-007	有关与风险相关的成本或可能引发保险索赔的事故或事件的信息不准确、不充分或不及时	3	2
683	CTA-096-ADM-MRK-011	确保所有可能引发保险索赔的事故或其他事件都向适当的人员报告	4	1
684	CTA-096-ADM-MRK-012	确保信息系统提供所有与风险相关的成本（包括保险费、自我保险损失、风险管理人工成本和其他相关成本）的信息	4	2
685	CTA-096-ADM-MRK-013	确保识别并适当处置了与所有活动有关的所有重要风险，例如，产品责任、财产损失和人员伤亡、业务中断以及失去关键员工	4	3
686	CTA-096-ADM-MRK-014	评价保险范围，并考虑通过自我保险、受控或离岸保险公司或者其他方法来降低成本的机会	4	4
687	RSK-096-ADM-MRK-008	缺乏风险管理成本抑减技术方面的知识	3	3

(续表)

序号	元素名	标　签	深度	顺序
688	CTA-096-ADM-MRK-015	聘请经过风险管理培训并具备经验的人员或顾问	4	1
689	ACT-090-ADM	管理	0	14
690	ACT-097-ADM-LEG	法律事务管理	1	1
691	OBJ-097-ADM-LEG-001	和法规	2	1
692	OBJ-CTP-003	合规	3	1
693	RSK-097-ADM-LEG-001	管理层不了解法律和法规的要求	3	2
694	CTA-097-ADM-LEG-001	聘请具有相关行业经验的法律顾问	4	1
695	CTA-097-ADM-LEG-002	法律顾问定期与管理层就法律和法规的要求进行沟通	4	2
696	RSK-097-ADM-LEG-002	法律顾问不完全了解主体内部发生的活动	3	3
697	CTA-097-ADM-LEG-003	法律顾问审核所有重要的合同和协议	4	1
698	CTA-097-ADM-LEG-004	法律顾问审核子公司、分部或业务单元的年度经营计划	4	2
699	CTA-097-ADM-LEG-005	法律顾问参加管理层的会议,参观位于总部办公室以外的经营场所,或者与各子公司、分部或业务单元管理层建立充分的沟通,以获得对企业活动的全面了解	4	3
700	CTA-097-ADM-LEG-006	鼓励法律顾问与内部审计师、独立审计师和董事会以及下设各委员会之间的定期沟通	4	4
701	RSK-097-ADM-LEG-003	法律和法规的要求不断变化	3	4
702	CTA-097-ADM-LEG-007	法律顾问监控新的法律、法规、法庭判决以及可能会影响主体的其他事件	4	1
703	OBJ-097-ADM-LEG-002	确保合同和协议明确、对主体公平并在法律上具有可执行性	2	2
704	OBJ-CTP-001	运营	3	1
705	RSK-097-ADM-LEG-004	法律顾问没有审核合同和协议	3	2
706	CTA-097-ADM-LEG-008	所有重要的合同和协议都必须经过法律顾问的审核和批准	4	1
707	CTA-097-ADM-LEG-009	经授权执行合同或协议的人员限于适当管理层级的负责官员	4	2
708	OBJ-097-ADM-LEG-003	将诉讼与和解成本降至最低	2	3

（续表）

序号	元素名	标　签	深度	顺序
709	OBJ-CTP-001	运营	3	1
710	RSK-097-ADM-LEG-005	非法律人员不了解可能引发诉讼的情况	3	2
711	CTA-097-ADM-LEG-010	针对相关的非法律人员实施培训计划，以便处理应当与法律人员沟通的情形	4	1
712	CTA-097-ADM-LEG-011	在所有舍同和协议中包含一个条款，要求将来自其他主体的所有的法律通知或信件的副本送给法律顾问	4	2
713	RSK-097-ADM-LEG-006	有关诉讼和预期和解的成本的信息或估计不准确	3	3
714	CTA-097-ADM-LEG-012	监控当前的和以前的诉讼成本	4	1
715	CTA-097-ADM-LEG-013	收集近期类似诉讼的和解或判决信息	4	2
716	ACT-090-ADM	管理	0	15
717	ACT-098-ADM-PLN	计划	1	1
718	OBJ-098-ADM-PLN-001	制订与主体层次目标相一致的长期和短期计划	2	1
719	OBJ-CTP-001	运营	3	1
720	RSK-098-ADM-PLN-001	缺乏对于主体层次目标的了解	3	2
721	CTA-098-ADM-PLN-001	建立以主体层次目标为基础的计划制订方法	4	1
722	CTA-098-ADM-PLN-002	与参与计划制订过程的适当人员沟通主体层次目标	4	2
723	RSK-098-ADM-PLN-002	有关可以利用的机会的信息不足	3	3
724	CTA-098-ADM-PLN-003	加入产业和行业协会	4	1
725	CTA-098-ADM-PLN-004	参加研讨会或外部各方举办的可以获取信息的其他会议	4	2
726	CTA-098-ADM-PLN-005	聘任有经验的和胜任的管理层	4	3
727	OBJ-098-ADM-PLN-002	以有利于管理层及时管理业务和度量进展的格式制订计划	2	2
728	OBJ-CTP-001	运营	3	1
729	RSK-098-ADM-PLN-003	管理信息系统不适当	3	2
730	CTA-098-ADM-PLN-006	建立信息系统，以与历史信息相同的格式提供计划信息	4	1
731	RSK-098-ADM-PLN-004	计划的格式不能有效地提供据以度量业绩的必要的标杆	3	3

（续表）

序号	元素名	标　　签	深度	顺序
732	CTA-098-ADM-PLN-007	监控和评价计划的有效性。改进计划的格式以强调关键成功因素	4	1
733	OBJ-098-ADM-PLN-003	采用高效率的方法制订计划	2	3
734	OBJ-CTP-001	运营	3	1
735	RSK-098-ADM-PLN-005	计划制订系统不适当或过时	3	2
736	CTA-098-ADM-PLN-008	在制订具体计划之前，要求就主体层次目标达成一致。在分配资源时，确定的优先顺序应该与主体层次目标相一致	4	1
737	CTA-098-ADM-PLN-009	开发和维护计划制订系统，并与所有相关部门进行沟通。必要时展开培训	4	2
738	CTA-098-ADM-PLN-010	根据业务管理中果用的业务重点，为计划收集信息	4	3
739	CTA-098-ADM-PLN-011	制定并遵循收集、分析和汇总计划制订信息的时间表	4	4
740	OBJ-098-ADM-PLN-004	制订切实可行的计划	2	4
741	OBJ-CTP-001	运营	3	1
742	RSK-098-ADM-PLN-006	信息和假设不准确	3	2
743	CTA-098-ADM-PLN-012	审核和测试假设的有效性	4	1
744	CTA-098-ADM-PLN-013	在制订计划时考虑所有的经营性支持活动	4	2
745	CTA-098-ADM-PLN-014	由适当的人员参与制订计划	4	3
746	ACT-090-ADM	管理	0	16
747	ACT-091-ADM-MFC	财务管理（资本金、税务、审计）	1	1
748	ACT-091-ADM-MFC-ACP	应付账款处理	2	1
749	OBJ-091-ADM-MFC-ACP-001	及时而准确地记录所有已经收到的经过批准的购货的发票，并且仅仅记录这些购货	3	1
750	OBJ-CTP-001	运营	4	1
751	OBJ-CTP-002	财务报告	4	2
752	RSK-091-ADM-MFC-ACP-001	丢失单据或信息	4	3
753	CTA-091-ADM-MFC-ACP-001	对采购订单和收货报告进行事先编号并予以登记	5	1
754	CTA-091-ADM-MFC-ACP-002	将发票、收货与采购订单信息进行比对，并追查丢失的或不一致的信息	5	2

（续表）

序号	元素名	标　签	深度	顺序
755	CTA-091-ADM-MFC-ACP-003	由独立于采购和收货职能的人员追查不匹配的（unmatched）未完成的采购订单、收货报告和发票，并解决丢失、重复或不匹配的项目	5	3
756	RSK-091-ADM-MFC-ACP-002	数据输入不准确	4	4
757	CTA-091-ADM-MFC-ACP-004	采用控制合计数或逐一核对	5	1
758	RSK-091-ADM-MFC-ACP-003	为未经授权的或不存在的购货虚构无效的应付账款	4	5
759	CTA-091-ADM-MFC-ACP-005	限制修改数据的权力	5	1
760	CTA-091-ADM-MFC-ACP-006	将供应商对账表与应付账款项目进行调节	5	2
761	OBJ-091-ADM-MFC-ACP-002	确认可以提供的折扣	3	2
762	OBJ-CTP-001	运营	4	1
763	RSK-091-ADM-MFC-ACP-004	丢失或未及时收到单据	4	2
764	CTA-091-ADM-MFC-ACP-007	在到期日之前调查不匹配的信息	5	1
765	CTA-091-ADM-MFC-ACP-008	按照折扣日期登记应付账款分类账	5	2
766	OBJ-091-ADM-MFC-ACP-003	准确记录所有已授予信用的退货和折让，并且只记录这些业务	3	3
767	OBJ-CTP-002	财务报告	4	1
768	RSK-091-ADM-MFC-ACP-005	丢失单据或信息	4	2
769	CTA-091-ADM-MFC-ACP-009	对退货的发运单进行事先编号并予以登记	5	1
770	CTA-091-ADM-MFC-ACP-010	将退货的发运单与供应商的信用备忘录进行比对	5	2
771	CTA-091-ADM-MFC-ACP-011	由独立于应收账款职能的人员追查不匹配的退货发运单以及相关的收货报告和发票，并解决丢失、重复或不匹配的项目	5	3
772	CTA-091-ADM-MFC-ACP-012	审核供应商核准退货和折让的信函	5	4
773	RSK-091-ADM-MFC-ACP-006	数据输入不准确	4	3
774	CTA-091-ADM-MFC-ACP-013	将应付账款记录与供应商对账表进行调节	5	1
775	CTA-091-ADM-MFC-ACP-014	采用控制合计数或逐一核对	5	2
776	OBJ-091-ADM-MFC-ACP-004	确保应付账款的完整性和准确性	3	4

（续表）

序号	元素名	标　　签	深度	顺序
777	OBJ-CTP-001	运营	4	1
778	OBJ-CTP-002	财务报告	4	2
779	RSK-091-ADM-MFC-ACP-007	未经授权输入不存在的退货	4	3
780	CTA-091-ADM-MFC-ACP-015	将应付账款明细分类账与购货和现金付款交易进行调节	5	1
781	RSK-091-ADM-MFC-ACP-008	未经授权增加应付账款	4	4
782	CTA-091-ADM-MFC-ACP-016	解决应付账款明细分类账和总分类账之间的差异	5	1
783	OBJ-091-ADM-MFC-ACP-005	保护应付账款记录	3	5
784	OBJ-CTP-001	运营	4	1
785	OBJ-CTP-002	财务报告	4	2
786	RSK-091-ADM-MFC-ACP-009	未经授权接触应付账款记录和储存的数据	4	3
787	CTA-091-ADM-MFC-ACP-017	限制接触应付账款和应付账款处理过程中使用的文件	5	1
788	CTA-091-ADM-MFC-ACP-018	限制接触自动支票签名机和签名印膜	5	2
789	ACT-090-ADM	管理	0	17
790	ACT-091-ADM-MFC	财务管理(资本金、税务、审计)	1	1
791	ACT-091-ADM-MFC-ACR	应收账款处理	2	1
792	OBJ-091-ADM-MFC-ACR-001	所有发运的货物已经在适当的期间内准确地开票	3	1
793	OBJ-CTP-001	运营	4	1
794	RSK-091-ADM-MFC-ACR-001	单据丢失或信息不正确	4	2
795	CTA-091-ADM-MFC-ACR-001	采用标准的发运或合同条款	5	1
796	CTA-091-ADM-MFC-ACR-002	与应收账款活动沟通非标准的发运或合同条款	5	2
797	CTA-091-ADM-MFC-ACR-003	在处理发票之前核实发运或合同条款	5	3
798	RSK-091-ADM-MFC-ACR-002	期末发运的截止日期不恰当	4	3
799	CTA-091-ADM-MFC-ACR-004	通过发运日志和事先编号的发运单据识别发运是在期末之前还是之后	5	1
800	CTA-091-ADM-MFC-ACR-005	将已发运的货物与已开票的货物进行调节	5	2

（续表）

序号	元素名	标　　签	深度	顺序
801	OBJ-091-ADM-MFC-ACR-002	准确地记录所有经过授权的发运的发票，并仅仅记录这些发运	3	2
802	OBJ-CTP-001	运营	4	1
803	OBJ-CTP-002	财务报告	4	2
804	RSK-091-ADM-MFC-ACR-003	单据丢失或信息不正确	4	3
805	CTA-091-ADM-MFC-ACR-006	对发运单据和销售发票进行事先编号并予以登记	5	1
806	CTA-091-ADM-MFC-ACR-007	将订单、发运单据、发票与客户信息进行比对，并追查丢失的或不一致的信息	5	2
807	CTA-091-ADM-MFC-ACR-008	由独立于开票职能的人员定期邮寄客户对账表，并调查和解决争议或询问	5	3
808	CTA-091-ADM-MFC-ACR-009	监控客户有关发票或对账表不正确的投诉数量（业绩指标）	5	4
809	OBJ-091-ADM-MFC-ACR-003	准确地记录所有经过授权的销售退货和折让，并且仅仅记录这些退货和折让	3	3
810	OBJ-CTP-001	运营	4	1
811	OBJ-CTP-002	财务报告	4	2
812	RSK-091-ADM-MFC-ACR-004	单据丢失或信息不正确	4	3
813	CTA-091-ADM-MFC-ACR-010	由独立于应收账款职能的人员核准信用备忘录	5	1
814	CTA-091-ADM-MFC-ACR-011	对信用备忘录和收货单据进行事先编号并予以登记	5	2
815	CTA-091-ADM-MFC-ACR-012	将信用备忘录与收货单据进行比对，并由独立于应收账款职能的人员来调查和解决不匹配的项目	5	3
816	RSK-091-ADM-MFC-ACR-005	数据输入不准确	4	4
817	CTA-091-ADM-MFC-ACR-013	由独立于开票职能的人员定期给客户邮寄对账表，并调查和解决争议或询问	5	1
818	OBJ-091-ADM-MFC-ACR-004	确保应收账款的持续完整性和准确性	3	4
819	OBJ-CTP-001	运营	4	1
820	OBJ-CTP-002	财务报告	4	2
821	RSK-091-ADM-MFC-ACR-006	未经授权输入不存在的退货、折让和注销	4	3
822	CTA-091-ADM-MFC-ACR-014	审核核准退货和折让的函件	5	1
823	CTA-091-ADM-MFC-ACR-015	将应收账款明细分类账与销货和现金收款交易进行调节	5	2

（续表）

序号	元素名	标　　签	深度	顺序
824	CTA-091-ADM-MFC-ACR-016	解决应收账款明细分类账和应收账款总分类账之间的差异	5	3
825	OBJ-091-ADM-MFC-ACR-005	保护应收账款记录	3	5
826	OBJ-CTP-001	运营	4	1
827	OBJ-CTP-002	财务报告	4	2
828	RSK-091-ADM-MFC-ACR-007	未经授权接触应收账款记录和储存的数据	4	3
829	CTA-091-ADM-MFC-ACR-017	限制接触应收账款处理过程中使用的应收账款文件和数据	5	1
830	ACT-090-ADM	管理	0	18
831	ACT-091-ADM-MFC	财务管理(资本金、税务、审计)	1	1
832	ACT-091-ADM-MFC-FND	资金处理	2	1
833	OBJ-091-ADM-MFC-FND-001	准确地预测现金余额,使短期投资收益最大化,并避免现金短缺	3	1
834	OBJ-CTP-001	运营	4	1
835	RSK-091-ADM-MFC-FND-001	有关现金流入和流出的信息不准确、不及时或难以取得	4	2
836	CTA-091-ADM-MFC-FND-001	信息系统识别所有现金来源以及约定和期望收回现金的日期(这些来源包括应收账款回收、客户存款、出售资产、取得贷款和其他现金来源)	5	1
837	CTA-091-ADM-MFC-FND-002	信息系统识别所有现金需求以及需要现金的日期(这些需求包括应付账款、偿还贷款、工薪、股利和其他现金需求)	5	2
838	CTA-091-ADM-MFC-FND-003	识别信息的所有内部来源	5	3
839	CTA-091-ADM-MFC-FND-004	将用于编制现金预测的信息与支持性记录或原始单据进行比较,以核实信息的内在一致性	5	4
840	OBJ-091-ADM-MFC-FND-002	确保在现金短缺的情况下,可以取得必要的融资	3	2
841	OBJ-CTP-001	运营	4	1
842	RSK-091-ADM-MFC-FND-002	缺乏有关融资替代方案的了解	4	2
843	CTA-091-ADM-MFC-FND-005	聘请具有为类似主体取得融资的经验的财务人员	5	1

（续表）

序号	元素名	标 签	深度	顺序
844	CTA-091-ADM-MFC-FND-006	识别能够协助寻找融资替代渠道的专业顾问，必要时向顾问咨询	5	2
845	RSK-091-ADM-MFC-FND-003	未能建立和维持与融资渠道之间的适当关系	4	3
846	CTA-091-ADM-MFC-FND-007	在需要融资之前与融资渠道建立关系。维持恰当而密切的关系，以便在需要的时候能够得到现金	5	1
847	OBJ-091-ADM-MFC-FND-003	优化临时现金投资的收益	3	3
848	OBJ-CTP-001	运营	4	1
849	RSK-091-ADM-MFC-FND-004	缺乏对有关投资各选方案的了解	4	2
850	CTA-091-ADM-MFC-FND-008	聘请具有短期投资经验的财务人员	5	1
851	CTA-091-ADM-MFC-FND-009	利用专业的投资顾问	5	2
852	OBJ-091-ADM-MFC-FND-004	加速现金回收	3	4
853	OBJ-CTP-001	运营	4	1
854	RSK-091-ADM-MFC-FND-005	在内部处理现金收据会延误此类收据的存放	4	2
855	CTA-091-ADM-MFC-FND-010	考虑采用“锁箱”(lock-box)安排，即将付款汇入邮局的邮箱，由银行收取并将汇款存入银行	5	1
856	RSK-091-ADM-MFC-FND-006	客户延迟汇款	4	3
857	CTA-091-ADM-MFC-FND-011	委托代收应收账款	5	1
858	CTA-091-ADM-MFC-FND-012	接受银行信用卡	5	2
859	CTA-091-ADM-MFC-FND-013	针对及时付款提供折扣	5	3
860	CTA-091-ADM-MFC-FND-014	建立和推行收账政策	5	4
861	CTA-091-ADM-MFC-FND-015	监控逾期的应收账款余额；及时执行收账程序	5	5
862	RSK-091-ADM-MFC-FND-007	应收账款收账问题过多	4	4
863	CTA-091-ADM-MFC-FND-016	建立和推行信用政策，以反映信用损失风险和销售量之间的适当平衡	5	1
864	OBJ-091-ADM-MFC-FND-005	及时而准确地记录应收账款的现金收入	3	5
865	OBJ-CTP-001	运营	4	1
866	OBJ-CTP-002	财务报告	4	2

（续表）

序号	元素名	标　　签	深度	顺序
867	RSK-091-ADM-MFC-FND-008	收到的现金被转移、丢失或者没有准确地报告应收账款	4	3
868	CTA-091-ADM-MFC-FND-017	指派不负责或不接触与应收账款有关的文件或单据或现金账户的人员负责开启邮件；将列示的收回账款与应收账款和银行存款进行比较	5	1
869	CTA-091-ADM-MFC-FND-018	考虑采用锁箱或其他安排来加速存款	5	2
870	CTA-091-ADM-MFC-FND-019	考虑让客户用电子的方式将资金划转到主体的银行账户，并通过电子数据交换(EDI)系统将付款通知主体	5	3
871	RSK-091-ADM-MFC-FND-009	收款与开票金额有差异，或者无法辨认	4	4
872	CTA-091-ADM-MFC-FND-020	定期向客户发送对账表，并调查客户注明的差异(业绩指标)	5	1
873	CTA-091-ADM-MFC-FND-021	将总分类账与应收账款明细记录进行调节，对差异进行调查	5	2
874	CTA-091-ADM-MFC-FND-022	联系付款人以确定付款原因，或者付款与开票金额有差异的原因	5	3
875	OBJ-091-ADM-MFC-FND-006	管理现金支付的时间	3	6
876	OBJ-CTP-001	运营	4	1
877	RSK-091-ADM-MFC-FND-010	有关付款到期日的信息不准确、不及时或难以取得	4	2
878	CTA-091-ADM-MFC-FND-023	信息系统识别所有的现金需求和需要现金的日期	5	1
879	CTA-091-ADM-MFC-FND-024	利用应付账款账龄分析	5	2
880	RSK-091-ADM-MFC-FND-011	在到期日之前支付账单	4	3
881	CTA-091-ADM-MFC-FND-025	延迟支票的填制或签字，直至到期日	5	1
882	CTA-091-ADM-MFC-FND-026	在尽可能晚的时间以及尽可能在每天或每周的最后才发出支票	5	2
883	RSK-091-ADM-MFC-FND-012	快速到银行交割支票	4	4
884	CTA-091-ADM-MFC-FND-027	在选择银行时考虑支票交割时间	5	1
885	OBJ-091-ADM-MFC-FND-007	将现金付款降到最低	3	7
886	OBJ-CTP-001	运营	4	1
887	RSK-091-ADM-MFC-FND-013	信息系统没有识别可以利用的折扣和相关的约定付款日期	4	2

（续表）

序号	元素名	标　签	深度	顺序
888	CTA-091-ADM-MFC-FND-028	信息系统谓别与可以利用的折扣相关的付款日期	5	1
889	OBJ-091-ADM-MFC-FND-008	只对授权批准的购货支付现金	3	8
890	OBJ-CTP-001	运营	4	1
891	OBJ-CTP-002	财务报告	4	2
892	RSK-091-ADM-MFC-FND-014	伪造虚假的文件记录	4	3
893	CTA-091-ADM-MFC-FND-029	检查支持性单据，由独立于采购、收货和应付账款的人员对付款进行审批	5	1
894	RSK-091-ADM-MFC-FND-015	重复使用支持性单据	4	4
895	CTA-091-ADM-MFC-FND-030	注销支持性单据，防止重复提交付款	5	1
896	OBJ-091-ADM-MFC-FND-009	及时而准确地向供应商和其他人支付款项，例如股利、债务、税款或其他付款	3	9
897	OBJ-CTP-001	运营	4	1
898	OBJ-CTP-002	财务报告	4	2
899	RSK-091-ADM-MFC-FND-016	有关付款金额或到期日的信息不准确、不及时或难以取得	4	3
900	CTA-091-ADM-MFC-FND-031	详细比较实际支付和预算支付	5	1
901	CTA-091-ADM-MFC-FND-032	将付款金额和收款人与原始单据进行比较，例如供应商发票、采购订单、纳税申报、股利计算、贷款偿还计划或其他的相关文件记录；核实支持性单据的准确性	5	2
902	CTA-091-ADM-MFC-FND-033	建立备忘文件以识别付款到期日	5	3
903	CTA-091-ADM-MFC-FND-034	必要时修正信息系统以便提供付款信息	5	4
904	OBJ-091-ADM-MFC-FND-010	完整而准确地记录现金支付	3	10
905	OBJ-CTP-001	运营	4	1
906	OBJ-CTP-002	财务报告	4	2
907	RSK-091-ADM-MFC-FND-017	丢失单据或信息	4	3
908	CTA-091-ADM-MFC-FND-035	将支付记录和应付账款/未付款发票文件进行比对	5	1
909	CTA-091-ADM-MFC-FND-036	对支票进行事先编号并予以登记	5	2
910	CTA-091-ADM-MFC-FND-037	由独立于应付账款和现金支付职能的人员对银行对账表和现金账户进行调节，并对长期未到账的支票进行调查	5	3

(续表)

序号	元素名	标签	深度	顺序
911	OBJ-091-ADM-MFC-FND-011	保护现金和相关的会计记录	3	11
912	OBJ-CTP-001	运营	4	1
913	OBJ-CTP-002	财务报告	4	2
914	RSK-091-ADM-MFC-FND-018	针对现金和可用于划转现金的单据的实物安全措施不适当	4	3
915	CTA-091-ADM-MFC-FND-038	分离保管和记录职能	5	1
916	CTA-091-ADM-MFC-FND-039	由不负责现金收款、支付或保管的人员调节银行账户	5	2
917	CTA-091-ADM-MFC-FND-040	由独立于现金收款记录过程的人员收取现金和编制清单	5	3
918	CTA-091-ADM-MFC-FND-041	严格限制对收到的支票进行背书	5	4
919	CTA-091-ADM-MFC-FND-042	现金收款每日存入银行	5	5
920	CTA-091-ADM-MFC-FND-043	限制接触应收账款文件和处理现金收款的过程中使用的文件	5	6
921	CTA-091-ADM-MFC-FND-044	由独立于应付账款记录过程的人员邮寄支票	5	7
922	CTA-091-ADM-MFC-FND-045	被授权签署支票的人员独立于现金收款职能	5	8
923	CTA-091-ADM-MFC-FND-046	对自动支票签名机和签字印膜进行实物保护	5	9
924	CTA-091-ADM-MFC-FND-047	限制接触应付账款文件和处理现金支付的过程中使用的文件	5	10
925	ACT-090-ADM	管理	0	19
926	ACT-091-ADM-MFC	财务管理(资本金、税务、审计)	1	1
927	ACT-091-ADM-MFC-PPE	固定资产处理	2	1
928	OBJ-091-ADM-MFC-PPE-001	完整而准确地记录固定资产的转移、取得、处置和相关的折旧	3	1
929	OBJ-CTP-001	运营	4	1
930	OBJ-CTP-002	财务报告	4	2
931	RSK-091-ADM-MFC-PPE-001	取得的文件记录可能丢失或者没有向适当的人员沟通	4	3
932	CTA-091-ADM-MFC-PPE-001	对各项资本支出授权进行事先编号,并调查丢失的单据	5	1
933	CTA-091-ADM-MFC-PPE-002	将资本支出采购订单的副本传递给处理固定资产的人员;在预计收货日期之后,调查采购订单与收货文件记录不匹配的情形	5	2

（续表）

序号	元素名	标 签	深度	顺序
934	CTA-091-ADM-MFC-PPE-003	将固定资产的增加与资本支出授权进行调节	5	3
935	CTA-091-ADM-MFC-PPE-004	将固定资产的增加与资本支出授权进行调节	5	4
936	RSK-091-ADM-MFC-PPE-002	对取得的资产可能没有适当地描述	4	4
937	CTA-091-ADM-MFC-PPE-005	提请采购或其他人员澄清资产的描述和功能	5	1
938	CTA-091-ADM-MFC-PPE-006	清楚地界定资产的类别	5	2
939	RSK-091-ADM-MFC-PPE-003	资产处置或转移可能没有向适当的人员沟通	4	5
940	CTA-091-ADM-MFC-PPE-007	只有在经过恰当授权时才能处置或转移固定资产，并将授权文件的副本提供给适当的人员	5	1
941	CTA-091-ADM-MFC-PPE-008	对固定资产处置或转移的批准表格进行事先编号，并调查丢失的单据	5	2
942	CTA-091-ADM-MFC-PPE-009	定期盘点固定资产，将盘点结果与固定资产记录进行调节，并对差异进行调查	5	3
943	RSK-091-ADM-MFC-PPE-004	可能采用了不正确的折旧年限或方法	4	6
944	CTA-091-ADM-MFC-PPE-010	建立有关折旧年限和方法的政策，向适当的人员沟通，并定期进行审核以确保它们的持续适当性	5	1
945	CTA-091-ADM-MFC-PPE-011	审核折旧细节是否准确，以及是否符合政策和程序	5	2
946	OBJ-091-ADM-MFC-PPE-002	保护固定资产的安全，防止失窃损失	3	2
947	OBJ-CTP-001	运营	4	1
948	RSK-091-ADM-MFC-PPE-005	针对固定资产的实物安全措施不适当	4	2
949	CTA-091-ADM-MFC-PPE-012	限制在非工作时间进入生产场所	5	1
950	CTA-091-ADM-MFC-PPE-013	在办公家具和装置、设备和其他便携式的固定资产上粘贴固定资产铭牌和编号	5	2
951	CTA-091-ADM-MFC-PPE-014	制定、执行和沟通保护政策	5	3
952	ACT-090-ADM	管理	0	20
953	ACT-091-ADM-MFC	财务管理（资本金、税务、审计）	1	1
954	ACT-091-ADM-MFC-ANR	分析与调节	2	1

（续表）

序号	元素名	标　　签	深度	顺序
955	OBJ-091-ADM-MFC-ANR-001	将经营成果与事先确定的标准（例如预算或前期成果）进行比较；识别差异、趋势或非正常变化及其原因	3	1
956	OBJ-CTP-001	运营	4	1
957	RSK-091-ADM-MFC-ANR-001	没有事先确定标准	4	2
958	CTA-091-ADM-MFC-ANR-001	定期确定经营标准，例如季度或年度预算	5	1
959	RSK-091-ADM-MFC-ANR-002	缺乏将实际成果与事先确定的标准进行比较所需的信息，或信息不准确	4	3
960	CTA-091-ADM-MFC-ANR-002	指明识别和解释差异、趋势或非正常变化所需的信息	5	1
961	CTA-091-ADM-MFC-ANR-003	设计信息系统，及时向适当的人员沟通必要的信息	5	2
962	OBJ-091-ADM-MFC-ANR-002	将账簿与记录进行调节，以确保它们的内在一致性	3	2
963	OBJ-CTP-001	运营	4	1
964	OBJ-CTP-002	财务报告	4	2
965	RSK-091-ADM-MFC-ANR-003	（注：这个目标上的风险随着调节程序和所调节信息的性质的不同而不同。因此，调节程序将在本《参考手册》的其他适当部分加以明确）	4	3
966	CTA-091-ADM-MFC-ANR-004	—	5	1
967	ACT-090-ADM	管理	0	21
968	ACT-091-ADM-MFC	财务管理（资本金、税务、审计）	1	1
969	ACT-091-ADM-MFC-BNR	福利和退休人员信息处理	2	1
970	OBJ-091-ADM-MFC-BNR-001	确保福利计划中包含所有符合条件的人员，而且仅仅包括这些人员	3	1
971	OBJ-CTP-001	运营	4	1
972	OBJ-CTP-003	合规	4	2
973	RSK-091-ADM-MFC-BNR-001	计划的条件要求没有清楚地向适当的人员沟通	4	3
974	CTA-091-ADM-MFC-BNR-001	就有关计划的条件要求和后续的修改对适当的人员进行培训和知识更新	5	1
975	RSK-091-ADM-MFC-BNR-002	向福利人员提供的员工信息不准确	4	4
976	CTA-091-ADM-MFC-BNR-002	将信息与员工个人档案进行比较，或者核实其准确性	5	1

（续表）

序号	元素名	标　　签	深度	顺序
977	CTA-091-ADM-MFC-BNR-003	限制访问员工数据库	5	2
978	RSK-091-ADM-MFC-BNR-003	符合条件的员工被不恰当地排除在参与计划的范围之外	4	5
979	CTA-091-ADM-MFC-BNR-004	定期将参与计划的名单与员工和(或)退休人员名单以及员工选择不参与计划的文件记录进行比对	5	1
980	RSK-091-ADM-MFC-BNR-004	不存在的员工进入计划参与者或受益者的行列	4	6
981	CTA-091-ADM-MFC-BNR-005	定期将参与者名单与员工和(或)退休人员名单进行比较	5	1
982	CTA-091-ADM-MFC-BNR-006	向参与者数据库添加的所有内容	5	2
983	CTA-091-ADM-MFC-BNR-007	需要经过授权官员的批准核实参与者的存在性和状况	5	3
984	OBJ-091-ADM-MFC-BNR-002	准确地计算每位参与者应有的福利	3	2
985	OBJ-CTP-001	运营	4	1
986	OBJ-CTP-003	合规	4	2
987	RSK-091-ADM-MFC-BNR-005	计划中的福利条款不清楚或很复杂	4	3
988	CTA-091-ADM-MFC-BNR-008	确保计划文本清楚地描述福利条款,并包含举例计算	5	1
989	CTA-091-ADM-MFC-BNR-009	必要时修改计划以澄清福利的计算方法	5	2
990	CTA-091-ADM-MFC-BNR-010	必要时咨询律师、精算师或其他专业人士,以澄清福利条款	5	3
991	RSK-091-ADM-MFC-BNR-006	福利计算中发生错误	4	4
992	CTA-091-ADM-MFC-BNR-011	采用标准化的福利计算表格或程序	5	1
993	CTA-091-ADM-MFC-BNR-012	对福利计算进行复核	5	2
994	RSK-091-ADM-MFC-BNR-007	信息不准确	4	5
995	CTA-091-ADM-MFC-BNR-013	限制接触计算福利所利用的信息和数据	5	1
996	CTA-091-ADM-MFC-BNR-014	对计算福利所采用的数据库的所有修改进行审批	5	2
997	OBJ-091-ADM-MFC-BNR-003	汇总并跟踪福利信息	3	3
998	OBJ-CTP-001	运营	4	1
999	RSK-091-ADM-MFC-BNR-008	信息丢失或误放	4	2
1000	CTA-091-ADM-MFC-BNR-015	调节各种相关报告	5	1

（续表）

序号	元素名	标　签	深度	顺序
1001	CTA-091-ADM-MFC-BNR-016	使用日志或其他方法来确保处理的完整性	5	2
1002	OBJ-091-ADM-MFC-BNR-004	符合适用的法律和法规	3	4
1003	OBJ-CTP-003	合规	4	1
1004	RSK-091-ADM-MFC-BNR-009	员工不了解适用的法律和法规	4	2
1005	CTA-091-ADM-MFC-BNR-017	对人力资源或其他人员进行有关适用的法律和法规的培训	5	1
1006	CTA-091-ADM-MFC-BNR-018	由具备员工和退休人员福利计划经验的法律顾问审核和批准全部计划文件和政策	5	2
1007	OBJ-091-ADM-MFC-BNR-005	准确而及时地生成和发送福利报告	3	5
1008	OBJ-CTP-001	运营	4	1
1009	RSK-091-ADM-MFC-BNR-010	缺乏适当的系统	4	2
1010	CTA-091-ADM-MFC-BNR-019	确保报告生成系统在报告期限以内准确地处理信息	5	1
1011	RSK-091-ADM-MFC-BNR-011	对报告要求缺乏了解	4	3
1012	CTA-091-ADM-MFC-BNR-020	执行和监控培训计划	5	1
1013	ACT-090-ADM	管理	0	22
1014	ACT-091-ADM-MFC	财务管理(资本金、税务、审计)	1	1
1015	ACT-091-ADM-MFC-PAY	工薪处理	2	1
1016	OBJ-091-ADM-MFC-PAY-001	根据工资合同和其他既定的政策向员工支付	3	1
1017	OBJ-CTP-001	运营	4	1
1018	RSK-091-ADM-MFC-PAY-001	系统设计不能反映集体协商协议或与员工个人签订的协议中包含的支付表	4	2
1019	CTA-091-ADM-MFC-PAY-001	执行反映工资合同的支付表和协商一致的支付表	5	1
1020	OBJ-091-ADM-MFC-PAY-002	针对实际履行并经核准的所有服务，准确而完整地计算和记录工薪(包括工薪扣减情况)，并且只计算和记录这些服务	3	2
1021	OBJ-CTP-001	运营	4	1
1022	OBJ-CTP-002	财务报告	4	2
1023	RSK-091-ADM-MFC-PAY-002	支付标准或扣减项目未经恰当核准，或者不准确	4	3

（续表）

序号	元素名	标　　签	深度	顺序
1024	CTA-091-ADM-MFC-PAY-002	审核和批准原始支付和此后的所有增加或变动	5	1
1025	CTA-091-ADM-MFC-PAY-003	定期核实工薪数据库信息	5	2
1026	CTA-091-ADM-MFC-PAY-004	审核和批准初始扣减/福利选择	5	3
1027	CTA-091-ADM-MFC-PAY-005	对工薪信息进行改变时使用标准的表格	5	4
1028	CTA-091-ADM-MFC-PAY-006	审核和批准所有非标准项目，例如病假、休假和奖金支付	5	5
1029	CTA-091-ADM-MFC-PAY-007	审核工薪登记簿和支票的合理性	5	6
1030	CTA-091-ADM-MFC-PAY-008	限制访问工资数据库的安全控制	5	7
1031	RSK-091-ADM-MFC-PAY-003	工作时间未经核准或不准确	4	4
1032	CTA-091-ADM-MFC-PAY-009	审核和批准所有非正常或非标准的工作时间和加班的时间记录	5	1
1033	RSK-091-ADM-MFC-PAY-004	为不存在的员工提交工时卡或其他原始信息	4	5
1034	CTA-091-ADM-MFC-PAY-010	在聘用员工时使用标准化政策和程序	5	1
1035	CTA-091-ADM-MFC-PAY-011	针对数据库中的员工增加或删除的安全程序	5	2
1036	CTA-091-ADM-MFC-PAY-012	保持日志或其他支持或跟踪工薪数据库变化的文件记录	5	3
1037	CTA-091-ADM-MFC-PAY-013	如果可行，要求在收到工资支票时提供有效的身份证明或由员工签名	5	4
1038	CTA-091-ADM-MFC-PAY-014	除了事先确定的情形外，禁止用现金支付工资	5	5
1039	CTA-091-ADM-MFC-PAY-015	利用直接存款系统	5	6
1040	RSK-091-ADM-MFC-PAY-005	信息或单据缺乏或丢失	4	6
1041	CTA-091-ADM-MFC-PAY-016	核实收到了所有员工的原始单据，如工时卡	5	1
1042	CTA-091-ADM-MFC-PAY-017	一旦原始单据丢失，保持员工工时的备份记录	5	2
1043	CTA-091-ADM-MFC-PAY-018	将员工工资明细分类账与总分类账账户进行调节；调查所有的差异	5	3
1044	CTA-091-ADM-MFC-PAY-019	将总工时和员工人数与工薪登记簿中的总数进行比较	5	4
1045	OBJ-091-ADM-MFC-PAY-003	仅限于需要这些信息来履行职责的人员，才能接触工薪数据信息	3	3

（续表）

序号	元素名	标　签	深度	顺序
1046	OBJ-CTP-001	运营	4	1
1047	RSK-091-ADM-MFC-PAY-006	未经授权的人员可能接触工薪信息	4	2
1048	CTA-091-ADM-MFC-PAY-020	通过经常更换密码，来限制接触储存在电子介质中的信息	5	1
1049	CTA-091-ADM-MFC-PAY-021	针对工薪处理系统和书面信息采取实物安全措施	5	2
1050	OBJ-091-ADM-MFC-PAY-004	将工薪信息提供给相关的人员，以满足管理信息需求	3	4
1051	OBJ-CTP-001	运营	4	1
1052	RSK-091-ADM-MFC-PAY-007	对工薪方面的管理信息需求没有界定	4	2
1053	CTA-091-ADM-MFC-PAY-022	明确工薪信息如何满足其他管理目标和与信息渠道相关联	5	1
1054	ACT-090-ADM	管理	0	23
1055	ACT-091-ADM-MFC	财务管理(资本金、税务、审计)	1	1
1056	ACT-091-ADM-MFC-TAX	税务舍规处理	2	1
1057	OBJ-091-ADM-MFC-TAX-001	准确而及时地处理、编制和申报所要求的税务文件	3	1
1058	OBJ-CTP-002	财务报告	4	1
1059	OBJ-CTP-003	合规	4	2
1060	RSK-091-ADM-MFC-TAX-001	对申报要求以及适用的法律和法规方面的信息和认识不适当	4	3
1061	CTA-091-ADM-MFC-TAX-001	从内部或主体外部聘任胜任的税务专业人员，以识别和编制申报材料	5	1
1062	CTA-091-ADM-MFC-TAX-002	订购税务服务和(或)保持适当的产业、行业或专业组织的会员资格，以便识别新的税务要求或机会	5	2
1063	CTA-091-ADM-MFC-TAX-003	建立诸如备忘录等系统来识别税务申报的截止日期	5	3
1064	RSK-091-ADM-MFC-TAX-002	据以编制相关文件的信息不完整或不准确	4	4
1065	CTA-091-ADM-MFC-TAX-004	识别编制税务文件所需的信息；确保信息系统能够准确而及时地提供这些信息	5	1
1066	OBJ-091-ADM-MFC-TAX-002	将应纳税额降到法律允许的最低限度	3	2
1067	OBJ-CTP-001	运营	4	1

（续表）

序号	元素名	标　　签	深度	顺序
1068	OBJ-CTP-003	合规	4	2
1069	RSK-091-ADM-MFC-TAX-003	有关节税机会的信息不适当	4	3
1070	CTA-091-ADM-MFC-TAX-005	确保税务专业人士全面了解主体经营活动的各个方面，包括常规的和非常规的交易，以及主体业务领域和开展业务的方法方面的所有变化	5	1
1071	CTA-091-ADM-MFC-TAX-006	定期审核税务申报材料和状态，以便具体识别节税的机会	5	2
1072	OBJ-091-ADM-MFC-TAX-003	完整而准确地记录所有税务交易或经济事项的影响	3	3
1073	OBJ-CTP-002	财务报告	4	1
1074	OBJ-CTP-003	合规	4	2
1075	RSK-091-ADM-MFC-TAX-004	与税务交易或经济事项的财务报告有关的信息或认识不适当	4	3
1076	CTA-091-ADM-MFC-TAX-007	聘用了解税务财务报告的人员	5	1
1077	CTA-091-ADM-MFC-TAX-008	订购技术服务和（或）保持在适当的产业、行业或专业组织中的会员资格，以识别和解释新的或现存的财务报告要求	5	2
1078	RSK-091-ADM-MFC-TAX-005	有关税务交易或经济事项的会计分录未经恰当批准，或者没有过入总分类账中	4	4
1079	CTA-091-ADM-MFC-TAX-009	由经过授权和具备专业知识的官员批准与税务有关的会计分录	5	1
1080	CTA-091-ADM-MFC-TAX-010	将每笔会计分录与总分类账账户进行比较，以确保恰当过账	5	2
1081	ACT-090-ADM	管理	0	24
1082	ACT-091-ADM-MFC	财务管理（资本金、税务、审计）	1	1
1083	ACT-091-ADM-MFC-CST	生产成本处理	2	1
1084	OBJ-091-ADM-MFC-CST-001	制定生产产品的标准成本，包括生产过程中每个阶段的成本	3	1
1085	OBJ-CTP-001	运营	4	1
1086	OBJ-CTP-002	财务报告	4	2
1087	RSK-091-ADM-MFC-CST-001	信息不适当或不准确	4	3

（续表）

序号	元素名	标　　签	深度	顺序
1088	CTA-091-ADM-MFC-CST-001	识别制定标准生产成本所需的信息；确保信息系统准确而及时地提供这些信息（这些信息可能包括下列项目：计划产量，预算工时和成本，预算间接成本和估计材料成本；它应该考虑技术对生产过程的影响，并考虑采用恰当的依据去分摊成本）	5	1
1089	CTA-091-ADM-MFC-CST-002	定期评价生产过程，并估计与该过程的各个阶段相关的成本	5	2
1090	RSK-091-ADM-MFC-CST-002	生产过程组织不佳	4	4
1091	CTA-091-ADM-MFC-CST-003	参见本《参考手册》的“运营”部分	5	1
1092	RSK-091-ADM-MFC-CST-003	不能识别生产阶段	4	5
1093	CTA-091-ADM-MFC-CST-004	清楚地界定和组织生产的每个阶段；适当地记录这些阶段	5	1
1094	CTA-091-ADM-MFC-CST-005	建立系统来常规性地识别所完成的阶段；定期核实系统是否正常运转	5	2
1095	OBJ-091-ADM-MFC-CST-002	完整而准确地记录实际发生的成本	3	2
1096	OBJ-CTP-001	运营	4	1
1097	OBJ-CTP-002	财务报告	4	2
1098	RSK-091-ADM-MFC-CST-004	有关实际发生的成本的信息不准确、不及时或难以取得	4	3
1099	CTA-091-ADM-MFC-CST-006	对发往生产活动和从生产活动退回的物料和部件的申请进行事先编号，并登记其序号；由独立于物料处理活动的人员调查遗漏或重复（不匹配）的项目	5	1
1100	CTA-091-ADM-MFC-CST-007	将人工和间接支出记录与发生的工薪和间接成本进行调节；对差异进行调查	5	2
1101	CTA-091-ADM-MFC-CST-008	对生产报告或产成品和在产品移送的记录进行事先编号，并登记其序号；将这些报告与记录的数量进行调节；调查丢失的单据和差异	5	3
1102	CTA-091-ADM-MFC-CST-009	审核和批准月度汇总分录	5	4
1103	CTA-091-ADM-MFC-CST-010	保持永续盘存记录	5	5
1104	CTA-091-ADM-MFC-CST-011	定期结出原材料、在产品和产成品记录的余额（上期余额加上增加数减去转出数，与当前总额进行比较）	5	6

（续表）

序号	元素名	标签	深度	顺序
1105	CTA-091-ADM-MFC-CST-012	定期盘点原材料、在产品和产成品库存，并与永续盘存记录进行比较；对差异进行调查	5	7
1106	CTA-091-ADM-MFC-CST-013	由独立于负责保持相关的永续盘存记录或保护存货的人员将永续盘存记录与总分类账账户进行调节，并对调整进行审批	5	8
1107	OBJ-091-ADM-MFC-CST-003	确定与标准成本之间的差异及其对库存和销货成本的影响	3	3
1108	OBJ-CTP-001	运营	4	1
1109	OBJ-CTP-002	财务报告	4	2
1110	RSK-091-ADM-MFC-CST-005	差异的计算或记录不准确	4	3
1111	CTA-091-ADM-MFC-CST-014	计算每种相关产品的成本差异；通过比较产品清单或其他适当的文件来核实其完整性	5	1
1112	CTA-091-ADM-MFC-CST-015	通过重新计算或其他适当的方法核实差异计算的准确性	5	2
1113	CTA-091-ADM-MFC-CST-016	审核总分类账或其他记录，以确保差异被准确地记录	5	3
1114	ACT-090-ADM	管理	0	25
1115	ACT-091-ADM-MFC	财务管理（资本金、税务、审计）	1	1
1116	ACT-091-ADM-MFC-FCR	提供财务和管理报告	2	1
1117	OBJ-091-ADM-MFC-FCR-001	及时而准确地提供管理层和其他人员履行职能所需的信息	3	1
1118	OBJ-CTP-001	运营	4	1
1119	RSK-091-ADM-MFC-FCR-001	不了解或没有清楚地沟通管理层和其他人员所需的信息	4	2
1120	CTA-091-ADM-MFC-FCR-001	识别使用者的信息需求并定期更新这些需求	5	1
1121	CTA-091-ADM-MFC-FCR-002	管理报告的使用者向编制者沟通信息需求	5	2
1122	RSK-091-ADM-MFC-FCR-002	没有澄清或沟通管理报告的期限和相对优先的内容	4	3
1123	CTA-091-ADM-MFC-FCR-003	针对所有的管理报告（常规或非常规的），确定期限	5	1
1124	CTA-091-ADM-MFC-FCR-004	针对所有的管理报告（常规或非常规的），确定相对优先的内容	5	2

(续表)

序号	元素名	标　签	深度	顺序
1125	CTA-091-ADM-MFC-FCR-005	向管理报告的编制者和使用者沟通报告的期限和相对优先的内容	5	3
1126	CTA-091-ADM-MFC-FCR-006	建立备忘录或其他系统,以确保经常性地识别期限	5	4
1127	RSK-091-ADM-MFC-FCR-003	信息系统不能提供所需的信息	4	4
1128	CTA-091-ADM-MFC-FCR-007	识别系统不能生成的信息;识别对系统的必要修改	5	1
1129	OBJ-091-ADM-MFC-FCR-002	根据适用的法律、法规、规则或合同协议及时地编制对外财务报告	3	2
1130	OBJ-CTP-002	财务报告	4	1
1131	OBJ-CTP-003	合规	4	2
1132	RSK-091-ADM-MFC-FCR-004	信息系统不能及时提供所需的信息	4	3
1133	CTA-091-ADM-MFC-FCR-008	确定和实施必要的系统变更	5	1
1134	RSK-091-ADM-MFC-FCR-005	员工不了解适用的法律、法规、规则或合同协议	4	4
1135	CTA-091-ADM-MFC-FCR-009	聘请具备影响主体对外财务报告的适用法律、法规或规则方面的知识和经验的胜任的人员	5	1
1136	CTA-091-ADM-MFC-FCR-010	由负责对外财务报告编制的管理层或监督人员审核重要的合同协议	5	2
1137	OBJ-091-ADM-MFC-FCR-003	对财务信息保守机密	3	3
1138	OBJ-CTP-001	运营	4	1
1139	OBJ-CTP-003	合规	4	2
1140	RSK-091-ADM-MFC-FCR-006	未经授权的人员可以接触财务信息	4	3
1141	CTA-091-ADM-MFC-FCR-011	报告或信息仅限于发送给经过授权的人员;定期审核和更新发送清单	5	1

参考文献

[1] ABU-M A A. Perceived security threats of computerized accounting information systems in the Egyptian banking industry[J]. Journal of Information Systems, 2006, 20(1): 187-203.

[2] AKHILESH B. SAAS: Integrating systems analysis with accounting and strategy for ex ante evaluation of IS investments[J]. Journal of Information Systems, 2008, 22(1): 97-124.

[3] ALEXANDRA D. XBRL's father sees a long road ahead[J]. Accounting Technology, 2007, 22(2): 36.

[4] ALLES M G. Exploiting comparative advantage: a paradigm for value added research in accounting information systems [J]. International Journal of Accounting Information Systems, 2008, 9(4): 202-215.

[5] ALLES M G. Putting continuous auditing theory into practice: lessons from two pilot implementations[J]. Journal of Information Systems, 2011, 22(2): 195-214.

[6] ALLES M, DEBRECENY R. The evolution and future of XBRL research[J]. International Journal of Accounting Information Systems, 2012, 13(2): 83-90.

[7] ALLES M, PIECHOCKI M. Will XBRL improve corporate governance? A framework for enhancing governance decision making using interactive data[J]. International Journal of Accounting Information Systems, 2012, 13(2): 91-108.

[8] ALLES M. Continuous monitoring of business process controls: a pilot implementation of a continuous auditing system at Siemens[J]. International Journal of Accounting Information Systems, 2006, 7(2): 137-161.

[9] AMRHEIN D G, PINSKER R. Century Business Reporting System[J]. The International Journal of Digital Accounting Research, 2009, 9: 127-152.

[10] AMY W R. The Cambridge container company; managing customer-centric information integration[J]. International Journal of Accounting Information Systems, 2003, 4(4): 309-330.

[11] ANA B M, JAVIER D A, JULITA G. Determinants of the web accessibility of European

banks[J]. Information Processing & Management, 2014, 50(1): 69-86.

[12] APOSTOLOU B, DORMINEYJ W, HASSELJ M, REBELEJ E. A summary and analysis of education research in accounting information systems(AIS)[J]. Journal of Accounting Education, 2014, 32(2): 99-112.

[13] ARGYRIS A. A semi-supervised tool for clustering accounting databases with applications to internal controls[J]. Expert Systems with Applications, 2011, 38(9): 11176-11181.

[14] ARLINE S. Using a movie to study the COSO internal control framework: an instructional case[J]. Journal of Information Systems, 2008, 22(1): 63-76.

[15] BARTOLACCI F, CAPUTO A, FRADEANI A, SOVERCHIA M. Twenty years of XBRL: what we know and where we are going[J]. Meditari Accountancy Research, 2020, 29(5): 1113-1145.

[16] BARRA R A. The impact of internal controls and penalties on fraud[J]. Journal of Information Systems, 2010, 24(1): 1-21.

[17] BEATTIE V. Issues concerning web-based business reporting: an analysis of the views of interested parties[J]. The British Accounting Review, 2003, 35(2): 155-187.

[18] BEHN B K. A within firm analysis of current and expected future audit lag determinants [J]. Journal of Information Systems, 2011, 20(No. 1): 65-86.

[19] BOLLEN L, HASSINK H, BOZIC G. Measuring and explaining the quality of internet investor relations activities: a multinational empirical analysis[J]. International Journal of Accounting Information Systems, 2006, 7(4): 273-298.

[20] BONSON E, BEDNAROVA M. CSR reporting practices of Eurozone companies[J]. Revista de Contabilidad, 2015, 18(2): 182-193.

[21] BONSON E, ROYO S, RATKAI M. Citizens' engagement on local governments' Facebook sites. an empirical analysis: the impact of different media and content types in western Europe[J]. Government Information Quarterly, 2014, 32(1): 52-62.

[22] BONSÓN E, ESCOBAR T, FLORES F. Basel Mapper: an experimental tool for managing Operational Risk in banks [J]. International Journal of Metadata, Semantics and Ontologies, 2011, 6(1): 1-9.

[23] BORITZJ E, WONG N. Security in XML-based financial reporting services on the internet [J]. Journal of Accounting and Public Policy, 2005, 24(1): 11-35.

[24] B-PONTE E, E-RODRIGUEZ T, F F-MUNOZ. The role of metadata language implementation in the European banking supervision network[J]. International Journal of Networking and Virtual Organizations. 2007, 4(3): 245-256.

[25] BRIAN L M, OKESSON S J, WATSON L A. Second-wave benefits of XBRL[J]. Strategic Finance, 2006, 88(6): 43-47.

[26] BRIGITE E, HANNU O, ESKO P. XBRL to enhance external financial reporting: should we implement or not? case company X[J]. Journal of Accounting Education, 2014, 32(2):

160-170.

[27] BRUCE R. Language barrier(XRBL)[J]. Financial World, 2006, 185.10: 10-12.

[28] BUTLER S A, GHOSH D. Individual differences in managerial accounting judgments and decision making[J]. The British Accounting Review, 2014, 47(1): 33-45.

[29] CALLAGHAN, J H, NEHMER R A, SUGUMARAN, V. Modelling business applications with XBRL and UML[J]. International Journal of Business Information Systems, 2012, 10(1): 68-92.

[30] CALDERON T G. A roadmap for future neural networks research in auditing and risk assessment[J]. International Journal of Accounting Information Systems, 2002, 3(4): 203-236.

[31] CHERY 1 L D. Perceived semantic expressiveness of accounting systems and task accuracy effects [J]. International Journal of Accounting Information Systems, 2000, 1(2): 79-87.

[32] CHIU V, LIU Q, MIKLOS A V. The development and intellectual structure of continuous auditing research[J]. Journal of Accounting Literature, 2014, 33(1-2): 37-57.

[33] CHO C H. Environmental reporting on the internet by America's toxic 100: legitimacy and self-presentation[J]. International Journal of Accounting Information Systems, 2010, 11 (1): 1-16.

[34] CHURCH K. REA ontology-based simulation models for enterprise strategic planning[J]. Journal of Information Systems, 2008, 22(2): 301-329.

[35] COBEN E E, DEBRECENY R, FAREWELL S, SAEED R. Issues with the communication and integrity of audit reports when financial reporting shifts to an information-centric paradigm[J]. International Journal of Accounting Information Systems, 2014, 15(4): 400-422.

[36] Cohen E E. Discussion of a continuous auditing Web Services model for XML-based accounting systems[J]. International Journal of Accounting Information Systems, 2004, 5 (2): 139-163.

[37] CURTIS M B. Auditors' training and proficiency in information systems: a research synthesis[J]. Journal of Information Systems, 2009, 23(1): 79-96.

[38] DA SILVA P C, LUCIANO J G, PERES C B. Continuous auditing supported by XBRL: an application on the Brazilian public digital bookkeeping system[J]. International Journal of Business Innovation and Research, 2022, 27(2): 143-165.

[39] DAIGLE R J, LAMPE J C. The impact of the risk of consequence on the relative demand for continuous online assurance [J]. International Journal of Accounting Information Systems, 2004, 5(3): 313-340.

[40] DANENAS P, GARSVA G. Selection of support vector machines based classifiers for credit risk domain[J]. Expert Systems with Applications, 2015, 42(6): 3194-3204.

[41] DANIEL E O. Enterprise ontologies: review and an activity theory approach [J].

International Journal of Accounting Information Systems, 2010, 11(4): 336-352.

[42] DE CERQUEIRA M G, DA SILVA P C. A survey of XBRL adoption impact on financial software development processes and software quality[J]. International Journal of Business Information Systems, 2021, 37(2): 263-286.

[43] DEBRECENY R S, GRAY G L. Data mining journal entries for fraud detection: an exploratory study[J]. International Journal of Accounting Information Systems, 2010, 11(3): 157-181.

[44] DEBRECENYA R, GRAY G L. The production and use of semantically rich accounting reports on the internet: XML and XBRL [J]. International Journal of Accounting Information Systems, 2001, 2(1): 47-74.

[45] DILLA W N, RASCHKE R L. Data visualization for fraud detection: practice implications and a call for future research[J]. International Journal of Accounting Information Systems, 2015. 16(1): 1-22.

[46] DOW K E. Daytona dreams restaurant: linking accounting systems with business valuation [J]. Journal of Information Systems, 2009, 23(1): 119-136.

[47] DU H, SAEED R. Meeting challenges and expectations of continuous auditing in the context of independent audits of financial statements[J]. International Journal of Auditing, 2006, 11(2): 133-146.

[48] DULL R B. Using control charts to monitor financial reporting of public companies[J]. International Journal of Accounting Information Systems, 2004, 5(2): 109-127.

[49] DZINKOWSKI R. View from the top[J]. Accountancy, 2006, 138(1358): 34-36.

[50] ELLIOTT R K. Twenty-first century assurance[J]. Auditing: A Journal of Practice and Theory, 2011, 21(1): 139-146.

[51] ETTREDGE M. The presentation of financial information at corporate web sites[J]. International Journal of Accounting Information Systems, 2001, 2(3): 149-168.

[52] EULERICH M, KALINICHENKO A. The current state and future directions of continuous auditing research: An analysis of the existing literature [J]. Journal of Information Systems, 2018, 32(3): 31-51.

[53] FAREWALLS M. An introduction to XBRL through the use of research and technical assignments[J]. Journal of Information Systems, 2006, 20(1): 161-185.

[54] FAYE B A. Auditing system development: constructing the meaning of "systematic and rational" in the context of legacy code migration for endor incentives[J]. Journal of Information Systems, 2008, 22(1): 47-62.

[55] FAYE B A. Due diligence on fast-fashion inventory through data querying[J]. Journal of Information Systems, 2008, 22(1): 77-93.

[56] FAYE B A. Modeling a business process and querying the resulting database: analyzing RFID data to develop business intelligence[J]. Journal of information Systems, 2008, 22

(2)：331-350.

[57] GAILY F. Positioning and formalizing the REA enterprise ontology [J]. Journal of Information Systems，2008，22(2)：219-248.

[58] GEERTS G L. The Belgian chocolate company：a dynamic data modeling and database design case for the accounting information systems class [J]. Journal of Information Systems，2000，14(1)：53-74.

[59] GELINAS U J，SCHWARZKOPF D L，THIBODEAU J C. Introducing students to the integrated audit with "auditing alchemy，Inc. "[J]. Journal of Information Systems，2008，22 (2)：151-170.

[60] GELINAS U J，GOGAN J L. Accountants and emerging technologies：a case study at the United States department of the treasury bureau of engraving and printing[J]. Journal of Information Systems，2006，20(2)：93-116.

[61] GRABSKI S V. A Review of ERP research：a future agenda for accounting information systems[J]. Journal of Information Systems，2011，25(1)：37-78.

[62] GRABSKI S V. Complementary controls and ERP implementation success[J]. International Journal of Accounting Information Systems，2007，8(1)：17-39.

[63] GRANT G H. EDGAR extraction system：an automated approach to analyze employee stock option disclosures[J]. Journal of Information Systems，2006，20(2)：119-142.

[64] GRAY G L，CHIU V，LIU Q，LI P. The expert systems life cycle in AIS research：what does it mean for future AIS research[J]. International Journal of Accounting Information Systems，2014，15(4)：423-451.

[65] GRAY G L，DEBRECENY R S. A taxonomy to guide research on the application of data mining to fraud detection in financial statement audits [J]. International Journal of Accounting Information Systems，2014，15(4)：357-380.

[66] GUO F，LUO X，WHEELER P R，YANG L，ZHAO X，ZHANG Y. Enterprise Resource Planning Systems and XBRL Reporting Quality[J]. Journal of Information Systems，2022.

[67] GUAN J，LEVTAN A S，KUHN J R. How AIS can progress along with ontology research in IS[J]. International Journal of Accounting information Systems，2013，14(1)：21-38.

[68] HAMAD S，ALI Y H，SHAKER S H. Localization Technique Model of Ships Ad Hoc Network (SANET) Using Geographic's Database and Clustering Analysis[J]. International journal of online and biomedical engineering，2022，18(6)：47-64.

[69] HANNON N. XBRL for general ledger，the journal taxonomy[J]. Strategic Finance，2003：81-82.

[70] HENDERSON D，SHEETZ S D，TRINKLE B S. The determinants of inter-organizational and internal in-house adoption of XBRL：a structural equation model[J]. International Journal of Accounting Information Systems，2012，13(2)：109-140.

[71] HERMANSON D R. Information technology-related activities of internal auditors[J]. Journal of Information Systems, 2000, 14(s-1): 39-53.

[72] HERMANSON D R. Reply to discussion of information technology-related activities of internal auditors[J]. Journal of Information Systems, 2000, 14(1): 61-63.

[73] HSIEH T, BEDARD J C. Impact of XBRL on voluntary adopters' financial reporting quality and cost of equity capital[J]. Journal of Emerging Technologies in Accounting, 2018, 15(2): 45-65.

[74] HWANG J S, LEEM C S, HYUNG J M. A study on relationships among accounting transparency, accounting information transparency and XBRL[C]. 3rd International Conference on Convergence and Hybrid Information Technology(ICCIT), 2008, 6.

[75] IOANNOU A, BOURLIS D, VALSAMIDIS S, MANDILAS A. A Framework for Information Mining from Audit Data[C]Springer Proceedings in Business and Economics, 2021: 223-242.

[76] IRINA M, SUTTON S G. The effects of decision aid structural restrictiveness on cognitive load, perceived usefulness, and reuse intentions[J]. International Journal of Accounting Information Systems, 2014, 17(1): 16-36.

[77] JACKSON C. Discussion of information technology-related activities of internal auditors [J]. Journal of Information Systems, 2000, 14(1): 55-56.

[78] JAKUB W, SOLMAZ A, KOHL H, STEVEN M, SELIGER G. Intellectual capital statement in IPS2[J]. Procedia CIRP, 2014(16): 301-307.

[79] JANVRIN D, MASCHA M F. The financial close process: implications for future research [J]. International Journal of Accounting Information Systems, 2014, 15(4): 381-399.

[80] JANVRIN D. An investigation of factors influencing the use of computer-related audit procedures[J]. Journal of Information Systems, 2009, 23(1): 97-118.

[81] KIM J B, LI B, LIU Z. Information-Processing Costs and Breadth of Ownership[J]. Contemporary Accounting Research, 2019, 36(4): 2408-2436.

[82] KLAMM B K. SOX 404 reported internal control weaknesses: a test of COSO framework components and information technology[J]. Journal of Information Systems, 2009, 23(2): 1-23.

[83] KOVAR S E. Consumer responses to the CPA WEBTRUST assurance[J]. Journal of Information Systems, 2011, 14(1): 17-35.

[84] KUHN J R. Continuous auditing in ERP system environments: the current state and future sirections[J]. Journal of Information Systems, 2010, 24(1): 97-112.

[85] LANY S. An empirical examination of the influence of organizational constraints on information systems development[J]. International Journal of Accounting Information Systems, 2001, 2(2): 75-102.

[86] LEE S. The impact of organizational contexts on EDI controls[J]. International Journal of

Accounting Information Systems, 2000, 1(3): 153-177.

[87] LEECH T. Open question-and-answer session AICPA/CICA SYSTRUST[J]. Journal of Information Systems, 2000, 14(1): 17-20.

[88] LEHMANB C M. An introduction to the clinical case representation paradigm for information systems research[J]. Journal of Information Systems, 2006, 20(1): 87-101.

[89] LEHMANN C M. The evaluation of application controls in accounting software: a short instructional case[J]. Journal of Information Systems, 2007, 21(2): 87-98.

[90] LI C. Internal and external influences on IT control governance[J]. International Journal of Accounting Information Systems, 2007, 8(4): 225-239.

[91] LIU C, LUO X, SIA C L, O'FARRELL G, TEO H H. The impact of XBRL adoption in PR China[J]. Decision Support Systems, 2014, 59(1): 242-249.

[92] LORAAS T M. Bridging the gap between spreadsheet use and control: an instructional case [J]. Journal of Information Systems, 2008, 22(1): 161-172.

[93] LUISI J V. Pragmatic Enterprise Architecture: Strategies to Transform information Systems in the Era of Big Data[M]. San Francisco: Morgan Kaufmann, 2014.

[94] MARTINIS M D, KHEDMATI M, NAVISSI F, SUALIHU M A, TOFIK-ABU Z. The role of agency costs in the voluntary adoption of XBRL-based financial reporting[J]. International Journal of Managerial Finance, 2020, 16(5): 599-622.

[95] MASCHA M F. Can computerized decision aids do "damage"? a case for tailoring feedback and task complexity based on task experience[J]. International Journal of Accounting Information Systems, 2007, 8(2): 73-91.

[96] MCPHIE D. Discussion of AICPA/CICA SYSTRUST principles and criteria[J] Journal of Information Systems, 2011, 14(s-1): 9-16.

[97] MENA A. XPDRL project: improving the project documentation quality in the Spanish architectural, engineering and construction sector[J]. Automation in Construction, 2010, 19(2): 270-282.

[98] MENDEZ S, LABRA J, DE-ANDRES J, ORDONEZ P. Analysis of XBRL, documents containing accounting information of listed firms using Semantic Web technologies[C]. 2nd International Conference on Metadata and Semantics Research, 2007, 10.

[99] MOCK T J. An evidential reasoning approach to Sarbanes-Oxley mandated internal control risk assessment[J]. International Journal of Accounting Information Systems, 2009, 10 (2): 65-78.

[100] MOHAMMAD J A. Factors associated with IT audits by the internal audit function[J]. International Journal of Accounting Information Systems, 2010, 11(3): 140-151.

[101] MURTHY U S, GROOMER S M. A continuous auditing web services model for XML based accounting systems[J]. International Journal of Accounting Information Systems, 2004, 5(2): 139-163.

[102] NENDI J, MOCHAMMAD F, I GUSTI AYU P, DENI K. XBRL: THE NEW E-LANGUAGE OF FINANCIAL DIGITAL REPORTING IN INDONESIA[J]. Journal of Management Information & Decision Sciences. 2022, 25: 1-8.

[103] NEELY M P. Fifteen years of data and information quality literature: developing a research agenda for accounting[J]. Journal of Information Systems, 2011, 25(1): 79-108.

[104] O'D E D. An analysis of the group dynamics surrounding internal control assessment in information systems audit and assurance domains[J]. Journal of Information Systems, 2000, 14(s-1): 97-116.

[105] OPREAN V B. Business (re) engineering: management of the risk induced constraints [J]. Procedia Social and Behavioral Sciences, 2014, 109(2): 815-826.

[106] PAN L H, LIN C T, LEE S C, HO K C. Information ratings and capital structure[J]. Journal of Corporate Finance, 2015, 31(1): 17-32.

[107] PEI D, VASARHELYI M A. Big data and algorithmic trading against periodic and tangible asset reporting: The need for U-XBRL[J]. International Journal of Accounting Information Systems, 2020, 37(100453): 1-16.

[108] PENNINGTON R R. The effects of qualitative overload on technology acceptance[J]. Journal of Information Systems, 2006, 20(2): 25-36.

[109] PING W. Data mining and XBRL integration in management accounting information based on artificial intelligence[J]. Journal of Intelligent and Fuzzy Systems, 2021, 40(4): 6755-6766.

[110] PINSKER R, LI S. Costs and benefits of XBRL adoption: early evidence. communications of the ACM[J], 2008, 51(3): 47-50.

[111] PINSKER R. XBRL awareness in auditing: a sleeping giant[J]. Managerial Auditing Journal, 2003, 18(9): 732-736.

[112] PIOTE S, LUCIA S. Finance[J]. Financial Information, 2015, 50(1): 72-100.

[113] PONTE E B, C-TRUJILLO E, E-RODRIGUEZ T. Influence of trust and perceived value on the intention to purchase travel online: integrating the effects of assurance on trust antecedents[J]. Tourism Management, Volume, 2015, 47: 286-302.

[114] POSTON R S. Accounting information systems research: is it another QWERTY[J]. International Journal of Accounting Information Systems, 2000, 1(1): 9-53.

[115] POSTON R, GRABSKI S. Financial impacts of enterprise resource planning implementations[J]. International Journal of Accounting Information Systems, 2001, 2(4): 271-294.

[116] REYES E, RODRÍGUEZ D, DOLADO J. Using the XBRL GL for supporting organizational processes[C]. Proceedings of the 10th International Workshop on Decision-Making in Software Engineering, ADIS 2010-Evento Realizado en el Marco del CEDI

2010, 2010, 4(1): 73-76.

[117] RECKJ L. Discussion of the moderating effect of context on the market reaction to IT investments[J]. Journal of Information Systems, 2006, 20(1): 45-48.

[118] SANTANA ARAD, SILVA PCD. AuditModel: A Model for Representation of Continuous Audit Processes Based on ISO 19011 [J]. American Academic Scientific Research Journal for Engineering, Technology, and Sciences, 2021: 30-47.

[119] SAYOGO D S, T A PARDO, P BLONIARZ. Information flows and smart disclosure of financial data: a framework for identifying challenges of cross boundary information sharing[J]. Government Information Quarterly, 2014, 31(1): 72-83.

[120] SCOTT LS. Problem solving style and fit in consulting and auditing[J]. Journal of Information Systems, 2000, 14(1): 1-15.

[121] SHEILA M N, JAVIER DE A S, JOSE E L G. A semantic based collaborative system for the interoperability of XBRL accounting information[C]. Proceedings First World Summit on the Knowledge Society(WSKS 2008), 2008, 5288: 593-599.

[122] SKOULOUDIS A, NIKOLETA J, MALESIOS C, KONSTANTINOS E. Trends and determinants of corporate non-financial disclosure in Greece [J]. Journal of Cleaner Production, 2014, 68(3): 174-188.

[123] SRIRAM R S. EDI adoption and implementation: an examination of Perceived operational and strategic benefits, and controls[J]. Journal of Information Systems, 2000, 14(1): 37-52.

[124] STEPHEN F. Continuous auditing: verifying information integrity and providing assurances for financial reports[J]. Computer Fraud & Security, 2005(7): 12-16.

[125] TADESSE A F, VINCENT N E. Combining Data Analytics with XBRL: The ViewDrive Case[J]. Issues in Accounting Education, 2022, 37(1): 197-215.

[126] THOMAS D, DOWDELL JR. Predicting cash flows related to defined benefit plan contributions[M]. Britain: Cambridge University Press, 2010, 9(9): 505-532.

[127] TOD S. Automating REA policy level specifications with semantic web technologies[J]. Journal of Information Systems, 2008, 22(2): 249-277.

[128] TRIGO A, BELFO F, ESTEBANEZ R P. Accounting information systems: the challenge of the real-time reporting[J]. Procedia Technology, 2014, 16(1): 118-127.

[129] TRITES G. Director responsibility for IT governance [J]. International Journal of Accounting Information Systems, 2004, 5(2): 89-99.

[130] TUTTLE B, VANDERVELDE S D. An empirical examination of COBIT as an internal control framework for information technology[J]. International Journal of Accounting Information Systems, 2007, 8(4): 240-263.

[131] TUTTLE B, VANDERVELDE S D. Information security and Sarbanes-Oxley compliance: an exploratory study[J]. Journal of Information Systems, 2011, 25(1): 185-

211.

[132] WANG W. Description and Implementation of Accounting Digital Rights Management Based on Semantics[J]. International Journal of Distributed Systems and Technologies, 2022, 13(8).

[133] WALTERS L M. A draft of an information systems security and control course[J]. Journal of Information Systems, 2007, 21(1): 123-148.

[134] WANG L. The aftermath of information technology outsourcing: an empirical study of firm performance following outsourcing decisions[J]. Journal of Information Systems, 2008, 22(1): 125-159.

[135] WEIDENMIER M L. Research opportunities in information technology and internal auditing[J]. Journal of Information Systems, 2006, 20(1): 205-219.

[136] WILLIAMS S P. Online business reporting: an information management perspective[J]. International Journal of Information Management, 2006, 26(2): 91-101.

[137] WOOLLEY D J. Software piracy among accounting students: a longitudinal comparison of changes and sensitivity[J]. Journal of Information Systems, 2011, 20(1): 49-63.

[138] YUANQING M, LIUCHENG Z. The Impact of XBRL on the Quality of Accounting Information[C]. 2019 6th Asia-Pacific Conference on Social Sciences, Humanities (APSSH 2019), 2019.

[139] YOST J A. Optimal warranty arrangements for the design of accounting information systems[J]. International Journal of Accounting Information Systems, 2000, 1(3): 135-152.

[140] ZHONGSHENG W, TIANXI Z, ZHENGZHENG L. The XBRL Techonology Research of Business Report under the Perspective of Supply Chain[J]. Modern Management Science, 2013(7): 91-93.

[141]《亚新科集团管理程序修正》课题组.现代企业内控制度:概念界定与设计思路[J].会计研究,2001(11):19-28.

[142] 陈志斌.内部规范制定机制研究[J].会计研究,2008(4):62-69.

[143] 陈志斌.信息化生态环境下企业内部控制框架研究[J].会计研究,2007(1):30-37.

[144] 高浩玮.计算机审计下项目质量控制的难点及对策[J]审计研究,2002(3):59-61.

[145] 高锦萍,张天西.XBRL财务报告分类标准评价——基于财务报告分类与公司偏好的报告实务的匹配性研究[J].会计研究,2006(11):24-29.

[146] 何玉,张天西.信息披露、信息不对称和资本成本:研究综述[J].会计研究,2006(6):80-86.

[147] 胡晓明.企业IT控制基本框架构建研究[J].会计研究,2009(3):72-78.

[148] 胡弈明,陈箭深.会计电算化系统内部控制初探[J].会计研究,1996(10):30-32.

[149] 胡奕明.关于EDP系统审计策略与审计技术的探讨[J].审计研究,1996(4):27-31.

[150] 黄正瑞.计算机会计系统内部控制的研究[J].会计研究,1996(11):40-42.

[151] 姜玉泉.会计电算化系统的审计风险及对策[J].审计研究,2002(5):59-61.

[152] 李晓荣,张天西等.XBRL 分类标准:理论,框架与实现[M].西安:世界图书出版公司,2008.

[153] 李晓荣,张天西等.XBRL 技术研究[M].西安:世界图书出版公司,2007.

[154] 林华.未来财务报告:XBRL 数字化网络报告——XBRL 在我国应用的现状、问题和对策[J].上海经济研究,2007(3),85-92.

[155] 刘勤.对当前一些有关 XBRL 流行观点的思考[J].会计研究,2006(8):69-71.

[156] 刘志远.信息技术条件下的企业内部控制[J].会计研究,2001(12):32-36.

[157] 骆良彬.企业信息化过程中内部控制问题研究[J].会计研究,2008(5):69-75.

[158] 潘琰,林琳.公司报告模式再造:基于 XBRL 与 Web 服务的柔性报告模式[J].会计研究,2007(5):80-87.

[159] 饶艳超.公司治理的新视角;IT 治理——建立企业目标和信息技术之间的联系[J].会计研究,2003(8):23-26.

[160] 上海市内部审计师协会课题组.企业内部控制自我评估研究——基于上汽集团借助 IT 系统平台的 CSA 实践[J].审计研究,2009(6):34-40.

[161] 唐志豪.IT 治理研究述评[J].会计研究,2008(5):76-82.

[162] 田志刚.现代管理型会计信息系统的内部控制研究[J].会计研究,2003(4):15-18.

[163] 王海林.IT 环境下企业内部控制模式探讨[J].会计研究,2008(11):63-68.

[164] 王海林.内部控制能力评价的 IC-CMM 模型研究[J].会计研究,2009(10):53-59.

[165] 王景新.会计信息系统的内部控制[J].会计研究,1992(4):39-41.

[166] 王雄元,严艳.强制性信息披露的适度问题[J].会计研究,2003(12):39-40.

[167] 吴炎太.基于生命周期的信息系统内部控制风险管理研究[J].审计研究,2009(6):87-92.

[168] 谢岳山.联网环境下信息系统审计的体系架构[J].审计研究,2009(5):37-39.

[169] 许永斌.基于互联网的会计信息系统控制[J].会计研究,2000(8):35-39.

[170] 严绍业.会计电算化系统的内部控制方法和技术[J].会计研究,1987(1):33-38.

[171] 杨周南.论会计管理信息化的 ISCA 模型[J].会计研究,2003(10):30-32.

[172] 杨周南.内部控制工程学研究[J].会计研究,2007(3):64-70.

[173] 姚太明.关于电子证据可采性与证明力的若干问题探讨[J].审计研究,2005(1):79-83.

[174] 张天西,李晓荣等.网络财务报告:XBRL 的理论框架与技术[M].上海:复旦大学出版社,2006.

[175] 张天西.网络财务报告:XBRL 的理论基础研究[J].会计研究,2006(9):56-63.

[176] 章铁生.信息技术条件下的内部控制规范:国际实践与启示[J].会计研究,2007(7):29-35.

[177] 周常兰.ISCA 模型——IT 治理视角下的解析[J].会计研究,2009(2):61-67.